Ohne Kenntnis der Daten bleibt Geschichte Spekulation. Ohne Einordnung der Daten in Zusammenhänge bleibt Geschichte abstrakt. «Geschichte im Überblick» kombiniert ein Gerüst zentraler Daten mit erklärendem Text. Gegliedert in 133 Epochen, Themen und Längsschnitte – von der Altsteinzeit bis zur Neuen Weltunordnung –, erfaßt es den Gang der Weltgeschichte in chronologischer Abfolge und mit systematischem Zugriff. Knapp und übersichtlich, aber gestützt auf profunde Kenntnisse der Weltgeschichte, macht dieses Kompendium von Imanuel Geiss das historische Grundwissen für Oberschüler, Studienanfänger und Geschichtsinteressierte zugänglich.

Imanuel Geiss, geb. 1931 in Frankfurt/Main, ist seit 1973 Professor für Neuere Geschichte, unter besonderer Berücksichtigung der Dritten Welt, an der Universität Bremen. Wichtigste Publikationen: *Der polnische Grenzstreifen 1914–1918.* Ein Beitrag zur deutschen Kriegszielpolitik im Ersten Weltkrieg, Hamburg und Lübeck 1960. *Juli 1914.* Die europäische Krise und der Ausbruch des Ersten Weltkriegs, dtv, München 1986. *Panafrikanismus.* Zur Geschichte der Dekolonisation, Frankfurt/Main 1968. *Geschichte griffbereit.* 6 Bände, Neuausgabe Dortmund 1993. *Geschichte des Rassismus.* Edition Suhrkamp, Frankfurt/Main 1993. *Der lange Weg in die Katastrophe.* Vorgeschichte des Ersten Weltkrieges 1815–1914, München 1991. *Die deutsche Frage 1806–1990*, Mannheim 1992. *Europa – Einheit und Vielfalt*, Mannheim 1993. *Der Jugoslawienkrieg*, zweite erweiterte Auflage (mit Gabriele Intemann), Frankfurt/Main 1995. *Der Zusammenbruch der Sowjetunion* (mit Klaus Verfuß und Hartmann Wunderer), Frankfurt/Main 1995. *Zukunft als Geschichte*. Zeitgeschichtliche Analysen und Prognosen 1980–1992, Frankfurt/Main 1995.

Imanuel Geiss

Geschichte im Überblick

Daten und Zusammenhänge der Weltgeschichte

rororo
Rowohlt

Meinen drei historischen Hausgöttern gewidmet –
Alexis de Tocqueville, Henri Pirenne, Franz Schnabel

Überarbeitete und erweiterte Neuausgabe
20.–29. Tausend November 1995

Originalausgabe
Veröffentlicht im Rowohlt Taschenbuch Verlag GmbH,
Reinbek bei Hamburg, Oktober 1986

Redaktion Ludwig Moos
Umschlaggestaltung Bernd Kuchenbeiser
Satz Times (Linotronic 500)
Gesamtherstellung Clausen & Bosse, Leck
Printed in Germany
2990-ISBN 3 499 16511 2

Inhalt

Anhang

Vorwort

Wer nicht von dreitausend Jahren
Weiß sich Rechenschaft zu geben,
Bleib im Dunkeln unerfahren,
Mag von Tag zu Tage leben.
(J. W. v. Goethe)

Beim Abschluß des Bandes haben wieder viele freundliche Helfer mitgewirkt. Am wichtigsten waren interessierte Leser – Schüler, Studenten, Doktoranden, Lehrer, die das Manuskript oder eine erste provisorisch vervielfältigte Fassung kritisch durchsahen und mit hilfreichen inhaltlichen wie stilistischen Verbesserungsvorschlägen förderten. Ihnen sei allen herzlich gedankt, namentlich Christine Wendt-Hansen, Johanna Ladda, Gabriele Intemann, Lutz Gerding, Dietmar Roth, Andreas Hedwig, Konrad Elmenhäuser, Syvelin Wißmann, Viorel Roman, Inge Lemke, Martin Koroll, alle Bremen. Andere halfen mit freundlicher Ermunterung; auch ihnen sei gedankt.
Gabriele Intemann und Lutz Gerding halfen bei der Zusammenstellung der Anhänge; beide, dazu Viorel Roman und Johanna Ladda, lasen die Korrekturen mit, ferner Christine Wendt-Hansen und mein Sohn Dieter.
Der Dank an sie alle enthebt sie zugleich aller Verantwortung für verbliebene Fehler und Versehen; diese bleibt allein beim Verfasser.
Wiederum hat Frau Renate Brock, Bremen, mit bewährter Geduld und sicherem Blick für Verbesserungsmöglichkeiten die verschiedenen Fassungen ins reine geschrieben und als zweite kritische Leserin die inhaltliche Lesbarkeit der Texte erhöht. Auch ihr sei besonders herzlich gedankt, zumal sie während eines längeren Aufenthaltes des Verfassers in den USA die zahlreichen Ergänzungen und Erweiterungen über den Atlantik zur Endfassung ins Manuskript einfügte.
Von einem längeren Aufenthalt des Verfassers in den USA als Fulbright-Professor 1985/86 profitierte der Band. Vor allem eine noch stärkere Globalisierung welthistorischer Perspektiven geht auf Anregungen zurück, die dem führenden Vertreter einer Weltgeschichtsschreibung in den USA, William H. McNeill, zu verdanken sind, namentlich die Konzeption einer kontinentübergreifenden «Eurasischen Klassik» und eines «Eurasischen Mittelalters». Über diesen mehr allgemeinen und pauschalen Dank an William H. McNeill an dieser Stelle hinaus erschien es erforderlich, obwohl das Buch sonst bewußt auf Anmerkungen verzichtet, an einem runden Dutzend von Stellen wenigstens Hinweise (McNeill) – in Klammern, ohne nähere Titel- und Seitenangabe – auf die Quelle zu liefern, der die jeweiligen Erkenntnisse zu verdanken sind. Leider gibt es von McNeills beiden einbändigen Weltgeschichten (unterschiedlichen Umfangs) – «The Rise of the West» (1963) und «A World History» (1967) – noch keine deutsche Übersetzung.
Besonderen Dank schulde ich einigen Kollegen, die Teile des Manuskripts

kritisch überprüften und wertvolle Verbesserungsvorschläge machten – Prof. Dr. Horst Gründer, Münster, für Teilgebiete der Neuzeit; Prof. Dr. Peter Segl, Bayreuth, für das Mittelalter, besonders die Ketzerproblematik; Thilo Hobelmann von der Staats- und Universitätsbibliothek Bremen für die beiden Schemata «Indoeuropäische Sprachen» im Anhang, Dank auch an Dr. Gerhard Granier, Freiburg, für wertvolle Korrekturhinweise.

Bremen, Juni 1986

Vorwort zur Neuausgabe

Die Neuauflage eröffnete die Chance, unter erweiterten welthistorischen Horizonten seit den Jahren 1989/91 einige Kapitel zu teilen und damit inhaltlich zu bereichern, weitere Kapitel hinzuzufügen, vor allem über jüdische und außereuropäische Geschichte, in dem Bemühen, den Lesern konzentriert das Wichtigste an eigenem Hinzulernen seit der 1. Auflage zur Verfügung zu stellen. Frau Prof. Dr. Elçin Kürsat-Ahlers, Hannover, danke ich herzlich für Korrekturen und wertvolle Ergänzungen zu den Kapiteln über «Nomadenvölker» und Türken (46–48, 95, 116). Frau Gabricle Intemann, Bremen, und Herr Michael Sommer, Freiburg/Bremen, lasen die Korrekturfahnen mit. Ihnen sei an dieser Stelle besonders gedankt.

Bremen, August 1995

Einleitung

Praktische Erfahrungen bestätigen immer wieder, wie deprimierend gering das historische Grund- und Überblickswissen bei zu vielen Geschichtsstudenten ist, zumal wenn sie gerade von der Schule kommen. Heute erschweren einige Faktoren den Erwerb eines allgemeinen Grundwissens: Verzicht auf den zweiten historischen Durchgang durch die Weltgeschichte; gelegentlich extreme, zu frühe und zu massive Verwertung von «Quellen»; das Übermaß zu frühen Theoretisierens; zu frühe Beschränkung auf einzelne Themen wie moderne Revolutionen, Imperialismus, Faschismus. Ohne solides Fundament von Kenntnissen zur allgemeinen Geschichte aber bleiben die schönsten Theorien und die Erkenntnisse historischer Zusammenhänge in der Luft hängen.

Der Versuch des Verfassers, mit «Geschichte griffbereit» (rororo Handbuch 6235–40, Neuauflage Dortmund 1993) einen Beitrag zur Abhilfe zu leisten, erwies sich für viele Anfängerstudenten schon wieder als zu umfangreich und anspruchsvoll. Der vorliegende Band ist daher eine resümierende Fortsetzung der Bände 1 (Daten) bis 6 (Epochen) von «Geschichte griffbereit».

Daten sind auch hier kein Selbstzweck, sondern dienen der Einordnung in übergreifende Strukturen und Prozesse. Nuancen und weitere Details muß sich der interessierte Leser allerdings mit Hilfe zusätzlicher Lektüre selbst beschaffen: Fehlende Würze im Detail ist der Preis der Kürze en gros.

Stoffe und Kategorien

Unbehagen mag hier die Fülle von Kriegen und Schlachten bereiten. Aber sie gehören nun einmal zur Weltgeschichte: Je stärker sich die notwendige Komprimierung auf das Wesentliche beschränken muß, desto massiver drängen sich die vielgeschmähten «Haupt- und Staatsaktionen» wenigstens für den elementaren Durchgang auf. Ausübung von Macht in ihren verschiedenen Formen setzt grobe allgemeine Rahmenbedingungen für die unendlich komplexere Wirtschafts-, Sozial- und Geistesgeschichte, die in aller Kürze viel schwerer darzustellen ist als die relativ «einfache» politische Geschichte. Wie aber lassen sich Amerikanischer Unabhängigkeitskrieg und Französische Revolution ohne Kenntnis der europäischen Hegemonialkriege erklären (vom Spanischen Erbfolgekrieg bis zum Siebenjährigen Krieg), wie der Sieg von Kommunismus und Faschismus/Nationalsozialismus ohne Kenntnis des Russisch-Japanischen Krieges und des Ersten Weltkrieges?

Deshalb wurde hier umgekehrt großer Wert darauf gelegt, in das sonst eintönige Auf und Ab von Großreichen und Nationalstaaten auch ökonomische, gesellschaftliche und geistesgeschichtliche Sachverhalte mit einfließen zu lassen, wo immer sie, in gebotener Kürze, der Erhellung des Gesamtzusammenhangs dienen konnten. Interkontinentaler Fernhandel, Kontinuität und

Wandel von Groß-Kulturen, Machtzentren und Machtvakuen, von Großreichen und Hochreligionen, Sklaverei und Sklavenhandel, das Element des Dualismus, des Denkens in den Kategorien von Apokalypse und chiliastischer Erlösung, durchziehen den historischen Prozeß als Elemente vielfach in sich gebrochener Kontinuitäten.
Ein angemessenes Bild für eine nuancierende historisch-politische Analyse ist oft das Spektrum, dessen Umfang sich sogar noch verändern (meistens erweitern) kann, z. B. im Laufe einer Revolution. Extreme Positionen innerhalb eines Spektrums bezeichnen meistens auch grundsätzliche, ja extreme Feindschaft, schließen aber taktisches Zusammengehen gegen den gemeinsamen Feind der «Mitte» keineswegs aus («les extrêmes se touchent»). Häufig sind (ideologische wie geographische) Nachbarn erbitterte Feinde, und Bürgerkriege sind meistens blutiger und grausamer als Kriege gegen einen äußeren Feind.
Über Jahrtausende zieht sich der Konflikt zwischen seßhaften Zivilisationszentren, mit Bauern- und Stadtkulturen, und viehzüchtenden Nomadenvölkern, die durch Eroberung viele Großreiche erst schufen. Zugleich eine frappierende geographische Fernwirkung und zeitliche Langwirkung großer historischer Vorgänge lassen sich am ungefähr gleichzeitigen Ausgreifen turkmongolischer Völker im Osten und Westen am Ende der chinesischen und römischen Antike ablesen, mit vergleichbaren Wirkungen in Ost und West.
Stets bleibt das Wechselspiel von Beharren und (raschem wie langsamem) Wandel, von Brüchen und in sich gebrochenen Kontinuitäten als modifizierende Fortsetzung des Bestehenden lehrreich, aber auch der spannungsgeladene Zusammenhang von Wandel und Gewalt: Alle größeren Veränderungen in der Geschichte vollzogen sich bisher durch Anwendung von Gewalt oder lösten Gewaltanwendung aus, nach innen (Aufstände, Revolutionen) wie außen (Kriege), meist in komplizierter Verzahnung zwischen «innen» und «außen». Je tiefer die (beabsichtigte oder erzielte) Veränderung war, je mehr Menschen von ihr betroffen wurden, desto schwerer der Konflikt – von lokalen Auseinandersetzungen im Neolithikum über innere Erschütterungen und internationale Kriege bis zu den modernen Revolutionen, den beiden Weltkriegen und den postkolonialen Nachfolgekonflikten seit 1945. Namentlich (ökonomisches und/oder demographisches) Wachstum bewirkt Unterschiede, die sich zu Spannungen und Konflikten aufladen können.
So läßt sich Geschichte auch nicht einfach in das Prokrustesbett eines «Primats der Außenpolitik» oder «Primats der Innenpolitik» hineinzwängen: «Innere» und «äußere» Faktoren gehören stets zueinander, sind in der historischen Realität oft gar nicht voneinander zu trennen, schon weil sie in sich meistens komplex zusammengesetzt sind aus «inneren» und «äußeren» Unter-Faktoren. Ihre Unterscheidung ist auf jeden Fall nur relativ, auf das jeweilige System bezogen; seit dem 19. Jahrhundert meistens die Nation. Der Streit um den Primat der Außen- oder Innenpolitik reflektiert daher, mit unterschiedlichen ideologischen Vorzeichen, nur Denken in nationalen Kategorien.

Wenn dennoch hier meist mit «inneren» Faktoren begonnen wird, so aus praktischen Gründen, schon weil sich nicht alles gleichzeitig sagen läßt: Bevor ein historisches Subjekt nach außen agieren kann, muß es sich erst konstituieren. Ähnlich muß es der Historiker auch erst umschreiben, seine Basis und Struktur erklären, die ihrerseits wieder auch von «äußeren» Faktoren mitgeprägt werden. Solche und ähnliche Kategorien werden hier immer wieder herangezogen, nicht zur Befriedigung ideologischer Steckenpferde, sondern zur besseren Erklärung und historischen Einordnung hier nur abgekürzt gebotener Fakten und Zusammenhänge.
Dazu ist ein Minimum gedanklicher Abstraktion durch Verwendung historischer Fachausdrücke unentbehrlich, schon um der Gefahr der furchtbaren Vereinfachung zu entgehen. Die notwendige fruchtbare Vereinfachung dagegen wird nur möglich, wenn sie durch Komprimierung und Abstraktion Raum gewinnt für intelligente Einordnung, für «Dazwischenlesen» («interlegere») zwischen der sonst hoffnungslosen Flut von Fakten, also für einen rational fundierten Durchblick. Auch dem Anfänger sollten sich Fachausdrücke und Fremdwörter als nützlich erweisen, wenn sie hier auftauchen, gleichsam als angewandte Einführung in die Grundlagen historischer Fachsprache.

Historische Mechanismen:
Einheit des historischen Prozesses

Mit allem Nachdruck zu unterstreichen ist die grundsätzliche Einheit des historischen Prozesses in Zeit und Raum, ungeachtet der überwältigend reichen Fülle von unterschiedlichen Formen menschlichen Handelns und Verhaltens. Zahlreiche historische Mechanismen sind im Prinzip überall und zu allen Zeiten am Werk. Der Rückgriff auf historische Mechanismen dient daher zur Erklärung komplizierter Details: Der Wechsel zwischen Machtvakuum und Machtzentrum, von Zentrum und Peripherie läßt sich in der Weltgeschichte insgesamt beobachten, ferner das Phänomen wandernder historischer «Grenzen» als sich verlagernde Randbereiche großer Zivilisationszentren. Expansion und Zusammenbruch großer wie kleiner Machtstrukturen, im Zusammenwirken innerer und äußerer Faktoren, verliefen (und verlaufen) auffallend ähnlich, wie unterschiedlich auch sonst Nuancen in Zeit und Raum sowie in den Personenkonstellationen sind: Universal ist der Wechsel von Machtzentren und Machtvakuen. Neue Machtzentren entstanden meistens an den Rändern älterer Machtzentren und expandierten von der Peripherie in Machtvakuen. Die Dialektik von Erfolg und Mißerfolg nach außen (Kriegen), Einheit und Konflikten nach innen (Bürgerkriegen, Aufständen, Revolutionen) gewinnt einen großen Erklärungswert im Auf und Ab von Reichen und politischen Bewegungen. Hinzu kommen Spannungen zwischen Zentralgewalt und Zwischengewalten, der Kampf um Ressourcen (Wasser, Land, Rohstoffe) und Kontrolle des Fernhandels (Straßen, Flußübergänge, Land- und Meerengen, Pässe, vorgelagerte Inseln); das Zusammenwirken von «inneren» und «äußeren» Faktoren, namentlich im Wechsel von Sieg und Nieder-

lage; das Zusammenwirken von ökonomischen, sozialen, militärischen, geistesgeschichtlichen, religiösen und ideologischen Faktoren.
Unentbehrlich zum Verständnis von Geschichte ist die Steigerung von Zusammenprall unterschiedlicher Interessen: Differenz – Friktion – Spannung – Eskalation – Konflikt; entsprechend von Konstituierung, Konsolidierung, Expansion, Krise und Zusammenbruch politischer Machtstrukturen, vom Großreich bis zum Stammes- und Stadtstaat.
Für die Staatengeschichte öffnet ein Satz von Machiavelli als Schlüssel den Zugang zu sonst verworrenen Feindschafts- und Bündnisbeziehungen: Der Nachbar ist der Feind; also ist der Nachbar des Nachbarn der natürliche Verbündete. Expansion ist kein Monopol des einen oder anderen besonders kriegerischen Volkes, sondern ein universales Prinzip: Eine Binnenmacht strebt, wo immer möglich, zum Meer, von da zur Gegenküste. Großbauten, Kriege, Rüstung, Bürgerkriege und Sozialreformen kosten Geld – Eroberungen, Tribute, erhöhte Steuern dienen zur Deckung der Kosten, Inflation («Teuerung») ist oft die Folge; daraus entstehen innere Konflikte (Aufstände, Bürgerkrieg, Revolutionen).
Zur Kontrolle eines Flußsystems und seines Handels reicht oft die Beherrschung der Flußmündung, zur Beherrschung eines Meeres die militärische Kontrolle seiner Zugänge (Flußmündungen, Meeresengen). Wichtige Vorgänge haben meistens sofort oder bald danach Rückwirkungen in manchmal weit entfernten Gegenden und über weite Zeiträume hinweg.
Eines der faszinierendsten Phänomene der Geschichte ist die Spannung zwischen Kontinuität und Diskontinuität, ohne daß Kontinuität als platte Identität mißzuverstehen wäre: Alle Kontinuität besteht aus modifizierter Verwandlung überlieferter Faktoren oder Traditionen, gerade bei untergegangenen Großreichen, deren Sprache und Kultur meistens nachwirkten, z. B. als Kult- und Wissenschaftssprache (Sumerisch, Sanskrit, Latein, Arabisch). Restauration von Machtstrukturen (z. B. Reichen) erfolgt daher stets auf einer gegenüber dem ursprünglichen Zustand modifizierten Grundlage, gerade auch in der Neuzeit nach Revolutionen. Gleichgewicht und Hegemonie sind unentbehrliche Kategorien vor allem der Staatengeschichte.

Periodisierung: Alter Osten – Neuer Westen

Von den ersten Anfängen der Menschheit bis zur Gegenwart durchzieht, allen Schwankungen zum Trotz, ein Kontinuum die menschliche Entwicklung: das Wachstum aller wesentlichen Faktoren (Bevölkerung, Produktion, Produktivität, Zahl der Erfindungen, Kontakte, Konflikte, Zerstörungskraft der allgemeinen wie der Kriegstechnik). Abstrakt läßt sich dieses existentielle Wachstum mit einer Exponentialkurve ausdrücken, die zuletzt immer steiler und rasanter ansteigt.
Demographisches und ökonomisches Wachstum schlug bald nach Erreichen der ersten Stufe agrarischer Produktion in Konflikte um, in Kriege nach außen und innen. Seitdem ist jeder tiefgreifende Wandel von Gewalt begleitet.

Über dramatische Veränderungen und Konflikte (Kriege, Bürgerkriege, Revolutionen) sind wir aber meist besser informiert als über die lautlosen, schleichenden Veränderungen, deren konfliktstiftende Wirkungen sich oft erst nach langen Zeiträumen (Jahrzehnten, Jahrhunderten) zeigten.
Aller Wandel, namentlich zu komplexeren Gesellschaftsformen, ist nur möglich durch Kontakte und Austausch von Erfahrungen, Methoden und Ideen. Solche Anregungen kommen in der Isolation überhaupt nicht oder nur abgeschwächt und verzögert zustande, wie in den großen isolierten Kontinenten (Australien; Amerika bis Kolumbus; Schwarzafrika). Weltgeschichte seit den Anfängen der agrarischen Produktion vollzog sich daher im wesentlichen auf den zusammenhängenden Kontinenten der Alten Welt – Asien, Europa («Eurasien») und Nordafrika.
Die Konzentrierung auf Eurasien (plus Nordafrika) rechtfertigt sich auch aus einer anderen Überlegung, aus der sich zugleich auch die innere Struktur der hier zugrundeliegenden Periodisierung ableiten läßt: In zwei Epochen ballen sich die Wachstumskoeffizienten besonders stark zusammen – Übergang zur agrarischen Produktion und Anfänge der Zivilisation (ca. 8000, 3100 v. Chr.); Übergang zur industriellen Produktion (ab ca. 1760). Beide großen Entwicklungs- oder (relativen) Modernisierungsschübe begannen in genau zu umgrenzenden Regionen – Vorderer Orient bzw. Mittel-/Nordengland/Südschottland – und hatten stets die Tendenz, sich über die gesamte ökonomisch verwertbare Erde auszubreiten. Quantitatives wie qualitatives Wachstum und Expansion gehören daher stets zusammen.
Eine umrißartige Einführung in die Weltgeschichte darf sich daher auf historische Voraussetzungen, Ablauf und Konsequenzen beider großen Umwälzungen konzentrieren – Übergang zur agrarischen und industriellen Produktion. Als praktischere Epochenuntergliederung ergibt sich – auch in Anlehnung an die neuere amerikanische Weltgeschichtsschreibung (McNeill, Stavrianos) – jedoch folgende Periodisierung:
Vorgeschichte (= schriftlose Geschichte) von den Anfängen der Menschheit bis zu den ersten Hochkulturen (ca. 3100 v. Chr.), mit Ausläufern in den erst später von der Zivilisation erreichten Regionen;
Vorherrschaft des Alten Ostens mit um die eurasische Dimension erweiterten und weiteren Unterteilungen – Alter Orient (ca. 3100–ca. 500 v. Chr.); Eurasische Antike (ca. 500 v.–ca. 500 n. Chr.); Eurasisches Mittelalter (ca. 500–ca. 1500);
Vorherrschaft des Neuen Westens (seit 1492/98), mit drei Zäsuren aus der von nun an dominierenden europäischen Geschichte – von der Expansion Europas in Übersee bis zum Vorabend der Französischen Revolution (1492/98–1789); von der Französischen Revolution bis zum Vorabend des Ersten Weltkrieges (1789–1914); seit dem Ersten Weltkrieg (1914) bis zur Gegenwart.
Der Alte Osten dominierte in der Alten Welt, mit wechselnden regionalen Schwerpunkten – Mittlerer Osten (Mesopotamien, Ägypten), Persien, Indien, China, mit Griechenland/Rom als europäisch modifizierter Verlänge-

rung nach Westen. Seit der Expansion Europas in Übersee in der Frühen Neuzeit beherrschte der Neue Westen die Welt – Europa mit seinen Verlängerungen in Übersee (Amerika, Australien). Ökonomische, politische und kulturelle Hauptachse des Alten Ostens waren Indischer Ozean und Mittelmeer, des Neuen Westens Nordsee und Atlantik. Der Alte Osten war überwiegend agrarisch fundiert, der Neue Westen mündete in die Industrialisierung ein, die inzwischen zur alles beherrschenden Lebensgrundlage der Modernen Welt geworden ist.

Jedoch ist ein fundamentaler Unterschied zwischen der älteren und neueren Großepoche der Weltgeschichte zu beachten: In der Zeit des Alten Orients waren die regionalen Kultur- und Machtzentren nur locker oder indirekt miteinander verbunden, vor allem durch den Interkontinentalen Fernhandel, der neben kommerziellen Kontakten auch die Vehikel zu kulturellen und religiösen Beeinflussungen stellte (Schiff, Karawane). Grundsätzlich waren die großen Kultur- und Machtzentren ungefähr gleichgewichtig und gleichberechtigt, selbst wenn sie sich gegenseitig weitgehend ignorierten oder verachteten.

Nach dem Untergang seiner griechisch-römischen Klassik war das mittelalterliche Europa 500 Jahre lang nur halbzivilisierte Peripherie, im Vergleich zu den traditionellen Kulturzentren von Ägypten bis China, gewann aber auch, u. a. durch Einströmen von Kenntnissen und Kulturtechniken aus dem Osten, die Kraft zum Ausbruch aus seiner bisherigen unterentwickelten Randlage.

Mit seiner Expansion in Übersee (ab 1492/98) warf sich Europa allmählich zur Herrin der Welt auf, wenn auch in sich national untergliedert und geteilt: Frühe Kolonial- und Handelsreiche in Übersee und Industrialisierung schufen die neue Weltwirtschaft, die von England aus beherrscht wurde. Der bis dahin überwiegend indirekten Herrschaft über weite Teile Asiens, später auch Afrikas durch die europäische Weltwirtschaft folgte die Institutionalisierung und Formalisierung direkter politischer Herrschaft durch den Imperialismus. Erstmals in der Weltgeschichte war ein wirkliches Welt-System entstanden, mit *einem* Zentrum (Europa) und der übrigen Welt als Peripherie.

Weltwirtschaft, moderne Technik und Imperialismus schufen so erstmalig ein wirklich globales System, das seine Grenzen nur noch in sich selbst und um 1900 in der Kugelgestalt der Erde fand. So entstanden neue, jetzt wirklich globale Konflikte: die beiden Weltkriege. In ihnen zerbrach das europäische Welt-Staatensystem und bildete sich zur vorübergehenden Welt-Konstellation um – zwei miteinander rivalisierende Welt-Supermächte, die tendenziell jeweils für sich die gesamte Welt haben wollten und bis «zum letzten Gefecht» die Welt um sich zu gruppieren und damit zu polarisieren versuchten.

Nur mit einer Gliederung der Weltgeschichte läßt sich die Gefahr der jüngsten oft beschworenen «Europazentrik» vermeiden: Die Skizze der Weltgeschichte orientiert sich an den großen Zentren ökonomischer, politischer und kultureller Aktivitäten. Ganz zwanglos folgt dem eurasisch zentrierten Alten Osten der euromerikanische Neue Westen, so daß in der zweiten Hälfte der weltgeschichtlichen Skizze ruhigen Gewissens europäische Geschichte den größten Raum einnehmen darf.

Hinweise zur Benutzung

Die geraffte Skizze eines so gewaltigen Stoffes ist keine leichte Bettlektüre, sondern erfordert von Anfängern ein überdurchschnittliches Maß an Interesse und Konzentration auf eine komplexe Sache. Auch werden ausreichende Grundkenntnisse der Geographie vorausgesetzt. Hilfreich ist stets, einen Geschichtsatlas oder allgemeinen Atlas parallel zur Lektüre zu benutzen. Zum richtigen Verständnis z. B. der Weimarer Republik gehört auch die Kenntnis der genauen geographischen Lage Weimars.

Hinzu kommt eine weitere Problematik: Die Fachkompetenz des Verfassers liegt vor allem in der Neuzeit. Wenn er sich auch jetzt wieder in die Ältere Geschichte gewagt hat, so aus der Einsicht, daß eine noch so gute Kenntnis der Neuzeit allein auf Sand gebaut bleibt, wenn sie nicht auf einem möglichst soliden Fundament von Grundwissen über die Ältere Geschichte ruht: Zentrale historische Mechanismen treten im Alten Orient oder in der europäischen Antike erstmals auf und lassen sich an Hand ihrer Geschichte auch am besten erklären. Die skizzenhaften Einführungen zur Älteren Geschichte sollen daher dazu ermutigen und anreizen, sich auch die Vorgeschichte, die allgemeine Geschichte des Alten Ostens, der griechischen und römischen Antike sowie der großen außereuropäischen Kulturen, anderweitig ausführlicher als hier möglich selbst anzueignen. Die übliche Vernachlässigung der Älteren Geschichte durch einseitige Bevorzugung der Neueren und Neuesten Geschichte sollte niemand mitmachen, der einen wirklich fundierten Überblick über die Weltgeschichte insgesamt anstrebt, bevor er sich verantwortlich in die selbstverständlich unumgängliche Spezialisierung und Vertiefung wirft.

Wem die Einführung in die Ältere Geschichte bis zum europäischen Mittelalter als zu zäh und trocken vorkommt, möge die Schwierigkeiten bedenken, in Raum und Zeit so gewaltige Abschnitte der Weltgeschichte auf so wenigen Seiten durcheilen zu müssen, ohne bei Lesern schon allzuviel Detailkenntnisse voraussetzen zu dürfen. Für die Skizze des europäischen Mittelalters und der Neuzeit ergibt sich dagegen schon von selbst eine größere thematische Geschlossenheit, so daß sich diese Teile leichter lesen und auch an inzwischen aufbereitetes Wissen eher anknüpfen lassen. Kritische Leser mögen sich also in Geduld fassen, sollten sie die Kapitel bis zur europäischen Antike als Durststrecke empfinden: Ältere Geschichte muß sein, auch die Asiens und Afrikas, schon aus Respekt vor der Würde anderer Völker und fremder Kulturen. Die Gefahr des Zerfließens des über Raum und Zeit verteilten sehr heterogenen Stoffes ist hoffentlich durch die Art der Kapiteleinteilung und ihrer Einordnung in weitere Zusammenhänge vermieden.

Dafür läßt sich in der Neuzeit, schon wegen der sachlich gebotenen Konzentrierung auf europäische Geschichte, viel leichter die grundsätzliche Einheit des historischen Prozesses herausarbeiten. Die drei großen Zäsuren der Neueren Geschichte – Expansion Europas in Übersee, Französische Revolution, Erster Weltkrieg – sind keine starren, gleichsam passiven Einschnitte, sondern in sich dynamische Orientierungskomplexe. Sie weisen über sich hinaus jeweils auf ihre (relative) Vergangenheit (historische Voraussetzungen) und damalige Zukunft (Folgen): Die Ältere Geschichte in Europa seit dem Mittelalter, aber auch in Asien und Afrika, drängt zuletzt zur Expansion Europas in Übersee hin, zu deren Zustandekommen alle wichtigen Faktoren ihren welthistorischen Beitrag leisteten, so daß auch die Skizzen über Asien und Afrika unentbehrlich werden. Die Auswirkungen der Expansion Europas in Übersee führen zur Industriellen Revolution und Französischen Revolution, aber auch weiter zu den nur universalhistorisch richtig zu erfassenden Voraussetzungen des Ersten Weltkrieges, der seinerseits auch ein Produkt von Industrieller Revolution (Imperialismus), moderner Revolution und des Nationalismus ist.

Zur Bewältigung der Stoffmassen sollten sich die Leser daher die drei großen Schlüsselkomplexe der Neuzeit klarmachen, sich über ihre historischen Voraussetzungen, ihren Verlauf und ihre historischen Wirkungen orientieren, weil so ein differenzierter und nuancierender Gesamtüberblick bis zur Zeitgeschichte und Gegenwart leichter fällt. Dann verliert auch die Ältere Geschichte ihre Schrecken: Mit agrarischer Produktion und komplexer Staatlichkeit schuf der Alte Osten elementare Grundlagen unserer gegenwärtigen Existenz, die sich in der europäischen Antike sowie in den großen Zivilisationszentren außerhalb Europas zunächst regional ausdifferenzierten und verfeinerten. Europa fiel jedoch gegenüber dem klassischen Niveau wieder ab, bis zur ersten Hälfte des Mittelalters. Die zweite Hälfte des Mittelalters (ab ca. 1000) erzielte allmählich den Anschluß an das frühere Zivilisationsniveau durch Anknüpfung an die europäische Antike und Anregungen aus den asiatischen Kulturzentren (Indien, China). Expansion Europas in Übersee und Industrialisierung modernisierten durch kriegerische Konflikte hindurch die traditionellen Grundlagen unserer Existenz.

Für die Neuzeit schälen sich zwei große Schwerpunkte heraus – das 16. Jahrhundert und die Zeit zwischen 1789 und 1914. Demnach bleibt für die Zeitgeschichte seit dem Ersten, gar erst seit dem Zweiten Weltkrieg kaum noch Platz – leider: Eine einigermaßen angemessene, d. h. notwendig nuancierende Skizze, um der schon quantitativen Zunahme wichtiger nationaler und internationaler Faktoren und ihrer wachsenden Verflechtung untereinander gerecht zu werden, würde mindestens noch einmal soviel Platz für die Zeitgeschichte benötigen, wie hier für die Neuere Geschichte insgesamt zur Verfügung steht. Kritiker mögen Barmherzigkeit walten lassen: Vielleicht findet sich jemand, der die notwendige Fortsetzung in diesem knappen Rahmen schreibt. Bis dahin bleiben als Trost nur zwei Erwägungen: 1. Über die meisten Einzelthemen gibt es schon reichlich Literatur, auch als Taschenbücher interessierten Anfängern erreichbar. 2. Ohne die Ältere Geschichte bis zum Ersten Weltkrieg würde die jüngste Zeitgeschichte völlig unverständlich bleiben, würden Anfänger und Laien in der Flut der zu bewältigenden Daten ertrinken. Also kann selbst der hier angebotene bescheidene Überblick bis 1918 auch als Ausgangsbasis für ein besseres Verständnis der Zeit nach 1918 dienen.

Die Kapitel sind möglichst so gefaßt, daß sie eine «nationale» Begrenzung (England, Frankreich, Deutschland usw.) vermeiden, sondern eher übergreifende Aspekte betonen (Pentarchie, Industrielle Revolution, Orientalische Frage). Wo es nicht zu umgehen war, enthalten die Themen auch über sie hinausweisende Akzentuierungen und Bezüge (Teilungen Polens, Unabhängigkeitskrieg der Niederlande), tunlichst auf das Verständnis der Gegenwart zugespitzt (Balkan im Mittelalter). In Vor- und Rückgriffen ist jedes Kapitel mit mindestens zwei anderen verknüpft, allerdings ohne formalen Verweis. Die ungefähr chronologische Anordnung erlaubt es daher, grundsätzlich vorausgegangene Kapitel als Vorgeschichte zur jeweiligen Thematik zu benutzen, z. B. Anfänge des Christentums und Mittelalter für Reformation und Gegenreformation; Interkontinentaler Fernhandel, Mittelalter, Expansion in Übersee, frühe Kolonialreiche und Ursprüngliche Akkumulation für Industrielle Revolution usw. Für die weitere Vorgeschichte des Ersten Weltkrieges können sich Leser daher die ihnen zusagenden oder sie interessierenden Themen selbst zusammenstellen, um sich ein angemessenes, d. h. vielschichtiges Bild von der nun wirklich komplexen und umfassenden Vorgeschichte im weiteren Sinn zu machen. Andererseits bedeutet dieser Sachverhalt: Die – latente oder offene – inhaltliche Verzahnung der Themen erschwert Anfängern eine punktuelle Lektüre; Sachverhalte und Begriffe können als bekannt vorausgesetzt werden, wenn sie vorher schon einmal erklärt sind. Gerade Anfängern ist daher eine zügige Lektüre von Anfang bis Ende zu empfehlen, bevor sie sich der einen oder anderen besonders interessierenden Thematik zuwenden, am besten vertiefend mit zusätzlicher Lektüre.

Der Band kann selbstverständlich nur einen allerersten Anfang bieten. Als nächste Aufbaustufe auf dem Weg vom Allgemeinen zum Besonderen würde sich «Geschichte griffbereit» anbieten. Wer sich nicht demselben Autor zweimal anvertrauen möchte, muß sich in anderer Literatur selbst orientieren.

Das Buch läßt sich im Prinzip zügig durchlesen, anschließend immer wieder zur wiederholenden Konsultation heranziehen. Zumindest die rund 200 Eck- und Schlüsseldaten, die überwiegend in den Kapitelüberschriften auftauchen und im Anhang nochmals zusammengefaßt sind, sollten sich Anfänger einprägen. Nüchtern, aber lesbar gehalten, könnte der Band eine erste Orientierung geben.

Für verantwortungsbewußte Historiker ist damit aber auch die Grenze zur Elementarisierbarkeit historischen Grundwissens erreicht. Je knapper der Stoff zusammengefaßt wird, desto großzügiger, aber auch energischer müssen die Skizzierungen der großen Linien und Zusammenhänge ausfallen. Desto dringender wird dann die Notwendigkeit, die Verbindung zu den elementaren Fakten der Weltgeschichte zu wahren: Punktuelle Fakten ohne intelligente Zusammenhänge bleiben tot, noch so schöne Zusammenhänge ohne die Basis konkreter Fakten und Detailkenntnisse bleiben leeres Gerede. Wo immer möglich, erhielten die Kapitelüberschriften (mindestens) zwei Eckdaten. Im Text erscheinen sie noch einmal halbfett hervorgehoben, jeweils bei der ersten und letzten Erwähnung des früheren und späteren Eckdatums in einem

Kapitel. Bei Wiederholung besonders häufig vorkommender Eckdaten (z. B. 3100 v. Chr., 1200 v. Chr., 476, 1453, 1492/98, 1789, 1815, 1914, 1918) wird auf ein benachbartes Datum ausgewichen, um möglichst viele wichtige Daten noch einmal ausdrücklich zu betonen.

Alle so halbfett gedruckten Daten sind noch einmal im Anhang, jetzt strikt chronologisch, zusammengefaßt, ergänzt um einige zusätzliche Daten, die in den Kapitelüberschriften nicht unterzubringen waren, wegen des besseren Verständnisses hier aber nicht fehlen sollten.

So zieht sich eine Kette von rund 200 hervorgehobenen Schlüsseldaten durch den Text, die alle mindestens fünfmal in verschiedenen Zusammenhängen erscheinen – im Inhaltsverzeichnis, in den Kapitelüberschriften, im Text selbst (halbfett) mindestens einmal, in den chronologischen Abrissen zu den meisten Kapiteln, im Anhang. Wenigstens diese Daten, manche inhaltlich mehrfach besetzt (z. B. 1453), sollten sich Anfänger als unumgängliches Minimum einprägen, um sich, von ihnen ausgehend, allmählich den in der Tat komplexen und anspruchsvollen Stoff zu erschließen. Daten sind aber weder Selbstzweck noch Tyrannei, sondern ganz pragmatische Orientierungshilfen, wie Wegweiser auf Autobahnen und Landstraßen oder wie Kleiderhaken, an denen sich stoffreiches Wissen aufhängen läßt.

Der in sich vielfältig gegliederte Anhang bringt noch einmal zusätzliches Material, teils als mehr ins Detail gehende Wiederholung. Chronologisches Datengerüst, die Übersichten zur Staatengeschichte, zu Herrschern und Regenten, vor allem die historischen Schemata sollen als Gedächtnisstützen dienen, sollen durch Systematisierung Zusammenhänge sichtbar machen, also Durchblick schaffen. Hierfür eignen sich besonders komplexe Sachverhalte, die sonst Anfängern meistens verschlossen bleiben (z. B. Indoeuropäische Sprachen I und II, Konzilien/Schismen, Wikinger/Normannen, Kreuzzüge, Teilungen Polens, Internationale Krisen vor 1914) und in dieser komprimierten Form woanders nicht zu finden sind. Gerade die Schemata, als konzentrierte historische Erklärung, erfordern häufige Durchsicht und eigenständiges Weiterlesen in der einschlägigen Literatur, damit Anfänger sich die Materie auch wirklich aneignen können.

Vorgeschichte: Von der Menschwerdung bis zum Beginn der Zivilisation

Um 2 Millionen bis um 3100 vor Christus

Als Vorgeschichte gilt hier der zeitlich längste Abschnitt in der Geschichte der Menschheit, die Zeit, für deren Rekonstruktion die Wissenschaft ganz auf Ausgrabungen angewiesen ist, also auf die Archäologie. Zuerst im Vorderen Orient kam mit dem Übergang zur Hochkultur die Schriftlichkeit auf (ca. 3100 v. Chr.), die zu einer Grundlage der Zivilisation selbst wurde. Da sich Schriftlichkeit nur langsam vom Vorderen Orient aus verbreitete, reicht die Periode der schriftlosen Vorgeschichte für die meisten Bereiche der Erde zeitlich weit über die Anfänge der Hochkultur im Vorderen Orient hinaus, so daß im folgenden die überlappende Gleichzeitigkeit von schriftloser Vorgeschichte und zunehmend durch schriftliche Quellen rekonstruierbarer Geschichte auf dem Niveau der Schriftlichkeit noch lange zu beachten bleibt.

Den Rhythmus der Vorgeschichte prägte zunächst der häufige langfristige Wechsel zwischen Eiszeiten in den gemäßigten Zonen und in der Nähe großer, von Ost nach West verlaufender Hochgebirge (Alpen, Himalaya, Kaukasus) und wärmeren Zwischeneiszeiten. Ihnen entsprachen in wärmeren (subtropischen) Zonen Regen- bzw. Trockenperioden, die vor allem den Wechsel der Sahara zwischen Perioden der Begrünung und Austrocknung bestimmten. Erst das Ende der letzten Eiszeit machte die Entfaltung der agrarischen Produktion im Vorderen Orient möglich (ab 8000 v. Chr.), leitete allerdings auch die Austrocknung der Sahara zur größten Wüste der Erde ein. Umgekehrt erklärt das (fast völlige) Fehlen von Eiszeiten in China, warum sich dort so viele ältere Pflanzen hielten, die von dort seit dem Eurasischen Mittelalter nach Europa kamen, teilweise mit dem Interkontinentalen Fernhandel.

Mit einem zunächst nur langsamen, über zwei Millionen Jahre kaum bemerkbaren Bevölkerungsanstieg wuchsen in der Vorgeschichte allmählich elementare Grundlagen heran, die noch bis heute unsere Existenz als Menschheit festlegen, im spannungs- und variantenreichen Wechsel von Konstanz, Veränderung und Kontinuität – Menschwerdung in Afrika (vor ca. **2 Mio. Jahren**); Auftreten des rezenten Menschen (Homo sapiens sapiens) im Vorderen Orient (vor ca. 35000 Jahren); Aufspaltung der Menschheit in große Menschheitsgruppen (ca. 30000 v. Chr.?); Entstehen artikulierter Sprachen, über die sich allerdings erst seit Übergang zur Schriftlichkeit etwas aussagen läßt; Übergang zur agrarischen Produktion, zuerst im Vorderen Orient (ab ca. 8000 v. Chr.) auf einer einfacheren («primitiven», d. h. ersten = ursprünglichen oder urtümlichen) Stufe; erste festere Wohnstätten zur Behausung der Menschen, mit Bauweisen, die noch auf die auslaufende Steinzeit zurückgehen (Fachwerk, Lehmbau, erste gebrannte Ziegel). Wichtigster Werkstoff war, bis lange in historische Zeiten, Holz. Aber unter den archäologischen Funden überwogen bei weitem Werkzeuge aus Stein, weshalb der größte Teil der Vorgeschichte in die Steinzeit fällt. Noch zur Vorgeschichte zählt ein Vorgang von welthistorischer Bedeutung, die Ausbreitung, Auffächerung und Aufspaltung der indoeuropäisch/germanischen Sprachen und Völker (vor ca. 2000 v. Chr.). Sie brachte das reichhaltige Spektrum indoeuropäischer, toter wie lebender Sprachen hervor, vom Keltischen im Westen bis zum Tocharischen im Osten (s. Anhang, Schema), das heute noch immer zahlreiche moderne Sprachen verbindet.

1 Altsteinzeit (Paläolithikum): Anfänge der Menschheit als Sammler und Jäger, bis um 8000 vor Christus

Die Ur- und Vorgeschichte, in der Lehre der allgemeinen Geschichte an Schulen und Universitäten meist vernachlässigt, sollte bei keinem Überblick über die Weltgeschichte fehlen, nicht nur, weil sie nun einmal Geschichte einleitet. Schließlich entstanden damals elementare Voraussetzungen unserer heutigen Existenz: Anfänge der Menschheit überhaupt, des Homo sapiens, der großen Menschheitsgruppen (früher: «Rassen»), der agrarischen Produktion; Übergang zur städtischen Hochkultur (Zivilisation). Gerade Schüler im Alter von 10–12 Jahren haben an diesen Fragen ein besonderes Interesse, das für Einführung und Grundierung historischen Wissens leicht zu mobilisieren ist. Daher läßt sich in der Vorgeschichte an motivierenden Anknüpfungspunkten unserer Zeit demonstrieren, wie oft Tatbestände aus «grauer Vorzeit» buchstäblich bis in unsere Gegenwart hineinwirken, z. B. das Fachwerkgeflecht bäuerlicher Häuser als uralte Form des Bauens oder der hölzerne Hakenpflug in manchen Entwicklungsländern.

Dem richtigen Verständnis der Vorgeschichte stehen mehrere Komplikationen entgegen, deren sorgfältige Beachtung unentbehrlich wird. Vom Allgemeinsten zum Besonderen fortschreitend sind dies:

– Der Wechsel zwischen Eiszeiten (Regenzeiten) und Wärmeperioden (Trockenperioden) in gemäßigten Breiten bzw. subtropischen Wüsten/Trockengebieten (vor allem Sahara). Die Anfänge der Menschheit in wärmeren Regionen werden daher plausibel – Ost/Südostafrika, von wo aus sich die Urmenschen in Asien und Europa allmählich ausbreiteten. Unterschiedliche Durchschnittstemperaturen beeinflußten die Höhe des Meeresspiegels – in Eiszeiten waren größere Wassermassen in Eis gebunden, in Wärmeperioden waren tiefer gelegene Landflächen vom Meer überflutet.

– Ur- und Vorgeschichte als schriftlose, nur aus archäologischen Funden und ihrer Interpretation mit immer differenzierteren Methoden rekonstruierbare Vergangenheit des Menschen wird nach dem überwiegend *gefundenen* Material benannt, dem Stein, obwohl rein quantitativ im tatsächlichen Gebrauch anderes Material überwogen haben mag, vor allem Holz. Die Ur- und Vorgeschichte läuft daher nur in Regionen der ersten Hochkulturen schon in der Jungsteinzeit (Neolithikum) aus und geht in sich bereits schriftlich artikulierende Geschichte des alten Vorderen Orients über. Dagegen läuft sie in den übrigen Regionen noch in verschiedenen Phasen der Metallzeit als Vorgeschichte weiter – Kupfer-, Bronzezeit und Eisenzeit. Die unterschiedlichen Zeitebenen bei ein und derselben Technologie – Mikrolithen (kleine, fein behauene Steinwerkzeuge), Kupfer, Bronze, Eisen – in

den verschiedenen Regionen sind daher stets zu beachten: Jüngere Steinzeit, Bronze- und frühe Eisenzeit gehören in Europa noch zur (schriftlosen) Vorgeschichte, im Vorderen Orient dagegen schon zur Hochkultur.
Da Vorgeschichte zuerst und am intensivsten in Europa erforscht wurde, sind die meisten Bezeichnungen mit Europa verknüpft, vor allem mit Frankreich (z. B. Abbévillien, Acheuléen, Levalloisien, Moustérien; Cro-Magnon-Mensch = Homo sapiens sapiens). Die natürliche Tendenz, die Geschichte der eigenen Region in den Mittelpunkt der Geschichtsbetrachtung zu stellen, verführt daher dazu, Vorgeschichte mit der der eigenen Heimat zu beginnen. Unter welthistorischen Horizonten müssen sich jedoch vor allem europäische Leser immer vor Augen halten, daß Vorgeschichte *nicht* in Europa begann. In der Vorgeschichte gab es zwei Zentren, von denen große Entwicklungen ausgingen – Ost/Südostafrika für das Entstehen der Menschheit im Paläolithikum (Ur- und Altmensch); Vorderer Orient für Entstehen des Homo sapiens sapiens, der agrarischen Produktion und der Hochkultur (Zivilisation) im auslaufenden Neolithikum.
Für zusätzliche Verwirrung sorgen unterschiedliche Benennungen der Menschen in der Altsteinzeit und die Benutzung des Namens «Homo sapiens» in einem weiteren und einem engeren Sinn: So gilt «Homo sapiens» als Jetztmensch im älteren Mittelpaläolithikum (weiterer Sinn) oder als «Homo sapiens sapiens» (im engeren Sinn) (= Cro-Magnon-Mensch) im Übergang vom Mittel- zum Jungpaläolithikum. Die folgende Skizze bemüht sich um Vereinfachung der Terminologie, die um so mehr zu differenzieren und nuancieren wäre, je vertiefter und spezialisierter die Beschäftigung mit Ur- und Vorgeschichte wird.

2 Mio. Jahre	Übergang zur Menschheitsentwicklung im Rift Valley (Tansania/Kenia), Homo habilis: Pebble culture.
ca. 600000	Altpaläolithikum: Archanthropus (Urmensch), Homo erectus: Faustkeil, Feuer.
ca. 70000	Neandertaler.
ca. 35000	Homo sapiens (sapiens) im Vorderen Orient.
ca. 30000 (?)	Aufspaltung in drei große Menschheitsgruppen: Negriden, Europiden, Mongoliden.
ca. 14000	Pfeil und Bogen in Europa.
ca. 10000	Mikrolithen im Übergang zum Neolithikum.

In der Altsteinzeit (Paläolithikum) mit ihren verschiedenen Unterteilungen sehen wir eine langsame Entwicklung. Der Homo habilis hatte vor ca. **2 Mio. Jahren** im Rift Valley bereits roh behauene erste Werkzeuge, die möglicherweise als Vorform im natürlichen Geröll vorkamen (Geröllkultur, pebble culture). Der Archanthropus (Urmensch), auch Homo erectus, im Altpaläolithikum (ab ca. 600000) bediente sich des schon bewußt behauenen Faustkeils, später auch des Feuers (ca. ab

300000), ging erst in der Spätphase auch zur dauernden Besetzung von Höhlen als Wohnstätten und zu ihrer Verteidigung gegen wilde Tiere über. Der Schaber wurde zum zweiten Universalwerkzeug des frühen Menschen. Die Menschen der Altsteinzeit lebten vom Sammeln von Früchten, Wurzeln, Kleintieren usw. und von der Jagd auf Großtiere, bis hin zum Mammut in kälteren Perioden, zunehmend ausgeübt in immer größeren Gruppen. Soziale Bezugsgrößen wurden Familie und Horde.
Noch in die Altsteinzeit fällt das Auftreten des Homo sapiens (sapiens) im engeren Sinn (ca. 35000) vermutlich schon im Vorderen Orient. Seit Aussterben der letzten Altmenschen vom Neandertalertyp (ca. 30000) besteht die gesamte Menschheit aus rezenten (= heute lebenden) Menschen Homo sapiens sapiens (Cro Magnon), mit Artikulationsfähigkeit in komplexen Sprachsystemen, die jedoch erst im Übergang zur Schriftlichkeit fixierbar und historisch dokumentierbar wurden. Neue Instrumente ermöglichten, die Jagd differenzierter und effektiver auszuüben, vor allem durch Speerschleuder (ca. 20000), Pfeil und Bogen (ca. 14000), jeweils vermutlich zuerst in Europa, vielleicht weil dort die Jagd unter den Bedingungen der letzten Eiszeit besonders lebensnotwendig wurde.
Um diese Zeit liegt die Aufspaltung der Menschheit in drei oder vier große Gruppen («Rassen»), vielleicht um 30000 (?). Mikrolithen mit kleinen und kleinsten Pfeilspitzen (ab ca. 10000) markierten den Übergang zur Jungsteinzeit (Neolithikum), die **ca. 8000** v. Chr. mit der agrarischen Produktion eine ganz neue Epoche eröffnet.
Insgesamt herrschte in der «Oikumene» (= von Menschen bewohnten Gebieten der Erde) des Paläolithikums eine beeindruckende Geschlossenheit und Einheitlichkeit der materiellen Entwicklung, sichtbar gemacht in den prähistorischen Museen der gesamten Welt: Faustkeile – Mikrolithen, erste Bronzegeräte. Jedenfalls für den Nichtfachmann auf dem Gebiet der Vorgeschichte (der Autor zählt sich auch dazu) drängt sich dieser Eindruck der Einheitlichkeit auf, wie sie vielleicht erst heute in der gegenwärtigen Weltzivilisation tendenziell wieder annähernd erreicht wird.

2 Homo sapiens (sapiens) und seine Ausdifferenzierungen, um 35000 bis um 2000 vor Christus

Noch in die Altsteinzeit fällt das Auftreten des Homo sapiens im engeren Sinn (Homo sapiens sapiens) (**ca. 35000**). Seit Aussterben des Neandertalers (ca. 30000) stiftet er die innere Einheit der Menschheit: Im Prinzip weist der rezente (= heute lebende) Mensch überall, auch unter unterschiedlichsten Bedingungen ökonomischer und sozialer Entwicklungsstufen, kollektiv, d. h. bezogen auf Großpopulationen, dieselben geistigen Merkmale auf – Sprache, Intelligenz, Lernfähigkeit. Selbstverständlich bleiben (überall) individuelle Unterschiede in Gradabmessung oder Spezialisierung dieser Fähigkeiten.

Zwei große Entwicklungs- und Aufspaltungsschübe sind zu unterscheiden: in der auslaufenden Altsteinzeit (Jungpaläolithikum) spaltete sich die Menschheit vermutlich in die drei großen Menschheitsgruppen auf (ca. 30000), die seit Auschwitz nicht mehr «Rassen» heißen sollten. In der barbarischen Peripherie nördlich des mediterranen Zivilisationszentrums bildete sich vor 2000 v. Chr., im Übergang vom Neolithikum zur Bronzezeit, aus den Europiden mit den Indogermanen/Indoeuropäern eine besondere komplexe Groß-Untergruppe heraus mit Ausstrahlungen zunächst vor allem auf Asien und Europa.

Alle weitere Geschichte bleibt unverständlich ohne wenigstens ungefähre Kenntnis dieser vielfältigen Aufspaltungen der Menschheit, denn mit ihnen entstanden in der Vorzeit Völker, deren Namen noch heute präsent sind, z. B. Briten, Gallier (Wales), Germanen (Germany), Slawen (Jugoslawien), um nur in Europa zu bleiben.

ca. 35000	Auftreten des Homo sapiens.
ca. 30000	Aussterben des Neandertalers. Negriden, Europiden, Mongoliden.
ca. 21000	Mongoliden in der Neuen Welt – Vorfahren von Indianern und Indios.
ca. 3300 (?)	Auftreten der Sumerer und ersten Semiten.
ca. 2600	Einwanderung der Akkader nach Mesopotamien: erste historisch faßbare Semiten.
vor 2000	Aufspaltung der Indogermanen/Indoeuropäer.
ab ca. 1900	Einwanderungswelle von Indogermanen/Indoeuropäern nach Süden.

Irgendwann in der auslaufenden Altsteinzeit (Jungpaläolithikum) spalteten sich die Menschen vom Typ des Homo sapiens sapiens in die drei großen Menschheitsgruppen – Negriden, Europiden, Mongoliden. Um

eine ungefähre Zeitvorstellung zu geben, sei hier die Angabe «ca. 30000» gewagt. Über Gründe und Verlauf dieser Trennung wissen wir so wenig, daß hier Feststellung und ungefähre zeitliche Einordnung der Tatsache genügen müssen. Unterschiede bezogen sich jedoch nur auf äußerliche Merkmale (Hautfarbe, Beschaffenheit der Haare, Nasenform).
Die Negriden konzentrierten sich auf Afrika, seit Austrocknung der Sahara südlich der Sahara. Einzelgruppen älterer Ureinwohner hielten sich bis zur Gegenwart auch in isolierten Gegenden Indiens («Negritos») und der Philippinen als Rückzugsvölker, offensichtlich Hinweis auf eine frühere, weit größere Verbreitung im Jungpaläolithikum. Ihnen entsprechen strukturell bis zur Neuzeit isolierte Sammler und Jäger in anderen Regionen – Pygmäen, Buschmänner (= San) (Afrika), Papua (Neu-Guinea), Maori (Neuseeland), Aborigines (Australien), Ainu (Japan) u. a.
Wichtigste Hauptgruppen der Europiden sind Semiten und Indogermanen/Indoeuropäer, jeweils mit weiteren Untergruppierungen. Die Semiten breiteten sich von der Arabischen Halbinsel in immer neuen Wanderungs- und Eroberungswellen im Vorderen Orient aus – Akkader (ca. 2600), Amoriter (ca. 2000), Aramäer (ca. 1200), Araber (634 n. Chr.). Dazwischen bildete sich mit den Hebräern/Juden eine besondere Gruppe: Ihre besonders komplizierte Geschichte verschlug sie faktisch in die ganze Welt. Heute stellen die Juden eine Partei im Nahostkonflikt, im Gegensatz zu den historisch mit ihnen weitläufig verwandten Arabern.
Aus den Mongoliden entwickelten sich, mit Schwerpunkt in Ost- und Teilen Zentralasiens, Mongolen, Chinesen, Koreaner und Japaner. Hinzu traten Eskimos als arktische Jäger und Lappen/Sami als subarktische Rentierzüchter, ergänzt um kleinere, später seßhaft gewordene agrarische Völker (Finnen, Esten). Eine Sonderstellung nahmen jene Mongoliden ein, die ca. 21000 v. Chr. über eine damalige Landbrücke der heutigen Beringstraße zwischen Asien und Amerika als subarktische Jäger dem zurückweichenden Wild in die Neue Welt folgten und sich als Indianer bzw. Indios über ganz Amerika ausbreiteten. Ihre weitere Entwicklung verlief dort in fast völliger Isolierung von der übrigen Menschheit, erreichte aber selbständig die Stufen der Landwirtschaft (Mais, Süßkartoffeln) und Hochkultur einschließlich Großreichen, in Mexiko (Maya, Azteken) sowie Peru/Bolivien (Inka).
Die Indogermanen/Indoeuropäer entstanden vielleicht im späteren Rußland. Ihre frühere Zusammengehörigkeit läßt sich heute nur noch aus sprachlichen Verwandtschaften erschließen, aber nicht aus angeblichen «rassischen» Gemeinsamkeiten, einer sog. «nordischen» oder «arischen» Rasse, wie sie der Nationalsozialismus in Deutschland mit seinen unmittelbaren Vorläufern seit dem späten 19. Jahrhundert postulierte. Die unterschiedlichen Namen (Indogermanen/-europäer) erklären sich aus der älteren Annahme, daß die Indoarier die östlichste (im 19. Jahrhundert) bekannt gewor-

dene Gruppe war, die Germanen diejenige, die am wenigsten weit gewandert wäre. Wegen der Reklamierung der Germanen als unmittelbare Vorfahren der Deutschen bevorzugt der größte Teil der westlichen Wissenschaft heute den Namen «Indoeuropäer» für dieselbe Sache.

Die Aufteilung der Indogermanen/Indoeuropäer muß vor **2000 v. Chr.** erfolgt sein. Historisch am bedeutsamsten wurden zunächst die östlichen Gruppen, die in die Zivilisationszentren des Vorderen Orients und später nach Indien einbrachen – Hethiter (ca. 1900), später Indoarier (ca. 1400), ferner Iraner, Meder, Alanen. Hinzu kamen Völker, die ihre Struktur als Reitervölker bis in historische Zeit bewahrten – Tocharer, bis zu den Grenzen Chinas; Kimmerier und Skythen. Die frühen indoeuropäischen Völker brachten zwei wesentliche Neuerungen in die Zivilisationszentren, Pferd und Eisenwaffen. Gleichzeitig mit den Hethitern drangen ca. 1900 Frühgriechen zu den damaligen nordwestlichen Rändern des mediterranen Zivilisationszentrums vor und eröffneten die Indoeuropäisierung Griechenlands. Der Seevölkersturm (vor 1200), eingeleitet durch die Illyrer, setzte weitere indoeuropäische Völker in Bewegung – Thraker, Lyder, Phryger nach Kleinasien; Philister nach Kanaan/Palästina, Achäer nach Griechenland; Italiker nach 1200 in zwei Wellen nach Italien. Außerhalb der Zivilisationszentren blieben zunächst Kelten, Germanen und Slawen, mit zahlreichen Unterteilungen. Sie wurden im wesentlichen erst seit der Eroberung durch Rom bzw. das Karolingerreich in den sich ausweitenden Kreis komplexerer Zivilisations- und Staatsstruktur einbezogen, im Mittelalter vor allem durch Annahme des Christentums.

Die grundsätzliche Einheit der Menschheit in der verwirrenden Vielfalt äußerer Erscheinungsbilder ist heute von kapitaler Bedeutung. Sie sollte jedem Rassismus, der Irrlehre von angeblich biologischen, d. h. unveränderlichen «Rassen» unterschiedlicher (und ebenfalls unveränderlicher) Wertigkeit, den Boden entziehen. Deshalb wird es ebenso wichtig zu verstehen, daß die in der Tat vielfältige Ausdifferenzierung der Menschheit Ergebnis eines komplizierten historischen Prozesses in dunkler Vorzeit ist, über den wir nur wenig wissen.

Allmähliche Bevölkerungsvermehrung, Erweiterung und Intensivierung der Nahrungsmittelproduktion durch Ackerbau und Viehzucht, Druck auf Land und elementare Ressourcen (z. B. Wasser), Ansammlung von (relativem) Wohlstand führten so zu ersten Verdichtungen seßhaft gewordener Bevölkerung in Dörfern, später auch Städten. Das Auftauchen von Waffen und Befestigungen weist auf frühe Konflikte zur Abwehr kriegerischer Überfälle. Mit dem Anwachsen der Bevölkerung in den Flußoasen, die zunächst nur Landwirtschaft auf dem höheren Niveau intensiver Gartenwirtschaft («Garten Eden» = Mesopotamien) möglich machten, steigerte sich die Qualität sozialer Komplexität, politischer Machtstrukturen und gewaltsamer Konflikte – vom Clan über Gau und Stadtkönigtum bis zum Großreich. Entsprechend veränderte sich die Qualität kriegeri-

scher Konflikte, bis hin zu ersten Schlachten und regulären Kriegen.
Andererseits blieb die ursprüngliche Aufteilung der Menschheit in große Gruppen («Rassen») bis zum Beginn der Neuzeit grundsätzlich erhalten: Europiden (Semiten, Berber, Indoeuropäer/germanen) lebten in den meisten gemäßigten und subtropischen Zonen der alten Welt; Mongoliden (Chinesen, Japaner, Koreaner, Mongolen) in Ostasien, Amerika (Indios/Indianer) sowie in den subarktischen und arktischen Gebieten der Alten wie der Neuen Welt (sibirische Jäger, Lappen, Eskimos); Negriden in Afrika, vor allem südlich der Sahara, dazu einige ältere negride Gruppen in Rückzugsgebieten Asiens (Negritos); einige noch ältere Randgruppen in typischen Rückzugsgebieten – Aborigines (Australien), Pygmäen, «Buschmänner» (Afrika).
Erst die Expansion Europas in Übersee wirbelte die jahrtausendealte, scheinbar «ewige» Verteilung der großen Menschheitsgruppen durcheinander und brachte sie in dauerhaften Kontakt miteinander, vor allem durch die Massenbesiedlung Amerikas und Australiens/Neuseelands durch Europäer, die unfreiwillige Einwanderung von Afrikanern in die Neue Welt als Sklaven, nach Abschaffung der Sklaverei ihre teilweise Ersetzung durch Inder und Chinesen in Teilen europäischer Kolonien im tropischen und subtropischen Bereich.
Seitdem kam auch eine freiwillige Einwanderung vor allem von Asiaten (Japanern, Chinesen, später Chinesen aus Vietnam) vor allem nach Amerika und Australien, seit 1945 sekundär auch von Afro-Westindern und Asiaten (Indern und Pakistanis) nach England hinzu.

3 Jungsteinzeit (Neolithikum): Frühe agrarische Produktion und Übergang zu ersten Hochkulturen, um 8000 bis um 3100 vor Christus

Nach Ende der letzten Eiszeit **ca. 8000 v. Chr.** legte die Jungsteinzeit (Neolithikum) mit Entfaltung der agrarischen Produktion elementare Grundlagen zur weiteren Entwicklung der Menschheit bis zur sich immer rascher industrialisierenden Gegenwart. Zwischen auslaufender Altsteinzeit und frühen Hochkulturen des Vorderen Orients wird erstmals eine Beschleunigung des historischen Prozesses faßbar, ausgedrückt in gesteigerter Produktion (Ackerbau und Viehzucht, Handwerk), rascher Bevölkerungszunahme und komplexen Handelsbeziehungen. Die moderne Bezeichnung als «neolithische Revolution»

(Gordon Childe), in Anlehnung an die moderne «industrielle Revolution», versucht diese erste historische Beschleunigung auf den Begriff zu bringen, wenn auch wegen der darin innewohnenden Dramatisierung und Aktualisierung besser Zurückhaltung geboten wäre. Kennzeichnend werden immer komplexere Strukturen mit immer größeren Unterschieden in der materiellen Kultur (z. B. bei Häusern, Tempeln, Kult- und Gebrauchsgegenständen).
Für die Landwirtschaft im engeren Sinne sind von vornherein zwei Arten zu unterscheiden – Anbau von Bodenfrüchten über und unter der Erde. Bodenfrüchte über der Erde waren ausschlaggebend zunächst im Vorderen Orient (Weizen, Gerste; Erbsen; Oliven, Weinbau; Obstbäume) und verbreiteten sich von dort auf Gebiete mit ähnlichen Bedingungen des Klimas und der Bodenbeschaffenheit, nach Europa und Nordafrika gen Westen, Nordindien und Nordchina (Trockenreis) im Osten.
Erstes Zentrum für den Anbau von Bodenfrüchten unter der Erde wurde zunächst das tropische Südostasien mit verschiedenen Knollenfrüchten. Hinzu kamen, in relativer Isolierung, vermutlich Westafrika, sicher das prä-columbianische Amerika mit Süßkartoffel, Kartoffel, ergänzt durch Mais. Das südostasiatische Zentrum des frühen Ackerbaus strahlte nach Norden bis ins südliche China aus und brachte so auch Reis nach China, zwar ein über der Erde reifendes Getreide, das aber aus den sumpfigen Bedingungen der Tropen stammt. In China trafen sich somit die Ackerbauweise des Vorderen Orients (Getreide usw.) mit der Südostasiens (Knollenfrüchte, Reis). Ebenfalls aus Südostasien stammt das Zuckerrohr, das seit dem Mittelalter eine steigende welthistorische Bedeutung erlangte, dazu das Huhn. Baumwolle in Indien, Seide in China wurden frühe charakteristische agrarisch gewonnene Textilien, denen im mediterran-europäischen Bereich gröbere Stoffe aus Leinen (Flachs) und Wolle entsprachen. Keramik zur Speicherung agrarischer Überschüsse wurde wichtig im Übergang zu intensiveren Formen des Ackerbaus, zunächst nur handgeformt, noch ohne Töpferscheibe. Mit Töpferscheibe geformte Keramik kam zuerst im Vorderen Orient auf (4. Jahrtausend v. Chr.), als erste Anwendung des Radprinzips.
Eine weitere zentrale Unterscheidung des Ackerbaus gewinnt seit dem Aufkommen intensiver Landwirtschaft in den großen Flußoasen an Bedeutung: Ursprünglich wurde Landwirtschaft nur als Regenfeldbau betrieben, angewiesen auf den natürlichen Regenfall. Sie diente nur dem Unterhalt der eigenen Existenz (Subsistenzwirtschaft), ohne Erwirtschaftung nennenswerter Überschüsse, daher auch ohne übergreifende Marktzusammenhänge. Diese Art der «primitiven», d. h. ursprünglichen, urtümlichen Landwirtschaft, war bis vor kurzem noch in weiten Teilen der «Dritten Welt» vorherrschend. Auf den Auf- und Ausbau der großen Flußoasen seit Beginn des antiken Vorderen Orients folgte eine zweite, intensivere Stufe des Ackerbaus. Sie beruhte auf künstlicher Bewässerung und erzielte erhebliche Agrarüberschüsse, als Grundlage für vielfache Spezia-

lisierung der Produktion, damit für die Bildung von Städten und Staaten. Früher oder später entstand daraus das Produzieren für den (städtischen) Markt und beginnenden Fernhandel zum Eintauschen von Luxusgütern oder von Rohstoffen für gewerbliche Produktion.

Seit dem Entstehen der Landwirtschaft im Neolithikum ging der Übergang zu neuen Technologien (Bronze, Eisen) für agrarische Produktion und Kriegführung stets Hand in Hand mit erheblichen, ja dramatischen Zuwächsen an Bevölkerung und Produktion von Nahrungsmitteln, damit aber auch von Konflikten.

Neue Dimensionen erhielt der jahrtausendelange Konflikt zwischen seßhaften Ackerbauern und viehzüchtenden Nomaden in der Steppe/ Wüste seit der Zähmung des Pferdes (ca. 2000 v. Chr.) in den Steppen Südrußlands, vor allem seit Benutzung des Pferdes als Zugtier für Streitwagen (vor ca. 1500 v. Chr.) und als Reittier (ca. 900 v. Chr.). Seitdem erzielten nomadisierende Viehzüchter eine enorme Mobilität und militärische Schlagkraft, die sie in militärische Überlegenheit und reichsbildende Eroberung gegenüber den seßhaften Ackerbauern umsetzten. Die militärische Überlegenheit hielt allerdings nur vor, solange keine Assimilierung stattfand. Sie vollzog sich meistens in beide Richtungen zwischen Eroberern und Eroberten: Eroberer vermischten sich mit den Einheimischen, übernahmen deren Kultur zumindest teilweise; die Einheimischen übernahmen Bewaffnung und Kampfmethoden ihrer Eroberer und brachten so ihre größere Volkszahl zur Geltung.

ca. 8000	Ende der letzten Eis-/Regenzeit: Erwärmung in gemäßigten Breiten, allmähliche Austrockung der Sahara.
ab ca. 7000	Älteste stadtähnliche Siedlung in Jericho; Erbse, Linse, Gerste, Weizen.
ab ca. 6000	Verwendung von (gehämmertem) Kupfer; Keramik, Weberei; Rind, Schwein.
ab ca. 5000	Kupferguß, Flachs.
ab ca. 4000	Töpferscheibe; vollstädtische Siedlungen (u. a. Eridu, Ur); Wagen (mit Rad), Pflug, Zylindersiegel; Olive, Dattel, Onager (halbwilde Eselart), Esel.
ca. 3600	Anfänge Uruks.
ca. 3100	Hochkultur in Sumer und Ägypten.
ca. 2000	Zähmung des Pferdes in den Steppen Südrußlands.

Jenseits aller fragwürdigen Aktualisierungen («neolithische Revolution») entfaltete sich die innere Dynamik von 5000 Jahren Neolithikum – zunächst nur im Vorderen Orient, mit entsprechend zeitlicher Verzögerung in den übrigen Teilen der Erde – als allmählicher Übergang zur agrarischen Produktion mit immer komplexerer Differenzierung. Von vornherein entstanden Ackerbau und Viehzucht gleichzeitig und zusammen, wenn sich auch später regionale Schwerpunkte für die Viehzucht (Steppen, Savanne) herausschälten, gleichsam als erste großräumige Arbeitsteilung. Den saisonalen Schwankungen bäuerlicher Arbeit entsprachen weiträumige Wanderungen der Nomaden mit ihren Viehherden zu unterschiedlichen Weideplätzen und Wasserquellen, in einem festen Rhythmus der Jahreszeiten (neuerdings als «Transhumanz» bezeichnet).

Generell gingen zahlreiche (nicht alle!) Großreiche aus der Eroberung von Bauernkulturen durch viehzüchtende Nomaden hervor, von Akkad bis zum Osmanischen Reich und Mandschu-Reich.

Nach bisherigem Forschungsstand lagen die ersten Zentren des Übergangs zur agrarischen Produktion seit Ende der letzten Eiszeit (ca. 8000) im «Fruchtbaren Halbmond», d.h. an den Rändern Mesopotamiens. Seßhaftigkeit (Hausbau) und Landwirtschaft wurden wichtigste Merkmale der neuen Lebens- und Produktionsform. Gegenüber dem Sammeln und Jagen in der Altsteinzeit bildete sich erstmals eine komplexere Produktion, durch Schöpfung materieller Werte aus der Natur durch menschliche Arbeit. Agrarische Überschüsse ließen sich jetzt für längere Zeit in Speichern und Tongefäßen haltbar machen. Sie erlaubten die Ernährung größerer Menschenansammlungen in geschlossenen Siedlungen und die Freisetzung von Spezialisten für Handwerk und für die Organisierung der agrarischen Produktion selbst.

Neben dem Jordantal (Jericho, ca. 7000) und Anatolien (Catal Hüyük, ab ca. 6800) wurden die Abhänge der Gebirge nach Mesopotamien entscheidend. Dort wuchsen wilde Grassorten, aus denen sich durch systematischen Anbau, zunächst vielleicht nur zum Füttern von Wild in der Nähe menschlicher Siedlungen, relativ rasch die ersten Getreidearten (Weizen, Gerste) sowie Flachs (zum Spinnen und Weben) entwikkelten.

Höhen- und Altersunterschiede zwischen den agrarischen Siedlungen Qalat Jarmo (nach 6000) und Tell Hassuna (ca. 5000) am oberen Tigris lassen erkennen, wie die Landwirtschaft von den Gebirgen allmählich in die Ebene hinabstieg. Unterer Euphrat und Tigris waren damals noch versumpft und ließen sich, nach Durchstoßung einer ca. 200 km breiten Trockenzone, erst durch Kanäle zur künstlichen Ent- und Bewässerung allmählich agrarisch erschließen. Aus dörflichen Siedlungen wuchsen mit Verdichtung der landwirtschaftlichen Bevölkerung stadtähnliche, später voll-städtische Siedlungen heran, die meistens auch das Umland beherrschten. Analoge Entwicklungen liefen im unteren Niltal an, offensichtlich unter dem Druck der fortschreitenden Austrocknung der Sahara. Typische gesellschaftliche Struktur im Übergang von den Anfängen der agrarischen Produktion zu immer komplexeren Formen als Grundlage der späteren Hochkulturen war zunächst der Clan. Er war eine erweiterte Großfamilie mit noch erkennbarer gemeinsamer Abstammung, in der Regel mit einem Tier als religiösem Symbol der Stammeszugehörigkeit (Totem). Später schlossen sich Clans zu Stämmen auf dem Gebiet eines Gaus zusammen, mit oder ohne

Stadt als Kern. An ihre Spitze traten Priester bzw. Priesterkönige, später Gaukönige. Erst die Zusammenfassung solcher Gaukönigtümer, meist durch Eroberung von außen, schuf die Grundlage für spätere Großreiche seit Beginn der großen Zivilisation.

Vor allem vom «Fruchtbaren Halbmond» aus breitete sich die agrarische Produktion in alle Richtungen aus, offensichtlich weniger durch bloße Vermittlung der neuen Kulturtechniken als durch Kolonisations- und Wanderungsbewegungen agrarischer Siedler. Sie bildeten gleichsam die neue wandernde Grenze der Menschheit («Oikumene») auf ihrem damals höchsten Entwicklungsniveau. Historisch am bedeutsamsten wurde zunächst die Ausbreitung der Landwirtschaft nach Osten, denn in Indien (über den Khaiber-Paß) und China entstanden an Indus und Hoang-ho die nächsten Zentren früher Hochkulturen. Nach Europa kam die Landwirtschaft zeitlich jedoch noch früher auf zwei großen Wanderwegen – über Kleinasien und Griechenland die Donau aufwärts, ferner entlang den Küsten von Mittelmeer und Atlantik überwiegend zur See bis nach England und Irland. Die wichtigsten Etappen lassen sich bequem an den Daten der frühesten agrarischen Siedlungsfunde ablesen: Anatolien (Catal Hüyük ca. 6800); Griechenland, noch ohne Keramik (ca. 6000), Tell-Siedlungen mit Keramik (ca. 5000); Holland (ca. 4400), England (ca. 3400), Nordirland (ca. 3000), Skandinavien (ca. 2700). Für Indien und China lauten die entsprechenden Daten ca. 5000.

Jenseits der späteren Zivilisationszentren blieben der Stand der Technik sowie soziale und kulturelle Strukturen in den neuen, der Landwirtschaft erschlossenen Regionen ungefähr auf dem Stand des Vorderen Orients *vor* Übergang zur Hochkultur. Im Verhältnis zu den frühen Zivilisationszentren erscheinen die neuen agrarisch genutzten Gebiete als «barbarische» Peripherie, schon verbunden mit den Zentren der Hochkultur durch weiträumigen Fernhandel. Die Gebiete der Peripherie waren Rohstofflieferanten und Absatzmärkte für Konsumprodukte der Hochkulturen. Auf diesen Wegen sickerten auch die das Neolithikum ablösenden neuen Technologien der Bronze- und Eisenzeit aus dem Vorderen Orient allmählich in die «barbarische» Peripherie ein. Nach diesen indirekten Ausstrahlungen erreichten die direkten Auswirkungen der mediterranen Hochkultur die «barbarische» Peripherie meist sehr viel später, weite Teile Europas erst mit der Expansion des Römischen Reichs.

Die Jungsteinzeit (Neolithikum) lieferte somit die materielle Basis für die sich aus ihr erhebenden frühen Hochkulturen, zuerst **ca. 3100** im Vorderen Orient. Die Landwirtschaft, mit Ackerbau und Viehzucht, hat Nachwirkungen über alle dazwischenliegenden Perioden hindurch bis zur Gegenwart, nicht nur in Entwicklungsländern mit manchmal noch vergleichbaren Strukturen in isolierten Regionen, sondern auch in vollindustrialisierten Gesellschaften, und wenn auch oft noch so verfremdet und modern überlagert.

Dominanz des Alten Ostens

Um 3100 vor Christus bis 1500 nach Christus

Als Alter Osten gilt hier der große Bereich, der sich um den Indischen Ozean im Osten und das Mittelmeer im Westen gruppiert, bis zur Expansion Europas in Übersee. Indischer Ozean und Mittelmeer bildeten die große ökonomische, politische und kulturelle Hauptachse der älteren Geschichte, geographisch ungefähr von Ägypten–Mesopotamien (Vorderer Orient) über Arabien, Persien, Indien und Südostasien bis nach China und seinen Fortsetzungen (Japan, Korea). Schon in der auslaufenden Vorgeschichte bahnte sich die spätere Vorherrschaft des Alten Ostens an, spätestens mit der Entfaltung der agrarischen Produktion (ab 8000 v. Chr.) und dem Durchbruch der ersten Hochkulturen im Vorderen Orient (ca. 3100 v. Chr.), in Ägypten und Mesopotamien.

Vom Vorderen Orient aus breiteten sich agrarische Produktion und Hochkulturen vor allem nach Westen (Europa) und Osten (Persien, Indien, China) aus. Weiträumiger Fernhandel und die Expansion imperialer Großreiche ließen Indischen Ozean und Mittelmeer, verbunden durch Persischen Golf/Euphrat und Rotes Meer, zu einer großen Verkehrs- und Wirtschaftsachse und der «Oikumene» der großen Zivilisations- und Machtzentren zusammenwachsen, denen gegenüber alles andere «barbarische» bis «wilde» Peripherie blieb, bis zur Expansion Europas in Übersee (ab 1492/98). Auch in seinem Mittelalter blieb Europa gegenüber den großen Kulturzentren des Alten Ostens noch Randkultur. Der Alte Vordere Orient, erweitert um Indien, China und Persien nach Osten und ergänzt um die europäische Antike (Griechenland, Rom) nach Westen, bildet daher die unverzichtbare Grundlage für jede umfassende und zugleich nuancierende Skizze, die den mannigfachen Komplexitäten der Weltgeschichte gerecht zu werden versucht.

I. Alter Orient

Um 3100 bis um 500 vor Christus

Unentbehrlich für jedes differenziertere Verständnis der Weltgeschichte bleibt die ungefähre Kenntnis des Alten Vorderen Orients: Viele Erscheinungen unserer heutigen Existenz gehen, direkt oder indirekt, auf ihn zurück – intensive Landwirtschaft, Städte, Anfänge von Wissenschaft und Technik, Staatlichkeit und ihre Symbole, Aristokratie und Monarchie, Religion, Priestertum und Theokratie, Sklaverei und feudale Strukturen, Bürokratie, Krieg und Kriegführung, Großreiche, Zeiteinteilung, Kalender, Währung, Geld und komplexere Handelsbeziehungen, Schriftlichkeit und Alphabet, Glas und Zement. Namentlich alle Hochreligionen kommen aus den Hochkulturen des Orients – Zoroastrismus aus Persien, Hinduismus und Buddhismus aus Indien, Judentum, Christentum und Islam aus Vorderasien. Es gibt also fast nichts, was sich nicht in seinen Ursprüngen auf den Alten Orient zurückführen läßt. Nur liegen die Ursprünge schon so weit zurück, sind durch Brüche und selbständige Weiterentwicklungen uns so ferngerückt, daß sich viele Zusammenhänge ohne Spezialkenntnisse dem Zugriff entziehen.

Zum Erlernen von Geschichte erweist es sich immer wieder als nützlich, den historischen Ort aufzusuchen, von wo große Entwicklungen ihren Ausgang nahmen, weil sie in sich stilprägend und modellhaft wurden, weil sich historische Mechanismen beim ersten historisch faßbaren Auftreten oft am klarsten erkennen lassen. Deshalb sollte eine möglichst nuancierte Kenntnis des Alten Vorderen Orients die Grundlage jeder ernsthaften Beschäftigung mit Geschichte bilden. Um so leichter fällt es später, die notwendige universalhistorische Perspektive durchzuhalten, vor allem in der Neuzeit, wenn sich die knappe Skizze in der Kürze überwiegend auf Europa konzentriert und verengt. Gleichzeitig geben Ausbreitung und Verbreitung, regionale Differenzierungen und Weiterentwicklungen, Brüche und modifizierende Kontinuitäten in der Weiterentwicklung des Prinzips «Zivilisation» Kriterien zur Einteilung des welthistorischen Prozesses, also zur Periodisierung an die Hand.

Durch schriftliche Quellen genauer faßbare Geschichte beginnt mit dem Alten Vorderen Orient, dem Aufstieg Mesopotamiens und Ägyptens zur Hochkultur (**ca. 3100 v. Chr.**), zu ersten Kultur- und Machtzentren. Ihnen folgten, zeitlich etwas versetzt, frühe Hochkulturen am Indus (ca. 2600 v. Chr.) und Hoang-ho (Gelben Fluß) (ab 1523 v. Chr.), ferner, sehr viel später und in der Isolierung, die regional begrenzten Hochkulturen des prä-columbischen Amerika, der Maya, Azteken, Inka (ab ca. 1000 v. Chr.).

Am besten sind wir informiert über das erste Kultur- und Machtzentrum, das in Wirklichkeit in sich wiederum vielfach untergliedert ist, zunächst nur in Mesopotamien (Sumer, Akkad; Babylon, Aššur) und Ägypten. Hier zeichnete sich schon die auch für die späteren Kultur- und Machtzentren typische Kombination von Hochkultur und Großreich ab – früher (Ägypten) oder später (Mesopotomien: Akkad). Erste Schriftlichkeit, hierarchisierte Gesellschaft und Staatlichkeit legten die Grundlage zur späteren artikulierten Staaten- und Gesellschaftsgeschichte, in ständiger Auseinandersetzung zwischen seßhafter Bauernkultur und Nomaden aus Steppe und Wüste. Durch imperiale Eroberung, Assimilierung von Eroberern und friedliche Ausbreitung der materiell lukrativen und auch sonst prestigereichen Hochkultur, breiteten sich die Zivilisationszentren aus. Namentlich an den Rändern des vorderasiatischen Zentrums bildeten sich neue, zunächst als Randkulturen nur sekundäre Kulturzentren heraus, die später erst ihr volles Eigengewicht gewannen – Kleinasien, Ägäis/Griechenland, in der Schnittzone von Mesopotamien und Ägypten auch Syrien/Phönikien/Palästina.
Als Versuche zur Erklärung, wie Welt und Menschheit entstanden (Kosmogonie) und wie sich das Verhältnis zwischen Natur und Mensch gestaltete, bildeten sich erste Religionssysteme, zugleich auch als Ausdruck gesellschaftlicher und politischer Ordnung auf Erden. Entsprechend den unterschiedlichen Voraussetzungen entfalteten sich unterschiedliche Lösungen altorientalischer «Weltanschauung». Sie fanden oft Ausdruck in Mythen, die meist einen historischen Kern enthalten, mit mündlich überlieferten Aussagen über Vorgänge in Zeiträumen ohne schriftliche Überlieferungen.
Die Konsequenzen waren und sind tiefgreifend – bis heute. So ergibt sich aus der Geringschätzung der aktuellen irdischen Existenz im indischen Denken (Seelenwanderung, Nirwana) der Mangel an schriftlicher historischer Überlieferung zur indischen Geschichte, im Gegensatz zu China und dem Westen, die überwiegend aufs Diesseits orientiert sind und waren.
Im Wechselspiel von Eroberung und Assimilation war der Übergang von erobernden Nomaden zur Seßhaftigkeit stets begleitet von tiefen inneren Krisen, die auch auf den Bereich der «Weltanschauung» übergriffen. Den Abschluß des Alten Orients bezeichnen daher einige solcher religiös-geistiger Krisen, die in einem Fall (China) allerdings durch das Chaos im lang anhaltenden Verlust der Reichseinheit ausgelöst war. Die «Achsenzeit» (Karl Jaspers) um 500 v. Chr. (großzügig berechnet) sah tiefgreifende religiöse Krisen in allen großen Kulturzentren, in denen Religionsstifter oder Reformer auftraten und neue Grundlagen für ihre Gesellschaften legten. Zarathustra in Persien/Medien wandte sich gegen die traditionellen blutrünstigen Stammesreligionen (Tieropfer) schon erheblich vor 500 v. Chr., aber mit Wirkungen offenbar erst unter Darius I. (521–485). Buddha leistete das Entsprechende für das nördliche Indien (ca. 500 v. Chr.). Konfuzius legte zu Beginn der großen Krise der «Kämpfenden Staaten» (481–221) für China die Grundlage zum ganz diesseitig gewendeten zentralisierten Verwaltungsstaat (nach 500 v. Chr.). Die tiefere innere Krise des alten Griechenland im Übergang von der

archaischen zur klassischen Phase war erstmals zumindest mit ausgelöst oder verschärft durch den gerade ein rundes Jahrhundert alten Übergang zur Geldwirtschaft. Der Krise gaben die griechisch-ionischen Philosophen um 500 v. Chr. eine säkularisierte und individualisierte Wendung, zum erstenmal in der Weltgeschichte.

Machtpolitisch allerdings brachte das altpersische Reich der Achämeniden (550–330) noch einmal eine erste Zusammenfassung des Alten Vorderen Orients unter Einbeziehung Kleinasiens und des westlichen Rands von Indien über die hier sonst zugrunde gelegte Zäsur um 500 v. Chr. hinaus. Rein chronologisch sprengt das Perserreich die hier versuchte Epocheneinteilung, die also an dieser Stelle etwas elastischer ausfallen muß. Die Ausbreitung des Perserreichs von Südosteuropa bis zum Indus zeigt aber bereits auf eine durchgehende welthistorische Tendenz – das Zusammenwachsen der großen Kultur- und Machtzentren durch Expansion.

Insgesamt schälen sich drei große Kultur- und Machtzentren heraus – der Westen, Indien, China. Zwischen den Westen und Indien schoben sich später drei weitere, ganz unterschiedlich strukturierte Groß-Faktoren – Persien, Araber/Islam, Türken. Alle Macht- und Kulturzentren repräsentieren unterschiedliche Anwendungen universaler Prinzipien zur Organisierung des menschlichen Zusammenlebens – materielle Kultur, Staatlichkeit, Schriftlichkeit/Kultur, Religion (mit je charakteristischen Kombinationen von Dies- und Jenseitigkeit) (s. im Anhang Schema «Eurasische Hochkulturen und ihre Beiträge zur Weltkultur [bis ca. 1500]»). Aus der Summierung der spezifischen Varianten sonst universaler Prinzipien erwuchsen komplexe Systeme, die, bei aller punktuellen gegenseitigen Beeinflussung und Befruchtung, nach Assimilierung der Anregungen von außen getrennte Entwicklungen nahmen und sich jahrhundertelang in weitgehender Isolierung fremd blieben, erst recht die überwiegend isolierten Kontinente, die den Übergang zur Hochkultur überhaupt nicht (Australien) oder nur zögernd und partiell mitmachten (Afrika, prä-columbisches Amerika).

4 Frühe Hochkulturen: Intensive Landwirtschaft und erste Staatlichkeit, um 3100 bis um 1650 vor Christus

ca. 3100	Anfänge der Hochkultur in Sumer und Ägypten.
ca. 2600	Einwanderung der Akkader in Mesopotamien.
ca. 2340	Erstes Großreich der Akkader unter Sargon I.
ca. 2000	Einwanderung der Amoriter in Mesopotamien und Kanaan.
ca. 1900	Einwanderung der Hethiter in Kleinasien.
ca. 1650	Herrschaft der Hyksos in Ägypten (bis 1551).

Materielle Grundlage des Alten Vorderen Orients wurde die Intensivierung der agrarischen Produktion in den beiden großen Flußoasen – am unteren Euphrat/Tigris und unteren Nil – in einem bis dahin nie gekannten Ausmaß. «Eden», eines der wenigen noch überlebenden Wörter aus dem Sumerischen, bezeichnete das bebaute fruchtbare Land im Gegensatz zum Wasser (Meer, Flüsse) und zur es umgebenden Wüste. Als historischer Pleonasmus (= Verdopplung eines Begriffs) «Garten Eden» wurde es nicht zufällig mythologisierter Reflex des Paradieses auf Erden im mediterran-westlichen Bereich. Die gegenüber dem Neolithikum dramatisch gesteigerten agrarischen Überschüsse trugen die neuen Städte, Kerne der «Zivilisation».

Erste Staatlichkeit im sumerischen Mesopotamien war der Stadtstaat, Matrix für alle vergleichbaren späteren Stadtstaaten – über die griechische Polis und Rom bis zu den italienischen Stadtstaaten des Mittelalters, selbst wenn inzwischen die Sumerer längst vergessen waren. In Ägypten dagegen entwickelte sich die neue Staatlichkeit zuerst in Gauen ohne größere städtische Kerne. Auch nach ihrer gewaltsamen Zusammenfassung durch reichsbildende Eroberung lebten sie noch lange als Verwaltungseinheiten des «nomos» und mit Gaufürsten fort, in der religiösen Sphäre mit ihren ursprünglichen Totemzeichen im Tier-Pantheon des alten Ägypten.

Von vornherein sind stets die beiden Hauptbrennpunkte des Zivilisationszentrums Alter Vorderer Orient mit ihren unterschiedlichen Abwandlungen derselben Strukturen und Kulturtechniken auseinanderzuhalten und in ihrer Gesamtwirkung zusammenzusehen: Monarchie, Hochreligion, Tempelbau, Schrift, Pflug u. a. fanden in Mesopotamien und Ägypten charakteristische Ausprägungen **(seit ca. 3100 v. Chr.)**. Beide Zivilisationen standen zueinander in der engen Beziehung gegenseitiger Rivalität und Beeinflussung. In ihrer wichtigsten Berührungs- und Überschneidungszone, in Syrien/Palästina, entstanden aus der Kombination der verschiedenen Varianten derselben Prinzipien neue Entwicklungen – u. a. Alphabet und Monotheismus. Gegenseitige Eroberungsversuche beider Zivilisationszentren blieben stecken (Neues Reich in Syrien) oder Episode (Assyrien in Ägypten).

Das mesopotamische Kulturzentrum entwickelte eine sehr viel größere innere und äußere Dynamik als das alte Ägypten, das in seiner geographischen Isolierung zwischen großen Wüsten meistens sich selbst genügte, in konservierender Erhaltung und Weitergabe früh fixierter Formen und Inhalte. Am Anfang altägyptischer Geschlossenheit, d. h. relativer Homogenität oder Uniformität, stand die Errichtung einer zentralen Monarchie in einem frühen Stadium der Hochkultur – ohne städtische Zentren mit autonomen Faktoren (Handel, Handwerk). Drei Jahrtausende alt-ägyptischer Traditionen wurden nur gelegentlich durch jähes Öffnen nach außen als Folge von Eroberung von außen (Hyksos, Assyrien) bzw. Expansion nach außen (Neues Reich) unterbrochen oder durch plötzliche religiöse Erneuerung erschüttert (Echnaton). Am Anfang mesopotamischer Vielfalt standen die unabhängigen Stadtstaaten Sumers, die die Bildung ähnlicher lokaler Kulturzentren anregten (z. B. Elam, Aššur, Niniveh; Ebla).

Die großen Veränderungen im Alten Vorderen Orient bahnten sich daher überwiegend von den Rändern des ohnehin viel stärker expandierenden mesopotamischen Kulturzentrums an – Syrien, Palästina, Phönikien, Kleinasien, zuletzt Kreta und Ägäis nach Westen, Elam, Persien nach Osten, Urartu (das spätere Armenien) nach Norden. Besonders wichtig wurden Regionen, in denen sich Einflüsse des mesopotamischen Kulturzentrums mit denen benachbarter Großzentren überschnitten – im Westen Syrien, Phönikien, Palästina mit dem ägyptischen, im Osten Persien mit dem indischen.

Beide Zentren waren, schon wegen ihres sagenhaften Reichtums, jedenfalls im Verhältnis zur barbarischen Umgebung, immer wieder Angriffen ausgesetzt. Völker sickerten in die Zivilisationszentren ein und übernahmen allmählich die Macht oder setzten sich an den Rändern fest und assimilierten sich dort, oder kamen als Eroberer, die die alte Kultur zunächst zerstörten, um allmählich wieder an sie anzuknüpfen. Auf Mesopotamien drückten einerseits verschiedene Wellen semitischer Einwanderung aus dem Süden (Arabische Halbinsel) bzw. Westen, andererseits «Bergvölker» vor allem aus dem Zagrosgebirge (Gutäer, Kassiten), an deren Stelle später die indogermanischen Meder und Perser traten. Außerdem setzten sich schon früh, ab 1900 v. Chr., die ebenfalls indogermanischen Hethiter und Churriter im östlichen Kleinasien fest und brachten mit Pferd und Eisenwaffen eine neue Dimension der Kriegführung gegenüber der Bronzetechnologie. Ägypten hatte sich vor allem mit den Nubiern im Süden, den Libyern im Westen und semitischen Wüstennomaden auseinanderzusetzen. Sie drückten durch die Sinaihalbinsel auf Ägypten, und die Hyksos eroberten sogar einmal vorübergehend die Macht (**ca. 1650**–1551).

Seit dem Seevölkersturm (ca. 1200) brachen zahlreiche indoeuropäische Völker vom Norden in den Vorderen Orient ein – Phryger, Lyder; Philister; Kimmerer, Skythen. Sie bahnten direkt und indirekt den Medern, später den Persern den Weg, die den

Vorderen Orient vom Osten her zum bis dahin umfangreichsten und dauerhaftesten Großreich zusammenfaßten (ab 550). Seine Eroberung durch den Alexanderzug vom Westen her (330) markiert das Ende des Alten Vorderen Orients, der nun durch Hellenisierung weitgehend, zumindest oberflächlich, homogenisiert wurde.
In diesen fast drei Jahrtausenden wechselvoller Entwicklung strahlte der Alte Vordere Orient in vielfältiger Weise auf seine Umwelt aus, auf die sich allmählich zivilisierenden «Barbaren» seiner näheren Umgebung ebenso wie auf die sich in weitgehender Selbständigkeit entfaltenden neuen Zivilisationszentren Indien und China. Kleinasien, Phönikien, Kreta und die Ägäis wurden wesentliche Etappen zur Herausbildung der griechischen Antike. In einem über ein Jahrtausend währenden Prozeß durchdrang von Griechenland die mediterrane Zivilisation mit dem Römischen Reich die Gebiete rund ums Mittelmeer intensiver denn je und erfaßte zum erstenmal weite Teile Europas. So führen die historischen Grundlagen der europäischen Antike immer wieder auf den Alten Vorderen Orient zurück, der in der spätrömischen Zeit mit dem Vordringen orientalischer Bräuche und Religionen noch einmal kräftig durchschlug, zuletzt auch mit dem Sieg des Christentums (391) kurz vor dem Auseinanderbrechen des Römischen Reiches (395).

5 Großreiche als Zivilisations- und Machtzentren

Die Geschichte des Alten Vorderen Orients und seiner Fortsetzungen in Indien und China ist geprägt von großen Reichen, zugleich Kultur- und Machtzentren. Ihr Auf und Ab läßt modellhaft das Wirken einiger historischer Mechanismen erkennen, die auch in anderen Zeiten und Regionen und unter anderen kulturellen wie politischen Bedingungen noch festzustellen sind, im Grunde bis zur Gegenwart. Daher erscheint es sinnvoll, zum Beginn des Alten Vorderen Orients einige historische Mechanismen zusammenfassend zu skizzieren, weil sie das Verständnis späterer historischer Prozesse erleichtern.
Am Anfang muß die Einsicht in den dialektischen Charakter imperialer Strukturen stehen: Einerseits vernichteten oder unterdrückten sie die Freiheit anderer Völker. Andererseits erzwangen sie durch ihre Expansion den Anschluß bisher weniger entwickelter Gesellschaften an die jeweils moderne Zivilisation, direkt durch Eroberung, indirekt durch Kulturdiffusion jenseits des imperialen Machtbereichs, mit Handel oder politisch-dynastischen Verbindungen. So brachten die großen

Kultur- und Machtzentren stets imperiale Eroberung *und* zivilisatorischen «Fortschritt». Die Dialektik ihrer historischen Wirkungen ist unaufhebbar und läßt sich nicht einfach durch nachträgliche Parteinahme für die eine oder andere Seite (und wenn nur durch den Wortgebrauch) auflösen.

Analog entstanden die frühen Kulturzentren aus einer sich gegenseitig verstärkenden Kombination immer komplexer und differenzierter werdenden Entwicklung seit dem Neolithikum: Agrarische Überschüsse ermöglichten eine dichtere Bevölkerung, Arbeitsteilung, Spezialisierung in aufsteigender Linie vom Einzelhaus zu Weilern, Dörfern und Städten und straffere Organisation der Gesellschaft durch eine neue priesterlich-monarchische (= theokratische) Führungsschicht. Entsprechend wurden soziale Strukturen immer komplexer und differenzierter, umfaßten immer mehr Menschen in immer größeren politischen Einheiten – Clan, Stamm, Gau/Stadtkönigtum, Reich, Großreich. Ausgangspunkte wurden die großen Flußlandschaften der Alten Welt, Nil und Euphrat/Tigris im Vorderen Orient und, zeitlich versetzt, als selbständige Weiterentwicklungen, Indus und Hoang-ho. Potamische (von griech.: «potamos» = Fluß) Hochkulturen lagen jeweils am Unterlauf großer Ströme, mit direkter Verbindung zum Meer. Gau- bzw. Stadtkönigtum bildeten die Grundlage zu ersten Großreichen imperialen Zuschnitts – früher (Ägypten, China) oder später (Mesopotamien, Indien) durch erobernde Zusammenfassung von außen.

Schon die ersten Großreiche wiesen die innere Struktur späterer Machtgebilde auf, weil sie der Organisation von Macht am besten entspricht: Den inneren, «nationalen» Kern bilden Angehörige des eigenen Volkes, evtl. erweitert um andere Völker, die sich früh dem Reichsvolk anschlossen und mehr oder weniger mit ihm verschmolzen. Danach schließen sich unterworfene Gebiete an, die direkt als Provinzen, ohne politische Rechte verwaltet und ausgebeutet werden. Zur Peripherie folgen Vasallen- oder Klientelstaaten, die nur noch locker dem Reich angeschlossen sind, meist mit abnehmender Intensität der Machtausübung und zunehmender innerer Autonomie. Sie erkennen nur noch formal die Oberherrschaft (Suzeränität) des Machtzentrums an, sind zu Anzeige oder Bestätigung eines Herrscherwechsels verpflichtet, zur Heeresfolge im Kriegsfall sowie zur Zahlung eines Tributs.

Großreiche zerfallen meistens auf dem umgekehrten Wege, wie sie entstanden sind – von der Peripherie aus: Klientel- und Vasallenstaaten fallen ab, machen sich selbständig oder lehnen sich an andere Machtzentren an, autonome und unterworfene Gebiete erheben sich in Aufständen, meistens kombiniert mit Eroberungen von außen.

Zu den klassischen Großreichen mit zentraler Bürokratie – überwiegend beschränkt auf seßhafte Bauernbevölkerung, daher auch relativ wenig mobil – kamen zwei Varianten, die sich durch außerordentliche Mobilität und Flexibilität auszeichneten, eine zu Land, die andere zu Wasser. Beide ergänzten sich in ihrer historischen Wirkung und standen zu Großreichen kontinentalen Zuschnitts in wechselnder historischer Spannung: Zu Lande errichteten erobernde Nomadenvölker, neben ihrer Übernahme zivilisierter Großreiche, immer wieder – an den Rändern oder jenseits der Zivilisationszentren an der barbarischen oder halbbarbarischen Peripherie – Tributsoberherrschaften, meist ohne eigene zentrale Bürokratie. Pferde und/oder Kamele gaben ihnen eine außerordentlich große Mobilität zu Lande. Herrschaftsausübung beschränkte sich meistens auf (periodisches oder unregelmäßiges) Eintreiben von Tributen als Sachlieferungen, einschließlich junger Menschen, die als Sklaven in die Zivilisationszentren verkauft wurden. Die Höhe der Tribute war meist ungeregelt, also willkürlich. Strafe für die Verweigerung waren Plünderung, Zerstörung und Ermordung der Bevölkerung bzw. Deportation oder Verkauf in die Sklaverei. Turk-mongolische Nomaden (von Hunnen bis Mongolen/Tataren) sind klassische Beispiele; aber auch die schwedischen Wikinger (Waräger) im späteren Rußland begannen mit Tributsoberherrschaften über Ostslawen und finnische Stämme. Die Willkür ungeregelter Abgaben unter der Tributsoberherrschaft war charakteristisch für weite Gebiete Afrikas, bis zur Errichtung eines ersten modernen Fiskalstaates im späteren 19. Jahrhundert, wenn auch durch erobernde Außenseiter mit der ressentimentproduzierenden europäischen Kolonialherrschaft.

Das zivilisatorische Gegenstück zur barbarischen bis halbbarbarischen Tributsoberherrschaft zu Lande ist die kommerzielle Seeherrschaft, die Thalassokratie (von «thalassa» = Meer) – minoisches und mykenisches Kreta, Phönikier, Karthago, Athen; Venedig; Portugal, Holland; England, USA. Thalassokratie ist sozusagen die eleganteste oder zivilisierteste Form von Herrschaft, in der Handel und Geld teilweise kriegerische Gewalt ersetzen.

Wesentliche Motive zur Bildung von Großreichen waren Beherrschung der produktiven Kulturzentren, Ausschaltung von Rivalen durch Eroberung, möglichst lückenlose Abwehr von Nomaden aus der Steppe/Wüste durch Befestigungen und überlegene Militärtechnologie (W.H. McNeill), Abwehr rivalisierender Großreiche, zuletzt auch Organisierung des Interkontinentalen Fernhandels. So liegt in der Logik eines jeden neuen Machtzentrums, ob klein oder groß, die Expansion, die Zusammenfassung kleinerer Einheiten zu immer größeren Machtzentren. Entsprechend baute sich auch der Alte Vordere Orient zu immer größeren Großreichen auf, zuletzt zusammengefaßt vom Osten durch die Perser (550–330 v. Chr.), vom Westen durch Makedonen/Griechen unter Alexander (334–330 v. Chr.). Solche Super-Großreiche waren jedoch auf die Dauer instabil, selbst wenn sie immer wieder als Idee auftauchten, zuletzt mit dem Osmanischen Reich. Dagegen hielten sich in China und im Iran die Strukturen von Großreichen, auf größerer (China) bzw. kleinerer (Iran) Grundlage, nach kürzeren (China) oder längeren (Iran) Unterbrechungen.

Welthistorisch gehören Großreiche, Hochkulturen, Hochreligionen und

Interkontinentaler Fernhandel zusammen, bedingen und verstärken sich gegenseitig in ihren Wirkungen, liefern auch die meisten Informationen über die Vergangenheit.

Alle Machtzentren durchliefen Zyklen der staatlichen Entwicklung – Einheit und Konstituierung, Machtkonzentration mit erobernder Expansion, Machtzerfall mit inneren Konflikten (Feudalisierung, feudale Anarchie; Bürgerkriege, Thronstreitigkeiten; Aufstände), die ihrerseits die Intervention anderer Machtzentren provozierten. Andererseits konnte die Expansion eines Kulturzentrums auch bei Schwäche imperialer Machtzentren weitergehen, durch Flüchtlinge, die in inneren Machtkämpfen unterlegen waren, z. B. in der Periode der «Kämpfenden Staaten» China (481–221 v. Chr.).

Zentren imperialer Hochkultur hatten meistens drei Arten von Grenzen – gegen viehzüchtende Nomaden (meist nach Norden); gegen sonstige «Barbaren», die durch imperiale Expansion und Kolonisierung erobert, unterworfen, zivilisiert oder zurückgedrängt wurden; die Grenze zu anderen rivalisierenden Großreichen (China und Indien ausgenommen). China hatte seine Hauptexpansions- und Kolonisierungsräume im Süden und Westen, sekundär auch nach Norden gegen die turk-mongolischen «Nordbarbaren»; Indien vor allem zu Lande im südlichen Indien (Dekkan), über See in Südostasien; Rom in alle Richtungen.

Im alten Ägypten war dieser Zyklus gleichsam institutionalisiert, in der Abfolge von Altem, Mittlerem und Neuem Reich, durchbrochen von «Zwischenzeiten», im alten China im «dynastischen Zyklus»: Der gewaltsamen Etablierung einer Dynastie folgten Konsolidierung, Expansion, Stagnation, Rückschläge, schließlich innere Krisen, Aufstände und Sieg einer neuen Dynastie mit Erneuerung des «Mandats des Himmels». Typisch wurde daher die Restauration eines untergegangenen Reiches, oft auf veränderter (geographischer, sozialer oder ethnischer) Grundlage. Vom alten Vorderen Orient zieht sich eine Kette immer wieder neu modifiziert restaurierter oder im Anspruch fortgesetzter Reiche bis in die Neuzeit hinein – Sargon-Reich, Reich der III. Dynastie von Ur, Gutäer-Reich, das Babylon Hammurabis, Alt- und Mittelassyrisches Reich, Altes und Neues Reich der Hethiter, Neuassyrisches Reich, Neubabylonisches Reich, Meder-/Perserreich, Alexanderreich, Diadochenreiche, Römisches Reich, Westrom, Karolingerreich, mittelalterliches (1.) «Heiliges Römisches Reich Deutscher Nation», (2.) Deutsches Kaiserreich (1871–1918), Drittes Reich. Von Ostrom laufen andere Verbindungen über Byzanz zum Kalifat bzw. Neupersischen Reich der Sassaniden, von da zu den Seldschuken und Osmanen/Türken bzw. zum zaristischen Rußland.

Andererseits zerfielen imperiale Strukturen nach ihrem Niedergang oft in postimperiale Nachfolgestaaten (z. B. der Hethiter im nördlichen Syrien), die aber auch die Grundlage zur Bildung neuer Nationen abgeben konnten wie auf dem Boden des Römischen Reiches seit dem frühen Mittelalter oder vor allem in Amerika und Afrika die postkolonialen Nachfolgestaaten seit der Dekolonisation europäischer Kolonialreiche.

Jede Expansion hat als Voraussetzung u. a. innere Einheit. Sie bewirkt die Ablenkung innerer Konflikte nach außen. Expansion wählt meistens den Weg des geringsten Widerstandes, um Machtvakuen auszufüllen – noch fragmentierte Gesellschaften auf tribalem Niveau, als Stämme gleichsam noch im gesellschaftlichen «Urzustand», oder rivalisierende Machtstrukturen, die gerade die Phase innerer Konflikte durchmachen und deshalb nach außen handlungsunfähig sind. Früher oder später geht Expansion zu Ende, werden die Kräfte überspannt, schlagen Siege in Niederlagen um, die nun innere Konflikte provozieren. Machtzentren brechen wieder zusammen, plötzlich oder in lang hingezogener Agonie, werden (wieder) Machtvakuen, die sich mit neuer Macht ausfüllen, von außen oder wieder von innen.

Die älteren historischen Machtzentren exerzierten diesen Mechanismus in zahlreichen Varianten durch, der Alte Vordere Orient rund 3000 Jahre lang. Danach sank er, unter immer neuen Eroberern, zum Machtvakuum ab, spätestens seit Eroberung durch die Mongolen (1258). Das neue griechisch-makedonische Machtzentrum, das unter Alexander wie eine Supernova nach Osten explodiert war, gab bald die politische Macht an die Römer ab, behielt aber, wie seit Sumerern und Akkadern üblich, die kulturelle Vorherrschaft. Mit der Re-Gräzisierung Ostroms zu Byzanz gewannen die Griechen auch die politische Macht teilweise wieder, bis zum Ansturm der Araber, Seldschuken und Osmanen. Italien war seit der Verlegung der Reichshauptstadt nach Konstantinopel (330) wieder Machtvakuum, bis zur Gründung des modernen Königreichs Italien (1859/61). Auch das mittelalterliche «Römische» Reich der Deutschen sank seit dem Thronstreit zwischen Staufern und Welfen (1198–1215) zum Machtvakuum ab. Nicht anders erging es Arabien bald nach der Machtexplosion des Islam, seit der Verlegung der Hauptstadt des Kalifats von Medina nach Damaskus (661) oder der Mongolei nach Verlegung der Reichshauptstadt von Karakorum nach Peking unter Khublai Khan (1272). Araber und Mongolen erlebten damals das typische Dilemma erobernder Nomadenvölker in Zentren seßhafter Hochkulturen, zwischen Beibehaltung der Nomaden-Basis und Übernahme traditioneller Verwaltungsstrukturen: Seßhaftwerdung und Übernahme der vorgefundenen Bürokratien wurden erste Schritte zur kulturellen Assimilierung der Eroberer an die Eroberten.

Alle Kultur- und Machtzentren hatten ihre Einfallzonen, aus denen Barbaren (Nomaden) einbrachen, umgekehrt Expansionsbereiche für imperiale Eroberungen, Kolonisation und Ausbreitung der Zivilisation. Oft fielen Einfallzonen und Expansionsbereiche zusammen. Für das altorientalische Mesopotamien waren die Haupteinbruchszonen der Süden (Arabische Wüste) und der Osten (Zagrosgebirge), für Alt-Ägypten die Wüste insgesamt, gelegentlich auch der Norden (Hyksos, Seevölker). Für Alt-Indien bis zur

Ankunft der Europäer über See war der Nordwesten (Hindukusch mit Khaiber-Paß) die Einfallzone aus dem Norden, von den Ariern (ca. 1400 v. Chr.) bis zu den Moghuln (1526). China mußte sich stets mit Nomaden im Norden auseinandersetzen, zunächst indoeuropäischen (Tocharer = Yüeh-chi; vielleicht schon die Streitwagenleute, die die Shang-Dynastie gegründet haben mögen, 1523 v. Chr.), später turkmongolischen, von Hunnen (Hiungnu) bis zu Mandschus (1644). Die wichtigsten Expansions-, Kolonisations- und Zivilisierungsbereiche waren: der Norden für das alte Mesopotamien generell, der Süden (Nubien) für Alt-Ägypten, mit einer sekundären Expansionslinie nach Norden (Palästina/Syrien/Phönikien); der Süden (Dekkan) für Indien, dazu später Teile Südostasiens mit ihre «Indisierung» = «Hinduisierung». China expandierte vor allem nach Süden, zunächst über den Jangtsekiang, später auch nach Westen, ins östliche Zentralasien, mit einem Keil bis zum Pamir, zuletzt auch nach Norden (Mandschurei).

6 Nomadenvölker

Nomaden erzielten für die ältere Weltgeschichte von Seßhaften leicht unterschätzte Wirkungen: Auch sie wurden von expandierenden Bauern- und Stadt-Zivilisationen abgedrängt, in Steppen und Wüsten nördlich (Zentralasien, Südrußland) und südlich (Syrisch-Arabische Wüste, Sahara) des breiten Gürtels der zivilisierten *Oikumene*. Dort spezialisierten sie sich notgedrungen auf Viehzucht. Aber wo immer möglich, betrieben sie ergänzenden Ackerbau. Im Norden bzw. Süden Eurasiens hatten sie eine ambivalente Mittelposition gemäß ihrer geographischen Mittellage: Für die zivilisierten Seßhaften gehörten sie zur «barbarischen» Peripherie, aber vielfältige Einflüsse erreichten sie aus den expandierenden Macht- und Zivilisationszentren, in die sie umgekehrt immer wieder eindrangen, auch in iranisch geprägte Oasenstädte am Südrand Zentralasiens und in die Städte am Südrand der Sahara nach 1000. So entwickelten Nomadenvölker periphere Randkulturen, die Einflüsse von Hochkulturen vielfältig kombinierten, im Norden chinesische, indische, persische, arabische und türkische.

Stets blieben Nomaden auf Fernhandel angewiesen, und wenn nur zur Beschaffung von Luxus- und Prestigegütern, in einem herrschaftsbildenden Vorgang, den auch agrarisch seßhafte Gesellschaften seit ihren neolithischen Anfängen kannten. Deshalb waren Nomaden für den Fernhandel ambivalent: Teile hemmten ihn als Räuber, andere förderten ihn gegen Schutzgeld für Karawanen. Nord- wie Süd-Nomaden lieferten als Sklavenjäger aus der barbarischen Peripherie von militärisch schwachen Bauernbevölkerungen (z. B. Slawen, Tscherkessen in Europa, Savannenbewohnern in Schwarzafrika) «Ware» für den stets für legitim gehaltenen Sklavenhandel in die großen Zivilisations- und Machtzentren der Alten Welt, von Indien bis Cordoba. Meist lebten Nomaden in Clan- und Stammesverbänden, in «Horden» (mong.: «*ordu*»), unter einem Khan, in ständigem Kampf mit Nachbarn um knappe Ressourcen (Weiden, Wasser). Nur in extremer Not, meist lang anhaltender Dürre, schlossen sie sich unter einem Kaghan (Groß-Kahn) zu Stammeskonföderationen zusammen, um sich mit geballter Kraft der Verzweiflung bessere Lebensbedingungen in den Gebieten der zivilisierten Seßhaften zu erkämpfen, durch Raubzüge (arab.: «*razzia*») oder Eroberung: Nomaden als Kriegeraristokratien gründeten oder erneuerten Großreiche.

Zum harten Nomadengesetz gehörte das strikte Verbot der Seßhaftigkeit. Deshalb verbrannten zumindest die turk-mongolischen Nord-Nomaden auf ihren Raub- und Eroberungszügen systematisch die Behausungen der Seßhaften, damit sich nicht eigene Leute dort festsetzten, faktisch als Verräter an ihrem Stamm. Bei Widerstand wurden zumindest alle Männer getötet, nicht nur auf dem Schlachtfeld. Als Mongolen bei ihrem Vordringen nach Europa bemerkten, daß sich Christen oft totstellten, kam die Sitte hinzu, allen auf dem Schlachtfeld Liegenden den Kopf abzuschlagen, um sicherzustellen, daß niemand überlebte. Die Köpfe wurden anschließend, auch als Siegestrophäen und zur Abschreckung, in riesigen Schädelpyramiden aufgehäuft. Aus der Praxis der Nomaden-Rationalität entstand der chronisch schlechte Ruf der Nomaden bei den Seßhaften, gemischt aus Angst vor ihrer militärischen Überlegenheit und Verachtung für ihre «barbarische» Lebensführung und Kampfesweise.

Dagegen standen trotz ihrer generellen militärischen Überlegenheit, waren sie politisch geeint, Schwächen der Nomaden, die sie gegenüber den seßhaften Bauern- und Stadt-Zivilisationen langfristig benachteiligten, schon wegen ihrer geringeren ökonomischen Produktivität: Ihre Haupteinnahme waren Beute und Tribute, als modifizierte Form von Beute. Das Nachfolgeproblem, in allen politischen Systemen chronisch heikel, führte bei Nomadenvölkern meist zu blutigen Thronkonflikten und Bürgerkriegen, bis sich ein neuer Herrscher nach dem harten Gesetz der Steppe wieder an der Spitze durchgesetzt hatte. Zur Regelung der Nachfolge nach dem Tod des zweiten Groß-Khans nutzten die Mongolen ihren Doppelsieg von Liegnitz und Mohi (1241) nicht aus und verschwanden zunächst wieder nach Osten.

Ihre militärische Stärke war begrenzt durch ihre Kampfesweise – die gefürchteten Pfeilhagel. Hatten sie ihre Pfeile verschossen, waren sie im Nahkampf mit kurzen Krummschwertern fast wehrlos. Hauptverteidigung seßhafter Gesellschaften war daher, neben starren Befestigungen (Chinesische Mauer, Burgen, z. B. unter Heinrich I. im östlichen

Deutschland gegen die Ungarn), die Panzerung von Roß und Reiter, im Fernen Osten durch Wattierung, im Westen von Persien an durch Ketten- oder Eisenpanzer. Zusätzlich gedeckt durch ihre Schilde, mußten Panzerreiter nur den Pfeilregen aushalten, um sich dann auf die Nomaden zu werfen, wie die Deutschen bei Augsburg gegen die Ungarn 955.

Der kritische Moment für Nomaden-Eroberer trat ein, wenn sie mit der Macht in überrannten Bauern- und Stadtzivilisationen auch deren Bürokratien übernahmen. Die sanfte Macht höheren Lebensstandards und die unwiderstehliche Logik vorhandener Machtstrukturen zwangen doch zur Assimilierung in Seßhaftigkeit. Das Umkippen in die zivilisierte Seßhaftigkeit verlief glatter, befand sich die Gesamtheit des Nomadenvolkes (meist nur Männer) im Bereich der Zivilisation, weil die Verbindung mit einheimischen Frauen die Überwindung der angestrebten Apartheid zu den Besiegten langfristig doch erleichterte. Blieb jedoch ein Teil der Basis in den Stammlanden außerhalb der Zivilisation zurück, wie nach der Eroberung Chinas durch die Mongolen, so eskalierte der Unterschied der Lebensweisen zwischen zurückgebliebenen Nomaden und jüngst arrivierten Seßhaften unter Kublai Khan in der neuen Hauptstadt Beijing (1267) zum offenen Konflikt, den der neue Nomaden-Kaiser zu seinen Gunsten militärisch entschied (1272).

Aus ihrer Mittelposition erklären sich unterschiedliche Funktionen der Nomaden: Gegenüber Macht- und Zivilisationszentren waren sie immer wieder Gründer, Zerstörer und Eroberer von Reichen, gegenüber *ihrer* «barbarischen» Peripherie fragmentierter Bauern waren sie Sklavenjäger. Ihre Zivilisationsferne erklärt die relative Verspätung staatlicher Strukturen im Vergleich zu seßhaften Zivilisations- und Machtzentren. Überwiegende Fragmentierung und Seltenheit *permanenter* staatlicher Zusammenfassung führte zum fast pausenlosen Wechsel von Völkern, die sich ständig gegenseitig bekriegten oder in großen Wellen in China, Indien oder Persien einfielen, seit den indoeuropäischen Skythen (800 v. Chr.) und den turk-mongolischen Hunnen (375 n. Chr.) auch in den Westen.

7 Die isolierten Kontinente: Australien, Alt-Amerika, Schwarzafrika

Im Gegensatz zu den Entwicklungen in Eurasien (und Nordafrika) mit den vielfältigen Berührungen, Verbindungen und Konflikten untereinander seit der Antike Eurasiens, verharrten weite Bereiche der Erde in totaler (Australien), fast völliger (Amerika) oder weitgehender Isolierung (Schwarzafrika, südlich der Sahara). Große Entwicklungen seit dem Auftreten des Homo sapiens (ca. 35000 v. Chr.) und der Aufspaltung der Menschheit in große Gruppen traten dort überhaupt nicht (Australien) oder verspätet, in der Isolierung nur abgeschwächt auf. An dieser Stelle reicht daher ein knapper Seitenblick auf die isolierten Kontinente, die erst mit der Expansion Europas in Übersee früher (Amerika) oder später (Afrika, Australien) voll in eine auf Kontakte angelegte Globalgeschichte einbezogen wurden, dann unter der Dominanz der Weißen.

Australien

Australien ist der Kontinent, der sich am frühesten von der ursprünglich gemeinsamen Landmasse entfernte. Daher ist seine Pflanzen- und Tierwelt die altertümlichste, voll von lebenden Fossilien. Besiedelt wurde Australien von altsteinzeitlichen Jägern und Sammlern während der letzten großen Eiszeit. Beim allgemein niedrigen Meeresspiegel war Australien noch mit Neuguinea verbunden, das seinerseits vom heutigen Indonesien nur durch einen Wasserarm getrennt war. Die erste Einwanderung erfolgte ungefähr 29000 v. Chr., wie üblich in kleinen Gruppen. Insgesamt lassen sich drei größere Wellen unterscheiden, die Menschen unterschiedlichen äußeren Ansehens nach Australien brachten. Die australischen Aborigines blieben in der totalen Isolierung und machten keine weitere gesellschaftliche Entwicklung durch, z. B. zu größerer sozialer Komplexität, verharrten also auf ihrer altsteinzeitlichen Stufe der «Wildheit». Dennoch ist erstaunlich, was moderne Geschichtswissenschaft über ihre Vergangenheit alles herausfand. Bis zur Eroberung und Besiedlung durch Europäer ab 1788 war Australien der einzige Kontinent, in dem es nur «Wilde» gab, ähnlich wie auf der ihm vorgelagerten Groß-Insel Neuguinea. Dennoch besteht der «Triumph of the Nomads» (G. Blainey) darin, der überwiegend feindlichen Natur ein erstaunlich reiches Kulturerbe abzutrotzen, das mit den überlebenden «Aborigines» unter dem Druck der industrialisierenden Modernisierung allenfalls ins Museum wandern wird.

Alt-Amerika

Erheblich anders verlief die Entwicklung in Amerika bis Columbus. Seine Ureinwohner, ursprünglich Mongoliden, kamen als eiszeitliche Jäger aus Sibirien über das Gebiet, das heute von der Beringstraße und dem angrenzenden Meer überflutet ist, offensichtlich in zwei Wellen (ca. 21000–ca. 13000 v. Chr.). Trotz der fast völligen Isolierung von den Entwicklungs-Kontinenten vollzogen die Indianer/Indios den Übergang zur agrarischen Produktion in einigen dafür geeigneten Regionen, vor allem auf der zentralamerikanischen Hochebene Mexikos sowie in den Anden samt sich anschließender Hochebene (Bolivien). Grundlage bildeten unter der Erde wachsende Früchte (Süßkartoffeln, Kartoffeln) und Mais. Das fast völlige Fehlen domestizierbarer Tiere (Ausnahme: Lama in den Anden, mit nur begrenzter Einsatzfähigkeit für agrarische Arbeiten) beschränkte jedoch die agrarische Produktion. Alt-Amerika fächerte sich trotz seiner Isolierung in die ganze Skala von «Wildheit» über «Barbarei» zu eigener «Zivilisation» auf. Dem Fehlen wesentlicher Produktionsfaktoren (Rad, Zugtiere) zum Trotz entfalteten sich in den Produktions- und Bevölkerungszentren mit den großen Hochkulturen der Alten Welt vergleichbare Zivilisationen, in der fast völligen Isolierung aber rund 2000 Jahre später (ab ca. 1000 v. Chr.) und ungefähr auf dem Niveau der Entwicklung Sumers um 2500 v. Chr. steckenbleibend. Mayas, Azteken und Inkas errichteten Großreiche imperialen Zuschnitts, mit den üblichen Charakteristika (militärische Eroberung, Ausbeutung; Aufstände unterworfener Stämme).

Gelegentlich punktuelle Unterbrechung der sonst völligen Isolierung von der Außenwelt durch Schiffbrüchige oder vom Sturm Verschlagene aus Asien und Europa ist denkbar und würde manche sonst erstaunliche kulturelle Parallelen in der Kunst und den Mythos von der Ankunft weißer Götter erklären, die das Reich der Azteken wie der Inkas beendigen würden (McNeill). Diese religiöse Überlieferung ebenso wie die Gewöhnung an völligen sklavischen Gehorsam auf Befehle von oben in den Kerngebieten der einheimischen Imperien erklären die außergewöhnliche innere Lähmung, mit der die Herrscher der Azteken und Inkas auf die Ankunft von Cortés in Mexiko und Pizarro in Peru (1519, 1531) reagierten, sowie ihrer Untertanen nach der Ausschaltung ihrer Herrscher durch Gefangennahme und Ermordung. Jahrtausendelange Isolierung führte zur enormen Verletzlichkeit der alt-amerikanischen Imperien und Hochkulturen nach dem ersten Kontakt mit dem expandierenden Europa (McNeill). Ähnlich war die alt-amerikanische Bevölkerung wenig immun gegen die Bakterien und Viren der Weißen, die sie als Keime ihr unbekannter Krankheiten mitbrachten, so daß die Überlebenden erst allmählich eine eigene Resistenz gegen die europäischen Krankheiten aufbauen konnten. Die spanischen Conquistadoren übernahmen beim Aufbau eigener Kolonialreiche in Mexiko und Peru vor allem die Zwangsarbeit (mita), Herrschaftsinstrumente der untergegangenen einheimischen Imperien.

Schwarzafrika, südlich der Sahara

Afrika, in der Altsteinzeit Wiege der Menschheit, nahm mit Austrocknung der Sahara zu Beginn des Neolithikums (ca. 8000 v. Chr.) eine gespaltene Entwicklung: Der Norden verband sich mit der altorientalischen-mediterranen Zivilisation, stellte mit Ägypten gar eines der primären Subzentren. Schwarzafrika dagegen geriet in eine weitgehende Isolierung: Der Mangel an natürlichen Häfen und die starke permanente Brandung vor seinen Küsten unterbanden jeden Zugang von der See her, bis zur Neuzeit. Dic Austrocknung der Sahara unterbrach auf Jahrtausende die Landverbindung nach Norden. Nur an wenigen Stellen war die Isolierung durchbrochen – Ägypten und Niltal, die wenigen, stets gefahrvollen Pisten durch die Sahara, vor allem seit die Römer aus Asien das Kamel einführten (1. Jh.

n. Chr.), die Meerenge Bab-el Mandeb zwischen Südarabien und Äthiopien und die Ostküste Afrikas ermöglichten die einzigen einigermaßen kontinuierlichen Verbindungen Schwarzafrikas mit der übrigen Welt bis zur Expansion Europas in Übersee.

Seine Randlage machte es zum klassischen Beispiel einer «barbarischen» Peripherie und wandernden Randkultur (im Süden) Eurasiens, von dem es gleichwohl kulturelle Impulse erhielt, in seiner präkolonialen Periode zuletzt vom Islam. Die Ausbreitung der Wüste erzwang Ausweichbewegungen in verschiedene Richtungen – nach Osten zum Nil, womit das ausschlaggebende menschliche Substrat für Alt-Ägypten ins Land kam, nach Süden in Waldgegenden, die sich unter dem Bevölkerungsdruck allmählich zu Savannen lichteten, in der Sahara in verbleibende Oasen und Gebirgskomplexe (Aïr, Tibesti), mit schrumpfender Rest-Feuchtigkeit. Der Übergang zur agrarischen Produktion erfolgte später als in Eurasien. Offensichtlich schob die wachsende und expandierende Bauernbevölkerung auch hier Jäger und Sammler vor sich her, drängte sie nach Süden und in Rückzugsgebiete ab – Pygmäen in den Regenwald beiderseits des Kongos, Buschmänner («San») in die Kalahari und bis zum Südkap Afrikas.

Seit dem Alten Orient exportierte Schwarzafrika vor allem Gold und Sklaven. Für das pharaonische Ägypten war Nubien geradezu das «Goldland» («Nub» = Gold) schlechthin. Im Mittelalter wurde nach Nubien (bis ca. 1300) Westafrika Hauptquelle des Goldexports nach Europa, Südostafrika (Reich des Monomotapa) für die Gebiete nördlich des Indischen Ozeans. Die Sahelzone (Sudan) und die Swahelküste (Sahel und Swaheli bedeuten auf arabisch beide «Strand» = des Sand«meeres» Sahara und des Indischen Ozeans) waren die größten Vermittlungszonen für den Interkontinentalen Fernhandel, durch neue Handelsstädte am Südrand der Wüste bzw. am Westrand des Indischen Ozeans.

Aus der frühen Geschichte Afrikas ragen, seit Austrocknung der Sahara, einige Hauptfaktoren heraus – Ausstrahlungen der mediterranen Zivilisation; Bantuwanderung, Wanderungsbewegungen von Amharen und hellhäutigen Viehzüchtern, sog. «Hamiten»; Expansion des Islam; frühe Kontakte zu Europa.

Nordafrikas Teilhabe an der mediterranen Zivilisation wirkte sich auf das übrige Afrika unterschiedlich und nur regional aus: Von Ägypten über Nubien reichte eine Einflußzone nach Äthiopien, ferner den Sudan entlang nach Westen. So kam mit der Eroberung Ägyptens durch die Assyrer (**671**–656 v. Chr.) die Eisentechnologie nach Afrika, später das Christentum über Ägypten nach Nubien (bis 1314/1504) und Äthiopien.

Die erobernde Kolonisation von Karthagern, Griechen und Römern drückte die berberische Urbevölkerung immer wieder aus den Küstenebenen Nordafrikas nach Süden ins Gebirge. Die arabisch-muslimische Eroberung, von Ägypten (641/42) bis Marokko (709), verdrängte einen

Teil der Berber sogar in die Sahara.

Die Bantuwanderung schuf die Grundkonstellation für die heutige Verteilung der Afrikaner in weiten Teilen ihres Kontinents. Ausgangszentrum war vermutlich das nördliche Kamerun (1. Jh. n. Chr.). Sie richtete sich erst nach Osten, dann nach Süden, zunächst westlich und östlich der Regenwälder am Kongobecken entlang. Die Bantus waren Bauern, verbreiteten die Eisentechnologie, schoben prä-agrarische Jäger und Sammler (Pygmäen, Buschmänner = San) vor sich her, die sich in typische Rückzugsgebiete flüchteten (Regenwälder, Wüsten). Viele Völker Afrikas südlich der Sahara kennen in ihren historischen Überlieferungen Wanderungsvorgänge, die direkt mit der Bantuwanderung zusammenhängen oder (in Westafrika) mit ihr vergleichbar sind.

Aus Südarabien (Jemen) waren, über die Meerenge von Bab-el-Mandeb, Kolonisten eingewandert (nach 400 n. Chr.), die den Kern des späteren Reichsvolks in Äthiopien, der Amharen und ihrer Verwandten, bildeten. Die Übernahme des Christentums in der koptischen Form (ca. 350) vertiefte die innere Distanz zu Afrika, auf die die Amharen bis 1958 Wert legten.

8 Der Alte Orient bis zum Seevölkersturm I: Das alte Mesopotamien, um 3100 bis 1200 vor Christus

Nach dem allgemeinen Überblick über den Alten Vorderen Orient wird eine getrennte Behandlung der beiden wichtigsten Zivilisationszentren Mesopotamien und Ägypten erforderlich, jeweils bis zum Seevölkersturm (ca. 1200). Beide Zentren traten ungefähr zur selben Zeit und mit analogen Mechanismen in die Phase der Hochkultur ein, aber mit charakteristischen Unterschieden in ihren politischen Strukturen. Besonders fällt für Vorderasien die außerordentliche Vielfalt der kulturellen und politischen Faktoren auf, im Unterschied zur relativ «nationalen» Geschlossenheit Alt-Ägyptens.

ca. 3100	Hochkulturen in Mesopotamien und Ägypten: Stadtstaaten der Sumerer.
ca. 2600	Akkadische Wanderung.
ca. 2340	Erstes Großreich der Akkader (bis 2198): Sargon I. (bis 2284).
ca. 2198	Akkader-Reich von Gutäern zerstört.
ca. 2111	Neusumerisches Reich der III. Dynastie von Ur (bis 1955): Neusumerische Renaissance.

ca. 2000	Amoritische Wanderung.
ca. 1955	Ur von Amoritern und Elamitern zerstört.
ca. 1894	Anfänge Babylons, gegründet von Amoritern.
ca. 1792	Amoriter gründen Großreich von Babylon aus (bis 1594): Hammurabi (bis 1750).
ca. 1670	Althethitisches Reich (bis ca. 1500).
1594	Babylon von Hethitern zerstört.
ca. 1590	Kassiten-Dynastie in Babylon (bis 1168).
ca. 1400	Neuhethitisches Reich (bis ca. 1200).
ca. 1365	Anfänge Assyriens: Altassyrisches Reich (bis ca. 1200).
1285	Schlacht bei Kadeš: Ägypten – Hethiter.
vor 1200	Seevölkersturm: Aramäische Wanderung.

Ausgangspunkt aller historisch erfaßbaren Entwicklungen sind die Sumerer, von unbekannter Herkunft. Nach ihrem ersten Auftreten (ca. 3300) trieben sie ältere Ansätze neolithischer Entwicklung am Unterlauf von Euphrat und Tigris (Städte, Tempel, erste Piktogramme, Rollsiegel) in kurzer Zeit wie in einer Kulturexplosion bis zur Hochkultur weiter (**ca. 3100**) – voll ausgebildete Bilderschrift, die sich rasch zur Keilschrift abstrahierte, Tempelwirtschaften in Stadtstaaten (u. a. Eridu, Ur, Uruk, Lagaš, Umma, Nippur, Kiš). An ihrer Spitze stand ein Priesterkönig (En), beraten von einer Adelsversammlung. Die sumerischen Stadtstaaten bildeten eine erste Kulturgemeinschaft (Amphiktyonie), aber keine politische Gemeinschaft. Vielmehr rivalisierten sie untereinander um die Hegemonie mit wechselnden Schwerpunkten. Geistliche und politische Herrschaft, Tempel und Palast, traten erstmals in ihnen spannungsreich auseinander. Erst zur Abwehr der Akkader bildete nach Beginn der Akkadischen Wanderung (ca. 2600) sich eine kurzlebige Vereinigung der sumerischen Städte, die aber den Akkadern unter Sargon I. (2340–2284) unterlag.

Akkad war das erste Großreich mit Anspruch seines Herrschers auf «Weltherrschaft» als «König der vier Weltgegenden». Gleichzeitig repräsentierte es die erste historisch faßbare Synthese eines eroberten Kulturvolkes (Sumerer) mit zunächst noch halbbarbarischen Eroberern (Akkadern) durch Kulturassimilation. Unter Sargons Enkel Naramsin (2260–2223) erreichte Akkad seinen Höhepunkt mit Eroberungen bis Syrien und Kleinasien, zerfiel aber bald nach Naramsins Tod in Aufständen der eroberten Völker, ferner unter dem Druck des ersten der «Bergvölker», der Gutäer.

Das Ende des Akkad-Reichs setzte das sumerische Element als souveränen Faktor noch einmal frei, politisch zunächst wieder als Stadtstaaten, kulturell durch bewußten Rückgriff auf ihre ältere Tradition in der sog. neusumerischen Renaissance. Sie knüpfte bald aber mit der III. Dynastie von Ur (2111–1955) auch an das Sargon-Reich an, so daß wir zum erstenmal die Restauration eines untergegangenen Großreichs vor uns haben, wenn auch, wie fortan üblich, auf modifizierter Grundlage. Das Neusumerische Reich der III. Dynastie von Ur besaß eine entwickelte Bürokratie. Es faßte die vom Sargon-Reich vereinten, nach seinem Ende wieder auseinandergefallenen Elemente des Sumerischen und Akkadischen zu einer dauerhaften Synthese zusammen, die auch den Zusammenbruch des Reiches (1955) lange überlebte: Sumerisch blieb noch lange Zeit Kultsprache des Vorderen Orients bis zum Hellenismus, Akkadisch wurde internationale Verkehrs- und Diplomatiesprache bis um 1300 v. Chr., beide Sprachen geschrieben in Keilschrift. Nach der amoritischen Wanderung (ab ca. 2000) unterlag Ur, geschwächt durch innere Konflikte, dem gemeinsamen Druck von Amoritern und Elamitern (1955).

An Urs Stelle trat, nach einer Periode der Wirren, das (1894) neugegründete Babylon, zunächst unter Hammurabi (1792–1750). Sein Reich faßte zunächst wieder das «aufgelöste Sumer und Akkad» unter seiner Herrschaft zusammen und gewann ungefähr den Umfang der früheren Großreiche (Sargon, III. Dynastie von Ur). Akkadisch als eine Art Reichssprache, Marduk als oberster Reichsgott und der «Codex Hammurabi» als Grundlage für einen altorientalischen Rechtsstaat bewirkten erstmals eine langfristige Vereinheitlichung im Vorderen Orient. Nach der Zerstörung Babylons durch die neu aufkommenden Hethiter (1594) rissen die Kassiten, historisch das zweite bedeutsame der «Bergvölker», die Macht an sich (ca. 1590) und herrschten als Kassiten-Dynastie über ein fortan geschwächtes Babylon. Einfälle der Assyrer (nach 1250) schwächten Babylon weiter, bis es den Elamitern unterlag (1168).

Babylons Zerstörung durch die Hethiter (1594) markiert die erste spektakuläre Intervention indoeuropäischer Völker in den Alten Vorderen Orient seit ihrem Eindringen um 1900 von Norden aus. Pferd und (zunächst alleiniger) Besitz von Eisenwaffen gaben eine militärische Überlegenheit, die sich im Zuge der wechselseitigen Assimilierung allmählich wieder ausglich. Im östlichen Kleinasien (Anatolien) bildeten die Hethiter, nach erster politischer Zusammenfassung (ca. 1750), in zwei Anläufen eine eigene Großmacht. Das althethitische Reich (ca. 1670–1500), mit Hattuša (Bögazköy) als Hauptstadt (ab ca. 1650), unterlag dem Mittani-Reich (ca. 1500) der verwandten Churriter. Das Neuhethitische Reich Hatti stieg unter Šuppiluliuma I. (ca. 1375–1335) zu einer orientalischen Großmacht auf, die sich auch gegen die Expansion des ägyptischen Neuen Reichs unter Ramses II. in der Schlacht bei Kadeš (1285) behauptete. Ein umfassender Friedens- und Bündnisvertrag mit Ägypten (1270), der erste in der Geschichte überlieferte Vertrag dieser Art, bezeichnete noch einmal eine Konsolidierung nach außen. Hatti ging im Seevölkersturm unter (ca. 1200) und gab das Monopol der Eisenherstellung preis, die sich fortan im Vorderen Orient allgemein verbreitete, zunächst vor allem im besonders kriegerischen Assyrien.

Assyrien entstand am mittleren Tigris als kolonisatorische Fortsetzung oder Grenzmark der südmesopotamischen Kultur- und Machtzentren seit Sargon I. Das Ende der III. Dynastie von Ur (1955) setzte Aššur als mittelgroßen Staat für rund 150 Jahre frei; danach geriet es unter wechselnde barbarische Fremdherrschaft (Hethiter, Churriter). Das Altassyrische Reich entstand ca. 1365 als souveräner Machtfaktor, erstmals mit Massendeportationen unterworfener Völker. Zu dem geschwächten Babylon der Kassiten-Dynastie trat Assyrien in ein Rivalitätsverhältnis, vorläufig abgeschlossen durch Eroberung und Plünderung Babylons sowie Verschleppung der Marduk-Statue nach Aššur (1250). Auch das Altassyrische Reich erlag den Folgen des Seevölkersturms, namentlich der Aramäischen Wanderung (ca. 1200). Der Seevölkersturm (**ca. 1200**) und seine Folgen veränderten die Konstellationen in Mesopotamien grundsätzlich und schufen die historischen Voraussetzungen für den zweiten großen Abschnitt der Geschichte im Alten Vorderen Orient.

9 Der Alte Orient bis zum Seevölkersturm II: Das alte Ägypten, um 3100 bis 1200 vor Christus

Wie das alte Mesopotamien seit den Sumerern zieht die Geschichte des alten Ägypten immer wieder die Aufmerksamkeit auf sich, und wenn nur wegen seiner spektakulärsten Hinterlassenschaft, der großen Pyramiden und Tempel. Anders als Mesopotamien weist das alte Ägypten eine stärkere innere Geschlossenheit auf, eine «nationale» Kontinuität über Jahrtausende hinweg. Seine Geschichte läßt sich daher leichter um den Wechsel von politischer Einheit und deren Zerfall gruppieren. Bequeme Anhalts- und Orientierungspunkte zur Periodisierung bietet, schon seit der Antike, die Abfolge der Dynastien, zusammengefaßt in Altes, Mittleres und Neues Reich, flankiert von einer Früh- und Spätzeit, unterbrochen durch drei Zwischenzeiten. Gerade der Wechsel zwischen politischer Fragmentierung und Zentralisierung, zwischen Bürokratisierung und Feudalisierung, ist in seiner Überschaubarkeit und Modellhaftigkeit zum Verständnis ähnlicher Prozesse in anderen Regionen (z. B. China) und zu späteren Zeiten besonders lehrreich.

ca. 3100 Reichseinigung: Vereinigung Unter- und Oberägyptens bis zum 1. Katarakt. Frühzeit: 1. und 2. Dynastie (bis 2630).

2630 Altes Reich: 3.–6. Dynastie (bis ca. 2134). Pyramiden (4.–5. Dynastie).

ca. 2134	1. Zwischenzeit: 7.–11. Dynastie (bis 2040): Anarchie, feudale Strukturen, Einfälle von Semiten.
2040	Mittleres Reich: 11.–14. Dynastie (bis 1650): Eroberung Nubiens bis zum 2. Katarakt.
1650	2. Zwischenzeit: 15.–16. Dynastie: Herrschaft der Hyksos im Delta bis zum nördlichen Oberägypten (bis 1551).
1551	Neues Reich: 17.–19. Dynastie (bis 1075): Expansion in Nubien bis zum 4. Katarakt, nach Vorderasien bis zum mittleren Euphrat.
1468	Schlacht bei Megiddo: erste überlieferte Schlacht der Weltgeschichte.
1364	Amenophis IV. (Echnaton, bis 1347): Aton-Sonnenkult, erste Form des Monotheismus.
1290	Ramses II. (bis 1224).
1285	Schlacht bei Kadeš gegen Hethiter.
ca. 1200	Seevölkersturm: Neues Reich geschwächt.

Im Unterschied zu Sumer überschritt das alte Ägypten die Schwelle zur Hochkultur im dramatischen Akt der Reichseinigung (ca. 3100) gleichsam mit einem welthistorischen Paukenschlag. Der gewaltsamen Eroberung der beiden Königreiche Ober- und Unterägypten durch Narmer/Menes, vermutlich vom Süden aus, war in der prädynastischen Epoche bereits die mit Sumer vergleichbare kulturelle Evolution bis zur Schwelle der Hochkultur vorangegangen. Den politischen Rahmen bildeten zunächst regionale Gaukönigtümer, die Eroberung schon vor 3100 schrittweise zu den Königreichen Unterägypten (Nildelta) und Oberägypten (Niltal bis zum 1. Katarakt) zusammengefaßt hatte. Als «Nomen» blieben die früheren Gaukönigtümer bis in die früharabische Zeit wichtigste mittlere Verwaltungseinheiten, 20 in Unterägypten, 22 in Oberägypten.

Im Alten Reich (3.–6. Dynastie) (**2630** v. Chr.) hielt sich Ägypten weitgehend von der Umwelt isoliert, abgesehen von ersten Handelsverbindungen (Punt, Byblos, Kreta). Eine zentrale Bürokratie, mit Memphis als Hauptstadt, faßte das Reich straff zusammen. In die Zeit der 4. und 5. Dynastie fällt der Bau der großen Pyramiden als monumentale Königsgräber. Ihre gewaltigen Kosten erschöpften jedoch die ökonomische Kraft des Alten Reichs: Die Herrschaft von Wesiren, Erblichkeit von Beamtenstellen, die zunehmend mit Landbesitz ausgestattet wurden; Immunität (Steuerfreiheit) des Landbesitzes von Tempeln und Großgrundbesitzern, die oft auch Steuerpächter wurden, führten zur Feudalisierung und Aushöhlung der Zentralmacht. Nach dem König mit der längsten Regierungszeit der Weltgeschichte, Pepi (Phiops) II. (ca. 2240 – ca. 2152), brachen lang anhaltende Wirren aus: Das Alte Reich versank in Anarchie, der Druck einfallender Wüstenstämme erhöhte das allgemeine Chaos, Bürgerkriege zerstörten Zentralgewalt, Reichsbürokratie und Reichseinheit. In der 1. Zwi-

schenzeit (ca. 2134–2040) zerfiel Ägypten wieder in Unter- und Oberägypten; die seit der Reichseinigung mediatisierten Gaufürsten traten als feudales Element wieder stärker hervor.
Die lang anhaltende Anarchie der 1. Zwischenzeit beendete die 11. Dynastie von Theben aus durch Zurückdrängung der feudalen Kräfte im Innern, Wiederherstellung der Reichseinheit und Expansion nach außen, vor allem durch Eroberung Nubiens bis zum 2. Katarakt. Eine gewaltige Leistung innerer Kolonisation und Ausweitung der agrarischen Nutzfläche war die Erschließung der Senke von Fayum durch ein ausgeklügeltes System künstlicher Bewässerung unter Sesostris III. (1878–1841). Das Mittlere Reich ging an der Kombination von inneren Konflikten und äußerem Druck zugrunde. Zu Usurpationen in Städten des Deltas gegen die 13. Dynastie mit häufigem Herrscherwechsel (60 Könige in ca. 135 Jahren!) kam noch eine rivalisierende 14. Dynastie mit ähnlicher Instabilität.
Ab ca. 1720 bedrängten Semiten vom Ostrand des Deltas Ägypten. Allmählich übernahmen die Hyksos («Herrscher der Fremdländer») – vermutlich semitische Kriegernomaden, evtl. mit churritischen Elementen – von Avaris aus die Macht. Sie eroberten Memphis (1674) und stürzten das Mittlere Reich (1650). Die Hyksos beherrschten ihre usprüngliche Ausgangsbasis Syrien/Kanaan und das nördliche Ägypten. Sie brachten Pferd und Streitwagen aus Vorderasien mit. Ihre Herrschaft gilt als die 2. Zwischenzeit (1650 bis 1551), mit der 15. und 16. Dynastie, jeweils über Teile Ägyptens. Anders als in der 1. Zwischenzeit funktionierte jedoch die zentrale Bürokratie unter den Hyksos weiter.
Die 17. Dynastie stürzte von Theben aus die Fremdherrschaft der Hyksos in einem nationalen Befreiungskampf, den die 18. Dynastie mit Begründung des Neuen Reiches (1551 bis 1075) beendete. Erst jetzt entstand, zur legitimen Sicherung der Dynastie, die königliche Geschwisterehe als Institution. Das alte Ägypten erlebte unter der 18. und 19. Dynastie die kriegerischste Phase seiner Geschichte. Mit imperialer Expansion im großen Stil (Nubien bis zum 4. Katarakt, Vorderasien bis zum mittleren Euphrat) öffnete es sich erstmals auch ausländischen Einflüssen. Nach einer Serie von 17 Feldzügen gegen Kanaan/Syrien unter Thutmosis III. (1468 bis 1436), eingeleitet von der Schlacht bei Megiddo (1468), arrangierte sich Ägypten unter Amenophis III. (1412–1367) mit dem damals noch unbesiegten Mittani-Reich der Churriter. Amenophis IV. (1364 bis 1347) wandte seine Energie ganz nach innen und stürzte als Echnaton Ägypten in eine schwere religionspolitische Krise – Einführung des Aton (= Sonne) als alleinig zugelassener Gott, mit Amarna als neuer Hauptstadt (Amarna-Periode). Welthistorisch von Bedeutung wurde dieser Konflikt, weil Echnaton die erste Form des Monotheismus einführte, der vermutlich später auf die Hebräer und Moses in Ägypten einwirkte.
Nach Restauration des traditionellen Amon-Kults nahm die neue 19. Dynastie die Expansion nach Norden

wieder auf, jetzt unter Ramses II. (1290–1224). Ägypten stieß aber auf das Neuhethitische Reich, mit dem es sich nach der unentschiedenen Schlacht von Kadeš (1285) im ersten überlieferten Friedens- und Allianzvertrag (1270) verbündete. Der Austausch von Erz aus dem Taurusgebirge mit dazugehöriger Eisentechnologie gegen ägyptisches Getreide, vor allem bei einer großen Hungersnot in Hatti (vor 1200), waren bemerkenswerte Konsequenzen des Bündnisses zwischen Ägypten und Hatti. In die Anfangszeit Ramses' II. fällt vermutlich der Auszug der Hebräer unter Moses, der Exodus (ca. 1280). Ramses II. ging ferner in die Geschichte durch seine besonders ausgedehnte, kolossale Bautätigkeit ein, die sich das Neue Reich – auf dem Höhepunkt seiner Macht – damals noch leisten konnte. Der Seevölkersturm (ca. 1200) traf Ägypten schwer und leitete den Niedergang des Neuen Reiches ein.

10 Neue Zentren der Hochkultur I: Indien, um 2600 bis 540 vor Christus

Während sich der Alte Vordere Orient als erstes Zivilisationszentrum der Weltgeschichte fast 3000 Jahre lang ausweitete, regten seine Ausstrahlungen in Flußregionen mit ähnlichen Bedingungen die Bildung neuer Kultur- und Machtzentren an; Indien und China erreichte die agrarische Produktion entsprechend später (ca. 5000 v. Chr.). Sie entwikkelten früh spezifische Besonderheiten (Indien: Baumwolle, Reis; China: Seide, Porzellan, Papier) und erreichten zu unterschiedlichen Zeiten die Organisationsform des Großreiches: China früher (1523 v. Chr.), Indien erst später (ca. 540 v. Chr.). Inder und Chinesen waren, nach Untergang der europäischen Antike und des Kalifats, bis zur Expansion Europas in Übersee, qualitativ, d. h. ökonomisch und zivilisatorisch, die am höchsten entwickelten Völker der Erde, expandierten später ihrerseits und strahlten auf ihre Umgebung aus.

Sie sind seit alters her die quantitativ stärksten Völker, im 20. Jahrhundert mit explosionsartiger Bevölkerungsvermehrung.

Geographisch bilden Indien und China subkontinentale Einheiten, von der Umwelt durch Ozeane, Wüsten und hohe Gebirge weitgehend isoliert, als Welten für sich, auch religiös und kulturell. Beide sind unterschiedlich in sich gegliedert: Indien besteht, von Norden nach Süden, aus dem Vorland des Himalaya, der Tiefebene, durchflossen vom Indus mit seinen vier großen Nebenflüssen («Panjab» = Fünfstromland) im Westen, dem Doppelsystem des Ganges und Brahmaputra vom Zentrum zum

Osten, die sich in einem gewaltigen Delta vereinen; dem Dekkan (= Süden), einer Hochebene mit einigen kürzeren Strömen und steilem Abfall zum Meer. China besteht aus einer riesigen Doppelstromlandschaft, dem Hoang-ho im Norden, dem Jangtsekiang im Süden.

Die Schwerpunkte beider Groß-Regionen lagen meist im Norden, wo sie historisch entstanden und von wo aus sie weiter expandierten, wie üblich in Kombination kriegerischer Eroberungen und bäuerlicher Kolonisation, mit Städten als zivilisatorischen Kristallisationskernen. Aus dem Norden kamen auch meistens Eroberer – Indiens über den Khaiber-Paß (bis auf die Engländer, die über See kamen), Nomaden-Reitervölker nach China aus den Steppen Zentralasiens.

Mit ihrem konträren religiösen Denken – Indien überwiegend dem Jenseits («Nirwana») zugewandt, während die irdische Existenz nur Illusion («maja») ist, China mit einem erdverbundenen Pragmatismus überwiegend dem Diesseits – nahmen beide Zivilisations- und Machtzentren ganz unterschiedliche Entwicklungen im staatlichen Bereich: China, mit einer Fülle konkreter Strukturen und schriftlichen Quellen, die Aufschluß über seine Geschichte geben, hatte als Ideal den straff zentralisierten Einheitsstaat, wenn auch unterbrochen durch immer kürzer werdende Perioden der Fragmentierung und des Chaos. Indien dagegen war meistens staatlich zersplittert, ohne übergreifende politische Strukturen, die immer wieder im elastischen und zähen Untergrund aus Familie, Kaste und Dorf versanken. Für Indien war die imperiale Zusammenfassung des gesamten Subkontinents in 2500 Jahren überschaubarer Staatengeschichte die Ausnahme und hielt immer nur jeweils die Regierungszeit eines überragenden Herrschers vor. Danach versank Indien wieder in das ihm spezifische Chaos staatlicher Fragmentierung, ohne konkrete staatliche Identitäten oder Traditionen wenigstens auf regionaler Ebene. Statt dessen besteht die Indische Union heute aus staatlich geronnenen Spracheinheiten, alle mit unglücklichen Minderheiten.

China ist zwar das jüngste der drei großen Zivilisations- und Machtzentren, aber dafür das einzige, das durch ständige Expansion und Restauration noch heute besteht und durch eine durchgängige Assimilation eine quasi-nationale Geschlossenheit erreicht hat, allerdings, wie üblich, mit nationalen Minderheiten am Rande ohne politische Autonomie (Tibet, Ost-Turkestan = Sinjiang, Innere Mongolei) und kleineren Minderheiten im Landesinnern, in traditionellen Rückzugsgebieten.

Als großräumige Macht- und Zivilisationszentren prägten Indien und China politisch wie kulturell die Geschichte ihrer Region, China gar mit dem Anspruch, daß ihm als «Reich der Mitte» über alle Nicht-Chinesen, die für es nur Barbaren waren, eigentlich die Weltherrschaft gebühre. Auch als Ausgangspunkte und Zentren des sich allmählich herausbildenden Interkontinentalen Fernhandels übten Indien und China einen großen Einfluß auf andere Länder aus, zunächst vor allem über den Indischen Ozean. Zusammen mit dem

Mittelmeer bildete der Indische Ozean die große Wirtschafts- und Kulturachse der Alten Welt und des Alten Ostens. Inder und Chinesen sind noch heute die ältesten und größten Kulturvölker der Erde.

ca. 5000	Erste agrarische Siedlungen in Nordwestindien (Pakistan): Kot Diji.
ca. 3350	Agrarische Siedlungen in Belutschistan.
ca. 3000	Agrarische Siedlungen am Hoang-ho.
ca. 2600	Induskultur: Mohejo Daro, Harappa.
ca. 1750	Beginnender Verfall der Indus-Kultur.
ca. 1500	Invasion der Arier in Nordindien.
ca. 540	Magadha-Reich (bis 321): Anfänge des Buddhismus im nördlichen Indien.

In Indien breitete sich die agrarische Produktion über den Khaiber-Paß von Nordwesten aus. Ähnlich wie in Mesopotamien stieg sie von den Berghängen in die Ebene hinab, zunächst im Panjab und im Sind (Unterlauf des Indus). Die erste agrarische Bevölkerung, die Draviden, verdrängte die prä-agrarische Bevölkerung, die offensichtlich stark negrid geprägt war. Sie zog sich teils nach Norden (Nepal) zurück, teils in den Süden oder hielt sich in klassischen Rückzugsgebieten (z. B. Negritos).

Rasch vollzog sich der Übergang zur Hochkultur am unteren Indus (**ca. 2600**), in Kontakt zu Sumer mit Handelsverbindungen über Persischen Golf und ostiranisches Bergland.

Trotz der strukturellen Parallele zu Sumer liegt die Induskultur vorläufig im relativen Dunkel der Vorgeschichte, weil sich ihre Bilderschrift noch nicht entziffern ließ. Die Induskultur kombinierte Bauernkultur mit städtischer Zivilisation, vielleicht mit den ausgegrabenen Städten Mohenjo Daro und Harappa als politischen Zentren. Von Anfang an war Indien Zentrum für Anbau und feinste Verarbeitung von Baumwolle. Das Ende der Induskultur kam mit ökologischen Katastrophen (Überschwemmungen nach extremer Abholzung am oberen Indus) (ab ca. 1750) und dem Einbruch der Arier (ca. 1500), die die Rest-Städte vernichteten, als «Städtezerstörer», wie sie sich selbst nannten.

Der Süden wurde das große Rückzugsgebiet für einen Teil der alten Inder (Draviden), die vor den erobernden Ariern zurückwichen, aber auch das große Expansions- und Zivilisationsgebiet, nachdem sich die Arier ihrerseits im nördlichen Indien an die Reste der Induskultur assimiliert hatten.

Die Arier siegten mit überlegener Technologie (Bronzewaffen; Streitwagen, Pferd) und expandierten allmählich nach Osten, entlang dem Gangestal, zuletzt mit Eisentechnologie und Anbau von Reis. Sie zerfielen in kleinere Königtümer, überwölbt von der Idee eines «Oberkönigs» («samraj»), gar als «Weltherrscher» («cakravartin»). Aus der Unterteilung einer typischen Eroberungs- und Überlagerungsgesellschaft in vier Stände – Brahmanen

(Priester), Kasatriyas (Krieger), Vaisyas (Bauern), Sudras (Nichtarier und deklassierte Arier) – entwickelten sich die indischen Kasten: Das altindische Wort für Kaste («varna» = Farbe) verweist auf ihre ursprüngliche Apartheidfunktion zwischen hellhäutigen «edlen» Eroberungsaristokraten («Arier» = Edle) und dunkelhäutigen Unterworfenen, die sich teilweise als «Drawiden» in den Süden zurückzogen und so den historischen Antagonismus zwischen Nord- und Süd-Indien begründeten.

So wurde das indische Kastenwesen erstes Beispiel für eine sozio-kulturelle Apartheid, begründet auf Eroberung, sanktioniert von der Religion: An der Spitze beanspruchten die Brahmanen (ursprünglich: Priester) göttlichen Status. Am unteren Ende stehen die Pariahs, ohne Status als Menschen. Wer es wagte, den angestammten Platz in einer niedrigen Kaste in diesem Leben zu verlassen, dem drohte als Strafe, daß er im nächsten Leben im aufsteigenden Zyklus der Reinkarnation bis zur Erlösung im Nirwana wieder zurückgeworfen würde.

Nach einem rund tausendjährigen Prozeß, über den wir so gut wie nichts wissen, formierte sich um 500 das sozusagen klassische Indien, als Verbindung zwischen alter Induskultur und erobernden Ariern. Ihre Sprache (Sanskrit) setzte sich durch, zuletzt nur noch als Kultsprache, dafür übernahmen die Arier vermutlich religiöse Vorstellungen von ihren Untertanen. Das Kastenwesen, als zugleich starre und elastische Ordnung, knüpfte – vielleicht – auch schon an ältere Ansätze an, die die Arier schon bei ihren Eroberungen vorgefunden haben mögen. Die indische Religion zeichnete sich durch eine spannungsreiche Verbindung zwischen Sinnlichkeit und Asketismus aus, Seelenwanderung und Aufgehen im Nichts («Nirwana»). Aus der Geringschätzung des Diesseits erklärt sich, warum im alten Indien keine Annalastik oder Geschichtsschreibung entstand.

Die «wilde» und «barbarische» Vorbevölkerung galt nicht als Menschen, sondern als «Dämonen» oder gar «Affen» unter eigenen Königen, gegen die die arischen Lichtmenschen kämpften. Später konnten sie stammweise in die indische Gesellschaft eintreten, aber nur als untere Kasten, ohne soziale oder auch nur politische Gleichberechtigung.

Auf die zuletzt immer blutrünstiger gewordene Religion der Arier mit unermeßlichen Tieropfern, aber auch auf die Krise der fragmentierten Klein-Königreiche am Rande des Himalaya durch das Aufkommen eines ersten Großreiches im Norden, reagierte der Buddha («der Erweckte»). Das Maghada-Reich (**ca. 540**–490) und das Auftreten Buddhas (gest. 483 v. Chr.) als Begründer der ersten Weltreligion, markieren den Beitrag (Nord-)Indiens zur «Achsenzeit», an der Schwelle zum Eintritt in die Phase der klassischen Hochkultur.

11 Neue Zentren der Hochkultur II: China, 1523 bis 500 vor Christus

Nach Nordchina kam die agrarische Produktion ebenfalls aus dem Westen, mit Getreide (Weizen, Trokkenreis) ca. 5000 v. Chr., aber im Süden, südlich des Jangtsekiang, eigenständig mit Knollenfrüchten unter der Erde und Naßreis. Historisches Zentrum waren im Norden die Lößböden, die der Westwind aus der Gobi (= «Wüste») herbeigetragen hatte und der Ostwind vom Chinesischen Meer mit Regen erst fruchtbar machte. Schon im Neolithikum bildeten sich spezifische Besonderheiten heraus, u.a. Eßstäbchen und die Vorliebe für runde Formen für Fenster und Türen, die Schrift (im 17./16. Jh.). Die chinesische ist die einzige der großen Hochkulturen Eurasiens, die sich im wesentlichen vom Meer abwandte. Chinas historische Keimzelle lag am Zusammenfluß des aus Westen kommenden Wei mit dem mittleren Hoang-ho (Gelben Fluß), nahe dem großen Hoang-ho-Bogen, geographisch also stets exzentrisch zum heutigen China. Gleichzeitig verdrängte die chinesische Expansion die indoeuropäischen Skythen nach dem Westen (800 v. Chr.), die Burmesen nach Südwesten ins heutige Burma, später Thais und Viets nach Süden.

ca. 5000	Erste agrarische Siedlungen in China: Ban-po (Yang-shao-Kultur).
ca. 3000	Agrarische Siedlungen am Hoang-ho.
1523	Shang-Dynastie (bis 1028): Eintritt Chinas in die Hochkultur.
1028	Chou-Dynastie (bis 221).
771	Östliche Chou: feudale Anarchie, Machtkämpfe (bis 221).
ca. 500	Konfuzius: Anfänge der chinesischen Philosophie und Staatslehre.
481	«Kämpfende Staaten» in China (bis 221).

Der Übergang zur Hochkultur erfolgte schon zur Bronzezeit mit Anbau von Weizen, bald auch von Reis. Ummauerte Städte wurden Kerne für kleinere Königtümer. Seide, Porzellan, später Tee gehören zu den Besonderheiten Chinas und prägten die Struktur seines späteren Fernhandels. Die Bilderschrift, mit Modifizierungen und jüngsten Vereinfachungen, blieb bis heute im Gebrauch und ist die älteste kontinuierlich benutzte Schrift, mit einem Prestigewert, der bislang alle Kulturrevolutionen überdauerte.

Wie im alten Ägypten, aber rund 1500 Jahre später, trat China nach einer Reihe mythischer «Urkaiser» und der halb-mythisch/halb-historischen Dynastie Yin in die Hochkultur mit seiner politischen Vereinigung als Königreich, mit seiner ersten voll-historischen Dynastie, den Shang (**1523**–1028). Da das Auftreten der Shang-Dynastie zeitlich mit dem Erscheinen aristokratischer Lebensformen samt Streitwagen in China zusammenfällt, ist es nicht auszuschließen, daß das Shang-Reich, ähnlich wie in anderen Fällen, von Eroberern gegründet wurde, in diesem Fall von einer erobernden Streitwagenaristokratie, die über die Kette von Oasen in der zentralasiatischen Wüste bis nach China gekommen wäre und sich anschließend, wiederum wie üblich, früher oder später assimiliert hätte (McNeill). Seitdem schwankte China zwischen Einheit als eigentlichem Ideal staatlicher Existenz und «Zwischenzeiten», um beim altägyptischen Beispiel zu bleiben. Staatliche Einheit ging stets einher mit (Wieder-)Herstellung elementarer Zivilisationstechniken, vor allem Anlagen zur Ent- und Bewässerung (Kanäle, Deiche), Märkte, Währung, Sicherheit der Handelswege und Produktionsbedingungen.

Schon den ersten Dynastiewechsel von Shang zu Chou (1028) charakterisierte die typische Kombination von innerem Konflikt (Bürgerkrieg) und Erneuerung staatlicher Einheit, ausgehend von den militarisierten Rändern des neuen eigenen Kulturzentrums. Die Chou waren eine Art «Markgrafen» auf quasi-kolonialem Boden eines regionalen Fürstentums an den Grenzen gegen die Steppennomaden. Ihre Könige nahmen erstmals den Prestigetitel «Söhne des Himmels» an. Chinas beginnende Expansion unter den Chou nach Süden schob die dortigen Völker vor sich her (Khmer, Thai, Viet), absorbierte sie durch Sinisierung (Assimilierung an Chinesen) oder isolierte und konservierte sie als «ethnische Minderheiten» im modernen China.

Der Chou-Staat, immer noch überwiegend feudaler Lehensstaat einer schwachen Zentralgewalt, meist mit der Hauptstadt in Loyang, zerfiel in einem für die chinesische Geschichte fortan typischen Prozeß: 771 überfielen Nomadenvölker im Bündnis mit rebellierenden Chinesen seine Hauptstadt. Die Dynastie wich nach Osten aus und setzte sich als die Östlichen Chou fort, aber extrem geschwächt. Unter formaler Suzeränität der Chou zerfiel China auf Jahrhunderte in zahlreiche faktisch unabhängige Nachfolgestaaten «der Mitte» («zung guo»), von denen sich später, nach der erneuten Zusammenfassung, der offizielle Staatsname ableitete – «Reich der Mitte».

Gleichzeitig entstanden an der Peripherie neue Machtzentren, deren Herrscher meist den Königstitel führten. Die neuen Staaten waren Hegemonieverbände zur Abwehr der Nomaden im Norden, teils (Chiu, schon am mittleren Jangtse) riesige Gebiete mit unterworfenen Eingeborenenstämmen und einer erobernden chinesischen Kriegeraristokratie, die eine langfristige Sinisierung erreichte. Von den neuen peripheren Machtzentren ging die weitere Dynamik zur imperialen Zusammenfassung aus. Zunächst schälten sich in der Periode, die nach den Annalen des Königreichs Lu in Shandong für die Jahre 722–481 «Frühling und Herbst» genannt wird, durch Eroberungen und Annexionen sieben Königreiche heraus. Die erbitterten Machtkämpfe der «Kämpfenden Staaten» (**481**–421 v. Chr.) gaben dem Ringen eine neue Qualität. In ihrem Anfang lieferten Konfuzius und mit ihm rivalisierende Philosophenschulen sowie Laotse mit seinem Daoismus um 500 v. Chr. den chinesischen Beitrag zur «Achsenzeit» im Übergang zur Eurasischen Antike.

12 Randkulturen Eurasiens

Die deutsche Altertumswissenschaft bezeichnet mit dem glücklichen Begriff «Randkulturen» Gesellschaften am Rande der europäischen (griechisch-römischen) Antike, die schon (oder noch) im Übergang zwischen barbarischer Peripherie und Ausstrahlungen der klassischen Zivilisation standen, u. a. Thraker, Gallier, Kelten, Germanen, Skythen. Entsprechend läßt sich der Begriff auf den gesamten Eurasischen Trikontinent übertragen, sogar einschließlich Schwarzafrikas, nun aber für alle Perioden seit Beginn der Zivilisation.

Aus der Logik und Dynamik der Ausbreitung des Zivilisationsprozesses bildeten sich immer wieder beiderseits der (wie auch immer definierten) Peripherie der «wandernden Grenze» (F. W. Turner) Bereiche unterschiedlich intensiver Akkulturation. Sie waren Markgrafschaften als militarisierte Grenzbezirke von Zivilisations- und Machtzentren, auch zur Erzwingung oder zum Schutz bäuerlicher Kolonisation zur Defensive wie Offensive (u. a. Aššur, Chou). Oder sie bestanden aus unabhängigen Völkern der barbarischen Peripherie, die aber schon Elemente der überlegenen Zivilisation aufnahmen, u. a. durch Fernhandel, und sie eigenständig weiterverarbeiteten.

Mit den universalen Kategorien «Markgrafschaft» und «Randkultur» lassen sich scheinbar disparate historische Erscheinungen strukturell und funktional bequem zusammenfassen, wenn ihre modifizierenden spezifischen Eigenarten nach Raum und Zeit berücksichtigt bleiben. Beide repräsentierten unterschiedlich intensive Stufen der Akkulturation, überwiegend gesehen vom Zivilisations- und Machtzentrum (Markgrafschaft) oder der Peripherie (Randkultur). Beide konnten (mußten aber nicht), sobald ein Machtzentrum schwächer wurde, zu neuen Zivilisations- und Machtzentren aufsteigen, die dann oft ganz oder teilweise das alte Zentrum übernahmen. Gegenüber der idealtypischen Unterscheidung mochten Realitäten die Grenze zwischen beiden Formen zerfließen lassen, wie die «wandernde Grenze» in Amerika, besonders den USA.

Von altorientalischen, antiken, mittelalterlichen und neuzeitlichen Randkulturen seien hier in ungefähr chronologischer Reihenfolge die wichtigsten genannt: Im Süden des das Niltal aufwärts expandierenden Ägypten ist Nubien zweifellos die älteste identifizierte Randkultur, schwankend zwischen Phasen der schrittweisen Unterwerfung durch das Pharaonenreich, bis zum 6. Katarakt, und Phasen der Unabhängigkeit in Zeiten ägyptischer Schwäche. Die Aida-Geschichte ist ein opernmärchenhafter Reflex der typischen Zivilisationszentrum-Randkultur-Konstellation. Von Nubien aus strahlte ägyptische Kultur nach Schwarzafrika aus, auch über Meroë und Aksum nach Äthiopien. Umgekehrt zog sich ägyptische Legitimität in Krisenzeiten nach Nubien zurück und restaurierte von dort sogar, unter der Nubischen Dynastie (715 bis 671), das ägyptische Reich. Ähnlich nahmen an der Westperipherie Libyer genügend zivilisatorische Elemente Ägyptens auf, um, noch vor der Nubischen Dynastie, mit in Ägypten seßhaft gewordenen Söldnern die Macht zu übernehmen, als Libysche Dynastie (945–715).

Analog lassen sich die kretische und minoische Kultur, ferner Phönikien und Kanaan sowie Kleinasien als Randkulturen in Überkreuzung ägyptischer und mesopotamischer Zivilisation begreifen. Alle altorientalischen Reiche außerhalb Ägyptens und Mesopotamiens begannen als Randkulturen – Hatti, Mitanni und ihre Nachfolgestaaten nach dem Seevölkersturm, vor allem Phrygien, Lydien, Armenien. Meder und Perser begannen mit kleinen Königtümern unter assyrischer Vasallität, also als Randkultur Mesopotamiens. Griechen und Makedonen repräsentierten Stufen klassisch gewordener ehemaliger Randkulturen, deren letzte (Makedonien) quantitativ und qualitativ Faktoren eines neuen Zivilisationszentrums mit der eigenen halbbarbarisch-akkulturierenden Peripherie vereinigte und mit dem Alexanderzug sogar noch von der westlichen Peripherie her als Zusammenfassung der altorientalischen Großreiche (meist ohne deren Randkulturen) übernahm. Persien wiederum bildete eigene Randkulturen aus, vor allem im späteren Afghanistan und bis Zentralasien, dort in Überschneidung mit der chinesischen Zivilisation.

Indiens Randkulturen lagen im Himalaya (u. a. Nepal) und in Südostasien, im kontinentalen (Laos, Kambodscha) wie insularen (Indonesien), aber auch hier schon in Überlappung mit chinesischen Einflüssen, worauf der historisch gut passende koloniale Name «Indochina» hinweist. Für das spätere Indonesien spricht man geradezu von der «Indisierung» in der Eurasischen Antike.

China, das «Reich der Mitte», ist umgeben von einem Kranz eigener Rand- oder Tochterkulturen, mit Anerkennung der chinesischen Suzeränität (Korea) oder ohne (Japan). Aus China nach Süden (Viet, Thai) und Südosten (Burmesen) verdrängte Völker waren mehr oder weniger (Burmesen) chinesisch akkulturiert. Entsprechendes gilt für die turk-mongolischen Nomadenvölker, die «Nordbarbaren», die ihrerseits in Zeiten chinesischer Schwäche das Reich zerstörten und erneuerten.

Die Araber als altorientalisch-antike Randkultur der zuletzt mediterranen Zivilisation setzten zivilisatorische

Traditionen der Gebiete fort, die sie teilweise übernahmen – griechische und persische – und verschmolzen sie zu einer eigenständigen Weiterentwicklung. Mit der Islamisierung weiter Gebiete außerhalb des Vorderen Orients entstanden komplexe kulturelle Muster, vor allem in Zentralasien. Dort ergab eine Überschichtung unterschiedlicher kultureller Faktoren – allgemeine und literarische Kultur (persisch), religiös (arabisch-griechisch), ethnisch (türkisch) – mit chinesischen Einflüssen komplexe Gemengelagen, die heute, nach dem Sturz der Sowjetunion, in neue brisante Dynamik geraten sind. Nach Süden schoben die Araber-Berber mit der Expansion des Islams Randkulturen nach Schwarzafrika vor, die sich mit altägyptischen Ausstrahlungen über Nubien zu Randkulturen eigener Prägung verbanden, an der Suaheliküste noch einmal vermengt mit persischen und arabischen Faktoren. Dagegen gehört Madagaskar überwiegend zu den westlichsten Ausstrahlungen der indo-malayischen Randkultur.

Im europäischen Mittelalter markierte die Bekehrung zum Christentum den Anschluß neuer Randkulturen an den lateinischen bzw. orthodoxen Zivilisationskreis. Ausgehend von Westrom nach dessen Sturz 476, etablierte das Frankenreich mit dem Westrand des freien, halbbarbarischen Germanien eine eigene Identität, im spannungsreichen Spagat zwischen alt- und neuzivilisierten Bereichen, intern unterteilt vom römischen Limes. Später schloß die systematische Mission neue Bereiche der lateinischen Zivilisationsvariante an – Dänemark, Böhmen, Polen, Ungarn, Schweden, Norwegen mit Ausstrahlungen über Island bis Grönland um 1000 und vorübergehend Vinland nach Westen, mit der gewaltsamen Christianisierung Finnlands (1249) auch nach Osten. Entsprechend schuf sich Byzanz durch Mission als Indiz kultureller Expansion eigene Tochter-Randkulturen – Bulgarien, Serbien, die Kiewer Rus als mächtigste Fortsetzung der Orthodoxie.

Mit der Christianisierung bildeten sich eigene Markgrafschaften aus, die durch Militarisierung zu neuen Machtzentren aufstiegen – Moskau, Österreich, Brandenburg-Preußen, der Deutsche Ordensstaat, der in seinem westlichen Flügel im späteren Preußen aufging, erst nach dem Serbischen Aufstand 1804 auch Serbien-Jugoslawien als stärkste Macht auf dem Balkan ab 1913. Nach Westen, über den Atlantik greifend, wurde Amerika nach 1492 das spektakulärste Beispiel expandierender Randkulturen als «wandernde Grenze» der expandierenden westlichen (lateinischen) Zivilisation, allmählich auf der Grundlage der Industrialisierung. Aus diesem Prozeß gingen die USA 1945 als Weltmacht hervor, seit 1989/91 als einzig übriggebliebene.

13 Neue Zentren der Hochkultur III: Kleinasien, Ägäis, um 2600 bis 1200 vor Christus

Den neuen Zentren der Hochkultur im Osten des Alten Vorderen Orients (Induskultur, China) entsprechen vergleichbare Prozesse auch nach Westen, zwar in größerer geographischer Nähe, aber dafür zunächst noch diffuser. So ist der direkte Zusammenhang zwischen dem primären Kulturzentrum (Vorderer Orient) und den neuen, zunächst nur sekundären Kulturzentren (Ägäis, Kleinasien) augenfälliger.

ca. 2000	Erste Phase minoischer Palastkultur auf Kreta,
ca. 1900	der Frühgriechen (Achäer) auf dem Festland und den Kykladen.
ca. 1700	Zweite Phase der Palastkultur auf Kreta (bis ca. 1450): Minoische Thalassokratie im östlichen Mittelmeer.
ca. 1400	Eroberung des minoischen Kreta durch Achäer: Mykenische Thalassokratie (bis ca. 1200).

Kleinasien (Anatolien) war früh Durchgangsland zur ersten Ausbreitung der agrarischen Produktion vom Vorderen Orient zum Balkan, schon mit ersten stadtähnlichen Zentren – Catal Hüyük (ca. 6800 v. Chr.), Mersin, Hacila (ca. 6000 v. Chr.). Mit dem Aufkommen komplexerer Strukturen wurde Kleinasien auch wichtig für den allmählich aufkommenden Fernhandel. Im Westen verweist Troja (seit 3000 v. Chr.), am südlichen Eingang zu den Dardanellen (Hellespont), mit seiner strategischen Lage und frühem Reichtum bereits auf die Kontrolle eines sich entfaltenden Fernhandels zwischen Mittelmeer und Schwarzem Meer und/oder Kleinasien und unterer Donau. Im Osten lagen kleinere Fürstentümer, in denen Aššur nach 2000 v. Chr. Handelskolonien zur Abwicklung eines bedeutenden Fernhandels über Land unterhielt (bis ca. 1900 v. Chr.). Schon Troja II (2600–2300) muß eine bedeutende Stadt gewesen sein, die mit dem von seinem ersten Entdecker, Heinrich Schliemann, so genannten «Schatz des Priamos» eine erstaunliche Konzentration von Reichtum aufwies.

Grundlagen der Zivilisation in der Ägäis, an deren östlichem Rand Troja liegt, kamen vermutlich überwiegend zur See, zumindest auf der zunächst nur bedeutsamen Inselwelt (Kykladen, Kreta). Frühneolithische Tell-Kulturen entwickelten sich auf dem Festland (ab ca. 6000 v. Chr.), als Durchgangsstation zur weiteren Ausbreitung der ersten Stufe agrarischer Produktion die Donau aufwärts über Mitteleuropa nach West- und Nordeuropa. In zwei weiteren Stufen wuchsen auf diesen Grundlagen, in Kontakt mit dem stets weiterentwickelten Vorderen

Orient, spätneolithische Gesellschaften heran, deren letzte bereits dem Entwicklungsstand Mesopotamiens vor dem Durchbruch zur Hochkultur (ca. 3100 v. Chr.) entsprach – Sesklo-Kultur (ca. 3500 bis 2900 v. Chr.) mit noch unbefestigten Ortschaften, Dimini-Kultur (ca. 2900–2500), bereits mit befestigten stadtähnlichen Siedlungen.

Jedenfalls entwickelten sich, am Rande des primären Kulturzentrums des Vorderen Orients und unter seinem Einfluß in der Ägäis Ansätze zu einer sekundären Hochkultur, jeweils in drei großen Schwerpunkten – Kreta (Minoikum), Kykladen (Kykladikum), Festland (Helladikum), jeweils eingeteilt in drei große Phasen (Früh-, Mittel-, Spätphase), einige noch mit besonderen weiteren Bezeichnungen oder Unterteilungen, «minoisch» für Kreta, «mykenisch» für die Spätphase des Helladikum auf dem Festland.

Die Führung übernahm zunächst Kreta (ab ca. 3000 v. Chr.). «Minoisch» kommt vom sagenhaften König Minos von Kreta, der in seinem Palast lebte, dem «Labyrinth». Die erste Palastkultur in zwei Phasen (ca. 2000–1700, ca. 1700–ca. 1450) geht noch auf die ursprünglich mediterrane Urbevölkerung zurück, von der wir kaum etwas wissen. Zentrum war Knossos. Kreta bildete die erste historisch faßbare Form einer Seeherrschaft aus – Thalassokratie, mit kolonisatorischen Außenposten. Eine erste Schrift (Linear A) ist nur in wenigen Zeugnissen erhalten, nur schwer zu entziffern und diente offensichtlich vor allem nur für kurze Mitteilungen. Schiffahrt im auslaufenden Neolithikum, Fernhandel über See seit der Bronzezeit sind bereits Voraussetzung bzw. Charakteristikum für Entwicklungen, die später auch das klassische Griechenland prägten. Etwas später begann die entsprechende Entwicklung auf den Kykladen und auf dem griechischen Festland (**ca. 2600** v. Chr.). Von der vorgriechischen, mediterranen Urbevölkerung sind immerhin noch ältere Bezeichnungen für sie bekannt, wie sie Herodot überlieferte (Pelasger, Leleger, Karen), ferner einige Namen und Wörter, die ins Griechische übergingen – Namen und Wörter auf «nthos» (z. B. «Korinthos», «Labyrinthos») und «ssos» («Knossos», «Kolossos», «Narzissos»), auch «thalassa» = Meer.

Einen tiefen Einschnitt, wie generell für Mesopotamien, brachte auch für Kleinasien und die Ägäis die erste Wanderungs- und Eroberungswelle indogermanischer Völker (ca. 2000–1900 v. Chr.). In Kleinasien setzten sich vor allem die Hethiter fest, die im östlichen Anatolien ein eigenes Reich gründeten, mit zwei Perioden – Alt-Hethitisches Reich (ca. 1670–ca. 1500) und Neu-Hethitisches Reich (ca. 1375–ca. 1200 v. Chr.). Mit ihrer Hauptstadt Hattuša (Bögazköy) errichteten die Hethiter das erste Großreich in Kleinasien und eröffneten damit die imperiale Geschichte Kleinasiens. Streitwagen und Eisenwaffen setzten neue Akzente. Die Hethiter übernahmen die Keilschrift Mesopotamiens, gaben sonst aber der vorderasiatischen Zivilisation eine eigene Prägung. Insgesamt hielt sich das Hethiter-Reich als eine der vorderasiatischen Großmächte bis zum großen Seevölkersturm, in Konflikten mit Babylon, das die Hethiter einmal zerstörten (1594 v. Chr.), und Ägypten des Neuen Reichs (Schlacht bei Kadeš, 1285 v. Chr.). Nach dem Untergang Hattis im Seevölkersturm (ca. 1200) verbreitete sich die Eisentechnologie allgemein im Vorderen Orient. Im nördlichen Syrien behaupteten sich noch einige hethitische Nachfolge-Fürstentümer, aus denen u. a. David Söldner bezog (z. B. Uria).

In der Ägäis und auf dem griechischen Festland setzten sich nach 1900 v. Chr. allmählich die sog. «Frühgriechen» durch. Sie zerstörten zunächst die vorhandenen Ansätze zur mediterranen Zivilisation, fanden aber nach rund 300 Jahren totaler «Dunkelheit» mit der «mykenischen Kultur» wieder Anschluß an die inzwischen mediterrane Hochkultur (ca. 1600 v. Chr.). Ihre Träger, die Achäer, übernahmen, offensichtlich nach einer schweren Katastrophe, auch Kreta (ca. 1400 v. Chr.). Ihre neue Schrift (Linear B) bediente sich einer Sprache, die sich nach Entzifferung von Linear B (1961) bereits als eindeutig Griechisch erwies. Schwerpunkt war offensichtlich Mykene, das aus Homers «Ilias» bekannt ist. Die mykenischen Achäer auf Kreta setzten die frühere minoische Thalassokratie fort, ebenfalls bis zum Seevölkersturm (ca. 1200 v. Chr.). Zuletzt hatten die Achäer mit ihrer mykenischen Kultur wieder Anschluß an die mediterrane Zivilisation gefunden. Homer («Ilias», «Odyssee») vermittelt ungefähr eine Vorstellung von dieser Periode. Allerdings vermischten sich, wie üblich in solchen Situationen, Elemente aus der Zeit, über die Mythen und Heldensagen berichten, mit Elementen aus der Zeit, in der sie mündlich überliefert, später schriftlich fixiert wurden. Eine genaue nachträgliche Trennung aller Zeitebenen ist nicht mehr möglich, so daß Homer als «Quelle» stets nur mit kritischer Wachsamkeit zu lesen ist, nie als wörtlich zu nehmende historische Quelle, sondern eher nur als Orientierung, um eine gewisse Vorstellung für die Zeit der Achäer zu gewinnen, also bis zum Seevölkersturm. Auf alle Fälle bleibt die überragende Bedeutung Homers als literarische, geistige und kulturelle Grundlage des klassischen Griechenland, mithin des ersten Kulturzentrums der klassischen Periode, dazu erstmals auf europäischem Boden.

14 Seevölkersturm und seine Folgen I: Aramäer, Phönikier, Juden, um 1200 bis 586 vor Christus

Für die Geschichte des Alten Vorderen Orients ist der Seevölkersturm das einschneidendste Einzelergebnis, denn er teilt sie in zwei unterschiedlich lange Epochen. Seine welthistorische Stellung läßt sich am ehesten mit der strukturell ähnlichen Völkerwanderung am Ende der europäischen Antike vergleichen. Sein Name leitet sich aus altägyptischen Quellen ab, die die neuen Invasoren «Nord- und Seevölker» nannten – Luka, Akawaš, Šekeleš, Turša, Širdan, Dauna, Pelešet. Ihnen entsprechen – vielleicht – Lykier (später in Kleinasien), Achäer, Sikuler («Sizilien»), Etrusker, Sarden («Sardinien»), Danaer, Philister. Der Seevölkersturm (**ca. 1200** v. Chr.) traf Kleinasien, die syrische Küste und Ägypten direkt, wirkte sich indirekt auf das übrige Vorderasien aus. Er ist das erste historische Beispiel dafür, wie Expansionsvorgänge in einer Region (erstmals aus Mitteleuropa) eine große Völkerbewegung nach der anderen hervorriefen, gleichsam eine riesige welthistorische Dominoreihe in Bewegung setzten.

ca. 1250	Expansion der Urnenfelderkultur: illyrische Wanderung zur Adria.
ca. 1200	Dorische Wanderung, aus dem nördlichen Balkan nach Griechenland. Erste Italiker in Italien: Fluchtbewegung von Frühgriechen (Achäern) vom Festland und aus Kreta («Krethi und Plethi» = Philister), von Ureinwohnern Italiens über See: Abwehrkämpfe Ägyptens gegen Seevölker und Libyer (bis 1177). Aramäische Wanderung. Richterzeit der Juden (bis ca. 1020).
1183	(Traditionelles Datum für) Zerstörung Trojas (VII a).
ca. 1020	Saul König der Juden (bis ca. 1004).
ca. 1004	David König der Juden (bis 965): Expansion – Davidsches Großreich (bis 928).
1000	Jerusalem erobert: Hauptstadt, religiöses Zentrum der Juden.
969	Hiram I. König von Tyros (bis 936): Bündnis mit Salomon.
965	Salomon König der Juden (bis 928): Reichtum durch Fernhandel, u. a. mit Saba.
ca. 953	1. Tempel in Jerusalem erbaut, u. a. mit Handwerkern aus Tyros.
928	Jüdisches Reich zerfällt in Israel (bis 722) und Juda (bis 586).
876	Die phönikischen Städte Sidon und Tyros werden Assyrien tributpflichtig.
841	Baalskult in Israel ausgerottet, Omri-Dynastie gestürzt: Israel unter Schutz Assyriens.
814	(Traditionelles Datum für) Gründung Karthagos.
722	Israel von Assyrien vernichtet – 10 Stämme deportiert.
701	Juda wird Assyrien tributpflichtig.
586	Juda von Babylon erobert – Babylonische Gefangenschaft (bis 539/38).

Details des Seevölkersturms bleiben noch weitgehend im dunkeln. Um so deutlicher heben sich seine Verheerungen ab, die wie ein Hurrikan über das östliche Mittelmeergebiet hinweggefegt sein müssen: Troja (VII a) wurde zerstört, vielleicht von mykenischen Frühgriechen; jedenfalls würde das traditionelle Datum für Trojas Untergang (**1183**) gut in die Chronologie passen. Hatti wurde zerstört, ersetzt durch hethitische Nachfolgerstaaten in Nordsyrien, indoeuropäische Lydier und Phrygier in Kleinasien. Die Handelsstädte an der Küste Syriens/Kanaans wurden zerstört, von Ugarit über Byblos bis Gaza. An ihre Stelle traten im Norden die Phönikier, im Süden die Philister. Ägypten behauptete sich zwar in langen Abwehrkämpfen gegen Seevölker und Libyer (bis 1177), vermochte aber nur noch, die Philister zum Süden Kanaans abzulenken, wo sie in Konflikt mit den neu eingewanderten Juden gerieten.

Schließlich setzte der Seevölkersturm die Aramäische Wanderung in Bewegung, die das Altassyrische Reich lähmte und zur Bildung eines zunächst starken Aramäerstaats um Damaskus führte. Erst viel später übernahm ein Stamm der Aramäer, die Chaldäer, die Macht in Babylon und gründete das Neubabylonische Reich (626–538). Das Aramäische stieg allmählich zur allgemeinen Verkehrssprache (lingua franca) in weiten Teilen Vorderasiens auf.

So schuf der Seevölkersturm im Vorderen Orient durch Zerschlagung oder Schwächung der alten Reiche ein riesiges Machtvakuum, in dem vorübergehend neue Kräfte aufkamen: Aramäer, Phönikier, Juden; Libyer; zuletzt Phryger, Lyder und Griechen mit ihrer ersten Kolonisationsphase (ca. 1100–900).

Die Phönikier traten als Kaufleute und Seefahrer das Erbe der im Seevölkersturm untergegangenen Küstenstädte an, mit Sidon und Tyros als neuen Schwerpunkten. Seit der Eroberung durch Assyrien (876) unterstanden sie jedoch der Oberherrschaft wechselnder Großmächte in Vorderasien. Die Expansion der Phönikier lief zur See, mit einer Kette von Kolonien an den Küsten vor allem im westlichen Mittelmeer mit Karthago (814?). Als klassisches Handelsvolk entwickelten die Phönikier für ihre Zwecke das erste Alphabet (vor 1000) und führten mit Glas und Purpur zwei prestigeträchtige Zivilisationsgüter ein. Ihr hochentwickeltes Handwerk beeinflußte die benachbarten Juden (Tempelbau in Jerusalem). Insgesamt leisteten sie einen unermeßlichen Beitrag zur Verbreitung der vorderasiatischen Zivilisation rund ums Mittelmeer. Sie waren Vorläufer, später Konkurrenten der Griechen, gegen die sie zuletzt im Perserreich den Kern der persischen Flotte stellten; in Tyros wehrten sie sich hartnäckig gegen die Eroberung durch Alexander den Großen (333–332).

Eine besonders verschlungene Entwicklung nahmen die Juden: Ursprünglich waren ihre Vorfahren semitische Nomaden (Beduinen), die aus dem Umland von Ur unter Abraham nach Kanaan eingewandert waren (nach 1800). Dort blieben sie viehzüchtende Nomaden, die im saisonalen Zyklus weiträumiger Wanderungen (Transhumanz) Weidegründe und Wasserquellen aufsuchten. In Dürrejahren kamen sie nach Ägypten, vermutlich zur Hyksoszeit (Josephsgeschichte). Nach Sturz der Hyksos sanken sie im Neuen Reich zu Zwangsarbeitern («habiru») herab und erzwangen unter Moses als «Hebräer» den Auszug («Exodus») aus Ägypten (ca. 1280). Ihre Landnahme Kanaans als Bund von zwölf Stämmen mit einem mobilen Heiligtum (Bundeslade) lag vor dem Seevölkersturm (ca. 1250), der ihnen mit den Philistern ernsthafte Gegner bescherte (David–Goliath). In der Richterzeit (ca. 1200–ca. 1020) gingen sie unter sog. Richtern (politischen Führern nur in Friedenszeiten) allmählich zur Seßhaftigkeit über und gaben sich unter Saul (ca. 1020–ca. 1004) eine stärkere politische Zusammenfassung durch ein Königtum, «wie andere Völker auch». Unter David (ca. 1004–965) folgte die übliche Expansion, u. a. gegen die Aramäer in Damaskus. Die neu eroberte Hauptstadt Jerusalem (1000) wurde mit Aufstellung der bisher mobilen Bundeslade und mit Salomons (1.) Tempel (ca. 953) fortan religiöses Zentrum der Juden. Salomons (965–928) sagenhafter Reichtum beruhte teilweise auf Fernhandel, u. a. mit Saba (Jemen).

Nach Salomons Tod (928) und Aufständen der Aramäer zerfiel das Reich in die verfeindeten Königreiche Israel (Samaria) und Juda (Jerusalem), mit zehn bzw. zwei Stämmen. In Israel setzte sich der neue Monotheismus erst nach blutigen Kämpfen gegen den durch die traditionelle Verbindung mit Phönikien eingedrungenen Baalskult durch, unter dem Propheten Elias und unter Ausrottung der damaligen Omri-Dynastie (841). Anschließend stellte sich Israel unter den Schutz der neuen Großmacht Assyrien (841), gegen Tyros und Juda. So erlagen beide Nachfolgestaaten nacheinander den sich ablösenden mesopotamischen Großmächten – Israel Assyrien (722), das der Überlieferung nach die zehn Stämme deportierte, Juda Babylon (**586**), das Judas Oberschicht in die Babylonische Gefangenschaft deportierte (bis 539/38). Aus nostalgischer Verklärung des jüdischen Großreiches unter David und Salomon entstand über die Jahrhunderte und religiös überhöht die Messiaserwartung – Erlösung Zions (= Jerusalem) und Wiederherstellung des Davidschen Reiches –, zuletzt das Christentum als Abzweigung vom Judentum. Gleichzeitig wurden die Juden in Babylon in ihrem «messianischen Ghetto» das erste Buch- und Stadtvolk der Geschichte.

Über die Jahrhunderte gesehen, bewirkte der Seevölkersturm rund um das Mittelmeer Veränderungen, die die künftigen Entwicklungen vorbereiteten: In verheerenden Zerstörungszügen kamen neue Völker in den Alten Vorderen Orient (Aramäer, Philister, Phryger, Lyder) oder bildeten sich an seinem Rande, wo sie allmählich die mediterrane Zivilisation aufnahmen – in Ost (Meder, Perser) und West (Griechen, Italiker). Im folgenden Jahrtausend übernahmen sie den Alten Vorderen Orient und entwickelten seine Kultur eigenständig weiter – erst die Perser von Osten, dann die Griechen und (nur teilweise) die Römer von Westen, je auf ihre Art und mit unterschiedlichen Ergebnissen.

15 Seevölkersturm und seine Folgen II: Dorische Wanderung und griechische Kolonisation, um 1200 bis 535 vor Christus

Die erste Hochkultur auf europäischem Boden erhob sich mit dem antiken Griechenland. Ihm haben wir wesentliche Grundlagen unserer gegenwärtigen Existenz zu verdanken, bis in die Sprache hinein («Politik», «Ökonomie», «Musik» u. a.). Da das antike Griechenland seinen Aufstieg zeitlich parallel zum ausklingenden Alten Vorderen Orient nahm, zuletzt im Konflikt mit ihm (Perserkriege, Alexanderzug), wird verständlich, daß das europäische Bewußtsein die altorientalischen Wurzeln des klassischen Griechenland verdrängte. Dagegen sollte ein historisch vertieftes Verständnis die europäische Antike eher in modifizierter Kontinuität der inzwischen mediterran gewordenen altorientalischen Kultur sehen – nach Westen verschoben und mit so viel eigenständiger Weiterentwicklung, daß etwas ganz Neues herauskam.

Schon für die griechische Vor- und Frühgeschichte ist das Zusammenwirken der Entwicklungen auf dem Festland und den Inseln (Kykladen, Kreta) zu beachten.

ca. 1200 Große (Dorische) Wanderung (bis ca. 1100): Sturz der Achäer – Seevölkersturm.

ca. 1100 Ältere Phase griechischer Kolonisation (bis ca. 900).

754 Gründung Kymes: jüngere Phase griechischer Kolonisation (bis 535). Magna Graecia (= griechisch besiedeltes Unteritalien und Sizilien).

535 Verlustreicher Sieg der Phoker gegen Etrusker und Karthager bei Alalia (Korsika): Ende der griechischen Kolonisation.

Elementare Voraussetzungen griechischer Kultur kamen früh aus dem Osten – Landwirtschaft (ca. 6000), später mit Keramik (ca. 5000), Sesklo-Kultur (ca. 3500) mit unbefestigten Siedlungen. Die mediterrane vorgriechische Urbevölkerung (Pelasger, Leleger oder Karen) erreichte als westliche Grenze des expandierenden Alten Vorderen Orients ungefähr die jeweilige Kulturhöhe, als Randkultur aber mit zeitlichen Verzögerungen und Abschwächungen als Folge ihrer Randlage gegenüber dem eigentlichen Kulturzentrum. Sie trug auf Kreta die minoische Palastkulur einer ersten Thalassokratie (Seeherrschaft) im östlichen Mittelmeer und Fernhandel vor allem nach Ägypten und Syrien (ca. 1700–ca. 1450).

In der ersten indogermanischen Wanderungswelle eroberten Frühgriechen (Achäer) Griechenland und die Kykladen (ca. 1900). Sie vernichteten die dort schon erreichte Hochkultur – Verschwinden der Städte, Re-Agrarisierung, feudale Strukturen, Unterbrechen des Fernhandels waren die Folge. Die Pelasger etc. wurden erstmals unterworfen, wiederholt und verstärkt in der Großen (Dorischen) Wanderung (ca. 1200). Nach üblichen Zerstörungen restaurierten die Achäer die Hochkultur und führten sie in der mykenischen Periode zu neuer Höhe (ca. 1600). Ihre Eroberung Kretas (ca. 1400), Zyperns und der Kykladen ersetzte die minoische Thalassokratie durch die mykenische (bis ca. 1200).

Die Große (Dorische) Wanderung wiederholte die Abfolge: barbarische Invasion, Sturz der Hochkultur und ihre allmähliche Renaissance – jetzt durch die Griechen. Ein Teil der Achäer wich vor der Invasion über See aus und tauchte im Vorderen Orient als «Seevölker» wieder auf, andere zogen sich auf Attika zurück und verbanden sich mit dortigen Achäern zum Stamm der Ionier. Die übrigen Achäer, dazu überlebende Pelasger, wurden von den neuen Eroberern auf eine untergeordnete Stellung als Unfreie und Hörige herabgedrückt.

Erst der Abschluß der Großen Wanderung (ca. 1100) eröffnete die zögernde Wiederhinwendung zur mediterranen Kultur, jetzt auf dem Niveau der Eisentechnologie. Mit Einflüssen aus Ägypten (teilweise über Kreta), Syrien/Phönikien und Kleinasien bereitete die archaische Periode den dritten Anlauf zur Hochkultur und endgültigen Durchbruch der griechischen Klassik vor. Literarischer Reflex wurden Homers «Ilias» und «Odyssee», die Ereignisse und Strukturen vor und seit der Großen Wanderung widerspiegeln.

Beim völligen Fehlen schriftlicher Quellen bleibt die Rekonstruktion der Vorgeschichte Griechenlands bis zum Übergang in seine archaische Phase nur auf die stets umstrittene Interpretation von Bodenfunden und alten Überlieferungen angewiesen, die unterschiedliche literarische Fixierung fanden (Homer; Herodot). Mehr als grobe Umrisse – nur zögernd von einem Nicht-Fachmann um der annähernden Vollständigkeit willen formuliert, um wenigstens eine ungefähre Vorstellung von den «dark ages» im vorarchaischen Griechenland zu geben – sind daher hier nicht möglich.

Auftakt zum späteren Aufstieg war die griechische Kolonisation, in zwei großen Phasen. Die ältere (**ca. 1100**–900) wandte sich nach Osten, zur kleinasiatischen Küste, solange das Machtvakuum nach dem Seevölkersturm noch Raum für griechische Siedlung bot. Die Kolonisation der Ionier nach Kleinasien läßt sich auch als Fortsetzung der Ausweichbewegung vor der Dorischen Wanderung verstehen. Drei große Abschnitte sind zu unterscheiden, gemäß der Herkunft der ursprünglichen Siedler auf dem griechischen Festland – Äolier im Norden (aus Thessalien und Böotien); Ionier in der Mitte, Dorer im Süden, einschließlich Rhodos und Kreta. Allmählich übertrug sich der Name der Ionier auf alle griechischen Städte an der westkleinasiatischen Küste. Die griechische Bevölkerung hielt sich dort, unter wechselnden Eroberern (Lydiern, Persern, Römern, Türken), bis zur «kleinasiatischen Katastrophe» der modernen Griechen nach dem Ersten Weltkrieg (1922) und den im Frieden von Lausanne (1923) beschlossenen Umsiedlungen.

Die zweite Kolonisationswelle (754–535 v. Chr.) lief nach Westen und Nordosten, weil der Osten durch das Neuassyrische und das Lydische Reich versperrt war. Hauptziele wurden, eingeleitet durch die Gründung Kymes (754), Unteritalien und Sizilien (Magna Graecia), Südgallien, das Schwarze Meer und die Cyrenaika (im heutigen Libyen). Im westlichen Mittelmeer traten die Griechen in Konkurrenz zu Karthagern und Etruskern. Hauptträger waren die Ionier, aus dem Mutterland wie aus dem älteren Siedlungsgebiet (Milet!). Ihr Ende fand die zweite Kolonisation mit dem verlustreichen Sieg der Phoker gegen Etrusker und Karthager in der Schlacht bei Alalia (Korsika) (**535**). Nur ein verspäteter Nachzügler war die Gründung von Thurioi (444) durch Athen.

Beide Kolonisationswellen schufen ein größeres Griechenland, das in der materiellen Entwicklung das Mutterland zunächst übertraf, in Kleinasien sicher auch wegen der größeren Nähe zum Orient. Übernahme und Abwandlung des phönikischen Alphabets, u. a. durch Einfügung von Vokalzeichen, erfolgte vermutlich zuerst in den Ionischen Städten. Die schriftliche Fixierung Homers, die Anfänge griechischer Philosophie und Wissenschaft, der Polis und des neuen Münzgeldes (in Lydien vor 600) waren entscheidende Beiträge der Kolonialgriechen zum endgültigen Durchbruch der griechischen Hochkultur im Mutterland selbst (5. Jahrhundert). Die beiden größten Konflikte des klassischen Griechenland, Perserkriege und Peloponnesischer Krieg, entzündeten sich am Kolonialgriechentum, jeweils im Osten (Ionischer Aufstand) und Westen (u. a. Thurioi).

16 Seevölkersturm und seine Folgen III: Italische Wanderungen, Etrusker, Anfänge Roms, um 1200 bis 510 vor Christus

Die welthistorische Bedeutung des antiken Rom besteht in der Aufnahme der mediterranen Hochkultur, seit dem Hellenismus in ihrer griechisch-hellenistischen Form, und ihrer selbständigen Weiterentwicklung zur Latinität, die Rom mit seinem Imperium Romanum auf halb Europa ausbreitete. Erst die lateinisch-griechische Doppelkultur des Römischen Reiches legte und verbreiterte Grundlagen, die noch bis in unsere moderne Existenz hineinwirken, z. B. römisches Recht und römische Kirche. Ohne Kenntnis der römischen blieben weite Strecken europäischer Geschichte, blieben Einrichtungen unseres öffentlichen Lebens unverständlich, von der Republik über den Senat und die Kommune bis zu symbol- und geschichtsträchtigen Namen in der Politik (u. a. Internationale, Proletariat, Spartakus) oder Redewendungen («Pyrrhussieg»). Noch stärker als mit griechischen Fremdwörtern ist unsere moderne Sprache mit Fremdwörtern lateinischer Herkunft durchsetzt, die wir uns in Zeiten internationaler Verflechtungen gar nicht mehr wegdenken könnten (z. B. «Kommunikation», «Infrastruktur»).

ca. 4300	Neolithische agrarische Siedlungen.
ca. 1200	Einwanderung der Italiker nach Italien (bis ca. 1000).
nach 800	Auftreten der Etrusker in Mittelitalien.
754	Gründung Kymes: Beginn der Magna Graecia.
753	(Legendäres Datum für) Gründung Roms: «Ab urbe condita».
ca. 650 (?)	Wirkliche Gründung Roms durch Etrusker.
510	Traditionelles Datum für Sturz der etruskischen Königsherrschaft in Rom; Übergang zur Republik.

Ausgangspunkt für die römische Chronologie ist die Gründung Roms («ab urbe condita»), von der altrömischen Tradition (zu früh) auf das Jahr **753** v. Chr. verlegt, während die tatsächliche Gründung heute vermutlich um rund 100 Jahre später anzusetzen ist. Die agrarische Produktion auf der Stufe des Neolithikum erreichte das dem Osten abgewandte Italien erheblich später als Griechenland, erst ab ca. 4300. Die weitere Entwicklung vollzog sich ohne faßbare Ausstrahlungen der altorientalischen Hochkultur.

Aus anderen Gründen als im antiken Griechenland ist die Vorgeschichte Roms bis zum Einsetzen genauerer Überlieferung sehr kompliziert: Wie für Griechenland gehört zu den historischen Voraussetzungen des antiken Rom und vorrömischen Italien die Große Wanderungsbewegung, die den Seevölkersturm (ca. 1200) auslöste. In Italien wanderten in zwei Wellen indogermanische Stämme ein, die als Italiker zusammengefaßt werden (ca. 1200–1000). Anders als im antiken Griechenland stießen sie jedoch auf keine ältere Hochkultur und blieben zunächst Barbaren an der barbarischen Peripherie. Sie eroberten auch nicht ganz Italien und seine großen Inseln, so daß sich ein Teil der mediterranen Urbevölkerung bis in antike Zeiten hielt (Ligurer; Sarden, Sikuler, Korsen). Ungefähr gleichzeitig mit den Italikern in Mittelitalien (Latinern, Sabinern, Osken, Umbriern) mit sprachlich erheblichen Unterschieden kamen im äußersten Nordosten die illyrischen (also ebenfalls indoeuropäischen) Veneter, später die Etrusker (unbekannter Herkunft) (ab ca. 800) und die Griechen der Magna Graecia (= Groß-Griechenland = griechisches Kolonialgebiet im südlichen Italien und auf Sizilien) (ab 754), zuletzt die Kelten (Gallier) in die Poebene (Gallia Cisalpina) (ab ca. 400). Alt-Italien wies also, auch entsprechend seiner Unterteilung in deutlich untertrennte Großlandschaften, eine außerordentliche ethnisch-kulturelle Vielfalt auf. Roms Aufstieg und Herrschaft faßte die heterogenen Strukturen Alt-Italiens politisch zusammen und bewirkte ihre weitgehende kulturelle Homogenisierung durch Ausbreitung der Latinität. Sie wurde Grundlage für Roms imperiale Expansion rund um das Mittelmeer. Etrusker und Griechen verbreiteten als erste, je auf ihre Weise, die mediterrane Hochkultur in die von ihnen besetzten Gebiete Italiens. Von Kyme, Mutterstadt Neapels (= Neapolis = Neustadt Kymes), aus beeinflußten die Griechen die Etrusker, als wichtigste Vermittlungsstation zu Latinern und anderen Italikern. So sickerten allmählich mediterrane Kulturtechniken und Strukturen über Griechen und Etrusker zu den Römern – Landwirtschaft, Handwerk, Architektur, Tempelbau, Polis-Verfassung, Hopliten-Phalanx, Götter, kultische Spiele. Schon für die alten Römer waren die Etrusker ihre großen Lehrmeister.

Von den Etruskern direkt übernahmen die Römer einige den Etruskern spezifische Merkmale, namentlich die Art der Stadtanlage; das Liktorenbündel (fasces) als Symbol richterlicher Gewalt (Stöcke für Prügel-, Beil für Todesstrafe), daraus abgeleitet für die politische Macht; Amtssessel als Hoheitssymbole; Vogelschau (augurium), Eingeweideschau (haruspicium), die königliche Tracht des Triumphators.

Rom entstand als Gründung der etruskischen Adelsfamilie Ruma (ca. 650), vielleicht durch Synoikismos (= Zusammenschluß) älterer dörflicher Siedlungen, am südlichen Rand des etruskischen Machtbereichs auf etruskischem Kolonialboden. Die relative Nähe zu Kyme, dem direkten Ausstrahlungszentrum (kolonial)griechischer Kultur in Italien, und die gute Verbindung zum Meer über den unteren Tiber erhöhten die strategische Gunst seiner Lage, erklären vielleicht auch, warum Rom schon früh einen Vorsprung gegenüber anderen latinischen Siedlungen erreichte. Schon in der Königszeit wies Rom Merkmale der antiken mediterranen Polis auf – schwaches Königtum, Vorherrschaft des grundbesitzenden Adels durch den Senat, Einteilung der Bewohner in drei tribus, wie in der griechischen Polis (drei Phylen). Anfänge zur römischen Variante der Hopliten-Phalanx setzten sich erst in frührepublikanischer Zeit mit Verbot des Einzelkampfes durch; viele Einzelheiten aus der Königszeit sind legendäre Ausschmückung, haben jedoch oft einen historischen Kern. Wie in Athen erfolgte der Sturz des Königtums durch die Opposition des patrizischen Adels, angeblich 510, vielleicht erst 508/7.

Das traditionelle Datum 510 könnte sich aus der stilisierenden Nachahmung des prestigereicheren Athen mit dem Sturz der Tyrannis (510) erklären. Dennoch behält das traditionelle Datum für die Gründung der Republik (**510**) seine zumindest symbolische historische Bedeutung, wie das für die Gründung Roms (753).

Wie auch immer: Schon im Übergang vom Königtum zur Republik hatte Rom durch seine zunächst nur vorübergehende Hegemonie in Latium ein erhebliches Eigengewicht, wie der erste historisch gesicherte Vertrag des damals sehr viel mächtigeren Karthago mit dem kleineren Rom (508/7) nahelegt. Es gehört zu den vielen Ironien in der Geschichte, daß am Beginn der gesicherten Geschichte Roms und seines Aufstiegs ein Vertrag mit Karthago steht, über dessen Trümmern es später sein Imperium am Mittelmeer errichtete.

17 Die Rückkehr der altorientalischen Großmächte: Babylon, Aššur, Ägypten, 1125 bis 525 vor Christus

Im relativen Machtvakuum nach dem Seevölkersturm komplizierte sich die Geschichte des Alten Vorderen Orients durch Fragmentierung weiter bis zur ersten imperialen Zusammenfassung durch die Perser (550): Alte Mächte waren untergegangen (Troja, Hatti) oder geschwächt (Ägypten, Assyrien, Babylon). In neuer Form wechselten sie sich im Anspruch auf Vorherrschaft ab – Babylon (**1125**), Assyrien (1116), Babylon/Medien (614/12) – und zerrieben nach Wiederauffüllung des Machtvakuums neu aufgestiegene Kräfte (Phönikier, Juden; Urartu). An den Rändern traten Phrygier und Lydier sowie Urartu in die Hochkultur Kleinasiens ein. Indoeuropäische Reitervölker (Kimmerier, Skythen), die Skythen ursprünglich von der beginnenden Expansion Chinas nach Westen vertrieben (ca. 800 v. Chr.), brachen von Norden in den Vorderen Orient ein (ab 695) und erschütterten das neue

Gleichgewicht, zuletzt die Skythen in der anti-assyrischen Koalition, die mit der Vernichtung Assyriens (614/12) den Persern den Weg ebnete. Die Vermittlung Babylons zwischen Lydien und Medern (585) schien noch einmal das Gleichgewicht zwischen ungefähr gleich starken Reichen mittleren Umfangs herzustellen.

1125	Nebukadnezar I. (bis 1103): kurze Machtperiode Babylons.
1116	Mittelassyrisches Reich (bis ca. 1078): kurze Machtperiode Assyriens.
1075	Ende des Neuen Reiches (seit 1551): 3. Zwischenzeit in Ägypten (bis 715).
ca. 1000	Erneute Expansion der Aramäer nach Norden.
945	Libysche (22.) Dynastie in Ägypten (bis 715).
883	Neuassyrisches Reich (bis 614/12): Großmachtstellung Assyriens: Expansion, mit Massendeportationen. Reich Urartu (bis 585).
738	Phrygierreich um Gordion (bis 696).
728	Assyrien erobert Babylon.
715	Ägyptisierte Nubier erobern Ägypten: Äthiopische (25.) Dynastie (bis 671).
695	Kimmerier in Vorderasien: Phrygierreich zerstört.
680	Gyges König von Lydien (bis 652): Großer Reichtum – Fernhandel, Bergbau (Gold).
671	Assyrer erobern Ägypten: Eisen in Afrika.
656	Assyrer aus Ägypten vertrieben, u. a. mit von Gyges bezahlten griechischen Söldnern: Spätzeit – 26. Dynastie von Saïs (bis 525).
ca. 650	Einbruch der Skythen in Vorderasien.
626	Neubabylonisches Reich der Chaldäer (bis 539).
625	Mederreich (bis 550): begrenzte Expansion.
614	Babylon/Meder/Skythen erobern Ăššur und (612) Ninive: Ende Assyriens.
610	Necho II. von Saïs (bis 595): Umseglung Afrikas durch Phönikier; Necho-Kanal begonnen.
ca. 607	Alyattes König von Lydien (bis 560): erste Münzprägungen (vor 600).
605	Nebukadnezar II. (bis 562): letzte Blüte Babylons.
590	Krieg Lydien – Medien (bis 585).
585	Urartu von Medern erobert. Halys wird Grenze zwischen Lydien und Medien.

Von den alten Großmächten war, nach Hattis Untergang, Ägypten besonders schwer angeschlagen: Inflation und Streiks (1156) verrieten die ökonomische, das Absinken des letzten Pharaos zum Schattenkönig hinter einem Wesir die politische Erschöpfung. Im Erlöschen der 20. Dynastie ging das Neue Reich unter (1075). In der 3. Zwischenzeit (bis 715) herrschten formal vier Dynastien (21.–24.), zuletzt über ein gespaltenes und von Fremden (Libyern) regiertes Land. Ägyptens Abstieg zum (relativen) Machtvakuum unter wechselnden Eroberern, von denen sich nur noch wenige assimilierten (Ptolemäer), hatte schon begonnen. Ägyptisierte Nubier eroberten Ägypten und herrschten als Äthiopische (25.) Dynastie (715 bis 671). Sie wurden von Assyrien verdrängt, das Mesopotamien und Ägypten erstmals für kurze Zeit vereinigte (671–656). Ägypten konnte die Assyrer schon nicht mehr aus eigener Kraft vertreiben (656), sondern nur mit Hilfe des reichen Lydien und dem neuen Element griechischer Söldner. In der Spätzeit herrschten mit der 26. Dynastie von Saïs (656–525) zum vorletzten Mal Einheimische über Ägypten.

Insgesamt war Ägypten mit sich selbst beschäftigt, so daß es nur noch selten in Vorderasien eingriff: Seine Intenvention zur Rettung Assyriens scheiterte (616), ebenso sein Vorstoß zum oberen Euphrat am Neubabylonischen Reich (605). Immerhin leistete Ägypten mit dem Baubeginn des Kanals vom Nildelta zum Roten Meer unter Necho II. (610–595), den erst die Perser unter Darius I. vollendeten (ca. 495), einen zentralen Beitrag zum sich entfaltenden weiträumigen Fernhandel.

In Vorderasien hielt die Labilität noch lange an: In Ost-Anatolien etablierten sich die Phrygier um ihre Hauptstadt Gordion (1050) nur zögernd zu einem eigenen Reich (738), das die Kimmerier rasch zerstörten (695). Länger behaupteten sich weiter westlich die Lyder, die allerdings erst unter Gyges (680–652) zu größerer Bedeutung fanden, gestützt auf legendären Reichtum (Tantalus, Krösus) aus Fernhandel und Bergbau (vor allem Gold). Lydien unterstützte mit griechischen Söldnern die Vertreibung der Assyrer aus Ägypten (656) und führte ein neues Element ein: Zur Bezahlung der griechischen Söldner erwies es sich bald als praktisch, Edelmetall genormt zu zerstückeln, als Vorstufe zur Münzprägung. Die eigentliche Münzprägung begann unter Alyattes (607–560) noch vor 600 und schuf, anfangs allerdings auf Griechenland beschränkt, ein Medium, das dem Fernhandel neuen Auftrieb gab.

In Nachfolge des churritischen Mitanni-Reiches, das schon vor dem Seevölkersturm untergegangen war (ca. 1350), bildete sich im Quellgebiet von Euphrat und Tigris das Reich Urartu (883). Es wurde endgültig zwischen Kimmeriern und Assyrien zerrieben (739/714), von Medien zerstört (585). An seine Stelle traten die indogermanischen Armenier, zunächst unter Oberherrschaft Mediens (585), und begannen so ihre besonders unglückliche Geschichte, zerschunden von einer Erobererwelle nach der anderen.

Gegenüber den verschiedenen Kräften wurde Assyrien, nach unsicheren Anfängen und in Konkurrenz zu Babylon, allmählich Hegemonialmacht. Siege über die Aramäer (vor 912) ermöglichten die Expansion (ab 912), zuletzt als Neuassyrisches Reich seit Aššurnasirpal II. (883 bis 859). Als Militär- und Erobererstaat übernahm Assyrien wesentliche

Merkmale des untergegangenen Hatti (Eisenwaffen, Streitwagen) und entwickelte die Methode der Massendeportation des Altassyrischen Reiches weiter. Die phönikischen Städte (u. a. Tyros, Sidon, Byblos) wurden ebenso abhängig (876) wie die politisch noch fragmentierten Perser (836). Damaskus (732), Israel (722) wurden erobert, Ägypten geschlagen (720), Urartu (714) erobert, Zypern tributpflichtig (709), Babylon erobert und zerstört (689), Ägypten zum größten Teil erobert (671). Die Vertreibung aus Ägypten (656) leitete den Abstieg Assyriens ein: Es konnte zwar noch einmal die Kimmerier abwehren (652), einen weiteren Aufstand Babylons blutig niederschlagen (648) und Elam erobern (644), aber seine Kräfte waren endgültig überfordert. Nach dem Tod Aššurbanipals II. (668–ca. 631), des letzten bedeutenden Assyrerkönigs, brach mit einem Bürgerkrieg die Agonie Assyriens nach innen aus. Die aramäischen Chaldäer Babylons und die Meder nutzten seine Schwäche zur Gründung unabhängiger Reiche (626, 625). Zusammen mit den Skythen vernichteten sie das verhaßte Assyrien durch Eroberung der beiden Hauptstädte Aššur (614) und Ninive (612).

Dennoch hinterließ Assyrien eine gewaltige Erbschaft, die, in vielfältigen Formen abgewandelt, weiterwirkte, im Grunde bis heute – eine straff zentralisierte Bürokratie, für die zivilen wie für die militärischen Bereiche; Anlage erster Militärstraßen mit den dazu notwendigen Brückenbauten; Technisierung der Kriegführung; Abstufungen in der Ausübung imperialer Macht; direkte Herrschaft im Kerngebiet des Machtzentrums, indirekte Herrschaft (Autonomie, Vasallen- und Klientelstatus) mehr an der Peripherie. Alle Großreiche des Westens seit dem Assyrerreich zehrten, meist unbewußt, vom Erbe Assyriens, namentlich in der Weiterentwicklung zentraler Bürokratien und der Armee, vom Perserreich der Achämeniden bis zum Osmanischen Reich.

Unter Nebukadnezar II. (605–562) erlebte Babylon seine letzte Glanz- und Machtperiode, symbolisiert in der Wiederherstellung des großen Marduktempels (Turmbau zu Babel). Es vollendete die politische Eliminierung der Juden durch Eroberung Judas und Jerusalems (586) und Deportation seiner Oberschicht in die Babylonische Gefangenschaft (bis 539/38). Dem Entscheidungskampf mit Babylon ging das Mederreich im Krieg gegen Lydien (590–585) durch Akzeptierung der Halysgrenze auf Vermittlung Babylons (**585**) noch aus dem Wege. Aber der Sturz der Meder durch die Perser unter Kyros II. (550) leitete dann doch zum nur vertagten Entscheidungskampf über.

18 Archaisches Griechenland: Polis und Demos zwischen Athen und Sparta, 776 bis 508 vor Christus

Erst gegen Ende der archaischen Periode heben sich aus dem Dunkel der nur zögernd einsetzenden schriftlichen Überlieferung genauere Daten ab. Gleichwohl läßt sich der Übergang vom archaischen zum klassischen Griechenland einigermaßen rekonstruieren. Mangels präziser Informationen vermittelt Homer (bei aller gebotenen Vorsicht, wegen der Vermischung der achäisch-mykenischen mit der archaischen Zeitebene) einen lebendigen Eindruck, sogar noch in der Fassung von Schwabs «Sagen des klassischen Altertums». Hesiods «Theogonie» (ca. 700) lieferte die dazu passende griechische Einkleidung der aus dem Osten (Phönikien, Kleinasien) kommenden Götterwelt.

Ausgangspunkt für die griechische Chronologie ist das erste gesicherte Datum der ersten überlieferten Olympischen Spiele (**776**). Sie fanden alle vier Jahre statt (bis 393 n. Chr.) und bilden das Rückgrat zur Datierung der antiken Geschichte Griechenlands, ergänzt durch die Ephorenliste in Sparta (754).

776	Erste Olympische Spiele überliefert.
754	Erste Ephorenliste in Sparte (Ephoren = jährlich gewählte Beamte).
740	1. Messenischer Krieg (bis 720): Sparta unterwirft Messenier als Heloten.
ca. 700	Hesiod: «Theogonie».
683/2	Erste Archonten in Athen überliefert.
660	2. Messenischer Krieg (bis 640): Sieg Spartas.
657(?)	Kypselos von Korinth: erster überlieferter Tyrann (bis 627).
624/21	Drakons Kodifizierung des Gewohnheitsrechts in Athen.
vor 600	Erste Münzprägung in Lydien.
594/93	Solon Archon in Athen: Reformen.
561	Peisistratos Tyrann in Athen (bis 527).
550	Peleponnesischer Bund: Hegemonie Spartas (bis 371).
527	Hipparch (bis 514) und Hippias (bis 510) Tyrannen in Athen.
510	Sturz der Tyrannis in Athen.
508/7	Verfassungsreform des Kleisthenes in Athen.

Die geographische Parzellierung Griechenlands begünstigte die übliche Aufsplitterung der Griechen in zahlreiche Stämme, mit einem Wanderkönig an der Spitze. In der Seßhaftigkeit ersetzte der Stammesstaat die Monarchie durch die kollektive Herrschaft des grundbesitzenden Adels (Aristokratie) (nach 800), vom Doppelkönigtum Spartas abgesehen.

Seit der Großen Wanderung wurden nach der Kolonisation Stammesstaat, Amphyktionie, Symmachie und Polis für das antike Griechenland kennzeichnend. Sie waren keine griechischen Erfindungen, sondern Varianten älterer und universaler Strukturen. Aber am Eingang zum antiken Griechenland fällt auf sie ein besonderes Licht, und wenn nur durch ihre vielfältige Kombination.

Stammesstaat und Stadtstaat (Polis) bezeichnen eine ältere und eine jüngere Entwicklungsstufe. In der klassischen Zeit verharrten die weniger entwickelten Gebiete des Nordens (Thessalien, Epirus) noch auf dem Niveau des Stammesstaates, mit überwiegend bäuerlichem Charakter, erst recht das von den Griechen zunächst nicht für voll genommene, für sie halbbarbarische Makedonien, das sogar noch Könige hatte. Am anderen Extrempunkt eines ganzen Spektrums von Varianten wurde Athen in seiner klassischen Phase zum Gewerbe- und Handelsstaat par excellence. Dazwischen steht Sparta, machtpolitisch und in vielen Aspekten seiner Struktur Gegenpol zu Athen; Sparta war eine Polis wie Athen, jedoch überwiegend agrarisch wie der Stammesstaat, mit bewußter Abkehr von Fernhandel und Geldwirtschaft. Seine über unterworfene Heloten herrschende Kriegeroligarchie (Spartiaten) unterscheidet es vom Stammesstaat, zumal es in seiner klassischen Periode auch eine Flotte besaß wie sonst nur wirtschaftlich komplexere und differenziertere griechische Stadtstaaten.

Amphyktionie bezeichnet den Zusammenschluß von Stammes- oder Stadtstaaten zu einer Kultgemeinschaft um ein gemeinsames Heiligtum (z. B. das Orakel von Delphi), auch als Rahmen für eine lockere politische Zusammenarbeit. Wichtige Beispiele sind der Ionische Zwölfstädtebund, außerhalb Griechenlands der Fünfstädtebund der Philister im Südwesten des später nach ihnen benannten Palästina, ferner Städtebünde der Etrusker in Mittelitalien.

Punktueller oder dauerhafter Zusammenschluß zu kriegerischen Zwecken ist eine Symmachie (Wehrgemeinschaft). Entscheidende Bedeutung fiel dem Oberbefehlshaber (Hegemon) zu, in der Regel dem stärksten Partner, denn aus dem militärischen Oberbefehl (Hegemonie) entwickelte sich leicht politische Vorherrschaft (daher übertragen auch «Hegemonie» benannt), z. B. Spartas im Peloponnesischen Bund (550–371), Athens im 1. und 2. Attischen Seebund (478–404, 378–338). Der Panhellenische Bund unter Makedonien (338) und der Latinische Bund unter Rom (493–387) sind weitere wichtige Beispiele.

An der Peripherie Griechenlands – den Kolonisationsgebieten, erst in Westkleinasien, dann in Süditalien und auf Sizilien – entstand durch zunehmende agrarische und gewerbliche Produktion (für den Export) sowie durch Fernhandel ein neuer Reichtum, der auch auf das ökonomisch zunächst zurückgebliebene Mutterland zurückstrahlte. Entscheidend wurde der Übergang von der Subsistenzwirtschaft (Getreide) im eigenen kärglichen Land zum lukrativeren Anbau von Oliven und Wein (McNeill). Das lebensnotwendige Getreide bezogen die entwikkelteren Teile Griechenlands, vor allem Attika mit Athen, zunehmend aus den Küstengebieten des Schwarzen Meers, im Austausch gegen Wein und Olivenöl – Luxusgüter und fortan Symbole eines gehobenen zivilisatorischen Lebensstandards. So entfaltete sich im spätarchaischen Griechenland erstmals eine spezialisierte Landwirtschaft für den Markt, sogar für den Export (Wein, Oliven), und regte an der barbarischen Peripherie entsprechend erstmals Produktion für den Agrarexport an (Getreide). Gleichzeitig begann eine großräumige Arbeitsteilung für den Unterhalt einer bedeutenden Region (Griechenland), nicht mit im Grunde überflüssigen Luxuswaren, sondern mit Grundnahrungsmitteln (Getreide). Der Export hochwertiger Agrargüter stimulierte, zu ihrem sicheren Transport, die gewerbliche Produktion, die Herstellung von Keramikgefäßen zur Lagerung von Wein und Olivenöl (Amphoren) und zu ihrem Konsum. Vor allem attische Vasen liefern mit ihren Bemalungen wertvolle Illustrationen zur Wirtschafts-, Sozial- und Militärgeschichte (u. a. Darstellungen der Phalanx) des alten Griechenland im Übergang von seiner archaischen zur klassischen Periode. Das Aufkommen der Münzprägung, erstmals in ionischen Städten unter lydischer Suzeränität (vor 600 v. Chr.), machte Griechenland vollends zur ökonomisch dynamischsten Region des Mittelmeergebiets.

Gleichzeitig gewannen die Meerengen eine neue strategische Schlüsselbedeutung, da Griechenland, vor allem Attika, fortan von der ungestörten Getreidezufuhr aus den Schwarzmeergebieten abhängig war. Zur Sicherung der Getreidezufuhr entstand damals am Bosporus Byzantion (ca. 600 v. Chr.), das später als Konstantinopel und Hauptstadt des Byzantinischen Reichs eine überragende welthistorische Bedeutung gewann.

Mit dem in Lydien, vornehmlich für die ionischen Städte, erstmals geprägten Münzgeld (vor 600) erhielten komplexere Wirtschaftsprozesse eine neue Qualität. Die Folge waren soziale und politische Konflikte, denn der grundbesitzende Adel (Aristokratie) sah seine wirtschaftliche Stellung zugunsten des aufkommenden Demos (freie Bauern und Handwerker) geschwächt, vor allem in den Stadtstaaten. Der Demos drängte auf soziale und politische Rechte, zumal vorher schon der neue Wohlstand die Selbstausrüstung des Demos als schwerbewaffnete Fußkämpfer (Hopliten) ermöglicht hatte. Die bisher dominierenden adligen Reiter verloren nun auch militärisch an Bedeutung. Der Demos forderte zunächst schriftliche Fixierung (Kodifizierung) der nur mündlich überlieferten Rechtsordnung und setzte sie in Athen mit der Kodifizierung durch Drakon erstmals durch (624 oder 621).

In den Kolonisationsgebieten und in den wirtschaftlich weiter entwickelten Handelsstädten des Mutterlandes (Korinth, Athen) entstand aus den sozialen Konflikten die Tyrannis, die illegitime, nicht monarchisch sanktionierte Herrschaft eines einzelnen. Meistens vertrat die Tyrannis die wirtschaftlichen und sozialen Interessen des Demos gegen die Aristokratie, u. a. mit Großbauten nach innen und kolonisatorischer Expansion nach außen, denn beides bot die Möglichkeit lukrativer Beschäftigung für die Unterschichten, Kypselos (657–627?) und Periander von Korinth (627–585/4), Peisistratos in Athen (561–527) und Polykrates auf Samos (522) sind herausragende Beispiele für den älteren Typ des Tyrannen in Griechenland.

In die Zeit der sozialen Kämpfe und beginnenden Tyrannis fällt Solons Reformwerk in Athen (594/93). Als Archon knüpfte Solon an Drakon an, um die inneren Konflikte durch Fixierung und Regelhaftigkeit der politischen Ordnung abzuschwächen. Gleichzeitig drängte Solon die herrschende Macht des Adels zurück zugunsten des aufkommenden Demos. So schuf Solon eine erste Verfassung, die Athen zum klassischen Modell für die Ausbildung der Polis im übrigen Griechenland machte. Durch Abstufung der politischen Rechte – selbstverständlich nur für die Freien (Männer) – nach ihrem Einkommen (Timokratie) und Übertragung wichtiger politischer Rechte auf eine vom Stadtvolk gewählte Versammlung (Rat der 400) leitete Solon die spätere Herrschaft des Demos (Demokratie) ein: Nach der Tyrannis des Peisistratos (567–527) und seiner Söhne Hipparch (bis 514) und Hippias (bis 510) setzte Kleisthenes mit seiner Verfassungsreform (**508/07**) diese Entwicklung fort, die unter Perikles im «Goldenen Zeitalter» der athenischen Demokratie gipfelte (461–430) und unter den Belastungen des Peloponnesischen Krieges in die radikale Demokratie umschlug (430–404).

Das dorische Sparta dagegen bewahrte sich die ältere Struktur des Eroberer- und Militärstaates. Grundlage seiner Macht wurde die wiederholte Niederwerfung der (an sich auch griechischen) Messenier in zwei Messenischen Kriegen (740–20, 660–40) und ihre permanente Unterdrückung als Heloten. Als stärkste Militärmacht der Peloponnes sicherte Sparta seine regionale Hegemonie mit dem Peloponnesischen Bund (550–371). Er wurde zugleich Hautpinstrument im Kampf um die Hegemonie über ganz Griechenland, ausgefochten gegen Athen im Peloponnesischen Krieg (431–401).

19 Meder und Perser, 625 bis 330 vor Christus: Die Zusammenfassung des Alten Vorderen Orients vom Osten, 550 bis 330 vor Christus

Das Perserreich faßte erstmals den gesamten Alten Vorderen Orient zusammen. Seine Geschichte wird meist nur nach griechischen Quellen (Herodot) dargestellt und aus griechischer Sicht gesehen. Dennoch hat sie ihre eigene Würde als historischer Abschluß des Alten Vorderen Orients und Ausgangspunkt für das später eigene Kultur- und Machtzentrum Persien.

625	Mederreich (bis 550).
ca. 560 (?)	Auftreten des Zarathustra (Zoroaster).
550	Sturz des Mederreichs durch Kyros II. (559–530). Perserreich der Achämeniden (bis 330): Expansion.
522	Tod des Kambyses II.: Gaumata-Aufstand und Reichskrise (bis 521).
521	Dareios I. Großkönig (bis 486): Reichsreform, weitere Expansion.
500	Ionischer Aufstand (bis 494).
ca. 495	Necho-Kanal vollendet: Fernhandel Mittelmeer – Rotes Meer erleichtert.
490	1. Perserkrieg: Niederlage der Perser bei Marathon.
486	Aufstände in Babylon und Ägypten (bis 484). Xerxes I. (bis 465).
480	2. Perserkrieg (bis 449): Niederlagen bei Salamis (480) und Plataä (479).
465	Xerxes I. ermordet: Artaxerxes I. (bis 424).
463	Aufstand in Ägypten (bis 454), mit Intervention Athens (460–54).
410	Abfall Ägyptens (bis 343).
404	Thronstreit (bis 401): «Anabasis» (Xenophon).
386	Königsfriede von Sardes.
ab 366	Satrapenaufstand: Innere Schwäche.
343	Rückeroberung Ägyptens. Letztmalige Wiederherstellung der Reichseinheit.
334	Alexanderzug (bis 330): Niederlagen der Perser.
330	Tod des Darius III.: Ende der Achämeniden und des Perserreiches.

Die Perser sind das bedeutendste der iranischen Völker, die um 1400 v. Chr. in die Hochebene des Iran eindrangen. Anstelle der älteren «Bergvölker» drückten sie allmählich auf die mesopotamische Ebene.

Wie die Meder wurden sie, zunächst in der üblichen Fragmentierung, Assyrien tributpflichtig (836), übernahmen so aber auch allmählich die vorderasiatische Zivilisation. Als Vasallen des Mederreiches (ab **625**) beteiligten sie sich an der Vernichtung Assyriens (614/12) und partizipierten an der religiösen Erneuerung durch Zarathustra (ca. 560?). Seine Anhänger, später Priester der von ihm gestifteten Religion, die Magier, übten durch die Lehre des Dualismus einen tiefen Einfluß aus, bis zur Gegenwart. Der Dualismus kennt nur den ständigen Kampf zwischen zwei entgegengesetzten Prinzipien – Gut und Böse, Hell und Dunkel, Gott und Teufel – und läßt keine Zwischentöne oder vermittelnden Positionen zu. Zarathustra systematisierte so erstmals den älteren Gegensatz zwischen seßhaften Bauernkulturen und aggressiven Nomaden, spitzte ihn «national» zu und überhöhte ihn religiös, indem er das eigene Volk (Iran) mit dem Guten gleichsetzte, das Böse (Turan) aber mit den Steppenvölkern. So legte Zarathustra eine Geisteshaltung fest, die in Krisenzeiten immer wieder durchbrach, über Manichäer, Ketzer und Kommunismus einerseits, Schi'a und Islamische Revolution andererseits.

Mit dem Sturz des Mederreichs (**550**) gründete Kyros II. (559–530) das Perserreich der Achämeniden, dessen Herrscher den imperialen Titel eines Großkönigs («König der Könige») trugen. Kyros eröffnete eine explosionsartige Expansion: In rascher Folge eroberte er Lydien (547), die ionischen Städte Kleinasiens (545), Babylon (539) und Phönikien/Palästina (538). Er führte eine neue religiöse Toleranz ein, die vor allem den Juden zugute kam. Kyros erlaubte den Juden die Rückkehr aus der Babylonischen Gefangenschaft in die Heimat (538), Darius den Wiederaufbau ihres (2.) Tempels in Jerusalem (515). Seitdem hatten Juden stets religiöse Autonomie unter wechselnden Oberherren. Nach des Kyros Tod im Kampf gegen die skythischen Massageten (530) setzte sein Sohn Kambyses II. (530–522) die Expansion fort (Ägypten, 525), scheiterte aber an der Eroberung Nubiens (524). Die fällige innere Krise nutzte der Magier Gaumata zu einem Aufstand mit sozialrevolutionären Zügen (522). Seinen Aufstand warf als neuer Herrscher Darius I. (521–486) nieder und reorganisierte das Reich.

Kern der Reichsreform war die Einteilung des Reiches in (zuletzt) 20 Satrapien (Provinzen). Der Satrap, Vertreter des Großkönigs, hatte eine königsähnliche Stellung, die ihn gelegentlich auch zur Rebellion oder Sezession verführte. Mehrere Neuerungen bewirkten eine bisher nie gekannte Vereinheitlichung des Alten Vorderen Orients: Aramäisch wurde Reichssprache, in Alphabetschrift geschrieben; eine bi-metallene Währung (Dareikos) auf der Grundlage des rund ein Jahrhundert zuvor in Lydien erfundenen Münzgeldes galt im gesamten Perserreich (Gold im Westen, Silber im Osten); ein ausgebautes Straßennetz und Postsystem, mit der «Königsstraße» Susa-Sardes als Rückgrat, ermöglichte eine rasche Kommunikation.

Die Herrschaft über die phönikischen und ionischen Küstenstädte machte das Perserreich, ohnehin bis dahin stärkste Landmacht der Weltgeschichte, auch noch zur stärksten Seemacht. Die Vollendung des schon unter Necho II. von Saïs (610–595) begonnenen Kanals vom östlichen Arm des Nildeltas zum Roten Meer (ca. 495) rundete den Beitrag des Perserreiches zur Systematisierung des allmählich entstehenden Fernhandelssystems ab. Auf der Grundlage der altorientalischen Traditionen, aber unter Hinzufügung der meisten inzwischen neu hinzugetretenen, damals modernen Faktoren (Zentralisation, Münzgeld, Straßen und Reichspost, Kanal Nil – Rotes Meer) bewirkte das Perserreich so eine großartige letzte Zusammenfassung und zugleich Ausweitung des Alten Vorderen Orients: Im Osten reichte es über Baktrien (Afghanistan) bis zur westlichen Grenze des indischen Kulturzentrums (Sind, 518), im Westen dehnte es sich über die Meerengen bis nach Südosteuropa (Thrakien, Makedonien, 512) aus, als Ausgangsbasis zum Kampf gegen die sonst schwer zu fassenden nomadischen Skythen.

Der Versuch, auch Griechenland zu erobern, scheiterte in den Perserkriegen. Dem verunglückten Zug des Mardonios (492) folgten 1. Perserkrieg mit der Niederlage von Marathon gegen Athen (490) und 2. Perserkrieg (480–449) mit Niederlagen zu See (Salamis, 480, Mykale 479) und zu Lande (Platää 479), abgeschlossen mit dem Kalliasfrieden (449). Die Niederlagen provozierten erneute Aufstände Babylons (486, 479) und die Ermordung des erfolglosen Xerxes I. (465), der ein weiterer Aufstand Ägyptens folgte (464–454). Die diesmal anhaltende nächste Sezession Ägyptens (410–343) leitete zu einem Thronstreit (404–401) über, den beide Seiten mit griechischen Söldnern ausfochten (Schlacht bei Kunaxa 401). Der Rückmarsch der ursprünglich 10000 Griechen, die für den unterlegenen Thronprätendenten Kyros den Jüngeren angeworben worden waren, nach Pontos ist durch den Bericht ihres Befehlshabers Xenophon berühmt geworden («Anabasis»).

Im «Königsfrieden» von Sardes (386) restaurierte Artaxerxes II. (404 bis 359) gegenüber den zerstrittenen Griechen nochmals die Vormachtstellung Persiens im Westen. Mit der Rückeroberung des abgefallenen Ägypten (343) gelang sogar noch einmal die Wiederherstellung der territorialen Reichseinheit. Inzwischen hatte aber der sog. Satrapenaufstand (366), in Wirklichkeit eine Serie von Rebellionen und Sezessionen verschiedener Satrapen, die Einheit des Reiches von innen schwer erschüttert. Anschließend schuf die gewaltsame Zusammenfassung Griechenlands durch die makedonische Hegemonie unter Philipp II. (338) die Voraussetzung zur Eroberung des Perserreiches durch Philipps Nachfolger, Alexander den Großen (334–330).

Da der Kriegszug gegen Persien (334–30) als Rachefeldzug der Griechen für die Zerstörungen der Perserkriege, vor allem Athens und seiner Akropolis (480), galt, wurde also der Eroberungsversuch der Perser gegen Griechenland 150 Jahre später Vorwand zum Gegenschlag in Form des Alexanderzuges. Welthistorisch gesehen, ebnete die imperiale Zusammenfassung des Alten Vorderen

Orients durch die Perser von Osten den Weg für die spätere kriegerische und kulturelle Überwältigung des Alten Vorderen Orients von Westen durch die vereinten Griechen und Makedonen, u. a. buchstäblich durch die «Königstraße» von Sardes nach Susa. Der Untergang des Achämenidenreiches (**330**) markiert somit auch das Ende des Alten Vorderen Orients als eigenständige Größe: Mit dem Sieg Alexanders und des Hellenismus begann eine neue Epoche, selbst wenn sich alte Traditionen des Orients noch länger hielten und, wenn auch noch so verwandelt, immer wieder durchschlugen.

II. Eurasische Antike

Um 500 vor bis um 500 nach Christus

Unter globalhistorischen Horizonten läßt sich die üblicherweise auf Europa beschränkte Klassik Griechenlands und Roms auf vergleichbare Strukturen in Asien ausdehnen und zur Eurasischen Antike zusammenfassen, schon weil so auch das zeitlich und räumlich weit ausgreifende Aufeinanderwirken bedeutender Faktoren in West und Ost besser plausibel wird: Nach der «Achsenzeit» fügte sich die zivilisierte *Oikumene* zu einer Achse von Zivilisations- und Machtzentren zusammen, vom Fernen Westen (Rom) bis zum Fernen Osten (China). Chronologisch und aus seiner inneren Dynamik heraus erzielte erstmals das neue Kulturzentrum Griechenland, am westlichen Rande des altorientalischen Kulturzentrums (persisches Großreich), eine primäre Wirkung, die sich nach Westen mit Roms Aufstieg zur imperialen Großmacht rund ums Mittelmeer fortsetzte. Indien und China fanden damals zu ersten politischen Zusammenfassungen als Großreiche, während Persien erst gegen Ende der antiken Periode mit dem Sassanidenreich wieder als eigenständiger Groß-Faktor auftauchte, weshalb es erst im Rahmen der nächsten großen Epoche, des Eurasischen Mittelalters, abgehandelt wird. Ein Seitenblick auf die isolierten Kontinente Australien, Amerika und Afrika bis zur Expansion Europas in Übersee (ca. 1500) rundet die Skizze ab.
Insgesamt setzte sich in den traditionellen und neuen Kulturzentren die Tendenz zur Expansion fort, mit oder ohne Großreiche. Expansion verstärkte die Möglichkeiten zum Kontakt und friedlichen Austausch. Eines der wichtigsten Instrumente wurde der Interkontinentale Fernhandel, der sich auf dem Höhepunkt der Eurasischen Antike zwischen den Großreichen in Ost (China) und West (Rom) systematisierte und fast schon institutionalisierte. Seitdem gab es auch erstmals eine Kette zusammenhängender Großreiche – Rom, Parthien/Sassanidenreich, Kushanreich in Afghanistan/Nordwestindien, China – u. a. zur besseren Abwehr der Nomadenstämme aus der Steppe im Norden. Zu ihrer Abwehr schälten sich unterschiedliche Lösungsversuche heraus, eine zentralisierte durch eine in der Hauptsache starre befestige Verteidigungslinie (Chinesische Mauer), ergänzt durch mobilere Kavallerie. Gepanzerte Reiter (Parther/Sassaniden) führten allerdings zur Dezentralisierung und Feudalisierung, da die gepanzerten Reiter durch Zuteilung von «Land und Leuten» möglichst in Grenznähe unterhalten wurden (McNeill).
Gegen Ende der Eurasischen Antike wirkte sich die imperiale Zusammenfassung Chinas und seine Expansion unter Ch'in bzw. Han auch auf andere Kulturzentren wieder aus: Die Vertreibung der östlichen Hiung-nu aus der Mongolei (ca. 175 v. Chr.) und die Zerschlagung ihrer ersten Stammes-

konföderation (58 v. Chr.) durch China löste eine wellenartige Bewegung unter den Nomadenvölkern Zentralasiens aus, die zuerst Indien traf, später auch Rom: Die Hiung-nu wichen vor dem Druck Chinas nach Westen aus, vertrieben die Yüeh-chi (Tocharer) aus Kansu (ca. 175 v. Chr.). Die Tocharer verdrängten ihrerseits andere Völker in Zentralasien, vor allem die östlichen Skythen (Saken), die über Afghanistan in Nordwestindien einfielen (ca. 130 v. Chr.). Die Saken vertrieben die Graeco-Baktrier aus Baktrien (Afghanistan), die ebenfalls nach Nordwestindien auswichen, verfolgt von den Saken in den Panjab. Den Saken folgten die Tocharer (ca. 30 n. Chr.), die in Afghanistan und Nordwestindien das nach ihrem Hauptstamm benannte Kuschan-Reich begründeten (ca. 30–ca. 330). In einem analogen Mechanismus wichen die westlichen Hiung-nu vor dem Druck der erobernden T'opa noch weiter nach Westen aus (nach 300 n. Chr.), wo sie als Hunnen am östlichen Rand Europas auftauchten und mit der Zerschlagung des Ostgotenreichs (375) die germanische «Völkerwanderung» (375–568) und die Endkrise des Römischen Reiches eröffneten.

Nach dem frühen, inzwischen längst vergessenen Vorspiel des sumerischen Stadtstaates gab die griechische Polis dem inzwischen mediterranen Typ des Stadtstaates eine neue Qualität: An die Stelle der weiträumigen altorientalischen Despotie trat die kleinräumige Einheit des Stadtstaates samt Umland, gegründet auf dem für alle Bürger geltenden Gesetz, das die Polis sich selbst geschaffen und gegeben hatte. Das Recht, sich selbst die Gesetze zu geben («autonomia»), wurde daher zum Kriterium für Freiheit und Unabhängigkeit.

Die griechische Kultur ist charakterisiert durch die Spannung zwischen größerer individueller Freiheit und Entfaltung für den einzelnen einerseits, umfassender Einbindung des Individuums in die Gesellschaft der Polis andererseits. Das griechische Alphabet erleichterte eine größere Verbreitung von Schriftlichkeit und Literatur, erstmals losgelöst von der Religion.

Bis zum Höhepunkt seiner klassischen Periode blieb Griechenland politisch fragmentiert, und fremde Großreiche bestimmten direkt oder indirekt seine langfristige Entwicklung: Die Griechen behaupteten sich gegen das persische Großreich (500–449) und entwickelten sich im siegreichen Nachdrängen zu einem militärischen Machtfaktor ersten Ranges. Als Teil des Alexanderreichs (formal als Verbündete der Makedonen) trugen sie die explosionsartige Expansion der Makedonen mit und stellten vor allem die kulturellen und ökonomischen Beiträge. Mit der Annexion durch Rom (146 v. Chr.) endete die klassische Periode Griechenlands endgültig. Seitdem unterstand Griechenland rund 2000 Jahre wechselnden Eroberern oder gehörte zu unterschiedlichen imperialen Machtgebilden – Rom, Ostrom/(neugriechisches) Byzanz, Lateiner/Venedig, Osmanen. Über 2000 Jahre lang war Griechenland wieder Machtvakuum, gefolgt von einem schwachen Nationalstaat.

Die historischen Voraussetzungen zum späteren Aufstieg Roms fallen noch ins Dunkel oder Halbdunkel der Periode, die ungefähr dem «dunklen Zeitalter» Griechenlands seit der Dorischen Wanderung und dem archaischen Zeitalter entspricht. Rom und Italien lagen jedoch noch westlich der neuen Grenze des inzwischen mediterran-orientalischen Kulturzentrums, die zunächst Griechenland markierte. Entsprechend trat Rom als damals westlichste Randkultur der altorientalisch-mediterranen Zivilisation in die Hochkultur erst erheblich später als Griechenland ein, völlig erst nach Griechenlands Eroberung und Annexion (146 v. Chr.).

Rom begann als lateinische Variante der mediterranen Polis, faßte aber in jahrhundertelangen Kämpfen seit seiner Umgestaltung zur Republik (510 v. Chr.) relativ rasch das kontinentale Italien zu einer Wehrgemeinschaft (Symmachie) und Rechtsgemeinschaft zusammen. Italien wurde Ausgangsbasis zur weitergehenden Expansion – erst nach Westen gegen Karthago (264–201), dann nach Osten gegen die niedergehenden hellenistischen Nachfolgestaaten (200–30). Anders als die Griechen weiteten die Römer durch Eroberung den Geltungsbereich der mediterranen Hochkultur erstmals auf weite Gebiete Europas aus, die so ihre zivilisatorische Grundprägung erhielten. Teilung des Alten Vorderen Orients mit Parthern bzw. neupersischen Sassaniden, erstmalige Einheit des Mittelmeeres und Expansion der mediterranen Zivilisation durch imperiale Eroberung nach Westen und Nordwesten Europas sind somit wesentliche Merkmale römischer Geschichte.

Der Untergang Roms ist in Parallele zu China zu sehen, mit analogen Wirkungen (Feudalisierung, turk-mongolische Nomaden, im römischen Fall Germanen und Slawen mit bleibender Wirkung) und Folgen. Fast in der Mitte des römischen Jahrtausends liegt die Geburt des Christentums, dessen westliche, lateinische Variante mit dem Papsttum Rom auch nach seinem politischen Untergang eine weltweite Nachwirkung ermöglicht, anfangs nur auf das frühmittelalterliche Rumpf-Westeuropa zusammengedrängt.

20 Die «Achsenzeit» um 500 vor Christus

Längs der sich entfaltenden Achse einer sich zivilisierenden *Oikumene* der Alten Welt, vom Fernen Osten bis zum damaligen Fernen Westen, waren Entwicklungen parallel, aber unabhängig voneinander so weit gediehen, daß sich in krisenhaften Zuspitzungen oder als langfristige Reaktionen gegen Katastrophen etwas Neues einstellte, in chronologischer Reihenfolge Persien (Zarathustra), die Juden mit ihren religiösen Reformen Esras und Nehemias, die ionischen (griechischen) Naturphilosophen, Indien (Buddha) und China (Konfuzius). Der deutsche Philosoph Karl Jaspers hat dieses auffällige Zusammentreffen welthistorisch überragender Entwicklungen sehr glücklich als «Achsenzeit» zusammengefaßt. «Achsenzeit» soll deshalb hier den inneren strukturellen Zusammenhang zwischen scheinbar so disparaten Weltgegenden umreißen, die in ihrer Zeit tatsächlich nichts miteinander zu tun hatten oder auch nur wenig voneinander wußten. Dennoch sind sie bemerkenswert, weil sie im Übergang vom Alten Orient Eurasiens zur Eurasischen Klassik langfristige Grundlagen für die großen Zivilisations- und Machtzentren der Alten Welt Eurasiens legten, jeder Vorgang auf seine ganz spezifische Weise. Langfristig wirkten die Konsequenzen später sehr wohl auf- und gegeneinander.

594/3	Reformgesetze Solons in Athen.
ca. 560	Wirkungszeit Zoroasters in Medien: Dualismus.
ca. 540	Beginn des Maghada-Reichs in Nordindien: Historischer Hintergrund zum Wirken Buddhas.
538	Kyros-Edikt: Rückkehr von Juden aus Babylon.
515	Neubau des Tempels in Jerusalem.
510	Sturz der Tyrannis in Athen.
508	Reformen des Kleisthenes: Anfänge der Demokratie in Athen.
ca. 500	Höhepunkt der Wirkungszeit des Konfuzius in China: pragmatische Staatsethik Chinas. Beginn der Klassik Griechenlands: ionische Philosophen.
483	Tod Buddhas.
ca. 450	Reformen Esras und Nehemias abgeschlossen: Monotheismus und mosaisches Gesetz.

Ausgangspunkt zu den tiefgreifenden Änderungen der «Achsenzeit» waren religiöse Krisen, in China ausgelöst durch den jahrhundertelangen Zerfall des Reiches, der auch Rückwirkungen im Bereich der Religion hatte (Idee vom «Mandat des Himmels»). In solchen Krisenzeiten traten Religionsstifter, Neuerer oder Reformer auf, um neue, später klassisch gewordene Grundlagen für ihre jeweiligen Gesellschaften zu legen.

Zarathustra wandte sich (mit einer unsicheren Datierung, vielleicht um 560 v. Chr.) gegen die traditionellen blutrünstigen Tieropfer seiner halbwegs seßhaft gewordenen iranischen Stammesgesellschaften, in Medien am nördlichen Rande des späteren Persien. Seine Spiritualisierung des Gegensatzes zwischen Licht und Finsternis, Gut und Böse, riß jedoch erstmals den Dualismus als Grundlage aller späteren Fundamentalismen auf, nicht nur des persischen in verschiedener religiöser Gestalt. Zugleich sanktionierte Zarathustra, auch der erste namentlich bekannte Religionsstifter, proto-nationale Unterschiede, denn an der Grenze zwischen Seßhaften und Nomaden identifizierte er das Gute mit Iran, der eigenen Gruppe, das Böse mit Turan, den Nomaden, den «anderen». Staatsreligion wurde der Zoroastrismus erst 800 Jahre später, hatte aber sofort eine beträchtliche Wirkung als Oppositionsreligion im Meder- und Perserreich, mit Ausstrahlungen auf den ausgehenden Alten Orient, zunächst auf die alten Juden in der Babylonischen Gefangenschaft (586 bis 539), aus der sie gerade der persische Großkönig Kyros I. befreite.

Mit dem Kyros-Edikt von 538 v. Chr. erlaubte Kyros die Rückkehr der Juden nach Jerusalem und gewährte ihnen, erstmals in der Geschichte überhaupt, religiöse Autonomie, fortan Basis der jüdischen Existenz bestenfalls als «religio licita» (zugelassene Religion), wie es später im Imperium Romanum hieß. Esra und Nehemia nutzten die neue Freiheit, um die jüdische Religion auf ihre noch heutige gültigen Grundlagen zu stellen, durch zwei große Reformschübe um 500 (ca. 530, 450 v. Chr.).

Die Juden hatten in der Babylonischen Gefangenschaft schon den aus Persien kommenden Dualismus aufgenommen und spitzten später den in ihm enthaltenen Endkampf zwischen Gut und Böse zur Apokalypse, den Endkampf des Messias zur Rettung des jüdischen Volkes, zu. Als spezifische Varianten gingen diese Vorstellungen später auch auf das Christentum und den Islam über.

Wie in Persien reagierte Buddha («der Erweckte») gegen die Schlachtorgien indischer Stammesreligionen, aber auch gegen die politische Hegemonie, die das Aufkommen des Maghada-Reiches (um 540 v. Chr.), des ersten indischen Großreiches, auf kleinere Königreiche am Rande des Himalaya ausübte. Buddha gab der indischen Suche nach dem Seelenheil im Jenseits seine ganz persönliche Form und wurde so Gründer der ersten Weltreligion, des Buddhismus. Heute besteht er, nach seiner Verdrängung durch den Islam im 13. Jahrhundert bzw. seine krisenhafte Umgestaltung zum Hinduismus in Indien selbst, im wesentlichen nur noch außerhalb Indiens.

Ganz im Gegensatz zu Buddha in Indien wirkte um dieselbe Zeit in China Konfuzius. Er reagierte gegen die jahrhundertelange Fragmentierung Chinas seit dem Niedergang der Chou-Dynastie (ab 771), nochmals gesteigert in der Phase der «Kämpfenden Staaten» (481–221), also der post-Chou-Nachfolgestaaten. Mit seiner Lehre pragmatischer Pflichterfüllung im Dienste des zu einigenden Reiches erhob er seinen philo-

sophischen Pragmatismus gleichsam zur säkularen Staatsreligion Chinas – bald nach der Reichseinigung unter der ersten Kaiserdynastie Chinas, der Ch'in-Dynastie (221–207 v. Chr.), wurde der Konfuzianismus geistige Grundlage des überwältigend diesseitig orientierten Verwaltungs- und Machtstaates China.
Der tiefen inneren Krise des alten Griechenland im Übergang von der archaischen zur klassischen Phase, die zusammenhing mit dem gerade ein rundes Jahrhundert alten Übergang zur Geldwirtschaft, gaben die griechisch-ionischen Philosophen um 500 v. Chr. eine säkularisierte und individualisierte Wendung, zum erstenmal in der Weltgeschichte.
Zugleich wirkte sich die zivilisatorische Überlegenheit des Ostens aus, den für die Griechen gleichwohl nur «Barbaren» bewohnten. Daher ist es kein Zufall, daß die frühesten und stärksten intellektuellen Köpfe der anhebenden griechischen Klassik aus «Ionien» stammten, also dem seit ca. 500 Jahren griechisch gewordenen Westrand Kleinasiens. Ihre überragende Leistung bestand darin, erstmals eine Welterklärung ohne Götter zu wagen, womit sie zugleich Grundlagen der westlichen Philosophie wie der Naturwissenschaften legten.

21 Klassische Großreiche und Interkontinentaler Fernhandel

Krise, Spaltung und teilweiser Untergang des Römischen Reiches unter dem Anprall von Hunnen und Germanen in der «Völkerwanderung» sind nur ein Teilausschnitt aus gewaltigen Vorgängen, die, ungefähr gleichzeitig und mit analogen Wirkungen, auch in China und Persien abliefen. Hier ist daher der geeignete Ort, die ältere Geschichte der großen Kulturzentren und Völker Asiens wieder aufzugreifen bzw. einzuführen, nach der Grob-Skizze Afrikas und Byzanz' ungefähr vom Osten nach Westen voranschreitend.
Nach dem bisher Gesagten versteht sich der Verweis auf die grundsätzliche Einheit des welthistorischen Prozesses fast von selbst: Menschen handeln kollektiv, d.h. in und durch soziale und politische Strukturen, in vergleichbaren Situationen ähnlich. Friedliche wie kriegerische Entwicklungen lassen sich daher überall in vergleichbaren Kategorien erfassen, auch in noch so «exotischen» Regionen.
Die folgenden Skizzen wollen weniger über die sehr komplizierte Geschichte dieser riesigen Räume selbst informieren als vielmehr eine Vorstellung geben von ihrer enormen Bedeutung für die allgemeine Geschichte und ihren vielfältigen Beiträgen zur modernen Weltkultur, als Anregung, ihre Geschichte an ande-

rer Stelle genauer und detaillierter zur Kenntnis zu nehmen. Die welthistorische Bedeutung dieser Regionen steht im umgekehrten Verhältnis zu ihrer üblichen Vernachlässigung in unserem Geschichtsunterricht. Sie erscheinen nur punktuell, wenn sie die Geschichte Europas berühren, z.B. durch Islam, Kreuzzüge oder Mongolensturm.

Den Zugang zur sonst verwirrend komplizierten «exotischen» Geschichte eröffnen einige grundsätzliche Überlegungen: Groß-Faktoren der Weltgeschichte (Großreiche als große strukturierende politische Einheiten; turk-mongolische Nomadenvölker; der Interkontinentale Fernhandel) verbinden die genannten Regionen untereinander, mit der Geschichte der antiken Hochkulturen bis hin zum Römischen Reich und mit der Geschichte Europas, vom Mittelalter bis zur Expansion Europas in Übersee. Mit diesen Verbindungen und Zusammenhängen läßt sich die Fülle der sonst nicht zu bewältigenden Details leichter intellektuell bändigen und ihr Einwirken auf die Geschichte Europas besser verständlich machen.

Auch in Asien bietet die Abfolge von Großreichen die plausibelste Periodisierung der Geschichte. China ist das größte Beispiel für grundsätzliche Kontinuität eines Großreiches seit seinen ersten kaiserlichen Dynastien, Ch'in (221–207 v. Chr.) und Han (206 v.–220 n. Chr.), immer wieder unterbrochen durch Eroberung von außen, kombiniert mit Bauernrevolten von innen, bei gleichzeitig fortwährender territorialer Expansion und Fortführung der Sinisierung. Indien erlebte die Abfolge von regionalen Großreichen im nördlichen Indien, die nur zweimal den indischen Subkontinent umspannten, das Maurya-Reich unter Ašoka (271–231 v. Chr.) und das Moghul-Reich unter Aurangzeb (1658 bis 1707). Seit dem altpersischen Reich der Achämeniden (550–330 v. Chr.) schwankte Persien zwischen Überwältigung durch andere Großreiche (Alexander-, Seleukiden-, Partherreich; Kalifat) und Wiederauftauchen mit neupersischen Reichen (Sassaniden, Safaviden), in charakteristischen Varianten von Kontinuität und Neuerungen. Südostasien, in der Überschneidungszone von indischen und chinesischen Einflüssen, hatte eine Reihe von größeren und kleineren Reichen, die ihre Existenzberechtigung überwiegend aus der Kontrolle eines wichtigen Abschnitts des Interkontinentalen Fernhandels bezogen.

Große Nomadenvölker – Araber, Türken und Mongolen – drängten immer wieder in die Zivilisationszentren, um die etablierten Großreiche zu übernehmen, vom Kalifat über die seldschukischen Türken zu Mongolen und osmanischen Türken. Auf dem Höhepunkt ihrer Expansion stießen sogar Kalifat und T'ang-China in einem kurzen Gefecht am Talas, am Rand des Pamir, aufeinander (751), mit kulturgeschichtlich bedeutenden Folgen: Chinesische Kriegsgefangene in Samarkand brachten damals das Jahrhunderte zuvor in China erfundene Papier nach Bagdad, in den Westen.

Überragende Bedeutung für sich hatten noch einmal die turk-mongolischen Völker – Hunnen, Awaren, Bulgaren, Khasaren, Ungarn, Petschenegen, Kumanen, Seldschuken, Mongolen, Osmanen. Sie wirkten kriegerisch durch immer wieder neue Invasionen auf die seßhaften Bauernkulturen und Zivilisationszentren im weiten Bogen von China bis Europa, jeweils mit schwerwiegenden Konsequenzen; friedlich durch ihre Vermittlerfunktion auf der nördlichen Landstrecke des Interkontinentalen Fernhandels. Ihre ungefähr gleichzeitige Intervention in China und Europa zu Ende des antiken Han-China und Europa mit ähnlichen Ergebnissen gehört zu den lehrreichsten Beispielen für historische Zusammenhänge in räumlich weit auseinanderliegenden Regionen.

Umgekehrt organisierten Kulturzentren die Abwehr der Nomaden aus der Steppe/Wüste im Norden und suchten durch Expansion tunlichst eine geschlossene Verteidigungsfront imperialer Großreiche aufzubauen. Auf dem gleichzeitigen Höhepunkt des Römischen und des Chinesischen Reiches bildeten die Großreiche tatsächlich – für über ein Jahrtausend – eine geschlossene Abwehrfront, allen inneren Veränderungen in der imperialen Struktur der großen Zivilisationszentren zum Trotz. Verschiedene Großreiche fanden unterschiedliche Antworten zur Lösung der sich daraus ergebenden Organisationsprobleme. Die weitestreichende Wirkung hatte das Perserreich der Sassaniden mit seiner Formel: Gepanzerte Reiterei, zu deren Unterhalt jeder Reiter («Ritter» im mittelalterlichen Europa) «Land und Leute» zugewiesen erhielt. Die Übernahme des persischen Modells gepanzerter Reiter durch Spätrom und die Wiederaufnahme durch Franken unter Karl Martell (732) und Deutsche unter Heinrich I. (nach 926), wiederum zur Abwehr leichtbewaffneter Nomadenreiter (Araber/Mauren; Ungarn) beschleunigte bzw. vollendete die Übernahme der sozialen Konsequenzen (Verteilung von «Land und Leuten»): Sie schloß die Herausbildung feudaler Strukturen ab, die mit dem Zerfall des Römischen Reiches bereits eingesetzt hatte.

Der Interkontinentale Fernhandel stiftete eine zusätzliche innere Einheit der Weltgeschichte, die auch das Erlernen von Geschichte erleichtert, denn er verbindet scheinbar völlig voneinander isolierte Gesellschaften und Strukturen über Kontinente und Jahrtausende hinweg miteinander: Räumlich begrenzten Fernhandel hatte es schon früh gegeben, seit dem Neolithikum, erst recht in und zwischen den frühen Hochkulturen. Die Erfindung der Münze im westlichen Kleinasien (vor 600 v. Chr.) gab ihm neuen Auftrieb. Perser- und Alexanderreich schufen durch ihre Ausdehnung, mit einheitlichen Währungen und Sicherheit der Handelswege, weit über ihre politischen Grenzen hinaus ein riesiges Fernhandelsgebiet zwischen Atlantik und Indien. Geradezu als Symbol läßt sich der Necho-Kanal begreifen, dessen Funktionieren (594 v. – ca. 250 n. Chr.) in die klassische Periode des Interkontinentalen Fernhandels fällt.

Die ungefähr gleichzeitigen Großreiche im Fernen Westen (Rom) und Fernen Osten (Han-China) erweiterten und organisierten den Fernhandel zu einem System, das bis zur Expansion Europas in Übersee funktionierte. Seit dem Mittelalter war auch Afrika mit Gold und Sklaven als Handelsgütern angeschlossen.

Nach dem vorübergehenden Rückgang des Interkontinentalen Fernhandels seit den Reichskrisen in Ost (China) und West (Rom), ausgelöst durch den ungefähr gleichzeitigen Einbruch turk-mongolischer Völker (3.–5. Jahrhundert), erlebte der Interkontinentale Fernhandel einen neuen Aufschwung und seinen Höhepunkt um 1000. Vorausgegangen war eine, wiederum gleichzeitige, politische Re-Konsolidierung und imperiale Erneuerung an beiden Endpunkten des Fernhandels: China erlebte die Erneuerung der chinesischen Reichseinheit durch die Sung-Dynastie (960), Europa eine allgemeine Beruhigung und Konsolidierung, seit dem Sieg der Deutschen über die Ungarn bei Augsburg (955) und der Erneuerung des Römischen Reiches durch die Deutschen (962).

Die fast gleichzeitige imperiale Erneuerung in Ost und West gab der jeweiligen Binnenwirtschaft wie dem Interkontinentalen Fernhandel den notwendigen (relativen) inneren Frieden, als Grundvoraussetzung zur ökonomischen und demographischen Expansion. Der Übergang von Natural- zu Geldsteuern unter der Sung-Dynastie verwandelte China zum größten «nationalen» gemeinsamen Markt, bewirkte eine gewaltige ökonomische und demographische Dynamisierung, die auch auf den Interkontinentalen Fernhandel übergriff: 500 Jahre lang war China, ergänzt durch Indien, der ökonomisch stärkste Partner im Gesamtsystem (1000–1500).

Im Schatten des auslaufenden Alten Ostens bereitete sich nach 1000 aus denselben Gründen wie im Fernen Osten der Aufstieg Europas im Fernen Westen zur dynamischsten Kraft vor, die schließlich mit der Expansion Europas in Übersee (ab 1492/98) gleichsam in die Welt explodierte. Die Führung übernahm nun die bisherige Peripherie des lateinischen Westens (Portugal, Spanien, Frankreich, Holland, England) zur See. In deren Windschatten expandierte auch das orthodoxe, durch Moskau erneuerte Rußland zu Lande. Das Auf und Ab der Großreiche, vor allem an den Endpunkten des Fernhandels, beeinflußte sein Volumen, während umgekehrt Expansion und Kontraktion des Fernhandels auch das politische Schicksal der Großreiche samt ihren Nachfolgestaaten steuerten. Alle Großreiche, kleineren Reiche und Stadtstaaten zwischen China und Europa beteiligten sich am Fernhandel, als Zwischenhändler und notwendige Etappen. Als flüssigster Teil der Staatseinnahmen – Zölle, Steuern, andere Abgaben, (freiwillige oder erzwungene) Darlehen an die Krone – war Fernhandel stets eine hochpolitische Angelegenheit, meistens vom Staat organisiert oder zumindest kontrolliert, überall mit ähnlichen Organisationsstrukturen. Profitabelster Teil des Fernhandels war stets der Zwischenhandel.

Wo immer es ging, bewegte sich der Fernhandel bevorzugt zu Wasser. Zwei große Routen zeichnen sich ab, jeweils mit Varianten und Abzweigungen: Die Nordroute lief überwiegend zu Land («Seidenstraße») von Nordchina über Zentralasien zur

Krim und übers Schwarze Meer, im Mittelabschnitt kontrolliert von turk-mongolischen Völkern. Die Südroute ging von Südchina (Kanton), überwiegend zur See, über den Indischen Ozean, Persischen Golf, Euphrat bzw. Rotes Meer, Alexandria zum Mittelmeer; sie wurde von den Staaten Südostasiens und Indiens und von den Persern und Arabern kontrolliert. Beide Routen liefen im Westen in Konstantinopel zusammen, je eine Variante der Land- und Seeroute weiter östlich in Hormuz im Persischen Golf. Kritische, daher stets umkämpfte Punkte waren Gebirgspässe und Flußübergänge, Meerengen (z.B. Hormuz, Malakka) und Landengen (z.B. Suez, Kra). Städte und Häfen waren unentbehrliche Raststationen, Märkte und Umschlagplätze. Des Mittelalters größte Reisende, der Venezianer Marco Polo und der Marokkaner Ibn Batutta, schritten mit ihren großen Reisen (1271–95; 1327–53) beide Routen des Fernhandels ab.

Fernhandel war ein Kulturvermittler ersten Ranges: Auf den Handelswegen zirkulierten mit den Waren auch Ideen, Missionare der Weltreligionen, Luxusgüter und Kulturtechniken (u.a. Kompaß), aber auch erste Feuerwaffen mit den Mongolen und die Pest aus der Wüste Gobi. So wird der Interkontinentale Fernhandel geradezu Schlüssel zum vertieften und nuancierten Verständnis von Weltgeschichte in einem globalen Sinn, bis zur Expansion Europas in Übersee. Bis dahin blieb auch die Achse Indischer Ozean – Mittelmeer entscheidendes Zentrum ökonomischer, politischer und kultureller Aktivitäten, demgegenüber alles Peripherie war, vor allem weite Teile Europas, erst recht die beiden lange isolierten Kontinente Amerika und Australien sowie Schwarzafrika südlich der Sahara.

22 Das klassische Griechenland, um 500 bis 336 vor Christus: Anfänge Europas

Das archaische Griechenland begann als damals westlichste Randkultur der altorientalischen Zivilisation. In zwei Schüben, unterbrochen durch den Seevölkersturm, um 1200, der die ethnische Konstellation der griechischen Antike schuf, nahm Alt-Hellas viele Elemente der altorientalischen Zivilisation auf – über Phönikien und Kleinasien aus Mesopotamien, über Kreta aus Ägypten. So stieg es, im Übergang zur Antike um 500 v. Chr. als griechische Variante der «Achsenzeit», zu einer Hochkultur eigenen Ranges auf. Der ursprünglichen altorientalischen

Mutterkultur fühlten sich die klassischen Griechen überlegen, denn die Bewohner Asiens erschienen ihnen als «Barbaren», während sie selbst eine neue Kultur repräsentierten – Europa. Aus diesem Selbstbewußtsein bezog das klassische Griechenland die Kraft zum Widerstand gegen das expandierende altorientalische Großreich der Perser. Schon Herodot, der Vater der Geschichtsschreibung, überliefert die Benutzung des Begriffs «Europa» in diesem Sinne.

Das neue Selbstbewußtsein stülpte 2500 Jahre bisheriger Zivilisationsgeschichte um, obwohl sich Griechen und Römer noch lange der altorientalischen Herkunft ihrer eigenen Hochkultur bewußt blieben, wie der Kern des Europa-Mythos zeigt: Europa kam aus Tyros (Phönikien), «Europa» kommt etymologisch von assyrisch «erp» = dunkel, finster, Abend, wo die Sonne untergeht, Okzident, Abendland; «Asien» umgekehrt von «asis» – hell, glänzend, Morgen, wo die Sonne aufgeht, Orient, Morgenland. Um 1000 v. Chr. wäre diese Bezeichnung Europas im Verhältnis zu Asien, allegorisch für die Zivilisation, berechtigt gewesen. Aber vom klassischen Griechenland an wurde «Europa» Symbol für Teilhabe an der höchsten in der Region möglichen Stufe der Zivilisation.

510	Sturz der Peisistratiden in Athen.
508	Kleisthenes-Reformen: Anfänge der attischen Demokratie.
500	Ionischer Aufstand gegen persische Satrapen (bis 494).
490	1. Perserkrieg: Sieg Athens unter Miltiades bei Marathon.
480	2. Perserkrieg (bis 449): größter Konflikt der Griechen nach außen. Sieg der Perser über Spartiaten in den Thermopylen, der Griechen über Perser bei Salamis und Plataä (479).
478	1. Attischer Seebund (bis 404).
461	Herrschaft des Perikles in Athen (bis 430): glanzvoller Höhepunkt der Demokratie in Athen.
454	Katastrophe der athenischen Flotte im Nildelta: Athen wandelt Attischen Seebund faktisch in Untertanenverhältnis um.
449	Kalliasfriede Athen–Perserreich.
431	Peloponnesischer Krieg (bis 404): größter Konflikt der Griechen nach innen.
413	Untergang der athenischen Expedition unter Alkibiades auf Sizilien.
404	Niederlage Athens im Peloponnesischen Krieg.
395	Korinthischer Krieg (bis 386): Niederlagen Spartas.
387	Akademie Platos in Athen (bis 529 n. Chr.).
386	Königsfriede: Artaxerxes II. diktiert Sparta den Frieden.
378	2. Attischer Seebund (bis 355/38).
371	Schlacht bei Leuktra. Theben besiegt Sparta: Ende der Hegemonie Spartas auf der Peloponnes.

359 Philipp II. König (bis 336): Aufstieg Makedoniens von halbbarbarischer Randkultur zum neuen Machtzentrum.
338 Sieg Makedoniens über Griechen bei Chaironeia: Ende des 2. Attischen Seebundes.
337 Panhellenischer (Korinthischer) Bund: Philipp II. Hegemon (Bundesfeldherr).
336 Philipp II. ermordet: Alexander der Große König (bis 323).
334 Alexanderzug zur Eroberung des Perserreiches (bis 330): Siege Alexanders.
325 Alexander im nordwestlichen Indien (bis 324).
323 Tod Alexanders: Alexanderreich zerfällt rasch in hellenistische Nachfolge(Diadochen)staaten.

Hellas hatte seine kulturellen und ökonomischen Zentren anfangs im kolonisierten Kleinasien (Ionien) und Großgriechenland – Milet, Smyrna; Syrakus, Tarent, denn dort ließ sich die räumliche Enge der griechischen Heimat eher überwinden, und Ionien lag den Quellen altorientalischer Zivilisation am nächsten. Politisch jedoch war der Schwerpunkt stets im Mutterland. Typisch wurde der griechische Stadtstaat, die Polis, wie die Urform des Stadtstaates Sumer, 2500 Jahre zuvor, eine Stadt mit ländlichem Umland zu ihrer agrarischen Versorgung. Doch kannte die politische Landschaft ein Spektrum unterschiedlicher Strukturen.

In der archaischen Periode entwikkelte sich die Monarchie aus der Wanderungszeit zur Adelsherrschaft (Aristokratie) und Tyrannei eines einzelnen Adligen, gestützt auf den «demos» (= Volk) als soziale Massenbasis. Dagegen begann die Entwicklung zur Demokratie nach Sturz der Peisistratiden (510 v. Chr.), auf der Grundlage der schon älteren Solonischen Verfassung (594 v. Chr.). Demos war das Fußvolk im Hoplitenheer, im Gegensatz zur adligen Reiterei, es bestand also im wesentlichen aus freien Handwerkern und Bauern in Stadt und Land. Ihnen verschaffte Kleisthenes die politische Gleichberechtigung durch seine Reformen (508 v. Chr.), um das Staatswesen auf breitere Grundlage zu stellen, noch weiter verbreitert durch Themistokles, der die neuen Triëren (Schiffe mit jeweils drei Reihen übereinander angeordneten Rudern) gegen die Perser mit Theten besetzte, besitzlosen Freien, vergleichbar später den «proletarii» in Rom, die Marius ins Heer aufnahm. Nach den Erfolgen in den Perserkriegen und mit der maritimen Expansion Athens durch den 1. Attischen Seebund (478–404) wurde Demokratie als Herrschaft der freien Mittel- und Unterschichten Athens stärkster Antrieb zu einer quasi-imperialistischen Expansion und egoistischen Ausbeutung der ehemaligen Verbündeten, die zu Untertanen herabgedrückt wurden, gerade unter dem sonst so glänzenden Perikles. Demokratie in Athen scheiterte in der Endniederlage im Peloponnesischen Krieg (404 v. Chr.) und seinen Nachwehen.

Über die attische Polis haben wir die meisten Informationen, weshalb sich unser Bild von der griechischen Polis weitgehend auf Athen reduziert, historisch zu Recht, weil sich die anderen «poleis» Athen mehr oder weniger zum Vorbild nahmen. Mit seiner Demokratie auf ihrem Höhepunkt unter Perikles (461–431 v. Chr.) wurde es zum klassischen Urtyp der weltoffenen, eher lockeren Handels- und Seemacht (Thalassokratie), die jedoch gleichwohl ihre materiellen Interessen in aller Härte durchsetzen konnte. Seine Trias großer Tragödiendichter (Aischylos, Sophokles, Euripides), dazu der Komödiendichter Aristophanes, ferner die drei großen Philosophen, die ganz oder zeitweise in Athen wirkten (Sokrates, Plato, Aristoteles), der Historiker Thukydides («Geschichte des Peloponnesischen Krieges»), der glanzvolle Ausbau Athens und der Akropolis unter Perikles (finanziert mit den zuletzt erpreßten Zwangsbeiträgen der Ex-Bundesgenossen im Attischen Seebund nach 454 v. Chr.) machten Athen zum kulturellen Mittelpunkt des antiken Griechenland schlechthin.

Neben Athen waren die bedeutendsten Städte Theben und Korinth. Zur nördlichen Peripherie schlossen sich Stammesstaaten an, vor allem Thessalien und Epirus, zuletzt Makedonien. Für die klassischen Griechen war Makedonien halbbarbarisch, mauserte sich aber in der klassischen Periode zu einer eigenen Randkultur und übernahm zuletzt das durch innere Konflikte endgültig zum Machtvakuum herabgesunkene Griechenland militärisch und politisch (338 v. Chr.). Im Süden von Athen war Sparta als oligarchischer Kriegerstaat der Spartiaten in bewußter Isolierung vom übrigen Griechenland eine Welt für sich, dessen Süden es hegemonial beherrschte, die Peloponnes. Mit seiner spartanischen Kargheit und Disziplin sowie einem permanenten Terrorregime gegenüber seinen Staatssklaven (Heloten) war Sparta als durchmilitarisierte Landmacht Gegenpol zu Athen. Der strukturelle Gegensatz zwischen Athen und Sparta übertrug sich auch auf ihre machtpolitische Rivalität.

In den großen äußeren und inneren Konflikten Griechenlands – Perserkriege (490–449) und Peloponnesischer Krieg (431–404) – sowie polisinternen Auseinandersetzungen prägten die alten Griechen Strukturen und Begriffe, die uns Aristoteles, vielleicht der größte und umfassendste Intellektuelle, der je lebte, mit seinem enzyklopädischen Riesenwerk überlieferte – Monarchie, Aristokratie, Oligarchie, Tyrannei, Demokratie, Polis, Politeia, woraus später «Politik» wurde, Symmachie, Amphiktyonie, Thallassokratie, Hegemon(ie). Grundlegende Kenntnisse und Begriffe machten Griechisch zur ersten Grundlage der späteren Wissenschaft und Wissenschaftssprache in Philosophie, Physik, Metaphysik, Mathematik, Geometrie, Logik, Paradoxon usw. Dazu wurde über Rom die griechische Architektur der erste eigenständige Baustil Europas, legten die Griechen in Philosophie, Literatur, Plastik, Malerei, Musik, Sport erste Grundlagen europäischer Kultur.

23 Die klassischen Konflikte Griechenlands, nach außen und innen: Perserkriege und Peloponnesischer Krieg, 490 bis 404 vor Christus

Während das klassische Griechenland seinem kulturellen Höhepunkt zustrebte, wurde es von zwei gewaltigen Konflikten erschüttert, Perserkriegen (490–449) nach außen, Peloponnesischem Krieg (431–404) nach innen. Sie entzündeten sich äußerlich im griechischen Kolonisationsraum, waren aber auch sonst eng miteinander verzahnt, durch innere wie äußere Faktoren. Ihren Zusammenhang formulierte schon Thukydides mit seinem Begriff der Pentekontaëtie – dem Zeitraum von (fast) «50 Jahren» zwischen Rückzug der Perser im 2. Perserkrieg (480/79) und Ausbruch des Peloponnesischen Krieges (431): Die militärische Allianz gegen die gemeinsame Persergefahr hatte anfangs die Rivalität zwischen Sparta und Athen überdeckt. Aber Athens Aufstieg zur dominierenden Seemacht nach Salamis (480) und Mykale (479) zog den Schleier weg von der wachsenden sozialen Polarisierung und machtpolitischen Rivalität zwischen Griechenlands Hauptmächten, wie sie im Peloponnesischen Krieg durchbrach.

Beide Kriege eröffnen zugleich die artikulierte Geschichtsschreibung: Unsere Kenntnis über sie kommt überwiegend noch immer von den beiden ersten Historikern der Weltgeschichte – Herodot und Thukydides. Sie unterscheiden bereits zwischen allgemeinen Ursachen und äußerem Anlaß der von ihnen beschriebenen Ereignisse.

500 Ionischer Aufstand (bis 494), mit Hilfe Athens.

490 1. Perserkrieg: Sieg der Athener bei Marathon.

480 2. Perserkrieg (bis 449): Thermopylen, Salamis. Rückzug des Xerxes mit Rest der persischen Flotte. Offensive Karthagos gegen Griechen auf Sizilien gescheitert.

479 Griechische Siege Plataä, Mykale: endgültiger Rückzug der Perser. Pentekontaëtie (bis 431).

478 1. Attischer Seebund (bis 404).

464 Helotenaufstand: 3. Messenischer Krieg (bis 458).

462 Verfassungsreform des Ephialtes in Athen: Theten mit Wahlrecht – Demokratie.

461 Bruch Sparta – Athen über 3. Messenierkrieg.

459 Krieg Athen – Sparta (bis 446).

454 Athenische Flotte im Nildelta von Persern vernichtet. Bundeskasse des Attischen Seebundes von Delos nach Athen verlegt: Hegemonie Athens.

449 Kalliasfriede: 2. Perserkrieg (seit 480) beendet.
446 Friede Athen – Sparta (bis 431). Ausbau Athens.
431 Peloponnesischer Krieg (bis 404), in zwei Phasen: Archidamischer Krieg (bis 421).
421 Nikiasfriede Athen – Sparta (bis 414).
415 Athenische Expedition unter Alkibiades gegen Syrakus.
414 Dekeleisch-Ionischer Krieg (bis 404).
413 Katastrophe der Athener auf Sizilien.
411 Innenpolitische Erschütterungen in Athen.
405 Entscheidender Seesieg Spartas bei Aigospotamoi.
404 Kapitulation Athens: Sturz der Demokratie.

Der Zusammenstoß des fragmentierten Griechenland mit dem übermächtigen Perserreich war logisch. Durch Unterwerfung Thrakiens und Makedoniens zur Bekämpfung der Skythen nördlich der Donau (512) hatte Persien schon die Ausgangsstellung gegen Griechenland bezogen. Athens Hilfe für den Ionischen Aufstand (500–494) mit Zentrum in Milet, ausgelöst durch den Sturz lokaler Tyrannen, auf die sich die Perser gestützt hatten, provozierte, nach Niederwerfung des Aufstandes (494), die persische Offensive: Ein erster Flottenvorstoß scheiterte am Vorgebirge Athos (492). Den 1. Perserkrieg beendete Athen mit dem Sieg bei Marathon unter Miltiades (**490**), noch bevor Spartaner zur Hilfe eintrafen. Auf neue Rüstungen der Perser (483) antwortete Athen unter Themistokles mit verstärktem Flottenbau (482). Schwerwiegender als die flottentechnischen Folgen der Neuerungen (Triëren) wurden die politischen: Die Triëren wurden mit Theten bemannt, der freien, aber besitzlosen Unterschicht des Demos in Athen, die später ebenfalls auf politische Rechte drängten. Ein allgemeiner Landfriede und eine griechische Symmachie, mit Sparta und Athen als Kern (481), rundeten die griechischen Vorbereitungen auf den Konflikt ab.

Mit ihrer kombinierten Invasion zu Lande und zu Wasser (480) schienen die Perser unter Xerxes I. zunächst die Griechen zu erdrücken: Der Vernichtung der Spartiaten unter König Leonidas an den Thermopylen folgten Preisgabe Athens und seine Zerstörung durch die Perser. Der Seesieg der Athener bei Salamis (480) brachte die Wende: Siege der Griechen unter Führung Spartas zu Land (Platää), zur See unter Führung der Athener (Mykale) (479) vollendeten die Niederlage der Perser. Ein koordinierter Angriff Karthagos gegen die Inselgriechen Siziliens scheiterte ebenfalls (480).

Seit dem endgültigen Rückzug der Perser nach Platää (479) setzten die Griechen den 2. Perserkrieg als Angriffskrieg fort, der erst im Kalliasfrieden seinen Abschluß fand (449). Zunehmend waren die Griechen allerdings gelähmt durch Divergenzen zwischen Sparta und Athen. In der Pentekontaëtie (479–431) nahm Athen seinen Aufstieg zur zweiten Führungsmacht Griechenlands. Gleichzeitig eskalierten Spannungen und Konflikte zu Sparta im weiterge-

henden 2. Perserkrieg, aus dem der Peloponnesische Krieg hervorging.
Erneuter Abfall der Ionischen Städte nach Mykale (479), Mauerbau um Athen (479/8) und Delisch-Attischer (1. Attischer) Seebund (478) befestigten Athens Ausgangsbasis im angehenden Machtkampf mit Sparta. Der 1. Attische Seebund war zunächst nur gedacht als Symmachie Athens mit den meisten griechischen Seestädten, zum Schutz gegen Persien und zur bundesgenossenschaftlichen Fortführung des Seekrieges, in dessen Rahmen Athen den antipersischen Aufstand Ägyptens (463–54) unterstützte (460). Die Vernichtung der athenischen Flotte im Nildelta (454) provozierte jedoch den Abzug der Bundeskasse des Seebundes vom ungeschützten Delos ins befestigte Athen (454). Die politischen Konsequenzen einer straffen Zentralisierung waren einschneidend: Von Bundesgenossen sanken die übrigen Mitglieder des Seebundes fortan zu Untertanen Athens ab, deren finanzielle Beiträge zur gemeinsamen Flotte Perikles als faktische Tribute zum prachtvollen Ausbau des klassischen Athen (Akropolis etc.) benutzte – unter Beifall der attischen Demokratie.
Indessen war der Bruch zwischen Athen und Sparta eingetreten (461): Nache einem schweren Erdbeben in Sparta (464) erhoben sich die Heloten zum 3. Messenischen Krieg (464–58). Ein athenisches Hilfskorps gegen die Messenier schickte Sparta zurück (462), offensichtlich aus politischen Überlegungen. Gleichzeitig gab die Verfassungsreform des Ephialtes in Athen den Theten das Wahlrecht (462). Dem Bruch zwischen Sparta und Athen (461) folgte der Krieg («1. Peloponnesischer Krieg») (459–446/5). Als Vorspiel zum eigentlichen Peloponnesischen Krieg (431–04) begann er noch in der Schlußphase des 2. Perserkrieges, den erst der Kalliasfriede endgültig beendete (449).
Der auf 30 Jahre geschlossene innergriechische Friede zwischen Sparta und Athen (446) hielt nur kurze Zeit. Auch der Peloponnesische Krieg entzündete sich an Konflikten bei den Kolonialgriechen, jetzt vor allem im Westen, u.a. Epidamnos (Durazzo), Thurioi (Süditalien), die auf Korinth, Athen und Sparta übergriffen. Zu Beginn des Peloponnesischen Krieges stürzte Perikles in Athen (430) als Auftakt zur raschen Radikalisierung der Demokratie; sie hatte insgesamt kriegstreibende Wirkung. Den provisorischen Nikiasfrieden (421) brach Athen durch Unterjochung der neutralen, dorisch besiedelten Kykladeninsel Melos (416) und die Sizilienexpedition unter Alkibiades gegen Syrakus (415), die mit der Katastrophe Athens endete (413). Nach wechselvollen Kämpfen, in die Persien durch Finanzierung Spartas eingriff (412), erzwang Sparta mit dem Sieg in der Seeschlacht bei Aigospotamoi (405) die Kapitulation Athens und den Sturz der Demokratie (**404**). Spartas offene Hegemonie war erreicht, aber die Erschöpfung Griechenlands bereitete die spätere Hegemonie Makedoniens vor.

24 Von der Hegemonie Spartas zur Hegemonie Makedoniens, 404 bis 337 vor Christus

Spartas Sieg im Peloponnesischen Krieg erwies sich als trügerisch: Seine Hegemonie provozierte Widerstand in Griechenland. Neue innergriechische Kriege mit wechselnden Koalitionen erschöpften Sparta, Athen und das übrige Griechenland, machten die Griechen reif zur erzwungenen Zusammenfassung, halb von außen, halb von der Peripherie der griechischen Welt. Der Aufstieg Makedoniens als nördlichster Randkultur zur Hegemonie schloß 150 Jahre innergriechischer Kämpfe ab, verbunden mit dem Aufstieg zur klassischen Hochkultur, und eröffnete den Weg zur lang anhaltenden Fernwirkung griechischer Kultur.

400 Krieg Persien–Sparta (bis 386).
395 Korinthischer Krieg (bis 386).
387 Akademie des Plato in Athen (bis 529 n. Chr.).
386 Königsfriede von Sardes Persien–Sparta.
379 Thebaner unter Epameinondas vertreiben Spartaner aus Theben.
378 2. Attischer Seebund gegen Sparta (bis 338).
371 Schlacht bei Leuktra: Sieg der Thebaner über Sparta. Ende des Peloponnesischen Bundes (seit 550): Hegemonie Thebens (bis 362).
369 Aufstand der Heloten, mit Hilfe Thebens: Messenier unabhängig von Sparta.
362 Schlacht bei Mantineia: Sieg der Thebaner, aber Tod des Epameinondas: Ende der Hegemonie Thebens (seit 371).
359 Philipp II. König von Makedonien (bis 336).
357 Bundesgenossenkrieg im Attischen Seebund (bis 355).
356 3. Heiliger Krieg (bis 346): griechischer Bürgerkrieg um Vorherrschaft in Mittelgriechenland, unter Beteiligung Makedoniens.
346 Expansion Makedoniens bis zu den Thermopylen.
340 Krieg Athen–Makedonien (bis 338): 4. Heiliger Krieg.
338 Schlacht bei Chaironeia: Sieg Makedoniens über Athen und Verbündete. Ende des 2. Attischen Seebundes.
337 Panhellenischer (Korinthischer) Bund: Hegemonie Makedoniens.

Sparta konnte sich seines Sieges über Athen nur kurze Zeit erfreuen: schon ein Jahr nach dem Frieden wurde die Demokratie in Athen wiederhergestellt (403), aber auf gemäßigter Basis. Wenig später geriet

Sparta um die Vorherrschaft über die Ionischen Städte in Konflikt mit Persien (**400**), der im Korinthischen Krieg aufging (395): Sparta stand allein gegen Korinth, Theben, Athen und Argos. Namentlich Athen gewann neue Handlungsfreiheit und beendete mit dem Seesieg bei Knidos (394) Spartas kurzlebige Seeherrschaft. Die erneuten innergriechischen Konflikte erlaubten es Persien, im «Königsfrieden» von Sardes (386) Sparta die Friedensbedingungen zu diktieren: Allgemeiner Friede für Griechenland, Garantie für Unabhängigkeit (Autonomie) der Stadtstaaten auch von Sparta. Die Ionischen Städte wurden wieder persisch (bis 334).

Die Vertreibung der spartanischen Besatzung aus Theben durch die Thebaner unter Epameinondas (379) gab Athen freie Hand zur Neugründung des 2. Attischen Seebundes (378), der die Vorherrschaft Athens zur See wiederherzustellen schien. Mit dem Sieg bei Leuktra (371) in schiefer Schlachtordnung zertrümmerte Theben Spartas Hegemonie und errang kurzfristig fast die Hegemonie (bis 362); sie war jedoch gebunden an die Person des Epameinondas. Durch die Auflösung des Peloponnesischen Bundes (seit 550) verschärfte sich die Niederlage von Leuktra für Sparta zur Existenzkrise: Sogar auf der Peloponnes bedrohte der neugegründete Arkadische Bund (370), mit der durch Synoikismos (Zusammenschluß kleinerer Siedlungen zu einer Stadt) geschaffenen Bundeshauptstadt Megapolis (ca. 366), die Machtstellung Spartas. Sie zerbrach weiter im von Theben unterstützten Helotenaufstand (369), der die Unabhängigkeit der Messenier erzwang. Gegen die thebanische Hegemonie schlossen sich die traditionellen Feinde Sparta und Athen zusammen (362). Die Schlacht bei Mantineia (362) vereinfachte wieder die Konstellation durch Ausscheiden Thebens aus dem vorübergehenden Dreieckskampf: Zwar siegten die Thebaner noch einmal gegen Sparta, aber der Tod ihres Führers Epameinondas beendete ihre kurzlebige Hegemonie.

Athen konnte von Thebens Sturz nicht profitieren: Wie beim 1. Attischen Seebund überstrapazierte es die Loyalität seiner Bündner durch Behandlung als faktische Untertanen. Den Austritt von Chios, Thodos, Byzanz und Kos aus dem 2. Attischen Seebund (357) versuchte Athen vergeblich im Bundesgenossenkrieg rückgängig zu machen: Es mußte die Autonomie seiner verbliebenen Bündnisgenossen anerkennen (355) und verlor endgültig seine Großmachtstellung. Gleichzeitig wurde Athen weiter geschwächt durch seinen ersten Krieg gegen das aufkommende Makedonien (356 bis 346), der mit dem 3. Heiligen Krieg um die Hegemonie Mittelgriechenlands verschmolz: Athen und Sparta standen, zur Unterstützung der Phoker, wieder vereint gegen Makedonien und dessen Verbündete (u.a. Theben, Thessalier). Im Friedensschluß (346) gewann Philipp II. Thessalien und die beiden Stimmen der Phoker im Rat der Amphiktyonie von Anthela (pyläisch-delphische Amphiktyonie), damit einen Hebel zur Intervention in gesamtgriechische Angelegenheiten (346).

Das spätere Makedonien bewohnten

seit dem Seevölkersturm in den von den Dorern geräumten Gebieten der mittleren Balkanhalbinsel zunächst verschiedene Stämme. Sie wurden allmählich von kleineren Gruppen aus Epiros eindringender Krieger unterworfen und zu Fürstentümern vereint (um 700). Am Rande der griechischen Welt, von den Griechen als Halbbarbaren abgewertet, bildete sich neben anderen makedonischen Fürstentümern ein Stammeskönigtum mit erblichem Heereskönigtum der Argeaden-Dynastie heraus (um 600), meistens in Tributabhängigkeit von den Illyrern im Norden. Der Übermacht des Perserreiches beugte sich Makedonien als Vasallenstaat (512), bis zur Niederlage Persiens im 2. Perserkrieg (479). Den neuen Spielraum nutzten die Makedonen zur ersten Expansion und bewußten Rezeption der griechischen Kultur: König Alexander I. Philhellen (der Griechenfreund) erhielt auf Antrag die begehrte Zulassung zu den Olympischen Spielen (476). Im Peloponnesischen Krieg wahrte Makedonien durch flexibles Taktieren und Wechseln der Fronten seine Interessen. Häufige innere Konflikte nach Herrscherwechsel und vorübergehenden Teilungen schwächten Makedonien immer wieder, ohne die zunehmende Hellenisierung von Monarchie und Aristokratie aufhalten zu können: Erzieher des Kronprinzen Alexander wurde kein Geringerer als der bedeutendste Wissenschaftler der gesamten Antike, Aristoteles (343).

Nach einer vernichtenden Niederlage gegen die Illyrer im Kampf um die volle Unabhängigkeit (359) übernahm Philipp II. die Macht (359 bis 336). Er beendete gewaltsam die üblichen Thronwirren, besiegte die Illyrer (358), unterstellte sich die übrigen makedonischen Stämme und beseitigte deren Stammeskönigtümer. Der Konsolidierung nach innen und der beginnenden Konsolidierung nach außen (Illyrer) folgte die Expansion im Süden, zunächst nach Thrakien bis zum Bosporus mit seinen reichen Gold- und Silbergruben (356)

Die innergriechischen Kriege, vor allem der 3. Heilige Krieg (356–346), erlaubten die erste massive Intervention in die griechischen Verhältnisse und den Gewinn Thessaliens. Philipps weiteres Vordringen gegen Athen führte zum 4. Heiligen Krieg (340–338): In der Entscheidungsschlacht von Chaironeia (**338**) unterlagen Athen und seine Verbündeten (u.a. Theben) der makedonischen Phalanx und Adelsreiterei (Hetairoi). Im Panhellenischen (Korinthischen) Bund (**337**) verloren die griechischen Stadtstaaten ihre Unabhängigkeit, formal unter Wahrung griechischer Institutionen: Dem Friedensbund, dem nur Sparta fernblieb, entsprach eine Symmachie, die Philipp II. die Hegemonie übertrug. Gleichzeitig beschloß die Ratsversammlung (Synhedrion) den Bundeskrieg gegen Persien, als Rache für die Zerstörungen im 2. Perserkrieg, vor allem Athens. So schuf die Hegemonie Makedoniens durch erzwungene Zusammenfassung Griechenlands mit dem Frieden nach innen die Voraussetzung zur Expansion nach außen im Alexanderzug und dem Siegeszug des Hellenismus.

25 Die Explosion des klassischen Griechenland – Alexanderzug und Alexanderreich: Zusammenfassung des Alten Vorderen Orients vom Westen, 334 bis 323 vor Christus

Alexanderzug und Alexanderreich werden stets faszinierende Kapitel der Weltgeschichte bleiben: Kein Weltreich wurde so schnell zusammenerobert und zerfiel so schnell wieder, wie eine Supernova der Geschichte. Mit seinem Siegeslauf stieß der hellenisierte Makedone Alexander dem Griechentum das Tor auf zu seiner spektakulären Ausbreitung nach Osten. So wie sich Alexander in seiner Apotheose (= Verehrung als Gott) über die gewöhnlichen Sterblichen erhob, so erhob sich die griechische Kultur, nach militärischer Überwältigung des Alten Vorderen Orients, über alle damals bekannten Hochkulturen. Mit ihren weiteren Ausstrahlungen, vor allem als Hellenismus über Rom, legte es Grundlagen unserer modernen Existenz, die schon leichter zu fassen sind.

336	Ermordung Philipps II. Alexander III., der Große, wird König der Makedonen (bis 323). Darius III. letzter Achämenidengroßkönig (bis 330).
334	Alexanderzug: Sieg am Granikos.
333	Schlacht bei Issos: Sieg Alexanders über Darius III. Syrien/Phönikien besetzt.
332	Tyros belagert, erobert. Palästina, Ägypten besetzt.
331	Gründung Alexandrias: Erste Alexanderstadt. Sieg Alexanders über Dareios III. bei Gaugamela. Babylon, Susa besetzt.
330	Persepolis erobert: Ende des Perserreiches (seit 550). Alexanderreich (bis 323). Darius III. von Satrapen ermordet. Proskynese (Fußfall vor dem Herrscher): Erste Konflikte Alexanders mit makedonischer Basis.
329	Überquerung des Hindukusch.
327	Baktrien erobert: Beginn des Indienfeldzugs.
326	Kaschmir erobert, Schlacht am Hydaspes: Eroberung des Panjab. Meuterei am Hyphasis: Umkehr Alexanders.
324	Massenhochzeit zu Susa. Edikt über Rückkehr der Verbannten. Göttliche Ehrung für Alexander durch griechische Städte. Meuterei in Opis.
323	Tod Alexanders in Babylon: Nachfolgekonflikte.

Den schon angelaufenen Perserzug Philipps II. verzögerten noch einmal innere Konflikte: Dem Streit im Königshaus der Makedonen (337) folgten die Ermordung Philipps II. (336) und Konflikte beim Herrscherwechsel. Alexanders Feldzug zur Niederwerfung der aufständischen Thraker und Illyrer bis zur Donau (335) sowie die Erstickung eines Aufstands in Griechenland, unter Zerstörung Thebens und Verschonung Athens (335), stellten die Machtbasis nach innen wieder her. Erst jetzt konnte der Persienfeldzug wieder beginnen, nunmehr unter Alexander (**334**). Eine für Eroberungskriege einzigartige kulturelle Note erhielt der Alexanderzug von vornherein durch einen ganzen Stab griechischer Gelehrter, die Alexander mitnahm. Sie sollten die zu erobernden Gebiete systematisch wissenschaftlich erkunden und die verschiedenen Sammlungen des Aristoteles erweitern und ergänzen.

Die kampflose Überschreitung des Hellespont (Dardanellen) krönte Alexander mit einer seiner beliebten historischen Gesten – Besuch Trojas und des Grabes von Achill. Ein erster Sieg am Granikos über die persischen Satrapen Kleinasiens (334) gewann die Ionischen Städte und öffnete den Weg nach Kleinasien. In Phrygiens Hauptstadt Gordion durchschlug er den seitdem sprichwörtlichen Gordischen Knoten mit dem Schwert, schlug anschließend den Großkönig Dareios III. selbst bei Issos, in der Schlacht mit den verkehrten Fronten (333). Die Besetzung Syriens und Phönikiens (333) sparte noch Tyros aus, das nach neunmonatiger Belagerung fiel (332): Palästina und Ägypten lagen offen, wo Alexander als Befreier von der persischen Herrschaft begrüßt wurde und sich als Pharao krönen ließ (332). Die Gründung Alexandrias (331) an einer strategisch günstigen Stelle eröffnete die Kette von Alexanderstädten. In der Oase Siwah wurde Alexander im Heiligtum Ammons erstmals zum Sohn des Ammon-Rê erklärt, mithin zum Gott erhoben (Apotheose). Es folgte die Unterwerfung Kyrenes unter Alexanders Herrschaft (331).

Nach Durchquerung der Syrischen Wüste und Überquerung von Euphrat und Tigris schlug Alexander Dareios III. entscheidend bei Gaugamela (331): Alexander nannte sich «König von Asien», zog in Babylon und Susa ein (331). In Persepolis ließ er als Rache für die Verbrennung der Athener Akropolis den Königspalast einäschern (330). Dagegen ließ er in Pasargaida, der ersten Hauptstadt des Kyros, das Grab des Kyros ausschmücken. Die riesigen Kronschätze an Gold und Silber in den verschiedenen Residenzstädten der persischen Großkönige ließ Alexander sofort ausmünzen (Alexandreios) und führte sie der Wirtschaft zu. Ekbatana, die Hauptstadt Mediens, erreichte Alexander, ohne die erwartete letzte Schlacht gegen den flüchtigen Dareios III. schlagen zu können. Zum Zeichen, daß der Bundesfeldzug mit dem Sieg über Persien sein Ziel erreicht habe, entließ Alexander von Ekbatana aus die griechischen Bundestruppen und setzte den Krieg mit Makedonen und griechischen, später auch asiatischen Söldnern fort.

Auf der Flucht wurde Dareios III.

vom Satrapen Baktriens, Bessos, ermordet (330), der als Artaxerxes IV. den Widerstand gegen Alexander fortsetzte. So wurde in schweren Kämpfen die Unterwerfung Ostirans bis Baktrien (Afghanistan) erforderlich (330–327), eingeleitet durch die strapaziöse Überquerung des Hindukusch (329), Auslieferung Bessos und seine Hinrichtung. Nach Kämpfen mit Skythen jenseits von Oxos (Armurdaja) und Jaxartes (Syr-Darja) gelang die Eroberung Baktriens (327), an die sich sofort der Indienfeldzug anschloß (327–325). Vorher provozierte die Einführung der Proskynese (Fußfall) nach orientalischem Vorbild die Opposition eines Teils seiner makedonischen Basis und schwere innermakedonische Konflikte (330, 327).

Die Eroberung Kaschmirs über den Khaiberpaß leitete über zur Schlacht am Hydaspes gegen König Poros (326), der nach seiner Niederlage als Satrap übernommen wurde. Die Unterwerfung des Panjab gelang noch. Aber die ungewohnten Bedingungen (u. a. Monsunregen) erzwangen am östlichsten Fluß des Panjab, dem Hyphasis (Bias), durch Meuterei der Makedonen Alexanders Rückkehr (326). Sie erfolgte zunächst zu Schiff den Indus abwärts, dann mit einer Flotte entlang der Küste über den Persischen Golf, während Alexander selbst mit der übrigen Armee durch die Wüste Gedrosiens (Belutschistan) zu Land zog.

Nach seiner Rückkehr nach Persepolis versuchte Alexander mit der Massenhochzeit von Susa (324), die Versöhnung von Persern und Makedonen einzuleiten, auf die er sein Weltreich gründen wollte. Unterstrichen wurde seine Politik durch Aufstellung persischer Heeresverbände und die Beibehaltung der Satrapie. Alexander erhielt göttliche Ehren von griechischen Städten. Die Meuterei in Opis von Makedonen gegen die Aufnahme von Persern in das Heer Alexanders wurde beigelegt, u. a. durch Rückkehr makedonischer Veteranen in die Heimat (324). Vorbereitungen für den Feldzug gegen Arabien, Pläne zu einem Westfeldzug beendete der frühe Tod Alexanders in Babylon (**323**), der sein Reich schnell auseinanderbrechen ließ.

So kurz das bis zum Mongolenreich größte Weltreich der Weltgeschichte währte, es hinterließ tiefe Spuren. Wichtiger als die Bewunderung späterer Nachahmer für Alexander ist sein historischer Erkenntniswert: Das Alexanderreich demonstriert, im vollen Licht überlieferter Geschichtlichkeit, die Problematik von Großreichen, dazu gebündelt in der Person seines einzigen Herrschers: Spannung zwischen imperialer Eroberung und kultureller Expansion; Assimilierung von Eroberern und Eroberten; den Mechanismus von Nachfolgestaaten und Nachfolgekonflikten. Zwar mißlang die von Alexander erhoffte besondere Vermählung von Makedonen und Persern, aber aus einer allgemeineren Verbindung griechisch-makedonischer und altorientalischer Kräfte gingen als neue Synthese Hellenismus und die hellenistischen Diadochenstaaten hervor, die anschließend nicht nur weite Teile Asiens prägten.

26 Hellenismus und hellenistische Didadochenstaaten, 323 bis 30 vor Christus

Die Geschichte des Hellenismus und der Diadochenstaaten ist ebenso wichtig wie kompliziert – und von der Lehre an der Schule vernachlässigt. Geographische Verbreitung der griechischen Kultur und ihre Ausweitung auf neue Lebensbereiche werden jedoch unentbehrlich zum Verständnis für den Aufstieg des Partherreiches im Osten, Roms im Westen, aber auch für die Entwicklung der Juden (Makkabäeraufstand). Die hellenistische Variante der absoluten Monarchie mit Herrscherkult wirkte bis in die Neuzeit (Gottesgnadentum des Absolutismus). Die folgende Rohskizze kann nur eine blasse Ahnung von dem großen Thema geben. Schlüsseldatum ist, nach dem Tod Alexanders (323), die Gründung des Seleukidenreiches (**312**), als «Seleukidische Ära» lange Ausgangspunkt für die Chronologie in Vorderasien.

323 Tod Alexanders. Provisorische Reichsordnung von Babylon: Neuverteilung der Satrapien; Perdikkas Chiliarch (bis 321) (= Kommandeur der 1000-Mann-Leibgarde).

321 1. von 6 Diadochenkriegen (bis 281). Loslösung der indischen Peripherie: Maurya-Reich (bis 185).

315 2. Diadochenkrieg (bis 311) – Koalition gegen Antigonos.

312 Seleukidenreich (bis 64/63): Seleukidische Ära.

311 Faktische Aufteilung des Alexanderreiches.

306/305 Diadochen mit Königstitel: Alexanderreich zerfallen.

301 Schlacht bei Ipsos: Tod des Antigonos.

281 Schlacht auf dem Kurupedion: Sieg des Seleukos. Bildung der Diadochenstaaten abgeschlossen.

276 Antigonidenreich in Makedonien (bis 168).

274 6 Syrische Kriege Seleukiden-Ptolemäer (bis 168).

250 Abfall Baktriens vom Seleukidenreich: graeco-baktrisches Reich (bis um 130).

247 Partherreich (bis 224/7 n. Chr.): neue Großmacht im Osten.

192 Krieg Rom–Seleukidenreich (bis 188).

188 Friede von Apameia: Rom neue Hegemonialmacht im Westen.

168 Niederlage und Teilung Makedoniens durch Rom. Diktat von Eleusis. Intervention Roms zur Rettung der Ptolemäer: Ägypten unter Roms Schutz. Antiochos IV. gedemütigt.

166 Makkabäer-Aufstand gegen Seleukiden (bis 160): jüdischer Staat unter der Dynastie der Hasmonäer (bis 63).

ca. 160 Parther erobern Medien und Iran.

148 Makedonien römische Provinz.

133 Pergamon testamentarisch Rom vermacht: Provinz Asia (129).
129 Mesopotamien von Parthern erobert: Seleukidenreich nur noch Mittelmacht.
89 3 Mithridatische Kriege (bis 64).
64/63 Ende des Seleukidenreiches: Syrien römisch.
30 Ende des Ptolemäerreichs: Ägypten römisch.

Alexanders glänzender Siegeszug durch Asien verdunkelt leicht die unauffällige Hellenisierung rund ums Mittelmeer, die der militärischen und kulturellen Überwältigung des Alten Vorderen Orients vorgearbeitet hatte: Der griechische Fernhandel hatte eine überragende Stellung, gestützt auf Geldwirtschaft, das (gegenüber dem phönikischen noch praktischere) griechische Alphabet und Griechisch als neue Handels- und Bildungssprache. Alexander öffnete der griechischen Wirtschaft ein riesiges Betätigungsfeld und gab dem sich anbahnenden Interkontinentalen Fernhandel Auftrieb: Massenauswanderung aus dem übervölkerten Griechenland, als dritte Kolonisationswelle, Neugründung zahlreicher Städte im Osten sowie Alexanders Ausmünzung der thesaurierten Gold- und Silbermengen im persischen Kronschatz als Alexandreios lieferten Impulse für eine lang anhaltende Prosperität. Die Alexandermünzen (auf attischem Münzfuß) wurden eine erste internationale Währung für den Fernhandel zwischen Europa und dem Orient. Die Übernahme der persischen Bürokratie sicherte den hellenistischen Staaten den altorientalischen Kulturvorsprung effizienter Verwaltung.

Die Dominanz der griechischen Kultur ist jedoch nicht als rasche, gar durchgehende Hellenisierung des Orients mißzuverstehen. Griechisch war zunächst nur die Kultur der Eroberer, des sich hellenisierenden Teils der alten Oberschicht und einer wachsenden Mittelschicht, vor allem in den Städten – den neugegründeten griechischen wie den alten, sich ebenfalls hellenisierenden Städten. Dagegen hielten sich die großen Volkssprachen (Aramäisch, Koptisch = Ägyptisch) und kleinere Volkssprachen auf dem Land und in der Isolierung. Zur annähernd flächendeckenden Gräzisierung weiter Teile Vorderasiens kam es erst in spätrömischer und byzantinischer Zeit. Außerdem schlugen in der neuen Synthese des Hellenismus auch orientalische Elemente durch, vor allem auf religiösem Gebiet, u. a. im Herrscherkult. Institutionalisierte Hochburg griechischer Wissenschaft wurde besonders das ptolemäische Ägypten, vor allem mit seinem Museion und der Bibliothek in Alexandria (bis 391 n. Chr.).

Der kulturellen Vorherrschaft der Griechen entsprach keine politische Einheitlichkeit. In den politischen Erschütterungen durch Alexanderzug und Alexanders Tod kamen ältere regionale Unterschiede, die das Perserreich nur oberflächlich überdeckt hatte, wieder zum Vorschein, instrumentalisiert durch persönlichen Ehrgeiz der Diadochen (Generale und Nachfolger) Alexanders.

Bei den riesigen Entfernungen, der ethnisch-kulturellen Heterogenität und der Normalität von Thronstreitigkeiten selbst in etablierten Dynastien können interne Konflikte im plötzlichen Machtvakuum nach Alexanders Tod ohne gesicherte Nachfolgeregelung nicht mehr überraschen.

Der Zerfall des Alexanderreiches setzte rasch ein, in mehreren Etappen. Das nördliche Kleinasien blieb formell (Bithynien) oder faktisch (Paphlagonien) ohnehin außerhalb des Alexanderreiches und seiner Nachfolgestaaten und bewegte sich als teils überwiegend griechisch bewohnte Staaten (Pontos) mit sich hellenisierenden iranischen Dynastien am Rande der Diadochenstaaten, wuchs aber allmählich in ihr System hinein. Die indischen Randsatrapien im Osten lösten sich mit Gründung des Maurya-Reiches ab (321) und kehrten wieder zur indischen Geschichte zurück.

Die provisorische Reichsregelung von Babylon (323) wollte zunächst die Idee des Gesamtreiches auf makedonischer Basis retten, provozierte aber mit dem Ehrgeiz des Chiliarchen Perdikkas, sich zum Gesamtherrscher aufzuschwingen, den ersten von sechs Diadochenkriegen und seine Ermordung (321). Nach der nächsten Reichsordnung von Triparadeisos (321) scheiterte im Knäuel von Machtkämpfen und Bürgerkriegen zuletzt auch Antigonos auf dem Schlachtfeld von Ipsos (301). Vorher markierten die Gründung des Seleukidenreichs («Seleukidische Ära», 312), die faktische Reichsteilung (311) und die Übernahme des Königstitels durch die Diadochen (306/5) wichtige Etappen. Den Abschluß bildete die Schlacht auf dem Kurupedion (281), der bald die Ermordung des Siegers Seleukos folgte (281). Er war der letzte überlebende General Alexanders.

Aus dem riesigen Komplex des Alexanderreiches schälten sich die drei wichtigsten Diadochenstaaten unterschiedlicher Größe heraus – Seleukidenreich, Reich der Ptolomäer (Ägypten) und, nach langwierigen und verwirrenden Kämpfen, Antigonidenreich (Makedonien/Griechenland) (276–168). Unaufhörliche Kriege zwischen Diadochenstaaten verschleuderten die erreichte ökonomische Stärke wieder. Seleukidenreich und Ägypten schwächten sich gegenseitig durch sechs Syrische Kriege um die traditionelle Überschneidungszone zwischen Ägypten und der jeweiligen Großmacht in Mesopotamien, Phönikien und Palästina. So unterlagen sie neuen Großmächten; dem Partherreich (247 v. bis 224/7 n. Chr.) im Osten, Rom im Westen.

Am Niedergang des größten Diadochenstaates, des Seleukidenreiches, läßt sich deutlich zeigen, wie die hellenistischen Staaten zwischen Ost und West zerrieben wurden: Roms Sieg gegen Antiochos IV. (192–188) und Intervention in dem 6. Syrischen Krieg zur Rettung Ägyptens (168) folgten der Makkabäer-Aufstand der Juden (166) sowie die Eroberung Mediens und Persiens (um 160), dann Mesopotamiens durch die Parther (141–129). Die Schwäche der Seleukiden nutzte Mithridates VI. von Pontos (120–63) zur Expansion, geriet aber so in Konflikt mit Rom.

Nach drei Mithridatischen Kriegen (89–64) wurde Syrien römische Provinz (64/63). Ägypten war seit 168 schon faktisch zum Schutzstaat Roms herabgesunken und verlor endgültig seine Unabhängigkeit mit dem Sieg Octavians über Marc Anton und Cleopatra (**30**) v. Chr.).

Auf Bahnen des schon älteren Einflusses griechischer Kultur bewegten sich auch die Auswirkungen des Hellenismus, zunächst am spektakulärsten nach Osten. Weit über das frühere Persische Reich hinaus reichte der griechisch-hellenistische Kultureinfluß, jeweils mit abnehmender Intensität, über Baktrien bis nach Indien, sogar mit auslaufendem Wellenschlag bis ins ferne China (Löwenmotiv, frühe chinesische Darstellungen des Buddha; McNeill). In den Weiten des Ostens und im Laufe der Zeit verlief sich jedoch allmählich die originale schöpferische Kraft des Griechentums, so daß sich Verbindungen griechischer und altorientalischer Elemente immer stärker durchsetzten: Griechisch blieb Kultur-, Wissenschafts- und Verwaltungssprache der Höfe und Städte, aber vor allem im Religiösen gewann eine einheimische Reaktion allmählich die Oberhand.

Während Griechenland, erschöpft von der ungeheuren Anstrengung seiner Ost-Expansion (u. a. Massenauswanderung!), schon in der hellenistischen Periode auf den Status eines Machtvakuums zurücksank, begann, wiederum zunächst über griechische Kolonisationsgebiete und ihre Ausstrahlungsbereiche, die letzte Phase hellenistischer Kulturexpansion, diesmal nach Westen mit dem Aufstieg Roms. Anfangs trug Roms Eroberung des zivilisierten Ostens vom damaligen westlichen Rand der mediterranen Hochkultur her Züge einer einheimischen Reaktion, einer bäuerlichen, gerade der Halbbarbarei entronnenen Gesellschaft gegen die überfeinerte Zivilisation des Ostens (McNeill). Bald nach Unterwerfung des griechisch-hellenistisch-altorientalischen Ostens ließ sich Rom aber, wie üblich, seinerseits rasch vom zivilisatorisch überlegenen Osten überwältigen. Die Zerstörung Korinths und die Annexion Griechenlands durch Rom (146 v. Chr) bezeichnen den Zeitpunkt, von dem an sich Rom mit wachsendem Tempo und mit explosiven Konsequenzen ebenfalls an den Osten assimilierte. Im Endergebnis entstand eine neue Hochkultur, die römisch-lateinische, die mit ihren starken griechisch-hellenistischen Modifizierungen zugleich auf gemeinsame altorientalische Kontinuitäten verweist.

So teilten sich das Erbe des Hellenismus zwei neue klassische Kultur- und Machtzentren – im Westen Rom, mit Nachwirkungen bis ins moderne Europa; im Osten die Parther, später die neupersischen Sassaniden, in entsprechenden Prozessen, über die wir aber im Detail weniger gut unterrichtet sind.

27 Frühe Römische Republik: Ständekämpfe und Eroberung Italiens, 510 bis 272 vor Christus

Den Aufstieg Roms nach dem Sturz der Monarchie (**510**) zur italienischen Hegemonialmacht kennzeichnet der ständige Wechsel zwischen inneren Konflikten (Ständekämpfen) und Phasen innerer Einheit. Sie waren Voraussetzung zu immer neuen Anläufen zur Eroberung Italiens, zunächst nur des festländischen (noch ohne die Gallia Cisalpina).

Die Ständekämpfe reichen von der ersten secessio plebis (494) bis zur Lex Hortensia (287). Einen frühen Anfang zur späteren inneritalienischen Expansion nahm Rom schon mit der Gründung des (1.) Latinischen Bundes (493–387), gefolgt von der zunächst noch lokalen Expansion gegen das etruskische Veji (426, 396). Einen vorläufigen Abschluß seiner kontinentalen Ausbreitung erreichte Rom mit der Unterwerfung der Magna Graecia am Ende des Tarentinischen Krieges (272), als es potentielle Seemacht mit Hilfe der Griechen als «socii navales» wurde.

Das Ineinandergreifen innerer und äußerer Faktoren, von Niederlagen nach außen und Konflikten im Innern als Durchgangsstufen zu neuer Konsolidierung und neuer Expansion, ist im römischen Fall besonders deutlich und lehrreich.

510	Sturz der Monarchie: Römische Republik.
508/7	Vertrag Roms mit Karthago.
494	Erste «secessio plebis»: Ständekämpfe (bis 287). Volkstribune (zunächst zwei) für Plebejer.
493	1. Latinischer Bund (bis 387): Symmachie.
451	Zwölftafelgesetz: Kodifizierung des geltenden Rechts.
445	Lex Canuleia: Konnubium (Aufhebung des Eheverbots) Patrizier–Plebejer.
396	Eroberung und Annexion Vejis.
387	Keltensturm: Rom von Kelten zerstört – «Vae victis!» («Wehe den Besiegten!»)
367	Licinisch-sextinische Gesetze: Zwei Konsuln, je ein Patrizier und Plebejer.
358	(2.) Latinerbund: Hegemonie Roms (bis 338).
340	Krieg Roms mit Latinerbund (bis 338).
326	2 Samnitenkriege (bis 290).
287	Lex Hortensia; Ende der Ständekämpfe.
283	Sieg Roms über Bojer und Etrusker: Etrusker unterworfen.
282	Tarentinischer Krieg (bis 272).
280	Intervention des Königs Pyrrhus: Pyrrhus(= verlustreiche)-Siege über Römer bei Heraklea (280) und Ausculum (279).

275 Sieg der Römer über Pyrrhus bei Beneventum: Rückkehr des Pyrrhus nach Epiros.

272 Friede Rom–Tarent: griechische Städte Italiens «socii navales».

Das Verständnis für die weitere innere Entwicklung der altrömischen Republik erschließt sich in aller Kürze am leichtesten aus ihrem Charakter als Variante der mediterranen Polis, mit römischen Besonderheiten: Die Herrschaft des grundbesitzenden Adels (Patriziat) durch den Senat stand in Spannung zur Plebs, die als sich selbst ausrüstendes Fußvolk in der städtischen Hopliten-Phalanx diente und daher, wie der Demos in Griechenland, auf politische Rechte drängte. Eine altrömische Besonderheit war die «secessio plebis», der Auszug der Plebs aus der Stadt, um Konzessionen zu erzwingen, am bekanntesten die jeweils zu Anfang (494) und Ende der Ständekämpfe (287). Die erste erzwang eine typisch römische Neuerung, (zunächst zwei, allmählich zehn) Volkstribunen (494), die als sakrosankte (unantastbare) Volksbeamte die Interessen der Plebs vertraten. Die Plebs erreichte nach athenischem Vorbild (Drakons Gesetze, 621) die Kodifizierung der Rechtsprechung durch die Zwölftafelgesetze (451), soziale Gleichstellung mit den Patriziern durch Gewährung des Konnubiums (445), politische Gleichberechtigung durch die Licinisch-sextinischen Gesetze (367), die den Plebejern den Zugang zum Konsulat eröffneten (je ein Konsul Patrizier bzw. Plebejer). Im wesentlichen profitierten davon die reich gewordenen Plebejer, die sich als neue Nobilität mit dem Patriziat verbanden. Das republikanische Rom wurde nie Demokratie wie Athen, sondern blieb stets unter Führung seiner Nobilität.

Gleichzeitig entwickelte sich das komplizierte und spannungsreiche Nebeneinander von Senat (als Regierungsinstrument von Amtsadel/Nobilität) mit verschiedenen Formen der Volksversammlung, abgeschlossen durch die Lex Hortensia de plebiscitis (287): Beschlüsse der plebejischen Volksversammlung (plebiscita) hatten fortan den gleichen Rang wie ordentliche Gesetze des Senats. Schließlich entstand aus der älteren Institution der auf ein Jahr gewählten städtischen Beamten die ordentliche römische Magistratur, ein hierarchisch gegliedertes Ämtersystem (Konsuln, Zensoren, Prätoren, Quaestoren, Aedile), später noch weiter in Details geregelt von der Lex Villia annalis (180). Hinzu traten außerordentliche Beamte, vor allem der Diktator auf sechs Monate und sein oberster militärischer Gehilfe, der Magister equitum.

Mehrere Prinzipien sollten Mißbrauch und Ansammlung monarchischer Macht in einer Hand verhindern – Annuität (Wahl auf ein Jahr), Kollegialität (Einspruchsrecht des anderen oder der anderen Amtsinhaber), Verbot der Kontinuität (kein sich anschließendes Amt), Iteration (auch nicht nach einem Intervall) und Kumulation (keine Anhäufung verschiedener Ämter). Die Aufhebung dieser Prinzipien seit

Caesar mündete konsequent in das Ende der Republik und in den Prinzipat unter Augustus.

Auf der Basis der immer wieder erneuerten und fortentwickelten inneren Einheit, allen vorübergehenden inneren Konflikten (Ständekämpfe 494–287) zum Trotz, entfaltete sich die zunächst inneritalienische Expansion Roms, der Aufstieg zur Beherrschung des festländischen Italien (noch ohne Gallia Cisalpina): Hauptinstrumente waren das Heer, mit dem Bürgeraufgebot Roms als Kern, Bundesgenossen und Kolonien, zunächst überwiegend zur strategischen Sicherung eroberter Gebiete auf dem «ager publicus» (als Staatsland eingezogenes Land der Besiegten). Als Alternative zur platten Annexion eroberter Gebiete entwickelte sich, in Ausweitung der älteren Struktur der Symmachie (1. und 2. Latinerbund), die Bundesgenossenschaft, zunächst nur in Italien: Besiegte Gegner behielten die innere Autonomie, waren aber zu Heeresfolge und Verzicht auf eigenständige Außenpolitik verpflichtet. Solche Bundesgenossenschaft wurde erste Durchgangsstation vom besiegten, rechtlosen Feind zu früher oder später gleichberechtigten römischen Mitbürgern. Aus der römisch-italienischen Wehrgemeinschaft (Symmachie) wurde eine politische Rechtsgemeinschaft, einer der großen Beiträge Roms zur Menschheitsentwicklung.

Die Expansion Roms begann mit historisch noch wenig gesicherten, vermutlich legendär ausgestalteten Kämpfen gegen die unmittelbaren Nachbarn, auf der Basis des Latinischen Bundes (493–387, 358 bis 338). Die Zerstörung des benachbarten etruskischen Veji und die Annexion seines Gebietes eröffnete Roms Expansion (396). Der Galliersturm (387) und die Zerstörung Roms (nur das Kapitol ausgenommen) verzögerte noch einmal den Aufstieg Roms. Erst nach dem Krieg Roms mit dem Latinerbund (340–338) und dessen Auflösung als Wehrgemeinschaft (338) sicherte die Unterwerfung der Samniten in schweren Kämpfen, von denen nur der 2. und 3. Samnitenkrieg (326–304, 298 bis 290) historisch gesichert sind, die Herrschaft über Mittelitalien, gefolgt von der Eroberung des Etruskerlandes (283).

Der Tarentinische Krieg (282–272) brachte die gefährliche Intervention des Pyrrhus aus Epiros (280–275), die Rom, mit Hilfe Karthagos, abwehrte. Mit dem Sieg über Tarent (**272**) und der Aufnahme der griechischen Städte als «socii navales» war die kontinentale Expansion vorläufig abgeschlossen, die Ausgangsstellung zum Kampf mit Karthago erreicht: Rom war latente Seemacht geworden.

28 Roms Aufstieg zum Imperium: Punische Kriege und Expansion rund ums Mittelmeer, 264 bis 30 vor Christus

Auf der Basis innerer Geschlossenheit seit Ende der Ständekämpfe (287) und militärisch-politischer Zusammenfassung des festländischen Italien als Wehrgemeinschaft mit wachsenden politischen Rechten (272) eröffnete Rom seine Expansion über See mit dem säkularen Ringen gegen Karthago (**264**), das schon mit dem 2. Punischen Krieg (218 bis 201) entschieden war. Aus ihm entwickelte sich nahtlos die Expansion in das relative Machtvakuum des zerfallenden hellenistischen Ostens (ab 200) mit dem Diktat von Eleusis (168) als wichtigem Einschnitt. Bis zum Ende des Seleukidenreichs (64/63) und des ptolemäischen Ägypten (30) hatte Rom alle verfügbaren Reste des früheren Alexanderreiches westlich des ebenfalls neuen Partherreiches (247 v. Chr.) unter seiner Herrschaft vereint. Für die römische Geschichtsschreibung bilden die Punischen Kriege das Gegenstück zu Perserkriegen und Peloponnesischen Kriegen: Den Berichten der Griechen Herodot und Thukydides entsprechen die des Römers Livius und des Griechen Polybios, vor allem über den 2. Punischen Krieg, selbst wenn sie aus größerer zeitlicher Distanz schrieben als ihre großen Vorgänger im klassischen Griechenland.

264 1. Punischer Krieg (bis 241): Seesiege der Römer bei Mylae (260) und den Aegatischen Inseln (241).

237 Rom besetzt Sardinien und Korsika.

218 2. Punischer Krieg (bis 201): Alpenübergang, Siege Hannibals – bei Trebia (218), am Trasimenischen See (217), bei Cannae (216).

215 1. Makedonischer Krieg (bis 205).

212 Römer erobern Syrakus.

202 Sieg der Römer bei Zama Regia: Rom Vormacht im westlichen Mittelmeer.

200 2. Makedonischer Krieg (bis 197): Expansion nach Osten.

192 Krieg Roms gegen Seleukidenreich (bis 188).

188 Friede von Apameia: Rom Vormacht im Osten.

168 Makedonien aufgeteilt; Diktat von Eleusis.

146 Karthago und Korinth zerstört: Rom beherrscht Mittelmeer, auch als Handelsmacht. Gebiet um Karthago römische Provinz Africa (bis 697 n. Chr.).

133 Eroberung Spaniens abgeschlossen. Rom erbt Pergamon.

111 Jugurthinischer Krieg (bis 105).
89 3 Mithridatische Kriege (bis 64/63).
64/63 Syrien römische Provinz (bis 635 n. Chr.).
30 Ägypten römische Provinz (bis 641 n. Chr.).

Roms imperiale Expansion entfaltete sich aus der Logik ihrer inneren und äußeren Voraussetzungen: An Folgekomplikationen aus dem Tarentinischen Krieg entzündete sich über Messina der Konflikt mit der Seemacht Karthago (264), in dem sich die bisherige Landmacht Rom ebenfalls eine Flotte zulegte, gestützt auf ihre «socii navales» der Magna Graecia. Allerdings verwandelte die neue Taktik des Enterns feindlicher Schiffe die Seeschlacht wenigstens teilweise zur den Römern besser vertrauten Landschlacht auf Schiffen. Die beiden römischen Seesiege zu Beginn und Ende des 1. Punischen Krieges (264–241) bei Mylae (260) und den Aegatischen Inseln (241) brachten eine Vorentscheidung: Rom gewann den größten Teil Siziliens und nutzte Karthagos innere Folgekrise (Aufstände der Söldner und Libyer, 241 bis 238) zur Besetzung Sardiniens und Korsikas (237). Unterwerfung der Gallier in der Poebene, der Gallia Cisalpina (Eroberung Mailands, 222) und erste Sicherung der Adria gegen illyrische Seeräuber verbreiterten Roms strategische Basis für den Entscheidungskampf.

Karthagos Expansion in Spanien zum Ausgleich der Verluste (237) wollte Rom im Ebrovertrag begrenzen (226); er lieferte aber mit dem Streit um Sagunt (219) den Funken zum 2. Punischen Krieg (218–201). Der 2. Punische Krieg bleibt mit dem dramatischen Wechsel seiner Schauplätze, seiner Abfolge von Siegen und Niederlagen einer der lehrreichsten Kriege der Weltgeschichte. Hannibals Alpenübergang zur Eröffnung seiner Offensive gegen Rom sollte kein Geschichtslehrer aus seinem Unterricht verbannen. Hannibals Siege gegen die Römer (Trebia, 218; Trasimenischer See, 217; Cannae, 216) stürzten Rom in eine Existenzkrise durch den Abfall vieler Bundesgenossen, offenbarten aber auch seine innere Stärke: Die Diktatur des Q. Fabius Maximus (Cunctator), zum letzten Mal in der Republik im ursprünglichen Sinn eingesetzt, rettete Rom durch Hinhaltetaktik («Cunctator» = der Zauderer). Römische Siege in Sizilien, gekrönt durch Eroberung von Syrakus (212) und Spanien (209–206), entzogen Karthago die Basis zur Kriegführung. Nachdem der Entsatz des in Italien isolierten Hannibal durch seinen Bruder Hasdrubal fehlschlug (208), besiegelte Roms Endoffensive in Nordafrika unter P. Cornelius Scipio (204) mit dem Sieg in der Schlacht bei Zama Regia (202) Karthagos Niederlage: Im Friedensschluß (201) wurde es als Großmacht durch Entwaffnung ausgeschaltet, blieb aber kommerzielle Großmacht.

Hannibals Bündnispolitik gegen Rom führte, über den (militärisch ereignisarmen) 1. Makedonischen Krieg (215–205) als Teil des 2. Punischen Krieges, sofort zum 2. Makedonischen Krieg (200–197), dem Auftakt zu Roms Expansion nach

Osten. Den Sieg von Kynoskephalai (197) nutzte Rom zur Brechung der makedonischen Hegemonie über die griechischen Städte. Die Wiederherstellung ihrer Autonomie durch Freiheitserklärung des T. Quinctius Flaminius bei den Isthmischen Spielen (196) war ein politisch wirkungsvoller Schachzug. Roms Gegenbündnisse im Rücken Makedoniens, mit Pergamon (211) und Rhodos (206/05), wurden Instrumente der Intervention, zunächst zum Schutz der kleineren hellenistischen Staaten in Ausspielung gegen die größeren. Der Expansionsversuch des Seleukiden Antiochos III. von Kleinasien nach Europa (196) provozierte den Zusammenstoß Roms mit dem Seleukidenreich (192–188) und leitete dessen Untergang ein, mit dem Frieden von Apameia (188). Zerschlagung Makedoniens (168) und Roms Intervention in den 6. Syrischen Krieg zur Rettung Ägyptens (Diktat von Eleusis, 168) offenbarten Roms Stellung als Hegemonialmacht auch im östlichen Mittelmeer: Ägypten sank faktisch zum römischen Schutzstaat ab, das Seleukidenreich wurde gedemütigt, in seiner Finanznot in den Konflikt mit den Juden (Plünderung der Tempelschätze, 167) getrieben. Der jüdische Makkabäer-Aufstand (166) und das Bündnis Rom–Jerusalem (164) schwächten das Seleukidenreich weiter. Zwischen dem neu aufkommenden Partherreich im Osten (um 160), dem Pontosreich im Norden unter Mithridates VI. (120 bis 63) und Rom im Westen in drei Mithridatischen Kriegen (89–64) wurde es zerrieben.

Die Neuordnung des Ostens durch Pompeius (**64/63**) machte Syrien zur römischen Provinz (bis 635 n. Chr.) und unterstellte den aus dem Makkabäer-Aufstand hervorgegangenen Hasmonäer-Staat römischer Oberherrschaft. So war die Ausgangslage einerseits für die Übernahme Ägyptens als römische Provinz im Abschluß der römischen Bürgerkriege (30 v. Chr.) erreicht, andererseits für die innerjüdische Entwicklung bis zum Auftreten Jesu und den Anfängen des Christentums sowie bis zum großen Jüdischen Aufstand (66–70/73 nach Christus).

Der Aufstieg des Imperium Romanum vollzog sich in Formen, die sich auf seinen Charakter als späterer Rechtsverband zwiespältig auswirkten: Einerseits ruhte mit der Expansion über Italien hinaus die Bundesgenossenschaft als Institution zur tendenziellen rechtlichen Gleichberechtigung unterworfener Völker, angezeigt in der Organisierung Siziliens als erobertes Untertanenland und erste römische Provinz (227). Fortan blieb die Bundesgenossenschaft auf außenpolitische Bündnisse traditioneller Art beschränkt und tauchte erst in der Phase des Niedergangs mit neuen Inhalten wieder auf, jetzt zur Angliederung halbbarbarischer Völker zum Grenzschutz, wie es andere Imperien auch taten, vor allem das chinesische. Andererseits kam nicht alle Expansion durch Eroberung: Attalos III. von Pergamon ersparte bei seinem Tod ohne legitimen Erben seinem Land die sonst üblichen inneren Konflikte, indem er es Rom vererbte (133). Aus Pergamon wurde die Provinz Asia (129). Auch Kyrene (96) und Bithynien (75) kamen so ins Römische Reich.

Aus Roms Expansion nach Nordafrika (Karthago) und Kleinasien sind noch zwei bemerkenswerte Vorgänge festzuhalten: In zwei neuen Provinzen tauchten erstmals Namen für eine historische Landschaft auf, die sich allmählich auf einen ganzen Kontinent ausbreiteten – Africa (146) und Asia (129).

29 Bürgerkriege und Reorganisation des Imperiums, 133 bis 30 vor Christus

Punische Kriege und Roms Expansion in den hellenistischen Osten zusammen bleiben klassische Beispiele für negative Folgewirkungen nach innen sogar großer militärischer Erfolge nach außen: Die rasche Ausdehnung Roms vom bäuerlichen Stadtstaat zum Großreich schuf schwere soziale Spannungen, die sich in einer Kette von Bürgerkriegen entluden. Die sog. «Römische Revolution» (Theodor Mommsen) ist jedoch heute besser als Anpassungskrise des Römischen Reiches an die neuen Bedingungen zu verstehen, die seine überwältigenden Erfolge geschaffen hatten. Wie üblich wirkten äußere und innere Faktoren aufeinander. Kernproblem war der Zusammenhang zwischen Militärverfassung, Sozialstruktur und politischer Verfassung im Übergang von der römischen Polis zum mediterranen Großreich. Das Jahrhundert der Bürgerkriege reicht von den Reformversuchen der beiden Gracchen (**133**–121) bis zur Errichtung des Prinzipats durch Augustus (27) als Auftakt zur römischen Kaiserzeit.

218	Lex Claudia de nave senatorum: Senatoren Beteiligung am Fernhandel verboten.
133	Ti. Sempronius Gracchus Volkstribun: erster Reformversuch (bis 132).
123	C. Sempronius Gracchus Volkstribun: 2. Reformversuch (bis 121).
ca. 104	Marianische Heeresreform zum Kampf gegen Kimbern: Proletarii in der Armee.
91	Römischer Bundesgenossenkrieg (bis 88).
89	Bürgerkrieg Optimaten – Popularen (bis 82).
82	Sullas (2.) Marsch auf Rom: Sulla Diktator (bis 79): Proskriptionen.
81	Sullanische Verfassung (bis 70): Aristokratie gestärkt.
79	Rücktritt Sullas: Aufstieg des Pompeius.

73 Großer Sklavenaufstand unter Spartacus (bis 71).
63 Catilinarische Verschwörung.
60 1. Triumvirat – Pompeius, Caesar, Crassus.
49 Bürgerkrieg Caesar–Pompeius (bis 45).
46 Caesar Diktator (bis 44): Aureus.
45 Reformen Caesars, u.a. Julianischer Kalender.
44 Caesar ermordet: Neuer Bürgerkrieg (bis 30).
43 2. Triumvirat – Marc Anton, Octavian, Lepidus.
32 Getrennte Treueeide in West und Ost: Konfrontation Octavian – Marc Anton.
31 Seeschlacht bei Actium: Niederlage Marc Anton/Cleopatra.
30 Ende Marc Antons und Cleopatras: Ägypten römische Provinz (bis 641 nach Christus).
27 Prinzipat des Augustus (bis 14 nach Christus).

Erstes Indiz für die sozialen Rückwirkungen der kommenden imperialen Expansion wurde, knapp vor Ausbruch des 2. Punischen Krieges, die Lex Claudia de nave senatorum (218): Zur Verhinderung politischer Korruption wurde Senatoren die Beteiligung am lukrativen Fernhandel («navis» = Schiff als pars pro toto für Fernhandel) verboten. Obwohl sich Senatoren durch Strohmänner doch am Fernhandel beteiligten, begann der Ritterstand seitdem seinen Aufstieg als neue Geldaristokratie des spätrepublikanischen Rom.
Der neue Reichtum aus Beherrschung des Fernhandels und Eroberungen im hellenistischen, ökonomisch noch immer weiterentwickelten Osten löste in Rom eine schwerwiegende soziale Polarisierung aus: Zwar erlaubte die reiche Beute des makedonischen Thronschatzes (168) auf Jahrhunderte die weitgehende Steuerbefreiung Italiens, aber das massive Einströmen von Sklaven und Geld ließen riesige Latifundien (= Großgrundbesitz) in weiten Teilen Italiens sowie in Sizilien entstehen. Sizilien wurde von zwei schweren Sklavenaufständen erschüttert (135–132, 104–101). Die freien Bauern, durch lange Abwesenheit in den Punischen Kriegen ohnehin ökonomisch geschwächt, erlagen zunehmend der Konkurrenz der Latifundien-Sklavenwirtschaft. Sie strömten als besitzlose, aber freie Bürger nach Rom, wo sie als «proletarii» eine weitgehend aus Gewinnen der imperialen Ausbeutung gespeiste Existenz führten. Da sie aber gemäß der mediterranen Polis-Verfassung zu arm waren, sich selbst für den Heeresdienst auszurüsten, sank Roms Heereskraft mit dem Schwinden seiner freien Bauern, die noch immer das Gros der Armee stellten.
Die weitergehende Expansion mit Kriegen in Spanien (154 – 133) und Nordafrika (Jugurthinischer Krieg, 111–105) und der Einbruch der Kimbern und Teutonen mit zunächst schweren Niederlagen der Römer (113, 105) enthüllten die kumulierten Schwächen der römischen Militärorganisation. Daher machten die beiden Gracchen die Wiederherstellung des freien Bauerntums zur Stärkung der Heereskraft zum Angel-

punkt ihrer Reformanläufe (133 bis 132, 123–121). Sie forderten großzügige Ansiedlung von proletarii auf dem ager publicus, zu finanzieren aus dem Erbe des Attalos III. von Pergamon. Zwar scheiterten sie kurzfristig und lösten das Jahrhundert der römischen Bürgerkriege aus, aber auf Umwegen erzielte Marius mit seiner Heeresreform (um 104) dieselbe Wirkung: Zur Auffüllung der klaffenden Lücken in der römischen Armee stellte er proletarii als langdienende Berufssoldaten ein, die nach der römischen Stadtverfassung im Zensus-Bürgerheer eigentlich nicht hätten dienen dürfen. Er beseitigte als erstmals kontinuierlich wiedergewählter Konsul (104–100) die Gefahr der Kimbern und Teutonen (102, 101) mit Hilfe des so reorganisierten Heeres. Anschließend setzte er, gegen den Widerstand des Senats, die Ansiedlung seiner Veteranen als freie Bauern durch (100). Marius schuf so mehrere Präzedenzfälle, die alle in dic Auflösung der Republik wiesen: Eine Berufsarmee von Soldaten, die in ihrer materiellen Versorgung vom Feldherrn abhing: der erfolgreiche Militär, der, gestützt auf sein Heer, Politik machte; die Durchbrechung einer Grundregel republikanischer Amtsführung (Verbot der Kontinuität), zunächst nur aus militärischer Opportunität (Kampf gegen Kimbern und Teutonen).

Zugleich eröffnete Marius eine neue Phase der inneren Polarisierung, jetzt zwischen der aristokratischen Senatspartei (Optimaten) und Exponenten aus der Oberschicht (Patriziat, Ritterstand), die aus politischem Ehrgeiz die Interessen der Unterschicht für sich einsetzten (Popularen). Zuletzt nahm Caesar so seinen Aufstieg. Marius, Sulla, Lucullus, Pompeius und Caesar waren die großen politisierenden Heerführer, die mit ihren Namen die inneren Konflikte kennzeichnen, während die äußere Expansion in den Mithridatischen Kriegen (89–64/63) fast ununterbrochen weiterlief. Mit der Eroberung Galliens (58–51) schuf sich Caesar in einer Art Privatunternehmen die Basis für seine spätere Machtstellung in Rom. Erst recht durch seine Beschreibung im «De Bello Gallico» wurde der Vorgang ein doppelt klassisches Schulbeispiel für erfolgreiche Ablenkung innerer Spannungen in erobernde Expansion nach außen.

Kompliziert wurde die Entwicklung durch den römischen Bundesgenossenkrieg (91–89), den Aufstand der Keltiberer unter Sertorius (80–72) als Fortsetzung des römischen Bürgerkrieges zwischen Sulla- und Marius-Anhängern, die Bekämpfung der Seeräuberplage (74–67) und den großen Sklavenaufstand unter Spartacus (73–71). Der Bundesgenossenkrieg demonstriert noch einmal die Spannungen aus dem raschen Wachsen des Imperiums und dem Hinterherhinken seiner politischen Verfassung: Die Bundesgenossen fochten im Grunde nicht gegen Rom, sondern nur für ihre gleichberechtigte Integration in das herrschende Reichsvolk als römische Staatsbürger, die sie letzten Endes auch erhielten (Lex Julia, 90). Die Niederwerfung der Keltiberer (72), der Seeräuber (67), des Spartacus-Aufstandes (71) und die siegreiche Beendigung des 3. Mithridatischen Krieges (64/63) wurden Stufenleitern im Aufstieg des Pompeius, der jedoch im

1. Triumvirat die Macht mit neuen kommenden Männern teilte (60), Caesar und Crassus. Nach dem Ausscheiden des Crassus durch Tod in der Niederlage von Carrhae gegen die Parther (53) verengte sich die Konfrontation auf Pompeius und Caesar. Caesar siegte im nächsten Bürgerkrieg gegen Pompeius und seine Anhänger und errang die faktische Alleinherrschaft. Caesar nutzte sie zu Reformen: Der Aureus als neue Goldmünze (46) stabilisierte die Währung, die Einführung des Julianischen Kalenders in Weiterentwicklung des aus Ägypten übernommenen modifizierten Sonnenkalenders (45) hatte weitreichende Folgen, bis heute. Caesars Stellung als Diktator, erst auf zehn Jahre (46), zuletzt auf Lebenszeit (44), lief auf eine verschleierte Form der Monarchie hinaus. Sie provozierte eine altrepublikanische Opposition unter Brutus und Cassius, die in der Ermordung Caesars kulminierte (44).
In zwei neuen Bürgerkriegsrunden – 2. Triumvirat (Marc Anton, Octavian, Lepidus, 43); Octavian – Marc Anton (**31–30**) – ging die Republik endgültig zugrunde. Gleichzeitig entstand im Prinzipat des Octavian/Augustus (27 v. Chr.) die neue Form der Friedenssicherung nach innen und der Reorganisation des Imperiums nach außen.

30 Kaiserzeit: Höhepunkt und Glanzzeit des Römischen Reiches, 27 vor bis 192 nach Christus

Der Prinzipat des Augustus (**27** v.–14. n. Chr.) eröffnete die römische Kaiserzeit und wurde das «Goldene Zeitalter» des Römischen Reiches. Es stellte erstmals die politische Einheit des Mittelmeerraumes her und schloß rund die Hälfte Europas der mediterranen Zivilisation an, jetzt in ihrer charakteristischen griechisch-lateinischen Doppelkultur, die nach Reichsteilung (395) und Untergang Westroms (476) wieder auseinandertrat. 200 Jahre nach Begründung des kaiserlichen China durch die Ch'in-Dynastie (221–207), gefolgt von der Han-Dynastie (206 v.–220 n. Chr.), die für Ostasien dasselbe leisteten wie das Römische Reich für Europa, demonstriert die römische Friedensordnung (= «Pax Romana») eindrucksvoll die beiden Gesichter von Großreichen im Einzugsgebiet von Hochkulturen – imperiale Eroberung und zivilisatorischer «Fortschritt». Ein dritter Faktor verband das Römische Reich auf seinem Höhepunkt mit dem Han-Reich Chinas – die erstmalige Organisierung des Interkontinentalen Fernhandels zwischen China und dem Westen, dessen Auf und Ab namentlich mit der weiteren Entwicklung der Großreiche aufs engste verknüpft ist.

27 v. Chr.	Prinzipat des Augustus (bis 14 n. Chr.).
20 v. Chr.	Friede Rom – Partherreich.
9. n. Chr.	Schlacht im Teutoburger Wald: Rheingrenze.
ca. 30	Jesus gekreuzigt: Ausgangspunkt des Christentums.
37	Caligula Kaiser (bis 41): Despotie orientalischen Zuschnitts.
43	Eroberung Britanniens.
54	Nero Kaiser (bis 68) – einmündend in Despotie.
66	Jüdischer Aufstand (bis 70/73).
68	Sturz Neros: Große Reichskrise (bis 69).
69	Vespasian Kaiser (bis 79).
70	Einnahme Jerusalems, Zerstörung des 2. Tempels durch Titus: Flucht und Deportation der Juden.
98	Trajan erster Adoptivkaiser (bis 117): größte Ausdehnung des Römischen Reiches.
106	Eroberung Dakiens: Römer erbeuten Gold, Silber, Sklaven.
116	Eroberungen in Mesopotamien gegen Parther.
117	Hadrian Kaiser (bis 138): Defensive und Konsolidierung.
132	Bar-Kochba-Aufstand (bis 135).
161	Marc Aurel Kaiser (bis 180): Partherkrieg (bis 166).
166	Erste römische Handelsgesandtschaft nach China.
180	Commodus Kaiser (bis 192): nach außen defensiv, nach innen despotisch.

Nach einem Jahrhundert der Bürgerkriege war der Prinzipat Ausdruck eines allgemeinen Friedensbedürfnisses. Verfassungsrechtlich war er entstanden aus der Zusammenfassung der höchsten republikanischen Amtsbefugnisse (tribunicia potestas, imperium proconsulare) in einer Hand und Aufhebung der für sie geltenden Beschränkungen (Annuität, Verbot der Kumulation usw.), während die Ämter (Konsulat, Prätur etc.) bestehenblieben. In der Ausübung ihrer Macht schwankten die Kaiser zwischen quasi-konstitutionellem Regieren unter zumindest äußerlicher Beachtung des Senats und Despotie altorientalischen Zuschnitts. Der gewaltsame Sturz solcher Despoten – Caligula (41), Nero (68), Domitian (96), Commodus (192) – erschütterte das Reich immer wieder in schweren Reichskrisen. Das Fehlen von Söhnen bei Kaisern seit Nerva (96–98) führte zur Abfolge beeindruckender Adoptivkaiser (bis 180): Trajan, Hadrian, Antoninus Pius, Marc Aurel. Unter ihnen erlebte die Pax Romana ihre größte Ausdehnung nach außen und Rom seine längste Friedensperiode nach innen.

Ihren Abschluß fand die Ausbildung des Römischen Reiches zu einem neuartigen Rechtsverband mit der Verleihung des Bürgerrechts an alle Freien durch die Constitutio Antoniniana unter Kaiser Caracalla (212), allerdings schon in der anhebenden Existenzkrise und vermutlich aus fiskalischen Motiven.

Im neueroberten Westen machte die Ausbreitung der mediterranen Zivilisation durch Romanisierung und die von den Römern mitgebrachten Zivilisationstechniken rasche Fortschritte – Städte, intensive Landwirtschaft, gewerbliche Produktion, Weinbau, Straßen, Wasserleitungen. Eine bedeutende Rolle in der Romanisierung der neueroberten Gebiete Europas spielten Militärlager (castra) und die sich an sie anlehnenden Römerstädte, ferner die Veteranen der Armee. Sie waren spätestens nach ihrer Entlassung römische Bürger, hoch angesehen und durch eine hohe Abfindung meistens wohlhabend. Im bevölkerungsreicheren und wirtschaftlich weiter entwickelten Osten verstärkte sich dagegen die Gräzisierung, gefördert durch eine griechische Renaissance unter Hadrian (117–138). So förderte die Pax Romana die Herausbildung einer lateinisch-griechischen Doppelkultur, als eine langfristige Voraussetzung zur späteren Teilung des Römischen Reiches: In Staat, Verwaltung, Recht und Militär herrschte römische Latinität, in Wissenschaft und Bildung im weitesten Sinne überwiegend griechische Kultur; darunter hielten sich auf dem Land ältere Volkssprachen.

Bei aller Tendenz zur inneren Konsolidierung ging die Expansion nach außen von Augustus bis Trajan zunächst noch weiter, überwiegend zur strategischen Arrondierung. Allerdings zog, wie so oft in der Geschichte, die Sicherung einer Position eine begrenzte Offensive nach der anderen nach sich: Alpengebiet samt Alpenvorland bis zur Donau (15 v. Chr.), Britannien (43 n. Chr.) Pontos (64), Dakien (hauptsächlich aus ökonomischen Gründen – Gold, Silber, Sklaven) und das Nabatäerreich als Provinz Arabia (106), Armenien (114), große Teile Mesopotamiens (116). Dagegen scheiterte die Eroberung Südarabiens (24 v. Chr.) und des westlichen Germanien zwischen Rhein und Elbe (Schlacht im Teutoburger Wald, 9. n. Chr.). Rhein, Donau und oberer Euphrat schälten sich als stabile Reichsgrenzen heraus, geschützt durch Befestigungen (Limes, ab 85), denen Grenzbefestigungen auch in Britannien (Hadrianswall) und im Süden entsprachen, von Mauretanien im Westen bis Dakien und Syrien im Osten. Namentlich in Europa strahlten römische Kultureinflüsse über den Limes hinaus. Auch nach Ende des (West-)Römischen Reiches blieb er lange eine deutlich erkennbare Kulturgrenze, wie die Chinesische Mauer in Ostasien.

Abgesehen von den Reichskrisen bei gewaltsamen Thronwechseln war die Pax Romana nach innen nur gelegentlich durch regionale Aufstände gestört. Neben dem Batavischen Aufstand (68/9–70) waren vor allem zwei jüdische Aufstände (66–70/73, 132–135) bedeutsam, denn sie führten zu neuer Zerstreuung der Juden («Galuth» = Exil), vor allem durch Flucht nach Süden (Arabien) oder Deportation nach Westen an die Rheingrenze und nach Spanien. Zunächst nur geringe Probleme bereitete die aus dem Judentum hervorgegangene neue religiöse Minderheit der Christen.

Auf dem Höhepunkt seiner Macht stellte das Römische Reich im Fernen Westen auch eine erste Verbindung zu seinem imperialen Gegenpart im Fernen Osten her, dem Chinesischen Reich der Han-Dynastie, durch Anknüpfung eines kontinuierlichen und systematischen Interkontinentalen Fernhandels. Den Import orientalischer Luxusgüter (Baumwolle und Indigo aus Indien, Gewürze aus Arabien, Seide aus China) bezahlte das Römische Reich überwiegend mit Gold und Silber. Eine festere Grundlage erhielt der Fernhandel durch eine römische Handelsmission nach China (über Burma und Yünnan) (**166**), jedoch erst kurz vor Ausbruch der Reichskrise in China (Bewegung der Gelben Turbane, 184) und Rom (Sturz des Commodus, 192).

Insgesamt war die Pax Romana auf dem Höhepunkt der römischen Kaiserzeit eine Epoche der Prosperität und Stabilität, die sich in späteren Jahrhunderten vielfältiger Konflikte des zivilisatorischen Niedergangs bis zur Renaissance als goldene Zeit der europäischen Klassik verklärte.

31 Juden in der Antike: Von Kyros zu Bar Kochba und seine Folgen, 538 vor bis 425 nach Christus

Mit der Rückkehr der Juden aus der Babylonischen Gefangenschaft und dem Kyros-Edikt (**538**) beginnt die Geschichte des antiken Judentums. Fortan genossen die Juden unter wechselnden Herrschern (Persern, Alexander, Ptolemäer, Seleukiden, Rom) religiöse, damit auch politische und soziale Autonomie: Erstmalig in der Weltgeschichte definierte sich ein Volk durch seine Religion. Während die reicheren Juden in Babylon blieben und es zum ersten Schwerpunkt jüdischer Diaspora (freiwilligem Aufenthalt außerhalb Erez Israel) machten, schufen die Rückkehrer mit Reformen unter Esra und Nehemia (um 450) die Basis des Judentums als Religion: Grundlage wurde die strikte Anwendung des mosaischen Gesetzes im Pentateuch (fünf Bücher Mose), der erstmals verbindlich schriftlich fixiert wurde. Der Wiederaufbau des Tempels Salomons in Jerusalem gab den Juden wieder ein religiöses Zentrum. Das «messianische Ghetto» durch strenge Absonderung von der «Welt» («Heiden» und Nicht-Juden) in der Babylonischen Gefangenschaft zur Behauptung der eigenen Identität übertrugen sie nun auf Jerusalem und das jüdische Land. Als «Volk Gottes» (Israel) gaben sich die Juden kollektiv den Status von Priestern.

Stets bewegten sich Juden in der Spannung zwischen (sowohl freiwilliger wie von außen erzwungener) Absonderung und Assimilation bis hin zur Preisgabe jüdischer Identität. Die Juden als erstes Stadt- und Buchvolk lebten seitdem auch als einziges Volk die sakral überhöhte Identität von Religion (Judentum) und Volk

(Judenheit), so daß sich stets ein ganzes Spektrum möglicher Positionen in der jüdischen Existenz auftat, von fundamentalistischen «Frommen» («Chassidim») im «messianischen Ghetto» über Religiöse, die sich schon mit der «Welt» auseinandersetzten und in ihr auch ökonomisch aktiv lebten, bis zu Säkularisierten und Assimilierten (meist die Wohlhabenden) oder «Renegaten», die das Judentum insgesamt durch Übertritt in eine andere Hochreligion verließen. Die innere Dynamik der jüdischen Geschichte bewegte sich stets zwischen diesen Polen und brachte die außerordentliche Vielfalt politischer, religiöser und geistiger Strömungen hervor, die Judentum und Judenheit charakterisierten: Die Juden waren nie ein monolithischer Block.

Juden verhielten sich loyal gegenüber ihrem jeweiligen Oberherrn, solange er ihre religiöse Autonomie respektierte oder ihnen gar den größten Greuel für Juden ersparte – Verehrung anderer Götter, z.B. des Herrschers als Teil des orientalischen Herrscherkults, der ursprünglich aus Ägypten kam und den Alexander der Große zum Staatskult erhob. Extreme Assimilierung (Hellenisierung) unter den Seleukiden und die Plünderung des Tempelschatzes zur Deckung der riesigen Zahlung an Rom nach dem Scheitern des Antiochos IV. in Ägypten am römischen Einspruch von Eleusis (168) provozierten den ursprünglich fundamentalistisch inspirierten Makkabäer-Aufstand der «Frommen» (167–161). Aus ihm ging die Herrschaft der Hasmonäer formal als Hohepriester-Könige (161–63) im Machtvakuum des niedergehenden Seleukidenreiches hervor.

Da die Hasmonäer dennoch ihrerseits fast wie hellenistische Könige agierten, konkretisierten sich vage, von den Hasmonäern enttäuschte Vorstellungen von einer Gottesherrschaft (Theokratie) durch Priester zur Hoffnung auf einen messianischen Herrscher. Die Erwartung des Messias, des «Gesalbten» aus dem Hause Davids, der das Davidsche Großreich wieder errichten würde, verschmolz mit der persischen Idee des Endkampfes zwischen Gut und Böse (Dualismus) zum späteren Messiasglauben. Da das Erscheinen des Messias hartnäckig ausblieb, sublimierte sich sein Kommen zur großen Weltkrisis, der Apokalypse, dem Endkampf des Armageddon, wonach der Messias auf dem Berg Zion in Jerusalem, am Davidgrab, die «Welt» für alle Missetaten an den Juden richten würde.

In den stürmischen Wechselfällen der jüdischen Existenz gab der Messiasglaube den Juden eine scharf umrissene Identität, zugleich Halt und Trost. Territorial gelang den Hasmonäern eine erhebliche Expansion, die jedoch nie den Umfang des Davidschen Reiches erreichte. Innere Wirren provozierten die Intervention Roms unter Pompeius, die das jüdische Land der römischen Oberherrschaft unterstellte, aber mit weitgehender innerer Autonomie (63 v. Chr.).

In den innerrömischen Konflikten bis zum Prinzipat des Augustus gewann Herodes der Große (37–4 v. Chr.) die Position des bedeutendsten jüdischen Klientelkönigs («rex socius») unter römischer Oberherrschaft. Da er als Idumäer nicht reiner Jude war, suchte er seine Stellung u. a. durch großzügige Restaurierung des Tempels in Jerusalem zu festigen. Unter seinen Nachfolgern sank das jüdische Land auf den Status einer römischen Provinz hinab. Ein Steueraufstand fundamentalistischer Zeloten («Eiferer») in Galiläa gegen Rom 6 n. Chr. kündigte schwere Konflikte in der Zukunft an. Im Spektrum von «kollaborationsbereiter» Oberschicht der Priesteraristokratie («Sadduzäer»), Pharisäern, die in ihren Synagogen eine dezentralisierte Volksregion unter «Rabbis» («Herrn», «Lehrern») praktizierten, zahlreichen messianischen Sekten, den Zeloten und «Siccariern» (von lat. «sicca» = Dolch) als ihr bewaffneter Arm braute sich, auch als Teil der allgemeinen religiösen Krise der mediterranen Antike um diese Zeit, ein explosives Gemisch zusammen.

Ihm entsprangen zwei Ereignisse von welthistorischer Bedeutung – die Sezession des Christentums, zunächst als Variante am messianischen Sektenrand des Judentums (um 30), und der Jüdische Aufstand (66–70/73) eine Generation später. Der Jüdische Aufstand entzündete sich an den Komplikationen des römisch-griechisch-jüdischen Dreiecksverhältnisses – politische Herrschaft Roms, kulturelle Dominanz und Rivalität des griechischen Elements, in der Diaspora (Alexandria) wic im jüdischen Land. Der Aufstand geriet nach Anfangserfolgen und späteren Niederlagen gegen die römische Übermacht unter die politische Führung der Zeloten, die den Widerstand bis zum äußersten führten, bis zur Zerstörung des von ihnen besetzten und militärisch verteidigten Tempels bei der Erstürmung Jerusalems (70) und dem bei ihnen üblichen Massenselbstmord vor der Einnahme ihres letzten befestigten Stützpunktes, Massada (73).

Die Folgen waren für die besiegten Juden («Judaea captata») eine Katastrophe, verstärkt nach dem zweiten großen Aufstand unter Bar Kochba (132–135): Bis auf kleine Überreste in Galiläa wurde die jüdische Bevölkerung, soweit sie überlebte oder nicht geflohen war, ins Römische Reich deportiert, vor allem nach Spanien und an die Rheinlinie, das damalige Sibirien des Römischen Reiches. Spanien und der Rhein wurden später im «Galuth» (= erzwungenen Exil) Hauptzentren der mittelalterlichen Judenheit. Die Juden galten formal als kaiserliche Sklaven («servi»), behielten aber ihre religiöse Autonomie als «religio licita» (zugelassene Religion) und damit die innere Autonomie der jüdischen Gemeinden, auch nach dem Sieg des Christentums als römische Staatskirche («ecclesia triumphans»).

Nach dem Bar-Kochba-Aufstand wurde auch Jerusalem zerstört (135), dann zwar als römische Stadt wieder aufgebaut (138), aber den Juden blieb der Zutritt verboten. Auch der Name des jüdischen Landes wurde ausgelöscht: Es hieß fortan «Syria Philistaia», woraus «Palästina» wurde. Ökologisch waren die Folgen für das Land verheerend: Die Römer holzten die letzten Wälder ab, um Tausende von Juden an den Überlandstraßen zu kreuzigen und die großen Kriegsmaschinen zu bauen, die Massada bezwangen (73). Für die jüdische Bevölkerung in Galiläa duldete Rom ein Patriarchat (Synhedrion), das nach Vertreibung der Juden aus Alexandria (414) und Massakern in Syrien (420) von Ostrom wieder aufgehoben wurde (425). Mit dem Verlust des kultisch-religiösen Zentrums Jerusalem überlebte das Judentum in Galuth und Diaspora dank seiner zuvor schon angebahnten religiösen Dezentralisierung durch die volksnäheren Pharisäer mit ihren Synagogen. Zugleich spiritualisierte sich jüdische Religion durch das erzwungene Ende von Tieropfern, die im einzig zugelassenen Zentrum, Salomons Tempel in Jerusalem, nach dessen Zerstörung (70) nicht mehr möglich waren.

32 Aufstieg des Christentums zur spätrömischen Staatsreligion, 30 bis 391

Unterdessen gab der Aufstieg des Christentums zur Staatsreligion im Römischen Reich der spätantiken Geschichte mit der Konstantinischen Wende eine neue Richtung und legte zugleich Grundlagen zum europäischen Mittelalter. Voraussetzungen waren Judentum und innere Entwicklung des Römischen Reiches in seiner Spätphase.

30 Kreuzigung Jesu: Urgemeinde der Judenchristen in Jerusalem.
49/50 Apostelkonzil in Jerusalem: «Heidenmission» unter Griechen.
64 Brand Roms: erste Christenverfolgung unter Nero – Märtyrertod des Petrus und Paulus.
66 Jüdischer Aufstand (bis 70/73): auch politische Distanz des frühen Christentums zum Judentum.
ca. 110/140 Zwölfapostellehre: früheste Kirchenordnung – Bischöfe, Presbyter, Diakone.
ca. 150 Griechische Gnostiker: mit Dualismus.
ca. 200 Gegen Gnostiker apostolische Sukzession der Bischöfe.
243 Manichäismus, mit christlichen und gnostischen Elementen.
250 Christenverfolgung unter Kaiser Decius (bis 251).
297 Verfolgungsedikt gegen Manichäer.
301 Christentum Staatsreligion in Armenien.
313 Toleranzedikt von Mailand: Christentum dominierende Religion im Westen – Konstantinische Wende.
325 Konzil von Nicäa: Nicäisches Glaubensbekenntnis (Credo); Arius verdammt; 4 Patriarchate.

330 Konstantinopel als christliche Reichshauptstadt.
359 Synode von Rimini: Arianismus Reichsreligion.
364 Römisches Reich konfessionell gespalten: Westen orthodox – Osten arianisch (bis 379/81).
366 Damasus I. (bis 384): erster historisch gesicherter Papst.
379 Theodosius I. Kaiser im Osten: Rückkehr zur Orthodoxie.
381 (1.) Konzil von Konstantinopel: Orthodoxie einzige legale Form des Christentums im Gesamtbereich.
391 Heidnische Kulte im Römischen Reich verboten – Christentum Staatsreligion: Bibliothek in Alexandria vom Patriarchen Theophiles verbrannt.

Das Christentum entstand als Abspaltung vom Judentum in einer Krisensituation der Juden: Aus dem Verlust staatlicher Unabhängigkeit seit der Babylonischen Gefangenschaft (586–538 v. Chr.), wiederholt im Untergang des Hasmonäer-Staates (63), hatte sich die Erwartung vom Kommen eines Messias (= Gesalbten, d.h. Königs) entwickelt, der als Nachfahre Davids die Juden von der Fremdherrschaft Roms befreien und das Davidsche Großreich wiederherstellen würde. Damit vermengten sich apokalyptische Vorstellungen vom katastrophalen Ende der Menschheit und der Geburt einer neuen Erde in einem Tausendjährigen Reich (Chiliasmus, von griech.: «chilioi» = 1000), zu der das Kommen des Messias nur erster Auftakt wäre. Zugespitzt wurde die jüdische Messias-Erwartung durch verschärfte Besteuerung und das allmähliche Absinken der Juden zu römischen Untertanen. Aus einem ersten Steueraufstand in Galiläa (6 n. Chr.) entwickelten sich die Zeloten («Eiferer») als extreme Richtung eines antirömischen Widerstandes, mit dem Jesus und seine Anhänger (Jünger) als Galiläer identifiziert wurden.

Nachdem Jesus die in ihn gesetzte Messiaserwartung durch seine Gewaltlosigkeit enttäuscht hatte und als politisch Gescheiterter am Kreuz den schmählichsten Tod starb, den die Antike kannte (**30**), erhoben seine Jünger ihn als «Christos» (griech.: = Messias) zu Gottes Sohn und Stifter einer neuen Religion.

Die Urgemeinde in Jerusalem war zunächst noch ganz jüdisch. Erst Paulus aus der hellenisierten Diaspora stellte das Christentum mit der «Heidenmission» unter den Griechen auf eine neue Grundlage, die er mit seinen Missionsreisen und auf dem Apostelkonzil in Jerusalem (49/50) gegen heftigen Widerstand der Jesusbrüder und ursprünglichen Jünger (Judenchristen) durchsetzte. Der Jüdische Aufstand (66–70/73) akzentuierte die nun auch politische Trennung der frühen Christen vom Judentum.

Gleichwohl fand das Christentum zunächst Anhänger vor allem in jüdischen Gemeinden rund ums Mittelmeer, ferner unter Sklaven und Freigelassenen. Die erste Kirchenordnung, die Zwölfapostellehre (110/140), kannte bereits eine kirchliche Amtshierarchie – Bischöfe (für jede Stadt), Presbyter (Älteste) und Diakone. Anschließend kristallisierte sich die Ordnung des Gottesdienstes (Liturgie) heraus (um 150). Wesentliche Elemente seiner Vorstellungen und Symbole entnahm das frühe Christentum seiner spätantik-hellenistischen Umwelt, z. B. «der gute Hirte» (Titel altorientalischer Könige), Maria, auf der «Mond»sichel (Ischtar = Venus auf der Venussichel), später «Pontifex Maximus» als Titel des römischen Papstes. Mit der «Heidenmission» kam das junge Christentum in Berührung mit griechischer Philosophie und griechischer Gnosis (um 150). Zur Abgrenzung gegen die Gnosis und ihre spekulativ-spontane Mystik setzte die Amtskirche die apostolische Sukzession der Bischöfe durch: Alle Bischöfe hatten ihre Gnadengewalt letzten Endes von einem der zwölf Apostel, durch eine Kette von Bischöfen. Der kirchliche Kampf gegen die Gnosis setzte sich gegen die Manichäer fort, die bald nach ihrem Auftreten in Persien (243) im Römischen Reich verboten wurden (297).

Anfangs blieb das junge Christentum, die Zeit Neros einmal ausgenommen, weitgehend unbehelligt von den Staatsbehörden. In den Wirren der Soldatenkaiserzeit (235–284) kam es jedoch zu Christenverfolgungen (250/51, 257–260), ausgelöst durch die Weigerung der Christen, sich dem Kaiserkult anzuschließen und unter seinen Symbolen Militärdienst zu leisten. Die Christenverfolgungen trugen zu den inneren Konflikten des Römischen Reiches bei, stärkten aber durch Beispiele der Standhaftigkeit christlicher Märtyrer das Christentum. In der Periode des inneren Friedens bis zur letzten Christenverfolgung (303–306/11) baute das Christentum seine Stellung aus, jetzt auch mit Führungspositionen in Staat und Gesellschaft, so daß es die letzten Verfolgungen seit Diokletian (303) überstand. Nach ihrem Ende im Westen (306) und Osten (311) legalisierte Konstantin das Christentum mit dem Toleranzedikt von Mailand (313): Es war seitdem stärkste Religion im Römischen Reich, ohne bereits, wie in Armenien (301), schon Staatsreligion zu werden, zumal Konstantin erst auf dem Sterbebett das Christentum annahm (337). Gleichwohl wollte er das Christentum als einigendes Element des Römischen Reiches benutzen und griff daher nach Erringung der Alleinherrschaft (324) in die kirchlichen Angelegenheiten ein: Unter seinem Vorsitz fand in Nicäa das erste gesamtkirchliche (ökumenische) Konzil statt (325), das mit dem Nicäischen Glaubensbekenntnis der Trinität wesentliche Grundlagen des Christentums schuf. Die Einrichtung von vier Patriarchaten (Jerusalem, Antiocheia, Alexandria, Rom) reflektierte religiöse und ökonomische Schwerpunkte im Römischen Reich, erweitert später um politische (Konstantinopel). Unter ihnen hatte Rom mit dem Papst noch einmal eine Sonderstellung.

Unterschiedliche vor-christliche religiöse Vorstellungen in verschiedenen Gebieten (Ägypten, Griechenland) schlugen sich als unterschiedliche Ausformungen des frühen Christentums nieder; Abspaltungen, Schismen und Sonderkirchen trennten seitdem die Christenheit. Arianismus und Monophysitismus, Syrische, Koptische und Nestorianische Kirchen waren wichtigste frühe

Sonderformen des Christentums im Gegensatz zur kirchlichen Rechtgläubigkeit (Orthodoxie), die Konstantinopel und Rom lange gemeinsam vertraten. Entgegen der offiziellen Verdammung des Arius in Nicäa (325) entwickelte sich der Arianismus, teils im Römischen Reich selbst, teils durch Mission unter Germanen (Goten, Langobarden u. a.) nördlich des Reiches. Vorübergehend war das Römische Reich sogar arianisch (359–64), anschließend konfessionell gespalten – im Westen orthodox, im Osten arianisch (bis 379/81). Erst Theodosius I. (379–395) einte das Reich wieder auf der Basis der Orthodoxie (381) und erhob das Christentum durch Verbot aller heidnischen Kulte zur offiziellen Staatsreligion im Römischen Reich (**391**). Mit ihrem Vernichtungsfeldzug unter dem Patriarchen von Alexandria, Theophiles, gegen die «heidnische» griechische Klassik, vor allem in ihrem traditionellen Zentrum Alexandria (391), bereitete die radikalere Richtung des Christentums, das Mönchtum, zugleich auch den Untergang der europäischen Klassik von innen her vor.

33 Existenzkrise und neue Stabilität im spätantiken Zwangsstaat, 192 bis 375

Die scheinbare Idylle der Pax Romana trog: Sie enthielt schon Faktoren, die ihren späteren Zerfall vorbereiteten. Vom Sturz des despotischen Commodus (**192**) zieht sich eine Kette von Krisen bis zum Chaos der Soldatenkaiserzeit (235 bis 284). In einem gewaltigen Kraftakt gab sich das Römische Reich noch einmal eine neue Stabilität: Diokletian (284–305) schuf den spätantiken Zwangsstaat, Konstantin der Große (309/24–337) fügte das Christentum als gemeinsame Klammer hinzu.

166	Pest aus dem Osten (Partherreich): Bevölkerungsrückgang.
192	Commodus ermordet: Reichskrise (bis 193), Bürgerkrieg (bis 197).
193	Septimius Severus Kaiser (bis 211): Zwischenstabilität.
197	Neue Prätorianergarde aus Nicht-Römern.
212	Constitutio Antoniniana.
217	Caracalla ermordet: Reichskrise (bis 222).
224/7	Sassanidenreich (bis 642/51): neue Gefahr im Osten.
233	Alemannen erstmals in Gallien: neue Gefahr im Westen.
235	Soldatenkaiserzeit (bis 284): 22 Kaiser in 49 Jahren.
238	Goten überschreiten erstmals die Donau: 5 Kaiser in einem Jahr.

ca. 250 Necho-Kanal in Ägypten (seit 495 vor Christus) verfällt.
254 Alemannen vor Rom.
256 Sassaniden erobern Syrien.
259 Franken in Gallien: Sonderreich des Postumus (bis 273).
267 Sonderreich der Septimia Zenobia in Palmyra (bis 272).
270 Aurelian Kaiser (bis 275): geschlossene Germanenverbände in Armee; Sonnenkult («Sol Invictus») als Staatsreligion.
271/2 Aurelischer Rückzug: Räumung Dakiens durch die Römer vollendet.
284 Diokletian Kaiser (bis 305): spätantiker Zwangsstaat.
293 Tetrarchie: Je ein Augustus und Caesar in Ost und West.
305 Diokletians Abdankung: Reichskrise (bis 324).
313 Toleranzedikt von Mailand unter Konstantin: Christentum gestärkt.
324 Konstantin Alleinherrscher (bis 337): Goldsolidus.
330 Konstantinopel (Byzanz) neue Reichshauptstadt.
337 Tod Konstantins: neue Reichskrise.
357 Sieg der Römer über Alemannen bei Straßburg.
361 Julian Apostata Kaiser (bis 363): heidnische Reaktion.
375 Hunnen zerschlagen Ostgotenreich: Völkerwanderung.

Schon in der langen Stabilität der Kaiserzeit waren Faktoren der späteren Instabilität aufgetreten. Die kaiserliche Leibgarde, die Prätorianergarde, wurde zum stilprägenden Beispiel für das politische Eigengewicht von Elitetruppen: Seit Erhebung und Sturz Caligulas (37–41) war sie durch das Donativ (Geldgeschenk bei Regierungsantritt) unter Claudius (41–54) an häufigen Kaiserwechseln auch materiell interessiert. In der Reichskrise nach Ermordung des Commodus (192/193) wurde das Kaiseramt förmlich an den der Prätorianergarde Meistbietenden versteigert. Septimius Severus (193 bis 211) ersetzte daher die politisch unzuverlässigen Römer-Italiener in der Prätorianergarde durch Germanen und Illyrer (197). Die neue Prätorianergarde war jetzt viermal so stark wie früher, hatte einen höheren Sold, aber ein niedrigeres Donativ. Die Barbarisierung der römischen Armee begann so vom Zentrum aus, die Rolle der Prätorianergarde als Kaisermacher blieb.

Die enorme Ausweitung der Produktion in den Provinzen hatte Rom und Italien allmählich ökonomisch funktionslos gemacht und bereitete die Verlegung der Reichshauptstadt aus Rom vor. Mit der großen Pest, von der Armee aus dem Partherkrieg eingeschleppt (166), begann ein massiver und kontinuierlicher Bevölkerungsrückgang. Neue Gegner schwächten das Reich von außen – Germanen, zunächst Alemannen am Rhein (ab 233), später Goten an der unteren Donau (ab 238); das neupersische Sassanidenreich im Osten (224/7), das an die Stelle der Parther trat. In der Nachfolge des altpersischen Achämenidenreiches beanspruchte es den Osten des Römischen Reiches bis zu den Meerengen und entfaltete eine für Rom besonders gefährliche Dynamik (ab 230). Unter dem Druck der Doppeloffensive von Persern und Germanen brach, mit dem Chaos der Soldatenkaiserzeit (235–284), die Krise in Permanenz aus: Bei der Unfähigkeit der Zentralgewalt, gleichzeitig überall zu sein, um die Gefahren von außen abzuwehren, wandten sich die angestauten Spannungen nach innen: 22 allgemein anerkannte Soldatenkaiser in 49 Jahren (235–284), die vielen Gegenkaiser gar nicht erst mitgerechnet, sind nur äußere Symptome für ständige Bürgerkriege und Labilität. Die Armee wurde zum einzigen Machtfaktor, in ihr die zahlenmäßig stärkste Donauarmee, die daher mit Thrakern und Illyrern die meisten Kaiser stellte. Die Zentralverwaltung wurde durch den Rückgang der Bevölkerung und der Produktion gelähmt, durch beginnende Feudalisierung noch schwächer. Regionale und lokale Kräfte übernahmen die Selbstverteidigung und entzogen durch die Tendenz zur Immunität (Steuerfreiheit) dem Reichsfiskus weiteres Steueraufkommen. Die endlosen Kriege beschleunigten nur noch eine galoppierende Inflation, begleitet von der üblichen Flucht in die Sachwerte, teilweise sogar bis zum Rückfall in die Naturalwirtschaft. Seine Jahrtausendfeier beging Rom (248) in allgemeiner Malaise und mit einem Kaiser exotischer (arabischer) Abstammung, Philippus Arabs (244 bis 249).

Gegen Ende der Soldatenkaiserzeit bereiteten einige Neuerungen und militärische Erfolge die Wende vor: Von den Persern übernahm Rom die gepanzerte Kavallerie, die vor allem gegen die Germanen als schnelle Eingreifreserve erfolgreich wurde. Aurelian (270–275) stellte geschlossene Germanenverbände auf, ließ Rom mit einer Stadtmauer befestigen, gab die exponierte Provinz Dakien endgültig auf (271/72) und führte den aus dem Osten stammenden Sonnenkult («Sol Invictus») als Staatsreligion ein, die letzte vor Herrschaft des Christentums. Siege über die Alemannen (271) und über die Perser unter dem letzten Soldatenkaiser Carus (283–284) brachten Erleichterung an den Grenzen.

Diokletian (284–305) nutzte die Chance: Eine tiefgreifende Reichsreform zentralisierte erneut die Reichsverwaltung, dezentralisierte jedoch die oberste militärische Befehlsgewalt in der Tetrarchie (293): Je ein Oberkaiser (Augustus) und Unterkaiser (Caesar) für Ost und West regierten das Reich. Die Vermehrung der Provinzen auf 96, später 120 Provinzen, zusammengefaßt in 12 Diözesen, brachte zusätzliche Elastizität. Die Übertragung der ptolemäischen Verwaltung Ägyptens auf das Gesamtreich führte zum spätantiken Zwangsstaat – straffe fiskalische Zentralisierung zur Steuerung der Produktion auf einem inzwischen niedrigeren Niveau durch Zwangskorporationen in der Stadt, Schollenpflichtigkeit auf dem Land, alles im Dienste der Kriegführung.

Diokletians Tetrarchie hielt nur bis zu seinem freiwilligen Rückzug in seinen großen Palast (305), aus dem sich später die mittelalterliche Stadt Split (Palatium = Spalato = Split) entwickelte. Aus neuen Bürgerkriegen erhob sich Konstantin der Große, zunächst als Mitkaiser (309), zuletzt als Alleinherrscher (324 bis 337). Er vollendete Diokletians Reichsreform durch eine Währungsreform, die mit dem Goldsolidus (324) die bisher beständigste Währung der Weltgeschichte hervorbrachte, im Geldwert «solide» gehalten bis zum beginnenden Niedergang von Byzanz (um 1080). Die Verlegung der Reichshauptstadt nach Konstantinopel (330) zeigte tiefgreifende Verlagerungen des Schwergewichts im Römischen Reich an, vom Westen in den Osten. Konstantins Versuch, dem Reich durch Übernahme des Christentums als neue Reichsreligion eine zusätzliche Klammer zu geben, scheiterte an den inneren Widersprüchen des Christentums, die auf unterschiedliche religiöse Vorstellungen im hellenistischen Osten der vor-christlichen Zeit zurückgehen. Es kam zu häufigen inneren Konflikten, religiösen Schwankungen und Spaltungen (Schismen) zwischen dem (auf dem 1. Konzil von Nicäa zunächst verurteilten) Arianismus und der Orthodoxie. Trotzdem hatte sich das Römische Reich doch wieder einigermaßen gefestigt, bis der Beginn der Völkerwanderung (**375**) die Lage dramatisch veränderte.

34 Endgültige Reichsteilung und Untergang Westroms, 395 bis 476

Dank seiner zivilisatorischen Überlegenheit war Rom, auch in Krisen, innere Geschlossenheit vorausgesetzt, seiner äußeren Gegner wenigstens in der Defensive immer wieder Herr geworden, vor allem der Germanen. In die inneren Konflikte um die Rückkehr des Gesamtreichs zur christlichen Orthodoxie hinein platzten die Auswirkungen eines Weltereignisses, das dem Schicksal des Römischen Reiches eine neue Wende gab: Die «Völkerwanderung» setzte die Ostgermanen in Bewegung (375), angestoßen von den aus Zentralasien stammenden Hunnen. Unter beider Druck spaltete sich das Römische Reich endgültig (**395**) und besiegelte durch Ablenkung der Westgoten (401) und Hunnen (447) nach Westen den Untergang Westroms (476).

375 Beginn der (germanischen) Völkerwanderung.

376 Westgoten auf der Flucht vor Hunnen südlich der Donau, als Foederaten angesiedelt.

378 Schlacht bei Adrianopel: Niederlage der Römer gegen Westgoten.

395	Theodosius I. gestorben. Reichsteilung: Westrom (bis 476) – Ostrom/Byzanz (bis 1453). Einfälle der Hunnen in Ostrom: Westgoten unter Alarich vor Konstantinopel.
401	Ostrom lenkt Westgoten nach Italien ab.
405/07	Legionen vom Rhein und aus Britannien zum Schutz gegen Westgoten nach Italien abgezogen: Machtvakuum in Gallien und Britannien.
406	Germanen überschreiten Rhein bei Mainz.
409	Wandalen, Sueben, Alanen in Spanien.
410	Rom von Westgoten geplündert: tiefer Schock.
412	Westgoten ziehen von Italien nach Gallien.
429	Wandalen unter Geiserich erobern Provinz Africa: Wandalenreich (bis 534).
430	Ostrom den Hunnen tributpflichtig.
433	Aëtius weströmischer Heermeister (bis 454). Attila («Etzel») König der Hunnen (bis 453).
447	Hunnen von Ostrom durch erhöhten Tribut nach Westen abgelenkt.
451	Hunnen in Gallien: Schlacht auf den Katalaunischen Feldern.
452	Hunnen vor Rom: von Papst Leo I. zum Abzug bewogen.
453	Attila gestorben: Hunnen ziehen nach Osten ab.
455	Kaiser Valentian III. ermordet: Ende der Theodosianischen Dynastie (seit 395). Chaos: Wandalen plündern Rom.
457	Franken erobern Köln.
474	Julius Nepos von Ostrom als neuer Kaiser Westroms eingesetzt.
475	Nepos von Orestes, patricius in Westrom, gestürzt: Orestes' Sohn Romulus («Augustulus») Kaiser (bis 476).
476	Romulus («Augustulus») von Heerführer Odoaker im Auftrag Ostroms gestürzt: Ende des Weströmischen Reichs.

Die Bewegung der turk-mongolischen Hunnen von Zentralasien in den Westen hängt mit der Geschichte ähnlicher Nomadenvölker Zentralasiens sowie des kaiserlichen China zusammen (vgl. Kap. 36). Ihr östlicher Zweig und verwandte Völker (T'opa) stürzten, um dieselbe Zeit und in vergleichbaren Mechanismen, China in eine ähnliche Krise wie das Sassanidenreich (ab 350) und das Römische Reich im Westen. Am äußersten Rand Europas vertrieben die westlichen Hunnen, ihrerseits aus Zentralasien nach Westen abgedrängt, das iranische Reitervolk der Alanen (370) und zerschlugen die lockere Tributsoberherrschaft der Ostgoten in Südrußland (375). Die Ostgoten zogen als Vasallen mit den Hunnen, die Westgoten drängten in panischer Flucht über die untere Donau ins Römische Reich (376), wo sie als Foederati, in neuer Form der Bundesgenossenschaft, angesiedelt wurden und dafür Grenzwache leisteten: Ihr Sieg bei Adrianopel über Kaiser Valens (378) war für ihr Verhältnis zu Rom nur eine vorübergehende Irritation, hatte aber eine große Wirkung auf das Reich: Der Tod des arianischen Kaisers Valens beschleunigte die Rückkehr Ostroms zur Orthodoxie (381).

Mit dem Tod des letzten Gesamtkaisers im Römischen Reich, Theodosius I. (394–395), spaltete sich das Reich endgültig in West- und Ostrom (395), zunächst mit je einer Theodosianischen Dynastie, deren schwache Kaiser im Schatten ihrer Heermeister standen. Bald überstürzten sich die Ereignisse: Die Hunnen brachen erstmals in Ostrom ein (395), nach Thrakien, Syrien, Kleinasien und Armenien; die Westgoten unter König Alarich räumten fluchtartig ihre neuen Sitze und standen plötzlich vor Konstantinopel. Nach einer schweren inneren Krise lenkte Ostrom die Westgoten nach Italien ab (401) und zerstörte so die Solidarität zwischen beiden Reichshälften. Das Auftauchen der Westgoten in Italien zwang den weströmischen Heermeister Stilicho zur Verlegung der Hauptstadt von Mailand nach Ravenna (402) und zum Abzug der Legionen vom Rhein (405) und aus Britannien (407). In die neuen Machtvakuen drangen sofort Germanen bzw. Kelten (Pikten, Skoten) ein: Wandalen, Burgunder, Sueben, Alanen setzten in der Neujahrsnacht (406) bei Mainz über den Rhein und erzielten so den entscheidenden und bleibenden Einbruch der Germanen ins Römische Reich.

Die Westgoten blieben zunächst in Italien und versetzten der untergehenden antiken Welt mit der Eroberung und Plünderung Roms (410), der ersten seit dem Keltensturm (387 v. Chr.), einen tiefen Schock, verstärkt von der späteren Plünderung Roms durch die Wandalen (455). Nach dem Tod Alarichs (410) zogen die Westgoten, jetzt als Verbündete (foederati) Westroms, nach Südgallien (412), um von dort aus die Wandalen im kaiserlichen Auftrag aus Spanien zu vertreiben. Unter ihrem Druck wichen die Wandalen aus Südspanien («Andalusien») nach Nordafrika aus und errichteten um Karthago ihr eigenes Reich (429–534).

Unterdessen war Ostrom den Hunnen tributpflichtig geworden (430). Zur Abwendung weiterer Plünderungszüge verdreifachte Ostrom seinen Tribut (441) und lenkte die Hunnen unter Attila (433–453) nach Westen ab (447). Den großen Hunnenzug durch Germanien und Gallien beendete eine Koalition unter dem letzten bedeutenden weströmischen Heermeister Aëtius (433 bis 454) aus gallo-romanischen Truppen, Westgoten, Burgundern, Salischen Franken und Alanen gegen die Hunnen mit ihren Vasallen (Ostgoten, Gepiden, Ripuarischen Franken) in der unentschiedenen Schlacht auf den Katalaunischen Feldern (451). Die Hunnen wichen nach Italien aus bis vor Rom, wo sie Papst Leo I. zur Umkehr bewog. Nach Attilas Tod (453) zogen sie sich nach Osten zurück (454), wo sie sich zum Volk der Bulgaren umgruppierten.

Nachdem der größte Druck von

Westrom genommen war, stürzten die Ermordung des Aëtius durch Kaiser Valentian III. (454) und die des Valentian durch einen Anhänger des Aëtius (455) in neues Chaos, in das die Wandalen, von einer Bürgerkriegspartei zur Hilfe gerufen, durch die traumatische Plünderung Roms («Wandalismus») eingriffen (455). Das Ende der Theodosianischen Dynastie (455) war als erste kaiserlose Zeit Westroms fast schon das Ende des Weströmischen Reiches: Das Vakuum suchte Ostrom durch Einsetzung des Julius Nepos als Kaiser Westroms zu füllen (474). Nepos aber wurde vom faktischen Herrscher Italiens, dem «patricius» Orestes, gestürzt (475), der seinerseits seinen noch minderjährigen Sohn Romulus («Augustulus») als Kaiser einsetzte (475). Seine nur nominelle Herrschaft und die seines Vaters beendete der Heerführer Odoaker im Auftrag des oströmischen Kaisers (**476**), behielt die Herrschaft über Italien aber für sich. Spätestens mit dem Ende Westroms war Italien endgültig für fast 1400 Jahre Machtvakuum geworden. Ostrom dagegen hielt sich noch fast 1000 Jahre, bald re-gräzisiert als Byzanz (bis 1453).

Mit dem Untergang Westroms und den Prozessen, die ihn herbeiführten, war zugleich die Ausgangslage für das europäische Mittelalter erreicht. Rom hinterließ dem mittelalterlichen Europa vor allem die römische Kirche und die in ihr bewahrten Reste der Latinität. Dagegen blieben die großen Kultur- und Machtzentren außerhalb Europas (Indien, China, Persien) vom Untergang Westroms unberührt, auch wenn sie von teilweise vergleichbaren Entwicklungen erschüttert wurden.

35 Andere Zentren antiker Hochkultur I: Indien, um 540 vor bis 480 nach Christus

Geographisch ungefähr im Zentrum des Alten Ostens gelegen, repräsentiert Indien eine andere Variante des universalen Themas von imperialer Zusammenfassung und staatlicher Zersplitterung. Seit der arischen Eroberung (ca. 1400 v. Chr.) durchzieht die Geschichte des Subkontinents ein tiefer Nord-Süd-Gegensatz. Des Nordens Dominanz spiegelt sich auch darin wider, daß sich unsere Kenntnis der indischen Geschichte weitgehend auf die des Nordens konzentriert: Der Süden war ursprünglich großes Rückzugsgebiet für die dravidische Urbevölkerung vor der arischen Eroberung, später großes Eroberungs- und Kolonisationsgebiet des arisch geprägten Nordens.

Im Interkontinentalen Fernhandel hatte Indien vor allem im Indischen Ozean eine zentrale Stellung, als Durchgangsland zwischen China und

Europa ebenso wie als Lieferant begehrter Güter (feine Baumwollstoffe, Gewürze), schon früh mit dem Ruf märchenhafter Reichtümer, die immer wieder Eroberer von außen anzogen. Wichtige Etappe wurde die Aufnahme regelmäßigen Schiffsverkehrs zwischen Indien und Ägypten vom Westen her mit Hilfe des Monsuns (ab 117/6 v. Chr.), als der Necho-Kanal noch voll funktionierte. Indiens Hochreligionen (Buddhismus, Hinduismus) und Kultur prägten weite Teile Südostasiens (sog. «Indisierung»). An der Schwelle zur Neuzeit war für Europa «Indien» alles Gebiet östlich der Swaheliküste, also vom Westrand des Indischen Ozeans bis nach China.

Europas Suche nach dem Seeweg nach Indien galt dem direkten Zutritt zum damals lukrativsten Markt der Welt, mithin der Kontrolle des Interkontinentalen Fernhandels, die mit der Expansion Europas in Übersee eine neue Epoche eröffnete. Zwei Weltreligionen stammen aus Indien, Buddhismus und Hinduismus, ebenso wie die modernen Zahlensymbole, die über Arabien in den Westen kamen.

ca. 540 v. Chr.	Maghada-Reich (bis 321): «Buddhismus, Reis und Eisen».
518	Sind von Persien erobert.
327	Alexanderzug (bis 325): Kaschmir, Panjab und Sind werden Teil des Alexanderreichs (bis 321).
321	Maurya-Reich (bis 185): Expansion, Buddhismus.
271	König Ašoka (bis 231): Zusammenfassung Indiens.
242	Missionskonzil: Systematische Ausbreitung des Buddhismus.
185	Zerfall des Maurya-Reichs: Aufstände, gefolgt von regionalen Eroberungen in Nordwestindien.
ca. 75	Saken in Nordwestindien (bis ca. 45 n. Chr.).
ca. 30 n. Chr.	Kuschan-Reich in Nordwestindien (bis ca. 330): Fernhandel.
320	Gupta-Reich (bis ca. 480): klassische Kultur Indiens.
480	Hephtaliten («Weiße Hunnen») in Nordindien (bis 527).

Am Ende der altorientalischen Epoche waren in einem tausendjährigen «dunklen Zeitalter» die Grundlagen der indischen Gesellschaftsordnung und Kultur allmählich herangewachsen, die sich später in erstaunlicher Kontinuität durch die folgenden zwei Jahrtausende behaupteten – das Kastenwesen mit der führenden Stellung der Brahmanen (ursprünglich: Priester) und eine Religiosität in Spannung zwischen Askese und Sinnlichkeit (Baukunst). In diesem Verwandlungsprozeß war durch Synthese der verschiedenen Elemente die völlige Indisierung der ehemals arischen Eroberer eingetreten.

Das volle Einsetzen der Eisenzeit im Übergang vom archaischen Indien zu seiner klassischen Periode bewirkte auch hier tiefgreifende Veränderungen: Neue Eiseninstrumente ermöglichten es, die tropischen Regenwälder des Ganges zu roden, mithin eine ständige Expansion der arischen Eroberer nach Osten. Jenseits des alten Kultur- und Machtzentrums am Indus wurde das

Gangestal Indiens neues Machtzentrum, mit einer wandernden Eroberungs-, Kolonisations- und Zivilisationsgrenze, erst nach Osten, später nach Süden. Wie üblich gelang auf dem neuen Kolonisationsboden auch eine straffere politische Organisierung, erst in regionalen Königtümern, die später die Basis zu weiter ausgreifender Zusammenfassung abgaben. Nur wenige Jahre nach Gründung des altpersischen Reiches der Achämeniden (550 v. Chr.) bildete sich mit dem Maghada-Königreich im Gangestal ein neues Machtzentrum (540 v. Chr.), das durch militärische Unterwerfung die meisten indo-arischen Königreiche und republikähnlichen Staaten der Brahmanen-Aristokratie bis zum Fuß des Himalaya zusammenfaßte. Aus der fürstlichen Familie einer solchen aristokratischen Republik im Nordosten stammte Siddharta, der Buddha («Erweckte»), dessen erstes Auftreten (**ca. 540 v. Chr.**) in die Anfänge des Maghada-Reiches fällt.

Die Bewußtseinskrise, die der Verlust der Unabhängigkeit nach sich zog, provozierte offenbar eine allgemeine Gärung, aus der der Buddhismus als neuer Versuch religiöser Sinnstiftung hervorging: Im allgemeinen Chaos des Umbruchs, der Eroberungen, Zerstörungen und des mannigfachen Leidens würde die (im religiösen Denken Alt-Indiens tiefverwurzelte) Seelenwanderung zu immer neuen Formen leidvoller Existenz Erlösung von allen irdischen Übeln und menschlichen Schwächen erst durch das Aufgehen im Nichts («Nirwana») finden.

Die erste neue Weltreligion fand Förderung durch den Begründer des Maghada-Reiches Bimbisara, der vermutlich den Wert des Buddhismus erkannte, die älteren Stammesreligionen zu ersetzen oder wenigstens zu überwölben. Buddhismus, Reisanbau und Eisen charakterisieren daher das Maghada-Reich, das erstmals den Ruf Indiens und seines märchenhaften Reichtums begründete. Passend zur Verschiebung des Machtschwerpunktes im nördlichen Indien nach Osten, geriet der westliche Rand des älteren Kulturzentrums, des Industals, unter westliche Herrschaft, Sind unter Herrschaft der Perser (518), später Kaschmir und der Panjab unter Herrschaft bzw. Einfluß der Griechen/Makedonen seit Alexander (ab 327 v. Chr.).

Der Alexanderzug hatte mit der griechisch-makedonischen Eroberung Kaschmirs, des Panjab und Sinds unter Alexander (327–325) eine tiefe Wirkung auf Indien: Als Reaktion auf den Alexanderzug trat an die Stelle des niedergehenden Maghada-Reiches das Maurya-Reich (321–185) unter seinem Gründer Chandragupta Maurya, das die westliche Peripherie Indiens rasch wieder aus dem zerfallenden Alexanderreich löste. Nach Konflikten mit dem Seleukidenreich schälte sich ein Arrangement heraus (304), das erstmals indische Kriegselefanten in den hellenistischen Westen brachte, über Pyrrhus (280–275) und Hannibal (218–214) sogar bis nach Italien. Umgekehrt blieb ein erheblicher, sich allmählich abschwächender griechischer Kultureinfluß, namentlich durch griechische Kunsthandwerker in Gandhara (Nordwestindien), deren Traditionen indische Kunst beeinflußten, mit fernen Ausläufern bis nach China.

Das Maurya-Reich war das erste wirkliche Großreich imperialen Zuschnitts auf indischem Boden. Auf seinem Höhepunkt unter Ašoka (271–231) erreichte es eine erste imperiale Zusammenfassung des gesamten Subkontinents durch militärische Eroberung. Ihr folgte noch unter Ašoka eine beeindrukkende friedlich-quietistische Wendung, auch unter dem Einfluß des gewaltlosen Buddhismus, dessen Ausbreitung Ašoka u. a. durch ein großes Missionskonzil (242 v. Chr.) über Indien hinaus bewußt und systematisch förderte. Das Maurya-Reich unter Ašoka wurde daher später zum großen Ideal gesamtindischer Einheit stilisiert, gerade auch von der Indischen Republik (Löwen-Kapitell der Ašoka-Säule von Sarnath im Staatswappen).

Bald nach Ašokas Tod zerfiel das Maurya-Reich wieder in einer Kette von Aufständen (185 v. Chr.). Es folgten Jahrhunderte des Chaos in einem neuen «dunklen Zeitalter», über das nur wenige, z. T. höchst widersprüchliche Informationen vorliegen. Oft ist kaum viel mehr bekannt als die Abfolge von partiellen Eroberungen im nördlichen Indien, dazu mit höchst unsicherer Chronologie.

Vor allem erreichten Indien jetzt die Auswirkungen einer Kette von Völkerbewegungen, die ursprünglich die imperiale Zusammenfassung Chinas durch die Ch'in-Dynastie und seine Konsolidierung durch die Han-Dynastie gegen die Hiung-nu angestoßen hatte: Das innere Chaos und die Fragmentierung Indiens seit dem Untergang des Maurya-Reiches erleichterte es flüchtenden Eroberern aus dem Norden, die über die seit den Ariern traditionelle Eingangspforte des Khaiber-Passes kamen, eine Reihe von sich ablösenden, teilweise auch überschneidenden regionalen Herrschaftsbereichen im nordwestlichen Indien zu begründen. Den Anfang machten graeco-baktrische Herrscher aus dem heutigen Afghanistan (ca. 170 – ca. 130 v. Chr.). Ihnen folgten die Saken, ein Teilstamm der östlichen Skythen, die die Graeco-Baktrier vertrieben hatten, ihrerseits unter dem Druck der ihnen folgenden Kuschan. Die Saken (in Indien: «Shakan») wurden von den Parthern geschlagen (75 v. Chr.) und wichen weiter in den indischen Süden aus.

Die Kuschan waren von den Hiungnu (Hunnen) vertriebene indogermanische Tocharer (chinesisch: Yüeh-chi) und hießen nach ihrem Hauptstamm der Kuschan. Das Kuschan-Reich (ca. 30 v. – ca. 330 n. Chr.) erstreckte sich auf beiden Seiten des Hindukusch und hatte eine bedeutende historische Wirkung: Es schloß die Lücke der Großreiche zwischen dem Partherreich im Westen und China im Osten und ermöglichte so für rund zwei Jahrhunderte eine geschlossene, wenn auch nie koordinierte Abwehr der nördlichen Nomaden aus Zentralasien. Das Kuschan-Reich betrieb umfangreichen Fernhandel mit Rom im Westen, China im Osten. Durch die Verarbeitung griechischer Einflüsse über Gandhara leistete es ferner einen wichtigen Beitrag zur klassischen Ausformung indischer Kultur. In der Zeit des Kuschan-Reiches kamen, vermutlich auf den üblichen Handelswegen, auch indische religiöse Vorstellungen in den Westen, wie die erstaunlichen Parallelen zwischen der Askese und den Trancezuständen indischer «heiliger Männer» und dem gegen Ende der Kuschan-Zeit auch im Christentum aufkommenden Eremitentum und Asketentum nahelegen (McNeill).

Nur wenige Jahre nach dem endgültigen Verlust der Reichseinheit im klassischen China (316) erlag das Kuschan-Reich dem Druck des damals noch jungen Sassanidenreichs (ca. 330). Inzwischen hatte sich noch weiter östlich, diesmal mit Bengalen als Zentrum, im Gangestal ein neues Großreich gebildet, das Gupta-Reich (320–470). In ihm fand die indische Kultur ihre klassische Ausprägung. Es zerfiel unter dem Druck der aus Zentralasien stammenden Nomaden der Hephtaliten («Weiße Hunnen») (**480**), die eine Tributsoberherrschaft über Persien und Nordwestindien errichteten. Nach ihrer Vertreibung aus Indien (527) zerfiel Nordindien in zahlreiche untereinander rivalisierende Nachfolgerstaaten der Gupta: Politische Fragmentierung wurde wieder für ganz Indien typisch, für rund ein Jahrtausend.

36 Andere Zentren antiker Hochkultur II: China zwischen Chaos und erster imperialer Phase, 481 vor bis 316 nach Christus

Chinas große Krise am Ende seiner altorientalischen Phase um 500 v. Chr. hielt noch fast drei Jahrhunderte länger an, in der Periode der «Kämpfenden Staaten» (**481**–221 v. Chr.). Seine erste imperiale Zusammenfassung unter Ch'in (221 bis 207 v. Chr.) und Han (206 v. Chr.–220 n. Chr.) währte über 400 Jahre, unterbrochen durch die Wirren im Interregnum des Wang Mang (9–23). In Vollendung des ersten «dynastischen Zyklus» ging die Han-Dynastie in der üblichen Kombination von inneren Konflikten und Invasionen von außen unter (220). Eine letzte Restaurierung der Reichseinheit unter der kurzlebigen Ch'in-Dynastie blieb nur Episode (280–316). Ihrem Sturz folgten Jahrhunderte des Chaos, der Wirren, Eroberungen und Zersplitterungen, anfangs unter dem Druck erobernder turk-mongolischer Völker.

481 v. Chr.	«Kämpfende Staaten» in China (bis 221).
479	Tod des Konfuzius: Konfuzianismus durch Nachfolger als System öffentlicher und privater Moral.

249 Ende des (zuletzt nur noch fiktiven) Ober-Königtums der Chou.
221 Ch'in-Dynastie (bis 207): erste imperiale Zusammenfassung Chinas (bis 221 n. Chr.). Zentralisierung; Vereinheitlichung der Schrift; Großbauten: schwere Besteuerung, Zwangsarbeiten.
214 Chinesische (Große) Mauer gegen Hiung-nu (Hunnen).
207 Bauernaufstand: Sturz der Ch'in.
206 Han-Dynastie (bis 220 n. Chr.): Konsolidierung, ökonomische, demographische und territoriale Expansion.
140 Kaiser Wu-ti (87): Expansion bis zu den Oasen Zentralasiens; Eroberung Annams (Vietnams), eines Teils von Korea; Tributsystem gegenüber den Hiung-nu: Fernhandel zum Westen.
101 Chinesische Garnison in Ferghana: weiteste Expansion nach Westen.
9 n. Chr. Usurpation, Interregnum des Wang Mang (bis 23): Rückkehr zu den (angeblich idealen) Zeiten der Chou-Periode proklamiert: soziale Unruhen, Bauernaufstände der «Roten Augenbrauen».
23 Sturz Wang Mangs.
25 Restaurierung der Han: Späte Han (bis 220).
166 Römische Handelsgesandtschaft in China: Systematisierung des interkontinentalen Fernhandels.
184 Aufstand der «Gelben Turbane»: Reichskrise, Bürgerkriege. Steigender Druck turk-mongolischer Völker.
220 Sturz der Han: China gespalten in «Drei Reiche» (bis 280).
280 Chin-Dynastie (bis 316): Restauration der Reichseinheit.
316 Nordchina von turk-mongolischen Völkern erobert: Süden zersplittert in «Sechzehn Staaten».
386 Wei-Reich der T'opa im Norden Chinas (bis 534).
439 Schrittweise ganz Nordchina vom Wei-Reich zusammengefaßt.

Auch im inneren Chaos der «Kämpfenden Staaten» (481–221 v. Chr.) bildeten sich grundlegende Faktoren der chinesischen Geschichte weiter heraus: Nach dem Tod des Konfuzius (479 v. Chr.) systematisierten seine Schüler und Nachfolger die Lehren des großen Meisters zu einer umfassenden Ordnung der zwischenmenschlichen Beziehungen – zwischen Regierung und Regierten, in der Familie, zwischen den Regierten. Der Konfuzianismus entwickelte sich zu einem öffentlichen und privaten Ethos, vor allem für die neue Gentry-Bürokratie, die mit einer straffen Zentralisierung China regierte und ihm für über zwei Jahrtausende insgesamt eine erstaunliche Kontinuität bescherte. Ein Jahrhundert nach Konfuzius proklamierte ein Konfuzianer die Lehre

vom «Mandat des Himmels», das im «dynastischen Zyklus» einem Herrscher zu treuen Händen verliehen wurde, ihm aber, nach offensichtlichem Versagen, auch wieder entzogen werden konnte.
In Konkurrenz zum Konfuzianismus organisierten sich Anhänger des Mo Ti (ca. 479–381 v. Chr.) als Mohisten in straffen, militärisch ausgebildeten Vereinigungen. Sie wurden Vorläufer der für die chinesische Geschichte so typischen «Geheimgesellschaften», die beim Entzug des «Mandats des Himmels» durch Organisierung von Bauernaufständen oft kräftig mitwirkten, zuletzt als «Boxer» (1899/1900), wenn man so will, auch mit der Partei Sun Yat Sens (1912) und der KP Chinas (1920). In Ergänzung zur ganz auf die Diesseitigkeit ausgerichteten Weltanschauung und Weltordnung des Konfuzianismus sorgte der Daoismus mit seinen teils philosophischen, teils religiösen Vorstellungen für einen metaphysischen Ausgleich.
Schließlich ging die Expansion chinesischer Kultur weiter, meistens nach Süden, durch Flüchtlinge, die in innerchinesischen Kämpfen unterlegen waren und sich ein neues Betätigungsfeld suchten (McNeill). Mit der Vereinheitlichung der chinesischen Schrift durch die Ch'in-Dynastie (221–206 v. Chr.) erhielt China ein einzigartiges Instrument zur inneren Homogenisierung seiner Kultur, aber auch zur mächtigen Außenwirkung, da die chinesische Bilderschrift eine Kommunikation mit benachbarten Völkern ermöglichte, die die chinesische Schrift übernommen hatten, ohne die chinesische Sprache selbst lernen zu müssen. Schon früh entwickelten sich eine aufs Praktische orientierte Reichsannalistik und Reichsgeschichtsschreibung, vor allem seit dem ersten imperialen Zyklus (Ch'in/Han, 221 v. – 220 n. Chr.). Ein ausgeprägtes Geschichtsbewußtsein verstärkte die Kenntnis über Tradition und Vorteile der Reichseinheit und der chinesischen Hochkultur. Daher ist China das außereuropäische Kultur- und Machtzentrum, über dessen Geschichte wir am besten informiert sind.
In die Periode der «Kämpfenden Staaten» trat China mit einer Fülle von untereinander rivalisierenden Staaten feudalen Charakters ein. Durch Eroberungen und Annexionen reduzierte sich die Zahl der um die innerchinesische Hegemonie ringenden Staaten auf sieben (ca. 300 v. Chr.). Aus ihnen ging das Ch'in-Königreich im äußersten Westen als Sieger hervor, gestützt auf eine günstige geographische Lage und eine durch ständige Kriege gegen die turk-mongolischen Völker gestärkte Militärmacht. Am Eingang des kaiserlichen China stehen somit seine beiden namenstiftenden Dynastien – Ch'in (221–207) für das Land («China»), Han (206 v. – 220 n. Chr.) für das Volk («Söhne des Han»).
Der Mechanismus in der raschen Folge von zwei Dynastien wiederholte sich im nächsten «dynastischen Zyklus» mit Sui (589–618) und T'ang (618–906): Nach gewaltsamer Zusammenfassung zur Beendigung eines jahrhundertelangen Chaos sollte eine straffe Zentralisierung, u. a. ausgedrückt durch unge-

heure Großbauten (Große Mauer, Kaiserkanal), die neue Reichseinheit sichern. Gegen die damit verbundene Überbelastung (Steuern, Zwangsarbeit) lehnte sich das Volk auf und verhalf einer neuen Dynastie zur Macht, die auf der Basis des Gewonnenen das Reich wieder konsolidierte.

Besonders mit Händen zu greifen ist in der chinesischen Geschichte das Schwanken zwischen imperialer Einheit und politischer Zersplitterung. Im «dynastischen Zyklus» wurde der Mechanismus von Aufstieg, Höhepunkt, Niedergang und Untergang einer Dynastie für China geradezu sprichwörtlich: Wiederherstellung und Ausbau großer Deich- und Kanalbauten für Bewässerung, Schutz gegen Hochwasser und für die Binnenschiffahrt lösten schon unter der Han-Dynastie eine erhebliche Steigerung der Bevölkerungszahl und der Wirtschaftskraft aus, die sich in weitere territoriale Expansion nach allen Richtungen umsetzte. Die Chinesische Mauer diente als Operationsbasis zur defensiven wie offensiven Kriegführung gegen die Hiung-nu («Nordbarbaren»). Der innere Friede ermöglichte Sicherheit für den Handel, u.a. durch Neuordnung der Währung und der Steuern. Wurden sie bei Naturkatastrophen (Mißernten bei Überschwemmungen oder Trockenheit, Erdbeben, Heuschrekken) nicht ermäßigt oder zeitweise erlassen, kam es zu Aufständen und Sturz der Dynastie.

Auch in den Außenbeziehungen wirkte die Han-Dynastie für die nächsten zwei Jahrtausende grundlegend: China, das «Land der Mitte», wie das Reich offiziell hieß, war nach dem eigenen Selbstverständnis nicht einfach hegemoniales Oberzentrum für Ostasien, mit starken Ausstrahlungen auf Südostasien und Zentralasien. Die offizielle Weltanschauung sah in der Außenwelt nur «Barbaren», die eigentlich alle dem Kaiser von China untertan sein müßten. Für China gab es daher keine Gleichberechtigung anderer Staaten, sondern Tribute und Gesandtschaften an den kaiserlichen Hof galten bereits als äußere Anerkennung der Suzeränität (Oberlehensherrschaft) des Kaisers, selbst wenn China, zur Abkehr von Plünderungszügen ins chinesische Kulturland, den «Nordbarbaren» oft massive «Geschenke» als verschleierte Tribute zahlte.

Der versuchte ideologische Rückgriff auf die Chou-Vergangenheit durch den Usurpatoren Wang Mang (9–23) unterbrach die Legitimität der Han. Nach ihrer Restauration (25) in schweren inneren Konflikten regierten sie als die Späteren Han weiter. Ihren Sturz eröffnete der Aufstand der «Gelben Turbane» (184), mit der üblichen Intervention von außen, von turk-mongolischen Völkern. Mit dem Sturz der Han spaltete sich China in drei Teile (220), die eine kurzlebige Chin-Dynastie noch einmal zusammenfaßte (280–316). Im Sturz der dritten kaiserlichen Dynastie endete die erste Phase des kaiserlichen China endgültig (**316**): Nordchina wurde von turk-mongolischen Völkern überrannt (316), während sich der Süden, südlich des Jangtsekiang, in «Sechzehn Staaten» zersplitterte. Ausgehend vom Wei-Reich der

T'opa in Teilen Nordchinas (386), eroberten die T'opa den ganzen Norden Chinas und sinisierten sich allmählich ihrerseits, als Voraussetzung zur Wiederherstellung der Reichseinheit in einer zweiten imperialen Phase unter Sui (589–618) und T'ang (618–906).

37 Afrika in der Eurasischen Antike

Während sich die Einbindung Nordafrikas in die antike mediterrane Zivilisation durch die römischen Eroberungen im Anschluß an die Zerstörung Karthagos (146 v. Chr.) ausweitete und die römische Kolonisation intensivierte, fiel das buchstäblich periphere Schwarzafrika in fast völliger Isolierung gegenüber Eurasien immer weiter zurück. Kultureinflüsse filterten im wesentlichen vom mittleren Nil (Nubien) weiter nach Westen durch die Savanne. Dafür spricht, daß viele Völker Afrikas Einwanderungsüberlieferungen aus dem Osten haben, die auf den mittleren Nil weisen. In den riesigen Entfernungen verliefen sich Kultureinflüsse jedoch, wie frühe panafrikanische Nationalisten im 19. Jahrhundert realistisch sahen.

671 v. Chr.	Assyrer in Ägypten (bis 656): Eisen in Afrika.
ca. 530	Anfänge des Reichs von Meroë: Zentrum für Verbreitung der Eisenproduktion nach Schwarzafrika.
ca. 400	Gründung von Aksum als Siedlungskolonie Sabas (Südjemen).
146	Karthago von Rom zerstört.
30	Ägypten römische Provinz (bis 641 n. Chr.).
23	Römer zerstören Meroë: Meroë-Reich entscheidend geschwächt.
1. Jh. v. oder n. Chr.	Beginn der Bantuwanderung vom heutigen Nordkamerun aus.
1. J. n. Chr.	Römer führen Kamel für ihre berittene Polizei in Nordafrika ein.
ca. 300 n. Chr.	Anfänge des Ghana-Reichs in Westafrika (bis 1076).
ca. 350	Meroë von Aksum zerstört: Nubia Makuria, Alwa regionale Nachfolgestaaten; Aksum hegemoniales Nachfolgereich in der Region und Vorgängerreich zu Äthiopien; wurde christlich, von Ägypten aus missioniert: enge Verbindung zur Koptischen Kirche (Alexandria) (bis ins Mittelalter).

So marginal der römische Kultureinfluß in Schwarzafrika blieb, so steuerte er doch den späteren Namen für den Gesamtkontinent bei, wie üblich von außen formuliert – Afrika. «Africa» nannten die Römer zunächst die Region um das eroberte und zerstörte Karthago. Der Name erklärt sich aus dem lateinischen Wort für «schwarz» – «afer», als relativ seltenes Synonym zum geläufigeren «niger». «Africa» war daher «Land der Schwarzen», die lateinische Variante für andere Bezeichnungen davor («Kusch», «Äthiopien») oder später («al-Sudan») – «Land der Verbrannten», also auch der «Schwarzen».

Die südlichste Ausstrahlung der mediterranen Zivilisation läßt sich über Nubien als typische Randkultur an der Abfolge regionaler Imperien von erheblicher historischer Bedeutung am mittleren und oberen Nil erkennen: Als direkte Folge der assyrischen Invasion Ägyptens (671 v. Chr.), die das Eisen auf dem Kontinent eingeführt hatte, bildete sich in der Gegend des 6. Katarakts mit der Stadt Meroë ein neues Machtzentrum (ca. 660 v. Chr.), dessen materielle Grundlage die Eisenproduktion war. Es wurde Kristallisationspunkt eines eigenen Reiches (ca. 530 v. Chr.), von dem die Eisenproduktion weiter ausstrahlte. Mit den üblichen Fluktuationen hielt sich Meroë bis zu seiner Zerstörung durch das aufsteigende Aksum (350 n Chr.), das faktisch zum regionalen Nachfolge-Reich Meroës wurde, gleichzeitig Vorgängerreich Alt-Äthiopiens.

Aksum nahm den Weg der meisten Großreiche – Zusammenfassung von Stammesfürstentümern durch einen König (Negus), der bald den kaiserähnlichen Prestigetitel Negus-Negusti (König der Könige) annahm, vielleicht in Nachahmung des persischen Beispiels. Kristallisationspunkt war die Kolonisationsstadt des südarabischen (jemenitischen) Saba, westlich der Meerenge Bab-el-Mandeb («Tor der Tränen»), die das Rote Meer mit dem Indischen Ozean verbindet (ca. 400 v. Chr.). Aus Südarabien (Jemen) waren, über die Meerenge von Bab-el-Mandeb, Kolonisten eingewandert (nach 400 v. Chr.), die den Kern des späteren Reichsvolks in Äthiopien, der Amharen und ihrer Verwandten, bildeten. Daher ist die Sprache der wechselnden Reichsvölker des späteren Äthiopien (Tigräer, Amharen) südarabischer Abstammung. Aksum wurde von Ägypten aus um 350 christlich und fügte sich in die Nord-Süd-Achse christlicher Königreiche, von Ägypten bis zum mittleren Nil in Nubien, ein. Gleichzeitig expandierte es mit der Zerstörung Meroës zu einem Großreich, das zeitgenössische Quellen später als gleichrangig neben Ostrom und dem Sassanidenreich der Perser nannten. Die Übernahme des Christentums in der koptischen Form (ca. 350) vertiefte die innere Distanz zu Afrika, auf die die Amharen bis 1958 großen Wert legten.

Die stärkste innerafrikanische Dynamik ging jedoch von der Expansion der Bantus aus, mit Folgen bis in die Gegenwart Südafrikas. Die Bantuwanderung schuf die Grundkonstellation für die heutige Verteilung der Afrikaner in weiten Teilen ihres Kontinents. Ausgangszentrum war vermutlich das nördliche Kamerun

(1. Jh. v. oder n. Chr.). Sie richtete sich erst nach Osten, dann nach Süden, zunächst westlich und östlich der Regenwälder am Kongobecken entlang. Die Bantus waren Bauern, verbreiteten die Eisentechnologie, schoben prä-agrarische Jäger und Sammler (Pygmäen, Buschmänner = San) vor sich her, die sich in typische Rückzugsgebiete flüchteten (Regenwälder, Wüsten). Viele Völker Afrikas südlich der Sahara kennen in ihren historischen Überlieferungen Wanderungsvorgänge, die direkt mit der Bantuwanderung zusammenhängen oder (in Westafrika) mit ihr vergleichbar sind.

Schwarzafrika behielt seine periphere Exportstruktur bei – Gold und überschüssige Arbeitskraft (Sklaven) waren seine Waren. Im Komplex Sklavenjagd, Sklavenhandel und (innerafrikanischer) Sklaverei drückte sich auch die Wertehierarchie innerhalb des Gesamtkontinents aus – ungefähr vom in die Zivilisation einbezogenen Norden zum extrem zivilisationsfernen Süden, wohin zunächst «Wilde» (Pygmäen, San) abgedrängt wurden, jenseits der expandierenden Bauernkulturen.

Mit dem Einsickern zivilisatorischer Einflüsse, erschwert durch die riesigen Entfernungen über Land und geographische Hindernisse (Wüsten, Urwald), baute sich auch in Schwarzafrika ein Gefälle kultureller Entwicklungen auf: An der untersten Stelle standen und blieben Jäger und Sammler («Wilde»), gefolgt von Bauern ohne Häuptlinge und Staat, sog. «akephale» (von griech.: «kephalos» = Kopf, Haupt) oder «stateless societies». Ihre höchste soziale und politische Organisationsebene war das Dorf. Sie lebten in Dorfdemokratien (oder -anarchien), in denen Entscheidungen nur mit Zustimmung aller Männer fielen, nach langen «Palavern» (vom portug.: «palabrar» = sprechen). Solche Gesellschaften waren politisch extrem fragmentiert, daher militärisch schwach und oft bevorzugte Opfer von Sklavenjägern. Innerafrikanische Sklavenjagd, Sklaverei, Sklavenhandel und Sklavenexport waren somit uralte Institutionen Schwarzafrikas, Sklaven dienten teils zur Zwangsarbeit, u. a. in den offenen Salzminen der Sahara, teils als Sklavensoldaten, teils, im Falle von jungen Frauen, für die biologische Reproduktion von Stämmen, z. B. nach schweren Menschenverlusten. Sklaven für den Export außerhalb Afrikas wurden zu den Küsten des Indischen Ozeans oder, quer durch die Sahara, nach Norden zum Mittelmeer in die hochentwickelten Zivilisations- und Machtzentren gebracht, auch hier als Teil Interkontinentalen Fernhandels. Afrika blieb auf Jahrtausende vom Gegensatz zwischen Sklavenjägern und Sklavenhändlern einerseits, Opfern der Sklavenjagd und Sklaven andererseits durchzogen.

Sklavenjäger waren, wie nördlich der zivilisierten «*Oikumene*» vor allem in Zentralasien und in der Steppe Südrußlands, hellhäutigere Nomaden der Wüste (Berber, Tuareg, später auch Araber), deren Opfer schwarze Bauern der Savanne. Einher damit ging die überlagernde Reichsgründung durch erobernde «weiße» Nomaden aus der Sahara (= arab.: «Wüste»). Das erste dieser westafrikanischen Reiche war G(h)ana, gegründet ca. 300 mit einer vermutlich berberischen Dynastie, die später, schon im Eurasischen Mittelalter, von einer schwarzen Dynastie abgelöst wurde. Das alte Ghana eröffnete zugleich auch die Reihe einheimischer Reiche in der Savanne im westlichen Sudan (= Savanne), gefolgt vom mittelalterlichen Mali und Songhai. Sie waren, wie alle späteren vorkolonialen Staaten Schwarzafrikas, eher lockere Tributsoberherrschaften, ohne präzise Grenzen im modernen Sinn. Universalhistorisch läßt sich das alte Ghana als erste Randkultur der Eurasischen Zivilisation südlich der Sahara einordnen. In der extremen Distanz von den Zivilisationszentren dominierten so sehr innerafrikanische Faktoren, daß Ghanas struktureller Charakter als Randkultur erst lange nach Bekanntwerden erster Quellen durch westliche (europäisch-nordamerikanische) Wissenschaft im Lichte moderner Forschung zur afrikanischen Geschichte deutlich wird.

III. Eurasisches Mittelalter

Um 500 bis um 1500

Die Eurasische Antike war mit der katastrophalen Krise klassischer Großreiche in Ost (China) und West (Rom) ausgeklungen, vorangetrieben durch den Druck einwandernder und erobernder «Barbaren» – turk-mongolische Nomaden im Osten (T'opa) und Westen (Hunnen; Bulgaren, Awaren), die im Westen Germanen und Südslawen nach Westrom und Ostrom/Byzanz preßten. Die zahlreichen «Invasionen der Barbaren» setzten die spätantike Tendenz zum allgemeinen Rückgang der Produktion, der Geldwirtschaft, Städte und Zentralisierung fort, vor allem in den von Germanen und Südslawen eroberten und besiedelten Gebieten im Fernen Westen. An die Stelle der dort untergegangenen Strukturen imperialer und zivilisatorischer Hochkulturen traten Re-Agrarisierung, Feudalisierung, weitgehende Autarkie (Subsistenzwirtschaft). Nachfolgestaaten der turk-mongolischen Eroberer im Fernen Osten wurden früher oder später von der überlegenen chinesischen Kultur wieder absorbiert, die sich auf chinesischem Kolonisationsboden südlich des Jangtse-kiang behauptet hatte. Dagegen legten die germanischen und slawischen Eroberer im Fernen Westen mit ihren meist nur kurzlebigen Nachfolgestaaten wesentliche Grundlagen zu den späteren Nationen und Sprachen Europas. Seitdem blieb Europa politisch fragmentiert, ohne imperiale oder hegemoniale Zusammenfassung, die immer wieder scheiterte.

Im Gegensatz zum völligen Zusammenbruch imperialer Hochkultur im Fernen Westen hielten sich die Zentren der inzwischen traditionellen Hochkulturen von Byzanz an nach Osten bis nach China, allen Verlusten und Erschütterungen zum Trotz. Im relativen Machtvakuum nach Untergang der chinesischen Reichseinheit (220/316) und Westroms (476) fand das nördliche Indien mit dem Gupta-Reich gar erst endgültig zu seiner klassischen Grundprägung (ca. 320–527). Bald nach Abschüttelung der Tributsoberherrschaft der Hephtaliten («Weiße Hunnen») (480–527) zerfiel das Gupta-Reich in Nachfolgestaaten, aber Indien bewahrte sich eine gewisse kommerzielle und kulturelle Führerstellung (ca. 500–1000). Gestützt auf seine gepanzerte Reiterei, hielt sich das neupersische Reich der Sassaniden (224/7–641/51) gegen die Nomaden aus dem Norden am besten, schwächte sich aber durch die Rivalität zu Ostrom/Byzanz. Die Sassaniden unterlagen den arabisch-muslimischen Nomaden aus dem Süden (637–651), die auch Byzanz auf die Tauruslinie zurückdrängten. Als östliches Rumpfreich Roms wurde Byzanz westlicher Eckpfeiler der imperialen Hochkulturen, bis zu seinem schrittweisen Untergang durch die Türken (1071–1453), die sich, durch Erneuerung des Islam, teilweise in den Zentren der Hochkulturen festsetzten (ab ca. 1000).

Traditionelle und neue Kulturzentren im Osten

Vom Fernen Westen abgesehen, erholten sich die älteren Kultur- und Machtzentren in der ersten Hälfte des Eurasischen Mittelalters (ca. 500–ca. 1000). Sie definierten sich neu, politisch allerdings in den unterschiedlichsten Formen: China gewann seine Reichseinheit zurück (589), von nun an auf Dauer, von zwei längeren Unterbrechungen abgesehen (906–960, 1037–1279). Indien blieb nach Zerfall des Gupta-Reiches (nach 527) fragmentiert, bis zur nächsten subkontinentalen Zusammenfassung ein Jahrtausend später unter den Moghuln (ab 1526). Persien versank zunächst im arabisch-muslimischen Kalifat (637/51), prägte aber in der Niedergangsphase das Kalifat (813–1258), zumindest in der östlichen Reichshälfte, von der sich eine Kette persischer Fürstentümer ablöste. Zu den traditionellen Kulturzentren traten vier neue Faktoren hinzu: Türken schoben sich in zwei Wellen zwischen Indien und Byzanz, eroberten ihrerseits Nordindien (ab 998), Persien (1042) und den ganzen Vorderen Orient in mehreren Wellen (Seldschuken, Mamluken, Osmanen). Die Türken erschütterten nicht das neue ungefähre Gleichgewicht zwischen den Großkulturen, sondern modifizierten es nur, vor allem, indem sie allmählich Byzanz auslöschten (1453). Allen gewaltigen Weltwirkungen zum Trotz blieben Mongolensturm und Mongolenreich, von Dschingis Khan bis Timur Lenk (1206–1405) insgesamt nur welthistorische Episode. Im relativen Machtvakuum nach Untergang der Han (280) und Ch'in (316) in China sowie der Gupta in Indien (nach 527) gewann das zuvor schon «indisierte» oder «hinduisierte» Südostasien mit mehreren, sich ungefähr zeitlich ablösenden Handelsreichen endgültig Anschluß an die Hochkultur und eine zentrale Position als Verbindungsland des Interkontinentalen Fernhandels. Im äußersten Fernen Osten bildeten sich, zunächst im Schatten Chinas, über Korea als große Vermittlungsstation, allmählich die Grundlagen Japans, das erst seit dem massiven Kontakt mit Europa (1853/54) zu einem eigenständigen Machtzentrum aufstieg.

Insgesamt spielte sich ein ungefähres Gleichgewicht zwischen den großen Kultur- und Machtzentren ein. Geographische Entfernungen und Begrenztheit technischer Mittel verhinderten ein hegemoniales Übergewicht des einen oder anderen Zentrums. Allerdings wechselten sich Indien (ca. 500–1000) und China (ca. 1000–1500) in einer gewissen leichten kulturellen und ökonomischen Führungsrolle ab (McNeill), China, seit dem ökonomischen und demographischen Aufschwung unter der Sung-Dynastie (960–1279), mit seiner initiierenden und führenden Rolle im Interkontinentalen Fernhandel. Grundsätzlich wahrte sich China im Eurasischen Mittelalter eine imponierende Kontinuität, die allerdings auch die Chance zur Neuentwicklung begrenzte, zuletzt durch bewußte Selbstisolierung unter den späten Ming Mandschu (1644–1911) gar selbst abschnitt.

38 Turk-mongolische Expansionswellen, 250 vor Christus bis 1644

Seit ihrem ungefähr gleichzeitigen Ausgreifen auf das kaiserliche China der Han und das kaiserliche Rom im 3. und 4. Jahrhundert hatten turk-mongolische Völker Zentralasiens eine welthistorisch bedeutsame Rolle, die von den Betroffenen jedoch meistens nur dämonisiert wurde. Jenseits ihrer nicht zu bezweifelnden destruktiven Wirkungen auf die alten Zivilisationszentren hatten sie aber auch eine nicht minder zu bezweifelnde Vermittlerfunktion über den zentralen Abschnitt der Nordroute im System des Interkontinentalen Fernhandels. Schließlich sind die Türken durch Seldschuken und Osmanen eng mit der europäischen Geschichte verknüpft.

250 v. Chr.	Stammeskonföderation der Hiung-nu (Hunnen) (bis 58).
214	Große (Chinesische) Mauer: Hunnen eingedämmt.
205	Mao-tun Groß-Khan der Hiung-nu (bis 174).
ca. 175	Hunnen von Han-China teilweise aus Zentralasien verdrängt.
nach 100 n. Chr.	Hunnen allmählich von T'opa aus Mongolei verdrängt (bis nach 300).
ca. 300	Druck hunnisch-mongolischer Stämme (T'opa) auf China:
316	Chin-Reich gespalten: Nordchina erobert.
375	Westliche Hunnen vernichten Ostgotenreich in Südrußland: Völkerwanderung.
386	Wei-Reich der T'opa in Teilen Nordchinas.
395	Hunnen in Ostrom: Zentrum in Pannonien.
402	Reich der Juan-juan in Zentralasien (bis 552).
433	Attila König der Hunnen (bis 453): Tributsoberherrschaft über weite Teile Europas.
439	Eroberung Nordchinas von T'opa vollendet.
453	Tod Attilas: Abzug der westlichen Hunnen nach Osteuropa – Bulgaren.
484	Tributsoberherrschaft der Hephthaliten («Weiße Hunnen») über Nordwestindien und Persien (bis 527).
552	Juan-juan-Reich von T'opa und Türken vernichtet: Reich der Östlichen Türken (bis 630), der Westlichen Türken (bis 745).
558	Hephthaliten aus Persien vertrieben (558).
559	Hephthaliten vor Konstantinopel vernichtet.
562	Juan-juan als Awaren im Westen.
567	Awarenreich in Pannonien (bis 803).
626	Khasaren-Reich (bis 965).
680	Bulgaren südlich der unteren Donau: 1. Bulgarisches Reich (bis 969).
803	Awaren von Karl dem Großen vernichtet.

nach 813	Mamluken im Kalifat.
889	Petschenegen vertreiben Ungarn aus dem Wolgaknie:
896	Landnahme der Ungarn (bis 900): Raubzüge nach Süden und Westen (bis 955).
955	Schlacht bei Augsburg: Niederlage der Ungarn gegen die Deutschen. Ungarn seßhaft. Anfänge der Oghusen unter Seldschuk: Buchara (angeblich) erobert.
998	Türken im Panjab (Nordwestindien).
1055	Oghusen (Seldschuken) erobern Bagdad.
1077	Nach Sieg über Byzanz (1071) Rum-Sultanat der Seldschuken (bis 1243).
1126	Turk-mongolische Dschurdschen erobern Nordchina.
1206	Stammeskonföderation der Mongolen unter Dschingis Khan: Expansion – Mongolenreich (bis ca. 1335).
1221	Turkmenen weichen vor Mongolen aus Zentralasien (Merw) nach Kleinasien aus – Osmanen.
1243	Mongolen vernichten Rum-Sultanat.
1250	Herrschaft der Mamluken in Ägypten/Syrien (bis 1517).
1251	Tatarenherrschaft über Rußland (bis 1480): Goldene Horde (bis 1502).
1256	Mongolenherrschaft in Persien (bis 1335).
1258	Mongolen erobern Bagdad: Kalifat beendet.
1279	Eroberung Chinas beendet: Mongolenherrschaft (bis 1368).
1288/90	Osmanisches Reich (bis 1923).
ca. 1335	Mongolenreich zerfallen: Unsicherheit für Fernhandel.
1368	Mongolen aus China vertrieben: Ming-Dynastie (bis 1644).
1370	Eroberungen des Timur Lenk von Samarkand aus (bis 1405): Fernhandel gestört.
1453	Konstantinopel von Osmanen erobert.
1526	Türken erobern Delhi: Moghul-Reich (bis 1803/58).
1644	China von Mandschu erobert: Mandschu-Dynastie (bis 1911).

Die große Krise der imperialen Kultur- und Machtzentren in Ost und West öffnete turk-mongolischen Nomadenvölkern den Weg. Ihre historische Gesamtwirkung war einheitlich, trotz aller verwirrenden Fülle der Namen, unter denen sie auftraten, manchmal sogar noch unterschiedlich in Ost (z. B. Hiung-nu; Juan-juan) und West (Hunnen; Awaren). Die turk-mongolischen Völker nahmen, von Osten nach Westen vordringend, allmählich die weiten Steppen- und Wüstenräume Zentralasiens ein, die indoeuropäische Reitervölker, Skythen, Kimmerer (später Sarmaten und Alanen unter dem Druck Chinas bzw. der Hunnen) aufgegeben hatten. Da die Lebensbedingungen im Osten härter waren als im Westen, verdrängten meistens weiter östlich lebende Völker ihre westlichen Nachbarn, die ihrerseits nach Westen auswichen, seit den Hunnen bis nach Europa (ab 375). Die Große Mauer schützte meistens China (ab ca. 214 v. Chr.), und auf dem Höhepunkt seiner Macht verfolgte das kaiserliche China die «Nordbarbaren» oft bis nach Zentralasien. Seit Attila (433–453) erstreckte sich ihre Basis von Zentralasien bis Pannonien, ihr Expansions- oder Einzugsbereich, in Schwächeperioden der imperialen Großreiche, von China bis West- und Osteuropa.

Normalexistenz der Turk-Mongolen war die viehzüchtender Nomaden, die ihren kärglichen Lebensunterhalt durch gelegentlichen Getreideanbau, Tribute aus China, Raubzüge in die Kulturzentren (vor allem China) und durch ständige Kämpfe untereinander um Viehweiden, Wasserstellen und Viehherden aufbesserten. Voraussetzung zur großräumigeren Expansion war der Zusammenschluß zu einer Stammeskonföderation unter einem Groß-Khan (Khakhan), die die militärischen Kräfte bündelte und nach außen lenkte. Die erste historisch überlieferte Stammeskonföderation schlossen die Hiung-nu ab (**ca. 250** v. Chr.). Der imperiale Zusammenschluß Chinas seit der Ch'in-Dynastie (221 v. Chr.) und der Bau der Großen Mauer (214 v. Chr.) drängten die Hiung-nu von China ab. Die sich anschließende Expansion Han-Chinas vertrieb einen Teil der Hiung-nu nach Westen (ca. 175 v. Chr.) und zerschlug ihre Stammeskonföderation (58 v. Chr.). Ein anderer Teil arrangierte sich mit dem kaiserlichen China durch das Tributsystem, das Grundlage zum Interkontinentalen Fernhandel zu Lande wurde: Den Überschuß an Tributlieferungen, vor allem von Seide, verkauften die Nomaden lukrativ in den Westen über die von ihnen weitgehend kontrollierte «Seidenstraße».

Neue Völker, vor allem die T'opa, vollendeten die Vertreibung der östlichen Hiung-nu (2.–4. Jh.) und drückten nun ihrerseits auf China (ab ca. 300 n. Chr.). Unter ihrem Druck spaltete sich das kurzlebige Chin-Reich (316), gefolgt von der Zersplitterung und nur allmählichen Re-Konsolidierung Chinas (bis 589). Die T'opa faßten die verschiedenen barbarischen Nachfolgereiche in Nordchina durch Eroberung wieder zusammen (430) und sinisierten sich ihrerseits allmählich wieder, so daß Nordchina seit der Sui-Dynastie (589) wieder zum Strom der chinesischen Geschichte zurückkehrte. Andere turk-mongolische Völker (Khitan, Dschurdschen) hatten später analoge Wirkungen auf China, gesteigert und zusammengefaßt von den Mongolen (1279–1368).

Seit der Vertreibung der Hiung-nu/Hunnen aus Zentralasien wichen in Machtkämpfen unterlegene turk-mongolische Völker nach Westen aus und begründeten dort, als flüchtende Eroberer, eigene Tributsoberherrschaften über weniger zivilisierte und militärisch schlechter organisierte Völker. Unterwegs versuchten sie, in die Kultur- und Machtzentren nach Süden einzubrechen, wo immer innere Konflikte in den Großreichen dazu die Möglichkeit eröffneten: Awaren, Türken, Khasaren, Ungarn, Petschenegen, Kumanen kamen so in den Westen. Pannonien/Ungarn, das im kleinen die gleichen

Lebensbedingungen bot wie die zentralasiatische Steppe, wurde dreimal Zentrum von Tributsoberherrschaften – Hunnen unter Attila (433–453), Awaren (568–797/803), Ungarn (ab 896/900), die allerdings nach ihrer Niederlage gegen die Deutschen bei Augsburg (955) seßhaft wurden und eine regionale Hegemonie über das nördliche Südosteuropa ausübten. Die Brechung ihrer Tributsoberherrschaft (Awaren: 803) oder das Ende ihrer Raubzüge (Ungarn: 955) gab den noch wenig staatlich organisierten Slawen Freiraum für eigene Staaten – Großmährisches Reich (830–907), Polen (960/66), Rußland (1480). Andere turkmongolische Eroberer hatten ihren Schwerpunkt weiter östlich, im südlichen Rußland (Bulgaren, Petschenegen, Kumanen, Tataren der Goldenen Horde) oder zwischen Ural und Kaukasus (Khasaren). Ungeklärter (hunnischer oder indoeuropäischer) Herkunft, aber strukturell in den Zusammenhang gehörend sind die Hephthaliten («Weiße Hunnen»), die vorübergehend Tributsoberherrschaften über Nordwestindien, Afghanistan und Persien errichteten, aber nach ihrer Vertreibung aus Indien (527) und Persien (558) vor Konstantinopel völlig untergingen (559).

Nach Vernichtung ihrer beiden Alt-Türkischen Reiche im östlichen und westlichen Zentralasien durch das China der T'ang-Dynastie (630, 745) brachen die Türken in die Zivilisationszentren in verschiedenen Wellen ein – Nordindien (998), Iran (1042), Irak (1055), Byzanz (1071), Syrien und Jerusalem (1077), zuletzt Antiochien (1085), womit sie erstmals die massive Gegenreaktion des Westens provozierten, die Kreuzzüge (1096–1291). In zwei großen Wellen eroberten die Türken Byzanz (Seldschuken, Osmanen), während andere Gruppen zuletzt noch Delhi eroberten (1526), als Ausgangsbasis für das Moghul-Reich.

Die Mongolen seit Dschingis Khan (1206–1227) kombinierten alle diese Möglichkeiten in einem welthistorischen Rundschlag von China bis Ungarn und Schlesien. Bei ihrer Eroberung von Merw (Zentralasien) (1221) wichen turkmenische Stämme nach Kleinasien aus und bildeten den Ausgangspunkt für die Osmanen (ab 1288/90), denen mit dem Osmanischen Reich die Gründung eines dauerhaften Großreiches gelang. Die Eroberung Konstantinopels durch die Osmanen (1453) und Chinas durch die Mandschu (**1644**) markieren einen Abschluß ihres Seßhaftwerdens in West und Ost, selbst wenn innerasiatische Verschiebungen weitergingen (z. B. Kirgisen).

Vielfältig wirkten so turk-mongolische Völker fast 2000 Jahre lang auf die Geschichte Chinas, Indiens, Persiens, des Nahen Ostens, Kleinasiens, Ägyptens und Europas. Sie brachten Steigbügel und Krummsäbel (Awaren) nach Europa, die ersten primitiven Feuerwaffen (Mongolen, 1241). Die Kenntnis ihrer zahlreichen Interventionen mit komplizierten Konsequenzen wird für das Verständnis der Geschichte in vielen Ländern und großer Ereignisse (Völkerwanderung, Kreuzzüge, Expansion Europas in Übersee) unentbehrlich, selbst in der hier nur möglichen Kürze.

In dem größten Weltreich der Geschichte, dem Mongolenreich unter Dschingis Khan und seinen Nachkommen (ca. 1220 – ca. 1335), garantierte die «Pax Mongolica» über ein Jahrhundert lang die Sicherheit des Interkontinentalen Fernhandels zu Lande. Sein Zerfall und die verheerenden Züge Timur Lenks in Nachahmung Dschingis Khans (1370–1405) brachten neue Unsicherheiten, die zur verstärkten Kontrolle der Südroute zur See anregten – vorübergehend Ming-China mit Expeditionen bis zur ostafrikanischen Küste (1405–33), kontinuierlicher und erfolgreicher die Portugiesen (ab 1419).

39 Persien: Dualismus, Durchgangsland des Fernhandels, 224/7 bis 1514

Nochmals anders vollzog sich der Wechsel zwischen Fremdherrschaft und eigener Großreichsbildung in Persien, das allmählich zu einem eigenständigen, wenn auch gegenüber China und Indien einerseits, dem Westen (Byzanz und lateinisches Europa) andererseits kleineren Kulturzentrum heranwuchs. Persien war erst gegen Ende der eurasischen Klassik im zweiten Anlauf mit der Gründung des Sassanidenreiches (**224/7**) aus der militärischen, politischen und kulturellen Überflutung aus dem Westen seit dem Alexanderzug (334–330 v. Chr.) zu einem eigenen Großreich neu aufgetaucht. Es behauptete sich daher zunächst am besten gegen die turk-mongolischen Nomaden aus dem Norden, gestützt auf seine gepanzerte Kavallerie. Bald nach Beginn des Eurasischen Mittelalters erlag das Sassanidenreich aber den arabisch-muslimischen Nomaden aus dem Süden (637–651).

In einem großen zweiten Reichszyklus wiederholten sich die Mechanismen seit dem Alexanderzug: Rascher, katastrophaler Zusammenbruch, mit letztem Widerstand der Dynastie im Osten des Reiches; Einbeziehung in ein Großreich (Alexander/Seleukidenreich; Kalifat); allmähliche persische Reaktion und Herausbildung einer neuen Stufe persischer Kultur, verwandelt durch Fremdherrschaft und Assimilation; allmähliche Re-Konstituierung einer persischen Staatlichkeit (Parther als Vorläufer; kleinere muslimische Fürstentümer, die sich vom Kalifat ablösten); zuletzt Restaurierung eines neuen persischen Großreiches größeren (Sassaniden) oder kleineren Ausmaßes (Safaviden).
Seit den Anfängen der Sassaniden bildete Persien mit der weiteren Zuspitzung des vom Zoroastrismus übernommenen Dualismus zum Manichäismus als eklektischer Synthese verschiedener Religionen einen

wichtigen Beitrag zur Entwicklung zumindest der westlichen Weltreligionen (Christentum, Islam): Der Manichäismus wirkte besonders stark auf das Christentum in seiner griechischen wie römischen Variante, während sich der einheimische Dualismus im Islam als Schi'a fortsetzte, mit einer starken militanten Komponente, bis hin zu den terroristischen Assassinen.

Im Eurasischen Mittelalter wurde Persien klassisches Durchgangsland für den Interkontinentalen Fernhandel. Je eine wichtige Variante der Land(Nord)- und See(Süd)route liefen in der Insel und Meerenge von Hormuz zusammen. Für China besonders begehrt waren die größeren und stärkeren persischen Pferde von Ferghana, die einen gepanzerten Reiter tragen konnten und die militärische Überlegenheit der Nomaden ausgleichen konnten. Persien exportierte ein reiches Sortiment eigener Produkte (u. a. Getreide, Baumwolle, Lein- und Sesamöl, Farbstoffe, Datteln, Rosinen, Wein, Pferde, Kamele, feine Stoffe, Geräte aus Edelmetall) und beteiligte sich intensiv am Sklavenhandel aus Afrika.

224/7	Neupersisches Reich der Sassaniden: Zoroastrismus Staatsreligion, Kriege gegen Rom.
243	Anfänge des Manichäismus.
484	Sassanidenreich den Hephthaliten tributpflichtig (bis 527).
489	Aufnahme der Nestorianer: Mission bis China.
ca. 494	Mazdakiten-Bewegung (bis 524): Sozialrevolutionärer Protest gegen persische Aristokratie.
529	Aufnahme griechischer Neuplatoniker aus Athen.
531	Chosrau I. (bis 579): Höhepunkt der Sassaniden.
628	Nach Niederlagen gegen Byzanz wird Chosrau II. ermordet: Chaos.
636	Eroberung durch Araber/Muslime (bis 651): Persien im Kalifat.
750	Abbasiden-Dynastie (bis 1258): Persischer Einfluß im Kalifat.
763	Kalifat nach Bagdad verlegt: Persischer Einfluß verstärkt.
945	Bujiden werden Hausmeier über Schattenkalife (bis 1055).
1055	Seldschuken erobern Bagdad.
1256	Mongolen erobern Iran: Assassinen vernichtet.
1295	Mongolen zum Islam übergetreten: Il-Khane (bis 1335).
1381	Persien von Timur Lenk erobert (bis 1405): Verheerungen.
1499/1501	2. Neupersisches Reich der Safaviden (bis 1722): Schi'a wird wieder Staatsreligion Persiens.
1514	Schlacht von Tschaldiran: Niederlage gegen Osmanen.

Eine kurze Skizze zwischen Untergang des altpersisischen Achämenidenreichs (330 v. Chr.) und zweitem Neupersischen Reich der Safaviden (1499/1501–1722) ist fast hoffnungslos. Gleichwohl erweist sich die Kenntnis des Sassanidenreichs als unentbehrlich zum Verständnis der

Stellung Persiens bzw. des Iran in der Weltgeschichte.
Nachdem Alexanders Konzeption gescheitert war, sein Weltreich auf die Basis von gleichberechtigten Persern und Makedonen zu stellen, gehörte der Iran zum Seleukidenreich. Unterhalb der offiziellen Kultur des Hellenismus hielten sich altpersische Elemente, vor allem der Zoroastrismus, im religiösen Untergrund. Das Partherreich (247 v.–224/7 n. Chr.) brachte mit partieller Wiederanknüpfung an altpersische Traditionen Erleichterung, vor allem nach Eroberung Irans und Mediens (ca. 160) sowie Mesopotamiens (142 bis 129).
Dagegen stellte sich das Neupersische Reich der Sassaniden (224/7–641/51) nach dem Sturz der Parther entschlossen in die altpersische Tradition der Achämeniden: Die frühere Oppositions- und Untergrundreligion des Zoroastrismus wurde Staatsreligion, die Sassaniden forderten Wiederherstellung des Achämenidenreiches im alten territorialen Umfang. Mit ihrer Offensive gen Westen (230/2) eröffneten die Sassaniden eine Kette wechselvoller Kriege und trugen so zur Erschöpfung Roms bei. Im Osten vernichteten sie das Kuschan-Reich in Nordwestindien (ca. 330). Auch ideologisch waren die Sassaniden besonders gefährliche Gegner Roms, durch Aufnahme des religionspolitischen Dissenses (Nestorianer, 489; Neuplatoniker, 529) wie durch den in Persien (243) entstandenen Manichäismus, der auf das gerade christlich werdende Rom eine besonders desintegrierende Wirkung hatte.
Eine welthistorische Bedeutung erhielt das Sassanidenreich durch seine Formel für die Abwehr der traditionellen Nomadengefahr aus dem Norden – gepanzerte Reiter, dezentralisiert unterhalten durch Zuteilung von «Land und Leuten». Spätrom übernahm das persische Modell der gepanzerten Reiterei, allerdings noch von der Zentrale unterhalten und als mobile Reichsreserve eingesetzt, während das Sassanidenreich die diokletianische Reichsreform zum Vorbild der eigenen Reorganisation nahm, die ihrerseits über ptolemäische und achämenidische Vorbilder auf Assyrien zurückweist.
Das Sassanidenreich hatte mit dem üblichen Problem älterer Großreiche zu kämpfen – Zweifrontenkrieg gegen Nomaden der Steppe und mindestens ein rivalisierendes Großreich (Rom). Im Zuge der großen Völkerbewegungen aus Zentralasien kamen die Hephthaliten (nach 400) und errichteten vom Gebiet des früheren Kuschan-Reichs aus eine Tributsoberherrschaft über Persien (484–527) wie über Teile Indiens. In ihre Anfänge fiel eine schwere innere Krise, ausgelöst durch die sozialreligiöse Protestbewegung der Mazdakiten gegen die Vorherrschaft der persischen Aristokratie. Nach ihrer Vernichtung auf Betreiben der zoroastrischen Magier (524) und Abschüttelung der Tributsherrschaft der Hephthaliten (527) erreichte Persien unter Chosrau I. (531–571) den Höhepunkt seiner Macht. Verwaltungsreformen (Zentralisierung nach diokletianischem Vorbild) schufen weitere Voraussetzungen zur Expansion, vor allem durch Kriege gegen Ostrom, das in langfristige Tributsab-

hängigkeit geriet (532, 562). Persien griff durch Vertreibung der Aksumiten aus dem Jemen (571) sogar bis nach Südarabien aus. Ein neuer Krieg gegen Ostrom (ab 604) brachte Eroberungen im Westen – Kleinasien, Syrien, Jerusalem (614), Ägypten (619), mit dem Höhepunkt der Belagerung Konstantinopels (626) – aber auch im Gegenschlag schwere Niederlagen (627–629).

Die Ermordung Chosraus II. (628) löste inneres Chaos aus, als Übergang zur Eroberung durch die Araber/Muslime (636–651): Persien wurde Teil des Kalifats. Der Zoroastrismus wurde unterdrückt, ein Teil seiner Anhänger wich nach Indien aus («Parsen»). Dennoch setzten sich unter der Decke des allgemeinen Islam allmählich wieder starke persische Elemente durch: Die Abbasiden-Bewegung entstand im nordiranischen Chorassan (747) aus Unzufriedenheit nicht-arabischer Muslime. Sie hatte starke mazdakitische Einschläge, die auch im Schi'ismus weiterwirkten, ebenso wie der altpersische Dualismus. Ihr Sieg in Damaskus (750) und die Verlegung des Kalifats ins neugegründete Bagdad (763) öffneten das Kalifat starken persischen Einflüssen, vor allem über die Wesire, die fortan Perser waren. Nach Harun-al-Raschid (786–809) verstärkte sich noch der persische Faktor, zuletzt mit der persischen Hausmeier-Familie der Bujiden (945–1055), die den Kalifen endgültig zum Schattenkalifen herabdrückten, bis die Seldschuken sie nach Einnahme Bagdads (1055) aus dieser Funktion als «Schützer des Kalifen» verdrängten. Gleichzeitig hatten sich vom nördlichen Iran aus persische Fürstentümer vom Kalifat abgespalten, die dort die klassische persische Kultur und Literatur ausbildeten und sie zur herrschenden Kultur bis nach Afghanistan und Nordwestindien ausbreiteten.

Mit den Seldschuken begann eine Periode turk-mongolischer Eroberer, die einander ablösten, vor allem die Mongolen (1256), die, nach Übertritt zum Islam (1295), als Il-Khane regierten (bis 1335). Sie vernichteten eine Besonderheit des persischen Mittelalters, die Assassinen (1256), eine besonders extreme Abspaltung von den ohnehin extremen Ismailiten, einer militanten Abspaltung von den extremen Schi'iten. Die Assassinen waren als bewaffneter Orden mit ihrem Hauptstützpunkt im Ribat (Wehrkloster) Alamut, nördlich von Teheran (ca. 1080–1256) den geistlichen Ritterorden der Lateiner vergleichbar. Sie bevorzugten aber die verdeckte Kampfesweise, den gezielten politischen Mord, und hatten so eine große Wirkung gegen die Seldschuken (1092) wie mit der Ermordung Mohammeds von Ghur in Indien (1206).

Einen politischen Rahmen fand Persien wieder mit Gründung des zweiten Neupersischen Reiches der Safaviden (1499/1501), das, nach Wiedereinführung der Schi'a als Staatsreligion, sofort in Konflikt mit dem (überwiegend sunnitischen) Osmanischen Reich geriet und bei Tschaldiran (**1514**) eine traumatische Niederlage gegen die Osmanen und ihre damals exzellente Artillerie erlitt.

40 China: Reich der Mitte – von der Existenzkrise zur Hegemonie in Ostasien, 316 bis 1644

Von den eurasischen Kultur- und Machtzentren erholte sich China vom Kollaps seiner Reichseinheit im Übergang von der Klassik zum Mittelalter noch am schnellsten, wenn auch erst nach über 250 Jahren. Seinen zweiten Reichs-Zyklus eröffnete die Sui-Dynastie (**589–618**), der rasch die solidere T'ang-Dynastie folgte (618–906). Seit Ablauf des nächsten dynastischen Zyklus wurde die Spanne der Zwischenzeit zur dritten Reichsperiode noch kürzer (906–60), seit der Sung-Dynastie (960–1279), blieb das Prinzip der Reichseinheit, auch wenn Eroberungen vorübergehend Teilungen Chinas erzwangen (1038–1279). Mit der Überwältigung aller denkbaren Rivalen blieb auch die Hegemonie Chinas in Ostasien fortan unangefochten.

Für China und Eurasien gewann die Wiederbegründung der chinesischen Reichseinheit durch die Sung-Dynastie (960) eine welthistorische Bedeutung: Sie eröffnete Chinas relative Führung im Eurasischen System (ca. 1000–1500), löste mächtige Impulse für den Interkontinentalen Fernhandel aus und brachte dem Fernen Westen mannigfache Anregungen. Damals kamen aus China, neben Seide, Tee, Porzellan und Ingwer, auch zahlreiche Zivilisationsgüter, die uns heute selbstverständlich geworden sind, u. a. Apfelsine («Apfel aus China»), Pfirsich, Spinat, Rhabarber, Nudeln; Papier, Kompaß, Raketen, Schießpulver, Buchdruck.

316 Nordchina von Nomaden erobert: Ende der Chin-Dynastie (seit 280); Südchina zersplittert – «16 Staaten» (bis 589).

386 Wei-Reich der T'opa im Norden Chinas (bis 534): Allmählich ganz Nordchina zusammengefaßt (439).

589 Sui-Dynastie (bis 618): Reichseinigung, Zentralisierung.

601 Literarische Prüfungen für Beamtenstellen (bis 1905).

610 Kaiserkanal vollendet: China überanstrengt.

618 T'ang-Dynastie (bis 906): Prosperität, Expansion.

751 Schlacht am Talas: Berührung Kalifat – China: Papier in den Westen.

755 Bürgerkriege (bis 904).

906 Sturz der T'ang-Dynastie: Zersplitterung – «5 Dynastien» (Norden), «10 Staaten» (Süden) (bis 960).

960 Sung-Dynastie (bis 1126/1279): Einheit. Steuern in Geld (nicht mehr Naturalien) zu zahlen: Wirtschaftsaufschwung in China.

1038 Hsi-hsia-Reich der Tanguten in Nordchina (bis 1209): erste Schwächung Chinas durch Sezession.

1069 Reformen des Kanzlers Wang-An-Schih (bis 1076): innere Konflikte, Bürgerkriege, Einfälle der Dschurdschen.
1126 Dschurdschen erobern Norden, mit Hauptstadt Peking (1153): Südliche Sung südlich des Jangtse-kiang (bis 1279).
1279 Südliches China von Mongolen erobert.
1280 Yüan-Dynastie (bis 1368): neue Expansion.
1334 Folge schwerer Katastrophen: Dürre, Flut, Erdbeben.
1338 Große Pest in China.
1351 Bauernaufstände, nationaler Befreiungskampf gegen Mongolen.
1368 Mongolen aus China vertrieben: Ming-Dynastie. Chinesische Mauer erneuert, jetzt in Stein.
1405 Expeditionen des Admiral Cheng Ho zur Ostküste Afrikas: Kontrolle der Südroute des Fernhandels (bis 1433).
1592 Krieg mit Japan über Korea (bis 1596).
1628 Bauernrevolten gegen die Ming-Dynastie.
1644 Mandschu stürzen Ming-Dynastie: Ching-Dynastie (bis 1911).

Charakteristisch für Chinas Geschichte ist das Schwanken zwischen imperialer Einheit und Zersplitterung, zwischen offensiven und defensiven Kriegen gegen die turk-mongolischen Nomadenvölker, in denen die Chinesische Mauer, größtes Befestigungswerk der Weltgeschichte, als Basis diente. Die Nomaden wurden bald von China weit in die Steppe verfolgt, bis nach Zentralasien, bald eroberten sie selbst China – ganz (Mongolen, Mandschu) oder teilweise (Tanguten, T'opa etc.) Typisch ist der «dynastische Zyklus», in dem Geheimgesellschaften und Bauernaufstände immer wieder den Anstoß zum Dynastiewechsel gaben, in der Regel mit Intervention von außen (Nomadenvölker).

Nach langen Wirren seit Niedergang der Han-Dynastie (184) und Sturz der kurzlebigen Chin-Dynastie (316) gewann China seine imperiale Einheit wieder durch gewaltsame Unterwerfung von der Peripherie her, mit der aus dem Norden stammenden Sui-Dynastie (589–618). Dort hatte sich durch Assimilation das chinesische Element allmählich wieder durchgesetzt, so daß die Sui-Dynastie die neue Synthese chinesischer Kultur und sinisierter «Nordbarbaren» repräsentierte. Sie leitete eine neue Phase der Zentralisierung, Reformen und Konsolidierung ein. Bedeutendste, über die Jahrhunderte wirksame Faktoren symbolischen Charakters wurden das neue System von abgestuften literarischen Prüfungen für den Zugang zu kaiserlichen Beamtenstellen im gesamten Reich (601–1905) sowie der Kaiserkanal (610). Ideologische und geistige Grundlage blieb der Konfuzianismus. Träger der Bürokratie wurde faktisch der gebildete und wohlhabende Landadel (Gentry). Die zentralisierte Bürokratie, einheitlich ausgebildet, ausgerichtet und sozial zusammengesetzt, ver-

stärkte seitdem die historische Kontinuität Chinas.
Der Kaiserkanal verband den Hoang-ho mit dem Jangtse-kiang und ermöglichte fortan die Versorgung der Reichszentrale mit Getreide aus dem Süden. Seine überragende ökonomische Bedeutung für die entstehende Volkswirtschaft Chinas zeigte sich jedoch erst im nächsten Reichszyklus, unter den Sung (960–1279). Unter den Sui bewirkte der Kaiserkanal zunächst nur die Überforderung der chinesischen Gesellschaft durch Steuerdruck und Zwangsarbeit, ähnlich wie zuvor beim Bau der Chinesischen Mauer in der Ch'in-Dynastie: Die chinesische Gesellschaft reagierte mit Bauernaufständen und dem Sturz der Sui (618).
Die neue T'ang-Dynastie brachte für China die klassische Ausprägung seiner Kultur. Seine Expansion nach Westen zerschlug die beiden Alt-Türkischen Reiche in Zentralasien, im Osten (630) wie im Westen (745), und löste so die vorletzte der großen turk-mongolischen Expansionswellen aus, die der Türken. Am Pamir erreichte China den Höhe- und Wendepunkt seiner Westexpansion: In der Schlacht am Talas (751) erlitt es eine Niederlage. Chinesische Kriegsgefangene in Samarkand brachten damals die Herstellung von Papier in den Westen, zunächst über Bagdad.
Im Innern erlebte China einen großen Aufschwung der gewerblichen Produktion, aber auch soziale Spannungen durch massive Abwanderung entwurzelter Bauern. Hinzu kamen Spannungen zwischen älteren Führungsschichten (Adel, Mandarinenbürokratie) und einer neuen (kaiserliche Hof-Eunuchen, meist aus Unterschichten oder nicht-chinesischen Völkern). Mit Abbruch der Expansion nach außen (751) entluden sich die inneren Spannungen in Bürgerkriegen (ab 755), die in den Sturz der T'ang einmündeten (906). China zerbrach wieder in Nord und Süd, die sich jeweils noch einmal unterschiedlich aufsplitterten – «Fünf Dynastien» (Norden), «Zehn Staaten» (Süden) (907–960).
Die Wiederherstellung der Einheit zur Eröffnung eines dritten Reichs-Zyklus kam wieder aus dem Norden, mit der Sung-Dynastie (960–1126). Eine wichtige Neuerung der Sung hatte weitreichende Folgen: Der Übergang von der Naturalien- zur Geldsteuer löste eine ungeheure Dynamik in der chinesischen Gesellschaft aus. Um die geforderten Geldsteuern aufbringen zu können, mußte jeder produktiv werden oder Produkte verkaufen. Die Produktion in Landwirtschaft und Gewerben stieg dramatisch, vor allem in einer quasi-industriellen Eisenproduktion. Der Kaiserkanal (610), umstrittene Erbschaft der Sui-Dynastie, stieg erst jetzt zum zentralen Rückgrat für ein weitverzweigtes Kommunikationssystem von Kanälen und Märkten auf, die das ganze Land überzogen. In wenigen Jahrzehnten verdoppelte China seine Bevölkerung von 50 auf 100 Millionen Einwohner. Zu seinen traditionellen Exportgütern (Seide, Tee) kam nun Porzellan hinzu, das eine ähnliche Bedeutung erlangte wie Keramik für den Export des alten Griechenland. Vom Fernen Osten her lieferte Sung-China so die entscheidenden Impulse zur Ausweitung des Interkontinenta-

len Fernhandels, dem im Fernen Westen die wachsende Aufnahmefähigkeit des ebenfalls zu neuer Dynamik aufbrechenden lateinischen Europa entsprach (955/62). Gleichzeitig begann eine chinesische Seeschiffahrt mit großen leistungsfähigen Dschunken nach Japan, Südostasien und Persien, erstmals mit dem magnetischen Kompaß (vor 1100).

Dem ökonomischen Wachstum folgten soziale Spannungen, wieder durch Landflucht als Reaktion auf die Bildung von Latifundien. Die quasi-industrielle Eisenproduktion wurde unterbunden, vielleicht aus Angst vor den sozialrevolutionären Konsequenzen, wie sie sich später in Europa mit der Industriellen Revolution tatsächlich einstellten. Soziale Reformen unter dem Kanzler Wang-An-Shih (1069–76) sollten Abhilfe schaffen, provozierten aber neue Konflikte, bis hin zu Bürgerkriegen. Die übliche Einmischung von außen erfolgte durch das turk-mongolische Nomadenvolk der Dschurdschen. Sie hatten schon nördlich Chinas das Khitan-Reich erobert (1123) und unterwarfen nun Nordchina (1126). Die Sung zogen sich nach Südchina zurück (1127), wo sie sich als Südliche Sung behaupteten (1127 bis 1279). Da sich vorher schon der Grenzstaat Hsi-hsia der halbsinisierten Tanguten im Nordwesten Chinas – mit Kansu als Zentrum – von China unabhängig gemacht hatte (1038), war China durch Eroberungen vorübergehend noch einmal in drei Teilreiche zerfallen. Erst der Mongolensturm faßte es wieder in drei Etappen zusammen – Hsi-hsia (1208), Chin-Reich der Dschurdschen in Nordchina (1234), Südreich der Südlichen Sung (1253–79).

Für den großen Mongolensturm (ab 1206) war das dreigeteilte China das eigentliche große Ziel. Da es sich doch nicht so schnell von Norden überwältigen ließ, wie Dschingis Khan angenommen hatte, trieben seine Nachfolger mächtige Umfassungsbewegungen voran – nach Westen bis Rußland (1237/41), nach Süden über Persien (1256) einerseits, Yünnan (1253) andererseits, das damals erst zu China kam und aus seiner bisherigen Bindung zu Südostasien gelöst wurde. Die Mongolenherrschaft (1279–1368), die in China sonst nur als nationale Katastrophe gilt, brachte also auch eine weitere Ausdehnung chinesischen Territoriums. Durch Verlegung der mongolischen Reichshauptstadt von Karakorum nach Beijng (Peking) unter Khublai Khan (1264) wurde China zudem faktisch Zentrum des mongolischen Weltreiches. Mit Übernahme eines Dynastienamens nach chinesischem Vorbild – Yüan (1280) – und einer begrenzten Sinisierung stellte sich Khublai Khan bewußt in die chinesische Reichs- und Kulturtradition.

In der Spannung zwischen partieller Assimilierung und verbleibender Exklusivität waren die Mongolen für die Chinesen jedoch stets verhaßte Eroberer. Schwere Naturkatastrophen (ab 1334) – Erdbeben, die Große Pest (1338), Überschwemmungen – zeigten den Chinesen an, daß die Mongolen das «Mandat des Himmels» verloren hatten. Umfangreiche Fronarbeiten (zur Wiederherstellung der Deiche) und eine allgemeine Versorgungskrise (1351) –

ohne Senkung oder Aussetzung der Steuern – lösten den fälligen Bauernaufstand aus. In einer allgemeinen nationalen Reaktion und Widerstandsbewegung weitete er sich zum Sturz des letzten Mongolenkaisers aus (1368). An seine Stelle trat die einheimische Dynastie der Ming (**1368**–1644), die versuchte, an die Sung anzuknüpfen.

Nach der üblichen Konsolidierung begann eine neue Wachstumsphase: Die Ming-Kaiser stellten die Große Mauer wieder her, erst jetzt in Stein ausgeführt in der noch heute sichtbaren Form. Der Wirtschaftsaufschwung führte zur Wiederaufnahme des Fernhandels, in der Unsicherheit der Eroberungen Timur Lenks in Zentralasien, diesmal zur See über den Indischen Ozean. Die spektakulären Expeditionen des Eunuchen-Admirals Cheng Ho (1405–33) bis nach Ostafrika schienen die Errichtung eines chinesischen See- und Handelsreichs über den Indischen Ozean anzukündigen, mit den traditionellen äußeren Anzeichen chinesischer Herrschaft – Gesandtschaften und Tribute als Anerkennung chinesischer Suzeränität. Eine abrupte Wendung nach innen brach jedoch die anlaufende kommerzielle Expansion wieder ab (1433). In der späten Ming-Zeit kamen erstmals Europäer auf Dauer nach China – portugiesische Kaufleute in Kanton (1517), denen Macao als fester Platz zugewiesen wurde (1522), später Jesuiten, die vor allem westliche Kenntnisse am kaiserlichen Hof verbreiteten, aber nur mäßige Missionserfolge hatten.

In der üblichen Kombination von Bauernaufständen (ab 1628) und Intervention von außen eroberten die Mandschu ganz China (1644). Nach einigem Zögern brachen sie fast alle Kontakte mit dem Westen ab (mit Ausnahme kommerzieller über Kanton). Sie schlossen ihre zentralasiatische Ausgangsbasis (Mandschurei, Mongolei) indirekt China an, das durch dauerhafte Eroberungen – Tibet (1720), Ost-Turkestan (Singkiang = Neuland) (1759) – seine heutigen Grenzen erreichte. Die selbstgenügsame Wendung nach innen, die sich seit Abbruch der Übersee-Expansion (1433) anbahnte, und die freiwillige Selbstisolierung seit den frühen Mandschu hatte für China weitreichende Folgen: Die einstige, für rund ein halbes Jahrtausend führende Kulturmacht des Alten Ostens fiel gegenüber den stürmischen Entwicklungen im Westen entscheidend zurück, verschärft durch die bewußte Selbstisolierung gegenüber dem Ausland (1438), unter dem Druck schwerer Angriffe der Mongolen aus dem Norden.

41 Byzanz: Brücke zwischen Ost und West, 330 bis 1453

Als griechische Fortsetzung des Römischen Reiches repräsentiert Byzanz ein gewaltiges Stück Weltgeschichte. Am Schnittpunkt von Asien, Europa und Afrika verbindet seine tausendjährige Geschichte zugleich die auslaufende Antike, das europäische Mittelalter und die Renaissance im Übergang zur Neuzeit. Byzanz hatte eine überragende Position am westlichen Endpunkt des Interkontinentalen Fernhandels durch Beherrschung der Meerengen, ferner durch seinen 750 Jahre lang stabil gehaltenen Goldsolidus als internationale Währung von Portugal bis China. Die Bewahrung antiker Wissenschaft, der Geldwirtschaft, staatlicher und militärischer Organisationsstrukturen sicherten Byzanz lange die Überlegenheit gegenüber «Barbaren» wie imperialen Rivalen. Seine kulturellen und kirchlichen Ausstrahlungen waren enorm – auf das lateinische Europa, auf Südslawen und Russen, selbst auf die Türken, die im Osmanischen Reich ein Stück byzantinischer Tradition fortsetzten, zuletzt erstarrt in Orthodoxie und Unfähigkeit zu rettenden Reformen.

330 Konstantinopel wird Hauptstadt des Römischen Reiches: Nea Rhoma/Nova Roma (= Neues Rom).

395 Endgültige Teilung des Römischen Reiches.

476 Untergang Westroms: Ostrom auf sich allein gestellt. Allmähliche Re-Gräzisierung.

527 Justinian I. (bis 565): Orthodoxie und Restauration des Reiches.

614 Territoriale Verluste gegen Persien (bis 629). In der Krise Themenverfassung und Stratioten (Wehrbauern in Grenzgebieten).

ab 634 Arabisch-muslimische Expansion: Verlust Vorderasiens und Ägyptens.

730 Bilderstreit (bis 843): Wechsel zwischen Ikonoklasmus und Bilderverehrung.

740 Entscheidender Sieg über Araber bei Akroinion.

805 Sieg bei Patras über Südslawen: Re-Gräzisierung Griechenlands.

963 Nikephoros Phokas Kaiser (bis 969). Herrschaft des grundbesitzenden Adels: Imperiale Rückeroberung, aber Feudalisierung.

1054 Endgültiges Schisma Rom–Byzanz.

1071 Schlacht bei Mantzikert: Katastrophe gegen Seldschuken. Niedergang (bis 1453).

ca. 1080	Erstmalige Abwertung des Goldsolidus (seit 324).
1096	Kreuzzüge als Hilfe aus dem lateinischen Westen (bis 1291).
1176	Erneute Niederlage gegen Seldschuken bei Myriokephalon: Weiterer Niedergang.
1204	4. Kreuzzug: Konstantinopel von Kreuzfahrern erobert: Lateinisches Kaisertum – Kaiserreich Nikäa (bis 1261).
1261	Restauration von Byzanz, aber sehr geschwächt.
1282	Sizilianische Vesper.
1372	Byzanz erstmals den Osmanen tributpflichtig (bis 1402).
1424	Byzanz wieder den Osmanen tributpflichtig.
1439	Konzil von Florenz: Kirchenunion und Gleichstellung mit Rom zur politischen Rettung von Byzanz.
1453	Fall Konstantinopels: Ende von Byzanz.

Die Geschichte von Byzanz hat viele Anfangsdaten: Verlegung der Reichshauptstadt nach Konstantinopel (**330**), endgültige Reichsteilung (395) und Untergang Westroms (476) sind mögliche Anhaltspunkte, im allmählichen Übergang von Ostrom zum sich re-gräzisierenden Byzanz. Seine Geschichte ist eine schier endlose Kette innerer und äußerer Konflikte. Zu Beginn war der direkte Druck der Hunnen (395, 430, 447) und der von ihnen nach Ostrom hineingepreßten West- und Ostgoten die erste äußere Belastung. Ihre Ablenkung nach Italien – Westgoten (401), Hunnen (447), Ostgoten (488) – brachte Entlastung auf Kosten Westroms und Italiens.

Justinian I. (527–565) festigte mit seiner Rückkehr zur Orthodoxie und dem Codex Justinianus (529) die inneren Grundlagen, schwächte Ostrom/Byzanz aber durch Überdehnung seiner Kräfte im vergeblichen Versuch, das Römische Reich in seiner alten Größe wiederherzustellen. Weiterlaufende religionspolitische Konflikte mit sozialem Hintergrund zwischen Orthodoxie (Hauptstadt) und Monophysitismus (vor allem in Provinzen) bereiteten den Verlust Syriens und Ägyptens vor, deren Bevölkerung die vorübergehende Eroberung durch Perser (614, 619), die später dauerhaftere durch Araber (635, 641/2) als Befreiung begrüßte. Gleichzeitig geriet Byzanz im gleichzeitigen Ansturm von Persern, Awaren und Bulgaren auf Konstantinopel (626) in eine erste Existenzkrise. Sie erzwang mit der Themenverfassung eine Reorganisation, beruhend auf freien Wehrbauern (Stratioten), als Grundlage für die militärische Wende und die Stärkung der Heereskraft, solange die Themenstruktur vorhielt.

Die langen Kriege mit den Persern (bis 629) hatten Byzanz und das Sassanidenreich gegenüber der bald darauf folgenden Machtexplosion der arabisch-muslimischen Expansion (ab 634) entscheidend geschwächt. Im Gegensatz zum Sassanidenreich hielt sich jedoch Byzanz, wenn auch auf reduziertem Territorium, bis zum Taurusgebirge im Osten. Trotz allen weiterlaufenden inneren Konflikten erzielte Byzanz mit dem Verlust seiner oppositionellen monophysitischen Provinzen Syrien, Ägypten und Armenien eine innere Homogenität. Zweimal scheiterten die Araber vor Konstantinopel (678, 717/18), u. a. dank des zuvor erfundenen «griechischen Feuers» (671). Die Landnahme der Bulgaren, ihrerseits unter Druck der zentralasiatischen Khasaren südlich der unteren Donau (680), etablierte eine neue Gefahrenquelle in unmittelbarer Nähe der Hauptstadt.

Der Bilderstreit (730–843), mit seinem mehrfachen Wechsel zwischen Bildverehrung und Ikonoklasmus (Bildzerstörung), schwächte Byzanz auch nach außen. In die Periode fallen die umstrittene Herrschaft einer Frau auf dem Thron, der Kaiserin Irene (797–803), die Neugründung des westlichen Kaisertums unter Karl dem Großen (800) und Konflikte mit den Franken, nach 962 mit den Deutschen, den neuen Schwertträgern Roms. Dagegen ermöglichten Siege gegen Araber die Stabilisierung auf der Tauruslinie (740), Siege gegen Südslawen (805), die Re-Gräzisierung des von den Südslawen zuvor eroberten Griechenland.

Der Abschluß des Bilderstreits (843) leitete den Höhepunkt des Reichs ein. Die Bekehrung der Bulgaren (864) und Waräger/Russen (988) erweiterte den Einflußbereich von Byzanz. Die Umsiedlung der stark gnostisch beeinflußten Sekte der Paulikianer nach Niederwerfung von Aufständen (878) an die Nordwestgrenze des Reiches (Thrakien) zum Grenzschutz gegen die Bulgaren hatte später eine große Wirkung im lateinischen Westen: Aus den Paulikianern entstanden die Boghumilen (ca. 950), aus ihnen die Katharoi («Reinen»), die im Westen als «Ketzer» auftraten (ab 1143). Andererseits betonte das endgültige Schisma Rom–Byzanz (1054) die Eigenentwicklung der griechischen Kirche.

Die Katastrophe von Mantzikert gegen die Seldschuken (1071) leitete den Niedergang ein: Der erstmaligen Abwertung des Goldsolidus (ca. 1080) seit 750 Jahren folgte ein Handelsvertrag mit Venedig (1082): Flottenhilfe gegen die süditalienischen Normannen bezahlte Byzanz mit dem kommerziellen Aufstieg der Lagunenstadt. Der ständige Druck der Normannen setzte sich in den Kreuzzügen fort (1096–1291), die äußerlich zur Entlastung von Byzanz begonnen hatten. Ihren offenen Ausdruck fand die latent feindselige Haltung der Lateiner/Franken im 4. Kreuzzug, mit dessen Hilfe Venedig Konstantinopel eroberte und das Lateinische Kaiserreich (1204–61) begründete. Nach seiner Restauration (1261) war Byzanz nur noch ein Schatten früherer Größe. Es konnte noch mühsam mit der Sizilianischen Vesper einen Rückeroberungsversuch aus dem Westen abwehren (1282), unterlag aber in mehreren Etappen den Osmanischen Türken: Als Kleinstaat wurde es zweimal den Osmanen tributpflichtig (1372, 1424). Entsatzversuche in Form letzter Kreuzzüge aus dem Westen blieben auf dem Balkan stecken – bei Nikopolis (1396) und Warna (1444).

Der politische Rettungsversuch durch die Kirchenunion von Florenz (1439) kam zu spät und scheiterte an den historischen Erfahrungen mit den Lateinern seit den Kreuzzügen.

Allein auf sich gestellt, ohne eigene Flotte, erlag Konstantinopel, bis dahin die stärkste Festung der Welt, der osmanischen Artillerie (**1453**). Sein Erbe teilten sich zwei Großreiche – das schon bestehende Osmanische Reich und, ideologisch dem Islam entgegengesetzt, das sich noch formierende Reich der russischen Zaren.

Der Fall Konstantinopels gab dem inzwischen erstarkten Europa wichtige Impulse: Griechische Gelehrte aus Byzanz verstärkten in Italien (Florenz, Rom, Venedig) die schon anlaufenden Bewegungen von Humanismus und Renaissance durch Vermittlung griechischer Wissenschaft; die Suche nach dem Seeweg nach Indien zur Umgehung der teuren Zwischenzölle im Fernhandel und damit die Hinwendung Europas zur Expansion in Übersee, erhielt neuen Auftrieb.

42 Indien: Hinduismus, Islam, Fernhandel, 527 bis 1526

Nach dem Sturz der Hephthaliten (**527**) fand Indien für rund ein Jahrtausend nicht mehr zu einer imperialen Zusammenfassung zurück. Es blieb politisch fragmentiert und stand wechselnden Eroberern von Norden offen. Dennoch erreichte es eine relative Führungsposition unter den übrigen Kulturzentren, gegründet auf seinem legendären Reichtum. Erst die letzte Welle türkischer Eroberer (1526) gab den Anstoß zur vorletzten imperialen Zusammenfassung des Subkontinents vor der britischen Kolonialherrschaft, durch das Moghul-Reich. Verdrängung des Buddhismus (ca. 700) und Eindringen des Islam in mehreren Wellen (ab 711) prägten allmählich die religiöse Spaltung Indiens zwischen Hinduismus und Islam, die den Subkontinent heute noch politisch zerklüftet.

527	Vertreibung der Hephthaliten aus Nordwestindien: Nordindien zerfällt in zahlreiche Nachfolgestaaten der Gupta.
ab ca. 700	Buddhismus aus Indien schrittweise verdrängt.
712	Sind wird von Arabern erobert: Anfänge des Islam in Indien, zunächst vom westlichen Rand her.
993	Gründung Delhis: Politisches Zentrum Nordindiens, bei imperialer Zusammenfassung des Subkontinents auch Reichshauptstadt Indiens.
998	Mahmud von Ghasna erobert Nordwestindien: Erste Welle

türkischer Eroberer in Indien, zweite Welle der Islamisierung; Lahore wird Hauptstadt eines Reiches vom Indus bis zum Kaspischen Meer (bis 1186).

1186 Mohammed von Ghur erobert Lahore und Nordwestindien: Hindu-Konföderation zu seiner Abwehr: Rajputen («Königssöhne») in Zentralindien.

1192 Sieg Mohammeds von Ghur über Hindu-Konföderation in der Schlacht an der Pforte von Delhi.

1202 Zentrum des Buddhismus in Bengalen zerstört: Flucht buddhistischer Mönche nach Tibet und Nepal.

1206 Mohammed von Ghur von Assassinen ermordet: Sklaven/Mamluken-Sultanat von Delhi (bis 1398/99): Expansion und dritte Welle der Islamisierung.

1221 Mongolen unter Dschingis Khan am Indus.

ab 1260 Nordindien unter Druck der persischen Mongolen.

1296 Sultan Alaud-din (bis 1316): Expansion (ab 1307).

1303/06 Mongoleneinfälle nach Nordwestindien abgewehrt.

1307 Expansion in den Süden.

1329 Währungsexperimente nach chinesischem Vorbild (dort: Papiergeld). Kupfer- und Bronzewährung (bis 1333/4): Inflation, wirtschaftliches Chaos.

1335 Dürrekatastrophe (bis 1342): Hungersnöte, Aufstände. Erste Abspaltung eines unabhängigen Sultanats.

1336 Sezession eines Hindu-Königreiches im Süden – Vijaya-nagar («Stadt des Sieges»).

1337 Eroberung Tibets scheitert katastrophal: Bürgerkrieg.

1338 Sezession Bengalens, als muslimisches Sultanat (bis 1576).

1351 Sultan Firoz Shah (bis 1388): letzte Phase der Konsolidierung, begrenzt auf Nordindien.

1398/99 Timur Lenk erobert Delhi: Ende des Sultanats von Delhi (seit 1206): Fragmentierung – (muslimische) Sultanate und Hindu-Königreiche.

1498 Vasco da Gama in Calicut: Expansion Europas nach Indien übers Meer.

1510 Portugiesen in Goa: Monopol des Außenhandels mit Europa.

1526 Bhaibar erobert Delhi: Anfänge des Moghul-Reiches.

Unter den zahlreichen Nachfolgestaaten des Gupta-Reiches hielt die politische Fragmentierung Indiens an (bis 1526), mit zahlreichen Königreichen, die mit wechselndem Erfolg um die regionale Hegemonie kämpften. Über Nordindien ergoß sich im folgenden Jahrtausend (527 bis 1526) eine Erobererwelle nach der anderen, meist Türken (ab 998), von deren relativ kurzlebigen und meist räumlich nur begrenzten Reichen wir im allgemeinen wenig wissen, oft nicht viel mehr als die Namen der Herrscher und Dynastien. Über den Süden Indiens ist das Dunkel historischer Kenntnisse noch undurchdringlicher. Allgemein setzte sich offenbar eine wachsende Hinduisierung der einst dravidischen Ur- und Rückzugsbevölkerung aus dem Norden durch. Im Auf und Ab des Interkontinentalen Fernhandels nahm Südindien zeitweise eine bedeutende Stellung ein, aber ohne politische Zusammenfassung.

Insgesamt erreichte Indien, auch ohne imperiale Zusammenfassung, einen ökonomischen und kulturellen Höchststand, der ihm in der ersten Hälfte des Eurasischen Mittelalters (ca. 500 – ca. 1000) eine relative Führungsposition gegenüber den anderen Kultur- und Machtzentren verschaffte. Grundlage des legendären indischen Reichtums blieb die Herstellung feiner Baumwolltextilien. Hinzu kam der Export eigener Gewürze oder die Vermittlung von Gewürzen aus dem hinduisierten Südostasien, dem heutigen Indonesien. Zur sich im Fernen Westen anbahnenden neuen Weltkultur steuerte Indien u. a. das Zuckerrohr und die «arabischen», in Wirklichkeit indischen Zahlen mit der Null (Arabisch: *«šifre»*) bei: Nur indisches Denken konnte Nichts (*Nirwana* – Null) zur Potenz erheben.

Im Zuge der weiteren Indisierung seiner obersten Brahmanenkaste verdrängte der Hinduismus allmählich den Buddhismus (ab ca. 700), indem sich der exklusive Brahmanismus zur Volksreligion des Hinduismus weiterentwickelte. Heute überlebt der Buddhismus in seinem eigenen Ursprungsland nur noch in einigen Randgebieten.

Zeitlich parallel zur Verdrängung des Buddhismus aus Indien begann das schubweise Eindringen des Islam, eingeleitet durch die Annexion westlichen Randes von Indien (Sind) ins arabisch-muslimische Kalifat (712). Der Islam verstärkte sich durch spätere Eroberungen, jetzt getragen von muslimisch gewordenen Türken (ab 998), die sich zunächst als Kriegersklaven (Mamluken) im nördlichen Indien eigene Herrschaftsbezirke schufen. Den Anfang machte Mahmud von Ghasna (998 bis 1030), der mit schrecklichen Zerstörungen in Nordindien einbrach und den Islam zunächst nur als Religion der neuen Eroberer einführte. Sein Reich der Ghasnaviden hatte Lahore als Zentrum (bis 1186) und erstreckte sich beiderseits des Hindukusch, über seinen Ausgangspunkt Afghanistan bis zum Kaspischen Meer. Die Türken verlängerten so die ältere Tradition von Erobererstaaten von Zentralasien bis Nordwestindien, nur verbunden durch das Kabultal und den Khaiber-Paß.

Die zweite Welle türkischer Eroberer und Muslims kam mit Mohammed von Ghur, wieder aus Afghanistan. Als Erbe der Ghasnaviden unterwarf er auch deren indisches Reich um Lahore (1186). Sein Sieg über die Hindu-Konföderation der kriegerischen Rajputen («Königssöhne») Zentralindiens in der Schlacht an der Pforte von Delhi (1192) öffnete ihm den Weg nach Delhi, zum (seit 993 gegründeten) neuen politischen Zentrum Nordindiens. In muslimischem Bekehrungseifer ließ er die Buddhisten mit Feuer und Schwert verfolgen und zerstörte ihre letzte Hochburg in Bengalen (1202). Überlebende Mönche flohen nach Tibet und Nepal; der indische Buddhismus erholte sich nie wieder von der Katastrophe. Mohammeds von Ghur Ermordung durch einen Assassinen (1206) löste die politische Bindung Nordwestindiens mit Afghanistan.

Der indische Teil des Ghuriden-Reiches machte sich als Sklaven- oder Mamluken-Sultanat von Delhi selbständig (1206–1398/99), formell anerkannt vom (seit 1055) von den Seldschuken beherrschten Schatten-Kalifen von Bagdad (1211). Das Sultanat von Delhi faßte Nordindien durch militärische Unterwerfung des Gangestals politisch zusammen und versetzte dem indischen Buddhismus durch Eroberung Bengalens endgültig den Todesstoß. Nach dem Zug Dschingis Khans zum Indus (1221) stand das Sultanat von Delhi unter dem Druck der persischen Mongolen (ab 1260). Ihre ständige Drohung verhinderte zunächst die Expansion nach Süden. Aber nach Abwehr ihrer Einfälle nach Nordwestindien (1303–06) kam sie schließlich doch in Gang (ab 1307): Unter Sultan Alaud-din (1296–1316) eroberte das Sultanat von Delhi vorübergehend fast ganz Indien. Der Abstieg bahnte sich in der bekannten Kombination innerer und äußerer Faktoren an: Währungsexperimente mit einer leicht zu fälschenden Kupfer- und Bronzewährung stießen auf Widerstand vor allem der fremden Fernhandelskaufleute (1329/30–1332/34) und provozierten Inflation und wirtschaftliches Chaos. Eine schwere Dürrekatastrophe (1335–42) führte zu Hungerkatastrophen und ersten Aufständen, sogar zur ersten Sezession eines unabhängigen muslimischen Sultanats, gefolgt von der Abspaltung eines Hindu-Königreichs im Süden. Ein katastrophal gescheiterter Versuch zur Eroberung Tibets (1337) löste erst recht innere Konflikte aus und steigerte sich zum Bürgerkrieg. Der Abfall Bengalens als muslimisches Sultanat (1338) schwächte das Reich weiter. Eine letzte Phase der Konsolidierung unter Sultan Firoz Shah (1351–88) blieb nur noch Episode. Den Rest gab die Eroberung Delhis durch Timur Lenk (1398), obwohl er bald wieder abzog (1399).

Timurs Intervention hinterließ nach seinem Abzug (1399) ein Machtvakuum und ein Chaos von Hindu-Königreichen und muslimischen Sultanaten. Aus dem Zusammenprall von Hinduismus und sich weiter ausbreitendem Islam entstand die synkretistische neue Religion der Sikhs («Jünger»), zunächst als gewaltlose Religion, als Reaktion auf muslimische Verfolgungen, mit einer kriegerisch-militanten Wendung. Im allgemeinen Machtvakuum konnten sich die Portugiesen, nachdem Vasco da Gama Calicut erreicht hatte (1498), in Goa festsetzen (1510) und den Fernhandel Indiens mit dem Westen an sich reißen. So kamen erstmals künftige Eroberer Indiens übers Meer.

Trotz seiner politischen Schwäche blieb Indien ein überragendes ökonomisches und kulturelles Zentrum der Alten Welt. Seine Reichtümer lockten Eroberer auf dem modernen Seeweg an, die Europäer, aber auch eine letzte Welle türk-afghanischer Eroberer auf dem traditionellen Landweg.

Machtvakuum und Chaos in Indien

erleichterten die letzte große Eroberungswelle aus dem Norden unter Bhaibar. Als Türke aus dem südlichsten Rand Zentralasiens (Afghanistan), der dort in inneren Machtkämpfen unterlegen war, trat er bewußt in die Ideologie und Kontinuität mongolischer Eroberungen seit Dschingis Khan ein, was sich schon im Namen seiner Dynastie ausdrückte – Moghul. Seine Eroberung Delhis (**1526**) wurde Auftakt zur Gründung des letzten einheimischen (oder einheimisch gewordenen) Großreichs auf indischem Boden vor der britischen Kolonialherrschaft. Auf seinem Höhepunkt unter Kaiser Aurangzeb (1658–1707) umfaßte das Moghul-Reich zum dritten Mal (fast) ganz Indien. Mit dem Aufkommen der Expansion Europas in Übersee geriet es aber schon zum welthistorischen Anachronismus, dessen endgültiger Untergang (1858) den symbolischen Auftakt zum modernen Imperialismus gab (1877).

43 Südostasien: Vermittlung des Fernhandels zwischen Indien und China, um 600 bis 1511

Völlig ignoriert in unserem Geschichtsbild ist Südostasien. Seine außerordentlich komplizierte Geschichte in geographisch sehr unterschiedlichen Räumen läßt sich durch seine Funktion als Drehscheibe des Fernhandels zwischen China und Indien auf einen ersten groben Nenner bringen. Kulturell liegt es im Überschneidungsgebiet indischer und chinesischer Einflüsse, und Staatlichkeit entwickelte sich geradezu aus dem Interesse am Fernhandel, vor allem nach der ungefähr gleichzeitigen Schwächung der imperialen Großreiche China (220) und Rom (235).

Ein historisches Ausstrahlungszentrum ersten Ranges war lange Zeit Yünnan (heute in Südwestchina): Von hier kamen in zwei Wellen Proto-Malayen (ca. 3000–1000 v. Chr.), die die agrarische Produktion in aller Breite (Reis; Schwein, Rind, Büffel) zuerst einführten, und Deutero-Malayen (ab ca. 300 v. Chr.), die die malayische Grundprägung weiter Teile Südostasiens verstärkten. Später wichen die Burmesen aus Yünnan vor der Expansion des Thai-Reichs Nan-Chao nach Burma aus (ca. 900 n. Chr.), ein Teil der Thai seinerseits vor der Eroberung Yünnans durch die Mongolen (1253), das nun Operationsbasis der Mongolen in Südostasien wurde. Die Mongolen lösten so die letzte Thai-Invasion in Südostasien aus.

Über Südostasien lief eine zentrale Strecke der Südroute zur See (Indischer Ozean) mit der Landenge von Kra (Malayische Halbinsel) und der Meerenge von Malakka als kritischen Punkten. Eine Variante der Seeroute ging von Burma aus zu Lande über Yünnan nach China (so die römische Handelsgesandtschaft nach China, 166). Für Indien und China waren Teile Südostasiens die klassischen Lieferregionen von Gold, Edelsteinen und aromatischen Hölzern (Sandelholz, Kampfer). Welthistorische Bedeutung erlangten andere Regionen durch die Produktion von Gewürzen, die über Indien und Arabien («Wohlgerüche Arabiens») u. a. in den Westen kamen.

196 v. Chr.	Staat der Viet im Delta des Roten Flusses (bis 111).
111	Viet-Staat von China erobert (bis 939 n. Chr.).
1. Jh. n. Chr.	Fu-nan-Reich im Mekongdelta (bis 627).
166	Römische Handelsgesandtschaft über Burma und Yünnan nach China.
nach 600	Chen-la-Reich am mittleren Mekong: 1. Reich der Khmer in Kambodscha (bis ca. 700).
nach 600	Shrivijaya-Reich auf Sumatra und der Malayischen Halbinsel (bis ca. 13. Jh.).
nach 700	Nan-Chao-Reich der Thai in Yünnan (bis 1253): chinesischer Kultureinfluß.
802	2. Reich der Khmer: Angkor (bis 1432).
ca. 900	Burmesen vom Nan-Chao-Reich aus Yünnan nach Burma abgedrängt.
968	Vietnam vereint, unabhängig von China.
1044	1. Burmesisches Reich (Pagan): bis 1287.
1160	Alt-Singapur gegründet: Kontrolle der Meerenge von Malakka (bis 1365).
1253	Mongolen erobern Yünnan: Nan-chao-Reich zerstört: Letzte Thai-Expansion nach Süden.
1287	Mongolen erobern Burma: 1. Burmesisches Reich zerstört.
1293	Invasionsversuch der Mongolen auf Java gescheitert: Majapahit-Reich (bis 1520): Islamisierung.
1350	Ayutthya-Reich der Thai (bis 1767) – Siam (Thailand).
1365	Singapur vom Majapahit-Reich zerstört.
1400	Malakka gegründet: Kontrolle der Meerenge von Malakka.
1405	Expeditionen des Cheng Ho zur See (bis 1433): Malakka unter Suzeränität Chinas gegen Siam.
1414	Expansion des Islam von Malakka aus.
1431	Invasion der Thai in Kambodscha: Angkor als Hauptstadt zerstört, aufgegeben (1432).
1434	Pnom Penh neue Hauptstadt der Khmer.
1511	Malakka von Portugiesen erobert: Kontrolle des Fernhandels.
1512	Ambon von Portugiesen erobert: Gewürzanbau.

1520 Majapahit-Reich zerfallen: Nachfolgestaaten.
1529 Philippinen zu Spanien.
1531/46 2. Burmesisches Reich (bis 1752).

Nach der malayischen Grundprägung weiter Teile Südostasiens durch Proto- und Deutero-Malayen erfolgte die Einbeziehung in die Hochkultur von China oder Indien aus mit sich überlagernden und durchdringenden Faktoren in Überschneidungszonen beider Kulturzentren. Die frühe Expansion Chinas schob zunächst die Viet vom Jangtse-kiang nach Südchina (333 v. Chr.), von dort über das Gebirge zum Delta des Roten Flusses (196), wo die chinesische Expansion sie dennoch ereilte (111): Vietnam ist seitdem das am längsten chinesisch beeinflußte Land Südostasiens, mit China durch eine historische Haßliebe verbunden. Ähnlich wichen die Burmesen, ursprünglich aus Nordchina (Kansu) stammend, zuletzt vor der Expansion des Thai-Reichs Nan-chao aus Yünnan nach Burma aus (ca. 900), während die Thai vor den Mongolen nach der Eroberung Yünnans (1253) in den Süden flohen.
Erste Großreiche in Südostasien entstanden im relativen Machtvakuum seit der drastischen Reduzierung des interkontinentalen Fernhandels als Folge der gleichzeitigen Krise Chinas (Sturz der Han, 220) und Roms (235 ff). Das Vakuum füllte die Ausbreitung indischen Einflusses (Kaufleute, Mission) in der sog. «Indisierung» von Teilen Südostasiens aus, vor allem der großen Sunda-Inseln (Java, Sumatra). Hinduisierte Malayen schufen See- und Handelsreiche, deren Hauptzweck Kontrolle des verbliebenen Fernhandels wurde – das (schon vorher gegründete, aber jetzt erst expandierende) Fu-nan im Mekongdelta (bis 627), Chen-la am mittleren Mekong (nach 600), 2. Reich der Khmer in Kambodscha (802–1432), Shrivijaya auf Sumatra/Malayische Halbinsel (nach 600–13. Jh.). Ihr Einfluß wurde schwächer, nachdem China seit der Sui- und T'ang-Periode (589 ff) als Machtzentrum wieder voll präsent war. Es beanspruchte über wachsende Teile Südostasiens die Suzeränität (Tribute, Gesandtschaften), so daß über die ältere Geschichte Südostasiens vor allem chinesische Quellen informieren.
Schlüsseldatum zur späteren Geschichte Südostasiens ist die Eroberung Yünnans durch die Mongolen (1253), das nach Sinisierung die Basis für Chinas Einfluß in Südostasien wurde. Aus Yünnan vertriebene Thai gründeten das Reich Ayutthya (1350), historische Grundlage für Siam (Thailand), und zerstörten Angkor (1431), das durch Pnom Penh als Hauptstadt der Khmer ersetzt wurde (1434). Gegen den Druck des expandierenden Thai-Reichs Siam unterstellte sich Malakka der Suzeränität Chinas (1405/9), das gerade, als Kompensation für dic von Timur Lenk gestörte Landroute des Fernhandels im Norden («Seidenstraße»), in der Ming-Periode mit den Expeditionen des Admiral Cheng Ho (1405–33) die Südroute über Südostasien zu sichern suchte.
Ähnliche tiefgreifende Wirkung hat-

ten die vorübergehende Invasion der Mongolen in Burma (1287–1305) und der gescheiterte Invasionsversuch auf Java (1293): In Burma zerstörten die Mongolen das 1. Burmesische Reich (1287) und hinterließen nach ihrem Rückzug aus Burma (1305) Nachfolgestaaten, die erst lange später vom 2. Burmesischen Reich zusammengefaßt wurden (1531/46–1752). Auf Java provozierten die Mongolen die Gründung des zweiten Großreichs auf den Großen Sunda-Inseln, Majapahit (1293 bis 1520); ihm folgte die Ausbreitung des Islam von der Nordwestecke Sumatras (Atjeh, Perlak), später von Malakka aus (ab 1414).

Die Kontrolle der Straße von Malakka durch Eroberung Malakkas (**1511**) und der Gewürzproduktion auf den Südmolukken (Ambon) (1512) waren erste Erfolge der portugiesischen Expansion in Übersee, auf deren Spuren, knapp ein Jahrhundert später, die Holländer folgten, zunächst mit der Eroberung Ambons (1605).

44 Korea, Japan: Im Schatten Chinas, 327/552 bis 1603

Am östlichen Rande des ostasiatischen Macht- und Kulturzentrums, noch jenseits von China, bahnten sich Entwicklungen an, die aber erst sehr viel später in der Neuzeit, unter dem Eindruck der Expansion Europas in Übersee (ab 1853/54) durchbrachen – Japans Aufstieg zur Großmacht (ab 1895). Dennoch erweist es sich als nützlich, und wenn nur zur inhaltlichen Abrundung des eurasischen Mittelalters in Asien selbst, jetzt die Grundlagen zum besseren Verständnis für Japans späteren kometenhaften Aufstieg zu legen, wofür dann allerdings ein Seitenblick auch auf das mittelalterliche Korea unerläßlich wird.

327 Königreich Kogurje in Korea übernimmt Buddhismus, Konfuzianismus und andere chinesische Kulturelemente.

552 Japan übernimmt Buddhismus aus Korea (abgeschlossen 587).

645 Taika (= Großer Wandel) in Japan: Reformen nach chinesischem Muster – zentralisierter Kaiserstaat mit Bürokratie.

668 Korea durch Königreich Silla politisch erstmals zusammengefaßt (bis 935).

710 Nara Hauptstadt: Nara-Periode (bis 794).

794 Heian (= Kioto) kaiserliche Hauptstadt Japans.

866	Fujiwara Vormund über unmündigen Kaiser: Fujiwara-Zeit (bis 1160).
935	Neues, namengebendes Königreich Korjo («Korea») (bis 1392).
1185	Minamoto beherrschen Japan mit Kamakura als Hauptstadt: Kamakura-Zeit (bis 1333).
1192	Shogun (Reichsfeldherr) mit hausmeierähnlicher Machtfülle (bis 1867): Kaiser nur noch zeremonielle Schattenfigur.
1231	Korea von Mongolen erobert: Korjo Vasallenstaat der Mongolen (bis 1368).
1274	Japan behauptet sich gegen Invasionsversuch der Mongolen von Korea aus (nochmals: 1281).
1338	Ashikaga-Zeit (bis 1573): Kioto neue Shogunats-Hauptstadt.
1392	Korje-Dynastie in Korea gestürzt: Yi(Li, Ri = «Rhee», I)-Dynastie in Korea (bis 1910), mit Anlehnung an China der neuen Ming-Dynastie; Seoul neue Hauptstadt.
1467	Bürgerkriege in Japan um Kontrolle des Shogunats (bis 1568): «Kriegerisches Zeitalter».
1542/43	Portugiesen erstmals in Japan: Feuerwaffen.
1549	Jesuiten in Japan (bis 1638): Begrenzte Christianisierung, mit Schwerpunkt in Nagasaki.
1573	Sturz der Ashikaga (seit 1338): Erneute Bürgerkriege in Japan um Shogunat (bis 1600): Drei «Einiger Japans» – Oda Nobunaga, Toyotomi Hideyoshi, Tokugawa Ieyasu.
1592	Japanischer Expansionsversuch (bis 1598) in Korea gescheitert an koreanischer Flotte und chinesischer Armee: Koreanische Porzellanhandwerker nach Japan deportiert – Anfänge der japanischen Porzellanproduktion.
1600	Tokugawa Sieger im innerjapanischen Machtkampf.
1603	Tokugawa mit formellem Titel des Shogun; Edo (= Tokio) neue Hauptstadt des Shogunats: Tokugawa- oder Edo-Zeit (bis 1867).
1639	Schließung aller japanischen Häfen für europäischen Überseehandel, Nagasaki (1641) für Holländer ausgenommen: Selbstisolierung Japans (bis 1854).
1636/37	Korea von Mandschu erobert: Korea unter Suzeränität der Mandschu, später Chinas (seit 1644): Isolierung (wie China und Japan).
1638	Christentum in Japan ausgerottet.

Koreas überregionale Bedeutung liegt vor allem darin, daß es, zu Beginn des Eurasischen Mittelalters, Durchgangs- und Vermittlungsstation für chinesische Kultur nach Japan wurde. Zu Beginn der Neuzeit (1592–98) wurde er, als Auftakt zur geplanten Eroberung Chinas im Zeitalter des Imperialismus, erstes Ziel japanischer Expansion (1592 bis

1598, 1894), jeweils als Auftakt zur erhofften Eroberung ganz Chinas. Beide, Korea und Japan, standen in ihrer gesamten historisch faßbaren Geschichte stets mehr oder minder stark im Schatten Chinas, Korea kulturell und oft auch politisch in der einen oder anderen Form, Japan nur kulturell.

Die Koreaner stammten vermutlich aus der Mandschurei. Korea wurde unter der Han-Dynastie erstmals von China erobert (108 v. Chr.). Koreanische Geschichte im engeren Sinn beginnt mit Teilreichen auf der koreanischen Halbinsel – Kogurjo (57 v. Chr.), Paekche und Silla (ca. 340 n. Chr.). Einer ersten kulturellen Teil-Sinisierung Kogurjes (**327**) (Übernahme von Buddhismus, Konfuzianismus, Astronomie, Medizin) folgte die Behauptung gegen chinesische Eroberungsversuche (612/14, 657), bis die erste politische Zusammenfassung durch Silla gelang (668), mit Unterstützung T'ang-Chinas.

Korea kombinierte Zentralisation und Bürokratisierung (nach chinesischem Muster) mit Sklaverei und feudalen Elementen (Vergabe von Land und Leuten durch die Krone; Hörigkeit der Bauern). Feudalisierung, mit einer mächtigen großgrundbesitzenden Aristokratie, und reiche buddhistische Tempel (später Klöster), die sich alle früher oder später Steuerfreiheit (Immunität) erzwangen, erhöhten den Steuerdruck auf die Bauern und provozierten Bauernaufstände, die dem Untergang des jeweiligen Königreichs vorausgingen – Sillas (935), später des namengebenden Korjo; es wurde durch Bauernaufstände derart geschwächt (1176–78, 1193/94), daß es dem großen Mongolensturm erlag (1231): Korea wurde mongolischer Vasallenstaat. Nach Sturz der Mongolen in China (1368) lavierte es zwischen den nach Zentralasien zurückgetriebenen Mongolen und dem neuen China der Ming-Dynastie, bis eine neue Dynastie – Yi, Li, Ri (= Rhee), I – die offene Anlehnung an China herbeiführte (1392). Mit einheimischen Kräften (Flotte) und Hilfe des chinesischen Suzerän (Armee) gelangt es noch, einen ersten Eroberungsversuch Japans abzuwehren (1592–98), aber nicht zu verhindern, daß die abziehenden Japaner koreanische Fachhandwerker nach Japan deportierten, wo sie die Grundlage der japanischen Porzellanproduktion legten. Korea wurde von den Mandschu erobert (1636/37), als Auftakt zur Eroberung Chinas (1644), so daß sich Koreas Bindungen zu China verstärkten. Wie in China selbst betrieben die Mandschu die Isolierung Koreas gegen Europa, u. a. durch bewußte Entvölkerung der Küstengebiete.

Nach Japan kam die agrarische Produktion erst spät (ca. ab 400 v. Chr.), vielleicht aus China über Korea. Die Einwanderer expandierten vom Süden der japanischen Hauptinsel gegen die (indoeuropäisch aussehenden) Ureinwohner der Ainu, die allmählich unterworfen, absorbiert, nach Norden verdrängt oder ausgerottet wurden. Aus der üblichen Zersplitterung in kleine Clan- oder Gaukönigtümer (nach chinesischen Geschichtsquellen «hundert oder mehr Länder») ging allmählich die Hegemonie der Yamato, des Sonnengeschlechts, hervor (ca. 300 n. Chr.). Den Übergang zu historisch faßbaren Entwicklungen bezeichnet die Übernahme des chinesischen Buddhismus aus Korea (**552**–87), u. a. als Mittel zur politischen Konsolidierung durch eine die engen Stammes- und Clanreligionen übergreifende Hochreligion. Nach Entsendung einer ersten japanischen Gesandtschaft ins neu-konsolidierte China der Sui-Dynastie (607) übernahm Japan nach einem staatsstreichartigen Regierungswechsel (645) mit der Taika(«Großer Wandel»)-Periode wesentliche Faktoren der chinesischen Kultur – Kaiser, Hof, Bürokratie, Rechtsprechung. Dennoch nahm Japan gegenüber China eine eigenständige Entwicklung, bis zur Gegenwart: Die Entmachtung des Kaisers durch eine Art politisch-militärischen Vormund (866–1867), der erst später den formellen Titel des Shoguns (Reichsfeldherr) erhielt (1192), bewirkte eine starke Dezentralisierung der politischen Macht. Im Unterschied zu China behauptete sich die (politisch meist ohnmächtige) Kaiserdynastie, dafür wechselten sich Dynastien von hausmeierähnlichen Machthabern in der Beherrschung des Kaisers ab, oft nach ausgedehnten Bürgerkriegen – Fujiwara (866–1160), Minamoto (1185–1333), Ashikaga (1338 bis 1573), Tokugawa (1600/03–1867), jeweils mit wechselnden Shogunats-Hauptstädten – Kamakura (1185 bis 1338), Kioto (1338–1573), Edo (= Tokio) (1600–1867).

Samurai («Ritter») und Daimyos («Regionalfürsten») teilten sich die Macht unter dem Shogun im auslaufenden Mittelalter, während Fernkaufleute und Piraten starke kommerziell-maritime Faktoren repräsentierten, die schon früh nach außen mit einem gewissen Eigengewicht drängten. In einem Jahrhundert des permanenten Bürgerkrieges um die Kontrolle des Shogunats (1467–1568) wurde die Zentralgewalt zugunsten der Daimyos noch weiter geschwächt. Zuletzt brachten Portugiesen (ab 1542/43) erste Feuerwaffen nach Japan, Jesuiten das Christentum (1549). Beide Neuerungen komplizierten die innerjapanischen Konflikte, zumal wenn sie zusammenfielen. Jeweils mit neuen Bürgerkriegsrunden erzielte Japan in drei Anläufen (1573–1600) unter Tokugawa Ieyasu dann doch noch politische Einheit und inneren Frieden, bald auch wieder mit dem traditionellen Prestigetitel des Shogun (1603): In der Edo-Zeit (**1603**–1867) versuchten die Tokugawa-Shogune, ökonomisches Wachstum mit Verzicht auf demographische Expansion nach innen, kommerzielle und territoriale Expansion nach außen zu kombinieren, nachdem ein erster Versuch gegen Korea zuvor katastrophal gescheitert war (1592–98). Nach einem Aufstand japanischer Christen (1637) wurde das Christentum blutig unterdrückt (1638), wurden Handelsbeziehungen zu Europa, namentlich Portugal, gänzlich abgebrochen (1639), ausgenommen eine holländische Faktorei im Hafen von Nagasaki, deren Handel unter strenger staatlicher Kontrolle weitergehen durfte.

Hinter der Fassade autokratischer und monolithischer Stabilität bahnten sich jedoch schon gegen Ende des Shogunats soziale Widersprüche zwischen der agrarisch-aristokratischen Herrschaft der Samurai und Daimyo einerseits und stets stärker werdenden kommerziell-maritimen Interessen in den Städten andererseits an, durchaus in Parallele zu entsprechenden Entwicklungen in Europa (McNeill). Interne Spannungen entwickelten sich, die den relativ raschen Sturz des Shogunats (1867), nur wenige Jahre nach der ersten Intervention des Westens, in Gestalt der USA zur Beendigung der japanischen Isolation, und die stürmische Modernisierung der Meiji-Ära (1868–1912) erklären.

45 Islam I: Araber und Kalifat, 622 bis 1258

Mit dem Islam, der jüngsten Weltreligion, erzielten die Araber seit 622 eine bleibende Weltwirkung, weit über ihr Kalifat hinaus, das Traditionen und ökonomische Funktionen der von ihm ganz (Persien) oder teilweise (Byzanz) verdrängten Großreiche modifiziert fortsetzte. Namentlich retteten die Araber einen Teil der klassischen griechischen Literatur und vermittelten sie über spanische Juden dem sich regenerierenden lateinischen Westen, vor allem die Kenntnis des Aristoteles. Durch ihre Vermittlung kamen die aus Indien stammenden «arabischen» Zahlen. Wesentliche Grundlagen der modernen Naturwissenschaften sind, der Sache wie dem Wort nach (z. B. «al-Chemie»), originäre Beiträge der Araber, vor allem in Medizin und Astronomie.

ca. 500 v. Chr.	Damm von Marib: Bewässerungskultur in Südarabien (Jemen) (bis 571 n. Chr.).
525 n. Chr.	Aksum erobert Jemen.
571	Persien vertreibt Aksumiten aus Jemen: «Jahr des Elefanten» – Geburtsjahr Mohammeds. Damm von Marib zerstört: Katastrophe für Jemen.
622	Hedschra: Flucht Mohammeds von Mekka nach Medina – Beginn der muslimischen Zeitrechnung.
632	Mohammed gestorben – Die 4 «rechtgeleiteten» Kalifen (Nachfolger) (bis 661): Abu Bakr, Omar, Othman, Ali.
634	Erste Expansionsphase (bis 650).
656	«Kamelschlacht» bei Basra: Spaltung des Islam.
657	Abspaltung der Charijiten: Spätere Staatsbildungen, vor allem im Maghreb.
658	Abspaltung der Schi'a (= «Partei») Alis: Schi'iten. Dagegen Mehrheitsrichtung der Sunna – Sunniten.

661 Omaijaden (bis 750): Kalifat nach Damaskus verlegt. Weitere Eroberungen (bis 711).
732 Niederlage gegen Franken zwischen Tours und Poitiers.
740/47 Niederlagen gegen Byzanz: Krise.
750 Sturz der Omaijaden: Abbasiden (bis 1258).
756 Emirat (Kalifat: 929) von Cordoba (bis 1031).
763 Kalifat nach Bagdad verlegt: persischer Einfluß verstärkt.
786 Harun-al-Raschid Kalif (bis 809).
788 Abspaltung Marokkos.
809 Reichsteilung und Bürgerkrieg im Kalifat (bis 813).
813 Al-Mamun Kalif (bis 833): Mamluken.
909 Gegenkalifat der Fatimiden (bis 1171).
1055 Seldschuken erobern Bagdad.
1096 Kreuzzüge (bis 1291).
1258 Mongolen erobern Bagdad: Ende des Kalifats.

Die vor-islamische Geschichte der Araber ist weitgehend verdrängt, vom Islam selbst. Südarabien (Jemen) entwickelte früh mit der aus Palästina stammenden Zementtechnik durch den Bau von Dämmen zur Speicherung des Regenwassers in Trockentälern (Wadis) eine hochstehende Bewässerungskultur (ab ca. 1000 v. Chr.). Ökonomisches Zentrum war der größte Damm bei Marib (ca. 500 v. Chr.–571 n. Chr.), politisches Zentrum lange Zeit Saba, das den Fernhandel übers Rote Meer und die «Weihrauchstraße» Mekka–Medina–Gaza kontrollierte – Duftstoffe, Gewürze aus Indien, Gold und Sklaven aus Afrika. Von Jemen aus wanderten südarabische Kolonisten ins spätere Äthiopien.

Frühe Eroberungsversuche zur Kontrolle des Gewürzhandels blieben erfolglos: Babylon kam nur bis Medina (550 v. Chr.), Alexander starb vor dem geplanten Arabienzug (323), Rom scheiterte an Klima und Seuchen (25/24). Die Syrischen Kriege zwischen Ptolemäer und Seleukiden (278–168) dienten mit Gaza (Endpunkt der «Weihrauchstraße») auch einem ökonomischen Interesse, ebenso die Kämpfe zwischen Persien und dem mit Byzanz verbündeten Aksum, das den Jemen vorübergehend eroberte (525–571). Direkte Handelsreisen Indien–Ägypten mit Hilfe des Monsuns (ab 117/16 v. Chr.) lenkten den Fernhandel teilweise an Jemen vorbei. Bei Vertreibung der Aksumiten aus Jemen durch Persien, im «Jahr des Elefanten» (571), wurde der Damm von Marib irreparabel zerstört. Die ökologische Katastrophe trug sicher zur Dynamik bei, die später die Araber nach Norden in die alten Zivilisationszentren trieb. Auch im Norden waren Araber nicht einfach nur Beduinen (= Nomaden), sondern in Syrien längst seßhaft.

Zur Zeit Mohammeds war Arabien teils christlich (nestorianisch), teils jüdisch oder animistisch. Entstehung und Charakter des Islam spiegeln diese Konstellation wider, Mohammeds sozialer Hintergrund (Fernhändler aus Medina) und seiner ersten Widersacher (reiche Stammes- und Kaufmannsaristokratie der Qurais aus Mekka) zeigen die große Bedeutung des Fernhandels. Nach seinem ersten Auftreten (610) gilt Mohammeds Flucht von Mekka nach Medina (Hedschra) als Beginn des Islam und der islamischen Zeitrechnung (**622**). Von Medina aus unterwarf er zunächst jüdisch-arabische Stämme (624–628) und einte bis zu seinem Tod (632) einen großen Teil der Arabischen Halbinsel. Sein Tod löste die übliche Nachfolgekrise aus, nach deren Überwindung begann die rasche Expansion unter den Kalifen (Nachfolgern): Massawa (Eritrea) (634), Syrien (635), Palästina (636), Jerusalem (638), Persien einschließlich Mesopotamien (636/42–651), Ägypten (641/42), Libyen (644), Georgien (650) wurden erobert.

Hinter dem ersten innermuslimischen Bürgerkrieg seit der «Kamelschlacht» von Basra (656) standen widerstreitende Interessen von Beduinen-Stammeskriegern und seßhaften Arabern Syriens, verstärkt durch die Kaufmannsaristokratie der Qurais aus Mekka und nicht-arabische Muslims. Die Qurais setzten sich als Omaijaden durch (661), aber auf Kosten der Spaltung des Islam: Die extremen Charijiten («Auszügler») (657) eröffneten die Spaltung, machten sich mit eigenen Staatsgründungen selbständig; der weniger extremen Schi'a (658) steht seitdem die gemäßigte Mehrheit der Sunna (ca. 90 %) gegenüber.

Die Omaijaden verlegten die Hauptstadt des Kalifats von Medina nach Damaskus (661). Sie verließen so die heimatliche Basis Arabien und übernahmen byzantinische und sassanidische Verwaltungsstrukturen. Wie Achämeniden- und Alexanderreich hatte das Kalifat eine bi-metallene Währung (696), den Golddinar in Konkurrenz zum byzantinischen Goldsolidus für den Westen, den Silberdirhem in Nachfolge der persischen Silberdrachme für den Osten.

Der neuen Konsolidierung folgte die zweite Eroberungsphase: Die Araber eroberten Karthago (697) und den Maghreb (709) sowie Spanien im Westen, Sind im Osten (711) mit Ausläufern bis nach Zentralasien in Berührung mit T'ang-China (751). Belagerungen von Konstantinopel (674–78, 717/18) scheiterten, Niederlagen gegen Franken (732) und Byzanz (740, 747) führten zur nächsten inneren Krise: Die sozialrevolutionäre Protestbewegung der Abbasiden aus dem nordiranischen Chorassan (647) faßte die sozioökonomischen Interessen der nicht-arabischen Muslims gegen die bei der Verteilung der Kriegsbeute bevorzugten arabischen Stammeskrieger zusammen. Sturz der Omaijaden in einem blutigen Massaker (750), Herrschaft der Abbasiden und die neue Hauptstadt Bagdad (763) verlagerten den Schwerpunkt des Kalifats in den persischen Osten.

Die persische Periode des Kalifats eröffnete zugleich seinen Zerfall – von der Peripherie wie vom Zentrum aus: Der einzige überlebende Omaijade gründete das Emirat von Cordoba (756), das später ein Gegenkalifat bildete (929–1031). Charijiten folgten im Inland des Maghreb mit eigenen Staaten (757/61–909), ferner die schi'itischen Idrisiden in Marokko (788), die Aghlabiden in Ifriquija (= Nordafrika um Karthago) (800), abgelöst von den Fatimiden (909–1171), die auch Ägypten eroberten (969). Entsprechend lösten sich im Nordosten kleinere persische Fürstentümer vom Kalifat (nach 800).

Im Zentrum kam es nach dem Tod Harun-al-Raschids (809) zur Reichsteilung und zum Bürgerkrieg zwischen seinen beiden Söhnen, den al-Mamun, Sohn einer persischen Mutter, mit Truppen aus dem nordpersischen Chorassan gewann (813). Er löste die alte Armee aus arabischen Stammeskriegern auf und ersetzte sie in der Hauptstadt durch Mamluken als Leibgarde – türkische Kriegersklaven, die im Kalifat islamisiert wurden. Sie übten bald die Funktion der römischen Prätorianergarde aus: Sie drückten den Kalifen zum Schattenkalifen hinab, in ihrer Rolle als «Schützer des Kalifen» abgelöst durch die persischen Buijiden (945) und türkischen Seldschuken (1055), jeweils nach Eroberung Bagdads. In den Kreuzzügen war das Kalifat nur noch ein Schattengebilde, ersetzt durch eine Reihe von teilweise schon türkisch geprägten Fürstentümern.

Mit der Eroberung Bagdads beendeten die Mongolen (1258) das Kalifat als politische Struktur, mit ihren Zerstörungen auch die Fruchtbarkeit Mesopotamiens. Die arabische Sprache und Kultur behaupteten sich im Islam, aber die Araber selbst sanken unter wechselnden Eroberern, zuletzt den osmanischen Türken (ca. 1516/17–1917/18), wieder zu einer deklassierten, weithin verachteten Unterschicht armer Bauern (Fellachen) und Beduinen hinab.

Während die Araber, ursprünglich Träger des Islam, mit Niedergang und Untergang des Kalifats wieder in eine politisch ohnmächtige Randposition zurücksanken, breitete sich der Islam ungebrochen weiter aus, in alle Richtungen, auch jenseits des vorderasiatischen Ausgangspunktes. Der Islam wurde durch die christliche Gegenoffensive nach 1000 zwar aus dem Norden des Mittelmeeres zurückgedrängt, gewann sonst aber überall an Boden – in Zentralasien, Südostasien, Teilen des westlichen China, Afrika südlich der Sahara. Im Machtvakuum nach dem großen Mongolensturm etablierten sich allmählich drei große muslimische Reiche unterschiedlichen Charakters – das Osmanische Reich (1290/1300–1918/23), das auf seinem Höhepunkt ungefähr den gesamten Vorderen Orient wieder zusammenfaßte, dazu noch Nordafrika bis Algerien und Südosteuropa bis kurz vor Wien; das neupersische Reich der Safaviden (1500–1722) und das Moghul-Reich in Indien (1526 bis 1858), das auf seinem Höhepunkt um 1700 fast ganz Indien vereinte. Auf ihre Weise entwickelten sie islamische Kultur mit unterschiedlichen Akzenten weiter, türkischen, persischen und indisch-persischen. Der Islam blieb Hoch- und Weltreligion, mußte sich aber seit der Expansion Europas in Übersee, vor allem seit Niedergang des Osmanischen Reiches (ab 1683 bzw. 1774), mit einer neuen Phase westlich-christlicher Expansion auseinandersetzen, diesmal in Form des Industrialismus, Nationalismus und Imperialismus.

46 Islam II: Türken in den asiatischen Kulturzentren, 998 bis 1243

Die chinesische Expansion unter T'ang nach Zentralasien durch Zerschlagung der beiden Alt-Türkischen Reiche (630, 745) setzte Jahrhunderte später die vorletzte Welle turkmongolischer Eroberer in Bewegung. Die Türken brachen diesmal überwiegend im zentralen Sektor zwischen China und Europa ein, nach Indien (**998**) und Persien (1042). Von dort aus kamen sie in zwei Schüben in Konflikt mit Byzanz und dem lateinischen Europa – Seldschuken und Osmanen. Zentraler Einschnitt für die ältere Geschichte der Türken wurde der Einbruch der letzten großen Welle turk-mongolischer Eroberer, der Mongolen in ihre neue Heimat Kleinasien (Anatolien) (1243).

552 Türken als neue Stammeskonföderation: Juan-juan (Awaren) aus Zentralasien vertrieben. Alt-Türkische Reiche im Osten (bis 630) und Westen (bis 745) Zentralasiens.

630 T'ang-Dynastie zerstört Östliches Alt-Türkisches Reich.

745 T'ang-Dynastie zerstört Westliches Alt-Türkisches Reich: Türken weichen nach Süden aus.

nach 813 Türken als Sklaven im Kalifat: Islamisierung und Militärdienst. Mamluken beherrschen Kalifat.

889 Ungarn aus dem Wolgaknie vertrieben: Abzug nach Westen.

945 Mamluken von Bujiden (persischer Beamtenfamilie) ausgeschaltet.

955 Anfänge der Oghusen: (Angebliche) Eroberung Bucharas unter (historisch nicht gesichertem) Seldschuk.

960 Übertritt der Oghusen zum Islam: Erneuerung des Islam von der Peripherie her.

969 Petschenegen im südlichen Rußland (bis 1122).

992 Oghusen Verbündete des Mahmud von Ghasna.

998 Mahmud von Ghasna erobert Nordwestindien (Panjab): Ghasnaviden-Reich vom Kaspischen Meer bis Panjab, mit Lahore als Zentrum.

1042 Weite Teile Persiens von Seldschuken erobert.

1055 Seldschuken erobern Bagdad: «Beschützer des Kalifen». Sultanat: Groß-Seldschuken-Reich (bis 1092).

1071 Überwältigender Sieg der Seldschuken bei Mantzikert über Byzanz: Byzanz entscheidend geschwächt.

1077 Rum-Sultanat der Seldschuken in Anatolien (bis 1308). Seldschuken erobern Jerusalem.

1085 Seldschuken erobern Antiochia: Hilferuf von Byzanz nach Westen.

1092 Großwesir Nazam von Assassinen ermordet: Ende des Groß-Seldschuken-Reiches (seit 1055).
1096 Kreuzzüge (bis 1291): Seldschuken in Kleinasien zurückgedrängt.
1176 Erneuter Sieg über Byzanz bei Myriokephalon.
1221 Mongolen erobern Merw: Turkmenen weichen ins Rum-Sultanat aus.
1243 Schlacht bei Kösedağ: Sieg der Mongolen über Seldschuken. Rum-Sultanat Vasallenstaat der Mongolen (bis 1308).

Die Türken hatten sich als neue Stammeskonföderation Zentralasiens erstmalig im Kampf zur Vertreibung der Juan-juan gebildet. Nach deren Flucht in den Westen (552), wo sie als «Awaren» wieder auftauchten (567), nahmen die Türken Zentralasien in Besitz, zerfielen jedoch von vornherein in zwei Alt-Türkische Reiche. Beide erlagen getrennt Chinas Expansion unter den T'ang, im Osten (630) und Westen (745). Ihre Verdrängung aus Zentralasien hinterließ die Türken fragmentiert, bis sie sich allmählich wieder zu größeren Stammesverbänden sammelten.

Nachfolger des Alt-Türkischen Reiches (Kök Türken) in der mongolischen Steppe wurde seit 745 das Uighurische Steppenreich, das teilweise das nestorianische Christentum annahm, das es durch Missionare entlang den Routen des Fernhandels («Seidenstraße») kennenlernte, ferner den Manichäismus (762). Nachdem die Kirgisen 840 dieses Steppen-Imperium übernahmen, flohen die Uighuren südwärts in die Oasenstädte, wo sie zunehmend seßhaft wurden. Das nachfolgende Königreich von Qočo (850–1250) erreichte eine hohe Kulturstufe im Schnittpunkt iranischer, indischer und chinesischer Einflüsse.

Die Türken kamen als Sklaven ins Kalifat von Bagdad, wo sie zum Islam bekehrt wurden und seit dem Kalifen Mamun (813–833) als Kriegersklaven («Mamluken») Palastgarde und Elitetruppen wurden, die, ähnlich wie die Prätorianergarde im kaiserlichen Rom, bald die Macht an sich rissen (bis 945).

Bald nach Sturz der faktischen Mamlukenherrschaft in Bagdad durch die persische Beamtenfamilie der Bujiden innerhalb des weiter niedergehenden Kalifats (945) sammelten sich nördlich davon in der Steppe wieder größere Stammesverbände der Türken. Den erkennbaren Anfang machten die Oghusen mit der (angeblichen) Eroberung Bucharas durch ihren legendären, historisch nicht gesicherten Anführer Seldschuk (955), nach dem sich jedenfalls ihre Herrscherdynastie nannte – Seldschuken. Ihr Übertritt zum Islam (960) gab den Seldschuken die Dynamik des Glaubenseifers zur Erneuerung und Ausbreitung des Islam, zum militanten Kampf gegen die Ungläubigen und zur militärischen Eroberung. Als Steppennomaden erzielten sie im machtpolitisch niedergehenden Islam eine ähnliche Wirkung aus dem Norden wie zuvor die Araber als Wüstennomaden aus dem Süden mit ihren Eroberungen seit Mohammed (622).

Während andere turk-mongolische Völker den seit den Hunnen traditionellen Weg nach Westen genommen hatten (u. a. Khasaren, Ungarn, Petschenegen, Kumanen), brachen die Türken als neubekehrte Muslime nach Süden auf, zunächst als Verbündete des Mahmud von Ghasna im südlichen Zentralasien (992). Mahmud von Ghasna selbst war mit seinen Anhängern Türke. Seine Eroberung des Panjab (998) markiert den ersten Einbruch der Türken in eines der großen asiatischen Kulturzentren, mit weitreichender Wirkung auf Indien, da nunmehr der Islam in Nordwestindien festeren Fuß faßte. Seit Mahmud von Ghasna agierten Türken in den asiatischen Kulturzentren nicht mehr unter fremder Flagge, vor allem im Kalifat als Mamluken, sondern traten gleichsam auf eigene Rechnung als Reichsgründer auf. Im nördlichen Indien folgten weitere Wellen erobernder Türken – Mohammed von Ghur (1192–1206) und das Sultanat von Delhi (1206–1398), schließlich Bhaibar und das Moghul-Reich (1526 bis 1858).

Weiter westlich setzten die Oghusen (Seldschuken) nach 1000 zur nunmehr historisch besser überlieferten Eroberung des Iran und Irak an: Merw (1029), weite Teile Persiens (1042), Isfahan (1051), Bagdad (1055) waren die wichtigsten Etappen. Als «Beschützer des Kalifen» verdrängten sie die persischen Bujiden (seit 945) aus der ideologisch führenden Rolle im Kalifat, gaben sich mit dem Groß-Seldschuken-Reich (1055) gar eine eigene, freilich noch sehr lockere imperiale Machtstruktur. Ihr Glaubenseifer (Fanatismus) als Neubekehrte machte den Zusammenstoß mit den Christen unvermeidlich: Byzanz erlitt gegen die Seldschuken seine entscheidende Niederlage bei Mantzikert (1071), die Eroberung Jerusalems (1077) und Antiochias (1085) lösten Hilferufe des Kaisers von Byzanz nach Westen aus, die zu den Kreuzzügen (1096–1291) führten. Vorher schon hatte die Ermordung des Wesirs des Groß-Seldschuken-Reiches (1092) der prekären Einheit des neuen Erobererstaates den Todesstoß versetzt, während das Rum(«Rum» = Rom = Ostrom = Byzanz)-Sultanat in Anatolien (Kleinasien) (1077), zunächst im Rahmen des Groß-Seldschuken-Reiches (bis 1092), längeren Bestand hatte. Insgesamt zersplitterten sich die seldschukischen Türken nach 1092 relativ rasch und wurden von den Kreuzzügen anfangs in Kleinasien und Syrien zurückgedrängt. Erst Saladin, an sich Kurde, einte die muslimischen Kräfte im Nahen Osten gegen die Christen vorübergehend, gestützt auf die Zusammenfassung Syriens und Ägyptens (1171/74). Seine Dynastie der Aijubiden wurde später von den ägyptisch/syrischen Mamluken abgelöst (1250–1517).

Inzwischen hatten die Seldschuken mit dem nächsten großen Sieg über Byzanz bei Myriokephalon (1176) die lang anhaltende Agonie von Byzanz weiter vorangetrieben. Nach schweren Aufständen von Nomadenstämmen gegen die mittlerweile fast seßhaft gewordenen Seldschuken innerhalb des eigenen Machtbereichs (1236, 1239) erlitt das Rum-Sultanat seinen entscheidenden Schlag von der vorletzten großen Welle turk-mongolischer Expansion, den Mongolen: Die Eroberung von Merw noch unter Dschingis Khan (1221) hatte erstmals turkmenische Nomaden ins Rum-Sultanat gepreßt. Ihnen folgten die siegreichen Mongolen selbst mit einem vernichtenden Sieg bei Kösedağ (**1243**): Das formal weiterbestehende Rum-Sultanat sank zum Vasallenstaat der Mongolen hinab, zuletzt der persischen Il-Khane (ab 1295). Es erlosch endgültig unter dem Druck der jüngsten Welle türkischer Eroberer, der Osmanen, deren Vorfahren als turkmenische Nomaden aus Merw vor den Mongolen (1221) ins Rum-Sultanat geflüchtet waren.

47 Mongolensturm und Mongolenreich: Von Dschingis Khan bis Timur Lenk, 1206 bis 1405

Gegen Ende der Kreuzzüge erreichte der große Mongolensturm auch Europa mit seinen Auswirkungen. Mongolensturm und Mongolenreich sind weltgeschichtlich so bedeutsame Vorgänge, vergleichbar nur mit Alexanderzug und Alexanderreich, daß eine knappe Skizze hier unerläßlich wird, zumal sie über die Grenzen des mittelalterlichen Europa hinausführt.

1206 Khuriltai (Fürstenrat): Temudschin als Dschingis Khan Groß-Khan (bis 1227). Expansion, zunächst gegen China als Hauptziel.
1229 Ögödei Groß-Khan (bis 1241): Weitere Expansion, bis Rußland und Korea.
1240 Kiewer Rus zerstört: Tributsoberherrschaft über Rußland (bis 1480).
1241 Mongolen siegen über Polen/Deutsche Ritter bei Liegnitz, über Ungarn bei Mohi.
1243 Mongolen vernichten Rum-Sultanat in Kleinasien.
1245 Päpstliche Mission des Franziskaners Carpini in Karakorum (bis 1246): Bündnis mit Mongolen gegen Islam gescheitert.
1251 Goldene Horde Khanat (bis 1502): Tributsoberherrschaft über Rußland (bis 1480).
1256 Iran erobert: Persische Assassinen vernichtet.
1258 Bagdad erobert: Ende des Kalifats (seit 632).
1260 Niederlage in Palästina gegen Mamluken bei Aïn Dschaluth. Kublai Khan Groß-Khan (bis 1294): Höhepunkt des Mongolenreiches, aber auch beginnende Zersetzung.

1261 Bündnis Goldene Horde/Mamluken – Mongolen in Persien.
1264 Reichshauptstadt von Karakorum nach Peking verlegt: innermongolische Opposition.
1278 Mongolischer Aufstand gegen Khublai Khan niedergeschlagen.
1287 Nördliches Burma erobert.
1294 Temür letzter gemeinsamer Groß-Khan (bis 1307).
1295 Mongolen im Iran unabhängig: Übertritt zum Islam. Herrschaft als Il-Khane (bis 1335).
ca. 1335 Zerfall des Mongolenreiches vollendet.
1368 Sturz der Mongolenherrschaft in China.
1370 Timur Lenk erklärt sich zum Erben Dschingis Khans und Erneuerer seines Reiches: Expansion (bis 1405).

Der Aufstieg der Mongolen zum größten Reich der Weltgeschichte begann mit der Wahl des erfolgreichen Stammesfürsten Temudschin auf einem khuriltai (Fürstenrat) als Dschingis Khan mit dem traditionellen Titel eines Groß-Khan (Khakhan) (**1206**). Hauptziel der Eroberungen war China, zu dessen Überwältigung jedoch weite Umwege nach Westen und Süden (Yünnan) erforderlich wurden. Die ersten Feldzüge verbreiterten die Basis in Zentralasien durch Unterwerfung weiterer turk-mongolischer Völker (Oiraten, Kirgisen, Uighuren, 1206–1209). Es folgte die Eroberung von drei Reichen sinisierter Turk-Mongolen am Rande und im Norden Chinas – Hsi-hsia der Tanguten (1209), Chin mit der Hauptstadt Peking (1215), Khara Khitai (1218). Die Unterwerfung des Reichs des Choresm-Schah (1219–21) führte in den nördlichen und östlichen Iran, von dort, in Verfolgung des geschlagenen Gegners, über den Hindukusch zum Indus (1221). Auf einem ersten Erkundungszug gegen die Kiewer Rus schlugen die Mongolen die russischen Fürsten und Kumanen an der Kalka (1223). Ein Aufstand der Tanguten provozierte Dschingis Khans letzten Feldzug (1226).

Unter Dschingis Khans Sohn Ögödei ging die Expansion zunächst weiter: Korea (1231), Nordchina (1234), Setschuan (1236) und Rußland (1237–40), Siege über Polen/Deutschen Orden bei Liegnitz und Ungarn bei Mohi (1241) markierten die westlichen Extrempunkte mongolischer Expansion. Nach Ögödeis Tod (1241) zogen die Mongolen aus Ungarn und Polen ab (1242), blieben aber in Südrußland als Goldene Horde der Tataren, die sich als Khanat (1251) selbständig machte (1260). Nach inneren Konflikten begann im Osten eine neue Expansionsphase, fortgesetzt unter dem Groß-Khan Möngke (1251–60): Die Mongolen vernichteten das Rum-Sultanat in Kleinasien (1243), eroberten Armenien (1244), Yünnan (1253), Iran (1256), Bagdad (1258). Sie begannen die Eroberung des südlichen China, die Khublai Khan als Groß-Khan (1260–1294) vollendete (1279). Die Verlegung der Reichshauptstadt von Karakorum nach Peking (1264) diente der rascheren

Sinisierung der Mongolen in China, ebenso wie die Annahme eines chinesischen Dynastienamens – Yüan (1271/80–1368), provozierte aber auch innermongolische Opposition, die zu einem hart niedergeschlagenen Aufstand führte (1278). Die Eroberung des nördlichen Burma (1287) rundete die Expansion des Mongolenreichs ab.

Unterdessen hatten schon erste Zerfallserscheinungen eingesetzt: Niederlagen gegen Mamluken in Palästina (1260) und Kleinasien (1277) setzten der mongolischen Expansion im Vorderen Orient Grenzen. Der Abfall des Khanats der Goldenen Horde (1260) und seine Kriege mit den persischen Mongolen um den Kaukasus, dazu im Bündnis mit Mamluken (1261) und Byzanz (1272), sprengten die innermongolische Solidarität. Invasionen gegen Japan (1274, 1281), Vietnam (1284) und Java (1293) scheiterten mit bedeutenden Rückwirkungen für die Länder, die sich behaupteten. Unter dem letzten gemeinsamen Groß-Khan, Temür (1294–1307), machten sich die Mongolen Persiens nach Übertritt zum Islam und rascher Iranisierung als Il-Khane (1295–1335) selbständig. Um 1335 war das Mongolenreich zerfallen. Seit Vertreibung der Mongolen aus China (1368) galt der imperiale Titel des Groß-Khan wieder nur für die Mongolen Zentralasiens (bis 1634).

Timur Lenks Anspruch, von Samarkand aus als Erbe Dschingis Khans das Mongolenreich zu erneuern (1370), führte zu verheerenden Kriegszügen, nach Westen bis zur Ägäis und Rußland, nach Osten bis zum Panjab; nur Timurs Tod (**1405**) verhinderte einen Zug gegen China. Timurs Nachahmung Dschingis Khans hatte weitreichende Folgen, für die unmittelbar betroffenen Länder durch schreckliche Zerstörungen und Massaker, aber auch mittelbar in Politik und Wirtschaft.

Die weltweiten Auswirkungen von Mongolensturm und Mongolenreich lassen sich, über die schon in Verbindung mit dem Interkontinentalen Fernhandel genannten hinaus, selbst für Europa nur knapp erwähnen: Die endgültige Vernichtung der Kiewer Rus (1237–40) unterstellte Rußland der Tributsoberherrschaft der Goldenen Horde (bis 1480) und bildete den Hintergrund für Moskaus Aufstieg zur innerrussischen Vormacht, später zu Rußlands Durchbruch als osteuropäische Hegemonialmacht im Nordischen Krieg (1700–21). Polen wurde vom Mongolensturm bis nach Schlesien (1241) weiter geschwächt, ebenso von weitergehenden Einfällen der Tataren (1258/59, 1286/87), so daß es der deutschen Ostexpansion keinen Widerstand leisten konnte. Piastenteilfürsten Schlesiens riefen deutsche Siedler zur Wiederbevölkerung des vom Mongolensturm weitgehend entvölkerten Schlesien und leiteten so seine partielle friedliche Germanisierung selbst ein. Polnischen Widerstand gegen die schon vorher begonnene Expansion des Deutschen Ordens von der unteren Weichsel aus (ab 1230) gab es erst nach Wiederherstellung des polnischen Königreiches (1320). Ähnlich versuchten die Babenberger die Schwächung Ungarns durch die Mongolen zur Expansion gegen Ungarn auszunutzen, provozierten aber damit nur ihr eigenes Ende (1246) und eine Periode der Instabilität für Österreich bis zum Sieg Rudolfs von Habsburg über Ottokar II. auf dem Marchfeld (1278). Die Vernichtung des Rum-Sultanats durch die Mongolen (1243) erleichterte Byzanz die Restauration durch Sturz des Lateinischen Kaiserreiches (1261). Schon vorher hatte die Eroberung von Merw (1221) Turkmenen nach Westen geschwemmt, wo sie Jerusalem für die Aijubiden eroberten (1244), andere sich in Bithynien als Ausgangsbasis der Osmanischen Türken festsetzten, die Byzanz endgültig den Todesstoß gaben (1453). Mit der vom Westen genährten Chimäre eines Bündnisses gegen den Islam provozierten die Mongolen indirekt die Mamluken zur rigorosen Vernichtungskampagne gegen die Kreuzfahrerstaaten (bis 1291) und beeinflußten so die letzte Phase der Kreuzzüge. Timur Lenk schließlich schwächte durch verheerende Kampagnen (1385–95) die ohnehin von Pest (1348/49) und Niederlagen gegen Moskau (1378/80) schon angeschlagene Goldene Horde, so daß Moskau weiteren Freiraum erhielt. Mit seinem vernichtenden Sieg über die Osmanen bei Angora (1402) gab Timur Byzanz einen letzten trügerischen Aufschub und stürzte das Osmanische Reich in eine schwere Existenzkrise (bis 1413).

48 Islam III: Aufstieg und Expansion des Osmanischen Reiches, 1290/1300 bis 1571

Aus indirekten Fernwirkungen des Mongolensturms erhoben sich die Anfänge der Osmanen. Ihre Expansion auf dem Balkan und im Mittelmeer verschärfte die Krise des spätmittelalterlichen Europa, spornte aber auch, seit dem Fall Konstantinopels (1453), Europa zur eigenen globalen Expansion in Übersee weiter an. Die Osmanen wurden zu einem Kontinuum, das bis in die frühe Neuzeit reicht: Zweimal standen sie vor Wien (1529, 1683). Die Aufstiegs- und Expansionsphase des Osmanischen Reiches ist zugleich unentbehrlicher Hintergrund zum Verständnis seiner Abstiegsphase, der Orientalischen Frage (1774 bis 1923) und Südslawischen Frage (ab 1804).

1290/1300	Annahme des Sultantitels durch Osman: Osmanisches Reich. Expansion, in Kleinasien gegen Byzanz.
1326	Brussa erobert: erste Hauptstadt (bis 1365).

1337	Janitscharen – neue Elitetruppe aus früheren Christenkindern: Fußvolk, stets mit neuester Bewaffnung.
1354	Gallipoli erobert: Osmanen erstmals in Europa.
1361	Adrianopel erobert: neue Hauptstadt (1365–1453).
1371/72	Bulgarien erobert.
1389	Schlacht auf dem Amselfeld (Kosovo) gegen Serben: Traumatische Niederlage der Serben.
1396	Sieg über Kreuzfahrer bei Nikopolis.
1402	Vernichtende Niederlage bei Angora gegen Timur Lenk – Reichskrise (bis 1413): Anatolien zum größten Teil verloren.
1419	Erneute Expansion, von Südosteuropa als Basis.
1451	Brüdermord bei Herrscherwechsel; 1. Janitscharenaufstand.
1453	Konstantinopel erobert – neue Reichshauptstadt: weitere Expansion auf dem Balkan und in Anatolien.
1513	Massaker an aufständischen Schi'iten.
1514	Krieg gegen Persien: Sieg bei Tschaldiran.
1516/17	Syrien, Palästina, Ägypten, Mekka und Medina erobert.
1526	Faktisches Bündnis mit Frankreich. Sieg über Ungarn bei Mohács: Militärgrenze Habsburgs. 1. Türkenkrieg (bis 1555).
1529	1. Belagerung Wiens gescheitert; weitere Expansion in Asien und Afrika.
1536	Vertrag mit Frankreich: Kapitulationen.
1565	Eroberung Maltas gescheitert.
1571	Niederlage in Seeschlacht von Lepanto; Zypern erobert.
1622	Sultan von Janitscharen ermordet: Schattensultanate.
1683	5. Türkenkrieg gegen Habsburg (bis 1697): 2. Belagerung Wiens gescheitert.

Die Osmanen begannen als Führer turkmenischer Nomaden, die vor der Eroberung Merws durch die Mongolen (1221) nach Anatolien ausgewichen waren. Nach Zertrümmerung des Rum-Sultanats durch die Mongolen (1243) hatten sie freie Bahn als Glaubenskrieger des Islam gegen Byzanz. Erste Erfolge zogen beutesuchende Anhänger an. Ausgangsbasis wurde Bithynien, an den Meerengen, direkt gegenüber Konstantinopel. Mit der Annahme des Titels eines Sultan durch Osman (**1290/1300**) begann das Osmanische Reich, zunächst mit Eroberungen in Kleinasien gegen türkische und turkmenische Nachfolgestaaten des Rum-Sultanats. Die Eroberung Brussas (1326) gab einen ersten Halt im Bereich der städtischen Zivilisation. Bis zur Eroberung Adrianopels in Thrakien (1361) blieb Brussa erste Hauptstadt der Osmanen (bis 1365). Die Janitscharen aus ehemaligen Christen, die als Knaben islamisiert wurden, wurden die Elitetruppe der Osmanen (1337–1826). Als Leibgarde des Sultans gewannen sie allmählich politischen Einfluß in der Hauptstadt, ähnlich wie die Prätorianergarde im kaiserlichen Rom oder die Mamluken im Kalifat.

Von Gallipoli aus (1354) schufen sich

die Osmanen in Südosteuropa eine zweite Basis, gegründet auf Siege und Eroberungen. Sie eroberten Adrianopel (1361) und besiegten eine Koalition von Bulgaren und Serben an der Maritza (1371), zuletzt die Serben auf dem Amselfeld (1389, 1448) und die Kreuzfahrer bei Nikopolis (1396): Byzanz (1372) und das südliche Serbien (1389) wurden Vasallenstaaten, Bulgarien wurde Provinz (1396) mit massiver Ansiedlung von Türken zum Schutz Konstantinopels. Nach Unterwerfung der meisten turkmenischen Fürstentümer in Anatolien warf die nächste Eroberungswelle aus Zentralasien unter Timur Lenk die Osmanen zurück. Timurs vernichtender Sieg bei Angora (1402) und die Gefangennahme des Sultans Bayazids I. stürzte das Osmanische Reich in seine erste Existenzkrise.

Nach dem üblichen Bürgerkrieg (bis 1413) eroberten die Osmanen von Europa aus ihr Reich in Kleinasien wieder zurück. Byzanz wurde wieder Vasallenstaat (1424), die turkmenischen Fürstentümer wurden direkt annektiert (1423–27). In einem zweiten Durchgang wurde die Basis auf der Balkanhalbinsel verbreitert – Albanien (1419), Saloniki (1430), das nördliche Serbien (bis auf Belgrad) (1439) wurden erobert. Der Sieg über ein Kreuzfahrerheer bei Warna (1444) und weitere Siege (1443, 1448) sicherten die Ausgangsbasis zur Eroberung Konstantinopels (1453), u. a. mit Hilfe der damals stärksten Artillerie der Welt. Konstantinopel wurde neue Reichshauptstadt. Die frühere Übernahme byzantinischer Verwaltungsstrukturen festigte sich. Die Millet-Struktur («millet» = Volk = Religionsgemeinschaft) gab den großen Religionsgemeinschaften (Islam, Griechisch-Orthodoxen, Armeniern, Juden) eine einzigartige Form innerer Autonomie ohne territoriale Zersplitterung des Reiches. Weitere Eroberungen rundeten die Expansion ab – in West (Bosnien 1464; der größte Teil Griechenlands 1460–79; Herzegovina 1483; Moldau 1484; Belgrad 1521; Teile Ungarns 1541) – und Ost (Trapezunt 1461; die Reste des turkmenischen Anatolien 1466; Ost-Anatolien/Nordirak 1514/16; Syrien, Palästina 1516; Ägypten, Mekka und Medina 1517; Aden 1538; Jemen 1546; Massawa 1557) sowie im Mittelmeer (Algier 1519; Libyen 1551; Zypern 1571). Rückschläge vor Malta gegen den Johanniterorden (1565) und in der Seeschlacht von Lepanto gegen die Heilige Liga (**1571**) beendeten im wesentlichen die osmanische Expansion.

Der Anspruch auf den seit 1258 bzw. 1517 vakanten Kalifentitel (1534) und die Kontrolle über alle heiligen Stätten des Islam (Mekka, Medina; Jerusalem) stellten das Osmanische Reich auch ideologisch auf eine breitere Grundlage. Das faktische Dauerbündnis mit Frankreich (seit 1526/36), loyale Dienste der Griechen (Phanarioten) für den Sultan und der Rückgriff auf byzantinische Traditionen gaben dem Reich Anschluß an alte und neue Zivilisationszentren. So war die Eroberung durch die Osmanen zunächst keineswegs die große Katastrophe, als die sie eine spätere Geschichtspropaganda in Europa hinstellte. Vielmehr boten dic Osmanen in ihrer Anfangsphase durchaus beachtliche Zivilisations-

und Kulturleistungen (Brücken, Karawansereien, Moscheen u. ä.). Die Millet-Struktur verschaffte dem Reich eine erstaunliche Elastizität durch Autonomie für die großen Religionsgemeinschaften.
Mit der endgültigen Kontrolle über die Meerengen (1453) und die Landenge von Suez (1517) beherrschten die Osmanen die traditionellen Eintrittspunkte des Interkontinentalen Fernhandels ins Mittelmeer, jedoch zu einer Zeit, als, provoziert gerade durch die osmanischen Eroberungen, das Mittelmeer mit der Expansion Europas in Übersee ökonomisch zu veröden begann. Wirtschaftlich sah sich daher das Osmanische Reich um die Früchte seiner Eroberungen durch die großangelegte Flankierungskampagne Europas um Afrika betrogen. Zudem trafen die Osmanen auf innerislamische, schiitische Konkurrenz – Marokko im Fernen Westen, Persien im Osten, mit dem es eine ganze Serie blutiger Kriege um Armenien und den Irak führte (1514–16, 1533/34, 1548–55, 1578 bis 90, 1616–19, 1623/24, 1636–39). Auch im Mittelmeer kosteten ständige Kriege gegen Spanien, ferner gegen Österreich (ab 1526) viel Kraft.
Für die europäische Geschichte wichtig wurde der vernichtende Sieg der Osmanen über Ungarn bei Mohács (1526), weil damit Böhmen, Schlesien und der Anspruch auf (das 1541 dreigeteilte) Ungarn an Habsburg fiel. Die Unterstellung der Krimtataren unter die Suzeränität der Osmanen (1472) erweiterte die Macht der Osmanen bis zur Gegenküste des Schwarzen Meeres, zog damit langfristig aber auch die Feindschaft Rußlands auf sich, dessen jahrhundertelange Expansion bald danach einsetzte und die Hauptursache für den Niedergang des Osmanischen Reiches wurde. Die 2. Belagerung Wiens (1683) erwies sich, nach langwierigen inneren Konflikten, als Überdehnung der osmanischen Kräfte. Die türkische Niederlage vor Wien gegen eine europäische Koalition unter Führung Polens leitete den Niedergang des Osmanischen Reiches ein mit weitreichenden Folgen für seine Umwelt.

49 Schwarzafrika im Eurasischen Mittelalter, um 550 bis 1591

Als großes Kontinuum schwarzafrikanischer Geschichte im Eurasischen Mittelalter setzte sich die Bantuwanderung an beiden Seiten des zentralafrikanischen Regenwaldes im Kongobecken vorbei nach Süden fort als elementarer, historisch gleichsam lautloser Vorgang – ohne schriftliche Quellen. Die Bantuwanderung war wandernde Grenze zugleich der agrarischen Produktion durch Wanderbauern und der Eisenproduktion.

nach 550	Nubien wird christlich (koptisch) (bis 1314/1504).
634	Araber erobern Massawa: Beginn der muslimischen Expansion an der Ostküste Afrikas. Aksum (Äthiopien) vom Roten Meer abgeschnitten, ins Landesinnere Ostafrikas abgedrängt: stärkere Afrikanisierung.
641	Araber erobern Ägypten: Beginn der Islamisierung Nordafrikas. Das christliche Nubien von Alexandria abgeschnitten, Zugang für Äthiopien erschwert.
652	«baqt» (von lat.: «pactum»): Vertrag Ägypten–Makuria (Dongola): Lockere Abhängigkeit Makurias von Ägypten; Tributzahlung mit Sklaven: Einsickern des Islam nach Nubien.
697	Araber erobern Karthago.
709	Araber erobern Marokko: Rasche Islamisierung.
734	Erster Beutezug («razzia») muslimischer Berber durch die Sahara in die Savannenzone Westafrikas.
996	Zuckerrohr aus Ägypten im Westen, über Venedig.
1007	Kanem wird muslimisch: Kette von Handelsstädten am Südrand der Sahara für Fernhandel (Gold, Sklaven) entsteht.
1042	Anfänge der Almoraviden als muslimische Reformbewegung im äußersten Südwesten des expandierenden Islam.
1051	Verheerender Zug der Beni Hilal quer durch Nordafrika, von Osten nach Westen, zerstört Städte und Fruchtland.
1076	Almoraviden erobern Ghana-Reich: Ghana wird tributärer Vasallenstaat der Almoraviden.
ca. 1100	Bau der Mauern von Simbabwe begonnen.
1212	Expansion des Mali-Reichs: 2. Großreich in Westafrika.
1307	Kankan Musa Herrscher in Mali (bis 1332): Höhepunkt Malis.
1314	Dongola von Muslimen besiegt: Islamisierung Nordnubiens.
ca. 1350	Simbabwe-Reich: Fernhandel über den Indischen Ozean.
14. Jh.	Anfänge des Kongo-Reichs.
ca. 1400	Einwanderung der Luo in Norduganda.
1419	Anfänge der systematischen Erforschung der Küste Westafrikas durch Portugiesen, von Sagres aus.
1464	Höhepunkt des Songhai-Reichs (bis 1529).
1482	Elmina, von Portugiesen erbaut: stärkste Festung der Europäer. Portugiesen nehmen Kontakt mit Kongo-Reich auf.
1491	Kongo-König läßt sich taufen: João I. (bis 1508).
1591	Marokko zerstört Songhai-Reich: Chaos im Sudan.

Materielle Grundlage altafrikanischer Reiche in der Sahel-Zone waren Sklavenjagd nach Süden und Sklavenhandel nach Norden, ferner der Austausch von Gold, das «barbarische» bis «wilde» Stämme jenseits der eigenen westlichen Peripherie aus Flüssen herauswuschen, gegen

Salz. Es hatte zumindest in Alt-Afrika südlich der Sahara außerordentlichen Seltenheitswert, wurde daher von den Gold produzierenden Stämmen zu gleichem Gewicht gegen Gold eingetauscht. Der Abbau von Salz im Süden der Sahara im Tagabbau war für die Region ein primäres Motiv für innerafrikanische Sklaverei: Wer arbeitet schon freiwillig in offenen Salzgruben in der ohnehin mörderischen Gluthitze der Sahara? Zugleich war die Kontrolle der Salzminen ein wesentliches Motiv innerafrikanischer Konflikte, im wesentlichen zwischen den Nomaden der Sahara und Machtstrukturen der Savanne (ob von Nomadenkriegern beherrscht oder nicht).

Bei aller Spärlichkeit historischer (meist arabischer) Quellen bleibt beeindruckend die Abfolge der drei großen westafrikanischen Reiche Ghana, Mali, Songhai (4. Jh.–1591), deren Namen teilweise heute in modernen afrikanischen Staaten weiterleben. Sie kontrollierten den Saharahandel (Gold, Sklaven, Salz, Lederwaren) und waren eher großräumige Tributsoberherrschaften denn festgefügte Reiche. Immerhin ermöglichten sie Prosperität und inneren Frieden, wie die Zerstörung des alten Ghana durch die Almoraviden (1076) und Songhais durch Marokko (**1591**) demonstrierte, denn danach versank der West-Sudan jeweils in ökonomisches Chaos und politische Fragmentierung durch Nachfolgestaaten.

Die inneren Konflikte gaben dem Transatlantischen Sklavenhandel zusätzlichen Auftrieb und schwächten Afrika nach außen, vor allem gegenüber Europa. Nur regionale Bedeutung, aber mit konfliktproduzierender Wirkung bis zur Gegenwart, hatte die erobernde Einwanderung hellhäutiger Viehzüchter (sog. «Hamiten») aus dem Horn von Afrika im 16. Jahrhundert und die Errichtung sog. Hima-Staaten, vor allem Ruanda und Burundi: Ihre Krieger-Aristokratie (Tuti) herrschte über schwarze Bantubauern (Hutu) mit einer strengen Apartheid in einer Rassen-Klassengesellschaft, ähnlich wie im alten Indien seit Einwanderung der Indoarier.

Gleichzeitig erfaßte der Islam mit seiner allgemeinen Expansion auch Afrika. Seine Ausbreitung (ab 634) läßt sich als modifizierte Fortsetzung der Einbeziehung Schwarzafrikas als Randkulturen in die mediterrane Zivilisation verstehen, jetzt in ihrer arabisch-muslimischen Variante. Frühe Ausgangspunkte waren Eritrea mit der Eroberung Massawas schon zu Beginn der arabisch-muslimischen Expansion (634), die Suaheliküste mit ihrer afro-arabo-persischen Mischkultur, die aber bis in die Neuzeit kaum ins Landesinnere ausstrahlte, und die Eroberung Nordafrikas, von Ägypten (641/42) bis Marokko (709), mit späterer Wendung nach Süden. Es folgte die erste Razzia muslimischer Berber durch die Sahara (734) als Auftakt zur Islamisierung der Sahara und des Sudan im Zuge des entstehenden Fernhandels und der Gründung von Handelsstädten und Handelsreichen südlich der Sahara. Ein markantes Datum ist die Islamisierung Kanems (1007). Die Anfänge der Almoraviden im äußersten Südwesten (Senegal) (1042) sind erstes Beispiel für dramatische Rückwirkungen des Islam auf seinem neuen Missionsboden – von Westafrika bis Spanien, später fortgesetzt mit innerwestafrikanischen «jihads» im 18. und 19. Jahrhundert.

Die wandernde Grenze des Islam von Nordafrika durch die Sahara nach Süden und vom Indischen Ozean nach Westen fiel mit der älteren wandernden Grenze von Sklavenjagd, Sklavenhandel und Sklaverei zusammen: Muslime durften «Heiden» versklaven, und an der wandernden Islam-Grenze setzten sich muslimische Herrscher oft über das Verbot hinweg, Muslime zu versklaven, wenn sie eben schwarz waren.

Die ältere Kette von Städten seit der Antike an der Suaheliküste mit ihrer multikulturellen arabisch-persisch-afrikanischen Prägung seit ihrer Islamisierung nach 634 und die jüngere Kette von Städten am Südrand der Sahara nach 1000, die früher oder später muslimisch wurden, fanden ihren Lebensunterhalt vor allem als Vermittlungsstationen des Interkontinentalen Fernhandels, aus Afrika vor allem in Gold und Sklaven. Zugleich waren sie Kristallisationskerne für regionale Tributsoberherrschaften über die Bauernbevölkerung der Savanne, quer durch den ganzen «Sudan» (= Savannenzone), vom Atlantik bis zum Fuß des äthiopischen Hochlandes, schon jenseits des Nils. Die Savanne stieg im Eurasischen Mittelalter endgültig zur kontinentalen Hauptachse Alt-Afrikas auf, zuletzt durchgängig muslimisch geprägt oder politisch beherrscht über animistisch gebliebene «ungläubige» Heiden. Dort bildeten sich auch, im Übergang zur rigorosen Islamisierung, religiöse Mischformen (Synkretismen) heraus, die früher oder später in der Neuzeit Anstoß gaben zu regionalen «jihads» (Heiligen Kriegen), um den Islam in aller Reinheit durchzusetzen.

Aus dem Interesse Europas am westafrikanischen Gold zur Finanzierung seines Fernhandels aus dem Orient entwickelten sich die systematischen Entdeckungsfahrten der Portugiesen (ab 1419), als Auftakt zum Transatlantischen Sklavenhandel und zu frühen Handelsstützpunkten der Europäer, vor allem an der Küste Westafrikas. So entstand eine neue Qualität europäisch-afrikanischer Beziehungen, die im 19. Jahrhundert in die europäische Kolonialherrschaft einmündete.

50 Alt-Amerika, bis 1492

Das prä-columbische Alt-Amerika während des Eurasischen Mittelalters ist ebenfalls, wie die nach 1492 «Alte Welt» genannte trikontinentale Groß-Region, charakterisiert durch das Nebeneinander der drei großen Lebensformen – Wildheit, Barbarei und Zivilisation. Auch in der späteren «Neuen Welt» konzentrierten sich Hochkulturen auf die

Mitte – Mittelamerika (Maya und Azteken in Mexiko) und nördliches Südamerika in den Hochanden (Inka in Peru/Bolivien). Nur über sie gibt es nähere Informationen. Aber in der Isolierung gegenüber Eurasien blieben sie ungefähr auf dem Entwicklungsniveau des frühen Sumer um ca. 2500 v. Chr. stecken, gehören also strukturgeschichtlich eigentlich eher dem Alten Orient zugeordnet.

Ein weiterer Grund für strukturelle Zeitverschiebungen ist das Fehlen einheimischer schriftlicher Quellen, so daß bisher die Geschichte der prä-columbischen Hochkulturen, auf die sich die Skizze hier als das Wesentliche der bekannten Vergangenheit Alt-Amerikas konzentriert, ähnlich wie die der Induskultur, nur wie schriftlose Vorgeschichte mit archäologischen Methoden zu rekonstruieren ist. Um unnötige Mißverständnisse zu vermeiden, bleibt Alt-Amerika jedoch chronologisch parallel dem Eurasischen Mittelalter eingeordnet. Leser sollten sich aber der Zeit- oder Strukturverschiebungen um ca. 3500–4000 Jahre bewußt sein, wenn sie inhaltlich dem Alten Orient am nächsten stehende Strukturen zeitlich unter dem Eurasischen Mittelalter abgehandelt sehen: Auch in der historischen Realität gibt es inhaltliche Ungleichzeitigkeiten, wie in H. G. Wells' «Zeitmaschine».

Auch sonst bietet Alt-Amerika vielfältige Variationen derselben Grundmuster im Verhältnis zwischen Zivilisation, imperialer Macht und Religion, wie sie uns aus Eurasien geläufig sind: Auf der Grundlage früher Landwirtschaft (Mais, Bohnen, Süßkartoffeln) erhoben sich an einigen Stellen Hochkulturen, mit Fernhandel und imperialen Eroberungen durch sich ablösende Reichsvölker und Herrscherdynastien, mit Expansionen und Zusammenbrüchen, Kämpfen um Hegemonie und Fragmentierung, Ausbeutung nach innen und außen. Gemeinsam waren ihnen Städte und imposante Tempelanlagen aus Stein, ferner ein hoher Stand astronomischer Beobachtungen für kultische Zwecke (Kalender).

Ihre Religion als Welt«anschauung» kannte in einem abgrundtiefen Pessimismus nur Götter, die auf die Lebenden neidisch waren, so daß sie permanent mit Menschenblut besänftigt werden mußten. Die Folge waren ständige Eroberungskriege an der wandernden Peripherie, um barbarische Bauernbevölkerung zu unterjochen und genügend Kriegsgefangene oder Tributsklaven für Menschenopfer zu produzieren: Es gibt keinen Grund, die prä-columbischen Machtstrukturen nostalgisch zu verklären und gegen die Herrschaft der Europäer moralisch auszuspielen. Diese strukturelle Schwäche erleichterte später den jähen Zusammenbruch der Reiche der Azteken und Inkas, weil die so buchstäblich ständig zur Ader gelassenen Völker an der Peripherie der Imperien den Spaniern halfen, das herrschende Blutregime zu stürzen. Ältestes Zivilisationszentrum war das der Maya auf der Halbinsel Yucatan, in den heutigen mexikanischen Bundesstaaten Chiapas und Tabasco sowie in Guatemala.

ca. 2000 v. Chr.	Anfänge der Maya-Kultur auf der Halbinsel Yucatan: Mais Hauptnahrungsmittel.
50	Anfänge der Maya-Schrift.
100 n. Chr.	Tempelstadt Teotihuacan in Zentralmexiko: starke kulturelle Ausstrahlung auf Mittelamerika.
ca. 200	Anfänge der Tiahuacano-Kultur in den Hochanden.
ca. 300	Klassische Periode der Maya: rivalisierende Stadtstaaten, am mächtigsten Chichen Itza.
ca. 650	Invasion der kriegerischen Tolteken ins Maya-Gebiet.
856	(Legendäres Datum für) Gründung von Tula, Hauptstadt des Toltekenreichs: Theokratie.
986	Sturz der Theokratie im Toltekenreich: Quetzalcoatl zieht sich zu den Maya zurück.
1168	Zusammenbruch des Toltekenreichs: Herrschaft der Chichimeken.
ca. 1200	Cuzco am Titicacasee (Hochanden) gegründet: Anfänge der Inka.
1375	Gründung von Tenochtlan im See von Mexiko: Anfänge der Azteken als Vasallen der Tepaneken.
1430	Azteken stürzen Tepanekenreich: beanspruchen Restauration des Toltekenreichs – Lockere Suzeränität.
1438	9. Inka Pachacutec Yupanqui (bis 1471): erster historisch faß- und datierbarer Inka (Herrscher). Straff zentralisierte Theokratie (Gottkönig): imperiale Expansion, versuchte gewaltsame Assimilation.
1502	Montezuma II.: letzter Herrscher der Azteken (bis 1520) – Höhepunkt und Absturz des Aztekenreichs.

Nach dem üblichen zeitlichen Vorlauf lassen sich die Anfänge der Maya-Kultur um **2000** v. Chr. ansetzen, die sich später zur klassischen Periode der Maya kristallisierten (ca. 300 n. Chr.), mit großen Tempelstädten zu unterschiedlichen Gründungsdaten (320–711 n. Chr.). Offensichtlich unter dem Druck von Invasionen aus dem Norden zerfiel die klassische Mayakultur, vermutlich in einer Kombination ökologisch-ökonomischer (Erschöpfung der agrarisch genutzten Böden), sozialer und politischer Krisen (Aufstände gegen dic herrschende Priester-Aristokratie), auf die eine religiöse Krise folgte. Ein Maya-Reich konzentrierte sich auf Yucatan, ohne es ganz in einem Zentralstaat zusammenzufassen. Eingewanderte Tolteken dominierten als neue Herrscherschicht über den Maya, die jedoch unter ihnen in Autonomie eigene Fürsten behielten. Unter der Regionaldynastie der Coconen errang die neugegründete Stadt Mayapan mit Hilfe von Söldnern aus Mexiko die Hegemonie über Yucatan (1204). Nach ihrer Zerstörung (1441) zerfiel Yucatan in 18 Stadtstaaten als Nachfolgestaaten, die später in ihrer politischen Fragmentierung den Spaniern erlagen.

Das Reich der Azteken in Zentral-Mexiko faßte mehrere ältere Regionalkulturen zusammen, u. a. die Tempelstadt Teotihuacan (ab ca. 300 n. Chr.), offensichtlich in einer überwiegend friedlichen Zeit, da die Städte unbefestigt waren. Invasionen kriegerischer Völker, unter ihnen Tolteken (ab ca. 650), beendeten die relativ idyllischen Zeiten. Die Tolteken errichteten allmählich ein eigenes Reich mit der Hauptstadt Tula, nach der Legende gegründet 856. Die herrschende Priester-Theokratie wurde durch eine Krieger- und Händlerkaste ersetzt (899), worauf der letzte Priesterkönig Ce acatl topiltzin mit seinen Anhängern aus Tula nach Yucatan auswich, wo er als Quetzalcoatl unter den Maya weiterlebte. Religiös überhöht, spielte er beim Sturz der Azteken eine wichtige Rolle, da er seine Rückkehr vom Osten in die alte Heimat vorausgesagt hatte, um unter seiner Herrschaft ein neues glückliches Zeitalter zu ermöglichen. Diese lebendig gebliebene Weissagung bezogen später die Azteken auf die Spanier unter Cortés, die 1519 aus dem Osten nach Mexiko kamen.

Nach dem Zusammenbruch des Toltekenreiches (1168) wanderte ein Teil der Tolteken ebenfalls nach Yucatan aus und gelangte so in den Bereich der Maya-Kultur. Eine Art Stammeskonföderation der Chichimeken aus der barbarischen Peripherie übernahm Herrschaft und Hochkultur von den verbliebenen Tolteken. Aber unter dem Druck nachdrängender weiterer Chichimeken und interner Umgruppierungen zerfiel das Chichimekenreich im späten 14. Jahrhundert in zahlreiche Nachfolgestaaten. In diesen Wirren erkämpften sich die Tepaneken die Herrschaft über mehrere Kleinstaaten im Hochtal von Mexiko.

Das letzte Machtzentrum vor den Spaniern gründeten die Azteken, ursprünglich Vasallen der Tepaneken, mit Tenochtlan als Hauptstadt im See von Mexiko (1375). Im Bunde mit anderen Vasallen stürzten sie das Tepanekenreich (1430) und beanspruchten zugleich, die Tradition des Vorgängerreiches der Tolteken fortzusetzen. Das Aztekenreich war nicht straff zentralisiert, sondern eher eine Konföderation verbündeter Stämme und eine Tributsoberherrschaft orientalischen Typs mit Tributen abhängiger, aber unter innerer Autonomie lebender Völker, kontrolliert durch Militärgarnisonen der Azteken an strategisch wichtigen Punkten. Erst unter den späten Azteken brachte die Vereinigung ihres Kriegsgottes Huitzilopchtli mit dem Sonnengott den blutigen Menschenopferkult hervor, dem zuletzt rund 20000 Kriegsgefangene jährlich zum Opfer gefallen sein sollen. Unter dem letzten König, Montezuma II. (1502–1520), erlebte das Aztekenreich den Höhepunkt seiner machtpolitischen Expansion und des Wohlstandes, aber auch seinen Absturz in die spanische Kolonialherrschaft (1520/21).

Im nordwestlichen Südamerika entwickelte sich die Hochkultur noch später als in Mexiko. Über künstlich bewässerten Taloasen in küstennahen Flußtälern erhoben sich allmählich lockere Oberlehensherrschaften – im Wechsel zwischen Küstenregionen und den Hochanden. Den Anfang machten die Mochica (ca. 300

n. Chr.), abgelöst von späteren Kulturperioden (Nazca, Tiahuanaco), zuletzt mit Stadtstaaten im Küstenbereich, mit der üblichen hierarchischen Struktur und Fernhandel über See nach Mittelamerika. Aus ihnen entwickelten sich größere Regionalreiche auch in den Hochanden, die später von den Inka erobert wurden. Unter ihnen waren die bedeutendsten die Chicheba (Selbstbezeichnung: Muisca), von denen nur ein Teil in einem langen Akkulturationsprozeß das Niveau der Zivilisation erreichte (ca. 1100 – ca. 1500). Sie schafften aber keine imperiale Zusammenfassung, sondern blieben in mehrere Kleinstaaten fragmentiert, die sich bis zur spanischen Eroberung um die regionale Hegemonie stritten.

Wichtigstes Kulturzentrum der Hochanden bildete die Tiahuanacokultur mit der nach ihr benannten gleichnamigen Tempelstadt (ca. 200–1000), vielleicht schon mit imperialer Zusammenfassung des späteren Peru und Bolivien. Am Ende der klassischen Periode war das Andenhochland in Kleinstaaten fragmentiert, überwiegend gegründet auf intensiver Landwirtschaft, erst allmählich mit größeren Städten. Unter ihnen gewannen die Inkas am Titicacasee um ihre Hauptstadt Cuzco (gegründet ca. 1200) die Hegemonie, die erst unter ihrem 9. Inka Pachacutec Yupanqui (1438–1471) historisch faß- und datierbar wird. Mit systematischen Eroberungen expandierte das Inkareich bis zur Küste nach Norden, ins heutige Zentralchile nach Süden. Anders als die Reiche Mittelamerikas war es straff zentralisiert. An der Spitze stand der Gottkönig Sapay Inka (Oberster Inka) als Sohn des Sonnengottes. Während die Inkas an den Hebeln der Zentralmacht saßen, konnte der Adel der unterworfenen Völker an der Regional- und Lokalverwaltung partizipieren, immer im Auftrag der Zentralmacht. Durch Massendeportationen ganzer Stämme und Inkaisierung der Sprache (Quetschua) und Religion (Sonnenkult) strebten sie eine Homogenisierung der unterworfenen Völker und Kulturen an, die aber bei Ankunft der Spanier unter Pizarro (1534) noch nicht erreicht war. Die Gesellschaftsstruktur des Inka-Reiches läßt sich in modernen Kategorien am ehesten als theokratischer, proto-totalitärer Staatssozialismus fassen.

IV. Europäisches Mittelalter

476 bis 1492/98

Gegenüber den gewaltigen Vorgängen in Asien hebt sich im Fernen Westen das mittelalterliche Europa als eigene welthistorische Einheit deutlich ab: Während die älteren Kultur- und Machtzentren weiter östlich grundsätzlich ihre Identität und Kontinuität wahrten, allen modifizierenden Brüchen zum Trotz, wurde der Ferne Westen, als schwächstes Glied des zivilisatorischen Gürtels von Ost bis West, durch eine Welle von Eroberern nach der anderen aus Ost, West, Nord und Süd um- und umgerührt. Zuletzt traten alle überlebenden einheimischen, römisch-lateinischen und von außen kommenden Elemente in innigste Verbindung und bildeten, in den mannigfachsten Varianten, etwas Neues (McNeill). Nach einem ersten halben Jahrtausend des zivilisatorischen Rückgangs, des Chaos und der Wirren (ca. 476–955) konstituierte sich Europa auf Grundlage der damals schon angelegten Vielfalt als neues Macht- und Kulturzentrum, im wesentlichen seit der großen Wende um 1000.
Seitdem fand die neue Vitalität Europas ihren Ausdruck in der erstaunlichen Fülle seiner sich in zunehmendem Tempo ablösenden Stilarten, namentlich in den darstellenden Künsten, später auch in Literatur und Musik (McNeill). Die sich immer weiter steigernde Komplexität europäischer Geschichte seit dem Jahr 1000 rechtfertigt es, ihr von nun an zunehmend größeren Raum zu widmen im Verhältnis zu den außereuropäischen Regionen. Im europäischen Mittelalter wirkten sie in vielfältiger Form auf Europa ein und beeinflußten seine Entwicklung – generell Byzanz als langfristige Konstante; die Explosion der Araber und die Expansion des Islam; die stimulierende Wirkung von Kontakten durch den Europa nach 1000 wieder voll einbeziehenden Interkontinentalen Fernhandel, mit vor allem aus Indien und China stammenden Anregungen; der Einbruch der Türken (Seldschuken, Osmanen) und der Mongolen.
Mit dem Untergang Westroms 476 schälten sich allmählich die Umrisse des mittelalterlichen Europa heraus, in komplizierten Prozessen gespalten in einen römisch-lateinischen Westen und einen griechisch-orthodoxen Osten und Südosten. Grundlegend wurde der Unterschied zwischen dem Westen, in dem rund 500 Jahre Chaos herrschte, und dem oströmisch-byzantinischen Osten, der spätantike Strukturen modifiziert fortsetzte. Das Chaos im Westen wurde ausgelöst, verlängert und intensiviert durch Wellen von Invasoren – nach der germanischen «Völkerwanderung» (375–568) vor allem durch Hunnen (395–453), Awaren (568–604), Wikinger (Normannen) aus Skandinavien (787–1066), muslimische Araber/Mauren/Sarazenen (711–968), zuletzt Ungarn (896/900–955). Ihre ganz unterschiedlichen Interventionen beein-

flußten zutiefst den Staatsbildungs- und Konsolidierungsprozeß Europas, auch in unterschiedlichen Formen, mit denen sich die Invasoren in das werdende Europäische System einordneten (Wikinger, Ungarn), während Awaren und Araber/Sarazenen wieder verdrängt wurden. Die Nomadenvölker am Südostrande Europas hemmten die Staatenbildung namentlich unter den Slawen, die am weitesten von den antiken und mittelalterlichen Zivilisationszentren entfernt waren, daher auch am spätesten vom «Prozeß der Zivilisation» (Elias) erfaßt wurden.

Unterschiede zwischen West und (Süd-)Ost schlagen bis zur Gegenwart durch, seit 1989/91 explosiver denn je: Ostrom-Byzanz rettete zwar die Kontinuität imperialer Strukturen, erstarrte aber auch kirchlich wie kulturell in Autokratie und Orthodoxie, erlosch zuletzt mit dem Fall Konstantinopels 1453. Dagegen versank Westrom 500 Jahre lang im Chaos poströmischer Nachfolgestaaten, aus dem allmählich etwas welthistorisch Neues und Einzigartiges emporstieg – Ansätze zur sich selbst organisierenden lateinischen Zivilgesellschaft. In ihr gingen die wesentlichen Impulse von unten nach oben aus, basierend auf dem tendenziell freien und selbstverantwortlichen Individuum, zunächst repräsentiert von der römischen Kirche. Poströmische Proto-Nationalmonarchien, ergänzt um neu-christliche quasi-nationale Königreiche Skandinaviens (Dänemark, Schweden, Norwegen) sowie kleinere Reiche in Ost-Mitteleuropa (Böhmen, Polen, Ungarn), bildeten die Grundlage für den ethnisch-staatlichen Pluralismus des Europäischen Systems schon im Mittelalter, der keine imperiale oder auch nur hegemoniale Zusammenfassung des Kontinents durch eine überlegene Macht duldete. Dazu wurde Europa noch einmal durch interne Strukturgrenzen vielfach gespalten – Limes (ca. 100), Grenze zwischen lateinischem und orthodoxem Europa (395/1054), Grenzen des Karolingerreiches (ca. 800), vor allem nach Osten und Süden, im späteren Deutschland und in Italien. Quer dazu standen Italien als erstes poströmisches Machtvakuum, fragmentiert seit der nur partiellen Eroberung durch die Langobarden (568), ferner Deutschland, das als zweites «restauriertes» Römisches Reich zunächst erstes Machtzentrum Europas wurde (955/62–1198), danach aber zum zweiten großen Machtvakuum des lateinischen Europa hinabsank (1198–1806/71).

Die schwere Krise am Anfang des mittelalterlichen Europa hielt ungefähr doppelt so lange an wie in China, rund 500 Jahre (401/76–955/62). Die Grundlagen zur außerordentlichen Vielfalt, damit auch Komplexität Europas, werden schon in der großen Variationsbreite «barbarischer» Invasoren sichtbar – turk-mongolische Völker (Hunnen, Awaren, Proto-Bulgaren, Ungarn), Germanen, Slawen, weiter kompliziert durch Unterschiede, die sie in der griechisch-römischen Doppelkultur des Westens antrafen. Aus dem Chaos schälten sich mit dem Papsttum in Rom und dem Frankenreich im eroberten Gallien neue Ansatzpunkte zur großräumigen Konsolidierung im lateinischen Westen heraus, die jedoch unter dem Druck von Arabern/Mauren (ab 711), Normannen (ab 787), Sarazenen (ab 826) und Ungarn (ab 900) noch einmal in eine schwere Existenzkrise gerieten.

Voraussetzung für den vorübergehenden Aufstieg der mittelalterlichen Deutschen war die Konsolidierung Europas nach dem Sieg der Deutschen über die letzten Invasoren, die Ungarn, bei Augsburg 955. Danach begann für den lateinischen Westen eine welthistorisch einmalig lange Phase des um krisenhafte Schwankungen bereinigten 1000jährigen demographischen und ökonomischen Wachstums. Das neue Wachstum im Fernen Westen korrespondierte mit entsprechenden Wachstumsprozessen im Fernen Osten nach dem Antritt der Sung-Dynastie in China 960 durch Umwandlung der bisherigen Steuern aus Sachlieferungen in Geldsteuern. Hinzu kamen Expansionsschübe in anderen Bereichen Eurasiens um 1000 – Türken aus Zentralasien im Vorderen Orient und in Nordindien, Gründung muslimisch geprägter Stadt-Reiche am südlichen Rande der Sahara zur Organisierung des Fernhandels, u. a. mit Sklaven aus Schwarzafrika zum Mittelmeer.

Primäres Zentrum des neuen Wachstums in Europa war Oberitalien – Toskana –, ein sekundäres die alten Niederlande, vor allem Flandern und Wallonien, ferner die Rhein-Rhône-Achse als geographische Verbindung zwischen beiden Wirtschafts- und Kulturzentren. Mit ihnen korrespondierten zwei Verkehrsachsen: in West-Ost-Richtung das Mittelmeer als primäre Achse im Süden, Nordsee und Ostsee als sekundäre im Norden, beide verbunden in Nord-Süd-Richtung durch die Rhein-Rhône-Achse.

Erst die Wende um 955–1000 eröffnete, ähnlich wie auch in China (ab 960), eine anhaltende Periode ökonomischer und demographischer Expansion, die seitdem das Lebensgefühl der Europäer prägte. Italien und das Mittelmeer sowie die Nord- und Ostsee wurden die beiden Hauptachsen für den wirtschaftlichen Aufstieg Europas. Das mittelalterliche Reich der Deutschen wurde erstes politisches Machtzentrum des lateinischen Europa (955/62–1198), während Frankreich als Ausgangspunkt des Landesausbaus vom Zentrum der neuen Capetinger-Dynastie (Pariser Becken = Île-de-France) aus neben Italien zum zweiten großen Kulturschwerpunkt Europas aufstieg. Konflikte zwischen Kaiser und Papst (1075–1122), Reconquista auf der Iberischen Halbinsel (1063–1492), Normannische Eroberung Englands (1066) und Kreuzzüge (1096–1291) bereiteten Anfänge neuer Machtzentren vor, unter denen Frankreich mit seinem Durchbruch zur ersten europäischen Großmacht (1214) als erstes machtpolitische Konsequenzen zog. Dem Niedergang des Deutschen Reiches zum Machtvakuum (ab 1198) entsprach das Heranwachsen neuer Machtzentren im Osten, erst Polen (1386), dann Rußland (ab ca. 1480), die sich als relative Vormacht im Osten ablösten.

Schon die anlaufende Konsolidierung Europas setzte genügend Kräfte für politisch-militärische Expansion frei: Die deutsche Ostkolonisation als Kombination friedlicher und militärischer Expansion war Fortsetzung des mittelalterlichen Landausbaus vom Umland von Paris aus ab ca. 1000, eben nach Osten, und regionale Variante der Kreuzzüge gegen «Heiden», damit auch zur Ausbreitung des (lateinischen) Christentums mit Waffengewalt («Schwertmission»). Im Mittelmeerraum begann die Rückdrängung der Sarazenen von den großen Mittelmeerinseln (Korsika, Sardinien, 1020/22), aus Unteritalien und Sizilien (ab 1030), auf der Iberischen Halbinsel mit der systematischen Reconquista (1064–1492), schon in Formen der späteren Kreuzzüge (1095–1291). Gleichzeitig war die, wie man sie nennen könnte, Italienische Reconquista wesentliche Voraussetzung zu den schon 1095 beginnenden Kreuzzügen im engeren Sinn. Sie waren ihrerseits Vorlauf zur späteren Expansion Europas in Übersee, nach Abschluß der Spanischen Reconquista 1492.

Trotz ihren so unterschiedlichen historischen Voraussetzungen nahmen die beiden großen poströmischen Machtvakuen Europas im Endergebnis eine vergleichbare Entwicklung – staatliche Fragmentierung: Italien gewann kulturell, ökonomisch und geistlich-kirchlich eine überragende Bedeutung für das lateinische Europa, weit über seine anhaltende staatlich-politische Schwäche hinaus. Nach 962 stieß der West-Kaiser auf eine zunehmend durch Reformen selbstbewußte Papstkirche, die sich in der kaiserlosen Zeit (im Prinzip nach 476) hatte selbst behaupten und quasi-staatliche Funktionen erfüllen müssen. Der Versuch, sie nach dem Vorbild in Byzanz der kaiserlichen Gewalt unterzuordnen, provozierte den Investiturstreit (1075–1122), mit dem das Auseinandertreten von geistlicher und weltlicher Macht im lateinischen Westen in die Phase des offenen Konfliktes trat. Deutschlands Fragmentierung begann mit dem Thronstreit zwischen Staufern und Welfen (1198) nach dem Tod Heinrichs VI. (1197), auch als Reaktion gegen die Überspannung seiner Kräfte nach außen, in Italien.

Unterschiedliche Erfahrungen prägten die beginnenden Nationalmonarchien – die Iberische Reconquista (1064–1492) Spanien und Portugal, die Normannische Eroberung (1066) England, die Kreuzzüge das hochmittelalterliche Frankreich, der Hundertjährige Krieg (1337/39–1453) England und Frankreich, jeweils auf den unterschiedlichen Seiten der Barrikaden. Das lateinische Polen und das orthodoxe Rußland demonstrierten auf ihre Weise mittelalterliche Gegensätze zwischen Ost und West, die sich regional im kleineren Maßstab auf dem Balkan noch einmal reproduzierten, namentlich zwischen Kroaten und Serben, jeweils mit explosiven Nachwirkungen bis zur Gegenwart.

Gleichzeitig löste das neue Wachstum seit 1000 auch schwere innere Konflikte aus: Das Aufkommen von Städten und Ständen, im Rahmen der sich mit der Wiedereinbeziehung Europas in den Interkontinentalen Fernhandel neubelebenden Geldwirtschaft, untergrub das Feudalprinzip. Ketzer stellten die kirchliche Hierarchie in Frage, die Konzilien den Absolutismus ihrer obersten Spitze, des Papstes. Der Hundertjährige Krieg (1337–1453) zwischen England und Frankreich war der größte internationale Konflikt des europäischen Mittelalters und bezeichnete, zumal in seinem zeitlichen Zusammenfallen mit der Großen Pest und deren mannigfachen sozialen Auswirkungen, eine weitere Dimension spätmittelalterlicher Krisen. Aus dem verstärkten Rückgriff auf die verschütteten Grundlagen der griechisch-römischen Antike durch Humanismus und Renaissance, in Verbindung mit den aus den traditionellen

Zentren des Orients einströmenden mannigfachen Anregungen, vor allem aus Indien und China, schließlich als Reaktion auf die kommerzielle Abschnürung Europas durch die Osmanen (1453) entstanden die Voraussetzungen zur schon im Spätmittelalter anlaufenden Expansion Europas in Übersee.

Autonome Städte und Stände wurden besondere Merkmale des lateinischen Europa. Aber Hundertjähriger Krieg und die Große Pest (1347–51), dazu Invasionen der Mongolen (1241) und der osmanischen Türken auf dem Balkan ab 1359, schließlich Ketzer und Konzilien markieren vielfältige Krisenmomente des spätmittelalterlichen Europa. Aus ihnen rettete sich sein atlantischer Westrand gleichsam durch die Flucht nach vorn – in die Expansion in Übersee (ab 1492/98).

51 Strukturgrenzen Europas

Als Erbe der Antike und des Mittelalters ist Europa durch seine vier großen Strukturgrenzen untergliedert. Römischer Limes, Teilung des Römischen Reiches 395 und kirchliches Schisma Byzanz–Rom 1054, Grenzen des Karolingerreiches um 800 und die Doppelgrenze der Reformation–Gegenreformation 1517/63 steuerten, wie im historischen Untergrund, die spätere Geschichte des Kontinents. Zum besseren Verständnis gerade auch der jüngsten Geschichte und ihrer Konflikte seit 1989/91 werden sie unentbehrlich.

Wo die Ausbreitung der Zivilisation lange stockte (Limes, Karolingerreich um 800) oder sich die Zivilisation differenzierte (Orthodoxie–Latinität, 395/1054; Reformation–Gegenreformation, 1517/63), gruben sich Strukturgrenzen in die historische Landschaft ein. Wie alle Grenzen sind sie ambivalent – spannungs- und konfliktreich, durch Differenzierungen und Brechungen auch bereichernd. Langfristig wichtigste Konsequenz sind innereuropäische Zivilisations-, Wohlstands-, Macht- und Prestigegefälle seit rund 2000 Jahren, anfangs ein Süd-Nord-Gefälle, seit der Neuzeit und der Industrialisierung überwiegend ein Nord-Süd- sowie West-Ost-Gefälle, seit dem Zusammenbruch der Sowjetunion 1989/91 explosiver denn je zuvor.

ca. 100	Limes Romanum (bis 407): Zivilisation im Süden und Westen, barbarische Peripherie im Osten und Norden.
395	Endgültige Teilung des Römischen Reiches – lateinisches Westrom (bis 476), Ostrom-Byzanz (bis 1453).
406/7	Limes von germanischen (in Britannien keltischen) Stämmen durchbrochen.
800	Karolingerreich: Europa geteilt in West-Ost (Elbe–Saale–Böhmerwald), in Italien und Spanien Nord-Süd.
1030	Beginn der Italienischen Reconquista (bis 1090): Mezzogiorno (= Süden).
1054	Letztes Schisma Byzanz–Rom: Orthodoxie (Ost) – Latinität (West).
1064	Iberische Reconquista (bis 1492): Differenzierung zwischen Nord- und Südspanien.
1134	Beginn der deutschen Ostkolonisation: Differenzierung Deutschlands zwischen Ost- und Westelbien.
1492/98	Erste Agrargesetze zur Ausbildung der 2. Leibeigenschaft und der Gutswirtschaft: Strukturgrenze von 800 sozialökonomisch erneuert.
1517	Reformation in Deutschland (Wittenberg: Luther).
1534	Intensivierung der Reformation in Westeuropa (Genf: Calvin).

1563 Abschluß des Trienter Konzils: Auftakt zur Gegenreformation.

1648 Westfälischer Friede: Europa geteilt in Nord (meist protestantisch), Süd (meist katholisch), Mitte Gemengelage (Deutschland, Schweiz).

1945 Strukturgrenze von 800 und 1492/98, mit regionalen Modifizierungen nach beiden Richtungen, erneuert: Weltstrukturgrenze im Kalten Krieg West–Ost (bis 1989/90): Europa, Deutschland, Berlin geteilt.

1. Rund 300 Jahre bildete der römische Limes nach Norden (Britannien, Donau) und Osten in Europa die Grenze zwischen Zivilisation und Barbarei, grub sich als erste Strukturgrenze buchstäblich in den Boden Europas ein, unterteilte es in zwei Großregionen, den zivilisierten Süden und Westen (Rhein-Donau-Linie) und den auf Jahrhunderte barbarisch bleibenden Osten und Norden: Diesseits und jenseits des Limes verlief europäische Geschichte unterschiedlich, wurde auch von den Völkern so wahrgenommen, abzulesen an der Bezeichnung für den historischen Vorgang, der die Limeslinie scheinbar wieder aufhob – «invasion des barbares» diesseits, «Völkerwanderung» jenseits des Limes. In Britannien markieren gleich zwei Limeslinien (Hadrians-, Antoninuswall) den Bereich der späteren «Border» zwischen England und Schottland. Diesseits des Limes bildeten germanische post-weströmische Nachfolgestaaten lockere Rahmen zu mittelalterlichen Proto-Nationalmonarchien, Nationalmonarchien und später modernen Nationalstaaten – Portugal, Spanien, Frankreich, England.

2. Entlang der provisorisch gedachten Demarkationslinie von 395 zwischen Ost- und Westrom zerfiel, von regionalen Abweichungen abgesehen (griechisch geprägtes Süditalien und Sizilien, romanisch bleibende Vlachen = Proto-Rumänen), Europa ungefähr in den griechischen und lateinischen Bereich der antiken Doppelkultur, die das Römische Reich staatlich-politisch zusammengefaßt hatte. Mit der Ausbreitung des Christentums nach Norden und Osten im Mittelalter in seinen damaligen beiden Hauptvarianten (griechisch-byzantinisch-orthodoxe; lateinisch-römisch-katholische) wurde die Zugehörigkeit zu den beiden rivalisierenden Kirchen extremes Kürzel für komplexe Ensembles geistlicher, geistiger, sozialer, ökonomischer und politischer Faktoren: Im 500jährigen Chaos nach Untergang Westroms (476) formierte sich die lateinische, sich von unten selbst organisierende und selbstbestimmende Zivilgesellschaft. In ihr kamen die wesentlichen Impulse notwendig von unten, da Machtstrukturen und Obrigkeit zerbröselt waren, von der Hierarchie der römischen Kirche abgesehen. Zwei ihrer fundamentalen Prinzipien übertrugen sich daher auf die Gesellschaft insgesamt – Selbstorganisierung («libertas ecclesiae») und die Notwendigkeit zur permanenten reformierenden Erneuerung, die auch das Alte immer wieder in

Frage stellte («Ecclesia semper reformanda» – die stets zu erneuernde Kirche). Aus der extremen Dezentralisierung der Macht (Feudalisierung) entstand auch der Wille zur Selbstbestimmung, später ausgedrückt in Gremien zur Beschränkung der zurückkehrenden politischen Macht (Stadträte, Stände, Parlament). Aus der jahrhundertelangen Abwesenheit der Kaiser erwuchsen automatisch Ansätze zur Trennung von Staat und Religion – einmalig in der Welt.

Dagegen konservierte Ostrom-Byzanz spätantike Strukturen und Traditionen, vor allem Autokratie (absolute Alleinherrschaft des Herrschers) und Theokratie (Einheit von Religion, Staat und Gesellschaft) und bewahrte damit auch die universale Grundstruktur aller übrigen Gesellschaften in der Welt außerhalb des sich entfaltenden lateinischen Westens. Das orthodoxe Ost- und Südosteuropa kannte weder nach innen noch außen wirkliche Souveränität und Selbstbestimmung, sondern stand stets unter der Herrschaft von Autokraten (Kaiser von Ostrom-Byzanz, Sultan; Zar), ohne Chance zur Entfaltung von Selbstbestimmung bis hin zur Demokratie in souveränen Nationalstaaten.

So bildeten proto-nationale (west-)römische Nachfolgestaaten der einfallenden «Barbaren» in einem über tausendjährigen Prozeß die Voraussetzungen zu Nationalmonarchien. Autonome Stadträte (ab 1015, Benevent) und Stände (ab 1188, Léon, also Nordspanien der Reconquista), nach den Revolutionen in England (1640–60, 1688/89) und Frankreich (1789) moderne Nationalstaaten begrenzten mit parlamentarischer Demokratie und, im Idealfall, Menschenrechten staatliche Macht. Moderne Revolutionen und Industrialisierung begannen westlich der alten Limesgrenze. Das sich einigende Europa umfaßt heute fast nur lateinisch geprägte Staaten, mit Griechenland als bisheriger Ausnahme.

3. Das Karolingerreich als erster Versuch zur Restaurierung des Römischen Reiches blieb zwar nur kurzes Zwischenspiel. Aber seine prägende Kraft reicht erstaunlich weit, schon weil seine Grenzen des Symboldatums 800 (Kaiserkrönung Karls in Rom) im Osten (Elbe–Saale–Böhmerwald), Norden (gegen Dänemark) und Süden (Italien) mehrere Jahrhunderte vorhielten – der römischen Kirche und des lateinischen Westens nach Osten gegen Slawen und Heiden, nach Süden gegen den Islam (und von ihm eroberte griechisch geprägte Christen Süditaliens und Siziliens). In Nordwestfrankreich bezeichnen sie eine Strukturgrenze der langen Dauer (franz.: «longue durée») gegenüber der keltischen Bretagne: Roland war Markgraf der Bretonischen Mark.

Die christliche Reconquista in Italien (ab 1030, nach dem Vorspiel der Eroberung Korsikas, 1020, und Sardiniens, 1022) und auf der Iberischen Halbinsel (ab 1064), ferner die deutsche Ostkolonisation (ab 1134) als typische Kombination kriegerischer und friedlicher Prozesse hoben zwar scheinbar die Strukturgrenze von 800 wieder auf, jedenfalls für die meist nur politische Staatengeschichte registrierenden Geschichtsatlanten. Aber sie hielt sich als inneritalienische, -spanische und -deutsche Strukturgrenze mit der Herstellung nationaler Einheit (1859, 1492, 1871) unterhalb der politischen Ebene. In Italien waren langfristige Folgen der Strukturunterschied zwischen dem sich in der Neuzeit industrialisierenden Norden (bis südlich von Rom) und den von einem besonders harten auspresserischen Adel regierten Süden (Mezzogiorno), bis hin zur Mafia. In Deutschland östlich der Strukturgrenze von 800 entsprach dem Adel als Element der militärischen Eroberung das Rittergut (bis 1945).

In den Jahren des Aufbruchs in die Welt-Expansion für den atlantischen Westrand Europas, 1492–98, erneuerten erste Agrargesetze in Brandenburg, Böhmen, Ungarn, Polen und Rußland die politisch scheinbar überdeckte Strukturgrenze von 800 durch die 2. Leibeigenschaft und Gutswirtschaft des Adels. Gutswirtschaft und Adel fielen nach 1945 dem modernen Ressentiment gegen Adel und «Junker» zum Opfer, in Deutschland die Rittergüter der SED, deren «Schild und Schwert» später die (ganz und gar unritterliche) Stasi wurde. Beide Komplexe – Mafia und Stasi – vergiften und lähmen heute ihre nationalen Gesellschaften aus dem Untergrund, Italien (mehr), das vereinigte Deutschland (weniger).

Mit der beginnenden Industrialisierung wurde die alte Grenze von 800 und 1492/98 eine interne Strukturgrenze Preußens, seit 1871 Deutschlands, zwischen Ostelbien, das mit den Junkern die militärische und politische Macht, gegenüber dem sich insgesamt stärker industrialisierenden und liberalisierenden (so nie genannten) «Westelbien» innehatte. Da sich Deutschland in der Neuzeit nicht eindeutig entscheiden konnte, ob es zum Westen oder zum Osten gehörte, den (ab 1703) das expandierende orthodoxe Rußland dominierte, erfolgte die vorübergehende Teilung Deutschlands 1945 konsequent entlang der 3. Strukturgrenze Europas – mit einigen regionalen Modifizierungen (Thüringen und der Ostharz gerieten in den Osten, das Gebiet um Bamberg sowie Ostholstein waren um 800 slawisch).

4. Wenige Jahre nach Wiederaufbrechen der Strukturgrenze von 800 durch die 2. Leibeigenschaft und Gutswirtschaft ab 1492/98 eröffnete die Reformation an der Mittelelbe (Wittenberg, Sachsen) die 4. Strukturgrenze (1517). Alt-kirchlicher Widerstand, systematisiert in der Gegenreformation nach dem Trienter Konzil 1563, eröffnet mit der Rekatholisierung Bayerns ab 1564, führte in die Religionskriege – die Kappeler Kriege in der Schweiz 1529/31, Schmalkaldischem Krieg 1546/47, Hugenottenkriege in Frankreich 1561–98 und Dreißigjährigem Krieg 1618–48. Mit dem Westfälischen Frieden als Ende der europäischen Religionskriege war das lateinisch geprägte Europa fortan mit einer komplizierten Doppelgrenze zusätzlich gespalten, überwiegend in Nord-Süd-Richtung: Der Norden wurde meist protestantisch, mit Varianten (lutherisch, calvinistisch, Anglikanische Kirche) und zwei Ausnahmen – Irland im Westen, Polen-Litauen im Osten blieben katholisch. Der Süden blieb überwältigend katholisch, in der Mitte herrschte Ge-

mengelage (Deutschland, mit Böhmen als Nebenland, die Schweiz). Deutschland reproduzierte das gesamteuropäische Muster – Norden überwiegend protestantisch, Süden überwiegend katholisch, in der Mitte Gemengelage. Dort entzündeten sich die großen Religionskriege (1546, 1618), wie im seit den Albigenserkriegen (1209–29) anders strukturierten Frankreich, wo die Reformation ihre Hochburgen vor allem im Languedoc hatte, südlich der Loire.

Reformation und Gegenreformation behielten eine prägende Wirkung auf das sich modernisierende Europa: Proto-Industrialisierung und Industrielle Revolution begannen nicht nur im lateinischen Westen, sondern auch in seinem inzwischen überwiegend protestantisch gewordenen Norden. Gegen die ursprüngliche Absicht Luthers wie Calvins verstärkte die Reformation langfristig die Trennung von Kirche und Staat bis hin zur Säkularisierung und Aufklärung. In Deutschland läßt sich die stärkere Tendenz zu Rechtsextremen von Protestanten auf dem Lande in Krisenzeiten bis in die Wahlen von 1966/67 (vorübergehendes Aufkommen der NPD) mit den Grenzen zwischen katholischen und protestantischen Gebieten korrelieren.

52 Historische Ausgangslage des mittelalterlichen Europa: «Völkerwanderung» und Untergang des (West-)Römischen Reiches, 375 bis 680

In der ersten Phase des Eurasischen (und Europäischen) Mittelalters sank Europa, soweit es zum Römischen Reich gehört hatte, zunächst fast auf das halbbarbarische Niveau seiner germanischen und slawischen Eroberer herab. Allerdings gingen wesentliche Grundlagen der materiellen Kultur nicht mehr verloren (Landwirtschaft, Häuserbau, Handwerk u. ä.), selbst wenn die Raffinessen städtischer Urbanität untergegangen waren. Wie üblich, rezipierten die Eroberer durch Kulturassimilation allmählich wieder die Reste der klassischen Hochkultur, im wesentlichen vermittelt durch die christliche Kirche – lateinische im Westen (Rom), griechisch-byzantinische im Osten (Konstantinopel). Insgesamt blieb das mittelalterliche Europa noch im welthistorischen Schatten der vorläufig noch höher entwickelten traditionellen Kultur- und Machtzentren im Orient. Erst nach der inneren und äußeren Konsolidierung (ab ca. 1000) begann im Fernen Westen eine langfristige ökonomische und demographische Expansion (= Bevölkerungszunahme). Der Rück-

griff auf Kenntnisse der Antike (Renaissance, Humanismus) und des Alten Ostens, die durch Fernhandel und Kreuzzüge in den Westen kamen, gaben dem Westen neue Impulse.
Europa im Mittelalter hatte unterschiedliche Schwerpunkte: Italien, obwohl politisch seit Einbruch der Langobarden (568) stets zerrissen, hatte eine überragende Bedeutung – kulturell, geistlich (mit dem Papst in Rom) und ökonomisch (ab ca. 1000). Frankreich wurde allmählich zweites Kulturzentrum, bald auch, nach Einwohnerzahl wie politischer Stärke, älteste Großmacht Europas (ab 1214). Mit dem Imperium Romanum (962) war Deutschland zunächst neues Machtzentrum, büßte aber seine führende Rolle seit dem Thronstreit zwischen Staufern und Welfen (1198) zugunsten Frankreichs ein. An der südwestlichen Peripherie wuchsen in den ständigen Kämpfen der Reconquista (1064–1492) mit Portugal und Spanien neue Machtkerne heran, die als erste die Grenzen des Europäischen Systems sprengten.
Viele mittelalterliche Grundlagen unserer heutigen Existenz sind noch immer präsent – die Kirche, Repräsentativorgane (Parlament, Cortes), einzelne Gebäude und ganze Kerne alter Städte. Manche historischen Vorgänge aus dem Frühmittelalter sind legendär und literarisch verfremdet (Nibelungenlied, Dietrich von Bern, Artussagen, Rolandlied). Anderes ist bis zur Reklame vermarktet (Hanse, Gilde).

375 Hunnen in Osteuropa. Germanische Völkerwanderung.
406/07 Germanen überschreiten bei Mainz endgültig den Rhein.
411 Suebenreich in Nordwestspanien (bis 585).
413 1. Burgunderreich bei Worms (bis 436).
418 1. Westgotenreich um Toulouse (bis 507).
429 Wandalenreich in Nordafrika (bis 534).
436 Burgunderreich von Hunnen zerschlagen (Nibelungenlied).
443 2. Burgunderreich in Savoyen (bis 534).
449 (Legendäres) Datum für Invasion der Angelsachsen in Britannien (Hengist und Horsa): romanisierte und christliche Briten zurückgedrängt (Artussagen).
454 Hunnenreich aufgelöst: Ostgoten, Heruler, Gepiden wieder frei: Gepidenreich in Pannonien (bis 567).
476 Untergang Westroms: Odoaker beherrscht Italien (bis 489/93).
486 Sieg der Franken unter Chlodwig über rest-römischen Bereich in Zentralgallien unter Syagrius: Frankenreich (bis 888).
493 Ostgoten unter Theoderich («Dietrich von Bern») erobern Italien: Ostgotenreich (bis 540/52).
499 Übertritt der Franken zum römischen Christentum: Romanisierung in Gallien.
507/31 Siege der Franken über Westgoten: Westgoten in Spanien.
516 Übertritt der Burgunder vom Arianismus zum Katholizismus: Romanisierung.

517 Bulgaren fallen erstmals in Griechenland ein.
528 Erste Einfälle von Südslawen auf Balkanhalbinsel; daneben weiter Bulgaren.
534 Franken besiegen Burgunder: Burgund im Frankenreich. Byzanz erobert Wandalenreich in Nordafrika.
535 Byzanz beginnt Eroberung des Ostgotenreiches.
552 Eroberung Italiens durch Byzanz abgeschlossen.
554 2. Westgotenreich in Spanien (Toledo) (bis 711).
567 Awaren und Langobarden vernichten Gepidenreich in Pannonien: Awarenreich (bis 803).
568 Langobarden erobern Teile Italiens.
582 Südslawen und Awaren dringen auf Balkanhalbinsel ein.
589 Übertritt der Westgoten zum Katholizismus: Romanisierung.
614 Landnahme von Kroaten und Serben auf dem Balkan.
626 Niederlage der Awaren und Perser vor Konstantinopel.
ca. 630 Slawenaufstand gegen Awaren: Reich des Samo (bis 660).
680 1. Bulgarisches Reich, südlich der unteren Donau (bis 968).

Die «Völkerwanderung» (seit 375) läßt sich, als Kehrseite zum Untergang Westroms, unter europäischen Perspektiven nicht mehr nur auf die germanische Völkerwanderung (bis 568) beschränken, sondern sollte auch die südslawische mit einbeziehen. Landnahme und Reichsgründung der turk-mongolischen Bulgaren, die sich aber rasch slawisierten, südlich der unteren Donau im heutigen Bulgarien (680) bilden einen deutlichen Abschluß.

Nach Einbruch der Westgoten in Italien (401) und Abzug der römischen Legionen von Rhein (405) und Britannien (407) zum Schutz Italiens erzielten Germanen den endgültigen Durchbruch mit Überschreitung des Rheins bei Mainz (**406/7**): Wandalen, Sueben und (iranische) Alanen zogen rasch durch Gallien zur Iberischen Halbinsel und gründeten dort kurzlebige Reiche. Die Westgoten folgten mit ihrem Reich um Toulouse (418–507) und verdrängten, im Auftrag Westroms, die Wandalen aus «Andalusien», die anschließend um Karthago ein eigenes Reich bildeten (429–534). Die Burgunder dagegen errichteten auf der anderen Rheinseite um Worms ihr 1. Reich (413), das von den Hunnen bald zerschlagen wurde (436) (Nibelungenlied), während die Überlebenden weiter südwestlich in Savoyen das 2. Burgunderreich gründeten (443–534).

Das Machtvakuum in Britannien ab 407 nutzten die keltischen Pikten und Skoten zu Einfällen gegen die romanisierten und christlichen Briten. Erst als Söldner, dann als Eroberer (nach der Überlieferung 449) kamen Angeln und Sachsen und drängten die heidnischen Pikten und Skoten ebenfalls nach Norden, die christlichen Briten nach Westen zurück, von denen einige zur See nach Armorica (Bretagne) auswichen (Artussage). Aus kleineren Eroberungsherrschaften bildeten sich sieben Königreiche der Angelsachsen mit wechselnden hegemonialen Schwer-

punkten (Mercia, Wessex), die später von außen durch Eroberung (Dänen) zusammengefaßt wurden.
Die Eroberung Galliens durch die Franken (ab 486) schuf mit dem Frankenreich eine großräumige Machtstruktur, die dem entstehenden lateinischen Europa fast 400 Jahre lang eine relative Stabilität gab. Kurzlebiger waren, nach Abzug der Hunnen in den Osten (454), die Reiche der Gepiden in Pannonien (454–567) und Ostgoten in Italien (493–540/52). Die Gepiden wurden von Awaren und Langobarden vernichtet (567). Anschließend besetzten die Awaren selbst Pannonien und machten es zum Zentrum ihres eigenen Reiches (bis 803), während sie die Langobarden nach Italien abdrängten. Dort hatten inzwischen die Ostgoten Odoakers Herrschaft (489–93) gestürzt. Ihr Reich wurde nach Theoderichs Tod (526) Opfer der Rückeroberungspolitik Justinians I. zur Restaurierung des Römischen Reiches (535–552). Nach Abschluß der Eroberung Italiens (552) wurde die Herrschaft Ostroms durch den Einfall der Langobarden erschüttert (568), die jedoch nur Teile Italiens eroberten und rasch in 35 Herzogtümer zerfielen (574).

Schon vor Ende der «germanischen» Völkerwanderung setzte die (süd-)slawische ein, auch sie unter dem Druck turk-mongolischer Völker (Bulgaren, Awaren): Auf erste Einfälle der Bulgaren bis nach Griechenland (517) folgten die der Südslawen (528). Die (562) neuangekommenen Awaren schoben erst recht die Südslawen vor sich her auf die Balkanhalbinsel (ab 582). Die Landnahme von Kroaten und Serben (614) schuf bleibende Tatsachen, zunächst ohne übergreifende Staatsbildung, während sich an der Adriaküste die romanisierte Bevölkerung noch lange in isolierten Städten hielt (u. a. Split, Ragusa = Dubrovnik). Die Niederlage der Awaren (und Perser) vor Konstantinopel (626) gab Raum für einen Aufstand der awaro-slawischen Mischbevölkerung und der Slawen, als Auftakt zum Samo-Reich (ca. 630–660), dem ersten historisch faßbaren politischen Machtgebilde von Slawen. Erst die Gründung des 1. Bulgarischen Reiches südlich der unteren Donau (**680**), formell anerkannt von Byzanz (681), beendete die Völkerwanderung auf ehemals römischem Reichsboden, in West (bis 568) und Ost (bis 680).

53 Erste Ansätze zur Re-Konsolidierung: Papsttum und Frankenreich, 440 bis 800

Aus dem Chaos von Eroberungen und meist nur kurzlebigen Nachfolgestaaten des Römischen Reiches in West und (nur peripher) auch in Ost zeichnen sich gleichwohl allmählich Umrisse der späteren europäischen Nationen ab. In unterschiedlichen Kombinationen von Eroberern und

Eroberten, bei denen teilweise sogar wieder vor-römische Kontinuitäten auftauchten (Britannien, Gallien; Basken), verlief die Assimilation in verschiedene Richtungen. So wuchs aus zahlreichen ethnischen Faktoren (Germanen, Romanen, gallo-römischer bzw. brito-römischer Bevölkerung, Slawen, Bulgaren) über die Jahrhunderte das breite Spektrum europäischer Nationen – u. a. Portugiesen, Spanier, Franzosen, Italiener, Engländer, Iren, Skandinavier, Deutsche, Südslawen, Tschechen, Russen, Polen, Kroaten, Serben, Ungarn, Rumänen, Bulgaren, Albaner.

Wichtige Etappe der Nationsbildung war die Übernahme des Christentums. Bis auf die Franken kamen die germanischen Eroberer schon als Christen, als Arianer. Wo sie, im Gegensatz zu den Eroberten, am Arianismus festhielten, blieben sie erobernde Minderheiten, in Krisenzeiten ohne Rückhalt bei der unterworfenen Bevölkerung: Wandalen (534) und Ostgoten (552) gingen deshalb rasch unter. Wo die konfessionelle Barriere durch Übertritt zur römischen Kirche fiel, gelangen Assimilation und Bildung eines neuen Volkes – Franken (499), Burgunder (516), Westgoten (589). Entsprechend wirkte die Annahme des (byzantinischen) Christentums durch die turkmongolischen Bulgaren (864) sowie Waräger (= Wikinger aus Schweden) (989) für deren Verschmelzung mit den Ostslawen zum neuen Volk der Russen.

Aus den Trümmern des Weströmischen Reiches gingen Kräfte hervor, die unterschiedlich wieder an Rom anknüpften und mit übergreifenden Ansprüchen einen neuen Zusammenhalt stifteten – Römische Kirche und Frankenreich, unter Merowingern und Karolingern. Kirche und Frankenreich fanden zu pragmatischer Kooperation (751/56), ideologisch überhöht mit der Kaiserkrönung Karls des Großen (800).

440 Leo I. (der Große) Papst (bis 461): Anspruch auf Primat.

481 Chlodwig I. König der Franken (bis 511): Herrschaft der Merowinger (bis 751).

486 Franken unter Chlodwig erobern gallo-römischen Reststaat unter Syagrius: Frankenreich (bis 888).

499 Übertritt der Franken zum römischen Christentum: Romanisierung im gallo-romanischen Bereich.

511 Tod Chlodwigs: erste Reichsteilung (bis 558).

529 Kloster Monte Cassino unter Benedikt von Nursia: Benediktinerorden.

531 Erste Expansion der Franken – Siege über Westgoten, Thüringer (531), Burgunder (534), Alemannen, Bayern (537): Provence wird fränkisch (537).

540 Eroberung Roms durch Byzanz: Papst Ostrom untergeordnet (bis 568).

567/8 Erneute Teilung des Frankenreichs (bis 613): Hausmeier in den Reichsteilen.

585 Synode von Macon: Kirchenzehnter.
590 Gregor I. (der Große) Papst (bis 604): Sieg des Mönchtums in der römischen Kirche; Sammlung des Patrimonium Petri: materielle Grundlage für Papst.
597 Missionierung der Angelsachsen von Rom aus: (geistlicher) Einfluß des Papstes gestärkt.
613 Erneute Reichseinigung durch Chlotar IV. (bis 639).
614 Edictum Chlotarii: Grafen müssen einheimischem grundbesitzendem Adel entstammen. Weitere Feudalisierung.
687 Pippiniden/Karolinger Hausmeier im Gesamtreich (bis 751).
714 Karl Martell Hausmeier (bis 741).
716 Missionierung rechts des Rheins unter Bonifatius (bis 754).
732 Abwehrsieg der Franken unter Karl Martell gegen Mauren/Araber zwischen Tours und Poitiers.
741 Pippin III. Hausmeier (bis 751).
751 Bündnis Pippin–Papst gegen Langobarden. Pippin König (bis 768): Karolinger Könige (ab 800: Kaiser) im Frankenreich (bis 888).
756 Pippinsche Schenkung: Kirchenstaat (bis 1870).
768 Karl (der Große) König (bis 814): zweite Expansionsphase (bis 804): Sachsen (772), Langobarden (779), Awaren (796–803).
800 Kaiserkrönung Karls in Rom: Erneuerung des (West-) Römischen Reiches.

Auflösung der Zentralgewalt und ihrer Bürokratien sowie Rückgang von Geldwirtschaft, Städten und Fernhandel hatten schon im spätantiken Zwangsstaat eingesetzt. Die Germanen wollten das Römische Reich nicht zerstören und kamen voll Bewunderung für seine zivilisatorischen Leistungen. Großbauten der Römer (Regierungsgebäude, Straßen, Brükken) blieben noch lange intakt und funktionierten weiter. Dennoch trieben bei Eroberungen unvermeidliche Zerstörungen und die Fragmentierung der politischen Macht in der Völkerwanderung den Absturz in die Feudalisierung weiter, vollendet durch das fast völlige Erliegen des Fernhandels aus dem Orient seit Eroberung Syriens (635) und Ägyptens (641/42) durch die Araber. In den germanischen Nachfolgestaaten hörte die Prägung von Goldmünzen für Jahrhunderte auf (bis 1252), als äußeres Symptom ökonomischer und zivilisatorischer Rückentwicklung.

Im Chaos der Völkerwanderung rettete die römische Kirche einen Rest der Latinität und Erinnerung an die Antike: Als Bischof von Rom bewahrte der Papst im durch Plünderungen (410, 455) und Zerstörungen durch die Ostgotenkriege (536–38, 546) geschrumpften Rom ein Minimum städtischer und staatlicher Strukturen, im allgemeinen Machtvakuum notgedrungen auch als politischer Stadtherr. Entsprechend wirkten die Bischöfe in den meisten ehemaligen Römerstädten. Kirche und Mönchtum, die im Osten durch Zerstörung antiker «heidnischer» Literatur der europäischen Klassik den Todesstoß versetzt hatten (391), konservierten im Westen die Reste antiker Kultur, u. a. durch den Benediktinerorden (ab 529), der seine Angehörigen zum Kopieren alter Manuskripte verpflichtete, und die von Rom unabhängige Mönchskirche Irlands.

Mit dem Anspruch auf geistlich-kirchlichen Primat (Vorrang) gegenüber den anderen vier Patriarchen (Antiochia, Jerusalem, Alexandria, Konstantinopel) seit Papst Leo I. (**440**–461) begann der Aufstieg des Papsttums noch in den Wirren der Völkerwanderung. Das Erlöschen des Kaisertums im Westen (476), nur vorübergehend von der Rückeroberung Italiens unter Justinian unterbrochen (535/40–568), zwang den Papst zur politischen Selbstbehauptung, während der Patriarch von Konstantinopel im byzantinischen Caesaropapismus dem Kaiser von Byzanz untergeordnet blieb. Der Übertritt von Eroberervölkern zum römischen Glauben stärkte die geistlich-kirchliche wie politische Stellung des Papstes – Franken (499), Burgunder (516), Westgoten (589), Langobarden (590–680). Nach systematischer Missionierung von Rom aus traten die Angelsachsen (597) hinzu, später die Germanen im Frankenreich östlich des Rheins unter dem (angelsächsischen) Missionsbischof Bonifatius (716–754). Eine besondere Rolle für die weitere systematische Christianisierung durch Rom spielten die drei Missionserzbistümer auf deutschem Boden: Salzburg (798), Hamburg-Bremen (831/46) und Magdeburg (968) dienten jeweils der Missionierung des Südostens, Skandinaviens und des mittleren Abschnitts im Osten.

Inzwischen hatte Papst Gregor I. (590–604) durch den Anspruch auf das «Patrimonium Petri» (der römischen Kirche seit Petrus geschenkten Landbesitz) das Papsttum auf eine materielle Basis gestellt. Unter Druck der Langobarden suchte der Papst die weltliche Hilfe der inzwischen nördlich der Alpen herangewachsenen Vormacht des lateinischen Westens, des Frankenreichs. Beide fanden sich zur langfristig wirkenden Kooperation: Der Karolinger Pippin III. stieg mit päpstlicher Zustimmung vom Hausmeier zum König des Frankenreichs auf (751), der Papst erhielt dafür das «Patrimonium Petri» zurück, territorial noch erweitert, von Pippin zum souveränen Besitz (756), als Grundlage des Kirchenstaates (bis 1870).

Den Franken gelang in zwei Eroberungsphasen (486–537, 768–804) die teilweise politische Zusammenfassung des lateinischen Westens zum größten und dauerhaftesten Staat des europäischen Frühmittelalters. In Gallien romanisierten sie sich rasch entlang einer Sprachgrenze, die über ein Jahrtausend lang erstaunlich stabil blieb. Während der Reichsteilungen (511–558, 561–613, 639–687) erkämpfte sich der Adel, der eigentliche Träger der Macht, vertreten durch Hausmeier (ab 613), die führende Position gegenüber der Krone. Im (687) wiedervereinigten Reich drückten die Pippiniden/Karolinger die Merowinger vollends zu Schattenkönigen hinab und erzwangen den Dynastiewechsel (751). Insgesamt wurde das Frankenreich stilprägend zur Ausbildung von Feudalismus und Grundherrschaft im frühmittelalterlichen Europa. Der Kirchenzehnte (586) wurde symbolisch für die Zusammenarbeit zwischen feudalisierter Kirche und weltlicher Macht. Ein erster Ansatz zu neuer königlicher Zentralverwaltung durch Einsetzung von Grafen blieb in der Feudalisierung stecken, als der fränkische Adel erzwang, daß der Graf dem einheimischen Adel eines Gaus entstammen müßte (614).

Nach außen gelang Karl Martell die Abwehr der Mauren/Araber in der Schlacht zwischen Tours und Poitiers (732), nach innen erneuerte Karl der Große die Konsolidierung auf niedrigerem Niveau durch Gesetzgebung (Kapitularien) und Münzreform (779/80), ferner die Expansion nach allen Seiten. Der Rückgriff auf römische Traditionen in der «karolingischen Renaissance» fand äußeren Höhepunkt in der Kaiserkrönung in Rom durch den Papst (**800**): In einer komplizierten politischen Situation – wie schon 751 und 772 Druck der Langobarden auf Rom; Herrschaft der (als Frau) nicht allgemein anerkannten Kaiserin Irene in Byzanz (797–802) – wurde die Kaiserkrönung Symbol für die Restauration des (West-)Römischen Reiches wie für die Zusammenarbeit zwischen geistlicher und weltlicher Macht im lateinischen Westen. In den Wirren feudaler Fragmentierung wurde das Karolingerreich als erneuertes Imperium Romanum zum Ideal des späteren Mittelalters. Durch seine Grenzmarken wirkte es politisch in alle Richtungen: Karls Name wurde in slawischen Sprachen und im Ungarischen zum Wort für «König» «karol» (Russisch), «król» (Polnisch, ausgesprochen: «krull»), «kral» (Tschechisch); «kiral» (Ungarisch).

54 Das lateinische Europa auf neuem Tiefpunkt: Sarazenen, Normannen, Ungarn; die Auflösung des Karolingerreiches, 787 bis 955

Seit der Eroberung Spaniens durch die Araber/Mauren (711) geriet das sich im Frankenreich mühsam konsolidierende lateinische Europa noch einmal unter lang anhaltenden Druck von außen: Skandinavische Normannen/Wikinger/Dänen von Norden (ab **787**), Sarazenen vom Süden (ab 826) beschleunigten den Zerfall des Karolingerreiches nach dem Tod Karls des Großen (814). Zuletzt verschärften die Raubzüge der Ungarn nach Abschluß ihrer Landnahme (900) die allgemeinen Verwüstungen, die Europa auf einen neuen Tiefstand seiner Entwicklung absinken ließen. Gleichzeitig vollendeten die Westslawen im Vorrücken nach Westen ungefähr bis zur Elblinie die Ausfüllung des relativen Vakuums, das die Ostgermanen mit ihrem Abzug aus Ost- und Teilen Mitteleuropas in der Völkerwanderung (ab 375) hinterlassen hatten.

787 Wikinger in Dorset (Südwestengland): Expansion (bis 1066).
814 Tod Karls des Großen: Ludwig der Fromme Kaiser (bis 840).
817 Ordinatio imperii: Anfänge der Spaltung im Karolingerreich.
826 Expansion der Sarazenen: Invasion auf Kreta (826), Sizilien (827), Sardinien (828).
830 Bürgerkrieg im Karolingerreich (bis 834).
834 Alljährliche Plünderungszüge der Wikinger ins zerfallende Karolingerreich (bis ca. 892).
840/841 Sarazenen erobern Unteritalien.
843 Vertrag von Verdun: Teilung des Karolingerreiches – Westfranken, Lotharingen (mit Kaiserkrone), Ostfranken.
846 Sarazenen vor Rom gescheitert (nochmals: 849).
859 Normannen erstmals mit Plünderungszügen im Mittelmeer.
866 Dänen zerstören angelsächsisches Königreich Northumbria: Danelag in England.
870 Vertrag von Meersen: Lotharingen zwischen West- und Ostfranken geteilt.
871 Alfred der Große König von Wessex (bis 899): Angelsachsen außerhalb des Danelag vereinigt.
885 Karl III. (der Dicke) vereinigt zum letzten Mal Karolingerreich (bis 887).
888 Karolingerreich endgültig zerfallen: Westfranken (Francia, France) – Ostfranken (Deutschland).
889 Sarazenen erobern Fraxinetum (Garde-Freînet): Stützpunkt für Raubzüge (bis 972).
896 Landnahme der Ungarn (bis 900): West- und Südslawen getrennt; Raubzüge nach Westen (bis 955).
899 Landnahme der Normannen an der unteren Seine.
907 Großmährisches Reich (seit 830) von Ungarn vernichtet: Tschechen lehnen sich an Deutsche an.
911 Karolinger in Ostfranken ausgestorben: Deutsches Königreich (bis 1806).
Landnahme der Normannen von Westfranken anerkannt: Herzogtum Normandie.
926 Deutsche den Ungarn tributpflichtig (bis 933).
933 Erster Abwehrerfolg der Deutschen über Ungarn an der Unstrut.
955 Schlacht bei Augsburg: Sieg der Deutschen über Ungarn: Ungarn seßhaft; Hegemonie der Deutschen (bis 1198).

Karl Martells Abwehrsieg über die aus Spanien vordringenden Araber/Mauren (732) hatte langfristig die zweite Phase der Konsolidierung und Expansion des Frankenreiches (768–804) unter den Karolingern eingeleitet. Zu ihrem Ende, noch unter Karl dem Großen, begannen die Streif- und Raubzüge der Normannen / Wikinger / Dänen aus Skandinavien, zunächst noch außerhalb des Karolingerreiches – Südwestengland (Dorset) (787), Nordengland (Lindisfarne) (793), Irland (795): Gründung Haithabus (804) an einer Nahtstelle für den Handel zwischen Ost- und Nordsee. Den beginnenden Zerfall des Karolingerreiches seit der ersten Reichsteilung durch die Ordinatio imperii (817) und den Bürgerkrieg (ab 833) nutzten die Normannen zu jährlichen Plünderungszügen ins Karolingerreich (834–892). Dank ihrer enormen Mobilität zu Wasser und überlegenen Rüstung waren sie lange Zeit stärkste Militärmacht. Mit ihren Plünderungszügen beschleunigten sie den Zerfall der Zentralgewalt in regionale Machtzentren, die der Selbstverteidigung gegen die Normannen dienten. An einigen Stellen gingen die Normannen zu eigenen Staatsgründungen über – außerhalb des Karolingerreiches (Dublin, 841; Kiew, 860; Nowgorod, 862; Danelag in England, 867/71) wie in Westfranken (Normandie 899/911).

Gleichzeitig schwächte die Expansion der Sarazenen (Araber aus Ifriquija) (= Nordafrika um Karthago/Tunis) das lateinische Gesamtsystem, zunächst durch die beginnende Eroberung Kretas (826), übergreifend auf Sizilien, Sardinien, Unteritalien und Teile Korsikas (ab 827). Zweimal behauptete sich der Papst in Rom gegen ihre Angriffe nur mühsam (846, 849). Mit der Eroberung von Fraxinetum (Garde-Freînet) an der Küste der Provence (889) gewannen die Sarazenen einen stark befestigten Stützpunkt, von dem aus sie Italien und das Frankenreich im Süden mit Raubzügen bis zur heutigen Schweiz terrorisierten (bis 972).

Der Zerfall des Karolingerreiches gehört zu den grundlegenden Vorgängen des Mittelalters. Als seine Spaltprodukte Westfranken (Francia) und Ostfranken entstanden die Königreiche Frankreich und Deutschland. Nach dem Tod Karls des Großen (814) brachte die Ordinatio imperii seines Sohnes Ludwig des Frommen zunächst nur die übliche Unterteilung des Reiches unter seine Söhne (817). Eine Umverteilung zugunsten des Sohns aus zweiter Ehe, Karls des Kahlen (829), provozierte den Aufstand der drei Kaisersöhne Lothar, Pippin und Ludwig gegen Kaiser Ludwig (830), der zu dessen Absetzung (833) und Wiedereinsetzung (834) führte.

Nach Ludwigs Tod (840) begann mit der Erneuerung des Bürgerkrieges – zuletzt Ludwig der Deutsche und Karl der Kahle gegen den ältesten Bruder Lothar – und dem Teilungsvertrag von Verdun (843) der Zerfall des Karolingerreiches: West- und Ostfranken erwiesen sich als stabiler denn das Zwischenreich Lothars von der Schelde-/Maasmündung bis nach Italien mitsamt Kaisertitel. Nach Lothars I. Tod (855) wurde es im Vertrag von Meersen (870) unter seinen Söhnen aufgeteilt, das zentrale

Teilreich «Lotharingen» nördlich der Alpen von West- und Ostfranken absorbiert. Nach einem kurzen Intermezzo der Reichseinheit unter Karl III. (dem Dicken) (885–887) zerfiel das Karolingerreich endgültig: Die Großen Ostfrankens setzten Karl III. ab und erhoben Arnulf von Kärnten zum König in Ostfranken (888). In Ost- wie Westfranken war die Zentralgewalt sehr schwach, anfangs noch vertreten durch die auslaufende Karolingerdynastie, als deren Ende der Beginn der Königreiche Deutschland (911) und Frankreich (987) gilt. Zur Schwächung der Krone trugen die Abwehrkämpfe gegen die Normannen in Westfranken (bis 924) und gegen die Ungarn bei.

Nach Zerschlagung des westslawischen Großmährischen Reiches (830–907) leiteten die Ungarn von ihrer Basis im heutigen Ungarn aus, wie ihre Vorgänger (Hunnen, Awaren), mit Raubzügen bis nach Spanien eine neue Welle der Verheerungen ein. Um die Ungarn, Normannen (und Westslawen) besser abzuwehren, regionalisierte sich die politische Macht in Ostfranken durch Bildung der neuen Stammesherzogtümer, die sich nach Aussterben der Karolinger (911) als Deutsche unter einem König fester zusammenschlossen.

In ihrer Anfangsschwäche mußten sich die Deutschen zur Abwendung der Verheerungen durch die Ungarn mit Tributzahlungen zunächst einen 7jährigen Waffenstillstand erkaufen (926). Ihn nutzte der neue König Heinrich I. aus der Sachsendynastie zur militärischen Reorganisation: Panzerreiter, gestützt auf Grenzburgen im Osten, stärkten die Verteidigungskraft. Auf dieser Basis gelang mit einem Zufallserfolg an der Unstrut gegen die Ungarn eine erste innere Konsolidierung (933). Sie gab den Deutschen genügend Stärke, die Ungarn bei Augsburg endgültig zu besiegen (**955**). Die Deutschen wurden so automatisch zur stärksten Macht im lateinischen Westen – zwischen dem Kalifat von Cordoba im Westen und Byzanz im Osten. Gleichzeitig fiel den vereinigten Deutschen die führende Rolle in der römischen Christenheit und die (vorübergehende) Vorherrschaft (Hegemonie) im lateinischen Europa zu (bis 1198).

55 Neue Konsolidierung in West (955/62) und Ost (China, 960): Die große Wende um 1000

Seit der zweiten Hälfte des 10. Jahrhunderts zeichnet sich an beiden Enden Eurasiens, im Fernen Westen wie im Fernen Osten, eine langfristige Konsolidierung ab. Sie beendete Jahrhunderte des Chaos im lateinischen Europa seit dem Untergang (West-)Roms (476), Jahrzehnte der Wirren und politischen Zersplitterung seit dem Sturz der T'ang-Dynastie in China (906). Gründung der Sung-Dynastie (**960**) und des Imperium Romanum der Deutschen (962), nach dem Sieg über die Ungarn (955), entsprechen sich in historischen Voraussetzungen und Folgen. Beiden gemeinsam war ein langfristiges ökonomisches und demographisches Wachstum. Es gab dem Interkontinentalen Fernhandel neuen Auftrieb, vor allem durch volle Wiedereinbeziehung Europas in den Fernhandel.

Gleichzeitig lieferten ökonomische und demographische Expansion den Antrieb zur territorialen und machtpolitischen Expansion. Allerdings erfolgte die staatliche Re-Konsolidierung Chinas auf der Basis seiner fortan so gut wie nicht mehr bezweifelten imperialen Einheit und Kontinuität, allen internen Erschütterungen und Krisen zum Trotz, während sich staatliche Re-Konsolidierung in Europa in miteinander rivalisierenden Völkern, Staaten und Nationen durchsetzte. Für China begann ein halbes Jahrtausend relativer Führung in der zweiten Hälfte des Eurasischen Mittelalters (McNeill), für Europa eine ebenso lange Wachstumsperiode, die, durch mannigfache Konflikte und Krisen hindurch, die Expansion Europas in Übersee vorbereitete. Als Auftakt ist die Gegenoffensive des lateinischen Westens gegen Islam und Orthodoxie zu sehen, die mit den Kreuzzügen einen spektakulären Höhepunkt fand.

Zwischen dem traditionellen Kultur- und Machtzentrum China und dem sich aufbauenden neuen Machtzentrum Europa war der Einbruch der Türken in die großen Kulturzentren (Indien, Persien, Mesopotamien) um 1000 der wichtigste Einzelvorgang. Wichtig war auch die Islamisierung Kanems als Auftakt zur Islamisierung des Sudans (1007) und die Gründung Delhis als neues politisches Zentrum (Nord-)Indiens (993). Zusammengenommen lassen alle diese Ereignisse das Jahr 1000 als mehr denn nur symbolisch rundes Datum für eine große Zeitwende im Eurasischen Mittelalter erscheinen.

955 Sieg der Deutschen über Ungarn bei Augsburg: allgemeine Konsolidierung in Europa – ökonomisches und demographisches Wachstum.
(Historisch nicht gesicherte) Eroberung Bucharas durch

Türken unter Seldschuk: (im türkischen Selbstverständnis) erstes Auftreten der Türken am Rande der alten Zivilisationszentren.

960 Sung-Dynastie (bis 1279): imperiale Erneuerung Chinas; Steuern erstmals in Geld erhoben – ökonomisches und demographisches Wachstum.
Herzog Mieszko I. in Polen (bis 992): Anfänge polnischer Staatlichkeit, unter Piasten-Dynastie (bis 1370).
Übertritt der Seldschuken zum Islam.

962 Kaiserkrönung Ottos I. in Rom: Erneuerung des (West-) Römischen Reiches: Deutschland imperiale Hegemonialmacht im lateinischen Europa (bis 1198).

966 Übertritt Polens zum römischen Christentum: Anschluß an christliche Staaten des lateinischen Westens.

972 Burgundische und provençalische Kräfte erobern Garde-Freînet (Fraxinetum), letzten Stützpunkt der Sarazenen im nördlichen Mittelmeer: Ende der sarazenischen Raubzüge, äußere Befriedung und Sicherung Europas vollendet. Ausgangsbasis zur späteren christlichen Gegenoffensive gegen den Islam erreicht.

987 Capetinger-Dynastie (bis 1328): endgültige Herausbildung Frankreichs: Landesausbau in Europa von der Île-de-France (Pariser Becken) aus: intensivere Landwirtschaft, Produktion für städtischen Markt (Paris), gegen Geld.

988 Christianisierung Rußlands von Byzanz aus: kirchenpolitische und kulturelle Anbindung des mittelalterlichen Rußland (Kiewer Rus) an Byzanz.

992 Erster Handelsvertrag Byzanz–Venedig: kommerzieller Aufstieg Venedigs.

993 Gründung Delhis: neues politisches Zentrum (Nord-)Indiens.

995 Christianisierung Norwegens.

998 Türken unter Mahmud von Ghasna (bis 1030) erobern Nordwestindien. Erster Einbruch der Türken in ein Zivilisationszentrum.

1000 Christianisierung Ungarns unter Stephan I. (dem Heiligen): Ungarn Vorkämpfer des lateinischen Westens gegen Steppennomaden und Orthodoxie.
Erzbistum Gnesen: Polen kirchenpolitisch unabhängig von Deutschland.
Venedig beginnt Expansion zur See in der Adria, zunächst gegen dalmatinische Seeräuber.
Wikinger aus Grönland in Nordamerika («Vinland»).
Sancho der Große von Navarra (bis 1035): unter ihm erstmals schrittweise Zusammenfassung der christlichen Königreiche im Norden Spaniens gegen Muslims.

ca. 1000 Eindeichung der südlichen Nordseeküste, von Flandern bis Jütland; Trockenlegung von Sümpfen, zunächst in Niederlanden (Ameliorationen).

1007 Islamisierung Kanems: Beginn der Islamisierung des Sudans («Sahel» = südlicher Rand der Sahara) und Gründung von Handelsstädten für Handel durch die Sahara (Gold gegen Salz) zum Mittelmeer: Einbeziehung Schwarzafrikas in Interkontinentalen Fernhandel (Sklaven; Gold aus Westafrika zur Finanzierung des europäischen Fernhandels mit dem Orient).

1008 Beginn der Christianisierung Schwedens.
Bürgerkrieg im Kalifat von Cordoba (bis 1031); Auftakt zum Zerfall des Kalifats, Voraussetzung zur Reconquista (ab 1064).

1009 Songhai-Reich mit Hauptstadt Goa in Westafrika: Fernhandel und Islam.

Nach der ungefähr gleichzeitigen imperialen Zusammenfassung Chinas (221 v. Chr.) und des Fernen Westens durch Rom (ab ca. 200 v. Chr.) auf dem Höhepunkt der Eurasischen Antike und dem ungefähr gleichzeitigen Zerfall der imperialen Einheit aus denselben Gründen (Feudalisierung, turk-mongolische Nomaden) (326, 476) hatte auch die ungefähr gleichzeitige Rekonsolidierung des Fernen Ostens (960) und Fernen Westens (962) analoge Folgen: Wirtschaftsaufschwung, Bevölkerungswachstum, (Wieder-)Belebung des Interkontinentalen Fernhandels, der Geldwirtschaft und des Städtewesens, mit Auswirkungen auch auf die Räume zwischen den beiden Flügelzentren Eurasiens (China, lateinisches Europa). Im folgenden reicht die Konzentrierung auf Europa, um seinen späteren Aufstieg zum dynamischsten und vitalsten Kulturzentrum zu erklären, das sich, äußerlich noch im Schatten des alten Ostens, anschickte, alle älteren Kulturzentren mit seiner Expansion in Übersee zu überflügeln (ab 1492/98).

Die neue Konsolidierung Europas nach 955 hatte sich wie üblich schon vorher angebahnt: Im Westen hatten Anerkennung der normannischen Landnahme durch Integrierung des Herzogtums Normandie als Vasall der westfränkisch/französischen Krone (911) und Übertritt der Normannen zum Christentum (912) die Normannengefahr so gut wie abgewendet: Die Normannen romanisierten sich rasch. Nach letzten Raubzügen (bis 924) blieb die Normandie jedoch ein höchst eigenwilliger und schwieriger Vasall und wurde Ausgangsbasis für die Normannische Eroberung Englands (1066), die, zusammen mit der Zerstörung Haithabus durch Obodriten vom Volk der Wenden (1066), das Ende der Normannenzeit markiert. Nach Augsburg (955) stellten die Ungarn ihre Raubzüge nach Westen ein, wurden voll seßhaft und fügten sich, als Königreich mit der Christianisierung unter Stephan I. (dem Heiligen) (1000), in das System römisch-katholischer Staaten ein. Mit seiner Expansion nach Osten (Transsylvanien, Siebenbürgen) gegen Überreste oströmischer Latinität (Vlachen) sowie nach Süden (Kroatien) zur Errichtung einer eigenen regionalen Hegemonie übernahm das christliche Ungarn für Rom sogar eine militante Missionsfunktion gegen die griechische Orthodoxie, zugleich auch als Vorreiter der Deutschen durch Spaltung der West- von den Südslawen. Das Ende der weitreichenden Züge der Ungarn gab den Polen Freiraum zur staatlichen Konsolidierung unter den Piasten (960), vollendet mit der Übernahme des römischen Christentums unter Mieszko I. (966).

Insgesamt hatte für die Konsolidierung Europas der Übertritt zum (römischen oder griechischen) Christentum eine überragende Bedeutung: Bulgarien (864); Anfänge der Christianisierung bei den Tschechen unter Wenzel dem Heiligen (919–929), institutionell gesichert durch das Bistum Prag (973); Dänemark (allmählich ab 960); Polen (966), Rußland (988), Norwegen (995), Ungarn (1000), Schweden (1008). In vielen Ländern wurde der König/Fürst, unter dem der Übertritt zum Christentum erfolgte, kanonisiert (heiliggesprochen). Es entstand eine Staatengemeinschaft mit Ansätzen zu wenigstens für sie verbindlichen übergreifenden Rechtsgrundsätzen. Im lateinischen Westen gewann der Papst allmählich eine besondere Autorität auch politischen Charakters, verstärkt seit der Kirchenreform (ab 1059), die vom Reformkloster Cluny (910) ausging.

Die neue relative Befriedung Europas ermöglichte eine Zunahme von Bevölkerung und Produktion, die in einen langfristigen Aufschwung einmündete – allen schweren Krisen und Kriegen zum Trotz bis zur Gegenwart. In dem äußerst komplexen Prozeß wirkten viele Faktoren aufeinander, bedingten und verstärkten sich gegenseitig, so daß es schwerfällt, einen einzelnen Faktor als Haupt- oder gar Alleinursache zu benennen: Landesausbau zur Ausweitung und Intensivierung der agrarischen Produktion; Wiederbelebung des Fernhandels in den Orient und der Städte (anfangs der alten Römerstädte), auch als Zentren einer wachsenden gewerblichen Produktion; Neubelebung der Geldwirtschaft.

Die große Bewegung des Landesausbaus begann in Frankreich, von der Île-de-France aus, dem Pariser Bekken, wo die Capetingerkönige den Schwerpunkt ihrer Krondomänen hatten. Der Landesausbau erfaßte auch Deutschland und setzte sich mit der sog. «deutschen» Ostkolonisation in den slawischen Osten fort. Der burgundische Reformorden der Zisterzienser (ab 1098) betrieb die landwirtschaftliche Erschließung des lateinischen Europa in alle Himmelsrichtungen – von der Iberischen Halbinsel über England nach Schottland, Deutschland, bis nach Polen. Um 1000 setzten zwei ergänzende Sonderformen des Landesausbaus in Nordwesteuropa ein, die Eindeichung der Nordsee von Flandern bis Jütland und die Trockenlegung von Sümpfen. Für beide Gebiete wurden bis zur frühen Neuzeit Flamen/Holländer die großen Spezialisten, zuletzt bis nach Rußland wirkend, so bei der Erbauung von St. Petersburg (ab 1703).

Noch spektakulärer war die Wiederbelebung des Fernhandels mit dem

Orient, der, bis auf den Bezug von einigen Luxusgütern und Prunkgewändern für Bischöfe, seit der Mitte des 7. Jahrhunderts auf dem Mittelmeer weitgehend zum Erliegen gekommen war. Neuer Mittelmeerhandel begann in bescheidenem Ausmaß zur Versorgung der Weltstadt Konstantinopel (ca. ½ Million Einwohner!) mit Lebensmitteln, Rohstoffen (Bauholz) und Sklaven (= Slawen) durch die formal Byzanz unterstellte Hafenstadt Venedig. Venedig seinerseits wuchs so sehr, daß es als städtischer Markt zu seiner Versorgung belebende Impulse auf Oberitalien ausstrahlte. Dort wurde Mailand neues Zentrum gewerblicher Produktion, später auch des Fernhandels. Der neue Wohlstand durch erhöhte agrarische und gewerbliche Produktion seit der relativen Befriedung Europas ermöglichte einen neuen Fernhandel übers Mittelmeer, zunächst wieder nur mit Luxusgütern für die Spitzen der Gesellschaft, für Könige, Fürsten, Hochadel und hohen Klerus, bald auch für die neue städtische Oberschicht der Fernkaufleute, unter denen Juden eine führende Rolle spielten. Entsprechend begann allmählich ein Handel auf Nord- und Ostsee, zunächst getragen von Bauernkaufleuten der Friesen; ihn übernahmen später zum großen Teil Normannen in Kombination von Seeräuberei und Handel. Die Waräger (Wikinger aus Schweden) stellten über das Seen- und Flußsystem Rußlands und das Schwarze Meer im Osten eine Direktverbindung zwischen Byzanz und Skandinavien her und legten mit der Kiewer Rus (860/62) die Grundlagen für das mittelalterliche Rußland.

So schälte sich um **1000** ein neues europäisches Wirtschaftssystem heraus. Es hatte zwei große Zentren: Ein primäres bestand in Oberitalien bis zur Toskana (Florenz), mit Verbindung zu römischen Traditionen und zum Orient. Etwa ein Jahrhundert später entstand ein neues, sekundäres Zentrum in den Niederlanden. Es beruhte auf der Bearbeitung von Metall (Wallonien), mit noch bis zu den Kelten zurückreichenden Kontinuitäten, und von Wolle (meistens aus England) in Flandern. Die Verbindungswege zwischen beiden Zentren (Rhein–Rhône; Champagne) gewannen eine neue Bedeutung, anfangs die Messen der Champagne, später Alpenpässe (Brenner, St. Gotthard), zuletzt auch die Schiffsverbindung Genua–Brügge entlang der Atlantikküste (ab 1298). Schließlich gewann das lateinische Europa durch seine ökonomische Erholung so viel an neuer militärischer Stärke, daß es dazu überging, die Araber/Sarazenen wieder aus Südeuropa hinauszudrängen, aus Garde-Freînet (972), Korsika (1020), Sardinien (1022), Unteritalien (ab 1030), Sizilien (1060–90), Malta (1090), fortgesetzt von der systematischen Reconquista auf der Iberischen Halbinsel (ab 1064) und den Kreuzzügen (ab 1096). Italienische Hafenstädte (Genua, Pisa), Normannen und geistliche Ritterorden hatten einen herausragenden Anteil an der lateinisch-fränkischen Offensive, die sich fast ebenso gegen die griechische Orthodoxie wie gegen den Islam richtete.

56 Italien im Mittelalter, 401/76 bis 1494: Machtvakuum und kulturelle Dominanz

Nach Roms jahrhundertelanger Existenz als Großreich war das Machtzentrum Italien im Übergang von der Spätantike zum Frühmittelalter ausgebrannt. Sein Erlöschen ist geradezu welthistorische Zäsur zwischen Altertum und Mittelalter. Ähnlich wie vorher das benachbarte Griechenland war Italien seit Agonie (**401**) und Untergang Westroms (476) ein Machtvakuum – fast 1500 Jahre lang, bis zum Sieg des Risorgimento (1859/61). Italien war politisch meist fragmentiert, oft geteilt unter mehreren Eroberern gleichzeitig, behauptete aber stets eine kulturelle und ökonomische Sonderstellung in Europa.

401 Westgoten in Italien: Westroms Macht zerfällt.
452 Hunnen in Italien, vor Rom: Anfänge Venedigs.
476 Untergang Westroms: Italien Machtvakuum (bis 1859/61). Herrschaft des Odoaker (bis 490/93).
493 Ostgotenreich (bis 535/52): relative Prosperität.
535 Gotenkriege (bis 552): schwere Zerstörungen (Rom).
552 Exarchat Ravenna (bis 751): Ostrom beherrscht Italien, zunächst ganz (bis 568).
568 Langobarden erobern Teile Italiens.
616 Übertritt der Langobarden vom Arianismus zur römischen Kirche: Assimilation.
697 Venedig mit gewähltem Dux (ab 742: Doge): Autonomie gegenüber Byzanz.
756 Kirchenstaat (bis 1870), mit Hilfe der Franken.
774 Karl der Große erobert Langobardenreich: Oberitalien/Toskana fränkisch (bis 888).
800 Kaiserkrönung Karls in Rom durch den Papst.
827 Sarazenen beginnen Eroberung Siziliens: Expansion der Sarazenen auf große Inseln und Süditalien.
843 Fränkisches Italien im Mittelreich Lotharingen (bis 870).
846 (und 849) Papst behauptet sich in Rom gegen Sarazenen.
888 Frankenreich endgültig zerfallen: lombardisches Königreich (bis 951/61).
962 Kaiserkrönung Ottos I. in Rom. Deutsche Herrschaft in Oberitalien (bis 1183): Häufige Romzüge.
1000 Venedigs Expansion an der dalmatinischen Küste.
1015 Städtischer Schwurverband (coniuratio) in Benevent.
1020 Genua erobert Korsika: Vertreibung der Sarazenen von Inseln und aus Unteritalien (bis 1090).

1030 Normannen in Aversa (bei Neapel): Expansion gegen Sarazenen und Byzanz.
1045 Pataria in Mailand: Sozialkonflikte und Kirchenreform.
1090 Normannen erobern Sizilien: Sarazenen aus Italien vertrieben.
1117 Konsuln als städtische Wahlbeamte in Mailand: Autonomie.
1130 Normannen vereinen Sizilien und Neapel.
1143 Antipäpstliche Kommune in Rom (bis 1154); spätere: 1252–58, 1343–54, 1434.
1183 Friede von Konstanz: deutsche Herrschaft in Italien beendet. Autonomie für Städte der Lombardei, Toskana.
1194 Sizilien unter Staufern (bis 1266).
1215 Erstmals Konflikt Guelfen-Ghibellinen in Florenz.
1252 Erneute Goldprägung im Westen – in Florenz (floren).
1256 100jähriger Krieg Venedig–Genua (bis 1381).
1266 Königreich Neapel/Sizilien an französische Anjou.
1282 Sizilianische Vesper: Abfall Siziliens von Anjou. Anjous auf Neapel beschränkt (bis 1481). Sizilien unter Aragon/Spanien (bis 1504/1713).
1298 Erste ständige Schiffsverbindung Genua–Brügge–London.
1309 «Babylonische Gefangenschaft der Kirche» (bis 1377): Papst in Avignon.
1339 Boccanegra erster Doge in Genua (bis 1348, 1356–63).
1378 Großes Abendländisches Schisma (bis 1417): Päpste in Rom und Avignon (bis 1417).
Ciompi-Aufstand in Florenz.
1395 Mailand Herzogtum unter Visconti (bis 1447).
1434 Balia (Herrschaft) der Medici in Florenz (bis 1494).
1450 Mailand unter den Sforza (bis 1500/1515).
1454 Friede von Lodi Mailand–Venedig.
1455 Liga der 5 Mächte (Pentarchie): Friede in Italien (bis 1494). Höhepunkt von Humanismus und Renaissance.
1494 Invasion Frankreichs in Italien: Kriege um Italien (bis 1559).

Seit dem Einfall der Westgoten (401) ging Welle auf Welle von Eroberern über Italien hinweg: Odoaker (**476**–490/93); Ostgoten (493–540/52); Ostrom (540/52), Langobarden (568), die nur noch Teile Italiens beherrschten; Franken (774–888); Sarazenen die großen Inseln (ab 827) und Teile Unteritaliens (bis 1090); Deutsche (951/61–1183); Normannen (1030–1194); Staufer (1194 bis 1266), Anjou (1266–1442); Aragon/Spanien (1282–1713); Frankreich (1494–1559). Vom Intermezzo der Hunnen (452) abgesehen, errichteten sie eigene Herrschaften, von den Langobarden (568) bis zu Napoleon I. (1806–14) aber nur jeweils in Teilen Italiens. Nur einige der Eroberer assimilierten sich im Laufe der Zeit (Langobarden, Normannen). Dennoch bewahrte sich Italien stets eine hervorragende Stellung in Europa. Gerade die Spannung zwischen politischer Zerrissenheit und kulturellen Ausstrahlungen macht den Reichtum der italienischen Geschichte aus: Über fast 1½ Jahrtausende löst sie sich in die Geschichte einzelner Machtfaktoren auf (Papst, Städte, historische Landschaften). Der Papst in Rom repräsentierte ein Stück gewandelter Kontinuität von der Antike und hatte an der Spitze der römischen Kirche großen geistlichen und politischen Einfluß im lateinischen Europa. Als Herr des Kirchenstaates (756–1870) besaß er eine weltlich-materielle Machtgrundlage, die über ein Jahrtausend hinweg in der Fülle wechselnder Staatsgebilde auf italienischem Boden eine Kontinuität ganz besonderer Art herstellte. Durch den Papst rückte Rom auch zur Stätte für die geistliche Legitimierung der obersten politischen Herrschaft im lateinischen Europa auf, seit den Kaiserkrönungen Karls des Großen (800) und Ottos des Großen (962). Oberitalien und die Toskana gerieten so unter die Herrschaft der Franken (774–888) und Deutschen (951/61–1183), und wenn nur als Durchgangsländer nach Rom. Ihr wachsender Wohlstand seit der allgemeinen Wirtschaftserholung Europas machte sie für Eroberer ohnehin attraktiv.

Dank seiner räumlichen Nähe zur Antike hatte Italien selbst im allgemeinen Zivilisationsabfall im Frühmittelalter einen prestigereichen Kultur- und Zivilisationsvorsprung gegenüber dem übrigen lateinischen Europa behauptet. Seit der Zeitenwende um 1000 war Italien auch Wirtschaftszentrum Nr. 1, das sich mit der Wiederbelebung des Fernhandels im Viereck Venedig–Mailand–Florenz–Genua entfaltete. Die Vertreibung der Sarazenen (1020–90) gab den sich rasch assimilierenden Normannen Süditaliens Gelegenheit, auch die letzten Reste byzantinischer Präsenz zu beseitigen (1043). Die Kombination von antimuslimischer mit antibyzantinisch-orthodoxer Stoßsicherung setzte sich, nach dem endgültigen Schisma Rom–Konstantinopel (1054), in den Kreuzzügen fort (1096–1291), an denen italienische (nebst französischen) Normannen und Handelsstädte mit ihren Flotten besonderen Anteil hatten.

Mit städtischen Schwurgemeinschaften (*coniuratio*), zuerst in Benevent (1015), und Wahlbeamten, zuerst als Konsuln in Mailand (1117), leistete Italien einen großen Beitrag zum Aufstieg städtischer Freiheiten und Selbstverwaltung, mit besonderer Ausstrahlung auf Deutschland, das auch Machtvakuum wurde (ab 1198). Umgekehrt war die Abschüttelung deutscher Herrschaft Voraussetzung für den Aufstieg italienischer Kommunen zur Autonomie (1183). Mit dem Auftreten der Pataria in Mailand (1045) eröffneten sie die städtischen Sozialkonflikte, im Spannungsfeld zwischen urchristlicher Armutsideologie und Neureichtum, in Mailand auch als Massenbasis für die Kirchenreform. Antipäpstliche Stadtrevolutionen gaben der Kommune in Rom, dem Sitz des Papstes (1143–54, 1252–58, 1347–54, 1434), durch ihre Verbindung von demokratischem mit imperialem Pathos (Rückgriff auf die imperiale Größe Roms) eine spezifisch italienisch-mittelalterliche Ausprägung.

Der innerdeutsche Konflikt zwischen Welfen und Staufern setzte sich auf italienischem Boden als chaotische Bürgerkriege in zahlreichen Kommunen zwischen Guelfen (päpstlich) und Ghibellinen (kaiserlich) fort (ab 1215, Florenz), in denen käufliche Militärs («Condottieri») mit Söldnern eine wachsende Rolle spielten.

Im Zuge der allgemeinen lateinischen Offensive gegen Islam und Orthodoxie (Kreuzzüge; Lateinisches Kaiserreich, 1204–61) errangen die verfeindeten Seestädte Venedig und Genua die Kontrolle über das östliche Mittelmeer und seinen Fernhandel, mithin über die primäre und wichtigste Wirtschafts- und Verkehrsachse des Europäischen Mittelalters. Allerdings bahnten sich mit der ausgedehnten Wanderschaftshaltung (Transhumanz) im südlichen Italien schon Strukturunterschiede zwischen dem gewerblich (heute: industriell) entwickelten Norden und dem argrarisch weitgehend verödeten Süden («Mezzogiorno»), an, die das zeitgenössische Italien so stark belasten: Schafe fraßen die zivilisatorischen Grundlagen des Südens auf.

Eine Friedensordnung nach dem Frieden von Lodi (1454) sicherte Italien eine exzeptionelle Friedensperiode (1455–94). Verstärkt durch das Einströmen griechischer Gelehrter nach dem Fall von Konstantinopel (1453), erreichte Italien damals mit der Blüte von Humanismus und Renaissance den Gipfel einer kulturellen Weltgeltung, bis sich mehrere neue Faktoren auswirkten: weitere Expansion des Osmanischen Reiches, vor allem gegen Venedig und Genua; Kriege um Italien seit der französischen Invasion Italiens (**1494**–1559); ökonomische Verödung des Mittelmeers seit Europas Expansion in Übersee (ab 1492/98); die Reformation (ab 1517).

57 Die Nord-Ostsee-Achse im Mittelalter, 787 bis 1494

Anders kompliziert verlief die zeitlich kürzere Entwicklung der zweiten Wirtschafts- und Verkehrsachse im europäischen Mittelalter, des Nord- und Ostseeraums. Ohne die jahrtausendealte Tradition mediterraner Kulturkontinuität entfaltete er sich anfangs nur zögernd und nahm seinen eigentlichen Aufstieg erst in Verbindung mit der südlichen Achse, dem Mittelmeer bzw. (über die Waräger) mit Byzanz und dem Kalifat. Jedoch ist die nördliche Wirtschafts- und Verkehrsachse mit der Geschichte europäischer Anrainervölker vielfältig verknüpft – England, Belgien/Niederlande, Deutschland, Norwegen, Dänemark, Schweden, Polen, Rußland.

787 Expansion der Wikinger/Normannen/Dänen (bis 1066).
804 Haithabu (an der Schlei) gegründet: Kontrolle und Verbindung des Handels auf Nord- und Ostsee (bis 1066). Dänische Mark des Karolingerreiches gegen Dänen.
830 Bürgerkrieg im Frankenreich (bis 833).
831 Missionserzbistum Hamburg (seit 846: Bremen–Hamburg) für Skandinavien.
834 Alljährliche Plünderungszüge der Normannen ins Frankenreich (bis ca. 892).
860 Anfänge der Waräger unter Rurik in Kiew.
864 Grafschaft Flandern, in Abwehr der Normannen.
882 Kiewer Rus: Anfänge des mittelalterlichen Rußland.
911 Landnahme der Normannen in der Normandie legalisiert.
955 Schlacht bei Augsburg: Hegemonie der Deutschen (bis 1198).
966 Anfänge Polens als christlicher (katholischer) Staat.
997 Erste Erwähnung des damals slawischen Danzig.
1025 Mark Schleswig zu Dänemark (bis 1864).
1066 Normannische Eroberung Englands; Haithabu zerstört: Ende der Wikingerzeit (seit 787).
1093 Brügge Bistum und Residenz der Grafen von Flandern.
1134 Systematische deutsche Ostkolonisation (bis 1410).
1147 «Wendenkreuzzug» sächsischer Fürsten als Alternative zum 2. Kreuzzug.
1157 Erste Privilegien für Kölner Kaufleute in London: Keimzelle der späteren Hanse.
1159 Endgültige Gründung Lübecks.
1161 Gemeinschaft der Kaufleute des Römischen Reiches, die Gotland besuchen.
1201 Riga gegründet: Gründung deutscher Hafenstädte an der südlichen Ostseeküste.
1227 Schlacht bei Bornhöved: Sieg norddeutscher Fürsten/Städte über Dänemark. Aufstieg der norddeutschen Küstenstädte.
ca. 1230 Vertrag Lübeck–Hamburg: Kern der späteren Hanse.
1230 Thorn gegründet: Expansion des Deutschen Ordens von der unteren Weichsel aus.
1237 Deutscher Orden übernimmt Eroberungen des Schwertbrüderordens: Ausdehnung des Deutschen Ordens ins Baltikum.
1242 Niederlage des Deutschen Ordens auf dem Eis des Peipussees gegen Nowgorod unter Alexander Newski: Orthodoxe Nordrussen behaupten sich.
1250 Anfänge Stockholms als Gründung deutscher Kaufleute.
1282 Vertrag Lübeck–Riga–Wisby: formaler Beginn der Hanse.
1298 Regelmäßige Schiffsverbindung Genua–Brügge–London.

1308/09	Deutscher Orden erobert Danzig und Pomerellen: Polen von der Ostsee abgeschnitten (bis 1457/66).
1356	Erster allgemeiner Hansetag in Lübeck.
1358	Umwandlung der Kaufmannshanse in die Städtehanse.
1370	Friede von Stralsund: Hanse behauptet gegenüber Dänemark freie Durchfahrt durch den Sund. Höhepunkt der Macht der Hanse.
1386	Personalunion Polen–Litauen, gegen Deutschen Orden.
1410	Schlacht bei Tannenberg: Sieg Polen–Litauen über Deutschen Orden. Endgültiges Ende der mittelalterlichen deutschen Ostkolonisation (seit 1134).
1454	Ständekrieg Polen/Preußische Stände gegen Deutschen Orden (bis 1466).
1466	2. Thorner Friede: Ermland, Pomerellen, Kulmerland zu Polen, Ordensstaat unter polnischer Suzeränität (bis 1660).
1474	Friede von Utrecht: Hanse-Privilegien für England erneuert.
1494	Hansekontor in Nowgorod (seit ca. 1200) von Iwan III. geschlossen: Hanse unter Druck der aufsteigenden großen Territorialstaaten.

Die Römer hatten mit Britannien und der Rhein-/Scheldemündung nur den südlichen Rand der Nordsee vorübergehend kontrolliert. Nach ihrem Abzug aus Britannien (407) und der angelsächsischen Landnahme (ab 449) hatten friesische Bauernkaufleute den Rest-Handel an den südlichen Rändern der Nordsee in ihren Händen. Auch auf seinem Höhepunkt entfaltete das Karolingerreich nur geringe Aktivitäten im Norden. Der Wikingergründung Haithabu zur Kontrolle der damals günstigsten Verbindung zwischen Nord- und Ostsee (804) setzte Karl der Große die Dänische Mark entgegen (**804**). In seinem Zerfall öffnete das Karolingerreich aber den seit 787 außerhalb Skandinaviens mit Raubzügen auftretenden Normannen/Wikingern/Dänen den Weg, die weitgehend den Handel auf der Nord- und Ostsee an sich rissen.

Den Aufstand der Söhne Ludwigs des Frommen gegen ihren Vater (830–834) nutzten die Normannen zu jährlichen Plünderungszügen («vikingen») ins Frankenreich (834–ca. 892). Zu ihrer Abwehr bildete sich die Grafschaft Flandern (864) heraus, die mit ihrem Zentrum Brügge (ab 1093) eine überragende Stellung in der Nord-Ostsee-Achse gewann, jedoch erst nach der allgemeinen Stabilisierung Europas (nach 955/1000).

Besondere Bedeutung erlangten die Waräger (aus Schweden): Mit ihrer Expansion nach Süden über das russische Seen- und Flußsystem stellten sie Handelsverbindungen nach Konstantinopel und Bagdad her und schufen Grundlagen des mittelalterlichen Rußland (Kiewer Rus, 882).

Nach Ende der Wikingerzeit (1066) übernahmen allmählich die Kaufleute im Norden des neuen Machtzentrums, des römisch-deutschen Reiches, den Handel der Nord- und Ostsee. Erste Ansätze waren das schon alte Köln (1157), die damals noch relativ jungen Städte Hamburg und Bremen, zuletzt die am weitesten nach Osten vorgeschobene jüngste Neugründung Lübeck (1159), nahe der Travemündung mit Orientierung zur Ostsee. Schon unter Lübecks Führung entwickelte sich eine weitere Keimzelle zur späteren Hanse (1161), die über Gotland (Wisby) den Handel nach Nowgorod (und damit zum Mittleren Orient) für sich zu monopolisieren suchte. Aus der Zusammenarbeit der verschiedenen Kristallisationskerne wuchs die (Deutsche) Hanse heran, erst als Verband der Kaufleute (Kaufmannshanse), später politisch fester, institutionalisiert als Bündnis autonomer Kaufmannsstädte (Städtehanse, 1356/58). So entstanden an der Südküste der Ostsee von Lübeck bzw. Bremen (Riga, 1201) aus deutsche Handelsstädte bis Reval (heute: Tallin), zu denen später noch Stockholm (1250) trat. Die Städte wurden entweder ganz neu gegründet oder neben älteren einheimischen Siedlungen gegründet, die von der deutschen Kaufmannsstadt überschattet oder weitgehend absorbiert wurden (z. B. Danzig, Reval). Die vier ständigen Außenkontore der Hanse – Bergen, London, Brügge; Nowgorod – steckten ungefähr auch den Rahmen ihrer ökonomisch-politischen Einflußmöglichkeiten ab.

Daher gehören Aufstieg und Vormachtstellung der Hanse auch zur Geschichte der deutschen Ostkolonisation (1134–1410): Viele der neugegründeten deutschen Städte im Inland traten der Hanse bei. Der Deutsche Orden, eines der eigenartigsten Ergebnisse deutscher Ostkolonisation – ursprünglich auf dem 3. Kreuzzug gegründet (1190/98) –, war als einzige Territorialmacht Mitglied der Hanse. Die deutsche Ostkolonisation gehört somit in weitere historische Zusammenhänge, ist Teil der allgemeinen Expansion des lateinischen Westens nach innen (Landesausbau) wie teilweise nach außen mit Elementen des Kreuzzuges («Wendenkreuzzug», 1147; Gründung Königsbergs durch Deutschen Orden, 1255, auf einem Heidenkreuzzug) wie mit der antiorthodoxen Stoßrichtung des Deutschen Ordens gegen die orthodoxen Nordrussen (1242).

Mit seiner Staatsgründung von der unteren Weichsel (Thorn, 1230) aus nutzte der Deutsche Orden Polens innere Paralyse – politische Fragmentierung (1138–1320), Einfälle von Mongolen/Tataren (1241–87) – zur Expansion aus und schnürte Polen durch die Eroberung Danzigs (1308) und Pomerellens (1309) von der Ostsee ab. Nach seiner Rekonstituierung (1320), Konsolidierung unter Kasimir III., dem Großen, (1333–1370) und Erweiterung durch die Personalunion mit Litauen (1386) konzentrierte sich Polen daher zunächst darauf, den deutschen Riegel zur Ostsee zu sprengen, was in zwei Anläufen auch gelang (1410/11, 1454–66). Im polnisch-litauischen Sieg von Tannenberg (**1410**) fallen somit beginnender Abstieg des Deutschen Ordens und Ende der mittelalterlichen deutschen Ostkolonisation zusammen. Derselbe Mechanismus – Aufstieg großer Territorialstaaten und Nationalmonarchien in Ost (Polen, später Rußland) und West (Frankreich, England) zerrieb seit Ende des 15. Jahrhunderts auch die ökonomisch-politische Vormachtstellung der deutschen Hanse, abzulesen an der Schließung der Hansekontore in Nowgorod (1494) und London (1598). Dazwischen lag der Aufstieg der alten Niederlande, zunächst Flanderns und Brabants, zum Wirtschaftszentrum Nr. 2 im lateinischen Europa, etwa ein Jahrhundert nach dem venezianisch-lombardisch-toskanischen. Flandern und Brabant prosperierten durch Textilproduktion, Flandern vor allem durch Verarbeitung englischer Wolle. Nördlich der Alpen wurden Flandern–Brabant die am stärksten urbanisierte Region. Zur Hanse bestand ein Verhältnis spannungsreicher Kooperation und Rivalität: In Brügge lag eines der vier großen Außenkontore der Hanse (1252/53–1546), aber dazwischen gab es bewaffnete Handelsblockaden der Hanse gegen Flandern (1358–60, 1388–92, 1451–74), die den endgültigen Bruch vorbereiteten.

Gegen die niedergehende Hanse setzten sich auf der Schwelle zur Neuzeit niederländische Kaufleute durch, deren Schwerpunkt zu Beginn der Neuzeit nach Holland wanderte. Gleichzeitig lösten sich die miteinander heftig rivalisierenden skandinavischen Königreiche Dänemark und Schweden im Kampf um die Beherrschung der Ostsee («Dominium Maris Baltici») ab, als Erben der Hanse. Hinter Holland machte sich England vom Westen, Rußland vom Osten bereit, um die Kontrolle jeweils über Nord- und Ostsee zu erringen als eine der Voraussetzungen für den weiteren Aufstieg zu neuen Groß- und Hegemonialmächten. So erweist sich die Nord-Ostsee-Achse im Mittelalter als Vorbereitungsraum für die spätere Expansion Europas in Übersee über den Atlantik: Das traditionelle Übergewicht von Massengütern auf Nord- und Ostsee setzte sich später im überragenden Kolonialhandel vor allem Englands mit seinen Kolonien fort.

58 Königreich und Imperium Romanum der Deutschen als neues Machtzentrum, 962 bis 1198: Die Anfänge des Europäischen Systems

Aus der beginnenden Konsolidierung Europas stieg das neue Königreich der Deutschen, ideologisch erhöht zum Imperium Romanum (962), vorübergehend zum ersten Machtzentrum im lateinischen Europa auf. Ausgangspunkt war die Gründung des deutschen Königtums (911), zentraler Knotenpunkt der Sieg bei Augsburg über die Ungarn (955), Krönung des Durchbruchs zur hegemonialen Stellung die Kaiserkrönung Ottos I. (des Großen) in Rom (**962**). Die Mechanismen des Aufstiegs sind inzwischen hinlänglich vertraut – Zersplitterung, Abwehrkämpfe an der Peripherie, politische Zusammenfassung, Konsolidierung, militärische Erfolge, Aufstieg zur führenden Macht an der bisherigen Peripherie des Gesamtsystems (lateinisches Europa), Expansion, (Anspruch auf) Hegemonie.

911	Ende der Karolinger in Ostfranken: Konrad I. König der vereinten deutschen Stämme (bis 919).
919	Heinrich I. deutscher König (bis 936): Sachsen-/Ottonendynastie (bis 1024), Konsolidierung.
933	Erste Erfolge gegen Ungarn, Elbslawen und Böhmen.
936	Otto I. (der Große) (bis 973): Siege, Expansion.
955	Siege über Ungarn und Wenden.
962	Kaiserkrönung in Rom: Imperium Romanum (bis 1806).
983	Otto III. (bis 1002): Nach Mündigkeit (995) Konzeption einer wirklichen Erneuerung des Römischen Reiches, mit Rom als Hauptstadt – gescheitert.
1004	Krieg Deutschland/Ungarn/Rußland gegen Polen (bis 1018): Böhmen Reichslehen.
1024	Konrad II. König/Kaiser (bis 1039): Salierdynastie (bis 1125).
1033	Königreich Burgund lehensrechtlich (= formal) zu Deutschland (bis 1378).
1039	Heinrich III. König/Kaiser (bis 1056).
1046	Synode von Sutri: Höhepunkt kaiserlicher Machtstellung gegenüber Papst.
1056	Heinrich IV. König/Kaiser (bis 1106).
1075	Investiturstreit (bis 1122): Konflikt Kaiser–Papst.
1122	Wormser Konkordat.
1125	Lothar von Supplinburg König/Kaiser (bis 1137).
1134	Deutsche Ostkolonisation (bis 1410).
1138	Konrad III. König (bis 1152): Stauferdynastie (bis 1250/54).
1152	Friedrich I. (Barbarossa) König/Kaiser (bis 1190).
1158	Mailand erobert: Reichstag auf den Roncalischen Feldern.
1176	Niederlage bei Legnano gegen Lombardenbund.
1180	Sturz Heinrichs des Löwen durch Lehensgericht.
1183	Friede von Konstanz zwischen Kaiser und Lombardenbund: Autonomie für oberitalienische Städte.
1190	Heinrich VI. König/Kaiser (bis 1197): Höhepunkt imperialer Weltmachtpläne.
1194	Heinrich VI. erbt und unterwirft Sizilien. Zypern, Klein-Armenien deutsche Reichslehen (bis 1197).
1195	Byzanz dem Reich tributpflichtig (bis 1197).
1197	Heinrich VI. gestorben.
1198	Thronstreit Staufer–Welfen: Abstieg des Reiches.

Im Zerfall des Karolingerreiches hatten sich als regionale Verteidigungsorganisationen gegen Normannen, Elbslawen und Ungarn auf ostfränkischem Boden zunächst fünf (neue) Stammesherzogtümer (Bayern, Schwaben, Franken, Thüringen, Sachsen) herausgebildet (nach 900), gefolgt vom französisch/deutsch gemischten Lothringen (925). Ihre lockere Zusammenfassung nach Aussterben der Karolinger in Ostfranken zu einem Wahlkönigtum (911) bezeichnet den Anfang deutscher Geschichte im engeren Sinne. Unter Heinrich I. (919–936) gelang eine erste Konsolidierung: Erweiterung um Lothringen (925), militärische Reorganisation (Panzerreiter, Befestigung der Ostgrenze, nach 926); Expansion gegen Elbslawen (ab 929) und Böhmen (933); erster Erfolg gegen die Ungarn (933). In Anknüpfung an die Grenzmarken Karls des Großen wurden Grenzmarken unter Gero und Hermann Billung östlich der Elbe (937) Ausgangsbasen für die spätere Ostexpansion der Deutschen (1134–1410).

Auf dieser Grundlage erweiterte Otto I. (936–973) seine Macht nach allen Seiten: Nach innen suchte er Stabilität durch Besetzung frei werdender Stammesherzogtümer mit engsten Verwandten und Heranziehung von Bischöfen zur obersten Reichsverwaltung, beginnend mit seinem jüngeren Bruder Brun, der in Personalunion Erzbischof von Köln und Herzog von Lothringen wurde (953). Die neue Reichskirche beruhte auf der Überlegung, daß Bischöfe, wegen ihrer Ehelosigkeit, ihre politische Macht nicht vererben, also auf Dauer keine Machtzusammenballung gegen die Krone bilden konnten. Nach außen begründete Otto mit dem epochemachenden Sieg bei Augsburg (955), gefolgt von einem Sieg über die nördlichen Elbslawen (Wenden) (955), seine quasihegemoniale Macht. Vorher schon hatte eine erste Intervention in Oberitalien gegen das lombardische Königreich (951) die Ausgangsposition zum entscheidenden Eingreifen in Italien geschaffen, das in der Kaiserkrönung Ottos in Rom kulminierte (962): Mit dem Anspruch auf Erneuerung des Kaisertums Karls des Großen («translatio imperii») verband das neue Imperium Romanum den Anspruch auf Oberitalien und eine hegemoniale Stellung im lateinischen Europa.

Wie nach Karls Kaiserkrönung (800) schlossen sich auch nach 962 kriegerische Konflikte mit Byzanz an, bis zur Anerkennung des neuen Kaisertums durch Byzanz (971), besiegelt durch die übliche dynastische Verbindung (Heirat Theophanu/Otto II.) (972). Die Abspaltung der bayerischen Ostmark von Bayern als neue Markgrafschaft unter den Babenbergern (976) durch Otto II. wurde Ausgangspunkt für eine spätere europäische Großmacht, Österreich. Die Komplikationen Italiens zogen Otto II. in den Zusammenstoß mit den noch immer mächtigen Sarazenen Unteritaliens: Die katastrophale Niederlage bei Cotrone (982) löste den Großen Slawenaufstand aus (983), der die Deutschen auf ihre Grenzmarken östlich der Elbe zurückwarf. Die weitgespannte Konzeption Ottos III., das Römische Reich in altem

Glanz wirklich wiederherzustellen, mit Deutschland als neuem Zentrum, Rom als Hauptstadt, scheiterte, brachte aber Polen mit der Gründung des Erzbistums Gnesen die kirchliche Unabhängigkeit von Deutschland ein (1000).

Der letzte Sachsenkaiser, Heinrich II. (1002–1024), und der erste Salierkaiser, Konrad II. (1024 bis 1039), verhinderten zweimal, im Bündnis mit der Kiewer Rus (1017, 1033), Polens Aufstieg zur Hegemonialmacht in Ostmitteleuropa durch Gründung eines Westslawischen Großreichs unter Einschluß Böhmens. Unter Konrad II. fiel das Königreich Burgund im Erbgang an das Reich (1033), das nun (formal) aus drei Königreichen bestand, aus Deutschland, Italien und Burgund, später noch erweitert um Böhmen (1085, 1198).

Unter Heinrich III. (1039–1056) erreichte das Kaisertum mit der Synode von Sutri durch Absetzung von drei rivalisierenden Päpsten (1046) den Höhepunkt seiner Machtstellung gegenüber dem Papsttum, leitete damit aber auch indirekt den Übergang zur großen Kirchenreform selbst ein, die in den säkularen Konflikt des Investiturstreites (1075–1122) einmündete. Die Schwächung der kaiserlichen Zentralgewalt fand auch Ausdruck in der Form der deutschen Ostkolonisation (ab 1134), die von regionalen Kräften (Fürsten, Städten, Ritterorden) getragen wurde. Die neue Staufer-dynastie (1138–1250/54) engagierte sich noch stärker in Italien, vor allem gegen Papst und Lombardenbund oberitalienischer Städte, die sich kaiserlichen Macht- und Steueransprüchen widersetzten.

Die Niederlage Friedrichs I. bei Legnano (1176), u.a. herbeigeführt durch die Weigerung Heinrichs des Löwen, ohne politische Konzessionen Heeresdienst außerhalb des Reiches zu leisten, hatte weitreichende Folgen: Die Zerschlagung der quasiköniglichen Machtstellung Heinrichs durch die übrigen Reichsfürsten (1180) verschärfte die Rivalität zwischen Welfen und Staufern. Die Anerkennung der Autonomie der oberitalienischen Städte durch den Frieden von Konstanz (1183) beendete faktisch die deutsche Herrschaft über Oberitalien. Expansion der Staufer auf Sizilien (1194), des Reichs in Zypern und Klein-Armenien (1194) und die Tributpflicht des geschwächten Byzanz (1195) waren nur Überdehnungen einer «Weltreichs»-Konzeption, die mit dem Tod Heinrichs VI. (1197) jäh zerstob. Der anhaltende Thronstreit zwischen Welfen und Staufern (**1198**–1208/15) leitete schon den Abstieg des Reichs als Machtzentrum ein.

59 Kaiser und Papst: Kirchenreform und Investiturstreit, 1059/75 bis 1122

Kaiser und Papst erhoben als «universale» Mächte Ansprüche, die über die Grenzen der sich allmählich herausschälenden europäischen Nationen hinausgriffen. Der Kaiser knüpfte an die historisch ältere Institution des römischen Kaisers an und beschränkte sich praktisch auf das lateinische Europa. Das Papsttum war, im Vergleich zum mittelalterlichen Kaiser, die historisch ältere Macht. Sein Anspruch auf Primat reichte über das lateinische Europa hinaus ursprünglich über die gesamte Christenheit, war aber seit dem endgültigen Schisma zwischen Rom und Konstantinopel (1054) faktisch auf die römische Kirche begrenzt. Das Auseinandertreten von geistlicher und politischer Gewalt führte über die Kirchenreform (ab **1059**) zum großen Konflikt des Investiturstreites (**1075** – 1122).

910	Kloster Cluny: Cluniazensische Reformen.
1046	Synode von Sutri: Tiefpunkt der päpstlichen Unterordnung unter Kaiser – dagegen Forderung nach Kirchenreform.
1049	Leo IX. Papst (bis 1054): förderte Kirchenreform.
1054	Endgültiges Schisma Rom–Konstantinopel.
1056	Patariabewegung in Mailand: Soziale Konflikte vom Papst instrumentalisiert.
1059	Lateransynode: Gegen Simonie, Laieninvestitur; Papstwahl durch Kardinalskollegium: Kirchenreform.
1073	Gregor VII. Papst (bis 1085): entschiedener Verfechter der Kirchenreform.
1075	«Dictatus Papae», Fastensynode, Konflikt um Mailänder Erzbischof: Investiturstreit (bis 1122).
1077	Gang nach Canossa Heinrichs IV., Konflikt in Deutschland (bis 1080).
1080	2. Bann gegen Heinrich IV.
1083	Rom von Heinrich IV. erobert.
1084	Kaiserkrönung Heinrichs IV. durch Gegenpapst in Rom.
1106	Analoger Konflikt des Papstes mit Frankreich beigelegt.
1107	«Konkordat» von Westminster: Konfliktlösung in England.
1122	Wormser Konkordat: Kompromiß Kaiser–Papst.

Entgegen der Theorie vom harmonischen Zusammenwirken der obersten Spitzen im «christlichen Abendland» – der Papst als Art Ober-Bischof, der Kaiser als Art Ober-König – kam es auch im seit dem endgültigen Schisma Rom–Konstantinopel (1054) scharf abgegrenzten lateinischen Europa zum klassischen Konflikt zwischen geistlicher und weltlicher Macht. Seit Erneuerung des Kaisertums (800, 962) hatte das Verhältnis zwischen beiden geschwankt: Der Papst beanspruchte zwar den geistlichen Vorrang, auch über den Kaiser, wie ihn die Krönung Karls des Großen durch den Papst (800) ausdrückte. Aber seine politische Schwäche in Rom zwang den Papst immer wieder zu Hilferufen an die stärkste politische Macht gegen Langobarden oder römische Adelsfamilien. Zuletzt setzte Kaiser Heinrich III. auf der Synode von Sutri gleich drei Gegenpäpste ab und setzte einen Papst seiner Wahl ein (1046).

Der neue Tiefpunkt des Papsttums provozierte erst recht die Forderung nach tiefgreifender Kirchenreform, die auch ihre oberste Spitze, den Papst, unabhängig von weltlichen Einflüssen machen sollte. Als Modell bot sich die Cluniazensische Reformbewegung an, die vom burgundischen Reformkloster Cluny (910) ausgegangen war und die meisten Benediktinerklöster im Sinne der Kirchenreform schon im kleinen geprägt hatte, allerdings im wesentlichen außerhalb Deutschlands. Von Heinrich III. bestärkt, förderte Papst Leo IX. (1049–1054) die Kirchenreform. Kernpunkt der Forderungen waren: Verbot der Laieninvestitur und Simonie; Zölibat, Unabhängigkeit der Papstwahl von politischen Machtfaktoren; straffere Unterordnung der Kirche unter den Papst. Das Verbot der Laieninvestitur richtete sich gegen die Einsetzung von Geistlichen durch weltliche Autoritäten. Als Simonie galt die Käuflichkeit geistlicher Ämter, benannt nach dem Vorschlag des Magiers Simon an Petrus, ihm gegen Geld geistliche Macht zu verleihen (Apostelgeschichte 8, 18–24). Der Zölibat sah die Ehelosigkeit aller Priester (nicht nur, wie schon teilweise praktiziert, nur von Bischöfen aufwärts) nach dem Mönchsvorbild vor.

Erste Etappe der Kirchenreform wurde die Lateransynode in Rom (1059): Sie verbot Laieninvestitur und Simonie und führte die Papstwahl durch das Kollegium der Kardinäle ein, um den Papst unabhängig von römischen Adelsfamilien wie vom Kaiser zu machen. Der neue Reformpapst Gregor VII. (1073 bis 1085) setzte den Zölibat für Kleriker durch (1074). Der Bruch entzündete sich an der Durchführung der Neuerungen: Die Reichskirche in Deutschland war besonders vom Verbot der Laieninvestitur betroffen, weil sie stärker als anderswo seit Otto I. durch ihre Bischöfe in die Reichsverwaltung einbezogen war. Die politischen Konsequenzen der Kirchenreform zeigten sich als Loyalitätskonflikt der deutschen Bischöfe zwischen Kaiser und Papst. Opposition gegen den Zölibat beantwortete Gregor VII. mit der Suspendierung sieben deutscher Bischöfe, mit seiner Programmschrift «Dictatus Papae» und der Fastensynode (1075).

Der offene Konflikt explodierte in Mailand: Im Vorort des Wirtschaftszentrums Oberitalien war mit der Pataria die erste sozial-religiöse Protestbewegung im lateinischen Europa gegen den neuen Wohlstand seit Wiederbelebung des Fernhandels (ca. 1000) aufgebrochen und hatte auf andere Städte der Lombardei übergegriffen. Bald verquickten sich soziale mit kirchenpolitischen und «nationalen» Motiven: Nach einem ersten Bürgeraufstand gegen die Aristokratie (1045) wurde die Pataria in weiteren Aufständen mit päpstlicher Unterstützung (1056 bis 59, 1066/67) soziale Massenbasis für die Forderung nach Kirchenreform – gegen den der Simonie beschuldigten Erzbischof, der sogar zurücktrat (1070), für kanonische Bischofswahl durch Klerus und Volk. Heinrich IV. setzte aus politischen Erwägungen einen Deutschen als neuen Erzbischof ein (1075) und verschärfte so den Konflikt, der über gegenseitige Absetzungserklärungen von Papst und Kaiser bis zur ersten Bannung Heinrichs IV. durch Gregor VII. eskalierte (1076). Spektakulärer Tiefpunkt im deutschen Geschichtsbewußtsein war Heinrichs IV. Unterwerfung unter Gregor VII. zur Lösung des Banns (Gang nach Canossa 1077), dem ein innerer Konflikt in Deutschland zwischen Heinrich IV. und Anhängern des Papstes folgte (1077–80). Einen 2. Bann durch den Papst (1080) beantwortete Heinrich IV. mit einem Italienzug (1081), der Eroberung Roms (1083) und Krönung in Rom durch einen Gegenpapst (1084). Des Kaisers Erfolg war trügerisch: Im Kampf gegen den 1. Lombardischen Städtebund wurde er in Oberitalien vier Jahre lang eingeschlossen (1093–97) und mußte so dem Papst das Feld für ein Unternehmen überlassen, das für fast zwei Jahrhunderte die nun auch politische Vormachtstellung des Papstes gegenüber dem Kaiser demonstrierte: die Proklamation der Kreuzzüge (1096).

Heinrichs IV. Sohn und Nachfolger, Heinrich V. (1106–1125), setzte den Konflikt mit dem Papst noch fort, kompliziert durch den Streit um die Mathildischen Güter in Mittel- und Oberitalien. Im Wormser Konkordat (**1122**) fand der Investiturstreit jedoch einen Abschluß. Die Kompromißlösung war kompliziert, lief aber mit der freien kanonischen Wahl und dem Verzicht der Krone auf Investitur von Bischöfen und Reichsäbten mit Ring und Stab (als Zeichen der geistlichen Würde) faktisch auf einen Sieg des Papstes hinaus: Die ottonische Reichskirche löste sich auf zugunsten der vollen Eingliederung von Bischöfen und Reichsäbten in den Lehensstaat, in dem die Spitzen des deutschen Klerus ein Jahrhundert später geistliche Fürsten wurden (1220).

Frankreich und England hatten zuvor schon analoge Lösungen für analoge, aber weniger explosive Konflikte gefunden (1106, 1107). Dennoch flammten später immer wieder Auseinandersetzungen zwischen Krone und Kirche neu auf: In England erschütterte die Ermordung des Erzbischofs von Canterbury, Thomas Becket (1170), die Beziehungen zwischen Krone und Papst, in Deutschland ein regelrechter Krieg zwischen Friedrich I. (Barbarossa) und dem Papst (1157–77). Zuletzt eröffnete der große Konflikt zwischen Papst Bonifaz VIII. und Philipp IV. (dem Schönen) von Frankreich (1296–1302), die Katastrophe des spätmittelalterlichen Papsttums, die «Babylonische Gefangenschaft der Kirche» in Avignon (1309–77).

60 Reconquista: Mittelalterliche Grundlagen Portugals und Spaniens, 1064 bis 1492

Aus dem westgotischen Widerstand gegen die muslimische Eroberung Spaniens (711) entstand die Reconquista (**1064**). Historisch fügt sich die systematische Vertreibung der Muslims aus der Iberischen Halbinsel als spezifisch iberische Variante in die allgemeine Offensive der Christen im Mittelmeerraum gegen die Sarazenen (972–1090) bis hin zu den Kreuzzügen (ab 1096). In Jahrhunderten wechselvoller Kämpfe bildeten sich die neuen Nationalmonarchien Portugal und Spanien heraus, erstmals mit Ständen («Cortes») als Repräsentativorganen der feudalen Monarchie (ab 1188). Portugal wurde so der erste europäische Staat, der seine heutigen Grenzen erreichte (1248). Nach Abschluß der Reconquista für Portugal (1248) und Spanien (1492) gingen beide Nationen früher oder später zur Expansion in Übersee über, als Fortsetzung der Reconquista wie der Kreuzzüge, mit ihren Eroberungen («Conquistas») in Übersee.

711	Ende des Westgotenreiches: Spanien von Muslims erobert.
739	Königreich Asturien (bis 925): Hispanisierung der Westgoten.
755	Basken vertreiben Mauren aus Pamplona: Anfänge Navarras.
756	Emirat (ab 929: Kalifat) von Cordoba (bis 1031).
778	Vorstoß der Franken gegen Emirat von Cordoba: Tod Rolands – Rolandslied.
795	Spanische Mark der Franken südlich der Pyrenäen (bis nach 844).
925	Königreich León (bis 1230) und Navarra (bis 1512/89).
1000	Sancho der Große König von Navarra (bis 1035): Christlicher Norden fast völlig vereint.
1031	Kalifat von Cordoba zerfallen: 31 Taifa-Königreiche als Nachfolgestaaten – Machtvakuum.
1035	Königreiche Kastilien, Aragon: begrenzte Expansion.
1063	König von Aragon ermordet.
1064	Reconquista, zunächst bis zum Ebro. Päpstlicher Segen und Ablaß für Kreuzzug gegen Mauren: Kreuzzugszehnter («cruzada») als Sondersteuer.
1085	Tajo-Linie mit Toledo erobert.
1086	Intervention der Almoraviden: Reconquista aufgehalten.

1095	Portugal Grafschaft Kastiliens: Burgunderdynastie (bis 1383).
1137	Grafschaft Barcelona mit Aragon vereinigt.
1139	Sieg Portugals über Mauren: Königreich Portugal (bis 1910).
1147	Lissabon von Portugal erobert.
1149	Militärische Intervention der Almohaden.
1172	Almohaden erobern muslimisches Spanien.
1188	Erste Stände (Cortes) in León: Bewilligung von Geld für Kriege.
1212	Entscheidender Sieg von Kastilien/Aragon/Navarra über Almohaden bei Navas de Tolosa.
1230	Kastilien endgültig mit Léon vereinigt – weitere Expansion (bis 1250).
1264	Maurenaufstand: längere Pause der Reconquista (bis 1482).
1469	Personalunion Kastilien–Aragon.
1482	Krieg gegen Granada (bis 1492): Malaga erobert (1487).
1492	Granada erobert: Abschluß der Reconquista – Vertreibung der Juden.

Auch das kommende iberische Machtzentrum der frühen Neuzeit baute sich von der Peripherie aus auf, in jahrhundertelangen komplizierten Grenz- und Eroberungskriegen, die die Militarisierung der Gesellschaft durch geistliche Ritterorden und weltliche Ritter («hidalgos») geradezu zum System erhob, mit Nachwirkungen bis zur Gegenwart («stolze Spanier»). Historische Ausgangspunkte sind die muslimische Eroberung der Iberischen Halbinsel (711) und der sich allmählich formierende Widerstand westgotischer Adliger im typischen Rückzugsgebiet der Kantabrischen Berge Nordwestspaniens. Nach einem ersten Sieg (722) gründeten die sich nun rasch hispanisierenden Westgoten das Königreich Asturien (739), aus dem später das Königreich León wurde (925–1230) und die Markgrafschaft Kastilien (ca. 931) erwuchs. Weiter östlich schloß sich das Königreich Navarra der erst nach 1000 allmählich christlich werdenden Basken an. Solange das Emirat (seit 929: Kalifat) von Cordoba ab 756 die Muslims politisch einte, waren die Christen anfangs hoffnungslos unterlegen. Aus den frühen wechselvollen Kämpfen ist besonders der Vorstoß der Franken unter Karl dem Großen nach Saragossa gegen das Emirat von Cordoba hervorzuheben (778), weil die Franken auf dem Hinweg Pamplona zerstörten, wofür sich die Basken mit dem Überfall auf die fränkische Nachhut auf ihrem Heimweg rächten: Damals fiel Markgraf Roland im Tal von Roncesvalles, dessen Tod im Rolandslied literarisch verewigt wurde. Die Spanische Mark (795) mit dem (801) von den Franken eroberten Barcelona wurde später Keimzelle für die Grafschaft Katalonien.

Eine ungefähre Zusammenfassung des nördlichen Grenzsaums von Navarra aus unter Sancho dem Großen (1000–1035) hielt nicht lange vor, bewirkte aber mit der einhergehenden Christianisierung der Basken deren Anschluß an die anti-muslimische Front. Der Zerfall des Kalifats von Cordoba in 31 Taifa-(= Teil)-Königreiche (1031), die sich als Nachfolgestaaten untereinander ständig bekriegten, erleichterte den Christen eine erste begrenzte Expansion bis zum Ebro. Hier erwies sich das am stärksten militarisierte Kastilien (= «Burgenland») am erfolgreichsten und stieg zum dominierenden Machtfaktor innerhalb der christlichen Königreiche auf. Die Eroberung Spaniens bis zur Tajo-Linie mit Toledo (1085) provozierte jedoch den Hilferuf der unterlegenen Mauren und die Intervention der Almoraviden aus Nordafrika (1086ff): Durch mehrere Siege stabilisierten sie die Lage wieder für die Muslime, bis ihr Reich im Innern schwächer wurde und Nordafrika von den Almohaden aufgerollt wurde.

Eine neue Schwächeperiode der Muslime nutzte das 1095 als Grafschaft Kastiliens entstandene Portugal nach einem Sieg zur Proklamation als Königreich aus (1139). Zum Schutz seiner Unabhängigkeit unterstellte sich Portugal dem Papst als Lehen (1143) und eroberte Lissabon, die spätere Hauptstadt (1147), mit Hilfe von Kreuzfahrern, die gerade auf dem Seeweg zum 2. Kreuzzug (1147–49) vorbeikamen.

Mit ersten militärischen Interventionen der Almohaden (ab 1149) kündigte sich die Eroberung des restlichen muslimischen Spanien («al-Andalus») durch die Almohaden (1161–72) an, die nochmals die Reconquista auf mittlerer Linie aufhielten. Den vereinigten Armeen von Kastilien, Aragon und Navarra gelang bei Navas de Tolosa der entscheidende Sieg (1212), der das Almohadenreich in die Krise (ab 1224) stürzte. Nach der endgültigen Vereinigung von León und Kastilien (1230) erreichte die Reconquista schon fast ihr Ziel – die Balearen (1235), Cordoba (1236), Valencia (1238), Sevilla (1248), Cadiz im äußersten Süden (1250) wurden erobert. Portugal erreichte mit der Eroberung der Algarve (1248) als erster europäischer Staat schon seine gegenwärtigen Grenzen und beendete für sich die Reconquista.

Ein allgemeiner Maurenaufstand in den jüngst eroberten Gebieten (1264) sowie langwierige Konflikte zwischen Adel und Krone einerseits, Kastilien, Aragon und Navarra andererseits, erzwangen noch einmal eine längere Pause der spanischen Reconquista und gaben dem verbliebenen maurischen Königreich Granada noch eine über 200jährige Schonfrist. Erst die Vereinigung von Kastilien und Aragon zur Personalunion durch Heirat Ferdinands von Aragon mit Isabella von Kastilien (1469) schuf die Basis für einen letzten Krieg (1482–92): Nach fünfjähriger Belagerung (1487–92) beendete er mit der Einnahme von Granada die Reconquista (**1492**) und eine Etappe zur Konstituierung Spaniens als Nationalmonarchie. Die Vertreibung der Juden, nur wenige Monate später, sollte die innere Einheit vollenden. Sie wurde Ausgangspunkt für die Expansion Spaniens in Übersee («conquista»).

61 Normannische Eroberung: Mittelalterliche Grundlagen Englands, 1066 bis 1265

Bald nach Beginn der Reconquista (1064) leistete die Normannische Eroberung Englands (**1066**) einen entscheidenden Beitrag zur Herausbildung einer weiteren Nation Westeuropas, mit gesamteuropäischen Wirkungen: Die Normannen strafften und systematisierten den Feudalismus in England, der von dort, in unterschiedlichen Formen, auch auf Schottland und Irland ausstrahlte. In Übernahme des in der Reconquista entstandenen Ständeprinzips (1188) entwickelte sich unter den historischen Bedingungen Englands über die Magna Charta (1215) das Parlament (1265) – Ausgangspunkt zum modernen Repräsentativstaat. Die Normannische Eroberung eröffnete ferner die denkwürdige Verzahnung des mittelalterlichen Frankreich mit England, die letzten Endes auch dem größten Krieg des europäischen Mittelalters, dem 100jährigen Krieg (1337/39–1453), zugrunde liegt.

1013/14	England zum größten Teil von Dänen erobert.
1014/16	Knut (der Große) König von England (bis 1035): Dänische Dynastie (bis 1042).
1042	Eduard der Bekenner König von England (bis 1066).
1066	Harold König: Normannische Eroberung – Wilhelm I. König von England (bis 1087): Normannische Dynastie (bis 1154).
1072	Schottland anerkennt Oberlehensherrschaft Englands.
1086	Domesday Book, Treueid von Salisbury.
1129	Sheriff als Vertreter der Krone in Grafschaften.
1154	Heinrich II. König (bis 1189): Angevisch-englisches Doppelreich: Plantagenet-Dynastie (bis 1399).
1166	Homagium ligium: Treueid (homagium) des Vasallen (ligium) gegenüber Krone hat Vorrang vor Treueid gegenüber Kronvasallen (Baron).
1169	Beginn der anglo-normannischen Eroberung Irlands.
1171	Heinrich II. übernimmt Kontrolle über Eroberung Irlands.
1189	Richard I. (Löwenherz) König (bis 1199).
1199	Johann (Ohneland) König (bis 1216): tyrannisch nach innen, erfolglos nach außen.
1214	Niederlage bei Bouvines gegen Frankreich: Aufstand der Barone.
1215	Magna Charta: Macht der Krone eingeschränkt.
1216	Heinrich III. König (bis 1272).

1258 Provisions of Oxford: Adelsopposition gegen kostspielige Kriege schränkt Macht der Krone weiter ein.

1264 Barons' War: Barone unter Simone de Montfort gegen Krone (bis 1265).

1265 Erstes Parlament, einberufen von Montfort – mit Vertretern der Städte.

Nach der Behauptung der Angelsachsen unter Alfred dem Großen (871–899) und ihrem Arrangement mit den Dänen im Danelag schuf die letzte Däneninvasion (1013), provoziert durch ein allgemeines Massaker an den Dänen (1002), eine neue Lage: Die Dänen eroberten ganz England (1013–16), zuletzt unter Knut dem Großen (1014/16–1035), der auch König von Dänemark (1019) und Norwegen (1028) wurde. Die dänische Dynastie starb nach ihm jedoch bald aus (1042).

Mit dem Angelsachsen Eduard dem Bekenner aus dem alten Königshaus Wessex wurde wieder ein Einheimischer König (1042–1066). Im normannischen Exil (1010–41) hatte er normannisch-französische Einflüsse aufgenommen, die er in England förderte. Sein Erbversprechen an Herzog Wilhelm von der Normandie nach kinderlosem Tod wurde Grundlage für Ansprüche Wilhelms gegen Harold, den nach Eduards Tod die angelsächsischen Großen zum König gewählt hatten (1066). In einer koordinierten Aktion landeten (ein letztes Mal) Normannen aus Norwegen in Nordengland zur Unterstützung der französischen Normannen aus der Normandie, wurden aber von den Angelsachsen bei Stamfordbridge (bei York) geschlagen. In der Schlacht bei Hastings unterlag Harold jedoch den Normannen unter Wilhelm, der den Segen des Papstes für sein Unternehmen hatte («Petersfahne»). Wilhelm der Eroberer wurde König von England (1066–1087). Seine Mitkämpfer belohnte er mit Ritterlehen. Ein Aufstand der Angelsachsen (1075) gab Gelegenheit, den angelsächsischen Adel völlig auszuschalten.

Wilhelm wandte die Theorie des Feudalismus, wonach der König Obereigentümer des Landes sei, konsequent an und straffte das Feudalsystem in einem bis dahin nicht gekannten Ausmaß: England wurde Zentralstaat, in dem es nie zur Ausbildung autonomer Territorien durch Kronvasallen kam. Verwaltungseinheit blieb die Grafschaft, früh mit dem Sheriff als ständigem Vertreter der Krone (1129). Eine drohende Däneninvasion provozierte zwei wichtige und aussagekräftige Neuerungen: Der Treueid von Salisbury der Lehensträger auf den König (1086) wurde ein weiterer Ausdruck für die direkte Beziehung der Krone zu ihren sonst nur mittelbaren Lehensträgern. Das Domesday Book (1086), Bestandsaufnahme der Belehnung von Grundherrschaften (manors), diente als Grundlage für eine Zusatzsteuer und ist eine wichtige Quelle zur Sozialgeschichte des mittelalterlichen England. Später legte Heinrich II. für England fest, was er als mächtigster

Kronvasall Frankreichs dort nicht gelten ließ: Im Konfliktfall galt der Treueid (homagium) eines nachgeordneten Lehensträgers (ligium = Aftervasall) für seinen König mehr als für einen Kronvasallen (Homagium ligium, 1166).

Der normannische Feudalstaat strahlte auch auf Schottland und Irland aus, auf Schottland nach Anerkennung der Oberlehensherrschaft Englands (1072), auf Irland mit dem Anlaufen der anglo-normannischen Eroberung Irlands (ab 1169), zunächst als Privatunternehmen anglonormannischer Barone. Um das Entstehen einer souveränen Erobererherrschaft nach dem Muster der Normannischen Eroberung Englands zu verhindern, übernahm Heinrich II. selbst die Kontrolle über die Eroberung Irlands (1171). So begann Englands Herrschaft über Irland mit Spätwirkungen, die bis zum Bürgerkrieg in Nordirland (Ulster) reichen.

Für das Verhältnis zwischen Frankreich und England wirkte sich die Normannische Eroberung außerordentlich kompliziert aus: Einerseits brachten die französisierten Normannen französischen Einfluß nach England, während sich die Anglo-Normannen noch lange auch als Normannen fühlten. Andererseits wurde der Herzog der Normandie als König von England der mächtigste Kronvasall Frankreichs und stand der Geschlossenheit der werdenden Nationalmonarchie Frankreich im Wege. Das englisch-angevinische Doppelreich Heinrichs II. (1154–1189), der zusätzlich als Graf von Anjou und Ehemann der Eleonore von Aquitanien über den Westen Frankreichs verfügte, verschärfte nur noch die Rivalität. Verlust der festländischen Besitzungen an Frankreich (1202–08) und Scheitern der Rückeroberung durch die Niederlage bei Bouvines (1214) trieben die Kronvasallen (Barone) zum Aufstand gegen Johann I. (Ohneland) (1214/15): In der Magna Charta (1215) erzwangen sie eine erste Beschränkung der königlichen Macht, die sich später in einem ähnlichen Mechanismus wiederholte – Provisions of Oxford (1258) bis hin zum Bürgerkrieg des Barons' War (1264/65). Als politische Kampfmaßnahme berief der Anführer der Barone, Simon de Montfort, ein erstes Parlament ein, (**1265**), schon mit Vertretern der Städte (boroughs), das als englische Variante der zuerst in Spanien aufgekommenen Stände allmählich zur festen Institution wurde.

Die Grundproblematik im Verhältnis zu Frankreich blieb, auch nachdem sich die Anglo-Normannen allmählich zu Engländern wandelten. Mit dem Erlöschen der Capetinger (1328) wurde sie neu virulent und mündete in den 100jährigen Krieg (1337/39–1453), den größten Krieg des mittelalterlichen Europa.

62 Kreuzzüge und Kreuzfahrerstaaten, 1096 bis 1291

Schon ein Jahrhundert ökonomischer und demographischer Expansion gab dem lateinischen Europa genügend Kraft, um als Teil seiner allgemeinen Gegenoffensive gegen den Islam im Mittelmeer erstmals zur militärischen Expansion über seine Grenzen hinaus anzusetzen. Der Niedergang von Byzanz seit Mantzikert (1071) unter sich verstärkendem Druck der Seldschuken und politische Zersplitterung der Muslime seit Auflösung des Kalifats erleichterten dem Westen das Vordringen ins Heilige Land, gleichsam als Generalprobe zur späteren Expansion Europas in Übersee.
Ausgangspunkt zum 1. Kreuzzug (**1096**–99) waren die Eroberung Antiochias durch die Seldschuken (1085) und ein Hilferuf von Byzanz an den Westen. Obwohl nach außen Jerusalem erklärtes Ziel der Kreuzzüge war, hatten sie unterschiedliche Schwerpunkte ihrer Offensiven, das Heilige Land (1.–3., 5.), Byzanz (4.), Ägypten (6.), Tunis (7.). Ökonomische Interessen (Fernhandel) verbanden sich mit politischen (gegen Byzanz) und machten sich im 4. Kreuzzug (1202–04) mit der Eroberung Konstantinopels unter Führung und auf Rechnung Venedigs selbständig (1204). Den Abschluß der Kreuzzüge bildete die Eroberung Akkons durch die Mamluken (1291). Die kulturellen, ökonomischen und politischen Rückwirkungen der Kreuzzüge waren enorm, für den Orient ebenso wie für Europa.

1071 Schlacht bei Mantzikert: Sieg der Seldschuken über Byzanz.
1077 Jerusalem von Seldschuken erobert: Pilgerverkehr gestört.
1085 Antiochia von Seldschuken erobert: Hilferuf aus Byzanz an den Westen.
1095 Papst Urban II. ruft zum Kreuzzug auf.
1096 1. Kreuzzug (bis 1099) unter päpstlicher Oberleitung.
1098 Kreuzfahrerstaaten in Edessa (bis 1144) und Antiochia (bis 1268).
1099 Jerusalem erobert: Massaker an Muslime und Juden.
1100 Königreich Jerusalem (bis 1187, 1229–44).
1144 Edessa von Seldschuken erobert.
1147 2. Kreuzzug (bis 1149): vor Damaskus gescheitert. Wendenkreuzzug im Rahmen der deutschen Ostkolonisation.
1187 Niederlage der Kreuzfahrerstaaten am Hattin gegen Saladin: Jerusalem von Saladin erobert.
1189 3. Kreuzzug (bis 1192).
1190 Kaiser Friedrich I. in Kleinasien gestorben; Belagerung Akkons.

1191 Akkon erobert: stärkster Stützpunkt der Kreuzfahrer (bis 1291); Zypern von Richard Löwenherz erobert: fränkischer Staat der Lusignans (bis 1489).
1204 Konstantinopel vom 4. Kreuzzug erobert: Lateinisches Kaiserreich (bis 1261).
1215 4. Laterankonzil: Einheit und Suprematie der römischen Kirche gegen Orthodoxie, Ketzer und Juden.
1227 5. Kreuzzug (bis 1229): heilige Stätten geteilt (bis 1244).
1244 Jerusalem von Turkmenen für Ägypten erobert.
1248 6. Kreuzzug: Ludwig IX. von Frankreich gegen Ägypten.
1250 Mamluken stürzen Aijubiden in Ägypten: Sieg über Kreuzfahrer. Ludwig IX. im Heiligen Land (bis 1254).
1260 Schlacht bei Aïn Dschalut (Goliatsquellen): Sieg der Mamluken über Mongolen. Systematische Kampagne gegen Kreuzfahrerstaaten (ab 1261).
1268 Mamluken erobern Antiochia.
1270 7. Kreuzzug: Ludwig IX. stirbt vor Tunis. Fehlschlag.
1291 Mamluken erobern Akkon: Ende der Kreuzfahrerstaaten; Palästina von Mamluken systematisch verwüstet.

Als geistliches Unternehmen gegen den Islam verfochten die Kreuzzüge durchaus auch irdische Ziele, u. a. als Ableitung innerer Spannungen nach außen, vor allem zur Beschäftigung der unruhigen jüngeren Söhne des niederen Adels und zur Eindämmung des Fehdewesens. Außenpolitisch paßt die massive Beteiligung normannischer Ritter, besonders aus Unteritalien, in die von den Langobarden übernommene Stoßrichtung der Normannen gegen Byzanz. Da Kaiser Heinrich IV. in Verona eingeschlossen war (1093–97), konnte der Papst im Investiturstreit seinen Primatsanspruch gegenüber dem Kaiser in einem großangelegten weltlichen Unternehmen bekräftigen.
Dem regulären 1. Kreuzzug der Ritter und Fürsten (1096) voraus ging ein chaotischer Zug von Angehörigen unterer Schichten, der «Kreuzzug der Armen» (1095/96). Unterwegs griff er in den rheinischen Städten die Juden als «Feinde Christi» an und massakrierte sie, soweit die Bischöfe die Juden nicht zu retten vermochten. Der Kreuzzug der Armen erreichte nie das Heilige Land, sondern wurde, nach Plünderungen auf der Balkanhalbinsel, von den Seldschuken in Kleinasien vernichtet (1096).
Byzanz hatte sich den Kreuzzug als Hilfe unter eigener souveräner Leitung gedacht. Entgegen dem in Konstantinopel von den meisten Kreuzfahrern geschworenen Treueid machten sie sich jedoch in Syrien/Palästina mit eigenen Staaten politisch selbständig, zunächst unterwegs in Edessa und Antiochia (1098). Die Eroberung Jerusalems endete in einem Blutbad an Muslime und Juden (1099) und wurde buchstäblich gekrönt von der Gründung des Königreichs Jerusalem (1100), dem einige weitere Kreuzfahrerstaaten unterstanden. Auch das Zypern der

Lusignans (1191–1489) kann als Typ des Kreuzfahrerstaates gelten, wenn auch errichtet über einer griechisch-orthodoxen Bevölkerung. Das Lateinische Kaiserreich (1204–61), das aus dem 4. Kreuzzug hervorgegangen war, die Herrschaft Venedigs über griechische Inseln sowie das «fränkische» Herzogtum Athen gaben dem Charakter der Kreuzzüge als Offensive auch gegen die griechische Orthodoxie eine breitere Grundlage.

Die Kreuzfahrer, verstärkt durch massive Einwanderung aus dem lateinischen Westen, führten ein straffes Feudalsystem im Heiligen Land ein, gestützt auf einheimische arabische Christen. Ökonomische Grundlagen waren Anbau des Zuckerrohrs und massive Beteiligung am Fernhandel. Vor allem engagierten sich Venedig, Genua und Pisa, von den im Heiligen Land entstandenen geistlichen Ritterorden besonders die Templer. In den Kreuzfahrerstaaten setzte eine begrenzte Assimilierung an den Orient ein. So sind die bekannten weißen wehenden Übermäntel der Ritterorden nichts anderes als der aus praktischen Gründen (Hitze!) übernommene Burnus der arabischen Beduinen.

Spätere Kreuzzüge entstanden als Reaktion auf Rückschläge der Kreuzfahrerstaaten gegen die Muslims: Die Eroberung Edessas löste (1144) den 2. (1147), Jerusalems (1187, 1244) den 3.–6. (1189, 1202; 1227, 1248), Antiochias (1268) den 7. Kreuzzug aus.

Die Kreuzzüge trafen zunächst auf ein relatives Machtvakuum, das durch den gleichzeitigen Niedergang von Byzanz und des Kalifats entstanden war und von den erobernden Seldschuken nur teilweise ausgefüllt wurde. Die politische Fragmentierung der Muslims erleichterte die Anfangserfolge der Christen. Dem Heiligen Krieg unter dem Zeichen des Kreuzes setzte der Islam allmählich den Jihad entgegen und eine weitgehende politische Zusammenfassung, durch Saladin mit dem Sturz der Fatimiden in Ägypten (1169) und seiner Machtübernahme in Teilen Syriens (1174/83). Mit der Eroberung Jerusalems (1187) gelang ihm die entscheidende Wende, die der 5. Kreuzzug unter Friedrich II. mit einer diplomatischen Lösung für die heiligen Stätten (1229–44) nur kurzfristig überspielen konnte.

Fernwirkungen des Mongolensturms komplizierten auch im Heiligen Land die Lage: Vor den Mongolen aus dem Nordiran ausweichende Turkmenen eroberten für die Aijubiden-Dynastie Ägyptens Jerusalem (1244). Außerdem war Alexandria wichtigster Knotenpunkt des Interkontinentalen Fernhandels, so daß Ägypten nun Angriffsziel des 6. Kreuzzuges unter Ludwig IX. (dem Heiligen) wurde (1248–50). Seine Anfangserfolge provozierten die Machtübernahme der Mamluken (1250), die nunmehr am energischsten die Vernichtung der Kreuzfahrerstaaten betrieben. Ludwigs faktische Regierungstätigkeit im Heiligen Land (1250–54) begründete später das besondere Interesse Frankreichs an den heiligen Stätten und in der Levante als Schutzmacht katholischer Christen.

Siege der Mamluken über die Mongolen, von denen sich die Christen Hilfe gegen den Islam erhofft hatten (1260, 1277), leiteten über zur systematischen Eroberungskampagne gegen die Kreuzfahrerstaaten. Die Eroberung Antiochias (1268) provozierte den abermals gescheiterten 7. Kreuzzug unter Ludwig dem Heiligen, diesmal gegen Tunis (1270). Innere Konflikte zwischen Venedig/Pisa und Genua, unterstützt von miteinander rivalisierenden Ritterorden (Templer/Deutschorden – Johanniter, 1256–61), fortgesetzt von Pisa gegen Genua (bis 1288), schwächten die Kreuzfahrerstaaten. Die Mamluken beendeten ihre Offensive mit der Eroberung Akkons (1291) und verwüsteten Palästina nachhaltig, um die Rückkehr der verhaßten «Franken» zu verhindern. Mit dem Fall Akkons waren die Kreuzzüge beendet.

Selbst noch in ihrem Scheitern bereiteten die Kreuzzüge, wie in einer Generalprobe, Europas spätere Expansion in Übersee vor: «Outremer» (Übersee), im Französischen Bezeichnung für das Heilige Land, wurde später übertragen von «jenseits des Mittelmeers» auf Übersee – jenseits des Atlantiks. Auch gehörte die «Reconquista» als iberische Variante der Kreuzzüge zur unmittelbaren Vorgeschichte der Expansion Portugals und Spaniens, deren Überseegebiete jeweils «Conquistas» (= Eroberungen) hießen. Ihre «Conquistas» sind geradezu historische Fortsetzungen der iberischen «Reconquista».

Schließlich verbindet noch ein wirtschaftsgeschichtlicher Vorgang von fundamentaler Bedeutung die Kreuzzüge mit der späteren Expansion Europas in Übersee: Ökonomische Grundlage der Kreuzfahrerstaaten war, neben massiver Beteiligung am sich verstärkenden Interkontinentalen Fernhandel, der Anbau des ursprünglich aus dem Orient stammenden Zuckerrohrs in den eroberten Gebieten, zunächst um Tyrus (1123). Nach dem Fall der Kreuzfahrerstaaten (**1291**) verlagerte sich die Zuckerrohrproduktion vor allem nach Zypern unter der fränkischen Lusignan-Dynastie, noch später auf Sizilien. So entstand aus einer extremen Straffung des feudalen Prinzips in unterworfenen Gebieten eine neue Form des Wirtschaftens: Fremde Eroberer, mit feudal-merkantilen Herrschaftsstrukturen, errichteten eine Plantagenwirtschaft, basierend auf Sklaven, die zunächst nur aus dem Mittelmeerraum kamen. Im Übergang zur Expansion Europas in Übersee übertrugen Italiener, Portugiesen und Spanier das neue Zuckerrohr-Plantagen-Sklaven-System auf die Afrika vorgelagerten Inseln im Atlantik (Kanarische Inseln, Madeira, Azoren), bald mit Sklaven auch aus Afrika (ab 1441). Mit der Entdeckung Amerikas (1492) übersprang das neue System den Atlantik und machte auf dieser Basis in der Neuen Welt die Karibik zum ersten Schwerpunkt der sich entfaltenden, von Europa beherrschten Weltwirtschaft.

Andere und spätere Unternehmen hießen auch Kreuzzüge, z. B. der Wendenkreuzzug sächsischer Fürsten östlich der Elbe als Teil der deutschen Ostkolonisation (1147); die Albigenserkriege (1209–29); der «Kreuzzug» des Bremer Erzbischofs gegen die Stedinger Bauern (1234); die Hussitenkriege (1420–34); die beiden Feldzüge zum Entsatz von

Konstantinopel gegen die Osmanen, die beide scheiterten, bei Nikopolis (1396) und Warna (1444). Durch seinen führenden Anteil an den Kreuzzügen gewann Frankreich erstmals «nationales» Profil nach außen und begründete so sein traditionelles Interesse am Heiligen Land und an den heiligen Stätten, das sich seit der Frühen Neuzeit in der engen Verbindung zum Osmanischen Reich (ab 1526/36) fortsetzte.

63 Wechsel der Machtzentren: Niedergang des Reiches, Aufstieg Frankreichs zur ersten Großmacht Europas, 1180 bis 1214

Frankreichs zuletzt führende Rolle in den Kreuzzügen verweist auf seinen Aufstieg zur ersten Großmacht Europas (seit 1214). Ihm entsprach der Abstieg des mittelalterlichen Imperiums (ab 1198) zu einem relativen Machtvakuum, das bis zur Reichsgründung (1871) anhielt. Die Gegenläufigkeit sinkender und steigender Macht Deutschlands und Frankreichs über Jahrhunderte hinweg (ähnlich auch weiter östlich zwischen Polen und Rußland) erleichtert das bessere Verständnis der komplizierten Geschichte in den innereuropäischen Beziehungen.

1180 Philipp II. August König von Frankreich (bis 1223): begründet Großmachtstellung Frankreichs. Sturz Heinrichs des Löwen: Politische Fragmentierung Deutschlands eingeleitet.

1198 Thronstreit Staufer–Welfen (bis 1208/15).

1214 Schlacht bei Bouvines: Sieg Frankreichs über England/ Otto IV.

1220 Confoederatio cum principibus ecclesiasticis: Geistliche Landesfürsten im Reich, mit königlichen Rechten.

1229 Albigenserkriege (seit 1209) beendet: Provence zu Frankreich.

1231 Statutum in favorem principum: Auch weltliche Reichsfürsten erhalten Autonomie.

1250 Friedrich II. gestorben: Interregnum im Reich (bis 1273): Gegenkönige und Bürgerkriege.

1273 Rudolf von Habsburg König (bis 1291): begrenzte Konsolidierung; König/Kaiser aus wechselnden Dynastien.

1285 Philipp IV. (der Schöne) König von Frankreich (bis 1314):

weiterer Ausbau der Macht, u. a. schärfere Besteuerung – Klerus (1294); Enteignung lombardischer und jüdischer Kaufleute (1306), der Templer (1307).

1309 «Babylonische Gefangenschaft» der Kirche in Avignon (bis 1377): Höhepunkte der französischen Macht über den Papst.

1313 Kaiser Heinrich VII. gestorben: Krise in Deutschland.

1314 Doppelwahl in Deutschland: Ludwig der Bayer (Wittelsbach) – Friedrich (Habsburger).

1315 Beginnende Befreiung königlicher Leibeigener auf Krondomänen in Frankreich.

1322 Sieg Ludwigs über Friedrich bei Mühldorf: Konflikt König–Papst.

1328 Capetinger in Frankreich ausgestorben: Valois-Dynastie (bis 1589).

1337 100jähriger Krieg England–Frankreich (bis 1453).

Als gemeinsamer zeitlicher Ausgangspunkt mag hier das Jahr **1180** dienen: Der Sturz Heinrichs des Löwen durch ein Lehensgericht der Fürsten schloß durch Zerschlagung des Welfen-Doppelherzogtums Bayern-Sachsen die Auflösung der alten Stammesherzogtümer als politische Einheiten ab und eröffnete durch Vernichtung der quasi-königlichen Machtstellung, die sich Heinrich der Welfe nicht zuletzt mit der deutschen Ostexpansion aufgebaut hatte, endgültig die politische Zersplitterung Deutschlands. In Frankreich dagegen kam mit Philipp II. August (1180–1223) der König auf den Thron, der zu Recht als Begründer der Großmachtstellung Frankreichs schon im Mittelalter gilt.

Die Schwäche Deutschlands als erstes Machtzentrum im mittelalterlichen Europa seit seinem Aufstieg nach Augsburg (955) hatte mehrere Ursachen, die sich nicht lange durch den Glanz der Kaiserkrone (ab 962) überdecken ließen: Ursprünglich hatte Deutschland eine Randlage im (damaligen) latein-europäischen Gesamtsystem und war ökonomisch und kulturell rückständig im Vergleich zu Italien und Frankreich. Allerdings gewann Deutschland eine zentrale Position als Durchgangsland für die von dort kommenden Kultureinflüsse nach Norden und Osten: Die Christianisierung von drei deutschen Missionserzbistümern aus – Salzburg (798), Hamburg-Bremen (831/46), Magdeburg (968) – hatte große Bedeutung. Mit der Konstituierung Polens (966) und Ungarns (1000) als christliche Staaten sowie der Christianisierung Skandinaviens (ca. 1000) und der deutschen Ostkolonisation (ab 1134) wuchs Deutschland erst nachträglich in seine seitdem charakteristische Mittellage.

Namentlich gingen durch Deutschland der Landesausbau aus Frankreich und die Ratsverfassung aus Italien: «Deutsche» Kirche, Landesausbau (Ostkolonisation), «deutsches» Stadtrecht, Kaufleute in neugegründeten Städten, Ritter und Bergleute verbreiteten «deutsche» Einflüsse nach Skandinavien und Osteuropa, die ihrerseits Impulse aus Italien und Frankreich weitergaben. Für das Reich wirkte sich die feudale Struktur auf die Dauer besonders schwächend aus, denn Kronvasallen waren dem Kaiser zur Heeresfolge nur innerhalb des deutschen Königreiches (regnum) verpflichtet. Aber die Quelle kaiserlicher Legitimation, Rom, lag außerhalb Deutschlands, dazwischen das primäre Wirtschaftszentrum Oberitalien, das sich dem fiskalischen Zugriff des Kaisers versagte. So wurden Romzüge zur Kaiserkrönung oft kostspielige Kriegszüge, die die Krone u. a. mit politischen Konzessionen, d. h. Abtretung königlicher Rechte («Regalien») an ihre Kronvasallen bezahlen mußte, um deren militärische Hilfe auch außerhalb des Reiches zu gewinnen. Das war der strukturelle Grund für den Konflikt zwischen den Vettern Kaiser Friedrich I. und Heinrich dem Löwen um die Verweigerung militärischer Hilfe an den Kaiser vor der Schlacht von Legnano (1176), die zur kaiserlichen Niederlage gegen den 2. Lombardenbund beitrug (1176), sowie für die Reaktion der deutschen Reichsfürsten gegen den Welfen, der sich im Osten eine fast königliche Macht aufgebaut hatte. Sein Sturz (1180) und die Auflösung seines Länderkomplexes beendeten die Aussicht auf Begründung einer breiten Hausmacht für eine neue Dynastie, wie sie sich die Capetinger mit der Île-de-France erworben hatten. So war die politische Zersplitterung Deutschlands besiegelt.

Grandiose «Weltreich»-Pläne Heinrichs VI. (1190–1197) gegenüber dem nach der Niederlage von Myriokephalon gegen die Seldschuken (1176) weiter absinkenden Byzanz brachen nach Heinrichs VI. Tod (1197) jäh zusammen. Anschließend versank das Reich im Thronstreit zwischen Welfen und Staufern (1198), der auch auf Italien übergriff (Guelfen-Ghibellinen) und es seitdem vollends lähmte. Nach der Ermordung Philipps von Schwaben (1208) erneuerte der Welfe Otto IV. (1208–1215), obwohl päpstlicher Wunschkandidat, den Konflikt mit dem Papst um das Königreich Sizilien. So verquickte sich der Krieg Philipps II. August gegen Johann I. (Ohneland) um die Normandie und die übrigen festländischen Lehensgebiete des englisch-angevischen Doppelreichs mit dem erneuerten deutschen Thronstreit Staufer–Welfen: Frankreichs Sieg bei Bouvines über die englisch-welfische Koalition (**1214**) eröffnete Frankreichs Aufstieg zur Großmacht, führte in England zur Magna Charta (1215), in Deutschland zur Herrschaft Friedrichs II. (1215 bis 1250).

Der Kaiser regierte aber die meiste Zeit in Italien, so daß in seiner Abwesenheit der Hochadel, in Deutschland repräsentiert durch die deutschen Fürsten, auf Kosten der Zentralgewalt weiter an Macht gewann. Während er in Sizilien straff zentralisierte, erkaufte sich Friedrich II. sein Kaisertum durch weitere Aushöhlung der Krone in Deutschland: Als langfristige Folge von Investiturstreit und Wormser Konkordat (1122) stiegen die deutschen Bischöfe und Reichsäbte zu geistlichen Landesfürsten auf (1220). Ihrem Beispiel folgten die weltlichen Fürsten (1231), nachdem Friedrich II. den Versuch seines Sohnes und Stellvertreters in

Deutschland, Heinrichs (VII.), die in die Zukunft einer nationalen Monarchie weisende Koalition mit den Städten gegen den Hochadel auch auf Deutschland zu übertragen, unterbunden hatte (1231). Von da an beschleunigte sich Deutschlands Absinken zum relativen Machtvakuum, mit dem Interregnum (1250/54–1273) als erstem Tiefpunkt. Den Abstieg kompensierte nur diffus die zuvor von regionalen Kräften – Fürsten, Städten (Hanse), Rittern (Deutschem Orden) – eröffnete Ostkolonisation (1134–1410). Gleichwohl bauten sich aus ihr an der östlichen Peripherie der Markgrafschaften drei neue regionale Machtkerne auf – Österreich, Sachsen, Brandenburg-Preußen, von denen Österreich (ab 1683) und Preußen (1763/72) zu europäischen Großmächten aufstiegen.

In Frankreich dagegen gelang es den Capetingern, nach unsicheren Anfängen (ab 987), seit Ludwig VI. (1108 bis 1134) um Paris und die Île-de-France als Krondomänen die Macht der Krone auszubauen. Nicht zufällig hatte hier der mittelalterliche Landesausbau begonnen: Paris wurde städtisches Zentrum einer zunehmend markt-, d. h. geldwirtschaftlich orientierten agrarischen Produktion. Konsequente Anwendung des feudalen Rechts der Krone, durch Tod oder politische Illoyalität erledigte Lehen wieder an sich zu ziehen, das Bündnis mit dem Bürgertum der ökonomisch aufstrebenden Städte gegen den Hochadel, relativ straffe Zentralisierung und Bürokratisierung, getragen von bürgerlichen Juristen («Legisten»), wiesen auf die Struktur der spätmittelalterlichen Nationalmonarchie als Rahmen für den modernen Nationalstaat. Frankreich stieg zum volkreichsten, kulturell, ökonomisch, militärisch und politisch stärksten Machtzentrum Europas auf, das auch schwere Krisen (Jacquerie, 100jähriger Krieg) gestärkt überstand. In Deutschland dagegen scheiterte an der Schwelle der Neuzeit die Reichsreform (1495) als Versuch, dem Reich wenigstens ein Minimum moderner Staatlichkeit auch auf oberster Ebene zu geben.

64 Skandinavien 787 bis 1397

Die historische Bedeutung Skandinaviens ist viel größer, als seine geographische Randlage und die auf dem Kontinent übliche geringe Beachtung vermuten lassen. Sein historischer Kern, Schweden und Norwegen, war schon in der Antike als «Insel Skandinavia» bekannt, denn er wirkte wie eine Insel, da die Verkehrsverbindungen nach Schweden und Norwegen bis zum 20. Jahrhundert nur übers Meer liefen. Bis zur Christianisierung um 1000 war Skandinavien nordeuropäische Randkultur, buchstäblich jenseits der Zivilisation.

787 Erste Raubzüge der Wikinger, Dorset (Südengland).
804 Dänen wehren aus dem Süden expandierende Franken ab: Ansätze zur staatlichen Zusammenfassung.
814 Tod Karls des Großen: Einfälle der Normannen ins zerfallende Frankenreich (bis 899).
860/62 Gründung Kiews und Nowgorods durch Waräger.
872 König Harald Schönhaar (860–933): erste Zusammenfassung von Kleinstkönigtümern durch Zentralmacht in Norwegen.
875 Anfänge der Besiedlung Islands als Reaktion auf Errichtung einer Zentralmacht in Norwegen.
899 Landnahme von Normannen in der Normandie.
900 Gorm der Alte (bis 940): Zusammenfassung Dänemarks.
930 Allthing auf Island.
ab 960 Christentum allmählich Staatsreligion in Dänemark.
ca. 1000 Christianisierung Schwedens und Norwegens. Königtum in Norwegen wiederhergestellt.
1104 Erzbistum Lund (für Dänemark).
1153 Erzbistum Drontheim (für Norwegen).
1164 Erzbistum Uppsala (für Schweden).
1227 Niederlage Dänemarks bei Bornhöved: Dänische Expansion nach Süden blockiert.
1249 Finnland von Schweden erobert, christianisiert und teilweise (im Süden) kolonisiert.
1284 Großherzogtum Finnland, unter schwedischer Suzeränität (bis 1809).
1380 Norwegen in Personalunion zu Dänemark (bis 1814).
1389 Sieg Dänemarks über Schweden.
1397 Kalmarer Union (bis 1523): Ganz Skandinavien unter dänischer Führung vereint.

«Ostgermanische» Völker der Völkerwanderungszeit – Goten, Wandalen, Heruler, Gepiden, Burgunder – kamen ursprünglich aus Südschweden, nach neuerer Ansicht zumindest ihre königlichen und adligen Führungsschichten, Wikinger aus Dänemark («Dänen»), Norwegen («Normannen») und Schweden («Waräger»). Die plausibelste Etymologie des Sammelnamens Wikinger leitet sich von ihren Plünderungs- und Raubzügen über Meer («vikingen») ab, mit denen sie das schon christliche Europa überzogen (ab 787). Daneben waren Fernhandel und Gründung staatlicher Macht Hauptmotive der Wikinger-Expansion. Die Normannische Eroberung Englands und die Zerstörung der Hafenstadt Haithabu durch slawische Wenden (1066) bezeichnen das Ende der Wikinger- oder Normannenzeit.

Die Wikingerzeit begann mit ersten Einfällen in Südengland (**787**), nach dem Tod Karls des Großen (814) auch ins zerfallende Frankenreich. Normannen setzten sich auf Dauer an der Seinemündung fest (899) und erhielten mit der Annahme des Christentums (911) ein Herzogtum (912) als Vasallenstaat des beginnenden Frankreich. Von dort eroberten rasch französisierte Normannen nach Süden Süditalien und Sizilien (1030–90), nach Norden das angelsächsische England (1066). Vorübergehend beherrschten Dänen das angelsächsische England teilweise (ab 866) und ganz (1016–35). Normannen gründeten in Irland Städte als eigene Herrschaftsbereiche (u. a. Dublin, 841). Waräger stehen mit am Anfang des mittelalterlichen Rußland, Schweden eroberte und christianisierte Finnland (1249). Von Norwegen aus besiedelten Norweger, die sich dem staatlichen Zwang der ersten Reichseinigung (872) entzogen, Island (875), von wo aus Siedlungen im südlichen Grönland entstanden (986), mit Ausstrahlungen bis Vinland (Labrador) (1000).

Die staatliche Entwicklung des eigentlichen Skandinavien vollzog sich in der Logik der Expansion von Macht und Zivilisation: Aus kleinen Fürstentümern, mit oder ohne Königstitel, entstanden durch Eroberung großräumigere Königreiche – Dänemark zur Abwehr der vom Süden nach der endgültigen Unterwerfung der Sachsen (804) expandierenden Franken ca. 810, erneuert unter Gorm dem Alten (900–940); Schweden ca. 1000; Norwegen erstmals 872, erneuert unter Olaf Trygvasson 1000.

Parallel zur staatlichen Konstituierung diente die Übernahme des Christentums der Konsolidierung und Festigung der Macht, im peripheren Skandinavien ohne äußeren Zwang. Wie in vielen anderen Fällen (z. B. Römisches Reich, Polen, Ungarn) wurde es von Herrschern aus politischen Erwägungen übernommen und nach innen durchgesetzt, als Zutritt zur damals höchsten Form der Zivilisation und als Instrument zur Herstellung einer weiträumigeren und prestigereicheren Legitimität. Die Missionierung erfolgte vom nördlichsten der drei Missionserzbistümer auf deutschem Boden, von Bremen-Hamburg aus: Das Christentum wurde Staatsreligion in Dänemark 960, in Schweden und Norwegen ca. 1000. Wichtiges Vehikel zum Ausbau der proto-nationalen Identität wurde die Gründung eines eigenen Erzbistums, die Lösung aus der kirchlichen und kirchenpolitischen Abhängigkeit von Bremen, mithin Deutschland: Das Erzbistum Lund (1104), damals noch dänisch, begründete seinerseits eine kirchliche Vorherrschaft über ganz Skandinavien, bis Schweden mit Uppsala (1164), Norwegen mit Drontheim (1153) jeweils ein eigenes, quasi-nationales Erzbistum erhielten. Dennoch blieb die überragende Bedeutung Deutschlands zur Vermittlung der lateinischen Zivilisation, während umgekehrt Skandinavien seine eigene Identität immer wieder durch Abgrenzung von deutschen Einflüssen behauptete.

In seiner größeren Nähe und relativen geographischen Geschlossenheit hatte Dänemark einen zivilisatorischen und machthistorischen Vorsprung, vor allem im ständigen Kampf um die regionale Hegemonie, die Vorherrschaft auf der und um die Ostsee («Dominium Maris Baltici»).

Die Rivalität zwischen Dänemark und Schweden wurde geradezu zu einem Leitmotiv der Geschichte Nordeuropas. Entscheidend war die Beherrschung der Schiffswege zwischen Nord- und Ostsee, namentlich des Sunds zwischen der größten dänischen Insel und Schweden. Harter materieller Kern war der Sundzoll (1425–1857) für alle durchgehenden Waren, da der Sund leicht zu sperren war.

Im Übergreifen auf jeweilige Gegenküsten waren die Dänen zuerst erfolgreich: Südwestschweden (Lund) gehörte das ganze Mittelalter, bis zur Frühen Neuzeit (1658), zu Dänemark, vorübergehend, wie schon erwähnt, auch das angelsächsische England. Die Expansion nach Süden, über das bis ins 19. Jahrhundert überwiegend dänische Schleswig und das überwiegend deutsche Holstein hinaus, blockierten norddeutsche Fürsten und die Hanse in der Schlacht bei Bornhöved (1227). In Rivalität zu Schweden und zum Deutschen Orden engagierte sich Dänemark im 13. Jahrhundert auch an der Küste des späteren «Baltikum». Im Mittelalter gehörte Norwegen meist in Personalunion zu Dänemark (1028–47, 1380–1814). So war Dänemark das ganze Mittelalter über die stärkste Mittelmacht in Nordeuropa, mit der Kalmarer Union (1397–1523) gar eine nordische Großmacht, die tatsächlich ganz Skandinavien umfaßte – Dänemark selbst, Norwegen, Schweden, Finnland, Island (und Grönland).

Schweden machte sich später auf den Weg zur staatlichen Konsolidierung, vielleicht auch, weil es seinen Bevölkerungsüberschuß jahrhundertelang nach Süden abgegeben hatte, in die «ostgermanische» Völkerwanderung. Die Erinnerung an die Goten blieb lebendig und drückte sich nicht nur im Namen der Insel Gotland aus, sondern auch im offiziellen Titel schwedischer Könige. Staatliche Konstituierung und Christianisierung fielen zeitlich zusammen (ca. 1000), in ständiger Abgrenzung zum früher zivilisierten und geeinten Dänemark, institutionalisiert im eigenen Erzbistum Uppsala für Schweden (1164). Bei der Eroberung und Zwangschristianisierung Finnlands (1249) setzten die Schweden ein sonst für die Christianisierung Skandinaviens untypisches Element ein: die Schwertmission. Zugleich markierten sie nach Osten ein Stück Abgrenzung zum orthodoxen Rußland. Schweden öffnete sich stärker deutschen Einflüssen – Stockholm begann als deutsche Kaufmannsgründung (1250), der Bergbau, seit dem Mittelalter eine der Hauptquellen des Wohlstandes, war Domäne deutscher Fachkräfte. Das Königtum blieb Wahlmonarchie. Erst mit den Folkungern (1250–1363) konnte eine Dynastie innere Stabilität erreichen. Nach einer schweren militärischen Niederlage (1389) geriet Schweden unter dänische Herrschaft, institutionalisiert in der Kalmarer Union (1397 bis 1523).

Norwegen vollzog seine politische Einigung schon mit dem Vorbild Dänemarks und Schwedens vor Augen. Mit seiner Hochzeit in der Wikinger-Ära hatte es jedoch seine Kräfte weitgehend verausgabt, so daß es meist Nebenland Dänemarks

(1028–47, 1380–1814) oder Schwedens (1319–43, 1814–1905) war, weil es als agrarisches Zuschußgebiet stets von Getreidelieferungen aus dem Ausland abhängig blieb, im Mittelalter lange Zeit von der Hanse, die in Bergen mit ihrem Kontor einen ihrer wichtigen Stützpunkte außerhalb Deutschlands hatte. Wichtigste Exportartikel waren Fisch und Bauholz. In die relativ kurzen Phasen mittelalterlicher Unabhängigkeit fielen zwei Perioden des Bürgerkrieges ohne Zentralgewalt der Krone (1130–63, 1204–17).

65 Polen, 960 bis 1466

Polens Geschichte stand stets in der Spannung zu seinen in der Neuzeit übermächtigen Nachbarn, Deutschen im Westen, Russen im Osten. Dazu war es stets stärkster Repräsentant westlicher Latinität gegen die östliche Orthodoxie der Russen.

ca. 960	Herzog Mieszko I. begründet Piasten-Dynastie (bis 1370); Posen Hauptstadt (bis 1138).
966	Übertritt Polens zur römischen Kirche.
1000	Erzbistum Gnesen: Polen kirchlich unabhängig.
1018	Friede von Meißen: Polen verliert Eroberungen bis zur Elbe.
1024	Boleslaw I. Chobry erobert Kiew: König (1025).
1076	Boleslaw II. erhält vom Papst den Königstitel.
1138	Seniorat in Polen: staatliche Zersplitterung (bis 1320).
ab 1157	Schlesien gerät unter Oberlehensherrschaft des römisch-deutschen Reiches.
1230	Anfänge des Deutschen Ordensstaates um Thorn.
1241	Einfall der Mongolen: Polnisch-deutsches Ritterheer unterliegt bei Liegnitz. Polen verheert.
1308	Deutscher Orden erobert Danzig: Polen von der Ostsee abgedrängt.
1320	Polen wieder Königreich: Krakau Hauptstadt (bis 1596).
1333	Kasimir III., der Große, König von Polen (bis 1370): Modernisierung, Getreideexport in den Westen.
1349	Große Pest: Juden aus Deutschland in Polen – Ashkenasim.
1370	Kasimir III. gestorben: Personalunion mit Ungarn (bis 1382).
1374	Privileg von Kaschau: Vorherrschaft des Adels.
1386	Personalunion Polen–Litauen: größter Flächenstaat Europas; Jagiellonen-Dynastie (bis 1572).

1410 Schlacht bei Tannenberg/Grunwald: Sieg über Orden.
1411 1. Thorner Friede: territorialer Status quo, Ordensstaat geschwächt.
1466 2. Thorner Friede: Polen annektiert Westpreußen und Ermland; Danzig (bis 1793) und Ordensstaat (bis 1660) unter Suzeränität Polens.

Am Anfang polnischer Geschichte stand die Zusammenfassung westslawischer Stämme in der Ebene (slaw.: «polje»), der «Polanen». Nach dem Sieg der Deutschen über die Ungarn bei Augsburg 955, der den hegemonialen Druck der Ungarn über Teile Ost- und Südeuropas nahm, gründete der Piaste Mieszko I. als Fürst (Herzog) ca. **960** um Posen und Gnesen, in Groß-Polen, den ersten polnischen Staat. Grundlegend wurde Polens Eintritt in die lateinische Zivilisation Europas durch Annahme des römischen Christentums 966. So entstand ein grundsätzlicher Unterschied zu den orthodoxen, ostslawischen Russen bis in die Gegenwart (z. B. zwischen lateinischem und kyrillischem Alphabet): Polen fühlte sich stets als Vormauer des lateinischen Europa gegen die Orthodoxie, so wie sich das orthodoxe Rußland gelegentlich zur Vormauer des christlichen Europa gegen Mongolen und Türken stilisierte.

Die kirchenpolitische Abhängigkeit vom deutschen Missionserzbistum Magdeburg (968) beendete Kaiser Otto III. mit Stiftung des Erzbistums Gnesen (1000). Polen erreichte seine kirchliche Unabhängigkeit durch direkte Unterstellung unter den Papst in Rom. Die übliche Expansion zielte nach Westen, in Konkurrenz zu den Deutschen, auf die fragmentierten westslawischen Stämme zwischen Elbe und Oder sowie in Böhmen, nach Osten gegen die Kiewer Rus. Eine Schwächeperiode der Kiewer Rus (1016–36) nutzte Polen zur Eroberung Kiews (1024), worauf Boleslaw I. Chobry («der Tapfere») den Königstitel annahm (1025), bald danach jedoch starb. Zweimal reduzierten deutsch-russische Allianzen (1004–18, 1033), ergänzt um Bündnisse mit Dänemark und Ungarn, Polen auf seinen proto-nationalen Kern. So zeichnete sich damals schon ein Grundproblem polnischer Geschichte in der Neuzeit ab: Es war machtpolitisch eingekeilt, später geteilt zwischen Deutschen und Russen. Schwächeperioden der Nachbarn entsprachen (relative) Machtperioden Polens und umgekehrt.

Im Investiturstreit (1075–1122) gelang ein zweiter Anlauf zum Königstitel (1076), da Polen den Papst gegen Kaiser Heinrich IV. unterstützte. Bald danach zersplitterte das Land: Die Übernahme einer russischen Variante für die Lösung des chronischen Nachfolgeproblems, des Seniorats (1138), wonach nicht der älteste Sohn, sondern der älteste Bruder den Großfürstentitel erbte, führte zu neun Teilstaaten unter Piastenfürsten. In das Machvakuum strömten verschiedene Kräfte: In internen Konflikten unterstellten sich die drei Teilfürsten Schlesiens der Oberlehensherrschaft des Reiches (ab 1157) – Voraussetzung zur weitgehenden Germanisierung Schlesiens. Vom Norden fielen die heidnischen Pruzzen ein. Zu ihrer Abwehr rief Konrad von Masowien den Deutschen Orden zu Hilfe, der am Unterlauf der Weichsel um Thorn seinen Staat errichtete (ab 1230). 1241 stießen Mongolen bis Schlesien vor. Polnische Ritter und Ritter des Deutschen Ordens unterlagen ihnen bei Liegnitz. Die Mongolen zogen sich wegen interner Thronstreitigkeiten sofort wieder zurück, hinterließen aber ein verheertes Polen.

Das polnische Königtum erneuerte sich von Krakau aus (1320), Polens zweiter Hauptstadt. Kasimir III., der Große (1333–1370), öffnete sein Land der westlichen Zivilisation durch gezielte Modernisierung: Er baute Krakau zu einer prächtigen Residenz in Stein aus, u. a. mit italienischen Baumeistern, förderte Handwerk und Fernhandel, u. a. durch Aufnahme deutscher Kaufleute und Handwerker, von Juden aus Deutschland (Ashkenasim), die nach Pogromen während der Großen Pest (1349) nach Polen auswichen. Polen stieg zum Exportland für Getreide nach Westeuropa auf, mit Danzig, damals noch unter Herrschaft des Deutschen Ordens (1308 bis 1466), als Hauptausfuhrhafen.

Nach Erlöschen der Piasten-Dynastie (1370) wurde die nächste Krise Polens durch die Personalunion mit Ungarn (1370–82) verschleiert: Vorbereitet durch das lange Fehlen der Zentralgewalt (1138–1320), riß der polnische Adel (Szlachta) in der erneuten Abwesenheit der Krone die Macht an sich. Im Privileg von Kaschau (1374) sicherte er sich von König Ludwig I. vor allem das Recht auf Wahl des Königs und Steuerfreiheit. Die Krise wurde beigelegt durch die Personalunion mit Litauen (1386), das damals über Weißrußland und die westliche Ukraine fast bis zum Schwarzen Meer reichte. Der litauische Großfürst Jagiello wurde als Wladislaw II. polnischer König (1386–1434). Litauen behielt weitgehende Autonomie und schloß sich der römischen Kirche an, womit Europas Christianisierung vollendet war.

Über Nacht wurde das Unionsreich Polen-Litauen Europas größter Flächenstaat, erhielt im Osten ein weites Kolonisationsfeld zur Polonisierung und gewann so viel Macht, daß der entscheidende militärische Schlag gegen den Ordensstaat gelang, bei Tannenberg (polnisch: Grunwald) 1410. Auch in einem zweiten Krieg (1454–66) siegte Polen, so daß es im 2. Thorner Frieden (1466) einen Teil (Westpreußen, Ermland) annektierte und die Oberlehensherrschaft (Suzeränität) über Danzig sowie den Ordensstaat gewann. Polen-Litauen stand auf dem Gipfel seiner Ausdehnung und Macht, aber mit der klassischen Zusammensetzung eines Großreiches: Es bestand ungefähr je zur Hälfte aus Polen und, meist an seinen Peripherien, aus anderen Völkern – Litauern im Nordosten, Orthodoxen (Weißrussen und Ukrainern), dazu Juden, meist im Osten, Deutschen im Westen. Polens Heterogenität wurde in der Neuzeit seine entscheidende Schwäche.

66 Rußland, 860 bis 1492

Rußlands historische Entwicklung bestimmten die riesigen Entfernungen zwischen Chinesischer Mauer und dem lateinischen Polen: Die ostslawischen Russen, quantitativ verstärkt durch von ihnen assimilierte finnische Stämme, später auch Tataren, wurden qualitativ geprägt von ihrer ersten Führungselite aus Skandinavien, den Warägern (ab ca. **860**), und der byzantinischen Zivilisation nach Annahme des griechisch-orthodoxen Christentums (988). Seine Führungseliten kamen oft von außen, wurden aber immer wieder gewaltsam beseitigt. Rußland war von den entscheidenden Zivilisationszentren (Byzanz; Rom, Frankreich, England) zu weit entfernt, um mehr als eine Randkultur Europas zu werden, aber nahe genug, um in der Neuzeit Zentralasien, China, Korea und Japan als imperialistische Großmacht entgegenzutreten. Stets litt Rußland unter der Spanne seiner quantitativen Stärke (territoriale Ausdehnung, Bevölkerungszahl) und qualitativen Schwäche (Ausbildung, Wirtschaftskraft, soziale Organisation).

ca. 860	Waräger unter Rurik gründen Kiew als Fürstentum.
862	Waräger gründen Nowgorod.
882	Oleg vereinigt Kiew und Nowgorod: Kiewer Rus (bis 1240).
988	Kiewer Rus unter Wladimir I. (dem Heiligen) wird orthodox.
1054	Seniorat als Nachfolgeregelung: Ältester Bruder erbt den Großfürstentitel.
1068	Zerfall der Kiewer Rus.
1097	Fürstenkongreß zu Ljubetsch: Überwindung des Chaos gescheitert.
1147	Moskau als Grenzstadt auf finnischem Boden gegründet.
1223	Erster Sieg der Mongolen über Russen/Kumanen an der Kalka.
1237	Mongolen erobern Kiewer Rus (bis 1240).
1242	Tributsoberherrschaft der Tataren über Rußland (bis 1480). Schlacht auf dem Eis des Peipussees: Nowgorod unter Alexander Newski schlägt Deutschen Orden.
1328	Moskau wird Großfürstentum: Iwan I. mit Eintreibung des Tatarentributs beauftragt.
1378	Erster Sieg Moskaus über die Tataren.
1380	Sieg Moskaus unter Dmitrij Donskoj über Tataren auf dem Kulikowo Pole (Schnepfenfeld).
1453	Nach dem Untergang Konstantinopels ist Moskau der einzige souveräne Staat der Orthodoxie: Ideologie des Dritten Rom.

1463 Iwan III. erobert Jaroslaw: «Sammlung der russischen Erde».
1480 Moskau schüttelt Tatarentribut endgültig ab: Moskau souverän.

Nach Tributsoberherrschaften wechselnder Reitervölker (Skythen, Goten, Sarmaten, Hunnen, Chazaren) über eine dünne, ethnisch diffuse Bevölkerung mit einer nur schemenhaft bekannten Vorgeschichte im Lande der «Hyperboräer» (= Hinterwäldler) (Herodot) beginnt die eigentliche Geschichte der Russen erst mit dem Auftreten der Waräger. Sie waren Wikinger aus Schweden und kombinierten Raub mit Fernhandel und späterer Schutzherrschaft. Sie wurden von ostslawischen und finnischen Stämmen zum Schutz gegen turk-mongolische Nomaden angerufen und begründeten so ihre eigene Tributs-/Schutzherrschaft, mit Kiew (ca. 860) und Nowgorod (862) als Zentren der Kiewer Rus (882).
Hauptmotiv war Fernhandel in den Orient: Die Waräger/Russen stellten zuerst eine kontinuierliche Verbindung von der Ostsee über das russische Fluß- und Seensystem und das Schwarze Meer nach Konstantinopel («Weg von den Warägern zu den Griechen») her, das sie mehrfach vergeblich belagerten (860, 907, 941, 1043). Sie mußten sich mit Handelsverträgen begnügen (907, 945, 1046) sowie (seit 989) damit, daß sie teilweise die kaiserliche Garde («družina») in Byzanz stellten. Wechselvolle Kämpfe gegen Khasaren, Kumanen, Petschenegen, Mongolen/Tataren bestimmten die weitere Entwicklung.
Nach modernen Begriffen war die Kiewer Rus kein moderner Flächen- und Fiskalstaat, sondern eher eine Konföderation fast unabhängiger Fürstentümer, entlang den wichtigsten Verkehrswegen des Fernhandels, den russischen Strömen nach Süden.
Die nächste große Zäsur war die Übernahme des griechischen Christentums (Byzanz) unter Wladimir I., dem Heiligen (988). Der damit verbundene Anschluß an die europäische Zivilisation blieb jedoch im wesentlichen im kirchlichen Bereich stecken, denn Byzanz war ein in Orthodoxie erstarrtes, bis 1453 erlöschendes Kulturzentrum. Die riesigen Entfernungen, zusätzlich behindert durch Nomadenvölker in der Steppe zwischen dem Schwarzen Meer und Rußland, erschwerten den normalen Kulturkontakt.
Wie die Nomadenvölker, die erheblichen Einfluß auf Alt-Rußland hatten, tat sich die Kiewer Rus besonders schwer mit der Regelung der Nachfolge: Meistens wurde sie durch blutige Machtkämpfe entschieden. So schwankte die Kiewer Rus stets zwischen der Zusammenfassung unter einem starken Herrscher und häufigen Perioden des Bürgerkriegs oder Zerfalls (972–989, 1016–36, ab 1068). Eine russische Spezialität zur Lösung des chronischen Nachfolgeproblems war das Seniorat (1054): Nicht der älteste Sohn erbt den Großfürstentitel, sondern der älteste Bruder, während die jüngeren Brüder in das jeweils nächst wohlhabende Fürstentum nachrücken. Das Seniorat stürzte die Kiewer Rus erst recht in Zersplitterung (ab 1068), die

auch der Fürstenkongreß von Ljubetsch (1097) nicht aufzuhalten vermochte.

In ihrer staatlichen Fragmentierung unterlagen die russischen Fürsten einem ersten Erkundungsvorstoß der Mongolen an der Kalka (1223), erst recht der ernsthaften Eroberung unter Dschingis Khans Nachfolgern: Sie eroberten einzeln Kiew (1237) und die meisten anderen Fürstentümer (bis 1240) außer Nowgorod, das sich zwar behauptete, aber sich aus Einsicht in die Machtverhältnisse der Oberlehensherrschaft (Suzeränität) der Tataren beugte. Ferner blieben Fürstentümer im äußersten Westen außerhalb der Tatarenherrschaft; sie gerieten unter Herrschaft der (damals noch heidnischen) Litauer, 1386 mit der Personalunion in Polen-Litauen als östliche Peripherie des Unionreichs.

Prägend für das mittelalterliche Rußland wurde die Tributsoberherrschaft der Tataren, die längste Zeit organisiert in der Goldenen Horde (1242–1502), bei sonstiger innerer Autonomie, namentlich auch in Religionsfragen. Nachdem tatarische Tributeintreiber («baskaks») von Russen belästigt wurden, ließen die Tataren den Tribut durch einen russischen Fürsten eintreiben, den sie mit einem Anteil des Tatarentributs und dem begehrten Großfürstentitel belohnten; sie spielten so die russischen Fürsten gegeneinander aus. Langfristig bereiteten sie ihren eigenen Sturz vor, als sie den ehrgeizigen Fürsten von Moskau, Iwan I. (1325–1341), zum Großfürsten einsetzten (1328). Schon 1326 war der Metropolit der russischen Kirche nach Moskau umgezogen.

Mit der Vereinigung der geistlichen und weltlichen Macht begann, aus bescheidenen Anfängen, Moskaus Aufstieg zum neuen Machtzentrum am Rande der alten Kiewer Rus zur innerrussischen Hegemonialmacht, zunächst durch schrittweise Abschüttelung der Tatarenoberherrschaft in wechselvollen Kämpfen: Ersten Siegen gegen die Tataren (1378/80) stand ein schwerer Bürgerkrieg in Moskau gegenüber (1430–50), während der Zerfall der Goldenen Horde begann (1430; 1452, 1466).

Der Fall Konstantinopels (1453) machte Moskau zur einzigen souveränen orthodoxen Macht. Aus dem Bewußtsein seiner Sonderstellung und Rechtgläubigkeit erklärt sich die Ideologie des «Dritten Rom»: Nach Rom und Konstantinopel hatte nunmehr Moskau heilsgeschichtliche Bedeutung für die ganze Menschheit, symbolisiert in der Übernahme des byzantinischen Hofzeremoniells durch Iwan III., später des Zarentitels, der slawischen Variante des «Kaisers», durch Iwan IV. (1547).

Mit der «Sammlung der russischen Erde» (1463–1521) betrieb Moskau faktisch die Restauration der Kiewer Rus, jetzt aber unter eigener Führung, durch schrittweise Eroberung der verschiedenen Rurikiden-Fürstentümer und der Stadtrepublik Nowgorod mit ihrem riesigen Umland (1478). Nach endgültiger Verweigerung des Tatarentributs durch Moskau und Erringung seiner Unabhängigkeit von den Krimtataren (1480) mag hier die mittelalterliche Geschichte Rußlands vorläufig enden.

67 Balkan, 395 bis 1492

Als Balkan gilt hier der Raum zwischen Deutschen und Italienern im Westen, Russen und Türken im Osten – ohne Ungarn im Norden, Griechen im Süden. Der Vielfalt oft kleinräumiger, schwer zugänglicher und isolierter Landschaften entspricht eine extreme ethnische, kulturelle, sprachliche und religiöse Heterogenität. Als klassisches Durchgangsland – West–Ost entlang der unteren Donau, Nord–Süd über Pässe des Balkangebirges – war der Balkan meist als Machtvakuum fragmentiert oder von Großreichen beherrscht, ganz (Rom, Drittes Reich 1941–44) oder teilweise (Ostrom-Byzanz, 395–ca. 1453; Osmanisches Reich, ca. 1354–1912; Deutsches Reich 1915–18; UdSSR 1945–90). Zwischen ihrem Nieder- und Aufgang rangen labile, seit 1804 «nationale» Nachfolgestaaten um die regionale Hegemonie. Die ältere Geschichte des Balkan (wie des Kaukasus) ist außerordentlich kompliziert, aber zum Verständnis jüngster Zeitgeschichte seit dem Zerfall Jugoslawiens unentbehrlich.

395 Endgültige Teilung des Römischen Reiches: Ostrom–Westrom.

582 Landnahme der Südslawen: Kroaten westlich, Serben östlich der Teilungslinie von 395.

680 1. Bulgarisches Reich (bis 968/69).

865 Bulgaren werden orthodox: Boris (Michael) wird Zar.

879 Kroaten in römischer Kirche: Balkan konfessionell gespalten.

900 Landnahme der Ungarn: Süd- von West- und Ostslawen isoliert.

925 Königreich Kroatien unter Tomislaw I.

969 1. Bulgarisches Reich unter Druck von Russen und Byzanz gespalten – Ost-, Westbulgarisches Reich, von Byzanz erobert (971, 1018).

ca. 1035 Anfänge Serbiens: Fürstentum Zeta (bis 1100), Kern im Kosovo.

1054 Endgültiges Schisma Byzanz–Rom.

1102 Kroatien in Personalunion zu Ungarn (bis 1918), mit Autonomie.

1159 1. Königreich der Serben.

1180 Beginnender Einfluß der Boghumilen in Bosnien.

1186 2. Bulgarisches Reich (bis 1346).

1204 Eroberung und Plünderung Konstantinopels durch 4. Kreuzzug: Lateinisches Kaiserreich (bis 1261) mit «fränkischen» Kolonialstaaten in Griechenland (bis 1460).

1346 Stephan Dušan Zar: Großserbisches Reich (bis 1355).
1354 Osmanen besetzen Gallipoli: türkische Expansion auf dem Balkan.
1371 Bulgarien und Makedonien von Osmanen erobert und als Provinzen (Paschalik) annektiert (bis 1878 bzw. 1912).
1376 Königreich Bosnien: Boghumilen als Staatskirche.
1389 (28. 6.: St.-Veits-Tag) (1.) Schlacht auf dem Amselfeld: entscheidende Niederlage der Serben gegen Osmanen, Serbien dem Sultan tributpflichtig.
1396 Schlacht bei Nikopolis: Entsatzversuch Konstantinopels gescheitert.
1444 Schlacht bei Warna: letzter Entsatzversuch gescheitert.
1448 (2.) Schlacht auf dem Amselfeld: Sieg der Osmanen über Serben.
1453 Osmanen erobern Konstantinopel.
1459 Serbien von Osmanen als Paschalik annektiert (bis 1817).
1460 Herzogtum Athen von Osmanen erobert.
1463 Bosnien von Osmanen erobert – annektiert (bis 1878).
1483 Herzegovina von Osmanen erobert – annektiert (bis 1878).

Mit der Teilungslinie von 395, u. a. entlang der Drina, hinterließ das Römische Reich dem Balkan eine interne Bruchzone. Jedoch stürzte «die Brücke über die Drina» (Ivo Andrić) in Konflikten immer wieder ein, wie die symbolträchtige Brücke (slaw.: «most») in Mostar 1993. Schon zwischen West- und Ostrom waren Makedonien und Bosnien umstritten. Gegenüber romanisierten Illyrern und Griechen wurden Südslawen ab 582 das quantitativ stärkste Element, fügten sich aber in kirchlich-kulturelle Gegebenheiten ein: Östlich der Teilungslinie von 395 wurden sie orthodox (Bulgaren, Serben), westlich katholisch (Slowenen, Kroaten).

In Jahrhunderten oft friedlichen Zusammenlebens wuchsen an der historischen Strukturgrenze von 395/1054 Differenzen und historische «Erbfeindschaften» zwischen westlich-lateinischen Nord-Südslawen und östlich-orthodoxen Süd-Südslawen heran, die zuletzt wieder im «Jugoslawienkrieg» seit 1991 explodieren. Dazu rivalisierten orthodoxe Süd-Südslawen um die Hegemonie, mit sich überschneidenden Territorialforderungen aus wechselnder Zugehörigkeit umstrittener Gebiete (Makedonien) zu «Großbulgarischen» und «Großserbischen» Reichen. Entsprechend erklären sich kollidierende «historische» Ansprüche von Kroaten und Serben in Bosnien und der Herzegovina aus deren Zugehörigkeit zum mittelalterlichen «Großkroatischen» und «Großserbischen» Reich.

Den Anfang zu Christianisierung und mittelalterlicher Staatlichkeit machten die Bulgaren, woraus sie später ihren Anspruch auf innerbalkanische Hegemonie ableiteten: Proto-Bulgaren, Nachfahren der Hunnen, gründeten in der Dauerkrise von Byzanz und nach Schwä-

chung der Awaren seit ihrer Niederlage (gemeinsam mit den Persern) vor Konstantinopel (626) im heutigen Bulgarien über Südslawen ihr 1. Bulgarisches Reich (680), das sie auf Makedonien und Serbien ausdehnten. Die Annahme der Orthodoxie (864) unter Boris (Michael) beschleunigte die Assimilierung mit den Südslawen und öffnete den Anspruch auf den Kaisertitel (slaw.: Zar), im Dauerkonflikt mit Byzanz, das die Ungarn zur Hilfe rief (894).
Für Byzanz eroberte die Kiewer Rus Bulgarien (968), das sich nach dem von Byzanz erzwungenen Rückzug in ein West- und Ostbulgarisches Reich spaltete (969). Beide Teilreiche unterlagen getrennt der byzantinischen Rückeroberung (971, 1018). In seiner letzten byzantinischen Phase wurde Bulgarien wichtig als Zentrum der Boghumilen und der nach 1000 im lateinischen Westen missionierenden «Katharoi» (= die Reinen), woraus «Ketzer» wurde. Das 2. Bulgarische Reich (1186 bis 1330) umfaßte wieder Makedonien und Teile Serbiens, ging aber nach einem serbischen Sieg (1330) im Großserbischen Reich (1346–55) auf. Danach zerfiel Bulgarien in drei Teilstaaten, die von den Osmanen erobert wurden (1371/96). Wegen seiner strategischen Bedeutung in der Nähe von Konstantinopel wurde Bulgarien als Paschalik Provinz (1396–1878), in die Türken als Wehrbauern eingesiedelt wurden.
Die Slowenen als nördlichste Nord-Süd-Slawen gerieten durch die deutsche Ostexpansion früh in den deutschen Herrschaftsbereich (bis 1918). Daraus erklärt sich ihre westliche Prägung und Industrialisierung, als nördlichstes und westlichstes Extrem im Wohlstandsgefälle, das das moderne Jugoslawien I (1918–41) und II (1945–91) zerriß.
Die Kroaten siedelten zwar westlich der Teilungslinie von 395/1054, gehörten aber vorübergehend zu Ostrom-Byzanz. Erst später legten sie sich eindeutig auf den lateinischen Westen fest (879). Klein-Fürstentümer schlossen sich zu einem Herzogtum zusammen (ca. 845), das Tomislav I. zum Königreich erhob (925). Die übliche Expansion umfaßte die Adriaküste, den größten Teil Bosniens und der Herzegovina. Das «Großkroatische» Reich ging in inneren Konflikten zugrunde (ab 1089), so daß sich Kroatien in Personalunion Ungarn unterstellte («Pacta Conventa», 1102), als Nebenland unter einem Markgrafen («Ban»), dem Vertreter der ungarischen Krone, aber mit eigenem Adel und innerer Autonomie. Kroatischer Chauvinismus leitet aus der Personalunion mit Autonomie die ungebrochene Kontinuität der Souveränität kroatischer Staatlichkeit ab. Ungarn-Kroatien verlor die dalmatinische Küste an Venedig (1420), das fortan den italienischen Charakter Dalmatiens bestimmte.
In der Neuzeit ging die größte Dynamik von den Serben aus. Die Kenntnis ihrer mittelalterlichen Geschichte wird wichtig, weil sie sich ständig auf sie berufen. Östlich der Teilungslinie von 395 schwankten sie in tribaler Fragmentierung lange zwischen der Zugehörigkeit zu Bulgarien (9./10. Jh.) und Byzanz (10.–12. Jh.), mit einer kurzen Zwischenphase der Unabhängigkeit als Fürstentum Zeta (ca. 1035–1100). In der Agonie von

Byzanz begann Serbien spät als Königreich unter Stephan Nemanja (1159), dessen Nachfolger dynastische Verbindungen zum Großfürstentum Moskau aufnahmen. Unter Stephan Dušan (1330–1355) stieg es mit dem Großserbischen Reich (1346–55) für ein Jahrzehnt zur Hegemonialmacht im Machtvakuum kurz vor dem Untergang von Byzanz auf, zerfiel aber rasch wieder (nach 1355). Dennoch blieb das ephemere Großserbische Reich die Matrix aller nationalen Territorialansprüche der Serben – bis heute. In zwei Phasen wurde das wieder fragmentierte Serbien osmanisch – nach der 1. Schlacht auf dem Amselfeld (1389), die sich in die nationale Mythologie der Serben tief einbrannte, als abhängige Vasallenstaaten; nach der Verweigerung der Heerespflicht zur Schlacht bei Warna (1444) wurde Serbien mit der 2. Niederlage auf dem Amselfeld (1448) als Paschalik annektiert (1459–1817).

Der Verlust der Eigenstaatlichkeit wurde für die Serben traumatisch, da ihr Adel zum Islam übertrat, um sich seine Privilegien zu erhalten. Von daher rührt der Haß der Serben gegen die Muslime als «Renegaten» – über 500 Jahre später. So hielt sich das Serbentum, ohne Adel als kulturelle, soziale und politische Führungsschicht sozial enthauptet, nur noch dank der serbisch-orthodoxen Kirche als Bauernvolk ohne Zugang zu höherer Bildung und politischer Praxis, z. B. in Verwaltung einer Autonomie, die den Serben verwehrt blieb.

68 Krise des mittelalterlichen Europa I: Städte und Stände 1015 bis 1449

Die Intervention der Mongolen am östlichen Rand des mittelalterlichen Europa, fortgesetzt vom Expansionsdruck der Osmanen (1354 bis 1683), verschärfte eine langfristige Strukturkrise Europas – Kehrseite des ökonomischen und demographischen Aufstiegs (seit ca. 1000). Die allmähliche Auflösung feudaler Strukturen und ihre Ersetzung durch neue in Wirtschaft, Gesellschaft, Politik und Kriegführung bilden den allgemeinen zulässigen gemeinsamen Nenner. In einigen Ländern brachte die Systemkrise Lösungen hervor, die in die Neuzeit weisen. Die westliche Nationalmonarchie stützte sich auf das Bürgertum der Städte und die mit der Auflösung der Leibeigenschaft frei werdenden Bauern. Die folgende Skizze beschränkt sich auf ökonomische, soziale und politische Aspekte, die übernächste auf kirchlich-religiöse als historischen Hintergrund zur Reformation.

1015 Städtischer Schwurverband (Coniuratio) in Benevent: Kommune.
1056 Pataria in Mailand: religiös-soziale Protestbewegung.
1096 Erste Judenpogrome am Rhein beim «Kreuzzug der Armen».
1117 Konsuln in Mailand: erste Ratsverfassung.
1143 Revolutionäre Kommune in Rom unter Arnold von Brescia (bis 1155).
1159 Scutage (Schildgeld) in England: Ritterlicher Militärdienst durch Geldzahlung an Krone abgelöst.
1188 Erste Stände (Cortes) in León: steigender Geldbedarf der Krone für Krieg.
1265 Erstes Parlament in England.
1280 Erste Aufstände von Wollarbeitern in flandrischen Städten.
1290 Juden aus England vertrieben (bis 1656).
1297 Zusammenbrüche der großen Bankiers in Siena (bis 1308): allgemeine Finanzkrise.
1302 Sporenschlacht bei Courtrai: Flandrische Zünfte besiegen französisches Ritterheer.
ca. 1300 Allgemeine Klimaverschlechterung in Europa.
1313 Schwere Mißernten und Hungersnöte in Europa (bis 1317).
1315 Befreiung königlicher Leibeigener auf Krondomänen in Frankreich durch Freizahlung.
Sieg Schweizer Bauern über habsburgische Ritter bei Morgarten.
1337 100jähriger Krieg England–Frankreich (bis 1453): erhöhter Geldbedarf der Krone.
1338 Bürgeraufstand in Gent unter Jakob van Artevelde (bis 1345).
1343 Erste Generalstände für Nord- und Zentralfrankreich.
1347 Große Pest (aus dem Orient) in Europa (bis 1351).
Volksaufstand in Rom unter Cola di Rienzo (bis 1354).
1349 Flagellantenbewegung: Judenpogrome («Brunnenvergiftung») – Juden nach Polen eingeladen.
1355 Generalstände in Frankreich: Kontrolle über Steuerverwaltung.
1358 Jacquerie: Bauernaufstand, ausgehend von der Île-de-France.
1378 Ciompi-(Wollarbeiter-)Aufstand in Florenz.
1381 Wat-Tyler-Aufstand in England: Bauern gegen Reste der Leibeigenschaft.
1391 Ausschreitungen gegen Juden in Spanien: Zwangstaufen, teilweise Auswanderung.
1413 Volksaufstand in Paris unter Simon Caboche.
1418 Aufstand der Zünfte in Paris.
1420 Hussitenkriege (bis 1436).

1434 Aufstand und Republik in Rom.
1449 Ausschreitungen gegen Juden in Toledo: «Limpieza de sangre» (Blutreinheit).

Da Feudalismus auf Abwesenheit von Geld beruhte, zersetzte ihn die Rückkehr der Geldwirtschaft (ab ca. 1000) von innen. Initiierend und weitertreibend wirkte der steigende Geldbedarf der Krone für die sich ständig verteuernde Kriegführung, erst recht seit Aufkommen der Feuerwaffen und stehender Söldnerheere. Über die feudale Hierarchie wurde der Geldbedarf nach unten weitergeleitet: Verpflichtungen der verschiedensten Art wurden allmählich durch Geldzahlungen abgelöst – Naturalabgaben und Dienstleistungen (Fronarbeit u. ä.) der Bauern, zuletzt die rechtliche Abhängigkeit vom Grundherrn (Leibeigenschaft) (ab 1315). Stände als Repräsentativorgane zur Geldbewilligung für die Krone institutionalisierten die Bedeutung des neuen Geldfaktors. In einem komplizierten gesamteuropäischen Prozeß trugen Einzelschritte in verschiedenen Ländern zum Gesamtergebnis bei.
Soziale und politische Folgen des langfristigen Wirtschaftsaufschwungs seit 1000 brachen zuerst im primären Wirtschaftszentrum durch, in Italien: Die erste städtische Eidgenossenschaft (Coniuratio) als Kommune mit Autonomie entstand in Benevent (**1015**). Mailand brachte die Pataria als erste religiös-soziale Protestbewegung (1056) und die erste Ratsverfassung (1117) hervor, die als Magdeburger Stadtrecht (1188) von Deutschland aus in den Osten ausstrahlte. Eine Besonderheit waren revolutionäre Kommunen gegen den Papst in Rom (1143–54, 1252–58, 1347–54, 1434). England führte die Ablösung ritterlicher Heeresdienstpflicht durch die Sondersteuer des Scutage (Schildgeld) ein (1159), Spanien in der Reconquista Stände in Léon (1188). Das zweite große Wirtschaftszentrum, Flandern, sah den ersten Arbeiteraufstand gegen das Patriziat (1280) und den ersten Sieg eines rein städtischen Bürgerheeres (der Zünfte) über ein Ritterheer (1302), die Schweiz den eines Bauernheeres (1315). Beide Katastrophen von Ritterheeren machten die militärische Krise des Feudalismus sichtbar, noch vor den Feuerwaffen. In Frankreich begann die Auflösung der Leibeigenschaft durch Freikauf königlicher Leibeigener auf Krondomänen, also vor allem in der Île-de-France (1315), wo auch der erste spätmittelalterliche Bauernaufstand ausbrach, die Jacquerie (1358).
Als Kontinuum besonderer Art durchzogen Verfolgung und Diskriminierung der Juden die Geschichte Europas nach 1000, eingeleitet mit Pogromen am Rhein beim «Kreuzzug der Armen» (1096). Der ersten Anklage auf sog. Ritualmord in Norwich (England) (1145) folgten allgemeine kirchliche Ausnahmegesetze durch das 3. und 4. Laterankonzil (1179, 1215). Vertreibung der Juden aus England (1290), Massaker der Flagellanten besonders in Deutschland während der Großen Pest (1349) und Einladung der Juden nach Polen; Ausschreitungen in Spanien (1391, 1449), mit Zwangs-

taufen, ferner das Gesetz der «Blutreinheit» (**1449**) als Auftakt zur Vertreibung der Juden aus Spanien (1492) und Portugal (1497) trafen Juden in weiten Teilen Europas.

Die politischen Konsequenzen der ökonomischen und sozialen Veränderungen zeigten sich also zunächst in den Städten und an der Spitze der feudalen Hierarchie – im Verhältnis zwischen Krone und Adel –, erst zuletzt auch auf dem Lande in Konflikten um die Rechtsstellung der Bauern. Für die agrarischen Verhältnisse sind einige übergreifende Faktoren zu beachten: Um 1300 stieß der Landesausbau, der zuletzt sogar marginale Böden bewirtschaftet hatte (z. B. Almen im Hochgebirge), an die Grenzen seiner Rentabilität. Zur gleichen Zeit setzte eine allgemeine Klimaverschlechterung in Europa ein. Vielleicht unter deren Einwirkung löste eine Serie von Mißernten zum erstenmal wieder – seit rund 300 Jahren – ausgedehnte Hungersnöte aus. Sie schwächten den Gesundheitszustand der Bevölkerung so sehr, daß die Große Pest (1347–51) um so verheerender wütete.

Die Pest bewirkte eine radikale Umschichtung von Besitzverhältnissen vor allem in den Städten und Verknappung der Arbeitskräfte. Sie zog wiederum Lohnerhöhungen nach sich, deren Begrenzung nach oben (Statute of Labourers in England, (1351, 1381) soziale Unruhe schuf. Die beiden großen Bauernkriege Westeuropas, Jacquerie in Frankreich (1358) und Wat-Tyler-Aufstand in England (1381), brachen unter Krisenbedingungen des 100jährigen Krieges aus, jeweils nach militärischen Niederlagen Frankreichs bzw. Englands und als Reaktion auf damit verbundene verschärfte Besteuerung. Zentren waren die für den städtischen Markt produzierenden Regionen rund um die Hauptstadt. Vor allem in England wurde das Ziel (Abschaffung der letzten Reste der Leibeigenschaft) selbst nach Scheitern des Aufstandes erreicht. Ihnen entsprachen städtische Aufstände des Marcel Etienne (1358) und Simone Caboche (1413) in Paris.

So bildete sich an der Schwelle zur Neuzeit nach 1500 eine neue Strukturgrenze innerhalb Europas heraus, entlang der schon älteren von 800: Westlich der Elbe setzte sich die Auflösung der Leibeigenschaft allmählich durch. Östlich der Elbe dagegen entwickelte sich die «zweite Leibeigenschaft» – von Ostdeutschland über Polen, Ungarn, Südosteuropa bis nach Rußland (ab 1492–98). Vor allem in Rußland wurde sie soziale Basis für die Autokratie des Zaren als reinste Form absoluter Monarchie.

Die Stände verkörperten den neuen Verwaltungsstaat vielleicht noch sichtbarer als die Krone. Aus ihnen entwickelte sich in England seit der Frühen Neuzeit in Abwehr der absoluten Monarchie, die unter Ausschaltung der Stände regierte (1629–40), die Herrschaft des Parlaments als Grundlage zum modernen Parlamentarismus.

Portugal erreichte am frühesten, nach einem schweren inneren und äußeren Konflikt (1383–85), jenen Ausgleich zwischen alter und neuer Führungsschicht, Adel und städtischem Bürgertum, der die soziale Grundlage für den Übergang zur Expansion in Übersee bildete.

69 Krise des mittelalterlichen Europa II: Der Hundertjährige Krieg, 1339 bis 1453

Wie in einem riesigen Brennglas faßt der 100jährige Krieg zwischen England und Frankreich, der größte Krieg des mittelalterlichen Europa, noch einmal verschiedene Krisenmomente zusammen, in historischen Voraussetzungen, Verlauf und Folgen. Mit hinein wirkten auch kirchlich-religiöse Krisenmomente, die «Babylonische Gefangenschaft der Kirche» in Avignon (1309–77) und das Große Abendländische Schisma (1378–1417) sowie die Große Pest (1348–49).

1328 Capetinger in Frankreich ausgestorben: Valois-Dynastie (bis 1589):

1332 Eduard III. beansprucht französischen Thron (wiederholt: 1337, 1338).

1337 England verbietet Wollexport nach Flandern – Wirtschaftskrise: Frankreich zieht Guyenne als Lehen ein: Bruch England–Frankreich.

1339 Freindseligkeiten eröffnet: England besetzt Cambrai.

1340 Niederlage der französisch-kastilischen Flotte bei Sluys.

1341 Salzsteuer (gabelle) in Frankreich (bis 1790).

1346 Sieg der Engländer bei Crécy; Calais von England erobert.

1348 Große Pest in Frankreich und Südengland: Krieg ruht.

1355 Generalstände in Frankreich (bis 1358): Reformforderungen.

1356 Englischer Sieg bei Poitiers: Französischer König Johann II. gefangen (bis 1360). Krise in Frankreich.

1358 Aufstand des Marcel Etienne in Paris: Jacquerie.

1360 Friede von Brétigny (bis 1369): England beherrscht Norden und Westen Frankreichs.

1369 Wiederaufnahme des Krieges durch Frankreich: Engländer zurückgedrängt.

1374 Waffenstillstand, ständig gebrochen: Engländer nur noch in Calais, Brest, Bordeaux, Bayonne.

1377 Kopfsteuer (poll tax) in England (auch 1379, 1380): Opposition.

1381 (2.) Statute of Labourers in England: Löhne nach oben begrenzt. Wat-Tyler-Aufstand.

1407 Bürgerkrieg in Frankreich: Orléans (Armagnac)–Burgund (bis 1435).

1414 Bündnis England–Burgund (bis 1435).

1415 Krieg von England unter Heinrich V. erneuert: Sieg bei Azincourt.

1418 Bürgeraufstand in Paris unter Simone Caboche. Burgunder/Engländer in Paris (bis 1436): Parlament von Paris gespalten.
1420 Vertrag von Troyes: Heinrich V. als Herzog der Normandie und Erbe Karls VI. anerkannt. Dauphin Karl (VII.) setzt Kampf südlich der Loire fort: Englische Erfolge (1422–28).
1428 Orléans von Engländern belagert (bis 1429).
1429 Orléans von Jeanne d'Arc entsetzt: Karl VII. in Reims gekrönt.
1431 Jungfrau von Orléans verbrannt.
1435 Friede von Arras Frankreich–Burgund: Burgund für Frankreich.
1436 Paris von englischer Besetzung befreit.
1439 Kopfsteuer (taille) in Frankreich (bis 1789): Adel und Klerus befreit.
1442 Engländer aus Nord- und Westfrankreich verdrängt.
1453 Schlacht bei Châtillon: Sieg der Franzosen. Ende des Krieges, zunächst ohne förmlichen Abschluß.
1455 Krise in England: Rosenkriege (bis 1485).

Im 100jährigen Krieg ging es äußerlich «nur» um den englischen Thronanspruch auf Frankreich nach Erlöschen der Capetinger (1328), immerhin aber auch um Beherrschung des reicheren Frankreich durch England als erweiterte Neuauflage des englisch-angevinischen Doppelreichs unter Heinrich II. (1154–1189). Mit hinein spielte ein ökonomisches Motiv – Beherrschung des flandrischen Wollmarktes durch England und Ausschaltung der kastilischen Konkurrenz (Merinowolle), weshalb Kastilien mit Frankreich gegen England verbündet war. Verbündete Englands dagegen waren zeitweilig Kaiser Ludwig der Bayer (1337), ferner Flandern (1339–45) und Burgund (1414–35), an sich Vasallenstaaten Frankreichs.

Die gemeinsame Gegnerschaft zu Kastilien machten England und Portugal automatisch zu Verbündeten, und England half Portugal in der Behauptung gegen Thronansprüche Kastiliens nach Erlöschen der Burgunderdynastie in Portugal (1383): Das älteste noch heute bestehende Bündnis – zwischen England und Portugal (1386) – entstand aus dieser Konstellation. Die traditionelle Freundschaft zwischen Schottland und Frankreich («Auld Alliance», seit 1295) auf der Basis gemeinsamer Feindschaft gegen England führte im Rahmen des 100jährigen Krieges zu mehreren kurzen Kriegen Englands gegen Schottland (1341–42, 1355–56, 1384–85, 1400, 1402). Die Konstellation England/Portugal gegen Frankreich/Kastilien/Schottland entsprach auch der Parteinahme im Großen Abendländischen Schisma (1378–1417) für die Päpste in Rom und Avignon.

Erfolgsperioden Englands (**1339**–60, 1415–28) wechselten mit denen Frankreichs (1369–75, 1429–53), unterbrochen durch die Große Pest, die vorübergehend die Kriegshandlungen ruhen ließ (1348). Erstmals wurden in europäischen Kriegen Weiterentwicklungen der aus dem Osten kommenden Feuerwaffen in großem Stil eingesetzt, zunächst von England, dann auch von Frankreich. Aus der mehrfachen Katastrophe «konventioneller» Ritterheere (1346, 1356, 1415) zog Frankreich die Konsequenz: Am Ende des 100jährigen Krieges bildete es ein stehendes Heer, zunächst als «Ordonnanzkompanien» (1445).

Die ökonomischen und sozialen Konsequenzen waren enorm: Im 100jährigen Krieg traten zur Versorgung der Armeen Kriegslieferanten auf, Unternehmer neuen Typs. Gegen sie sprach in England das «Good Parliament» das erste «Impeachment» aus (1376). Abgesehen von den üblichen Zerstörungen und menschlichen Verlusten wirkte der Krieg auch innenpolitisch durch verschärfte Besteuerung: Salzsteuer (gabelle) (1341) und Kopfsteuer (taille) (1439) in Frankreich dienten kurzfristig der Kriegsfinanzierung, wirkten aber langfristig politisch verheerend, denn sie gehörten zu den verhaßtesten Steuerformen des Ancien Régime in Frankreich vor der Französischen Revolution von 1789, besonders die taille, weil sich Adel und Klerus, die sie festlegten, erstmals davon ausnahmen. In England löste die Kopfsteuer (poll tax) durch ihre Wiederholung (1377, 1380, 1381) den Wat-Tyler-Aufstand aus (1381), so wie vorher die allgemeine Krise nach der Niederlage von Poitiers (1356) den städtischen Aufstand des Marcel Etienne in Paris und den (von Paris ebenfalls unterstützten) Bauernaufstand der Jacquerie (1358) und unter Simone Caboche (1413). Analog provozierten spätere englische Niederlagen den Bauernaufstand unter Jack Cade gegen die ruinöse Finanzpolitik (1450).

Die ständigen Kriege stärkten die neu aufgekommenen Generalstände in Frankreich (1343, 1355–57, 1420), jetzt auch für ganz Frankreich (1439). In England wurde das Parlament zu einer ständigen Einrichtung, mit getrennten Sitzungen des Unter- und Oberhauses sowie mit dem Speaker als Repräsentant des House of Commons (1376). Die neuen Organe wuchsen immer stärker zur Repräsentanz der entstehenden Nationalmonarchie heran. In England läßt sich die beginnende «Nationalisierung» auch am Vordringen der englischen Sprache im Parlament ablesen, erstmals benutzt bei Eröffnung einer Session (1366) und in einer Parlamentsrede (1399). Zu Beginn der abschließenden Serie englischer Niederlagen schränkte der Zensus des 40-shilling-freehold das Wahlrecht zum Unterhaus ein (1430) bis zur ersten Wahlrechtsreform (1832).

Auf dem Höhepunkt seiner Existenzkrise (Belagerung von Orléans 1428/29) wurde Frankreich von Jeanne d'Arc, der Jungfrau von Orléans, durch Aufhebung der englischen Belagerung (1429) gerettet. Nach ihrer Verbrennung durch die Engländer (1431) wurde sie zur Nationalheiligen – lange vor ihrer offiziellen Selig- (1894) und Heiligsprechung (1920). Die französische Nationalmonarchie ging aus ihrem Sieg (1453) zunächst gestärkt hervor. Aber die sozial diskriminierende taille (1439) schlug, wie nur wenig später ein scharfsinniger Kritiker, der burgundisch-französische Histo-

riker und Diplomat Philippe de Commynes (ca. 1447–1511), voraussagte, dem Königreich eine Wunde, von der es sich nie erholen würde.
In England schlug die Niederlage sofort als schwere Krise durch: König Heinrich VI. wurde über die Nachricht von der Niederlage bei Châtillon geisteskrank (**1453**). Als Streit zweier rivalisierender Linien des Königshauses, York und Lancaster, um die Vormundschaft über ihn, d. h. um die politische Macht in England, begannen die Rosenkriege (1455 bis 1485) – englische Variante der feudalen Anarchie.

70 Krise des mittelalterlichen Europa III: Ketzer und Konzilien, 1143 bis 1459

Europas spätmittelalterlicher Umbruch verschärfte die Krise der Kirche seit dem Investiturstreit, zu deren Bewältigung immer lauter grundlegende Reformen verlangt wurden. Kontrahenten und Krisen waren so vielfältig wie die sozialen und politischen Momente und waren oft eng mit ihnen verquickt.

1122	«Sic et Non» von Abaëlard: grundlegendes Werk der Scholastik.
1143	Kommuneaufstand in Rom gegen Papst (bis 1154). Erste Katharer in Köln – mit Dualismus.
1145/47	Katharerbistum in Albi – Albigenser.
1167	Katharerkonzil bei Toulouse, mit Missionsbischof der Boghumilen.
1173	Laienbruderschaft des Waldes aus Lyon: Waldenser.
1184	Ketzer, Waldenser verurteilt: bischöfliche Inquisition, Verfolgungen.
1209	Albigenserkriege (bis 1229), zum Kreuzzug erklärt: Massaker.
1210	Franziskanerorden unter Franziskus von Assisi: Armut.
1215	4. Laterankonzil in Rom: Beschlüsse gegen Juden, Ketzer, Orthodoxe. Dominikanerorden unter Dominikus: Bettelorden, noch härter gegen Ketzer.
1252	Bulle «Ad exstirpendum»: Päpstliche Inquisition gegen Ketzer, durch Folter verschärft.
1260	Geißler (Flagellanten) in Perugia, Mittelitalien.
1302	Bulle «Unam Sanctam»: Papst Bonifaz VIII. spitzt päpstlichen Machtanspruch zu. Konflikt mit Philipp IV. von Frankreich.

1303 Attentat in Anagni auf Bonifaz VIII.: Krise des Papsttums.
1309 «Babylonische Gefangenschaft der Kirche» in Avignon (bis 1377): Päpste unter politischer Kontrolle Frankreichs.
1349 Flagellanten in Deutschland – gegen Juden und Amtskirche («Feinde Christi»).
1378 Doppelwahl: Päpste in Rom und Avignon: Großes Abendländisches Schisma (bis 1417).
1381 John Wiclif, Lollarden in England: innerkirchliche Opposition.
1409 Konzil von Pisa: dritter Papst vom Konzil gewählt.
1414 Konzil von Konstanz (bis 1418): Beilegung des Schismas.
1415 Jan Hus als Ketzer verbrannt: Hussitenbewegung in Böhmen.
1420 Spaltung der Hussiten: Gemäßigte (Utraquisten) – Radikale (Taboriten). Hussitenkriege (bis 1436).
1431 Konzil von Basel (bis 1448): Konflikt Papst–Konzil.
1438 Konzil von Ferrara/Florenz (bis 1443): Sieg des Papstes.
1459 Bulle «Execrabilis»: Primat des Papstes über Konzil.

Im Jahr des Wormser Konkordats eröffnete Abaëlards «Sic et Non» (1122) die Scholastik mit ihrer damals revolutionären Rezeption des «Heiden» Aristoteles. Abaëlards und Arnolds von Brescia Verurteilung als Ketzer (1140) verweist auf die antipäpstlichen Kommunen, die Rom zum Ausgangspunkt einer politisch-geistlichen Umwälzung machen wollten (1143–54, 1252–58, 1347–54, 1434), denn Arnold von Brescia schloß sich der ersten Kommune Roms an und wurde ihr geistlicher Führer (1147–54).

Damals traten in Köln die ersten wirklichen Ketzer des Westens auf (**1143**), die Katharer (griech.: Katharoi = die Reinen). Sie waren Ableger der Boghumilen, einer dualistischen Sekte der griechischen Kirche, die auf die manichäisch-gnostischen Paulikianer (ca. 660) zurückgeht. Zum Dualismus Gut–Böse trat der Gegensatz Arm–Reich. Nicht zufällig fanden sie in den neuen Wirtschaftszentren seit 1000 ihre ersten Ansätze: in Oberitalien und Flandern, an Rhône und Rhein. Hier warf neuer Reichtum, besonders aufreizend der der Kirche, schwere moralische Probleme auf. Zum unbedingten Wahrheitsanspruch und sozialen Protest kamen apokalyptisch-chiliastische Vorstellungen der Johannes-Offenbarung. Im letzten Kampf für Christus und gegen das Böse («Armageddon») ist dem «neuen Volk Gottes» alles erlaubt. In Krisenzeiten brach das apokalyptisch-chiliastische Element durch, mit Aggressionen gegen Juden («Feinde Gottes») und die sie schützende Amtskirche.

Die Katharer-Gegenkirche hatte eine eigene Hierarchie, mit Bistümern, zuerst in Albi (1145/47). Sie unterschied streng zwischen «Vollkommenen» («Perfecti») und Anhängern («Auditores» = Zuhörer). Hochburg war die reiche Grafschaft Toulouse, wo ein Ketzerkonzil stattfand (1167), unter Anwesenheit eines Boghumilen-Missionsbischofs. Bald zerfielen die Katharer im Kampf um die «reine Lehre» in mehrere Richtungen (vor 1200) und wurden in den zum Kreuzzug deklarierten Albigenserkriegen (1209–29) mit Massakern ausgerottet (1229).

Derselben Problematik (Arm–Reich) entsprangen Waldenser und Bettelorden. Die neue Laienbruderschaft des Lyoner Kaufmanns Waldes (1173) lehnte jede Gewalt ab, wurde aber mit den Katharern als Ketzer verurteilt (1184), von der bischöflichen, später päpstlichen Inquisition (1252) verfolgt. Gegen Albigenser und Waldenser entstanden Franziskaner (1210) und Dominikaner (1215), die beide am Armutsproblem laborierten. Die Dominikaner widmeten sich der physischen Vernichtung der Ketzer, u. a. durch Übernahme der Inquisition. Dagegen verstanden sich die Franziskaner als spiritualistische Gegenbewegung, deren Praxis (Predigt, Seelsorge in den Städten) jedoch an ihren Rändern oft die Grenze zum Ketzertum verschwimmen ließ.

In einer regionalen Krise (Hungersnot, 1258, Epidemie, 1259; generell Verwüstungen durch den Bürgerkrieg Guelfen-Ghibellinen) traten erstmals Geißler (Flagellanten) in Perugia (Mittelitalien) auf (1260), nach deren Vorbild in der Großen Pest die Flagellantenbewegung in viel größerem Ausmaß wiederkehrte (1349).

Inzwischen hatte sich die Problematik des Investiturstreits im Konflikt zwischen Papst Bonifaz VIII. und Philipp IV. dem Schönen von Frankreich fortgesetzt und zur Katastrophe des spätmittelalterlichen Papsttums gesteigert (1302/3), provoziert durch die weitere Überhöhung des politischen Machtanspruchs des Papstes (1302): Mit der «Babylonischen Gefangenschaft der Kirche» in Avignon (1309–77) kontrollierte die aufstrebende Nationalmonarchie Frankreich den Papst politisch und löste eine schwere Identitätskrise der Kirche aus. Sie verschärfte sich durch die Große Pest (1347–49), die dem Klerus besonders hohe personelle Verluste zufügte: Unter der sich anschließenden Personalnot litt die geistliche Arbeit der Kirche, was gerade Laien als Mißstand empfanden. Zudem machte die straffe Fiskalierung der Kirche große Fortschritte: Die päpstliche Finanzverwaltung war damals die modernste der Zeit und wurde zum Vorbild für weltliche Mächte. Die römische Kommune unter Cola di Rienzo (1347–54) und Flagellanten (1349) waren weitere Krisenmomente der Pestzeit.

Der «Babylonischen Gefangenschaft der Kirche» in Avignon schloß sich nahtlos das Große (oder Abendländische) Schisma (1378–1417) an mit je einem Papst in Rom und Avignon. Das lateinische Europa war in zwei Obödienzen (Gehorsamsbereiche) gespalten gemäß politischen Interessen: England, Portugal, Skandinavien, der größte Teil des deutschen Reichs und Italien waren für Rom, Frankreich, Aragon, Kastilien und Schottland für Avignon. Das Schisma verschärfte die allgemeine Malaise und gab innerkirchlicher Opposition und sozialem Protest neuen Freiraum, vor allem John Wiclif und den Lollarden in England (um 1381) und Jan Hus (ab 1401) in Böhmen, der auch gegen die kulturelle und politische Dominanz der Deutschen protestierte. Die Lollardenbewegung steht im Zusammenhang mit dem Wat-Tyler-Aufstand, dem englischen Bauernaufstand gegen Kopfsteuer (poll tax) und Leibeigenschaft (1381). Die Verbrennung von Jan Hus als Ketzer auf dem Konstanzer Konzil (1415) provozierte die Hussitenbewegung (ab 1419), die mit den Hussitenkriegen (1420–36) die Krise nach Mittel- und Ostmitteleuropa übertrug.

Als Reaktion gegen die kirchlichen Mißstände versuchte die konziliare Bewegung, getragen von Bischöfen selbst, Reformen von innen und unten her durchzusetzen, zunächst durch Beschneidung des päpstlichen Machtanspruchs. Das Konzil von Pisa (1409) produzierte jedoch mit der versuchten Absetzung der beiden in Rom und Avignon rivalisierenden Päpste und Einsetzung eines neuen Papstes erhöhtes Chaos, weil es nun drei Päpste gab. Dem Konstanzer Konzil (1414–18) gelang zwar die Beendigung des Schismas (1417). Es provozierte jedoch mit der Verbrennung von Jan Hus (1415) die Hussitenkriege (1420), die mit dem Kompromiß einer hussitisch geprägten böhmischen Nationalkirche endeten (1436), während sich die radikalen Hussiten (Taboriten) in einer quietistischen Wendung als Böhmische bzw. Mährische Brüder neu sammelten (1457/67).

Den Höhepunkt des Konfliktes Papst–Konzil brachte das Baseler Konzil (1431–38/49). Es spaltete sich in die Konzilien von Basel (bis 1448) und Ferrara/Florenz (1438/39–43). Das dem Papst gefügige Konzil von Ferrara/Florenz bestätigte den Sieg des Papsttums (1443), ratifiziert mit der Bulle «Execrabilis» (**1459**): Sie schrieb den Primat des Papstes über Konzilien fest, aber auch die Nicht-Reform der Kirche, die so ihrer nächsten schweren Krise entgegentrieb – der Reformation.

71 Juden im Mittelalter, 535 bis 1492

Nach dem traumatischen Doppelschock der Niederlagen, Deportationen und Fluchtbewegungen von 70 und 135 konzentriert sich die bekannte Geschichte der mittelalterlichen Juden in Diaspora und Exil («Galuth») vor allem auf Europa. In Persien, mit Babylon als großem Schwerpunkt, hatten sie eine innere Autonomie, in Ansätzen ähnlich wie das spätere Millet-System im Osmanischen Reich. Ein Exilarch als eigenes religiöses Oberhaupt («resh galuta») vertrat sie gegenüber den Sassanidengroßkönigen. Zu älteren Fluchtgemeinden vor früheren Katastrophen (722, 586 v. Chr.) kamen nun neue Flüchtlinge, die das seit Esra und Nehemia reformierte Judentum in die Ferne trugen, bis Indien und China. Auch im Islam hatten Juden den Status einer tolerierten «Buchreligion».

535	Justinian I. verbietet Judentum im von Ostrom zurückeroberten Nordafrika, später auch in Südostspanien (554).
589	Konzil von Toledo: Westgoten treten zur römischen Kirche über. Lage der Juden in Spanien verschlechtert.
608	Juden in Ostrom vor Alternative Tod oder Zwangstaufe.
614	Juden begrüßen Eroberung Jerusalems durch Perser.
616	Zwangstaufen in Spanien nach Vorbild Ostroms (bis 694): Krypto-Juden.
629	Byzanz erobert Jerusalem zurück: Massaker an Juden.
711	Besserstellung der Juden im muslimischen Spanien.
ca. 740	Adel und Dynastie der Khasaren (Südrußland) übernimmt Judentum als Staatsreligion.
843	Ende des Bilderstreits in Byzanz: Judenpogrome.
ca. 950	Byzanz und Venedig verdrängen Juden aus Fernhandel (u. a. Zucker, Sklaven) im Mittelmeer.
965	Kiewer Rus zerstört jüdisches Khasarenreich: Juden im alten Rußland ausgeschlossen.
ca. 1000	Skandinavien wird christlich: Juden nicht zugelassen.
1064	Beginn der iberischen Reconquista: Lage der Juden im christlichen Spanien verbessert, im muslimischen verschlechtert.
1066	Schweres Judenpogrom in Granada.
1073	Judenprivileg Heinrichs IV. für Worms.
1086	Intervention der Almoraviden gegen Reconquista in Spanien: Lage der Juden weiter verschlechtert.
1096	1. Kreuzzug: Judenmassaker am Rhein.
1099	Jerusalem von 1. Kreuzzug erobert: Judenmassaker.
1144	Anklage des Ritualmords gegen Juden in Norwich erneuert.
1147	2. Kreuzzug: Judenmassaker.
1149	Intervention der Almohaden gegen Reconquista: Lage der Juden weiter verschlechtert.
1179	3. Laterankonzil: Trennung von Juden und Christen.
1189	3. Kreuzzug: Judenmassaker in York.
1212	Entscheidender Sieg der Reconquista: Rücksichtnahme auf Juden entfällt.
1215	4. Laterankonzil: Diskriminierung u. a. gegen Juden verschärft – Kleiderordnung, Gelber Fleck.
1290	Vertreibung der Juden aus England (bis 1656).
1306	Erste Vertreibung von Juden aus Frankreich (bis 1314).

1348/49 Große Pest in Europa: Judenmassaker («Brunnenvergiftung»), Juden in Polen – Ashkenasim.
1349 Vertreibung der Juden aus Ungarn (bis 1364).
1391 Judenmassaker und Zwangstaufen in Kastilien: «Neu-Christen», «Conversos», «Marranen».
1394 Endgültige Vertreibung der Juden aus Frankreich.
1449 Pogrom in Toledo gegen «Conversos»: Erlaß über «limpieza de sangre»: Blutreinheit.
1462 «Judengasse» in Frankfurt/Main.
1484 Staatliche Inquisition in Spanien, vor allem gegen «Conversos».
1491 Juden aus Genf vertrieben.
1492 Ende der spanischen Reconquista: Juden aus Spanien vertrieben – Sephardim.

In Europa wurden die auch für das Christentum ausschlaggebenden Varianten des lateinischen und orthodoxen Europa wichtig: Ostrom-Byzanz setzte die griechische Judenfeindschaft seit der Antike bruchlos fort und stellte 608 die Juden vor die Alternative Zwangstaufe oder Tod. In den von Ostrom vorübergehend zurückeroberten Gebieten Nordafrikas (535) und Spaniens um Cartagena (554) verbot Justinian I. das Judentum. Nach deren Eroberung (585) übernahm der westgotische Staat die antijüdische Praxis von Byzanz, mit dem Übertritt der Westgoten vom Arianismus zur römischen Kirche (589) auch die Alternative Zwangstaufe oder Tod (616). Trotz ständigem Schwanken zwischen Verfolgung und Toleranz stiegen die spanischen Juden zu wirtschaftlichem Reichtum und gesellschaftlicher Achtung auf, später auch unter muslimischer Herrschaft nach 711.

Die Kiewer Rus radikalisierte die byzantinische Judenfeindschaft nach ihrer Annahme des Christentums 988: Juden wurden von vornherein nicht zugelassen. Der totalen Zugssperre der orthodoxen Kiewer Rus entsprach das nicht minder totale Einreise- und Aufenthaltsverbot für Juden in den skandinavischen Monarchien, das, schon aus geographischen Gründen, leicht durchzusetzen und zu überwachen war, weil Reise- und Handelsverkehr wegen des Fast-Insel-Charakters Skandinaviens für Schweden und Norwegen nur zu Schiff möglich war.

Generell übernahmen die germanischen Nachfolgereiche auf weströmischem Boden die trotz allem relativ liberale Praxis der römischen Kaiser: Juden als königliche, später auch kaiserliche «Kammerknechte» («servi») waren im Frühmittelalter faktisch ein, auch im wirtschaftlichen Interesse der Krone, geschätzter und wohlhabender Stand. Als neben der römischen Kirche einziger aus der Antike überkommener Faktor von Bedeutung kontrollierten Juden, u. a. dank ihrer Kontakte zu jüdischen Gemeinden von Buchara in Zentralasien bis nach Nordwestafrika, später auch Timbuktu, südlich der Sahara, einen erheblichen Teil des überlebenden Fernhandels, u.a. Zucker aus dem Vorderen Orient, aber auch Sklaven, übers Mittelmeer wie zu Lande vom Slawenland über Prag, Verdun und Marseille, von dort weiter übers Mittelmeer ins maurische Emirat/Kalifat von Cordoba. Bis zum 11. Jahrhundert, zumindest in den alten Römerstädten am Rhein und an der Donau (Regensburg), ist in den lateinischen Quellen «mercator» (Kaufmann) fast unbesehen mit «Jude» gleichzusetzen.

Der Abstieg der europäischen Judenheit begann mit den Kreuzzügen, jeweils eingeleitet vor dem 1. und 2. Kreuzzug von ausgedehnten Massakern an Juden, vor allem in den rheinischen Bischofsstädten durch Kreuzfahrer, vor dem 3. Kreuzzug auch in England, York (1189). Das 5. Laterankonzil von 1215 systematisierte die rechtliche Diskriminierung der Juden, wie anderer Minderheiten, u. a. mit der aus dem Kalifat modifiziert übernommenen Bestimmung, daß Juden die gelbe Farbe tragen müßten, um sie (wie andere Minderheiten mit anderen Farben) von weitem besser erkennen zu können. Im lateinischen Westen schrumpfte die gelbe Kleidung auf den «gelben Fleck», den Juden sichtbar zu tragen hatten.

Gleichzeitig wurden Juden, mit dem Aufkommen einer christlichen Kaufmannschaft, zunehmend aus dem Wirtschaftsleben verdrängt, wo immer sie lästige Konkurrenz geworden waren. Zum Prozeß der Herausbildung proto-nationaler Identitäten gehört die Austreibung der Juden aus den westlichen Nationalmonarchien – England 1290, Frankreich in zwei Anläufen 1306 und 1394, Spanien 1492, Portugal 1497. Im alten Römischen Reich der Deutschen entsprachen solchen Vertreibungen auf nationaler Ebene, als Folge der zunehmenden territorialen Zersplitterung, Vertreibungen auf regionaler (territorialstaatlicher) oder lokaler (städtischer) Ebene. Immerhin konnten Juden, wenn auch hin und her gejagt, je nach ökonomischen und sozialen Verhältnissen oder «Bedürfnissen», noch bis zur Frühen Neuzeit überleben.

Zwischen den Eckdaten der Vertreibungen aus England (1290) und Portugal (1497) lag die Große Pest (1347–49): Flagellanten (Geißler) aus der fundamentalistischen Sektentradition, meist aus den Unterschichten, verübten 1349 in der allgemeinen schweren Krise die schlimmsten Judenmassaker des Mittelalters, wieder vor allem in den rheinischen Städten. Darauf folgten Tausende überlebender Juden der Einladung des polnischen Königs Kasimirs des Großen (1333–1370) nach Polen, wo die Ashkenasim (die «aus Deutschland Kommenden») mit ihrem Jiddisch einen neuen Schwerpunkt der europäischen Judenheit bildeten, zunächst willkommen als ökonomische Entwicklungshelfer und Dienstleister für den polnischen Adel, z. B. als Pächter und Schankwirte.

Als Fernwirkung der ersten vorübergehenden Vertreibung der Juden aus Frankreich (1306–14) im Rahmen der Konflikte um den Aufbau des modernen Fiskalstaates, explodierte das nächste Mal Judenfeindschaft in Spanien (1391): Pogrome gegen Juden in den Städten, die dort das ökonomisch und sozial führende Element an Stelle eines faktisch fehlenden christlichen Bürgertums waren, stellten Juden wieder vor die Alternative Tod oder Zwangstaufe. Eine erste Welle spanischer Juden floh ins Ausland, vor allem nach Italien. Unter dem Eindruck der Pogrome von 1391 trieb Frankreich seine Juden endgültig aus (1394).

Andere Juden in Spanien fügten sich dem Druck, rückten aber als «Conversos» oder «Neu-Christen», von den Alt-Christen verächtlich auch «Krypto-Juden» oder «Marranen» (= Schweine) genannt, in dieselben Funktionen in der Wirtschaft, zu Hofe als Ärzte und Hoffinanziers sowie als ökonomisch wie gewerblich aktives Bürgertum ein wie zuvor die nicht konvertierten Juden. Als Christen hatten sie jetzt aber die Möglichkeit des Connubiums, u. a. mit dem Hochadel und sogar dem königlichen Haus.

Gegen die Erneuerung der «jüdischen Gefahr» (NS-Jargon) in neuer Gestalt wandte sich nach einem Pogrom in Toledo gegen «Conversos» eine zunächst nur örtliche Bestimmung, die aber die übrigen Städte rasch aufnahmen – «limpieza de sangre» (1449) oder «Blutreinheit»: Öffentliche Ämter, und derer gab es im Spätmittelalter viele, durfte nur einnehmen (oder kaufen), wer nachweisen konnte, daß in drei Generationen alle Vorfahren christlich, d. h. nichtjüdisch (aber auch nichtmuslimisch) waren: Die Zählung nach Halb-, Viertel-, Achteljuden begann, die Suche nach der «arischen Großmutter», wie es im Volksmund des Dritten Reiches ironisch hieß.

Eine weitere Fernwirkung der Pogrome von 1391 und der «limpieza de sangre» war die Einrichtung der staatlichen Inquisition (1482), gerade auch von Neu-Christen gefordert und leidenschaftlich betrieben, wie vom ersten Groß-Inquisitor Tómaso de Torquemeda (1483–98), um die Echtheit ihrer Glaubensüberzeugung zu demonstrieren und Schein-Christen («Krypto-Juden») zu entlarven. Autodafés (= Akte des Glaubens) waren feierliche Verbrennungen von Schuldiggesprochenen, die sich hartnäckig weigerten, dem jüdischen Glauben abzuschwören.

Nach der Großen Pest begann auch die von den diversen Obrigkeiten erzwungene Ghettoisierung der überlebenden Juden in eigenen jüdischen Vierteln, in kleineren Städten auch nur einer Straße oder Gasse («Judengasse»). Der Name «Ghetto» kommt aus Venedig (1516), aber die Sache ist schon älter, zuerst offenbar als «Judengasse» in Frankfurt/Main (1462). Von dort breitete es sich über das ganze lateinische Europa aus, soweit Juden überhaupt dort lebten. Mit eigener Mauer und einem Tor, das nachts geschlossen wurde, dienten die Ghettos auch zum Schutz vor Übergriffen und Massakern, vor allem zur Passionszeit, wenn besonders Bettelmönche (Franziskaner, Dominikaner, Augustiner) die ohnehin eher fundamentalistischen Stadtarmen in blutrünstigen Fastenpredigten gegen die «Gottesmörder» aufhetzten, u. a. mit der Lüge der Hostienschändung oder des rituellen Schlachtens von Christenkindern durch Juden. Langfristig die verheerendste Wirkung der Ghettoisierung für die Juden war das Verbot, das Ghetto zu erweitern, so daß bis zu ihrer Auflösung eine sich vermehrende und verarmende jüdische Bevölkerung in drangvoller Enge mehr hausen mußte als frei leben konnte. Der Sache (nicht dem Namen) nach gab es entsprechende Wohnquartiere für Juden auch in muslimischen Ländern, auch ohne formelle rechtliche Grundlage.

Traumatischer Abschluß des Mittelalters wurde für die Juden die Vertreibung aus Spanien 1492 und, gleich- und nachgeschaltet, faktisch aus Portugal (1497), wo die Juden aber mit der allerformalsten und oberflächlichsten Zwangstaufe äußerlich christianisiert wurden. Viele Juden flüchteten nach Marokko und Algerien, ferner ins Osmanische Reich, wohin der Sultan sie ebenso einlud wie zuvor der polnische König Kasimir der Große. Ähnlich wie die Ashkenasim bildeten fortan die «Sephardim» (die aus Spanien Stammenden) die zweite Groß-Gruppe innerhalb der modernen Judenheit.

72 Aufbruch zur Expansion in Übersee, 1415 bis 1492/98

Noch im auslaufenden Spätmittelalter, teilweise als Reaktion gegen seine vielfältigen Krisenmomente (wachsender Bedarf an Geld und Gold; Expansion der Osmanen), schickte sich Europa zu seiner Expansion in Übersee an. Die Pionierrolle fiel dem kleinen Portugal in extremer Randlage zu (**1415**), anfangs in Kooperation mit italienischen Wirtschaftsinteressen, vor allem Genuas. Kontrolle des Interkontinentalen Fernhandels war das primäre Motiv.

Den epochemachenden Durchbruch erzielten, in Rivalität zueinander, dann schon Kastilien/Spanien und Portugal getrennt, in West – Columbus in Amerika (1492) – und Ost – Vasco da Gama in Indien (1498).

1415 Portugal erobert Ceuta: Informationen über Sahara-Goldhandel.
1419 Prinz Heinrich der Seefahrer organisiert Erforschung des Seewegs entlang der Küste Westafrikas: Expansion Portugals in Übersee. Madeira von Portugiesen entdeckt.
1432 Portugiesen beginnen Besiedlung der unbewohnten Azoren.
1434 Portugiesen umrunden erstmals Kap Bojador.
1441 Import afrikanischer Sklaven nach Portugal.
1445 Portugiesen umsegeln Kap Verde: Arguim erste Faktorei.
1455 Bulle «Romanus Pontifex»: Freibrief für Monopol Portugals auf Expansion in Übersee.
1461 Portugiesen besiedeln Kapverdische Inseln.

1471 Portugiesen erreichen Gold-(Guinea-)Küste.
1474 Kastilischer Erbfolgekrieg Portugal–Kastilien (bis 1479).
1479 Friede von Alcáçovas: Kanarische Inseln an Kastilien.
1482 Portugiesen errichten El Mina an der Goldküste.
1487 Portugiesen unter Bartholomä Diaz am Kap der Guten Hoffnung.
1492 Columbus in Amerika – 3 Reisen (1492, 1493–96, 1498–1500): Expansion Spaniens in Übersee.
1494 Vertrag von Tordesillas Portugal–Kastilien, nach päpstlichem Schiedsspruch (1493): Spanisch-portugiesisches Monopol auf Expansion in Übersee.
1498 Vasco da Gama in Indien (Calicut).

Mit seiner Expansion in Übersee sprengte das neuzeitliche Europa die Grenzen des klassischen mediterranen Systems wie des mittelalterlichen Europa. Hinzu kam, knapp ein Jahrhundert später, die Eroberung Sibiriens durch Rußland (ab 1582), das schon in wenigen Jahrzehnten den Pazifik zu Lande erreichte (1648). Pionier der Expansion Europas in Übersee war das kleine Portugal, das geographisch und strukturell für diese Rolle am besten geeignet war. Aber insgesamt drängte das ganze Europäische System auf Kontrolle des Interkontinentalen Fernhandels von seinem westlichen Endpunkt her: Zunahme des Fernhandels, den der Westen immer noch nach Osten in Gold zu bezahlen hatte, Erhöhung der eigenen Produktion und Wirtschaftstätigkeit sowie höhere Kosten für Staatsausgaben (Bürokratisierung, Krieg) hatten einen ständig wachsenden Geldbedarf erzeugt, ausgedrückt in einem wahren Goldhunger.

Die Unsicherheiten auf der Landroute seit Zerfall des Mongolenreiches (ca. 1335), vor allem seit den verheerenden Zügen Timur Lenks (1370–1405), hatten das Interesse an der Südroute zur See verstärkt, in Europa wie zur gleichen Zeit am östlichen Endpunkt China, wie die Expeditionen des Admiral Cheng Ho (1405–33) zeigen. Die strategisch wichtige Landenge von Suez kontrollierten jedoch die Mamluken (seit 1250), allerdings in Kooperation mit Venedig nach der Restauration von Byzanz und der Vertreibung Venedigs aus Konstantinopel (1261). Die Meerengen beherrschten die Osmanen endgültig seit dem Fall Konstantinopels (1453), und Genua wurde von den Krim-Tataren mit der Eroberung Kaffas (1476) aus dem Schwarzen Meer verdrängt. Da Genua nicht über das vom Rivalen Venedig mitkontrollierte Suez gehen wollte, suchte es nun erst recht nach einer Alternative zu den beiden traditionellen Routen des Interkontinentalen Fernhandels. Sie waren zwar nicht gesperrt, aber mit Zwischenzöllen an den kritischen Situationen von muslimischen Mächten belastet, auf die Europa keinen Einfluß hatte. In dieser Situation bot die Suche nach einem neuen Seeweg nach Indien, unter Umgehung der Engpässe des traditionellen Fernhandels, den Ausweg, also um

Afrika nach «Indien», zum Orient von der Suaheliküste bis China.

Portugal hatte schon aus anderen Gründen vorgearbeitet, mit der Suche nach den direkten Quellen für den westafrikanischen Goldhandel durch die Sahara seit 1419. Aus dieser Konstellation erklärt sich die führende Rolle Portugals ebenso wie das aktive Engagement von Italienern, vor allem aus Genua, an den Entdeckungsfahrten der Portugiesen, finanziell und personell, z. B. mit den Gebrüdern Columbus.

Die strukturellen Gründe für die Vorreiterrolle des kleinen Portugal mit damals nur einer halben Million Einwohnern sind schon früher erwähnt: Seit Abschluß der portugiesischen Reconquista (1248) und der großen inneren wie äußeren Krise nach Erlöschen der Burgunderdynastie (1383–85) hatte Portugal als erstes Land Europas die innere Struktur erreicht, die später die europäischen See- und Kolonialmächte der Frühen Neuzeit charakterisierten: Die Krone koordinierte ein neues Gleichgewicht zwischen alten und neuen Funktionseliten, Adel und Bürgertum, und lenkte die Kräfte des jungen Nationalstaats nach außen, in die Expansion über See.

Den Anfang machte, eine Generation nach der nationalen Konsolidierung von 1385, ein Unternehmen, das noch ganz in der Kreuzzugstradition der Reconquista stand: die Eroberung Ceutas, einer Hafenstadt im nördlichen Marokko, durch die Portugiesen (**1415**). Fortan vollzog sich Portugals Expansion in Übersee als «Conquista» («Eroberung») unter dem Zeichen des Kreuzes, später u. a. finanziert aus dem Vermögen zweier geistlicher Ritterorden, die aus Reconquista und Kreuzzügen hervorgegangen waren, des Avis-Ordens (nach ihm war sogar die seit 1385 herrschende Dynastie benannt) und des Christus-Ordens, des Nachfolgeordens (1318) für die auch in Portugal verbotenen Templer.

Informationen von Kriegsgefangenen in Ceuta über den schon traditionellen trans-saharischen Goldhandel gaben den Anstoß zur systematischen Erforschung der westafrikanischen Küste auf der Suche nach dem direkten Zugang zum westafrikanischen Gold, unter Umgehung der Zwischenzölle, die die Berber der Sahara erhoben. Relativ rasch kamen die Portugiesen nach Süden voran und erreichten die Gold-(Guinea-)Küste Westafrikas (1471), wo sie mit El Mina zum Schutz des Goldhandels die erste und lange Zeit stärkste Festung der Europäer an der Westküste Afrikas erbauten (1482). In drei päpstlichen Bullen (1452, 1455, 1456) ließ sich Portugal das alleinige Monopol auf Eroberungen in Übersee verbriefen, ferner das Recht auf Versklavung der Heiden, gegen die Bedingung der Taufe.

Im Kastilischen Erbfolgekrieg (1474–79) ging es auch schon um dieses Monopol. Jedenfalls erzwang Kastilien im Frieden von Alcáçovas (1479) die Überlassung der Kanarischen Inseln, womit es ein erstes Sprungbrett zur späteren Expansion über den Atlantik gewann. Sie begann, nach dem Überwechseln des Genuesen Columbus von portugiesischen Diensten in kastilische (1485), mit der Erkundung der Westroute nach «Indien» (**1492**), die aber erst nach Abschluß der Reconquista erfolgen konnte. Seine erste Reise provozierte den Protest Portugals gegen die Verletzung seines Monopolanspruchs. Ein päpstlicher Schiedsspruch (1493) führte zur denkwürdigen Teilung der Welt durch den Vertrag von Tordesillas (1494). Während Spanien mit zwei weiteren Reisen des Columbus seine Expansion nach Westen über den Atlantik eröffnete (1493–96, 1498–1500), ohne das richtige Indien zu erreichen, setzte Portugal die Suche des Seewegs nach Indien um Afrika nach Osten auf den bisherigen Bahnen fort – Bartholomä Diaz landete zuerst am Kap der Guten Hoffnung (1487), Vasco da Gama in Calicut an der Südwestküste Indiens (**1498**): Der Aufbau erster Kolonialreiche in Übersee konnte beginnen.

Die Vorherrschaft des Neuen Westens

Seit 1492/98

Europas Expansion in Übersee (ab 1492/98) erscheint, erst recht seit Ende europäischer Vorherrschaft (1945), immer stärker als welthistorische Zäsur, die tatsächlich die ältere Weltgeschichte Eurasiens von der Neuzeit dramatisch trennt: Columbus (1492) und Vasco da Gama (1498) eröffneten in der Tat die Globalisierung der Weltgeschichte mit direkteren und massiveren Kontakten zwischen allen, auch den bisher isolierten Kontinenten, denn je zuvor. Zum erstenmal wurde die Kugelgestalt für große Entwicklungen ausschlaggebend, ja unerläßlich.

Seit seiner Expansion in Übersee überwältigte Europa mit seiner explosiven Dynamik die übrige Welt, erst kommerziell, später politisch, technologisch, politisch und geistig, änderte sich aber seinerseits in diesem Prozeß tiefgreifend. Europa drückte die großen Kulturzentren des Alten Orients zur «Peripherie» hinab, zu Rohstofflieferanten und Absatzmärkten, bald auch für die eigene, inzwischen anlaufende Industrie. Den traditionellen Interkontinentalen Fernhandel ersetzte es allmählich durch ein neues Weltwirtschaftssystem, das zunächst England beherrschte, spätestens seit dem Zweiten Weltkrieg die USA. Die viereinhalb Jahrtausend alte Vorherrschaft des Alten Ostens (von Ägypten bis China) ersetzte Europa durch die eigene Vorherrschaft des Neuen Westens, zunächst kollektiv durch ein System untereinander rivalisierender Nationalstaaten und Imperien – in Übersee (Kolonialreiche) oder zu Lande (Rußland). In gewaltigen inneren Konflikten, die auch nach außen ausstrahlten (Revolution, Nationalismus), vollendete sich das Europäische System im Konzert der Mächte (1815), das seit der Reichsgründung Deutschlands (1871) in aus sich kumulierenden internen Spannungen zusammenbrach, mit den beiden Weltkriegen (1914–45). Aus den Weltkriegen gingen die beiden neuen Weltmächte hervor, USA und SU, die bis 1991 das neue Weltsystem mit ihrer Rivalität weitgehend prägten.

73 Der Zustand der überseeischen Welt: Machtvakuen, alte Kultur- und Machtzentren, um 1500 bis um 1850

Wie üblich profitierte Europas Expansion in Übersee vom fragmentierten Zustand der außereuropäischen Welt zu Beginn der Neuzeit: Die bisher isolierten Kontinente waren riesige Machtvakuen, die Europa früher (Amerika) oder später (Australien, Afrika) mit seiner Macht ausfüllte. Traditionelle Machtzentren waren aus unterschiedlichen Gründen geschwächt – Rivalität (Persien–Türken), innerer Zerfall (Indien), freiwillige Isolierung (China) – und wurden Objekte europäischer Expansion zu Wasser (Spanien, England) oder zu Lande (Rußland).

1500	Safaviden-Dynastie in Persien (bis 1722): Erneuerung der Schi'a-Konflikte mit sunnitischen Türken im Osmanischen Reich.
1502	Zerfall der Goldenen Horde (seit 1242): Expansion Rußlands.
1514	Schlacht bei Tschaldiran: Verheerende Niederlage der Perser gegen Türken – Überlegenheit osmanischer Artillerie.
1516/17	Osmanen erobern Syrien, Palästina, Ägypten.
1519/21	Spanier unter Cortés erobern Aztekenreich.
1526	Osmanen in Ungarn: Verbindung Frankreich – Osmanisches Reich.
	Bhaibar erobert Delhi: Anfänge des Moghul-Reiches (bis 1858).
1531/33	Spanier unter Pizarro erobern Inka-Reich.
1534	Osmanen erobern Bagdad.
1556	Akbar der Große Kaiser von Indien (bis 1605): erster Höhepunkt des Moghul-Reiches.
1573	Bürgerkriege und Versuche zur Stabilisierung in Japan (bis 1600).
1578	Sieg Marokkos über Portugal bei al-Kasr al-Kabir: Existenzkrise Portugals; Expansion Marokkos in westlichen Sudan.
1587	Abbas der Große Schah von Persien (bis 1629): Höhepunkt des Safavidenreichs.
1591	Marokkaner zerstören Songhai-Reich: Anarchie im westlichen Sudan.
1600	Herrschaft des Tokugawa Ieayesu: Konsolidierung und innerer Friede in Japan (bis 1854/66).
1603	Tokugawa-Shogunat in Japan (bis 1867).
1634	Mandschu zerstören Groß-Khanat der Mongolen (seit 1206).

1639 Japan schließt Häfen für Überseehandel mit Europa (bis auf Nagasaki).
1658 Aurangzeb Kaiser von Indien (bis 1707): Moghul-Reich erobert ganz Indien.
1687 Nguyen-Dynastie in Annam (bis 1954), mit Hué als Hauptstadt.
1689 Vertrag von Nertschinsk: Grenzarrangement China–Rußland.
1697 Ashanti-Konföderation: Kriegführung zur Gewinnung von Sklaven für Transatlantischen Sklavenhandel.
1722 Afghanen plündern Persien. Ende der Safaviden-Dynastie (seit 1500): Chaos in Persien (bis 1794).
1730 Araber aus Oman erobern Sansibar: Sklavenhandel über Indischen Ozean.
1739 Perser plündern Delhi: Niedergang des Moghul-Reiches.
1740 Sezession Bengalens: Zerfall des Moghul-Reiches.
1755 Gründung Ranguns – neue Hauptstadt Burmas.
1757 Afghanen plündern Delhi: Niedergang des Moghul-Reiches beschleunigt. Schlacht bei Plassey: Sieg der East India Company über Bengalen/Franzosen: Eroberung Indiens durch England (bis 1856).
1772 Tay-Son-Bewegung gegen Nguyen-Dynastie in Vietnam (bis 1802).
1787 Sierra Leone als Kolonie neuen Typs an westafrikanischer Küste.
1788 Sydney englische Sträflingskolonie: Besiedlung Australiens.
1794 Kadscharen-Dynastie in Persien (bis 1925): Persien bleibt schwach.
1798 Ägypten-Expedition Bonapartes: arabischer Nationalismus.
1804 Anfänge Mohammed Alis in Ägypten: Reformen und Expansion.
Jihad des Usman dan Fodio im westlichen Sudan (bis 1817).
1816 Shaka König der Zulus (bis 1828): Mfecane – Expansion, Zerstörungen, Chaos.
1817 Sultanat von Sokoto: Hegemonie der Fulbe; neues Machtzentrum im westlichen Sudan.
1820 Ägypten erobert Nubien (bis 1822): Gold und Sklaven (für Armee).
1821 Zerfall des Oyo-Reichs (westliches Nigeria): Bürgerkriege unter den Yoruba (bis 1893).
1840 1. Englisch-chinesischer Krieg («Opiumkrieg») (bis 1842).
1842 Vertrag von Nanking England–China: erster der «Ungleichen Verträge». Hongkong britisch (bis 1997).
1850 Taiping-Aufstand in China (bis 1864): Endkrise der Mandschu-Dynastie (bis 1911).

Columbus (1492) und Vasco da Gama (1498) stießen jeweils in riesige Machtvakuen, die ihre Ausfüllung durch Europa in unterschiedlicher Form erleichterten. Selbst die alt-amerikanischen Zentren der Hochkultur und imperialer Machtstrukturen in Mexiko (Azteken) und in den Anden (Inka) waren mit ihrer steckengebliebenen Entwicklung zu schwach, um den spanischen Conquistadoren nennenswerten Widerstand zu leisten (1519 bis 21, 1531–33). Ihre dichte Bauernbevölkerung gab jedoch die Grundlagen für die spanischen Vizekönigtümer Mexiko und Peru ab, die später durch ausgedehnte Silberfunde erhöhte ökonomische Bedeutung erhielten. Das übrige Amerika nahm einen wachsenden Strom europäischer Einwanderer auf, allmählich auch in Nordamerika. Mit der Transatlantischen Sklaverei (ab 1505) kamen billige Arbeitskräfte aus Afrika in die Neue Welt (bis 1888).

Die uneingeschränkte Verfügung über den riesigen Doppelkontinent verschaffte Europa direkt (Bodenschätze) und indirekt (Handel mit den neuen Siedlungskolonien) schlagartig das Übergewicht in der Welt. Im Zuge des Transatlantischen Sklavenhandels setzten sich Europäer auch an den Küsten Afrikas fest, lange Zeit ohne ins Landesinnere vordringen zu können und zu wollen.

Nur von den beiden Extremen im Süden (Kapstadt/Kapkolonie, ab 1652) und Norden (Algerien, ab 1830) aus eroberten Europäer weiße Siedlungskolonien, mit Nachwirkungen bis zur Gegenwart (Apartheid in Südafrika). Die Zerstörung des Songhai-Reiches durch Marokko (1591) hinterließ im westlichen Sudan auf Jahrhunderte Chaos und ein riesiges Machtvakuum, das zuletzt wenigstens teilweise die Fulbe mit dem Jihad des Usman dan Fodio (1804–17) und ihrem Sultanat von Sokoto (ab 1817) im nördlichen Nigeria ausfüllten. Dazwischen organisierten die Ashanti ihre Konföderation (1697) zur effektiveren Beteiligung an der Versorgung des Transatlantischen Sklavenhandels mit ständigem Nachschub (Sklaven als Kriegsgefangene) zur Goldküste (heute: Ghana).

Unter dem Druck der zunächst langsamen Expansion der Buren aus der Kapkolonie explodierte der Bevölkerungsstau der sonst stets nach Süden expandierenden Bantu-Wanderung im Mfecane, einer Periode der Eroberungen durch die plötzlich kriegerisch gewordenen Zulu unter ihrem König Shaka (1816–28). Ihre Expansion führte zu ausgedehnten Zerstörungen, Flucht der afrikanischen Bevölkerung und Chaos, so daß sie die spätere Expansion der Buren im Großen Treck (1835–37) erheblich erleichterte.

Afrika als Kontinent wurde von Europa erst in einer zweiten großen Phase in Übersee erobert, mit dem Imperialismus und «Scramble for Africa», jetzt unter verschärftem Druck der Industriellen Revolution und ihrer Auswirkungen (Bevölkerungsvermehrung).

Zwischen Amerika und Afrika nahm England Australien (und Neuseeland) in Anspruch für europäische Massensiedlung, zunächst mit der

Gründung Sydneys als Sträflingskolonie (1788), als Ersatz für den Verlust der 13 nordamerikanischen Kolonien (1776/83), die u. a. für England als Sträflingskolonien gedient hatten.

Wesentlich komplexer war die Reaktion der traditionellen Macht- und Kulturzentren Asiens auf Europas Expansion in Übersee. Im Bewußtsein ihrer kulturellen Überlegenheit gegenüber Europa, die bis 1500 eine Realität gewesen war, seitdem aber immer rascher nur noch historische Erinnerung, versuchten sie, wo sie noch die Kraft dazu fanden, sich möglichst lange von den westlichen Einflüssen zu isolieren, namentlich China und Japan, bis zu einem gewissen Grade auch das Osmanische Reich. Mit ihrer freiwilligen Isolierung entschieden die alten Macht- und Kulturzentren aber auch darüber, daß sie gegenüber der stürmischen Entwicklung in Europa (und Amerika) rasch um Jahrhunderte zurückfielen. Wo immer im üblichen Zyklus von Reichsstrukturen Machtvakuen durch Bürgerkriege und Invasion von außen entstanden, versuchten die Europäer ihre eigene Macht zu etablieren, zunächst stets unter dem Primat des Kommerziellen – Beherrschung des Interkontinentalen Fernhandels, zumindest in Europa.

Im politischen Chaos seit Untergang des Sultanats von Delhi (1398) konnten die Portugiesen, auf den Spuren Vasco da Gamas (1498), von Goa aus (1510) den Fernhandel mit Europa über den Indischen Ozean weitgehend für sich gewinnen. Das erst später aufkommende Moghul-Reich (ab 1526) hatte schon nicht mehr die Kraft, das portugiesische Monopol für den Außenhandel Indiens mit dem Westen zu brechen. Nach seinem doppelten Höhepunkt unter Akbar dem Großen (1556–1605) und Aurangzeb (1658–1707) zerfiel das Moghul-Reich wieder unter dem Druck von Persern (1739) und Afghanen (1757) sowie der üblichen Sezessionen, beginnend mit der Unabhängigkeit Bengalens (1740): Der Sieg der East India Company, formal als Vasall des Moghul-Kaisers, über Bengalen und Frankreich bei Plassey (1757) eröffnete die Eroberung Indiens (bis 1856), die England zuletzt durch Übernahme des indischen Kaisertitels buchstäblich krönte (1877). Der englische Raj (= König = Herrscher) faßte den indischen Subkontinent ein letztes Mal zusammen und schuf so die Ausgangsposition für den späteren indischen Nationalismus.

China behauptete sich gegenüber der Expansion Europas in seiner imperialen Macht und Geschlossenheit unangefochten. Portugiesen, die über See nach Süden kamen (Kanton, 1514), und Russen, die über Land vom Norden auf China vorstießen (Ende des 17. Jahrhunderts), wurden jeweils entsprechend beschieden – die Portugiesen auf Macao verwiesen, die Russen, inzwischen schon unter Peter dem Großen, mit dem Vertrag von Nertschinsk im Fernen Osten eingedämmt (1689). Die Erneuerung des Reiches durch die Mandschu (1644) erfolgte in den üblichen Mechanismen und brachte China eine gewaltige Erweiterung seines Territoriums ein – Mandschurei, Mongolei, Tibet, Sinkiang. Im traditionellen Reichszyklus kündeten einzelne Aufstände (ab 1770) die Reichskrise an, die sich seit dem traumatischen Zusammenstoß mit England im Opiumkrieg (1840–42) und dem Vertrag von Nanking (1842) («Ungleiche Verträge») mit dem Taiping-Aufstand (1850–64) zur Endkrise der Mandschu-Dynastie ausweitete.

Äußerlich parallel im Rhythmus äußerer Einflüsse und ihrer Abweisung durch freiwillige Isolierung verlief die Entwicklung in Japan, aber historisch nach dem Ende der Selbstisolierung mit Ergebnissen, die sich radikal von denen in China unterschieden.

Persien trat in die Neuzeit mit einer explosionsartigen Wiederbelebung der Schi'a durch die neue Safaviden-Dynastie und der Wiedergeburt Persiens als (mittleres) Großreich ein (1500). Die Radikalität des Schi'a-Fundamentalismus machte jedoch den Konflikt mit dem sunnitisch regierten Osmanischen Reich unvermeidlich, der zur Katastrophe der Perser von Tschaldiran (1514) führte. Unter Abbas dem Großen (1587–1629) erholte sich Persien zwar von der Niederlage, aber der Einfall der Afghanen, die sich mit dieser Tat als Nation konstituierten (1722), stürzte Persien mit dem Ende der Safaviden in eine lange Periode des Chaos und der Schwäche, die auch die neue Kadscharen-Dynastie (1794–1925) nicht zu überwinden vermochte. Zuletzt geriet Persien, wie das Osmanische Reich, unter den expansiven Druck Rußlands.

Insgesamt vermochten sich auch die traditionellen Kultur- und Machtzentren nicht gegen Europas Expansion in Übersee zu behaupten. Aber ihre historische Größe wurde, ähnlich wie in Europa, als Reaktion auf die europäische Herrschaft, später idealisiert und romantisiert, diente als Grundlage zum modernen Nationalismus.

74 Afrika in der Neuzeit, um 1500 bis 1945

Während Nordafrika, bis auf Marokko, in den peripheren Machtbereich des Osmanischen Reiches geriet, intensivierte die Expansion Europas in Übersee die bisher nur punktuelle Anbindung des überwiegend isolierten Schwarzafrika an globale Entwicklungen Eurasiens, einschließlich des modernen, von Europa beherrschten Weltmarkts. Ägypten wurde wieder strategisches Einfallstor für neue Einflüsse seit der Eroberung durch das Osmanische Reich (1517) und der Ägypten-Expedition Bonapartes (1798). Hauptinstrumente zur Erschließung Schwarzafrikas wurden Fernhandel (meist Transatlantischer Sklavenhandel in die Neue Welt), Abolitionismus (Verbot von Sklavenhandel und Sklaverei), «legitimate trade» als Alternative, christliche Mission, (direkte wie indirekte) Kolonialherrschaft, zunächst geographisch an den Rändern im Süden (Kapkolonie) und Norden (Algerien). Gleichwohl liefen langfristige innerafrikanische Entwicklungen weiter, vor allem die Bantu-Expansion nach Süden, häufige Migrationen, Aufstieg und Verschwinden politischer Einheiten unterschiedlicher Größe und Lebensdauer; Vordringen des Islam und der Sklaverei.

ca. 1500 Anfänge des Luba-Reichs (Angola) (bis ca. 1890); des sakralen Königtums der Shilluk am mittleren Nil mit Hauptort Faschoda; der Fung mit Hauptstadt Sannar.

1504 Südliches christliches Reich Alwa (Soba) von Arabern und Fung erobert: Islamisierung, Sultanat Fung.

1505 Afrikanische Sklaven in Kuba: Transatlantischer Sklavenhandel (bis 1807/88).

1517 Osmanen erobern Ägypten und Eritrea: Sturz der Mamlukenherrschaft (seit 1250).

1527 Muslimische Galla (Oromo) überrennen mit Hilfe der Osmanen Äthiopien.

1541 Mit portugiesischer Hilfe beginnt Äthiopien Rückeroberung weiter Gebiete.

1570 Zimba (aus Südafrika) verheeren ostafrikanische Küste (bis 1587).

1578 Sieg Marokkos über Portugal bei al-Kasr als-Kabir: Expansion Marokkos in westlichen Sudan.

1591 Marokko erobert Songhai-Reich.

1612 Marokko zieht sich aus Songhai zurück: Chaos und Nachfolgestaaten im westlichen Sudan.

1625 Anfänge des Königreichs Dahomey.

1652 VOC gründet Kapstadt: Anfänge der Buren und Kapkolonie.

1653 Portugiesen gründen Kolonie Angola, mit weiten Gebieten des Kongo-Reiches.

1697 Ashanti-Konföderation: neues Machtzentrum zur Gewinnung von Sklaven für Transatlantischen Sklavenhandel.

ca. 1700 Kriegerische Masai aus dem Norden beginnen Eroberung weiter Gebiete bis ins zentrale Tansania.

1725 Fulbe gründen nach Jihad (Heiligem Krieg) im Fouta Djallon (Westafrika) theokratischen Gottesstaat: Modell für spätere Jihads und islamische Staatsgründungen der Fulbe.

1730 Araber aus Oman erobern Sansibar: Sklavenhandel über Indischen Ozean.

ca. 1750 Ruanda als militarisierter Tutsi-Staat erringt regionale Hegemonie.

1787 Sierra Leone mit Freetown als Kolonie neuen

(philanthropischen) Typs für freigelassene Ex-Sklaven. Merina-Staat beginnt Eroberung der Hegemonie auf Madagaskar.

1798 Ägypten-Expedition Bonapartes: Anfänge des arabischen Nationalismus.

1804 Anfänge Mohammed Alis in Ägypten: Reformen und subimperiale Expansion.
Jihad des Usman dan Fodio (bis 1817): Koalition Fulbe-Haussa.

1807 Verbot des Sklavenhandels im Britischen Empire.

1808 Von der englischen Flotte befreite Sklaven werden in Freetown angesiedelt: Christianisierung.

1811 Fulbe-Haussa zerstören Oyo-Reich der Joruba: Joruba flüchten aus der Savanne nach Süden in den Regenwald.

1815 Kapkolonie wird britisch (bis 1910/26).

1816 Mfecane: Expansion der Zulu unter Shaka (bis 1828): Weiträumige Zerstörungen und Fluchtbewegungen.

1817 Sultanat von Sokoto (Nord-Nigeria) der Fulbe gegründet.

1820 Ägypten erobert Nubien (Nord-Sudan) (bis 1822): Gold und Militärsklaven als Hauptziele.

1822 Anfänge Liberias als Kolonie freigelassener Sklaven aus den Südstaaten der USA.

1830 Frankreich beginnt die Eroberung Algeriens.

1834 Verbot der Sklaverei im Britischen Empire: Großer Trek von Buren aus der Kapkolonie.

1848 Frankreich annektiert Algerien: drei Departements (bis 1962).

ca. 1850 Dahomey gewinnt regionale Hegemonie: Sklavenhandel.

1851 England okkupiert Lagos, um Sklavenmarkt zu schließen.

1855 Neugründung des Kaiserreichs Äthiopien: Expansion.

1860 Inder als Plantagenarbeiter in Natal.

1861 England annektiert Lagos.

1869 Suezkanal eingeweiht: Auftakt zum «Scramble for Africa» (= koloniale Aufteilung Afrikas).

1874 England annektiert Goldküste, besetzt erstmals Ashanti.
Ägypten erobert südlichen, negriden Sudan.

1881 Theokratischer Mahdi-Staat im Sudan (1898).

1884/85 Anfänge deutscher Kolonien in Afrika.
Berliner Afrikakonferenz: Völkerrechtliche Regulierung der kolonialen Aufteilung Schwarzafrikas.

1896 Sieg der Äthiopier über Italiener bei Adna: Massaker an Kolonialtruppen aus Eritrea auf dem Schlachtfeld.

1898 England und Ägypten erobern Mahdi-Staat: Konfrontation französischer und englischer Truppen bei Fashoda.

1899 Burenkrieg (bis 1902).

1902	Friede von Vereeniging: England liefert Afrikaner den Buren aus.
1903	Frederick Lugard unterwirft Sultanat von Sokoto: Indirect Rule nach indischem Vorbild.
1910	Südafrikanische Union: Hegemonie der Buren über Südafrika.
1912	Lands Act: Beginn der Apartheid in Südafrika (bis 1992).
1920	Völkerbundmandate über deutsche Kolonien.
1921	Aufstand der Rif-Kabylen in Marokko (bis 1926).
1926/31	Südafrika souveränes Dominion im British Commonwealth and Empire.
1935	Abessinienkrieg: Italien erobert Äthiopien, annektiert es (1936–41).
1945	Ende des Zweiten Weltkrieges: Anfänge der Dekolonisation.

Die Anbindung Schwarzafrikas an den sich entfaltenden Weltmarkt leistete Europa seit seiner Expansion in Übersee in der denkbar negativsten Form des Transatlantischen Sklavenhandels in die Neue Welt (1505 bis 1888). In Steigerung und Umlenkung traditionellen Sklavenhandels, seit dem Islam durch Muslime über den Indischen Ozean und durch die Sahara nach Norden zum Mittelmeer, verschärften die Europäer chronische innerafrikanische Konflikte. So konvergierten in Zentralafrika um 1850 wandernde Grenzen traditionell arabisch-muslimischen Sklavenhandels und der Sklaverei vom Norden (Sudan) und Osten (Suaheliküste am Indischen Ozean), während seit dem späten 17. Jahrhundert vom Westen eine analoge wandernde Grenze von der Küste des Kongo-Reiches nach Osten eine entsprechende Welle von Zerstörungen, Chaos und Sklaverei trug. In Westafrika, der Hauptquelle des Transatlantischen Sklavenhandels, wurden europäische Forts und Handelsniederlassungen Kristallisationspunkte für Siedlungen («towns») an der bis dahin nur schwach besiedelten Küste. Sie wurden zur Hauptachse der Modernisierung, während das Hinterland, besonders die Savanne («Sudan»), ihre traditionell führende Rolle einbüßte.

Als indirekte Wirkung osmanischer Eroberungen fiel im südlichen Nubien das letzte christliche Königreich Alwa (1504), wurde Äthiopien fast völlig überrannt (1527) und konnte sich nur mit militärischer Hilfe aus Portugal behaupten (1541). Zuvor hatte die Eroberung Ägyptens durch die Osmanen (1517) die Ausbreitung ihrer Herrschaft über fast ganz Nordafrika bis Algerien (1574) eingeleitet, allerdings eher als lockere Oberlehensherrschaft (Suzeränität) des osmanischen Sultans mit Hilfe von Janitscharen. Mit russischer Hilfe erzwangen die Mamluken in Ägypten noch einmal ein Comeback (1773), bis zur Ägypten-Expedition Bonapartes (1798) und ihrer Auslöschung durch ein Massaker Mohammed Alis in Kairo (1811). Die Cyrenaika beherrschte fast unabhängig die Dynastie der Karamanli (1711) bis zu ihrem Sturz durch den Reformorden der Senussi (1835), die im Landesinnern eine islamische Theokratie errichteten. In Tunesien (1705) machte sich eine Regionaldynastie unter einem Dey so gut wie selbständig bis zur Erlangung der Finanzkontrolle Frankreichs und Italiens (1869) und der Errichtung des französischen Protektorats (1881–1957) im Anschluß an den Berliner Kongreß (1878). An den Küsten Algeriens blieb die osmanische Oberherrschaft weitgehend formal (1574–1711/1830). Dort hielten sich Stadtstaaten der Seeräuber («Barbaresken») an der Küste, in Algier ab 1516. Als «Korsaren» schädigten sie die Seeschiffahrt und Küsten Westeuropas schwer, bis ins frühe 19. Jahrhundert. Im Innern behaupteten sich Regionalherrschaften von Arabern wie Kabylen (Berbern).

Marokko behauptete sich als unabhängiges Sultanat gegen die Osmanen und Portugal (1578). Es zertrümmerte zwar das Songhai-Reich (1591), das letzte der drei großen Reiche in Westafrika südlich der Sahara, hinterließ aber nach seinem baldigen Rückzug (1612) das Chaos fragmentierter Nachfolgestaaten. Aus diesen ephemeren Eroberungen speiste sich aber nach 1956 der Anspruch Marokkos auf Mauretanien und die ehemals spanische West-Sahara.

In Teilen Afrikas bildeten sich lokale bis regionale Staaten, meist in Verbindung mit dem Fernhandel, durch Eroberungen, Hegemonien, Assimilierungen, Fluchtbewegungen. Sie hinterließen Erinnerungen an glanzvolle Vergangenheit «imperialer» Größe, bis heute. Grundsätzlich sind mehrere Typen prä-kolonialer Staaten unterschieden: 1. traditionelle Stammeskönigreiche, die plötzlich expandierten (Zulu unter Shaka, 1818–28); 2. muslimische Herrschaften seit 1725, vom Typ der Jihad-Theokratien der Fulbe im Fouta Djallon oder des Sultanats von Sokoto (1817), im arabischen Bereich der Senussi in der Cyrenaika (1835) oder des Mahdi-Staats (1881–98); 3. im Vorfeld der Kolonialherrschaft traditionelle (Ägypten, Äthiopien) Strukturen oder neue, ephemere Regionalherrschaften (El Hadj Omar, Rabih, Samour Toure). Sie wollten, meist muslimisch, Alternativen zu den Europäern aufbauen, modernisierten sich bzw. die Armee mehr (Ägypten) oder minder (Shaka) nach europäischem Vorbild, ungefähr entsprechend der Entfernung zu Europa. In einem Fall prallten einheimische Machtstrukturen auch in ihrer Expansion aufeinander (Ägypten–Äthiopien, 1875). Andererseits entstand der Mahdi-Staat in traditionell-fundamentalistischer Reaktion auf die Eroberung Ägyptens, das bereits als zu modernisierend galt.

Meist waren innerafrikanische subimperiale oder prä-imperialistische Machstrukturen verknüpft mit Sklaverei und Sklavenhandel: Unterlegene wurden versklavt, die Männer als Sklaven-Soldaten oder nach traditionellen Mechanismen integriert. Gleichzeitig weiteten sich Sklavenhandel und innerafrikanische Sklaverei weiter aus, u. a. als Folge des Abolitionismus – innerafrikanische Kriege zur Beschaffung von Sklaven liefen weiter, so daß ab ca. 1840 ein Sklavenstau entstand: Auf dem Schlachtfeld wurden Kriegsgefangene oft wieder nach älteren Methoden massakriert, andere als Sklaven im Landesinneren auf großen Plantagen eingesetzt, die mit den agrarischen «cash crops» für den wachsenden Markt des sich industrialisierenden Europa die Güter des «legitimate trade» als Alternative zum Sklavenhandel produzierten. Die neuere Forschung schätzt, daß bei Errichtung der europäischen Kolonialherrschaft rund 40 Prozent der afrikanischen Bevölkerung aus Sklaven bestand.

Sklaverei schuf komplexe Ressentiments in alle Richtungen, kleinräumig in Schwarzafrika selbst wie großräumig zwischen hellhäutigeren Nomaden (Arabern, Berbern, Tuareg) und meist schwarzen Opfern: Sklavenjäger und Sklavenhalter verachteten Völker, die sie versklavten oder verkauften; umgekehrt haßten ihre Objekte Sklavenjäger und Sklavenhalter. So zieht sich ein gewaltiger Haß- und Spannungsgürtel in der Sahelzone zwischen hellhäutigen Nomaden der Sahara und meist schwarzen Bauern der Savanne: Die schwarzen animistischen Bauern im Süden kehrten in der Kolonialzeit mit der Rezeption (teilweise) des Christentums und der Modernisierung die traditionelle Rangordnung um und übernahmen in den post-kolonialen Nachfolgestaaten die politische Macht, mit der sie nun Rache für Jahrhunderte der Versklavung an ihren einstigen Sklavenjägern und Sklavenherren nehmen, vor allem den «stolzen», aber in der Sahara auf ihrem Islam sitzengebliebenen «Wüstensöhnen». Umgekehrt ist die Überwindung der innerafrikanischen Sklaverei in der Kolonialherrschaft für Afrika ein weitreichender sozialgeschichtlicher Vorgang, dessen Tragweite für die Zukunft noch gar nicht abzuschätzen und höchstens mit der Überwindung der Leibeigenschaft in Europa zu vergleichen ist.

Die koloniale Besitzergreifung Afrikas begann an den Rändern im Süden (Kapkolonie ab 1652) und Norden (Algerien, 1830), ferner von den Küsten Westafrikas aus mit europäischen Stützpunkten seit der Zeit des Transatlantischen Sklavenhandels und den sich um sie herum ausbildenden «towns», teilweise mit europa-afrikanischer Mischbevölkerung. Sie boten erste Ansätze für die christliche Mission, vor allem seit den Bemühungen um Abschaffung von Sklavenhandel durch England (ab 1787, 1807) und der Sklaverei (ab 1834). Die Kolonialmächte erlegten mit ihrer Herrschaft erstmals Afrika einen inneren Frieden auf, gewiß im Interesse ihrer wirtschaftlichen Nutzung. Wo das Klima es erlaubte, sollten europäische Massenansiedlungen eine solidere Grundlage bilden (Algerien, Tunesien, Libyen, Südafrika bis Hochland von Kenia).

Portugal, England und Frankreich waren aus historischen Gründen die führenden Kolonialmächte. Italien, Belgien, Deutschland, Spanien kamen später und mußten sich mit Resten begnügen. Innere Strukturen der Kolonialmächte prägten auch die ihrer Kolonialstaaten. Wichtig wurde die Unterscheidung zwischen direkter Herrschaft (Kolonien im engeren Sinne) und indirekter (Protektorate mit weitgehender innerer Autonomie), obwohl selbst das indirekte Herrschaft am meisten ableh-

nende Frankreich in der Praxis vor Ort doch zur «indirect rule» greifen mußte, und wenn nur auf lokaler Ebene, zur Verwaltung durch einheimische Eliten («chefferie»).
Machtpolitische Rivalitäten in den Kolonien, auch in Afrika, trugen zu den weltpolitischen Spannungen bei, die 1914 im Ersten Weltkrieg explodierten. Der Globalkonflikt verschaffte genügend Freiraum für europäisierte Eliten mit Forderungen nach regionaler Autonomie, während die Errichtung von Völkerbundmandaten Englands und Frankreichs in Nordafrika und dem Vorderen Orient Protest- und Aufstandsbewegungen provozierte, von Marokko bis Palästina, dort gegen verstärkte jüdische Einwanderung. Im Zweiten Weltkrieg eskalierte die innere Opposition bis zur Forderung nach Unabhängigkeit, die sich ungefähr von Nord nach Süd (Ägypten 1945, Sudan 1956) bzw. von Westafrika (Ghana 1957, Guinea 1958) durchsetzte: Südafrika wurde mit der insgesamt friedlichen Machtübernahme des ANC (1993) zuletzt unabhängig. Die Probleme für heterogene und labile post-koloniale Nachfolgestaaten sind immens, gerade auch wegen ihres Modernisierungsrückstandes, der sich aus der Randlage namentlich Schwarzafrikas zu den großen Zivilisationszentren Eurasiens erklärt.

75 Europa als neues Macht- und Kulturzentrum, um 1500 bis 1945

Im globalen Aufstieg des Atlantik zeigt sich wieder seit **1500** die Dialektik im historischen Prozeß: Das Mittelmeer, seit dem Alten Orient traditionell samt Indischem Ozean *die* ökonomische Hauptachse der Weltgeschichte, in der zweiten Hälfte des Mittelalters immerhin ökonomische Hauptachse Europas, lieferte zwar die entscheidenden Impulse zur Expansion Europas in Übersee. Sobald jedoch die Kräfte der italienischen und iberischen Pioniere als Vordenker, Vorsegler, Finanziers, kommerzielle und koloniale Praktiker der «Conquistas» in den Weiten der Ozeane und neuentdeckten Kontinente verströmt waren, brach die Achse Mittelmeer–Indischer Ozean zugunsten der neuen Achse Nordsee–Atlantik zusammen. Der Mittelmeerraum verödete ökonomisch relativ rasch, während einheimische Faktoren auf und am Indischen Ozean sich noch sehr viel länger behaupteten. Gegenüber den im verarmenden Mittelmeer oder am Eingang zum Mittelmeer zurückgebliebenen muslimischen (Türken) und katholischen Mächten (Spanien, Portugal) im Süden übernahmen überwiegend protestantische Seemächte des Nordens die Führung im Weltmaßstab. Sie lagen an Nordsee –

Atlantik (Holland, England, Frankreich), sekundär auch an der Ostsee mit einem zwischen ihnen heiß umstrittenen Zugang zur Nordsee, dem Sund (Dänemark–Schweden).

Die seit ca. 1000 neue, aber nur sekundäre Ost-Nordsee-Achse verlängerte sich im Neuen Westen über den Atlantik nach Amerika. Die neue Nordsee-Atlantik-Achse stieg nach 1500 rasch zum Hauptzentrum ökonomischer, politischer und kultureller Aktivitäten in der Welt auf und stieß gleichzeitig die traditionelle Achse Indischer Ozean–Mittelmeer des Alten Ostens in die Ohnmacht der neuen Peripherie. Mit der Expansion des industriellen Prinzips im Neuen Westen kamen auch die beiden großen Landrouten des Interkontinentalen Fernhandels zum Erliegen, die «Seidenstraße» über Zentralasien und die verschiedenen Karawanenwege durch die Sahara zwischen Nord- und Schwarzafrika.

Gleichzeitig baute sich zwischen westlichem Rand der Nordsee und östlichem Rand der Ostsee die spätere Konfrontation der liberalen Seemacht England und der autokratischen Landmacht Rußland auf, die erst im 19. Jahrhundert voll durchbrach und sich im 20. Jahrhundert – durch Verlängerung über den Atlantik nach Nordamerika und durch den Sieg der Oktoberrevolution – global ausweitete: «offene» Gesellschaft – «geschlossene» Gesellschaft.

Ein wichtiges Merkmal des neuen Macht- und Kulturzentrums Europa ist gewiß die Abwesenheit jeglicher imperialen Zusammenfassung, jedenfalls im Vergleich zu den älteren Macht- und Kulturzentren des Ostens: Jeder Versuch zur Hegemonie provozierte in Europa Widerstand und Konflikte. Europas Expansion in Übersee erfolgte daher auf der Basis sich entfaltender Nationalstaaten, deren enger Zusammenhang zur erfolgreichen Expansion unübersehbar ist. So entwickelte sich allmählich das Europäische System, in dem die Konkurrenz sich gegenseitig überbietender Partner die Expansion stimulierte, solange noch Raum zur Expansion in der Welt war. Mit der ungefähren Ausfüllung der letzten großen Machtvakuen in Übersee im Zeitalter des Imperialismus wandten sich die bis dahin teilweise nach außen abgeleiteten Spannungen nach innen und brachten das ganze System in zwei Weltkriegen zur Explosion.

Wie in allen bisherigen großen Machtzentren entstanden auch in Europa neue Machtzentren an seinem Rande – Frankreich, Portugal, Spanien, England einerseits, Rußland, Österreich, Preußen andererseits. Namentlich Rußland gehört mit seiner kontinentalen Expansion, vor allem nach Osten über Land, zum Europäischen System, da es die Expansion des westlichen Europa in Übersee wirkungsvoll ergänzte. Rußland entwickelte sich zwar zunächst weitgehend isoliert vom westlichen Europa, brach aber zu seiner Expansion ungefähr zur selben Zeit auf wie der Westen, gegenüber dem zurückfallenden Osten durchaus mit vergleichbaren Posen und Wirkungen. Seine orthodoxe Grundprägung weitete nunmehr auf Weltmaßstab die alte Rivalität zwischen griechischer Orthodoxie und lateinischem Katholizismus (modifiziert durch den Protestantismus) in globale Dimensionen aus, auch im ideologisch-geistigen Bewußtsein zumindest der Russen.

In Zurückdrängung des Osmanischen Reiches und in Abwehr erst spanischer, dann französischer Hegemonieansprüche schälte sich allmählich ein neues Gleichgewicht unter den fünf ausschlaggebenden Großmächten der Pentarchie heraus. Es beruhte auf der Vormacht starker Flügelmächte (England, Frankreich, Rußland), die ihre globale Expansion in Rivalität gegeneinander betrieben, zum Schutz ihrer heimischen Basis im Rücken eine schwache Mitte (Deutschland, Italien, Polen) gegeneinander austarierten. Zur Paralyse der europäischen Mitte trug noch der Aufstieg Österreichs und Preußens zu formal gleichberechtigten, in Wirklichkeit aber sekundären Großmächten bei. Sie waren mehr (Preußen) oder weniger (Österreich) vom übermächtigen und weiterwachsenden Rußland abhängig, nachdem Rußland mit dem Großen Nordischen Krieg (1700–21) endgültig die bisherige Isolierung gegenüber dem Westen durchstoßen hatte.

Die Komplexität der inneren Struktur Europas erhöhte sich noch durch einen sozio-ökonomischen Prozeß um 1500: Westlich der Elbe setzte sich, mehr oder weniger rasch, mehr oder weniger gründlich, die Tendenz zur Befreiung der Bauern durch, als soziale Entsprechung eines starken Städtewesens westlich der Elbe seit dem säkularen Aufschwung ab ca. 1000. Freies Bürgertum in den Städten und (im Prinzip) freie Bauern auf dem Land wurden soziale Grundlagen für die westlichen Nationalmonarchien, die sich, seit den Auswirkungen der Ursprünglichen Akkumulation, dann der Industriellen Revolution, durch politische Revolutionen weiter modernisierten und dynamisierten.

Östlich der Elbe dagegen bildete sich ab 1492/98 eine «zweite Leibeigenschaft» heraus, von Sachsen, Preußen, Böhmen und Österreich einerseits, über Ungarn, Südosteuropa, Polen bis nach Rußland andererseits. Namentlich in Rußland wurde die neue Leibeigenschaft soziale Grundlage der Autokratie, die so allmählich in sich polarisierenden Gegensatz zum sich industrialisierenden, liberalisierenden und demokratisierenden Westen geriet. Die Industrielle Revolution und ihre Ausbreitung vom Westen her verschärfte nur noch den Strukturgegensatz zwischen industriellem Westen und (überwiegend) agrarischem Osten.

Für die europäische und deutsche Geschichte hatte es schwerwiegende Folgen, daß diese neue Strukturgrenze sozio-ökonomisch-ideologischer Art mitten durch Deutschland ging, nachdem Deutschland in moderner Form wieder zur politischen (kleindeutschen) Einheit gefunden hatte (1871). Die Unsicherheiten über Deutschlands Zugehörigkeit zum Westen oder Osten hatten sich in lockeren Strukturen (Endphase des Alten Reiches bis 1806; Deutscher Bund, 1815–66) durch die europäischen Konstellationen im Rahmen des Konzerts der Mächte bzw. der Pentarchie leichter auflösen lassen. Im neuen Deutschen Reich erzeugten die Spannungen zwischen agrarisch-junkerlichem Ostelbien und sich industrialisierendem katholisch-liberalen Westen gefährliche Instabilitäten innerhalb der neudeutschen Großmacht.

Vielleicht erstmals in der Weltgeschichte war mit der deutschen Reichsgründung (1871) der Machtschwerpunkt in einem komplexen Machtzentrum in die Mitte zurückgekehrt, so daß sich die älteren erstklassigen Großmächte am Rande des europäischen Systems durch die neue Großmacht im Zentrum Europas zusätzlich deklassiert (Frankreich, Rußland) oder bedroht fühlten (England). Die besonderen Komplexitäten der Deutschen Frage, ihre explosiven Verknüpfungen mit anderen nationalen Fragen des kontinentalen Europa und das stürmische ökonomische wie demographische Wachstum Deutschlands seit der Reichsgründung erhöhten nur noch die spannungs- und konfliktproduzierenden Wirkungen der neudeutschen Großmacht. Seit der Goethezeit (ca. 1770–1832) führende Kulturmacht, fügte es seiner Kulturexplosion nach den Preußischen Reformen (ab 1807) und mit Beginn der Industrialisierung in Deutschland eine Bildungs-, Wissenschafts- und Technologieexplosion hinzu, die Deutschland um 1900 zur stärksten Macht Europas machte. Angesichts des Aufsteigens neuer Flügelmächte auf Weltebene (USA und, nach einer seit 1861, erst recht nach 1905 erwarteten Revolution, auch Rußland) trat das wilhelminische Deutschland mit seiner Weltpolitik die Flucht nach vorn an in den sich daraus konsequent ergebenden Ersten Weltkrieg.

Da Deutschland die Niederlage von 1918 nicht hinnahm, versuchte es im Dritten Reich eine Neuauflage des hegemonialen Weltkampfes, diesmal verbündet mit Italien und Japan, unterlag jedoch abermals (**1945**). So bauten sich seit Vollendung des Europäischen Systems (1871) und Vollendung der imperialistischen Expansion (bis 1898) die internen Spannungen auf, die sich durch eine Kette von Krisen bis zum Kriegsausbruch 1914 steigerten. Am Ende des Zweiten Weltkrieges war Europa als Machtzentrum zerborsten, weltpolitisch geteilt zwischen den beiden neuen Super-Weltmächten, USA und SU.

I. Von der Expansion Europas in Übersee bis zum Vorabend der Französischen Revolution

1492/98 bis 1789

Nach dem Vorlauf Portugals seit Eroberung Ceutas (1415) begann Europas Expansion in Übersee mit dem Doppelschlag der Entdeckung Amerikas durch Columbus (1492) und der Landung Vasco da Gamas in Indien (1498). Ihre Konsequenzen sind stets in enger Verbindung zu zentralen Groß-Faktoren der Frühen Neuzeit zu sehen – Ursprüngliche Akkumulation, Frühkapitalismus, Industrielle Revolution; Reformation, Gegenreformation, Religionskriege; Konflikte zwischen Krone und Ständen; Hegemonial- und Kolonialkriege; Ausbildung des modernen National- und Verwaltungsstaates; moderne Revolutionen.

Die frühen Kolonialreiche waren die direkteste Folge, mit denen die neuen See-, Kolonial- und Handelsmächte den traditionellen Interkontinentalen Fernhandel umleiteten und ihrer eigenen Kontrolle unterstellten. So erhielt die Ursprüngliche Akkumulation zusätzliche Impulse von außen, durch den von den Mutterländern beherrschten Gewürz-, Transatlantischen Sklaven- und Kolonialhandel mit den europäischen Siedlungs- und Plantagenkolonien der Neuen Welt. Ursprüngliche Akkumulation, Frühkapitalismus, Merkantilismus und «agrikole Revolution» (Marx) mündeten in die Industrielle Revolution (ab ca. 1760), die von England aus allmählich die gesamte Menschheit erfaßte. In diesen breiten wirtschafts- und sozialgeschichtlichen Rahmen gehören die sich sonst leicht dramatisch in den Vordergrund drängenden politischen und religiösen Konflikte und Prozesse: Luther (1517) und Calvin (1536) gaben der Reformation weit über ihr Ursprungsland Deutschland hinausreichende europäische Dimensionen, durch die gleichzeitig anlaufende Besiedlung Amerikas letzten Endes globalen Ausmaßes. Im Gegenschlag schürte die katholische Gegenreformation (1563 ff) neue Konflikte, die sich, schon im Vorfeld der Gegenreformation, mit ersten Religionskriegen abzeichneten, gesteigert über die Hugenottenkriege (1562–98) bis zum Dreißigjährigen Krieg (1618–48).

Die Polarisierung zwischen Calvinisten und Jesuiten gab den Religionskonflikten auch verfassungspolitischen und ideologischen Charakter. Daher ist das Ringen nach innen zwischen Krone und Ständen um die (absolute) Macht im werdenden Staat von den europäischen Hegemonialkriegen nach außen nicht zu trennen, aus denen auch die Konstellation der fünf europäischen

Großmächte, der Pentarchie, hervorging. Wieder anders verquickt damit ist die Herausbildung neuer Nationalstaaten, nach der Schweizer Eidgenossenschaft noch aus spätmittelalterlichen Grundlagen (1499/1500) die neuen Niederlande der Generalstaaten im Abfall von Spanien (1579/81) und die USA, jetzt schon in der Neuen Welt, im Abfall vom englischen Kolonialreich (1776). Beide nationalen Sezessionsbewegungen hatten auch soziale Dimensionen, die sie bereits in den gewaltigen Komplex der modernen europäischen Revolution hineinwachsen lassen, jeweils im Vorfeld von Englischer Revolution (1640–60) und Französischer Revolution (1789). Teilungen Polens (1772–95) und Eröffnung der Orientalischen Frage (1774) schufen zusätzliche Komplikationen, die jedoch erst später voll durchschlugen.

So explodierte Europa seit seiner Expansion in Übersee förmlich in die Welt und erhob sich über die anderen Kultur- und Machtzentren, in Vollendung älterer Tendenzen, daß die großen Kulturzentren immer weiter expandierten und sich berührten. An die Stelle des ungefähren Gleichgewichts zwischen den großen Kulturzentren, mit leichtem Übergewicht Indiens bzw. Chinas, setzte Europa sein eigenes Weltsystem, das es direkt oder indirekt beherrschte, freilich ohne imperiale Zusammenfassung, sondern mit dem Europäischen System.

Wesentliche Voraussetzungen für Europas Aufstieg zur kollektiven Weltherrschaft waren der Zustand der Welt in Übersee um 1500 und die innere Struktur des neuen Machtzentrums Europa selbst mit seiner eingebauten Spannung zwischen nationalen Souveränitäten und Anläufen zur Erringung der innereuropäischen Hegemonie. Expansion in Übersee, Kolonialreiche, Ursprüngliche Akkumulation und Industrielle Revolution gaben dem sich entfaltenden Europäischen System eine ungeheure Dynamik, zunächst durch ein starkes Wirtschafts- und Bevölkerungswachstum. Es setzte sich in gewaltige Spannungen um, die in schwere Konflikte einmündeten. Die damit verbundenen Prozesse entfernten Europa immer weiter von seinen mittelalterlichen, noch stark kirchlich geprägten Grundlagen: Reformation und Gegenreformation leiteten eine zunehmende Säkularisierung ein, die sich in der Aufklärung, später mit der rasch wachsenden Technisierung und Industrialisierung noch steigerte. Alles ist verknüpft mit dem Ringen um die Macht in Staat und Gesellschaft ebenso wie mit innereuropäischen Konfliktlinien auf «internationaler» Ebene (Hegemonie, Gleichgewicht der Kräfte, Pentarchie, Hegemonialkriege).

76 Frühe Kolonialreiche – Portugal, Spanien; Frankreich, England, Holland 1492 bis 1815

Das in Tordesillas (1494) zwischen Portugal und Spanien geteilte, vom Papst sanktionierte Monopol auf Eroberungen in Übersee blieb nicht unangefochten. Seit **1492** trieben Aussichten auf rasche Bereicherung durch Fernhandel andere Nationalstaaten Westeuropas mit Zugang zum Atlantik zur Beteiligung an der Expansion in Übersee. Die heftige Konkurrenz um Kolonialhandel, Rohstoffe und Stützpunkte führte daher zu See- und Kolonialkriegen, die auch auf Europa zurückwirkten. Die Reformation mit ihrem antipäpstlichen Affekt beseitigte religiöse Skrupel gegen den Schiedsspruch des Papstes. Nicht zufällig waren die härtesten Gegner Portugals und Spaniens, Holland und England, zur Reformation übergegangen, drängten im katholischen Frankreich Hugenotten am frühesten auf französische Kolonien.

Schon früh zeichneten sich zwei Typen von Kolonien ab, repräsentiert von Portugal und Spanien – Handelsstützpunkte an den Seerouten des Fernhandels und Siedlungskolonien nach massiver europäischer Einwanderung. England kombinierte später in seinem Empire beide Kolonietypen. Ökonomisches Hauptinteresse des Kolonialhandels waren zunächst die traditionellen Luxusgüter des Ostens (Seide, Gewürze), später subtropische Produkte der Plantagenwirtschaft in der Neuen Welt (Rohrzucker, Tabak, Baumwolle). Rasch avancierte die Karibik («Westindien») zum ersten Zentrum der entstehenden Weltwirtschaft, auf der Basis von aus Afrika importierten Sklaven. Allmählich gewann der Transatlantische Sklavenhandel ein Eigengewicht. Silber und Gold aus Amerika brachten zusätzliche ökonomische Impulse. Die anwachsende Bevölkerung europäischer Abstammung in den Siedlungskolonien Amerikas bot expandierende Absatzmärkte und machte den Atlantik, anstelle des ökonomisch verödenden Mittelmeers, zum ökonomisch wichtigsten Wasserweg.

Das portugiesische Kolonialreich

Portugal hatte im Indischen Ozean die Grundlage seines Kolonial- und Handelsreiches, mit Stützpunkten an den Küsten Afrikas. Durch Vernichtung der Flotten von Mamluken und Gujuraten (Handelsvolk an der Westküste Indiens) errang es die Seeherrschaft (1500/9) und sicherte sich von Goa (1510) aus die Zugänge zum Indischen Ozean, mit Malakka (1511) und Ambon (1512) die Schlüssel zu Chinahandel und Gewürzproduktion der Molukken. Portugal riß so Indiens Außenhandel an sich, den später auch das Moghul-Reich (ab 1526) nicht erobern konnte. Ähnlich erdrosselte Portugal durch Besetzung Bahreins (1507) und Hormuz' (1515) ökonomisch das neupersische Safaviden-Reich. Da durch Tordesillas Afrika zur portugiesischen Welthälfte gehörte, wurde Portugal Pionier des Transatlantischen Sklavenhandels, zunächst durch Belieferung der spanischen Kolonien mit Sklaven (ab 1505).

In der Personalunion mit Spanien (1580–1640) begann Portugals Abstieg als Kolonialmacht: Im Unabhängigkeitskrieg gegen Spanien griff Holland bevorzugt portugiesische Kolonien an (ab 1598). Persien eroberte Bahrein (1602) und Hormuz (1622), Araber aus Oman vertrieben Portugal aus Mascat (1650) und den meisten Städten der Swaheliküste (1651–98). In der neuen Unabhängigkeit (1640) blieben Portugal nur noch Bruchstücke seines Kolonialreiches, weltpolitisch schon im Schatten der kommenden Kolonialmacht England. Funde von Gold (1687) und Diamanten (1727) in Minas Gerais gaben Brasilien, nach seiner Entdeckung (1500) nur zögernd besiedelt (ab 1532), neue ökonomische Bedeutung, von der im Methuen-Vertrag (1703) auch England, an der Schwelle zur Industrialisierung, profitierte.

Das spanische Kolonialreich

Ausgangspunkt und Kern des spanischen Kolonialreichs wurde die von Columbus zuerst entdeckte Karibik, zunächst Santo Domingo (1493) und Kuba (1511). Die karibische Urbevölkerung starb nahezu aus – in Massakern bei Aufständen, Zwangsarbeit, vor allem durch Krankheiten der Europäer, gegen die sie nicht immun war. Sie wurde von Spaniern und von Sklaven aus Afrika (ab 1505) ersetzt, die die körperliche Arbeit zu verrichten hatten. Mexiko und Peru kamen nach Eroberung des Azteken-Reiches durch Cortés (1519–21), des Inka-Reiches durch Pizarro (1531–33) hinzu. Mexiko und Peru wurden Schwerpunkte spanischer Kolonialherrschaft auf dem Kontinent – beide mit seßhafter Bauernbevölkerung, einheimischen Großreichen und Hochkulturen, reich an Gold, später auch mit Silberbergwerken (Potosi, 1545; Zacatas, 1548), die Quellen des spanischen Silbers aus der Neuen Welt wurden (ab ca. 1570). Zum spanischen Kolonialreich kamen noch, an sich entgegen Tordesillas, die Philippinen (1529), die erst mit Gründung Manilas (1565) kolonisiert wurden.

Zentren der spanischen Kolonialherrschaft wurden die Städte. Auf dem Land übertrugen die Conquistadoren die in der Reconquista gegen Mauren, später auf den Kanarischen Inseln entwickelten Prinzipien auf die Indios – «encomiendas» und «repartimientos» als quasi-feudale Aufteilung von Land und Leuten, ergänzt durch die «mita» (Zwangsarbeit), die die Conquistadoren von einheimischen Großreichen übernahmen. Am Willen zur Ausbeutung der einheimischen Arbeitskraft prallten alle noch so gutgemeinten Versuche der spanischen Krone ab, aus der Ferne das Los der Indios zu mildern (Leyes Nuevas, 1542), gegen deren Vollzug die Conquistadoren sogar Aufstände anzettelten (1542).

Frankreich, England, Holland

Den Charakter der nachdrängenden späteren Kolonialreiche zeichneten Portugal und Spanien, die zuerst arrivierten Kolonialmächte, vor. Gegenüber der Supermacht Spanien, gar während ihrer Union mit Portugal (1580–1640), begnügten sich die Späterkommenden zunächst mit marginalen Gebieten, die militärisch nicht so gut geschützt waren, expandierten später aber auch auf Kosten Portugals, vor allem Holland. England suchte mit der Nordwest- und Nordostpassage alternative Seerouten nach «Indien» und gelangte so im Westen an die Ostküste Nordamerikas, allmählich in Konkurrenz zu Frankreich, im Osten nach Moskau.

Am ergiebigsten erschienen anfangs kleinere Inseln am Rand der Karibik. Nach ersten Kolonien außerhalb der Karibik (Cayenne, 1604; Kanada, 1608) eroberte Frankreich die kleinen Inseln Martinique und Guadeloupe (1635) und setzte sich an der westafrikanischen Gegenküste, am Senegal, fest (1638), um die Belieferung mit Sklaven sicherzustellen. Später folgte Saint-Domingue (1697), Frankreichs wichtigste subtropische Kolonie im Zentrum der Karibik. Die entsprechenden Daten für England lauten – Virginia (1607); Bermudas (1612), St. Kitt (1623), Barbados (1625/27), Jamaika (1655); in Westafrika Cape Coast Castle (1662) und St. James Fort bei Accra (1664).

An Nordamerikas Ostküste entwikkelten sich die 13 englischen Kolonien (1607–1733), die sich später als USA selbständig machten (1776). Schon vorher hatte England mit der «East India Company» (1600) die erste stilprägende «Chartered Company» gegründet, die als private Gesellschaft von der Krone mit Hoheitsrechten in Übersee ausgestattet war. Sie organisierte, erst in Konkurrenz zu Holland, später zu Frankreich, den Handel mit Indien. Aus ersten Stützpunkten – Surat (1612), Madras (1639), Bombay (1668), Kalkutta (1690) – organisierte die East India Company seit dem Siebenjährigen Krieg (1756–63) die Eroberung Indiens (1757–1856).

Holland expandierte gegen das schwächere Portugal (ab 1598) mit Indonesien als dauerhaftestem Schwerpunkt – Ambon (1605), Malakka (1641), Ceylon (1656). Nach englischem Vorbild gründete es die «Vereenigde Oost-Indische Compagnie» (VOC) für Indien (1602), eine entsprechende Gesellschaft für Westindien (1621) gegen Spanien. In der Karibik setzten sich die Holländer in Guyana (Surinam) (1625) und Curaçao (1638) fest, an der westafrikanischen Gegenküste in El Mina durch Vertreibung der Portugiesen (1637). Mit der Gründung von Kapstadt (1652) als Versorgungsstützpunkt für die VOC-Schiffe zwischen Holland und Indonesien hatte die holländische Kolonisation eine dauerhafte Wirkung.

Im Indischen Ozean, dem Herzstück des Alten Ostens und des Interkontinentalen Fernhandels, setzte sich der Neue Westen langsamer durch, als die Abfolge der See- und Handelsreiche von Portugiesen, Holländern und Engländern vermuten läßt: Die Portugiesen fügten sich noch am ehesten in das alte System ein, auch wenn sie von außen eindrangen. Die Holländer verlagerten schon ungefähr zur Hälfte das Schwergewicht des Handels auf dem Indischen Ozean nach Westen. Massenansiedlungen im Süden Afrikas (nach **1815**) und Australiens (ab 1788) voll-

endeten die Herrschaft Europas über den Indischen Ozean.
Erst die Engländer zerstörten mit der beginnenden Eroberung Indiens (1757) und Industrialisierung (ca. 1760) das traditionelle System des Interkontinentalen Fernhandels und ersetzten es endgültig durch das neue System der Weltwirtschaft, das sie von London aus beherrschten.

77 «Ursprüngliche Akkumulation» – Frühkapitalismus und Merkantilismus

Europas Expansion in Übersee kombinierte Beherrschung des traditionellen Fernhandels aus dem Orient und Westafrika (Gold, Sklaven) mit Errichtung eines neuen Weltwirtschaftssystems, das sich um den Atlantik gruppierte. Das neue Atlantische System hatte in der Neuen Welt zwei große Schwerpunkte, die subtropische Plantagenwirtschaft der Karibik und wachsende Siedlungskolonien in Süd- und Nordamerika. Dritter Pfeiler einer neuen Weltwirtschaft war Europa selbst, vor allem das westliche ungefähr bis zur Elbe, aber Sachsen, Böhmen und Schlesien eingeschlossen. Aus Afrika und Amerika einströmendes Gold und Silber stimulierte die einheimische Produktion, begleitet von Bevölkerungswachstum und einer langfristigen Inflation («Preisrevolution»), die die feudalen Strukturen weiter zersetzte. Hinzu kamen Gewinne aus dem Gewürzhandel mit Ostindien, der Plantagenwirtschaft Westindiens, allmählich auch des Transatlantischen Sklavenhandels. Ausschlaggebend aber war vermutlich der Handel zwischen Mutterländern und ihren Kolonien. Zwar lassen sich die Gewinne im einzelnen schwer quantifizieren, aber die makroökonomischen wie makrohistorischen Zusammenhänge liegen klar auf der Hand: Europas wachsende Bevölkerung mit wachsendem durchschnittlichem Wohlstand und wachsenden Ansprüchen machte traditionelle Luxusgüter zu Massenkonsumgütern (Tee, Zucker, Kakao, Gewürze) und regte deren Anbau in von Europa beherrschten Gebieten an.
Die Impulse aus Übersee gaben der Modernisierung in Europa seitdem mächtigen Auftrieb, gewiß in Fortsetzung und Weiterentwicklung älterer Tendenzen seit der welthistorischen Wende um 1000. Schon spätmittelalterliches Wirtschaften hatte «frühkapitalistische» Formen entwickelt, die sich im «Frühkapitalismus» um 1500 kräftig verstärkten. Sie wurden aufgenommen und systematisiert durch energische staatliche Lenkung und Förderung im «Merkantilismus» seit dem 17. Jahrhundert.
Im Merkantilismus spielten Kolonien in Übersee und Kolonialhandel eine zentrale Rolle: Sie sollten Roh-

stoffe und Edelmetalle (englisch: «bullion») bereitstellen, die im «Mutterland» die gewerbliche Produktion antreiben würden. Überseehandel war durch Errichtung eigener Kolonien möglichst in «nationale» Bahnen zu lenken, so daß Kolonialhandel zu einer Sonderform des Binnenhandels würde. Für den Merkantilismus gab es zwei große Varianten – Zentralisierung und Regulierung durch die Regierung, wie im Frankreich Ludwigs XIV. von Colbert praktiziert; Vorgabe allgemeiner Rahmenbedingungen durch den Staat, in denen sich die Wirtschaftskräfte sonst relativ frei entfalten konnten, wie in Holland und England (Navigation Act, 1651; Freihandel, 1698). Daraus entwikkelten sich die Prinzipien des Protektionismus (durch staatliche Zölle, gegen die Konkurrenz geschützte Nationalwirtschaft) und des grundsätzlich auf Internationalität orientierten Freihandels.

Integrierender Bestandteil des neuen Systems war der Dreieckshandel, mithin der Transatlantische Sklavenhandel («The Trade», «la Traite»). An ihm beteiligten sich auch kleinere Seemächte (Dänemark, Schweden, Brandenburg-Preußen), stets in charakteristischer Kombination von Plantagenkolonien im Westen (tunlichst in der Karibik) und Stützpunkten zur Versorgung mit Sklaven an der westafrikanischen Küste. Der Dreieckshandel brachte, oft auf denselben Schiffen, europäische Konsumwaren nach Westafrika im Austausch gegen Sklaven, Gold oder andere afrikanische Güter. Die Sklaven wurden in die Neue Welt transportiert, vor allem in die Karibik, und die Schiffe luden dort Produkte der subtropischen Plantagenwirtschaft (vor allem Zukker) für Westeuropa. In dieser komplexen Form entwickelte sich der Dreieckshandel allerdings erst in der zweiten Hälfte des 17. Jahrhunderts, als das anfängliche Monopol Portugals im Sklavenhandel gebrochen und durch Internationalisierung ersetzt wurde. Hauptträger des Dreieckshandels waren halbstaatliche «Chartered Companies» mit Monopolanspruch für ihr jeweiliges Land und «Interlopers», Kaufleute, die außerhalb der Monopole standen, sie unterliefen und ihre Preise unterboten. Ihre Opposition gegen Handelsmonopole mündete schließlich in die Freigabe des «Trade» in England – «Freihandel» (1698).

In den fast 300 Jahren von der Expansion in Übersee (1492/98) zum Beginn der Industriellen Revolution (ca. 1760) erlebte die europäische Wirtschaft, allen ständigen Kriegen zum Trotz, eine weitere Stärkung. In einem komplexen Prozeß gegenseitiger Beeinflussung von innen und außen sammelten sich Kapitalien und moderne Techniken an, die den Durchbruch zur Industriellen Revolution ermöglichten. Dieser Prozeß läßt sich seit Marx mit «ursprünglicher Akkumulation» (d. h. von Kapital) bezeichnen. Der Begriff geht auf den großen schottischen Wirtschaftstheoretiker Adam Smith zurück, der in seinem Buch «Wealth of Nations» (1776) von «previous accumulation» gesprochen hatte; Smith meinte damit die der damals gerade beginnenden Industrialisierung vorausgegangene («previous») Ansammlung von Kapital.

Sachlich wie räumlich zeichnen sich mehrere Schwerpunkte der «ursprünglichen Akkumulation» ab: Die Modernisierung der gewerblichen und agrarischen Produktion sowie der Infrastruktur (Kanäle, Straßen) vollzog sich in den Niederlanden, anfangs auch in Süd- und Mitteldeutschland (bis zum Dreißigjährigen Krieg), in Frankreich (ungefähr bis zum Spanischen Erbfolgekrieg), zuletzt England, wo die nächste Stufe der ökonomischen Entwicklung, die Industrielle Revolution, zuerst durchbrach (ca. 1760).

Ausbau und Modernisierung der gewerblichen Produktion begannen in Bergbau und Verhüttung der Erze sowie in der Textilindustrie. Unauffälliger war eine «agrikole Revolution» (Marx), die der industriellen vorausging, durch Intensivierung und Systematisierung der Landwirtschaft. Sie wurde vor allem in Holland vorangetrieben, um die Eigenversorgung im Unabhängigkeitskrieg gegen Spanien (1572–1648) zu sichern. Besonders die Einzugsgebiete der Städte wurden damals riesige Gärten mit intensivster landwirtschaftlicher Nutzung. Überragenden Einfluß hatte die Einführung der Luzerne aus dem Mittelmeergebiet: Sie erlaubte Winter- und Stallfütterung des Viehs, Steigerung der Fleisch- und Milchproduktion und warf mit anfallendem Mist auch noch reichliche und kontinuierliche Düngung der Felder ab, mithin eine Steigerung des Getreidanbaus. Von Holland strahlte die neue Landwirtschaft vor allem auf England aus, das sich im 18. Jahrhundert geradezu in ein einziges Mustergut verwandelte, u. a. mit wissenschaftlichen Methoden der Tier- und Saatzucht, Düngung usw. Zur «agrikolen Revolution» gehörten, wieder von Holland ausgehend, Meliorationen, besonders die weitverbreitete Trockenlegung von Sümpfen.

Der Ausbau von Überlandstraßen (Chausseen), in Frankreich durch die «corvée» (1738–87) erzwungen, und Kanälen regte weiterhin die Wirtschaftstätigkeit an, durch ihren Bau selbst wie durch die von ihnen bewirkte Beschleunigung des allgemeinen Reise- und Wirtschaftsverkehrs. Auch hier war die Initiative von den Niederlanden ausgegangen: Nach einer ersten Kammerschleuse zur Überwindung von Höhenunterschieden, zuerst bei Utrecht (1373), entstanden ganze Kanalsysteme in den alten Niederlanden (Belgien/Holland) seit dem 15., in Frankreich seit dem 16. und England seit dem 17. Jahrhundert. Von hier griff später die Bewegung auf Rußland im 18., unter Anknüpfung an das altrussische Seen- und Flußsystem («Weg von den Warägern zu den Griechen»), auf die USA im 19. Jahrhundert über.

Die wandernden geographischen Schwerpunkte der «ursprünglichen Akkumulation» erklärten sich auch aus der politischen Geschichte: Das primäre Wirtschaftszentrum des Mittelalters, Oberitalien-Toskana, litt schwer unter Kriegen seit Einbruch der Franzosen in Italien (1494 bis 1559), anschließend unter der ökonomischen Austrocknung des Mittelmeergebiets durch Verlagerung der Haupthandelsströme über den Atlantik, der neuen nach Westen (Amerika) wie der traditionellen nach Osten um die Kaproute. So stieg das bisher sekundäre Wirtschaftszentrum, die Niederlande, zum neuen erstrangigen Wirtschaftszentrum auf, seit dem Unabhängigkeitskrieg gegen Spanien (ab 1572), der Flandern durch Zerstörungen und Fluchtbewegungen nach dem Norden ökonomisch schwächte, nur noch Holland. Der Wechsel von Antwerpen nach Amsterdam, nach der Eroberung Antwerpens durch die Spanier (1585) als wichtigste Hafen- und Finanzplätze (Börse!) Europas, symbolisiert die interne Schwergewichtsverlagerung von Flandern-Brabant nach Holland. Von da war die Ausstrahlung auf das fast benachbarte England logisch, den Ausgangspunkt der Industriellen Revolution.

Die modernen politischen Revolutionen Europas entstanden jedoch nicht erst als Folge der Industriellen Revolution, sondern bereits vor der «ursprünglichen Akkumulation», zuerst in England (1640–60).

78 Europa um 1500 – internationale Beziehungen, 1453 bis 1526

Um die Schwelle zur Neuzeit hatte sich in Europa ein Ensemble unterschiedlicher Mächte herausgebildet. Sie wurden die Ausgangsbasis zum späteren System der europäischen Großmächte, der Pentarchie. Ihr Verhältnis untereinander legte lange Zeit die Grundzüge internationaler Beziehungen in Europa fest, allen häufigen Schwankungen der Bündniskonstellationen zum Trotz. Innere und äußere Faktoren wirkten aufeinander – es gibt keinen Primat der Außen- oder Innenpolitik. Namentlich seit Reformation und Gegenreformation verquicken sich ökonomische, soziale, verfassungs- und machtpolitische Faktoren mit konfessionellen, äußerlich sichtbar im Aufstieg protestantischer Mächte (England, Holland) gegen katholische (Portugal, Spanien, Frankreich).

1453 Fall Konstantinopels. Ende des 100jährigen Krieges.
1454 Ständekrieg: Preußischer Bund/Danzig/Polen – Deutscher Orden (bis 1466).
Friede von Lodi Mailand–Venedig:
1455 Friedensordnung in Italien (bis 1494): italienische Pentarchie.
Rosenkriege in England (bis 1485): Feudalanarchie.
1466 2. Thorner Friede: Ordensstaat von Polen abhängig.
1467 Karl der Kühne Herzog von Burgund (bis 1477).
1477 Tod Karls des Kühnen: Konflikt Habsburg–Valois um Burgundisches Erbe (bis 1559).

1479 Personalunion Kastilien/Aragon: Etappe zur Nationalmonarchie Spanien.
1480 Moskau unabhängig von Goldener Horde – Expansion. Osmanen erobern Otranto: Übergreifen auf Süditalien.
1485 Ende der Rosenkriege (seit 1455). Heinrich VII. König (bis 1509), Tudor-Dynastie (bis 1603): England Nationalmonarchie.
1492 Reconquista beendet, Juden vertrieben, Columbus in Amerika: Spanien Nationalstaat – Expansion.
1494 Republik in Florenz (bis 1512), gestützt von Frankreich: Savonarola (bis 1498). Franzosen in Italien: Kriege um Italien (bis 1559).
1495 Reichsreform in Deutschland gescheitert.
1500 Frankreich erobert Mailand (bis 1512).
1513 Kalmarer Union (seit 1397) aufgelöst: Schweden unabhängig – Aufstieg gegen Dänemark.
1516 Habsburger Carlos I. König von Spanien (bis 1556).
1519 Carlos I. Kaiser – Karl V. (bis 1555): Ziel der Universalmonarchie (bis 1555): Hegemonie Spaniens (bis 1659).
1526 Verbindung Frankreich/Osmanisches Reich – Spanien/Österreich. Schlacht bei Mohács: Katastrophe Ungarns.

Bequemer Orientierungspunkt ist das Ende des 100jährigen Krieges (1453): Frankreich ging aus dem säkularen Ringen gefestigt hervor, um bei passender Gelegenheit zur Expansion überzugehen. Dagegen versank England in der Feudalanarchie der Rosenkriege (1455–85) und trat erst unter der Tudor-Dynastie (1485–1603) als neue Nationalmonarchie auf den Plan.

In Italien beendet der Friede von Lodi (**1454**) einen regionalen Krieg (Mailand–Venedig). Neapel, Florenz und der Kirchenstaat traten dem Frieden bei (1455) und erweiterten ihn zur italienischen Pentarchie, einer institutionalisierten Friedensordnung, die Italien eine lange Friedensperiode bescherte (bis 1494), die erste seit 1000 Jahren (535). In ihr erreichte Italien eine neue Kulturblüte (Hochrenaissance, Humanismus) und wurde stilprägendes Modell für die spätere Pentarchie der fünf europäischen Großmächte.

Polens Sieg über den Deutschen Orden (**1454**–66) unterstrich den endgültigen Stillstand deutscher Ostkolonisation und war wichtige Etappe für die Umwandlung des Ordensstaates zum weltlichen Herzogtum Preußen (1525) zu Beginn der Reformation. In Deutschland blieb die Reichsreform stecken und provozierte im Schwabenkrieg (1499) die Sezession der Schweiz, die im Baseler Frieden (1500) provisorisch anerkannt wurde.

Die erste Chance zur Expansion des konsolidierten Frankreich kam im Scheitern der weitgespannten Konzeption Karls des Kühnen (1467 bis 1477), Burgund, an sich Kronlehen

Frankreichs, zu einem souveränen Königreich zwischen Frankreich und Deutschland zu erheben, im historisierenden Rückgriff auf das Zwischenreich Lotharingen beim Zerfall des Karolingerreiches (843–70).

Karls Tod vor Nancy (1477) und die Heirat seiner Erbtochter Maria mit Maximilian von Habsburg (1477) eröffneten den Kampf zwischen Österreich/Habsburg und Frankreich/Valois um das Burgundische Erbe (bis 1559). Einen ersten Zwischenfrieden (Senlis, 1493) schloß Frankreich auf der Basis eines Kompromisses, um seine nächste Expansionschance in Italien wahrzunehmen: Nach dem Tod Ferdinands I. von Neapel (1494) fiel Frankreich in Italien ein (1494) und eröffnete so eine lange Reihe von Kriegen um Italien (bis 1559), die zum Abstieg Italiens vom Rang des primären Wirtschaftszentrums in Europa zugunsten der Niederlande beitrugen. Anlaß war der Anspruch König Karls VIII. (1483–1498), als Erbe der (ursprünglich französischen) Anjou-Dynastie in Neapel (seit 1266) nach deren Erlöschen (1494) das Königreich Neapel in Besitz zu nehmen. Auf dem Weg nach Neapel stützte Karl VIII. die Republik Florenz, die die Medici gestürzt hatte (1494).

Unterdessen hatte Moskau, von Europa unbemerkt, endgültig die Unabhängigkeit von der Goldenen Horde gewonnen (1480) und setzte seine innerrussische Expansion («Sammlung der russischen Erde») fort. Spektakulärer war das kurzfristige Übergreifen der Osmanen auf Otranto (1480–81), mithin auf Süditalien, weil sich eine neue Eroberungswelle der Osmanen sogar in Italien abzuzeichnen drohte. Immerhin baute sich so das Osmanische Reich, der kommende Bündnispartner Frankreichs, an der Südostgrenze des Europäischen Systems bereits auf.

Nach der Personalunion Kastilien/Aragon (1479) und Beendigung der Reconquista (1492) begann der neue Nationalstaat Spanien die Expansion, zunächst in Übersee, bald auch in Europa. Die Chance eröffnete sich durch das Bündnis mit Habsburg, wie üblich formal dokumentiert durch eine dynastische Verbindung, die «spanische Heirat» (1496): Der aus ihr hervorgegangene Habsburger Karl, in den Niederlanden (Gent) aufgewachsen, wurde als Carlos I. König von Spanien (1516), in harter Konkurrenz zu Franz I. von Frankreich (1515–1547) auch Kaiser – Karl V. (1519–1555).

Die Personalunion Spanien/Reich mit Nebenländern (Niederlanden, Freigrafschaft Burgund, Mailand, Neapel/Sizilien) war äußerlich ein gewaltiger Machtblock, historisch gesehen der Versuch des älteren, niedergehenden Machtzentrums (Deutschland), das aufkommende Machtzentrum (Frankreich) durch ein Gegengewicht in seinem Rücken (Spanien) noch einmal niederzuhalten. Der Habsburger Machtblock erweiterte sich in Übersee durch das rasch expandierende spanische Kolonialreich zu einem Reich, «in dem die Sonne nicht untergeht» (Karl V.). Auf dieser Grundlage versuchte Karl V. eine neue katholische Universalmonarchie herbeizuzwingen gegen die entstehenden Nationalmonarchien und die Reformation. Im Endergebnis führte er damit

Spaniens Hegemonie in Europa herbei (bis 1659).
Frankreich dagegen fühlte sich von der spanischen Übermacht und territorialen Umklammerung Habsburgs bedroht. So erweiterte es den Kampf um das Burgundische Erbe (seit 1477) zum Ringen gegen die spanische Hegemonie und die habsburgische Version einer Universalmonarchie. Schon als Kriegsmaßnahme gegen Spanien griff Frankreich zur Expansion in Übersee, nach der verheerenden Niederlage von Pavia (1525) auch zum Bündnis mit dem Osmanischen Reich (**1526**/36), das seitdem eine Konstante europäischer Machtpolitik wurde. Ihm fiel sofort das katholische Ungarn zum Opfer (1526). Habsburg dagegen vergewisserte sich der Hilfe Persiens gegen den Sultan, so daß nach 1526/36, gemäß Macchiavellis Diktum, eine Kette von Bündnissen und Gegenbündnissen verfeindete Nachbarn gegeneinander verband: Spanien–Frankreich–Reich–Osmanisches Reich–Persien.

79 Reformation I: Luther und Deutschland, 1517 bis 1555

Der Gärung aus komplexen Umstellungsprozessen auf allen Lebensgebieten um 1500 entsprang die Reformation, bald aufgeteilt in ihre drei Hauptflügel: Luthertum, Calvinismus, Sekten (in der Tradition mittelalterlicher Ketzer). Die Reformation hatte daher ihre historischen Voraussetzungen und Wirkungen auch auf ökonomischen, sozialen und politischen Bereichen. Erstmals begann ein europäisches Weltereignis auf deutschem Boden und erfaßte von hier aus Teile des lateinischen Europa. Ausgangspunkt bleiben selbstverständlich Luthers 95 Thesen (**1517**). Vorläufiger Abschluß für Deutschland bildet der Augsburger Religionsfriede (1555). Aus praktischen Gründen wird hier anschließend die Entwicklung in Europa bis zum offenen Durchbruch des Calvinismus in Holland (1566) gesondert skizziert.

1517 95 Thesen Luthers gegen Ablaßhandel in Wittenberg.
1521 Luther auf dem Wormser Reichstag: Wormser Edikt.
1522 Luther-Übersetzung des Neuen Testaments.
Bildersturm in Wittenberg: Luther gegen «Schwarmgeister».
Erhebung der Reichsritter unter Franz von Sickingen.
1523 Reformation in Zürich unter Zwingli. Bildersturm in Zürich, Danzig.

1524 Deutscher Bauernkrieg (bis 1525), unter Berufung auf Luther. Thomas Münzer (bis 1525).
1525 Säkularisation des Ordensstaates: Herzogtum Preußen (bis 1618). Wiedertäufer aus Zürich vertrieben.
1526 Landeskirche, lutherische Kirchenordnung in Kursachsen. Reichstag in Speyer: freie Hand für Reichsstände zur Handhabung des Wormser Ediktes.
1529 Reichstag zu Speyer: Protestatio lutherischer Reichsstände – «Protestanten». Marburger Religionsgespräch Luther–Zwingli: Einheit gescheitert.
1530 Reichstag zu Augsburg. Confessio Augustana: gegen Sekten.
1534 Vollständige Lutherbibel.
Wiedertäufer-Kommune von Münster (bis 1535).
1536 Calvins «Institutio Religionis Christianae» – Prädestination.
1541 Calvin endgültig in Genf – Hochburg des Calvinismus.
1546 Schmalkaldischer Krieg (bis 1547).
1547 Schlacht bei Mühlberg: Sieg Karls V. – Schmalkaldischer Bund aufgelöst.
1548 Augsburger Interim: Nur geringe Konzessionen an Lutheraner.
1549 Vereinigung Zwinglianer – Reformierte in der Schweiz.
1552 Deutsche Fürstenopposition: Flucht Karls V. aus Innsbruck; Vertrag von Chambord: Metz, Toul, Verdun an Frankreich.
1555 Augsburger Religionsfriede: Parität Lutheraner–Katholiken im Reich.

Der Ausgangspunkt Deutschland für die Reformation erklärt sich u. a. aus der politischen Situation: Während sich die werdenden Nationalmonarchien West- und Südwesteuropas Roms fiskalischem Zugriff eher widersetzen konnten, flossen aus Deutschland riesige Summen nach Rom, zuletzt zur Finanzierung des neuen Petersdoms (seit 1506). Nicht zufällig begann die Reformation über den Protest Luthers gegen den Ablaßhandel, der diesen Aspekt mit einem anderen Ärgernis seit der mittelalterlichen Kirchenreform verband, der Käuflichkeit geistlicher Ämter (Simonie). Als Augustinermönch kam Luther aus einem der Bettelorden, mit seinem Vater als erfolgreichem kleinerem Bergbauunternehmer aus einem Zentrum frühneuzeitlicher («frühkapitalistischer») Wirtschaftstätigkeit in Deutschland, dem Kupferbergbau im Mansfeldischen.
Luthers Polemik gegen den Ablaßhandel, seine Wittenberger 95 Thesen (1517) und frühe Streitschriften (1520) verbreiteten sich rasch in Deutschland, erstmalig bei einem Weltereignis mit Hilfe des neuen Buchdrucks (Gutenberg in Mainz, ca. 1448). Luthers Leugnung des päpstlichen Primats und der Unfehlbarkeit von Konzilien (1519) sowie die öffentliche Verbrennung der

Bannbulle (1520) vollendeten den Bruch mit Rom. Auf dem Wormser Reichstag (1521) verweigerte Luther den Widerruf. Das Wormser Edikt stellte ihn unter Reichsacht, ebenso jeden, der Luthers Schriften las oder verbreitete. Auf dem Rückweg von Worms wurde Luther von seinem Landesherrn, Kurfürst von Sachsen, Friedrich dem Weisen (1486–1525), durch Scheinentführung auf die Wartburg bei Eisenach in Sicherheit gebracht, wo er inkognito («Junker Jörg») das Neue Testament übersetzte (1522). Ein erster Bildersturm in Wittenberg wurde Präzedenzfall für spätere Wiederholungen am Eingang der Reformation (Zürich, Danzig, 1523; Perth, 1559; Niederlande, 1566). Er spülte das apokalyptisch-chiliastische, dualistische Element, in Tradition der mittelalterlichen Ketzer, wieder an die Oberfläche, das sich unter Thomas Münzer (aus unterdrücktem Flagellantenmilieu um den Kyffhäuser stammend) (1524/25) und als Wiedertäufer (ab 1525) selbständig machte. Luther distanzierte sich sofort und energisch von den «Schwarmgeistern» (1522).

Unterdessen hatte Luther bei vielen Reichsständen (Fürsten, Reichsstädten) Anhänger gefunden. Die Basis verbreiterte sich spektakulär auf Rat Luthers durch die Säkularisation des (südlichen Teils des) Ordensstaates (1525), der als weltliches Herzogtum erstmals den Namen Preußen auf staatlicher Ebene einführte. Auf Dauer wichtig wurde die Institutionalisierung des Luthertums durch Landeskirche und lutherische Kirchenordnung im heimatlichen Kursachsen (1526). Der osmanische Druck von außen («Türkengefahr») komplizierte die Entwicklung: Der Sultan versprach den Luther-Anhängern Toleranz für den Fall seines Sieges, worauf Luther mit «Ein' feste Burg ist unser Gott» antwortete: «Der altböse Feind (= die Türken), wie ernst er's jetzt meint ... Das Reich muß uns doch bleiben.» Seine Anhänger stimmten im Reichstag für die Abwehr der Türken, aber der Kaiser konnte während der Türkenkriege nicht repressiv gegen die kirchliche Opposition vorgehen. Der Reichstag zu Speyer verschob daher die Entscheidung und gab den Reichsständen freie Hand bei Auslegung und Durchführung des Wormser Edikts (1526). Die Aufhebung dieses Beschlusses, wieder zu Speyer (1529), provozierte Widerspruch und Auszug der inzwischen erstarkten lutherischen Reichsstände im namengebenden Akt der «Protestatio». Seither heißen die Neugläubigen auch «Protestanten».

Das Scheitern eines Einigungsversuches zwischen Luther und Zwingli unter Vermittlung des Landgrafen Philipp von Hessen im Marburger Religionsgespräch (1529) kündigte tiefere Spaltungen unter den Protestanten an, der 1. Kappeler Krieg in der Schweiz (1529), die späteren Religionskriege. Seinen Sieg über den Schmalkaldischen Bund im Schmalkaldischen Krieg (1546/47) nutzte Kaiser Karl V. zur weitgehenden Repression der Protestanten (Augsburger Interim, 1548), kulminierend in der versuchten Eroberung Magdeburgs (1550–51). Aber er provozierte so viel Widerstand, daß eine Verschwörung der deutschen Für-

stenopposition, im Bündnis mit Frankreich, ihn zur Flucht aus Innsbruck zwang (1552).
Karl V. dankte ab, im Reich (1555) wie in Spanien (1556), und machte den Weg frei zum Augsburger Religionsfrieden (**1555**). Seine wichtigsten Bestimmungen waren Toleranz und Gleichberechtigung (Parität) für Lutheraner (aber noch nicht für Reformierte) mit Katholiken sowie das Prinzip des «Cuius regio, eius religio»: Die Obrigkeit (Landesfürst oder Rat der Stadt) bestimmte die Religion; Andersgläubige konnten emigrieren, unter Mitnahme ihrer beweglichen Habe. Andererseits legten unklare Kompromisse schon künftige Konflikte an, namentlich der geistliche Vorbehalt, den die Katholiken erhoben: Bei Übertritt eines geistlichen Fürsten zur Reformation durfte er nicht gleichsam sein ganzes Territorium mitnehmen, wie seinerzeit der letzte Hochmeister des Deutschen Ordens bei der Säkularisierung des Ordensstaates (1525), sondern der Religionswechsel durfte nur für ihn persönlich gelten, nicht für seine Untertanen. Als Bestandteil der Reichsverfassung wirkte der Augsburger Friede zunächst tatsächlich befriedend, wurde sogar Vorbild für Polen (Pax Dissidentum, 1573). Insgesamt verschärfte die konfessionelle Spaltung die politische Fragmentierung Deutschlands, zumal durch den Dreißigjährigen Krieg (1618–48).

80 Reformation II: Calvin und Europa, 1527/36 bis 1566

Von ihrem deutschen Ausgangspunkt aus verbreitete sich die Reformation in Europa zunächst durch von Deutschen repräsentierte Kanäle – Kaufleute im Ausland, Minderheiten. Die Schweiz gehörte damals ohnehin noch zum deutschen Einzugsbereich. Wichtig wurde der Übertritt souveräner Nationalstaaten zur Reformation, zunächst Schwedens (**1527**). Komplizierter verlief die Entwicklung in England zur Anglikanischen Staatskirche (ab 1529). In Frankreich (1559) und den Niederlanden (1566) trat die Reformation schon nicht mehr lutherisch, sondern calvinistisch auf.

1527	Reformation in Schweden.
1529	«Reformations»-Parlament in England (bis 1536).
1534	Act of Supremacy: Anglikanische Staatskirche in England.
1536	Calvinismus – Schwerpunkte außerhalb Deutschlands.
	Säkularisation der Klöster in England (bis 1540).
	Reformation in Dänemark.

1547	Heinrich VIII. (seit 1509) gestorben: Fortgang der Reformation in England unter Eduard VI. (bis 1553).
1549	Common Prayer Book in England. Union Zwinglianer – Calvinisten in der Schweiz.
nach 1550	Reformierte in Ungarn und Siebenbürgen.
1553	Maria Tudor (die Katholische) Königin von England (bis 1558): katholische Reaktion.
1558	Elisabeth I. Königin von England (bis 1603): Wiederaufnahme der Reformation.
1559	Anglikanische Kirche in England wiederhergestellt. Bildersturm in Perth: Reformation in Schottland unter John Knox. Akademie in Genf: Zentrum calvinistischer Propaganda. 1. calvinistische Nationalsynode in Frankreich: Confessio Gallicana («Hugenotten»).
1560	Calvinistische Staatskirche (Kirk) in Schottland – Konflikt mit katholischer Maria Stuart (bis 1567).
1562	Hugenottenkriege in Frankreich (bis 1598).
1563	Heidelberger Katechismus: Kurpfalz calvinistisch.
1566	Bildersturm in Niederlanden; Calvinistische Kirche in Holland.

Die Ausbreitung der Reformation in Europa läßt sich natürlich nicht losgelöst von der Entwicklung in Deutschland sehen. Der Anschluß älterer oppositioneller Gruppen – Lollarden in England (1526), Böhmische Brüder (1528) – verstärkte, wenn auch anfangs nur marginal, die europäische Dimension der Reformation. Seit Auftreten des Calvinismus (ab 1536) rückten diese Gruppen noch weiter nach «links» im Spektrum der Reformation und bestätigten so die historische Verbindung der Reformation zur Ketzerproblematik.

Inzwischen hatten Thomas Münzer mit seinem Untergang im Bauernkrieg (1525), Confessio Augustana (1530) und Niederwerfung der Wiedertäufer-Kommune von Münster (1535) die Trennung des apokalyptisch-sektiererischen Flügels von den beiden Hauptrichtungen der Reformation ratifiziert. Seit Münster zogen sich die Wiedertäufer (Anabaptisten) nach Holland zurück, von wo aus sie in England als Baptisten wieder auftauchten (1612), mit politischen Konsequenzen in der Englischen Revolution (1640–60). Schwedens und Dänemarks Übertritt zur Reformation (1527/36) gab dem Luthertum staatlichen Rückhalt, über inzwischen lutherische Reichsstände Deutschlands hinaus.

Nationale wie soziale Momente verquickten sich in Englands Hinübergleiten zur Reformation: Heinrichs VIII. Ehe mit Katharina von Aragon ohne männlichen Erben beschwor das Schreckgespenst eines Rückfalls Englands in Bürgerkrieg und Feudalanarchie der Rosenkriege, sollte die Tudor-Dynastie mit Heinrich VIII. aussterben. Dies war der rationale

Grund hinter Heinrichs VIII. Scheidungsbegehren, das äußerlich den Konflikt mit Rom provozierte (ab 1529). Das erstmals langfristig tagende «Reformations»-Parlament (1529–36) gab der Krone öffentlichen und politischen Rückhalt bei Errichtung der Anglikanischen Staatskirche (1534). Die Säkularisation der Klöster (1536–40) hatte enorme sozialgeschichtliche Konsequenzen, denn sie weisen mit der Verbindung von Gentry (niederem Landadel) und Wirtschaftsbürgertum auf ehemaligem Kirchenland schon zur Vorgeschichte der Englischen Revolution. Von einem Teil des säkularisierten Klostergutes wurden Schulen eines neuen Typs finanziert, die Grammar Schools, zur Unterrichtung des Bürgertums in den neuen Naturwissenschaften und ihrer praktischen Anwendung.

Nach Heinrichs VIII. Tod (1547) ging England durch ein Wechselbad von Systemen: Der radikalisierenden Fortführung der Reformation unter der Regentschaft für den noch minderjährigen Sohn und Nachfolger, Eduard VI. (1547–1553), u. a. mit dem Common Prayer Book (1549), folgte die katholische Reaktion und Repression unter Maria Tudor (der Katholischen) (1553–1558), gestützt auf Spanien, nach Marias Tod die Rückkehr zur Reformation unter Elisabeth I. (1558–1603). Englische Glaubensflüchtlinge, die sich in der Emigration auf dem Kontinent (Emden, Frankfurt/Main, Genf) calvinistisch radikalisiert hatten, versuchten nach ihrer Rückkehr (ab 1558), die Reformation als «Puritaner» zu steuern, wurden aber von der erneuerten Anglikanischen Staatskirche (1562) abgewiesen. Ihre andauernde Opposition bereitete ebenfalls Englands Weg zur Revolution vor, die manchmal auch die «Puritanische» genannt wird.

Unter Johann Calvin formierte sich, gegen die Erstarrung des Luthertums in Landeskirchen und Orthodoxie, der Calvinismus (ab **1536**), gleichsam als Reformation der Reformation. In seiner Hochburg Genf errichtete Calvin seine Theokratie (ab 1541), gestärkt durch Vereinigung mit den Zwinglianern (1549) – mit Auswirkungen auf Teile Europas. Von Genf aus erzielte der Calvinismus eine Weltwirkung, systematisiert durch eine Akademie in Genf (1559) zur Förderung des theologischen Nachwuchses, gerade auch für die Missionsarbeit im Norden. Dort hatte der Calvinismus größere Erfolge zunächst in Schottland mit Bildersturm (1559) in Perth und Errichtung der Kirk unter John Knox als calvinistischer Staatskirche (1560). In Frankreich traten die Hugenotten mit der Confessio Gallicana und einer ersten calvinistischen Nationalsynode an die Öffentlichkeit (1559). Rasch trieben sie in Konfrontation zu den Katholiken und in das Labyrinth der Hugenottenkriege (1562–98).

In Deutschland bekannte sich der Kurfürst von der Pfalz mit dem Heidelberger Katechismus zur calvinistischen Reformation (1563) und gab damit erstmals dem Calvinismus auch in Deutschland eine breitere staatlich-politische Basis, zumal nach dem Prinzip des Augsburger Religionsfriedens (1555) – «Cuius regio, eius religio» – die Kurpfalz reformiert wurde. Damit erhöhten sich aber auch Spannungen innerhalb der

Neugläubigen, zwischen Lutheranern und Reformierten, die noch immer von der Reichstoleranz ausgenommen blieben. Im immer noch stark hussitisch geprägten Böhmen verweist später die «Böhmische Konfession» (1575) – gemeinsames Glaubensbekenntnis von Böhmischen Brüdern, Utraquisten und Lutheranern – bereits auf den Dreißigjährigen Krieg, der mit dem Aufstand gegen den (deutschen) Kaiser und seinen Absolutismus begann (1618).

In den Niederlanden brach der Calvinismus spektakulär im großen Krisenjahr 1566 durch – wie in Danzig (1523) und Schottland (1559) zuvor – mit dem großen Bildersturm, gleichzeitig aber auch mit einer ersten Calvinistischen Kirche in Holland unter Einfluß des Heidelberger Katechismus. Aus der sich verschärfenden religiösen, sozialen und politischen Gärung, die schließlich in die bewaffnete Intervention Spaniens (1567) und den Unabhängigkeitskampf der Niederlande einmündete, gewannen die Calvinisten starken Auftrieb und wurden zum radikalisierenden Element, das sich in Holland als herrschende Minderheit ideologisch wie politisch weitgehend durchsetzte.

Um **1566** war das lateinische Europa, auf das sich die Reformation beschränkte, dreigeteilt: Der romanische Süden blieb katholisch, der germanische Norden war überwiegend protestantisch in verschiedenen Spielarten. Dazwischen lag eine Zone konfessioneller Gemengelage, besonders in Deutschland, das in sich noch einmal auf «nationaler» Ebene diese Dreiteilung wiederholte. In ihr bereitete sich ein Teil des Konfliktstoffes vor, der sich in Deutschland im Laufe der Jahrhunderte immer stärker ansammelte.

Gleichzeitig war die Ausgangsstellung für die katholische Gegenreformation und die europäischen Religionskriege erreicht. Hier wieder war ein zentraler Ausgangspunkt das Trienter Konzil (1545–63), das die katholische Kirche, als Reaktion gegen die Reformation, auf eine neue Grundlage eigenständiger Reform stellte.

81 Europa unter spanischer Hegemonie, 1519 bis 1659

Die Personalunion Spanien/Reich unter dem Habsburger Carlos I./ Karl V. (**1519**) eröffnete eine Phase spanischer Hegemonie, auch in Kunst und höfischen Umgangsformen (spanische = burgundische Tracht). Sie hielt 140 Jahre an, bis zum Pyrenäenfrieden (1659), als Spanien vom Frankreich Ludwigs XIV. abgelöst wurde. Aufstieg und Abstieg Spaniens als Welt- und Großmacht sind daher eng verknüpft mit Reformation und Gegenreformation. Spanien fühlte sich als stärkste Vormacht des Katholizismus, fand aber zu keinem Zusammenwirken mit der anderen katholischen Großmacht Frankreich. Selbst im Verhältnis zum Papst bestanden Spannungen und Konflikte. Spanien verzehrte sich in einem permanenten Vielfrontenkampf – gegen Reformation, Niederlande/Holland, England, Protestanten im Reich, Osmanen, Frankreich, Portugal (1640 bis 1668). Zugleich begann mit der Universalmonarchie auf nun überwiegend spanischer Basis das jahrhundertelange Ringen um die Hegemonie in Europa – bis in unsere Zeit.

1519	Carlos I./Kaiser Karl V.: Personalunion Spanien/Reich (bis 1555).
1525	Schlacht bei Pavia: Sieg Karls V. über Franz I.
1527	Sacco di Roma: Schock für Renaissance-Rom.
1529	«Damenfriede» von Cambrai Spanien–Frankreich: Status quo.
1544	Friede von Crépy Spanien–Frankreich: Trienter Konzil (1545–63).
1552	Krieg Spanien–Frankreich (bis 1559); Deutsche Fürstenverschwörung.
1555/56	Karl V. dankt ab: Habsburger Länder geteilt; Philipp II. (bis 1598).
1557	1. Staatsbankrott Spaniens (und Frankreichs).
1559	Friede von Cateau-Cambrésis Frankreich–Spanien.
1571	Seesieg bei Lepanto über Türken: Spaniens Vorherrschaft im westlichen Mittelmeer.
1572	Aufstand in den Niederlanden – enorme Kriegskosten.
1580	Personalunion Spanien/Portugal (bis 1640).
1588	Spanische Armada gegen England gescheitert: Entscheidung auch für Hugenottenkriege und Niederländischen Unabhängigkeitskrieg.
1596	Bündnis England/Frankreich/Holland–Spanien.
1598	Philipp II. gestorben: Höhepunkt Spaniens überschritten.
1609	Vertreibung der Moriskos aus Spanien (bis 1614). Zwölfjähriger Waffenstillstand mit Holland (bis 1621).
1620	Spanien im Dreißigjährigen Krieg, für Kaiser.
1621	Krieg gegen Holland erneuert (bis 1648).
1635	Frankreich im Dreißigjährigen Krieg, gegen Spanien (bis 1659).
1640	Katalanischer Aufstand (bis 1652): Unabhängigkeitskrieg Portugals gegen Spanien (bis 1668).
1659	Pyrenäenfrieden: Dynastische Verbindung Spanien/Frankreich. Frankreich neue Hegemonialmacht.

Spaniens Hegemonialstellung beruhte in Europa auf dem Habsburger Länderkomplex, als Allianz gegen das kompaktere aufstrebende Frankreich. Der spanischen Wirtschaft eröffnete sich mit der Massenauswanderung in die Kolonien Amerikas ein riesiges Betätigungsfeld, ähnlich wie den Griechen nach dem Alexanderzug im Vorderen Orient. Aber die Reichtümer aus der Neuen Welt kamen Spanien am wenigsten zugute. Vor allem das amerikanische Silber floß zur Bezahlung spanischer Söldner für den Kampf gegen die niederländische Unabhängigkeitsbewegung (seit 1572) durch Spanien in den Norden ab und trug dort zur führenden Rolle Hollands in der ursprünglichen Akkumulation bei. Drei Staatsbankrotte Spaniens (1557, 1576, 1596) sprechen für die ökonomische Überanstrengung durch pausenlose Kriege.

Dazu schwächte sich Spanien selbst im Innern durch Massenaustreibungen gerade der ökonomisch aktivsten Teile seiner Bevölkerung: Der Vertreibung der Juden im Epochenjahr 1492 folgte die der seit der Eroberung Andalusiens (1492) gebliebenen Moriskos (1609–14). Ihrer Austreibung war ein großer Aufstand der Moriskos (1568–70) vorausgegangen, in dem sie vergebens die Hilfe des Sultans angerufen hatten.

In den ständigen Kriegen gegen den einen oder anderen seiner zahlreichen Gegner hatte Spanien nie eine Chance zur inneren Konsolidierung oder gar Homogenisierung seiner heterogenen Besitzungen. Immerhin arbeiteten auch nach Teilung des Habsburger Komplexes durch Abdankung Karls V. (1555/56) die beiden Habsburger Linien in Spanien und Österreich politisch eng miteinander zusammen bis zum Erlöschen der spanischen Habsburger (1700).

Hartnäckigster Gegner war das benachbarte Frankreich, das Spanien auch im Anspruch auf Hegemonie ablöste (ab 1659). Für die zahlreichen Kriege zwischen beiden bietet der Friede von Cateau-Cambrésis (1559) eine gewisse Zäsur, weil er wenigstens die Kriege um Burgund (seit 1477) und Italien (seit 1494) beendete.

Spanien wurde auch Opfer seines ehrgeizigen Engagements für die Gegenreformation, und hier mißlang so gut wie alles: Die reichen Niederlande wollte Philipp II. durch verschärfte Besteuerung und Straffung der Kirchenorganisation (14 neue Bistümer, 1561) zur Basis für die Rekatholisierung Deutschlands und Englands machen, provozierte damit aber nur den sich eskalierenden Widerstand, der in den nördlichen sieben Provinzen zur Unabhängigkeitserklärung führte (1581). Den Süden konnte Spanien zwar als Spanische Niederlande behaupten (bis 1714), aber um den Preis seines ökonomischen Ruins. Im Rahmen dieser Kämpfe erfolgte die Entsendung der Armada gegen England (1588) als Reaktion auf die Hinrichtung Maria Stuarts (1587). Erneute Flottenexpeditionen zur Unterstützung des Aufstandes im damals noch katholischen Ulster gegen das protestantische England (1597–99) blieben ebenso erfolglos. Nur ein Scheinerfolg war die erzwungene Personalunion mit Portugal (1580) nach Erlöschen der

Avis-Dynastie (1578). Auf dem Papier umspannte Spanien mit dem portugiesischen Kolonialreich nunmehr die gesamte Erde, machte sich damit aber auch in Übersee verwundbarer, vor allem gegenüber den nachdrängenden Holländern (ab 1598).

Schließlich scheiterte Spaniens militärisches Eingreifen in die letzte Phase der Hugenottenkriege (1590): Die spanische Intervention beschleunigte nur die nationale Einigung Frankreichs unter Heinrich IV. gegen Spanien und führte zum Bündnis Frankreichs mit England und Holland (1596), durch das die jungen Generalstaaten erstmals international anerkannt wurden. Philipp II. konnte noch den Frieden mit Frankreich abschließen (1598), während der Krieg gegen England (1604) und Holland (bis 1609/48) weiterging.

Mit Philipps II. Tod (1598) hatte Spanien bereits seinen Höhepunkt überschritten. Von da an ging es nur noch bergab: Der 12jährige Waffenstillstand mit Holland kam schon der indirekten Anerkennung der Generalstaaten gleich (1609) im Jahr der beginnenden Vertreibung der Moriskos aus Spanien (1609–14). Spaniens Eintritt in den Dreißigjährigen Krieg auf seiten des Kaisers (1620) provozierte, nach des Kaisers Siegen durch Wallenstein (1629) und Schwedens Auflaufen nach Gustav Adolfs Tod (1632), den Kriegseintritt Frankreichs (1635), das den Krieg gegen Spanien über den Westfälischen Frieden (1648) hinaus fortführte. Der Pyrenäenfriede (1659) legte den Kamm der Pyrenäen als Grenze zwischen Frankreich und Spanien fest und wurde auch zur großen Wasserscheide zwischen der Hegemonialstellung Spaniens und Frankreichs.

Vorher schon hatte die permanente Überbelastung nach außen interne Spannungen mobilisiert: Der Katalanische Aufstand (1640–52) eröffnete das seitdem wiederholte Aufbegehren Kataloniens gegen die zentralisierende Dominanz Kastiliens (1705–14, 1833–40, 1873–76, 1934, 1936–39, ca. 1970–79): Katalonien wurde Republik und unterstellte sich Frankreich. Der Katalanische Aufstand zog unmittelbar den Aufstand Portugals (1640) im Kampf für die Wiedergewinnung seiner Unabhängigkeit nach sich, der sich über den Pyrenäenfrieden (1659) hinaus fortsetzte (bis 1668).

Seit dem Pyrenäenfrieden (**1659**) sank Spanien zur Mittelmacht ab, fast schon zu einem Machtvakuum, das Frankreich, nach dem Aussterben der spanischen Habsburger (1700), selbst ausfüllen wollte, in Europa wie in Übersee. Es scheiterte jedoch seinerseits an der Überspannung seiner Kräfte im Spanischen Erbfolgekrieg (1701–14).

82 Gegenreformation, 1563 bis 1685

Vielleicht mehr noch als in der Reformation verbanden sich in der Gegenreformation religiös-kirchliche mit politischen Faktoren: Alle großen Konflikte, die Europa bis zum Ende des 17. Jahrhunderts erschütterten – Hugenottenkriege (1562 bis 98), Unabhängigkeitskampf der Niederlande (1572–1648), Dreißigjähriger Krieg (1618–48), Englische Revolution (1640–60, 1688/89) – enthalten daher beide Faktoren in unterschiedlicher Zusammensetzung und Stärke, «Religionskriege» ebenso wie stärker politisch akzentuierte Vorgänge. Namentlich gehört der Kampf zwischen Krone und Ständen um die Macht, das Ringen zwischen Absolutismus und Parlamentarismus, in diesen Zusammenhang.

Der Beginn der Gegenreformation läßt sich, nach dem üblichen Verlauf, leicht angeben mit dem Abschluß des Tridentinum (Trienter Konzils) (**1563**). Dagegen ist ihr Auslaufen zur damaligen Zukunft hin weniger präzise zu definieren. Als Enddatum soll hier die Aufhebung des Ediktes von Nantes durch Ludwig XIV. gelten (1685), obwohl auch Jakobs II. Versuch zur Rekatholisierung und Einführung der absoluten Monarchie in England, der an der Glorious Revolution scheiterte (1688/89), noch Elemente katholischer Gegenreformation aufwies.

1534 Jesuitenorden – Schule, Mission, politische Beratung.
1545 Trienter Konzil, in drei Phasen (bis 1563).
1546 Schmalkaldischer Krieg (bis 1547): Sieg des Kaisers.
1553 Katholische Reaktionsperiode in England (bis 1558).
1555 Augsburger Religionsfriede: Rückschlag für Rom.
1561 14 Bistümer in Niederlanden – Basis für Rekatholisierung Englands und Deutschlands.
1562 Hugenottenkriege in Frankreich (bis 1598).
1563 Abschluß des Tridentinum: Reformen der Kirche.
1564 Stände in Bayern allmählich ausgeschaltet: Gegenreformation, Rekatholisierung, Absolutismus.
1566 Hungerjahr in den Niederlanden – Bildersturm, Calvinismus.
1567 Terrorregime Albas in Niederlanden (bis 1573). Maria Stuart mit Rekatholisierung in Schottland gescheitert.
1572 Bartholomäusnacht; Unabhängigkeitskrieg der Niederlande (bis 1648).
1573 Pax Dissidentum: Polen Hort religiöser Toleranz.
1575 Stephan Báthory König (bis 1586): gemäßigte Gegenreformation in Polen.
1587 Maria Stuart in England hingerichtet.

1588 Spanische Armada gegen England – gescheitert.
1596 Rekatholisierung in Österreich. Union von Brest: Orthodoxe Kirche Polen-Litauens zu Rom (bis 1839/75).
1598 Edikt von Nantes: Toleranz für Hugenotten (bis 1685).
1599 Gegenreformation in Schweden gescheitert.
1618 Dreißigjähriger Krieg (bis 1648).
1648 Westfälischer Friede: Parität auch für Reformierte – Protest des Papstes.
1685 Edikt von Fontainebleau: Edikt von Nantes aufgehoben.

Die Gegenreformation begann auf dem Höhepunkt Spaniens als Hegemonialmacht, aber wegen Frankreichs machtpolitischer Rivalität kam es kaum zur Kooperation der beiden katholischen Großmächte gegen die Reformation. Fast das ganze lateinische Europa war von der Gegenreformation erfaßt, die im Osten mit der Brester Union (1596) sogar auf den Bereich der Orthodoxen Kirche übergriff.

Vorkämpfer der Gegenreformation war der Jesuitenorden, gegründet von Ignatius von Loyola in Paris (1534). Rasch verschärfte sich die Polarisierung zwischen Jesuiten und Calvinisten, militantesten Vertretern von Gegenreformation und Reformation. Da die Jesuiten mit ihren (vorzüglichen) Schulen und als Berater von Fürsten und Königen in der konfessionellen Mischzone dort zuerst ansetzten, wo katholisch-gebliebene Krone und überwiegend protestantische Stände um die Macht rangen, erhielt der anhebende Konflikt zunehmend politische und ideologische Dimensionen: Jesuiten und Gegenreformation tendierten zur Ausschaltung protestantischer Stände, mithin zur absoluten Monarchie; die politischen Konsequenzen des Calvinismus wiesen eher auf Republik und Parlaments-/Ständeherrschaft.

Noch vor Beginn der Gegenreformation schuf sich die katholische Kirche mit der Erhebung der päpstlichen Inquisition zur Kurienkongregation (1542) ein weiteres Kampfinstrument gegen die Reformation, ergänzt nach dem Tridentinum (1563) um den Index für Katholiken verbotener Bücher (1564). Das Tridentinum stärkte die Kirche durch Neufassung der Dogmenlehre und Sakramente (decreta de fide) und Strukturreformen (decreta de reformatione), u. a. durch Beseitigung alter Mißstände seit dem Spätmittelalter – strengere Beachtung der Ordensregeln, Verbot der Kumulierung (Anhäufung) von Priesterstellen (Pfründen) und Bischofssitzen. Die alte kanonische Residenzpflicht der Bischöfe wurde neu eingeschärft, jedem Bistum zur besseren Ausbildung des Klerus ein Priesterseminar vorgeschrieben. Den Abschluß bildete das Tridentinische Glaubensbekenntnis (1564).

In den verschiedenen Ländern Europas hatte die katholische Gegenoffensive unterschiedliche Ergebnisse: Nach dem Rückschlag des Augsburger Religionsfriedens für Rom (1555) sollte die Einrichtung von 14 Bistümern in den Niederlanden (1561) die Ausgangsbasis der kommenden Gegenreformation in

Deutschland und England bilden, trug aber nur dazu bei, daß sich die Opposition verschärfte – über Bildersturm und Durchbruch des Calvinismus im Hungerjahr 1566 und Herzog Albas Terrorregime (1567–73) bis zum eigentlichen Unabhängigkeitskrieg (1572–1609/48). Auch die Hugenottenkriege brachen noch vor Abschluß des Tridentinum aus (1562) mit den Massakern der Bartholomäusnacht (1572) als Höhepunkt, mit dem Edikt von Nantes (1598) als einem für Rom wenig zufriedenstellenden Ergebnis.

Unmittelbar nach dem Tridentinum eröffnete Bayern durch schrittweise Ausschaltung der überwiegend protestantischen Stände Rekatholisierung und Absolutismus (1564), ein Beispiel, dem die Habsburger folgten, zunächst mit Ausweisung protestantischer Prediger aus Graz (1596). Vorher schon wurde der Kölner Krieg (1582–85), mit dem die Katholiken die Säkularisierung des Erzbistums Köln verhinderten, im kleinen ein Vorspiel zum Dreißigjährigen Krieg, der über der Verquickung von Rekatholisierung und Tendenz zur absoluten Monarchie in Böhmen ausbrach (1618).

Unterdessen war Maria Stuart mit dem Versuch zur Rekatholisierung Schottlands gescheitert (1567) und nach England geflohen (1568), wo ihre Thronansprüche gegen Elisabeth I. die Situation weiter zuspitzten. Marias Hinrichtung (1587) provozierte den spanischen Rachefeldzug der Armada (1588), mit finanzieller Unterstützung des Papstes, der in seinem Scheitern den Aufstieg Englands zur Seemacht eröffnete. Jedoch blieb Irland katholisch, schon aus Trotz gegen das dominierende England.

Im Osten wurde die neue «Rzeczpospolita» Polen mit der Pax Dissidentum (1573) Hort der Toleranz in Europa, nur wenig abgeschwächt durch Stephan Báthorys (1575–1586) mildeste Form der Gegenreformation, in der Polen-Litauen allerdings die Orthodoxe Kirche seiner Ostgebiete durch die Union von Brest dem Papst unterstellte (1596). Dagegen scheiterte ein Versuch zur Gegenreformation in Schweden durch Absetzung von Sigismund III. (Wasa) (1599), der gleichzeitig auch König von Polen war (1587–1632). Der Bruch der Personalunion Polen/Schweden eröffnete den Konflikt zwischen beiden Staaten, der den Aufstieg Rußlands zur Hegemonialmacht des Ostens im Nordischen Krieg (1700 bis 1721) erleichterte.

Nach dem für den Papst unbefriedigenden Westfälischen Frieden (1648) schien die Aufhebung des Edikts von Nantes durch die neue Hegemonialmacht Frankreich (**1685**) neue Perspektiven zu eröffnen. Tatsächlich wirkte die Flüchtlingswelle von Hugenotten und Waldensern nach Deutschland, Holland und England nur erst recht als anachronistischer Abschluß der Gegenreformation.

83 Europäische Religionskriege, 1529 bis 1598

Spektakulärste Folge des Ringens zwischen Reformation und Gegenreformation waren die europäischen Religionskriege. Sie begannen schon vor dem Tridentinum (1563), entfalteten aber ihre eskalierende Intensität und räumliche Ausdehnung erst danach, von den Kappeler Kriegen (**1529**/31) bis zum Dreißigjährigen Krieg (1618 bis 48). Typisch ist der Aufmarsch konfessioneller Militärbündnisse vor Kriegsausbruch: Am Anfang stand ein Bündnis der Protestanten zur Sicherung der Reformation, im Gegenzug folgte ein Bund der Katholiken (meist «Liga» genannt); eine Ausnahme bilden die Hugenottenkriege, da die Katholiken mit ihrer «Liga» erst im Krieg selbst nachzogen (1576).

1529	1. Kappeler Krieg: Konfrontation Katholiken–Zwinglianer.
1531	2. Kappeler Krieg: Zürich unterliegt. Zwingli gefallen. Schmalkaldischer Bund in Deutschland (bis 1547).
1538	(1.) Katholische Liga, unter Führung Bayerns.
1546	Schmalkaldischer Krieg (bis 1547).
1547	Sieg Karls V. bei Mühlberg: Schmalkaldischer Bund aufgelöst.
1561	Religionsgespräch von Poissy: Hugenotten–Katholiken.
1562	Hugenottenkriege (bis 1598): 8 Phasen des Bürgerkrieges.
1572	Bartholomäusnacht: Massaker an 20000 Hugenotten in Paris und Provinz.
1576	Edikt von Beaulieu; Toleranz für Hugenotten (außer in Paris). 8 Sicherheitsplätze für Hugenotten. Dagegen: Katholische Liga (Sainte Ligue) beherrscht Generalstände von Blois (bis 1577). Gruppe der «Politiques».
1585	Krieg der drei Heinriche – Heinrich III., Heinrich von Navarra (Führer der Hugenotten), Heinrich von Guise (Führer der Liga).
1586	Revolutionäre Kommune von Paris (bis 1591): für Liga.
1589	Paris von Heinrich III. belagert. Heinrich III. ermordet: Heinrich IV. König von Frankreich (bis 1610).
1590	Militärische Intervention Spaniens (bis 1594): Belagerung von Paris aufgehoben.
1594	Krönung Heinrichs IV. in Chartres: «Paris ist eine Messe wert!»
1598	Edikt von Nantes: Toleranz und Sicherheitsplätze für Hugenotten. Friede Frankreich–Spanien.

Die Reihe der eskalierenden Religionskriege eröffneten die Kappeler Kriege, außerhalb der Schweiz fast ignoriert. Im Verhältnis namentlich zu Hugenottenkriegen und Dreißigjährigem Krieg wirkten sie fast harmlos und idyllisch, hatten aber eine große Bedeutung für die Schweiz wie für das Verständnis der Religionskriege: Wie eine kleine Wolke am Horizont kündigten sie die kommenden Stürme an, die später über Europa hinwegfegten.

In der Schweiz hatte sich die Reformation unter Zwingli von Zürich aus (1523) rasch auf die äußeren Kantone ausgedehnt, während der historische Kern der Schweiz, die Fünf Orte, vor allem mit den Urkantonen Uri, Schwyz und Unterwalden (Waldstätten), katholisch blieben. Aus eskalierenden Spannungen zwischen Alt- und Neugläubigen entstanden rivalisierende Militärbündnisse – «Christliches Burgrecht» (1527) (Zürich/Konstanz), gefolgt von ähnlichen Bündnissen (1529 bis 31), gegen «Christliche Vereinigung» (Fünf Orte/Österreich, 1529).

Einen ersten militärischen Aufmarsch (mit Kriegserklärung Zürichs) zum 1. Kappeler Krieg konnte der Kappeler Landfriede noch ohne Blutvergießen beenden (1529), jedoch mit Nachteilen für die Katholiken. Im 2. Kappeler Krieg blieb Zürich fast isoliert, unterlag den Katholiken bei Kappel (1531) und verlor seinen religiösen Führer Zwingli in der Schlacht: Die konfessionelle Spaltung der Schweiz wurde bestätigt, mit Konsequenzen bis zur «liberalen Regeneration» (nach 1831), die in analoger Konstellation zum Sonderbund der katholischen Kantone (1845) und Sonderbundskrieg (1847) führte, nur angereichert um die ideologische Konfrontation liberal-konservativ und mit umgekehrtem Ergebnis: Sieg der liberalen Tagsatzmehrheit.

Obwohl der nächste Religionskrieg, der Schmalkaldische Krieg in Deutschland (1546–47), größere Ausmaße hatte, läßt er sich, zumal durch seine vorausgegangene Einordnung in die Reformation in Deutschland, hier kürzer abhandeln. Mutatis mutandis wirkten dieselben Mechanismen wie bei den Kappeler Kriegen: Nach der «Protestatio» von Speyer (1529) steckten konfessionelle Militärbündnisse der deutschen Reichsstände die Fronten des kommenden Krieges ab – Schmalkaldischer Bund der Protestanten unter Führung von Kursachsen und Hessen (1531) gegen die (1.) Katholische (Nürnberger) Liga als Bündnis des Kaisers mit katholischen Reichsständen unter Führung Bayerns (1538). Der Friede von Crépy mit Frankreich (1544) eröffnete den Weg zum Konzil, das Luther früher gefordert hatte, jetzt aber vom Kaiser nach Trient einberufen wurde (1545). Die Weigerung der Schmalkaldener, das Konzil mit Delegierten zu beschicken (1545), lieferte Karl V. den Anlaß zum Krieg, begünstigt durch Frieden mit Frankreich, Waffenstillstand mit dem Sultan (1547) und Divergenzen im Schmalkaldischen Bund: Herzog Moritz von Sachsen wurde durch die Kurwürde aus dem Bund herausgebrochen (1547), der Landgraf Philipp von Hessen durch seine geheime Doppelehe neutralisiert. Isoliert wurden die Schmalkaldener Süddeutschlands einzeln unterworfen, ohne kursächsische Truppen bei Mühlberg in Sachsen von spanischen Truppen unter Herzog Alba entscheidend geschlagen: Über Augsburger Interim (1548), Fürstenverschwörung und Passauer Vertrag (1552) ging der schon skizzierte Weg zum Augsburger Religionsfrieden (1555). Schier hoffnungslos kompliziert sind die Hugenottenkriege (1562–98) in Frankreich: Acht Phasen der Bürgerkriege mit wechselnden Konstellationen spotten jeder Skizze im hier nur möglichen engen Rahmen. Die Grundkonfrontation bestand zwischen wohlorganisierten Hugenotten und den Katholiken, die mit ihrer Liga («Sainte Ligue») erst später organisatorisch folgten (1576). Dazwischen schwankte die Krone ständig zwischen Vermittlung (Religionsgespräch von Poissy, 1561), Parteinahme für die Katholiken, Toleranz, blutiger Repression der Hugenotten (Bartholomäusnacht, 1572), Kampf gegen die Liga, die ihrerseits von einer revolutionären Kommune in Paris (1586–91) und den Theologen der Pariser Sorbonne unterstützt wurde, und einem Zweckbündnis Heinrichs III., des letzten Valois, mit Heinrich von Navarra, seinem Erben als Heinrich IV. (1589–1610). Den Ausschlag zugunsten Heinrichs IV. gab zuletzt die militärische Intervention Spaniens (1590–94), die eine nationale Reaktion in Frankreich auslöste.

Der zeitlich parallellaufende Unabhängigkeitskrieg der Niederlande (ab 1572) wirkte in die komplizierten Konflikte ebenso mit hinein wie Englands Selbstbehauptung gegen die Supermacht Spanien, nach dem Scheitern der Armada (1588) institutionalisiert durch das Bündnis Frankreich/England/Holland (1596). Edikt von Nantes und Ende des Krieges mit Spanien (**1598**) brachten für Frankreich endlich den Frieden nach innen und außen. Aus dem schier unentwirrbaren Knäuel von Bürgerkriegen mit ausländischer Intervention gingen Frankreich und die Krone unter Heinrich IV., dem populärsten König der französischen Geschichte, letzten Endes gestärkt hervor.

Die Hugenottenkriege hatten noch zwei denkwürdige Ergebnisse: Auf den Generalständen von Blois (1576/77) versuchte eine kleine Gruppe von «Politiques» einen politischen Ausweg aus den konfessionellen Konflikten und führte so das Wort «Politik» in unsere Sprache ein. Einer ihrer Sprecher, Jean Bodin, sah als Ausweg die Stärkung der Zentralmacht und ihrer «Souveränität» und erfand so ein weiteres Schlüsselwort historischer und politischer Analyse.

Der nächste und letzte große Religionskrieg, der Dreißigjährige Krieg (1618–48), ist so kompliziert, daß er eine gesonderte Behandlung erfordert.

84 Europa zwischen Ständen und Absolutismus, 1564 bis 1689

Im langfristigen Abstieg des Feudalismus seit Wiederaufkommen von Geldwirtschaft und modernen Wirtschaftsformen war das Ringen um die Macht zwischen Ständen und Krone wichtiger Teil der immer komplizierteren inneren und äußeren Konflikte. Ihre Umschreibung als Zeitalter des Absolutismus ist zu einseitig: In Wirklichkeit siegte die absolute Monarchie nur selten vollständig, stiegen spätmittelalterliche Stände auch zu souveränen Parlamenten auf (Holland, England). Stets verquickten sich innenpolitische Machtkämpfe mit außen- und konfessionspolitischen Faktoren.
Als Ausgangspunkt dient hier die beginnende Ausschaltung der Stände in Bayern (**1564**), Auftakt zu Rekatholisierung und Gegenreformation. Vorläufiger Endpunkt ist die Glorious Revolution in England (1688/89), zugleich zweite Phase der Englischen Revolution (1640–60).

1462 Bürgerkrieg Krone–Stände in Kastilien (bis 1467).
1464 Generalstaaten in Burgund: Einheit des Staates. Delegierte von Provinzständen mit gebundenem Mandat.
1467 Sieg der Krone über Stände (Cortes) in Kastilien.
1477 Großes Privileg für Generalstaaten: Tagung aus eigener Initiative. Widerstandsrecht.
1520 Comuneros-Aufstand der Stände in Kastilien (bis 1521): Cortes geschwächt.
1529 «Reformations»-Parlament in England (bis 1536): nationale Legislation im Zuge der Reformation.
1564 Beginn der Ausschaltung der (protestantischen) Stände in Bayern.
1566 Herrschaft der Stände im Herzogtum Preußen (bis nach 1660).
1579 Generalstaaten der Utrechter Union führendes politisches Organ der sieben nördlichen Provinzen.
1613 Duma in Rußland (bis 1622): begrenzte Kompetenzen.
1614 Generalstände in Frankreich – letzte bis 1789.
1629 Karl I. regiert ohne Parlament (bis 1640): Versuch zur absoluten Monarchie in England.
1640 Kurzes, Langes Parlament – Englische Revolution (bis 1660).
1648 Fronde in Frankreich (bis 1653): Rebellion der Privilegierten.
1653 Rezeß der kurbrandenburgischen Stände: Selbstausschaltung der Stände – Absolutismus in Brandenburg-Preußen.

1660 Restoration in England: konstitutionelle Monarchie.
1661 Selbstregierung Ludwigs XIV.: Absolutismus.
1662 Cortes in Kastilien ausgeschaltet – vorher in Aragon (1592), Katalonien (1640): Absolutismus in Spanien.
1669 Letzter Landtag in Bayern – Absolutismus.
1688 Glorious Revolution in England: Rekatholisierung und Absolutismus abgewehrt.
1689 Bill of Rights: parlamentarische Monarchie in England. Peter der Große in Rußland (bis 1725): Autokratie, Modernisierung, Expansion.

Stände waren seit dem Mittelalter eine Besonderheit des lateinischen Europa: Die Autokratie von Byzanz ließ keine Beschränkung der kaiserlichen Macht zu, weder durch gewählte Versammlungen noch durch regionale Autonomie. Das zentralistische und autokratische Moskau/Rußland kannte nur in den Wirren der «Smuta» Ansätze zu repräsentativen Organen (1598–1622), die jedoch ohne Basis tagten, nur punktuell und mit geringen Befugnissen.

Aus dem politischen Zwang zur Geldbewilligung durch Stände hatte sich im lateinischen Europa eine gemischte Regierungsform durchgesetzt, die sich als ständische Monarchie bezeichnen läßt: Die Macht der Krone wurde durch unregelmäßig tagende, nur von der Krone einberufene Organe beschränkt, die so auch «nationale» Funktionen übernahmen, und wenn nur als Repräsentation der Gesamtstaatlichkeit, wie die Generalstaaten von Burgund (1464). Die französische Sprache macht die Zusammenhänge besonders deutlich – «états» = Stände; «état» = Staat. Im Niederländischen sind entsprechend die «Staten» die «Stände».

Jedoch waren Stände auch Instrumente zur Durchsetzung partikularer Interessen des Adels. Unter dem Druck wachsender Geldausgaben für immer teurere Kriege eskalierte seit dem Übergang zur Neuzeit der Kampf zwischen Ständen und Krone um die Souveränität im Staat zu regelrechten Bürgerkriegen. Oft versuchte die Krone, die lästigen Stände auszuschalten, indem sie sie einfach nicht mehr berief, solange sie sich das nötige Geld anders beschaffen konnte. An die Stelle des Ständestaates trat der zentralisierende, vereinheitlichende Verwaltungs- und Fiskalstaat der «absoluten» Monarchie, der gerade, auch zur Umgehung der Stände, tunlichst die neuen Wirtschaftskräfte im Merkantilismus zentral förderte und steuerte. So läßt sich Regieren ohne Stände abgekürzt als absolute Monarchie begreifen, besser noch als *Tendenz* zur absoluten Monarchie: Oft blieben Reste ständischen Mitregierens erhalten, sogar in Frankreich auf dem Höhepunkt des Absolutismus.

In der Weltmacht Spanien hatte die Krone unter Carlos I. (Karl V.), dank der Reichtümer der neuen Welt, größeren Spielraum gegenüber den Cortes, die zudem durch das Scheitern des Comuneros-Aufstandes (1520/21) der Städte in Kastilien weiter geschwächt wurden.

Aber ständige Kriege und drei Staatsbankrotte (1557/76/96) zwangen die Krone doch immer wieder zu ihrer punktuellen Einberufung. Nach regionalen Aufständen wurden die Stände Aragons (1592) und Kataloniens (1640) ausgeschaltet, später auch Kastiliens (1662). Im Zuge der Zentralisierung tagten unter den spanischen Bourbonen gesamtspanische Cortes nur achtmal (1700–89), ohne politischen Einfluß.

In Bayern begann die Ausschaltung der Stände als Auftakt zur Gegenreformation (1564). Seit Ende des 16. Jahrhunderts wurden sie nur noch selten einberufen, das letzte Mal 1669, so daß der Absolutismus in Bayern erst dann perfekt war. Nach Kämpfen gegen Stände in einzelnen Landesteilen warf der Große Kurfürst die Stände von (Ost-)Preußen nieder (ab 1660), während sich die kurmärkischen Stände durch einen folgenschweren Kompromiß selbst ausschalteten (1653): Der Adel erhielt volle Verfügungsgewalt über die Bauern, dazu Offiziersstellen im stehenden Heer, für das die Krone fortan Steuern aus eigener Vollmacht erheben durfte.

In Frankreich hatten die Generalstände ohnehin immer nur in Not- und Krisenzeiten getagt. So mochte ihre Nichtmehreinberufung seit 1614 zunächst nicht weiter auffallen. Dennoch bewegte sich Frankreich seitdem zur absoluten Monarchie, vor allem nach dem Sieg der Krone über die Fronde (1648–53), eine komplizierte Revolte privilegierter Schichten. Umgekehrt machte die Einberufung der Generalstände – nach 175 Jahren – den Bankrott der absoluten Monarchie offenbar und leitete zur Französischen Revolution über (1789).

Dagegen siegten in drei wichtigen Staaten Europas die Stände über die Krone: In Polen hatte durch den Sejm der Adel das Machtmonopol, das über das liberum veto (1652) zur Adelsanarchie, Unregierbarkeit und zu den Teilungen Polens führte (1772/93/95). In Holland machten die Generalstaaten überhaupt erst den Staat (1579/81). In England stieg das Parlament – über «Reformationsparlament» (1529–36) und parlamentslose Zeit (1629–40) – durch die Englische Revolution zur konstitutionellen (1669) und parlamentarischen Monarchie (**1689**) auf.

Statt eines einheitlichen Absolutismus ist also Polarisierung zwischen Absolutismus und Parlamentsherrschaft kennzeichnend: Ludwig XIV., der absolute Monarch par excellence, hatte einen geradezu ideologischen Haß auf die Generalstaaten, also das ständisch regierte Holland. Sieg des Parlaments in England und Regierungsantritt Peters des Großen im autokratischen Rußland (**1689**) verschärften die strukturell-ideologische Polarisierung innerhalb Europas noch weiter.

85 Unabhängigkeit und Aufstieg Hollands zur See- und Handelsmacht, 1572 bis 1648

In einem außerordentlich komplizierten Prozeß entfaltete sich der Niederländische Unabhängigkeitskrieg (**1572**) gegen Spanien, aus dem die neuen Niederlande («Holland») als neuer Staat hervorgingen, seit der Schweizer Eidgenossenschaft (ab 1291) erstes Beispiel für die Bildung einer neuen Nation. «Der Abfall der Niederlande von Spanien» (Schiller) bleibt daher lehrreich für den werdenden Nationalismus. Als Pionier der «ursprünglichen Akkumulation» und «agrikolen Revolution» (Marx) hatte Holland nach 1600 eine überragende Rolle in Ausbildung und Durchsetzung der neuen Wirtschaftskräfte.

1477	Niederlande zu Habsburg: Großes Privileg.
1531	Antwerpen Finanzzentrum Europas (bis 1585) – Börse.
1555	Niederlande zu Spanien unter Philipp II.
1558	Adelsopposition in Generalstaaten – gegen erhöhte Steuern, religiöse Verfolgungen, Inquisition.
1561	14 Bistümer – Basis für Gegenreformation.
1566	Hungerjahr: Adelspetition in Brüssel – «Geusen» (franz.: «gueux» = Bettler). Bildersturm; bewaffneter Widerstand in Flandern, Artois.
1567	Strafexpedition Herzog Albas (bis 1573): Terror, erhöhte Steuern.
1568	Grafen Egmont und Hoorn in Brüssel hingerichtet.
1572	Niederländischer Unabhängigkeitskrieg – zu Lande (Wilhelm von Oranien) und zu Wasser (Seegeusen); Revolte in Holland und Seeland.
1576	Pazifikation von Gent: letzte gemeinsame Aktion der 17 Provinzen.
1579	Union von Arras: 10 südliche Provinzen für Spanien: Spanische Niederlande (bis 1714). Utrechter Union: Zusammenschluß der 7 nördlichen Provinzen, unter Führung Hollands.
1581	Unabhängigkeitserklärung der Utrechter Union: führende Rolle der Generalstaaten.
1584	Wilhelm von Oranien in Delft ermordet.
1585	Moritz von Oranien Generalstatthalter (bis 1625); Antwerpen von Spanien erobert: Amsterdam neues Finanzzentrum.
1596	Bündnis mit England/Frankreich–Spanien: erste internationale Anerkennung der Generalstaaten.

1598 Erste Expedition nach Indonesien: Gewürzhandel.
1602 Vereenigde Oost-Indische Compagnie (VOC) (bis 1799).
1609 12jähriger Waffenstillstand mit Spanien (bis 1621). Bank von Amsterdam, nach Vorbild der Rialto-Bank in Venedig.
1621 Erneuerung des Krieges mit Spanien: niederländische Westindienkompagnie (bis 1792).
1648 Friede mit Spanien, internationale Anerkennung der Unabhängigkeit im Rahmen des Westfälischen Friedens.

Zentral für das Verständnis der ungewöhnlich komplizierten Materie ist die klare Unterscheidung zwischen alten Niederlanden (17 Provinzen), die im Sonderstaat Burgund zusammenwuchsen (ab 1384), und neuen Niederlanden («Holland»). Unter den Habsburgern blieben die Generalstaaten (seit 1464) als Gesamtvertretung der 17 Provinzen, gestärkt durch das Große Privileg (1477). Seit 1500 stiegen die Niederlande zum reichsten Wirtschaftszentrum Europas auf, zunächst noch immer der Süden mit Flandern und Brabant als Kern: Antwerpen wurde Haupthafen und -finanzplatz Europas (Internationale Börse, 1531) bis zur Eroberung durch die Spanier im Unabhängigkeitskrieg (1585).

Nach Karls V. Abdankung (1555/56) kamen die Niederlande zu Spanien und sollten Philipp II. als Basis für die Gegenoffensive gegen die Reformation dienen, durch kirchliche Reorganisation (14 Bistümer, 1561) wie zur Finanzierung der Rekatholisierung Deutschlands und Englands. Religiöse Verfolgungen (u. a. Verschärfung der Inquisition) brachten schwere persönliche Eingriffe, die massive Besteuerung verletzte politische Rechte («Privilegien») der Stände und ökonomische Interessen. In Provinz- und Generalstaaten sowie in einer allgemeinen Adelsopposition artikulierte sich Widerstand. Diffamierende Ignorierung der großen Adelspetition von Brüssel («gueux») und Hungerrevolten im Krisenjahr 1566 provozierten die Explosion des Bildersturms, der alles ins Rollen brachte.

Ausgangspunkt war noch immer Flandern (Gent, Brügge), auch Zentrum erster Widerstandsaktionen (1566). Repression und verschärfte Besteuerung durch das Strafregiment unter Herzog Alba (1567–73) eskalierten den Konflikt im entscheidenden Jahr 1572: Die Seegeusen, antispanische Seeguerillas, wurden auf spanischen Druck aus England ausgewiesen und eroberten in Notwehr erste Hafenstädte Hollands; Wilhelm von Oranien operierte von seiner deutschen Basis Nassau-Dillenburg aus in den Niederlanden; Holland und Seeland erhoben sich im Aufstand (1572). Als radikalste Elemente trieben Calvinisten und Geusen die Entwicklung fast zur sozialen Revolution weiter, bis Wilhelm von Oranien wenigstens die Geusen gewaltsam ausschaltete (1573). Die Pazifikation von Gent (1576) formulierte noch einmal den Minimalkonsens aller 17 Provinzen – Abzug der spanischen Truppen, religiöse Toleranz, Einberufung einer repräsentativen Versammlung. Dem

Zusammenbruch der Pazifikation folgten der endgültige Bruch und die Teilung der alten Niederlande: Aus Angst vor radikalen Calvinisten und Geusen unterstellten sich die zehn südlichen Provinzen unter Führung ihres Adels mit der Union von Arras wieder Spanien (1579). Unter Führung Hollands antworteten die sieben nördlichen Provinzen dagegen mit der Utrechter Union (1579) und der Unabhängigkeitserklärung (1581). Da kein Fürst bereit war, die revolutionäre Krone der nördlichen Generalstaaten zu übernehmen, wurde der neue Staat eine Art Republik aus Verlegenheit oder Monarchie ohne Monarchen mit dem Generalstatthalter als Ersatzmonarchen.

Die spanische Rückeroberungskampagne gewann zwar tatsächlich den Süden zurück, aber auf Kosten von Verheerungen und einer massiven Fluchtbewegung calvinistischer Unternehmer, Handwerker usw. in den Norden. Nach wechselvollen Kämpfen entschied der Mißerfolg der Armada gegen England (1588) auch den Unabhängigkeitskrieg für Holland, das durch das Bündnis mit England und Frankreich eine erste internationale Anerkennung erhielt (1596). Als Kriegsmaßnahme gegen Portugal-Spanien eröffnete Holland seine Expansion in Übersee mit einer ersten Expedition nach Indonesien, die rasch die Gründung der VOC, nach englischem Vorbild, nach sich zog (1602). Nach dem zwölfjährigen Waffenstillstand mit Spanien (1609 bis 21) ging der Krieg weiter, jetzt im Rahmen des Dreißigjährigen Krieges, in dem Holland als Kriegslieferant und Kreditgeber nach allen Seiten verdiente. Als Teil des Westfälischen Friedens (**1648**) wurde Hollands Unabhängigkeit allgemein völkerrechtlich anerkannt.

Die Folgen des Niederländischen Unabhängigkeitskrieges waren enorm: In seinem «Goldenen Zeitalter» stieg Holland zur größten Wirtschafts-, Handels- und Seemacht um 1650 auf, wurde führend in praktischer Anwendung der modernen Naturwissenschaften, Entfaltung der neuen Wirtschafts- und Finanzmethoden, im Schiffbau (Zimmermannslehre Peters des Großen, 1697/98!), aber auch in der Malerei (u. a. Rembrandt). Seit Eroberung Antwerpens (1585) stieg Amsterdam zum Haupthafen und Finanzzentrum Europas auf (Amsterdamer Bank, 1609). Seine Toleranz für alle Konfessionen, gerade auch (sephardische) Juden (Spinoza u. a.), und der Zustrom calvinistischer Flüchtlinge aus dem Süden brachten personell wie intellektuell eine ungeheure Bereicherung.

Reichtum und provokative Liberalität machten Holland aber auch zum Hauptziel der kommenden Hegemonialmacht, Frankreich unter Ludwig XIV.: «Holland in Not» (1672) übertrug seine Staatsräson («Gleichgewicht der Kräfte») und Wirtschaftsmethoden (u. a. Bank of England, 1694) in der Personalunion mit England (1689–1702) auf die kommende Wirtschafts- und Seemacht und gab so einen wesentlichen Anstoß zur Herausbildung des neuen Systems der Großmächte in Europa und zum Übergang von der Ursprünglichen Akkumulation zur Industriellen Revolution in England.

86 Die modernen Revolutionen, 1572 bis 1949

Ein weiterer Ausdruck der mannigfachen Spannungen und Wandlungen in Europa seit der Neuzeit sind die modernen Revolutionen. Wie Nation und Nationalismus, mit denen die Revolution in enger Beziehung steht, ist die moderne Revolution zunächst eine Besonderheit Europas. Die Revolution hat sich zuerst in Europa entfaltet und durchgesetzt, sich erst später, mit der Globalisierung europäischer Herrschaft in der Expansion Europas in Übersee, auf andere Kontinente ausgebreitet, jetzt gegen Europa gewendet.

«Revolution», aus der Sprache der Astronomie («Umwälzung» der Sterne) oder von den Drehungen des Glücksrades abgeleitet, bezeichnete ursprünglich die Wiederherstellung älterer, angeblich besserer Zustände, war also anfangs nach rückwärts, in die Vergangenheit, gerichtet. Erst mit der Französischen Revolution 1789 erhielt die Revolution eine vorwärts, in die Zukunft, gerichtete Dimension, oft mit utopischen Anklängen – Revolution als dynamische Gestaltung der Gegenwart mit einem zur Zukunft offenen Horizont.

1572	Unabhängigkeitskrieg der Niederlande (bis 1648).
1581	Unabhängigkeitserklärung der Utrechter Union (Holland, Generalstaaten).
1640	Englische Revolution (bis 1660).
1688/89	Glorious Revolution in England.
1775	Unabhängigkeitskrieg in Nordamerika (bis 1783).
1777	USA: Konföderation.
1787	Neue Verfassung der USA: Union = Bundesverfassung.
1789	Große Französische Revolution (bis 1799).
1808/10	Unabhängigkeitskrieg in Lateinamerika (bis 1824).
1820/21	Revolutionen in Spanien und Teilen Italiens.
1830	Julirevolution in Frankreich (und Teilen Europas).
1848/49	Europäische Revolution.
1871	Pariser Kommune.
1905	Erste Russische Revolution (bis 1906).
1910	Revolution in Portugal.
1911	Revolutionen in Mexiko (bis 1928) und China (bis 1949).
1917	Russische Revolutionen (Februar-/Oktoberrevolution).
1918	Revolutionen in Ungarn, Österreich, Deutschland.
1945	Revolution in Vietnam: Auftakt zu zahlreichen antikolonialen Revolutionen in der Dritten Welt.
1949	Ende des Bürgerkriegs: VR China.

Entgegen der Aufblähung des Revolutionsbegriffs ist «Revolution» besser auf historische Prozesse zu beschränken, die aus dem Durchbruch der neuen Wirtschaftsformen bzw. ihrer Vorstufe hervorgingen. Der Deutsche Bauernkrieg (1524/25) würde so als Revolution ausscheiden, der Niederländische Unabhängigkeitskrieg (**1572**–1648) in eine Übergangszone fallen. Als erste Revolution wäre demnach die Englische Revolution (1640 bis 60) anzusprechen – eindeutig vor der Industriellen Revolution. Zur Umschreibung ihres Abschlusses in der «Glorious Revolution» (1688/89) benutzten die Akteure selbst erstmalig das Schlüsselwort «Revolution» für ein politisches Großereignis.

Als Revolution gilt, zumindest im Selbstverständnis, auch der Amerikanische Unabhängigkeitskrieg (1775–83), der zur Gründung der USA führte (1777/87), entsprechend auch parallel die nationale Unabhängigkeitsbewegung in Lateinamerika eine Generation später (1808/10–1824). So zieht sich eine Kette von Revolutionen durch die moderne Geschichte, zunächst nur Europas und Amerikas, oft unterbrochen durch gegenläufige Prozesse – Gegenrevolution, Restauration, Reaktion. Auf vielfältige Weise hängen die meisten Revolutionen miteinander zusammen, direkt oder indirekt, die sich aber in der hier gebotenen Kürze nicht auf einen gemeinsamen Nenner bringen läßt. Selbst wenn die Zusammenhänge im weiteren Verlauf der historischen Skizze wieder verlorengehen, so sollten sie wenigstens an einer Stelle doch angesprochen werden, wenn auch noch so kurz.

Im Vordergrund des Interesses an den historischen Revolutionen stehen meistens die Beziehungen zu ökonomischen und sozialen Veränderungen, in der Regel als Teil der Industrialisierung, in kapitalistischer wie sozialistischer Form. Entgegen dem äußeren Augenschein (Beginn der Industriellen Revolution ca. 1760; Französische Revolution 1789) ist die ökonomische Verknüpfung von Revolution jedoch nicht einfach mit dem Beginn der Industrialisierung anzusetzen, sondern mit ihrer unmittelbaren Vorstufe, der Ursprünglichen Akkumulation. Sie führte offenbar schon so viele neue ökonomische und soziale Spannungen ein, die sich als politische Revolution umsetzten und dann meistens erst der systematischen oder bewußten Industrialisierung den Weg bereiteten. Modellhaften Charakter gewann die Entwicklung in England, Mutterland der Industriellen Revolution, seit dem 17. Jahrhundert.

Ein wichtiger Aspekt der sozialen Revolution ist die Beobachtung, wie die Revolution, mit dem Aufkommen der Industrialisierung, immer weiter nach unten auf der sozialen Pyramide absteigt, über niederen Adel und Bürgertum zuletzt auch Arbeiterschaft («Proletariat»), und die (meist noch agrarischen) Massen der Kolonialländer mobilisierte. Weniger beachtet bleibt dabei meistens der Umstand, daß die Anführer der sozialen Revolution oft aus der nächsthöheren Stufe stammten: Zumindest Teile der bürgerlichen Revolution wurden von Angehörigen des niederen Adels angeführt, die «proletarische» Revolution meistens von Angehörigen des Bürgertums (Marx, Engels; Lenin).

So wichtig die meistens betonten ökonomischen und sozialen Aspekte der modernen Revolution sind und bleiben, so sehr verdienen aber auch andere wichtige Aspekte Beachtung, nationale und machtpolitische. Am ehesten drängen sich die nationalen Seiten der Revolution auf: Alle modernen politischen Revolutionen endeten zunächst an den Grenzen wohldefinierter Staaten, auch wenn sie internationale Auswirkungen suchten oder hatten. Nationale Revolutionen schufen oder konstituierten überhaupt erst Nationen und den ihnen zugeordneten Nationalstaat, meist gegen über- oder multinationale Machtstrukturen, gegen (dynastische oder koloniale) Großreiche.

Mit ihrem nationalen Charakter gewann die Revolution aber auch eine oft vernachlässigte oder gar ignorierte Bedeutung für die reine Machtgeschichte: Die ersten großen Revolutionen brachen in vornationalen Gesellschaften durch als Ausdruck ihres Willens, selbst zur Großmacht aufzusteigen, oder als Reaktion auf schwere Niederlagen einer Großmacht. In beiden Fällen mobilisierte die nationale Revolution bisher ungenützte gesellschaftliche Energien durch Modernisierung von Staat, Verwaltung, Steuergesetzgebung, Recht, Bildung, Armee, Wirtschaft, um die Macht zu neuem oder erneutem Aufstieg zu erringen, meist durch Expansion nach außen. In diesem Sinn läßt sich bereits der Dynastiewechsel in Portugal 1383/85 als früheste europäische Revolution auf nationaler Ebene verstehen (nicht nur bei Marxisten). Die Niederländische «Revolution» führte zum Aufstieg der neuen Niederlande (Holland) zur stärksten See- und Handelsmacht im 17. Jahrhundert. In England waren es dieselben Kräfte, die auf den Konflikt mit der Krone *und* auf Expansion in Übersee gegen Spanien drängten, gegen die damals stärkste Weltmacht. Im Endergebnis stieg England zur stärksten See-, Handels-, Finanz-, Wirtschafts- und Kolonialmacht auf. Den ersten Durchbruch erzielte England in der Englischen Revolution, beginnend mit der Eroberung Jamaikas (1655). Der Amerikanische Unabhängigkeitskrieg begründete mit der Sezession der 13 nordamerikanischen Kolonien die USA (1777), die sich in ihrer Gründungsphase gleichsam als Viertes Rom stilisierten, vor allem abzulesen an den öffentlichen Bauten der kommenden Weltmacht, nochmals konzentriert in ihrer Hauptstadt Washington D. C. Selbst das kleine Kuba stieg nach seiner fidelistischen Revolution zu einer expansiven Mittelmacht auf, wenn auch finanziert durch die UdSSR und stellvertretend für sie in Afrika (Angola, Mozambique, Äthiopien) agierend.

Der nationale Charakter der Französischen Revolution liegt auf der Hand: Die «Grande Nation» entstand geradezu als Reaktion gegen die Niederlagen der absoluten Monarchie seit dem Spanischen Erbfolgekrieg. Ihr Siegeszug unter den Fahnen der 1. Republik wie des Napoleonischen Ersten Empire demonstrierte, welche neuen Kräfte in der

Gesellschaft zu mobilisieren waren, u. a. für die Erringung der Hegemonie über Europa, wenn nicht als Ziel, so zumindest als Ergebnis. Der moderne Nationalismus ist ein direkter Ausfluß der Französischen Revolution. In den verschiedenen nationalen Revolutionen seit 1848 wollten Völker wieder aufsteigen, nicht nur zur Unabhängigkeit, sondern auch zur größeren Macht, wo immer es ging, unter Rückgriff auf (romantisierte) historische Vorbilder in der je «nationalen» Vorgeschichte. Die Bemühungen um die deutsche Einheit in einem zweiten Reich seit 1848 sind hier nur das bekannteste Beispiel, mit vermutlich den verheerendsten Nachwirkungen. So wird auch das bekannte Wort des englischen Staatsmannes Disraeli besser verständlich, der die deutsche Reichseinigung 1871 als die «deutsche Revolution» bezeichnete. Ressentiments über nationale Schwäche und Erniedrigung unter dem monarchischen Ancien Régime waren ebenso starke Antriebskräfte für die Revolution in China (1911–**1949**) wie in Rußland (1917), und beide ehemaligen dynastischen Großreiche gingen aus ihrer Revolution als Groß- und Weltmächte hervor.

Als logische Konsequenz ergibt sich eine viel stärkere Kontinuität in den Außenbeziehungen vom vor-revolutionären Ancien Régime zum postrevolutionären Machtstaat, als idealistische Parolen der jeweiligen Ideologie glauben lassen möchten («Friede den Hütten! Krieg den Palästen!», «proletarischer Internationalismus»): Alle Revolutionen nahmen die Grundlinien älterer Expansion wieder auf, setzten sie fort und führten sie, wenn möglich, weiter. «Nationale» Revolutionen am Eingang der Expansion Europas in Übersee sind geradezu konstituierend für den Zusammenhang zwischen Revolution, Nation und Expansion. Namentlich die Französische wie die Russische Revolution bieten instruktive Beispiele für Kontinuität durch Brüche hindurch.

87 Die Englische Revolution 1640–60, 1688/89: Die Ur-Revolution Europas

Im Anschluß an den Unabhängigkeitskrieg der Niederlande (1572 bis 1648) kann somit die Englische Revolution des 17. Jahrhunderts als erste neuzeitliche Revolution gelten, sozusagen als Ur-Revolution Europas. Sie spielte sich in zwei Phasen ab: Auf den Englischen Bürgerkrieg (**1640**–60) folgte, unterbrochen von der Restauration und einer Periode der konstitutionellen Monarchie (**1660**–88), die «Glorious Revolution» (1688/89), die erstmals bewußt den neuen Schlüsselbegriff «Revolution» einführte.

Tatsächlich hat die Englische Revolution in chaotischen Konflikten erstmals zentrale Fragen der modernen Revolutionsgeschichte aufgeworfen, Prinzipien artikuliert und buchstäblich durchgefochten – Übergang der Souveränität von der Krone zum Parlament; Präzisierung der Unterschiede zwischen ständischer, absoluter, konstitutioneller und parlamentarischer Monarchie; Ausdehnung und Begrenzung des Wahlrechts; Spannung zwischen Zensur und Pressefreiheit; Toleranz; Polarisierung durch Radikalisierung der Revolution und Abbröckeln ihrer sozialen Basis «links» und «rechts»; Diktatur der «Neuen Mitte»; wechselnde Stellung der Armee zur Revolution; weitere Schwächung des Feudalismus; grundsätzliche Infragestellung des hierarchischen Prinzips; erste systematische Umsetzung revolutionärer Erfahrungen in moderne politische Theorie durch James Harrington («Oceana», 1656), Thomas Hobbes («Leviathan», 1651) und John Locke («Two Treatises on Government», 1690).

1604 Hampton Court Conference: Puritaner von Jakob I. abgewiesen.
1625 Karl I. König (bis 1649): Konflikt Krone–Parlament.
1629 Karl I. regiert ohne Parlament (bis 1640).
1633 William Laud Erzbischof von Canterbury (bis 1645): Rückforderung früheren Kirchengutes.
1639 Konflikt mit presbyterianischen Schotten: 1. Bishop's War.
1640 Kurzes Parlament; 2. Bishop's War: Langes Parlament (bis 1660).
1641 Aufstand in Irland (bis 1652): Grand Remonstrance; Aufstand Londons: 1. Bürgerkrieg Cavaliers–Roundheads.
1642 Committee of Safety: Revolutionsregierung.
1643 Solemn League and Convenant: Bündnis Parlament/Schotten.
1644 Sieg Parlament/Schotten bei Marston Moor.
1645 New Model Army: Sieg Oliver Cromwells bei Naseby: 1. Bürgerkrieg beendet. Erzbischof Laud hingerichtet.
1646 Bischofsamt, Feudal Tenure abgeschafft. Karl I. von Schotten dem Parlament ausgeliefert.
1647 Putney Debates über Ausdehnung des Wahlrechts.
1648 2. Bürgerkrieg (bis 1651). Pride's Purge – Rump.
1649 Karl I. hingerichtet: Monarchie, Oberhaus abgeschafft. Commonwealth; Levellers unterdrückt.
1651 Navigation Act – gegen Holland gerichtet.
1652 Irischer Aufstand blutig niedergeschlagen.
1653 Rump aufgelöst. Protectorate: Cromwell Lord Protector.
1658 Oliver Cromwell gestorben. Sohn Richard Nachfolger (bis 1659): Chaos.
1660 Restoration: Konstitutionelle Monarche, Oberhaus und Bischöfe wiederhergestellt. Karl II. (bis 1685).

1685 Jakob II. König (bis 1688): Versuch zur Rekatholisierung. Herstellung der absoluten Monarchie.
1688 Glorious Revolution: Sturz Jakobs II.; Wilhelm III. von Oranien auf englischen Thron eingeladen.
1689 Bill of Rights: Souveränität des Parlaments über der Krone. England parlamentarische Monarchie. Personalunion mit Holland (bis 1702).

Ausgangspunkt zur weiteren Vorgeschichte der Englischen Revolution ist die Reaktion gegen die Feudalanarchie seit Ende der Rosenkriege (1485) unter der Tudor-Dynastie (1485–1603). Das Verbot feudaler Privatarmeen für die Barone (1503) verwies jüngere Söhne des niederen Landadels (gentry), in Verbindung mit dem Erstgeburtsrecht, fortan auf bürgerliche Berufe, in der City. Die Reformation stärkte das Parlament und die neuen Schichten (gentry, Bürgertum), vor allem durch Säkularisierung der Klöster (1536–40), und förderte das Zusammenwachsen beider Schichten durch Aufhebung der Frauenklöster, so daß früher unverheiratete Töchter des Adels oft prestigereich ins Bürgertum einheirateten, während reiche Bürgertöchter dem Adel begehrte Mitgiften einbrachten. Die Bedrohung von außen unter Elisabeth I. (1558–1603) und der Sieg über die spanische Armada (1588) waren Höhepunkte nationaler Einheit und der Zusammenarbeit zwischen Krone und Parlament, die unter den Stuarts (ab 1603) allmählich wieder zerfiel.

Die calvinistischen Puritaner drängten den neuen König Jakob I. (1603 bis 1625) auf der Hampton Court Conference (1604) zu einer kirchlichen Neuordnung nach ihren egalitären Prinzipien, ohne Bischöfe. Jakob I. wies sie mit der scharfsinnigen Begründung ab: «No bishop, no king, no aristocracy!» und lieferte so ein Schlüsselzitat zum Verständnis der Englischen Revolution: Der Abschaffung des Bischofsamts durch das siegreiche Parlament (1646) folgte tatsächlich die der Monarchie und des Oberhauses (1649), genau in der Reihenfolge.

Karls I. Versuch, ohne Parlament durch Erschließung anderer Geldquellen (Verkauf von Ämtern, Monopolen; Wiederbelebung älterer Rechte der feudalen Monarchie) zu regieren (1629–40), provozierte Opposition und spektakuläre politische Rechtsprozesse, die gegen die Krone ausgingen. Aufstände in Schottland (1639) zwangen zur zweimaligen Einberufung des Parlaments für die Bewilligung notwendiger Gelder (1640). Der Irische Aufstand (1641) löste durch den Streit um den Oberbefehl der Armee den Bürgerkrieg aus, der in zwei Phasen ablief (1641 bis 45, 1648–51).

Der Konflikt entstand im Grunde aus Differenzen in der Außen- und Machtpolitik, jedoch untrennbar verknüpft mit Problemen der Innen- und Wirtschaftspolitik: Die neue Gentry-Bourgeoisie drängte auf Expansion in Übersee, mithin Beteiligung an der kolonialen Ausbeutung der neuerschlossenen Überseegebiete. Da eine solche Expansion Krieg mit Spanien, damals *der* Welt-

Supermacht Europas, bedeutete, zögerte die Krone, sich in den Krieg mit Spanien drängen zu lassen, zumal das von der Gentry-Bourgeoisie beherrschte Parlament der Krone die notwendigen finanziellen Mittel und die entsprechenden Vollmachten vorenthielt, aus politischem Mißtrauen gegen die Krone. Ideologischer Ausdruck des sich anbahnenden Konfliktes war die anfänglich geheime, zuletzt auch offene Hinwendung der Krone zum Katholizismus (Jakob II.). Festhalten am Protestantismus bedeutete Verneinung des päpstlichen Schiedsspruches, der die Welt zwischen Portugal und Spanien geteilt hatte (1493/94), eine Kampfansage an die katholische Super-Weltmacht Spanien und an die ihr innewohnende Tendenz zum Absolutismus, d. h. zur Ausschaltung von Ständen und Parlament durch die absolute Monarchie. Eine existentielle Wendung erhielt die Opposition der Gentry-Bourgeoisie zur Krone durch die neue Kirchenpolitik unter dem Erzbischof von Canterbury, William Laud (1633–45). Sein Versuch, auch als Lordkanzler (leitender Minister) einen Teil der seit der Säkularisierung der Klöster auf dem Höhepunkt der Reformation (1536/40) der Kirche verlorenen Kirchengüter wieder zurückzugewinnen, bedrohte die Lebensgrundlage des Teils der Gentry-Bourgeoisie, der diese Güter seit der Reformation erworben hatte.

Das Spektrum der revolutionierten Gesellschaft weitete sich nach «links» durch radikaldemokratische Levellers aus, unter ihnen besonders aktiv Baptisten. Am linksextremen Rand tauchte in Fifth Monarchists, Ranters und Diggers wieder das apokalyptisch-chiliastische Element auf, mit sozialrevolutionärem Pathos (Besetzung des Bodens und Bebauung durch egalitäre Kommunen der Diggers). Die Independenten unter Cromwell als neue Mitte unterdrückten den politischen Dissens «links» und «rechts», der sukzessive zu den Royalisten abbröckelte, so daß sich nach Hinrichtung Karls I. und Abschaffung der Monarchie (1649) das Commonwealth (= Republik) auf eine Militärdiktatur unter Oliver Cromwell als «Lord Protector» mit königähnlicher Position verengte (1653). Nach Cromwells Tod (1658) brach Anarchie aus, die mit der Restoration die Rückkehr zur Monarchie provozierte (**1660**), beschleunigt durch den Pyrenäenfrieden (1659), der den beiden bislang verfeindeten katholischen Mächten Frankreich und Spanien freie Hand zur Intervention in England gegeben hätte.

Soziale Grundlage der Restoration-Monarchie war die Anerkennung des sozialen Status quo seit Reformation und Englischer Revolution. Die Monarchie wurde als konstitutionelle Monarchie wiederhergestellt, im Gleichgewicht zwischen Krone und Parlament. Der Versuch des Katholiken Jakob II. (1685–1688), mit Rekatholisierung und Toleranz für die Nonkonformisten die absolute Monarchie in England zumindest tendenziell durchzusetzen, gestützt auf Frankreich, löste seinen Sturz aus und die Einladung Wilhelms III. von Oranien, der mit Jakobs Tochter Maria verheiratet war – «Glorious Revolution» (**1688**). Die Bill of Rights (**1689**) legte England auf die parlamentarische Monarchie fest, ratifiziert durch das Act of Settlement (1701), das u. a. den staatlichen vom königlichen Haushalt (Civil List) trennte. Mit der Personalunion übernahm England zugleich auch Wirtschafts- und Finanzmethoden Hollands, ferner seine Staatsräson des «Gleichgewichts der Kräfte» – gegen die drohende Hegemonie Frankreichs unter Ludwig XIV.

88 Dreißigjähriger Krieg und Westfälischer Friede, 1618 bis 1648

Im deutschen Bewußtsein gilt der Dreißigjährige Krieg (**1618**–1648) überwiegend als deutsches Ereignis, literarisch geadelt durch Grimmelshausens «Simplicissimus» («unser teutscher Krieg»). Seine verheerende Wirkung auf Deutschland ist natürlich gar nicht zu leugnen. Aber unter europäischen Horizonten erschließt sich das Verständnis des Dreißigjährigen Krieges, auch mit seiner deutschen Problematik, besser als europäischer Großkonflikt, der überwiegend auf deutschem Boden stattfand und damit Deutschlands Status als Machtvakuum handgreiflich demonstrierte. Gleichzeitig kulminiert in ihm die Verquickung von konfessionellen, verfassungspolitischen (Stände-Krone) und machtpolitischen Faktoren, so daß es schwerfällt, ihn nur noch als «Religionskrieg» einzuordnen.

1582	Kölner Krieg (bis 1585): Konflikt um Erzbistum Köln.
1608/09	Union (bis 1621) – (2.) Katholische Liga (bis 1635).
1609	Böhmischer Majestätsbrief – keine Gegenreformation in Böhmen.
1618	Böhmischer Aufstand (bis 1620), Böhmischer Krieg (bis 1623).
1619	Böhmen und Siebenbürgen vor Wien gescheitert. Kurfürst Friedrich V. von der Pfalz König von Böhmen (bis 1620).
1620	Kriegseintritt Spaniens. Schlacht am Weißen Berg.
1621	Krieg Spanien–Holland erneuert.
1622	Kurpfalz von Liga unter Tilly erobert: Krieg fortgesetzt in Nordwestdeutschland (bis 1623). Spanische Offensive gegen Holland (bis 1625).
1625	Dänisch-niedersächsischer Krieg (bis 1629):
1626	Siege Wallensteins für Kaiser über Dänemark (bis 1628).
1629	Restitutionsedikt, Friede von Lübeck: Höhepunkt kaiserlicher Macht.

1630 Regensburger Kurfürstentag: Wallenstein entlassen. Schweden unter Gustav Adolf in Deutschland: Schwedischer Krieg (bis 1635).
1631 Tilly erobert Magdeburg; Sieg der Schweden über Tilly.
1632 Sieg der Schweden über Tilly bei Rain – Tod Tillys: Wallenstein wieder kaiserlicher Oberbefehlshaber. Schlacht bei Lützen: Tod Gustav Adolfs.
1634 Wallenstein abgesetzt, in Eger ermordet.
1635 Friede von Prag: Kaiser–Sachsen/meiste Reichsstände. Frankreichs Kriegseintritt gegen Spanien: Französisch-schwedischer Krieg (bis 1648).
1644 Friedensverhandlungen in Münster und Osnabrück (bis 1648).
1648 Westfälischer Friede: Allgemeiner Friede; Teil der Reichsverfassung (bis 1806) völkerrechtlich garantiert; französisch-spanischer Krieg fortgesetzt (bis 1659).

Der Dreißigjährige Krieg kämpfte die im Augsburger Religionsfrieden (1555) unerledigt gebliebene oder von Kompromißformeln verdeckte Problematik im großen noch einmal durch, die seit der Reformation im Schmalkaldischen Krieg (1546/47) erstmals aufgebrochen war, jetzt aber unter verschärften Bedingungen von Gegenreformation und massiver Beteiligung der meisten europäischen Mächte: Außer England, das mit seinen internen Problemen, die es zur Englischen Revolution (1640–60) führten, vollauf beschäftigt war, griffen alle bedeutenden Mächte Europas früher oder später in den Krieg ein – Siebenbürgen (1619), Spanien (1620), Holland (1621), Dänemark (1625), Schweden (1630), Frankreich (1635). Hauptkriegsschauplatz der europäischen Machtkämpfe und Hauptleidtragender war das Machtvakuum Deutschland.

Zuvor hatte der Kölner Krieg (1582–85) die Mechanismen im kleinen noch einmal durchexerziert, als die Katholiken die Säkularisierung des Erzbistums Köln verhinderten. Bayerns Eroberung von Donauwörth im Zuge der Rekatholisierung (1607) provozierte wieder die bekannte Konfrontation konfessioneller Militärbündnisse: Die Union (1608), unter Führung des reformierten Kurfürsten Friedrich V. von der Pfalz, stand gegen die (2.) Katholische Liga (1609), wieder unter Führung Bayerns. Der Jülich-Klevische Erbfolgestreit (1609) brachte schon den Aufmarsch der Mächte zu einem europäischen Großkrieg, den aber die Ermordung Heinrichs IV. (1619) noch einmal vertagte.

Den wirklichen Großkonflikt entzündeten die Spannungen aus Gegenreformation und Rivalität zwischen Ständen und Krone in Böhmen: Unter Ausnutzung eines innerdynastischen Konflikts («Bruderzwist im Hause Habsburg») hatten die böhmischen Stände Kaiser Rudolf II. den Böhmischen Majestätsbrief abgerungen (1609), um Böhmen vor der Gegenreformation, wie in Österreich, zu schützen. Die Mißachtung des Böhmischen Majestätsbriefs durch Ferdinand II. trieb die böhmischen Stände zum Handeln: Prager Fenstersturz (in hussitischer Tradition, wie 1419), Böhmischer Aufstand, Böhmische Konföderation (1618); Absetzung Ferdinands II. als König von Böhmen, Wahl Friedrichs V. von der Pfalz (1619). Im Böhmischen Krieg besiegten Kaiserliche/Liga unter Tilly die Böhmen in der Schlacht am Weißen Berg (1620). Rabiate Rekatholisierung und Enteignung des böhmischen (tschechischen wie deutschen) Adels, in der Wallenstein seinen Aufstieg begann, machten die Niederlage zur nationalen Katastrophe der Tschechen – bis 1918.

Den Krieg für den flüchtigen «Winterkönig» setzten Generale und neue Verbündete in Deutschland erfolglos fort, zuletzt Dänemark (1625–29). Wallensteins Siege in Norddeutschland und Dänemark hatten, neben Restitutionsedikt und Lübecker Frieden (1629), zwei bemerkenswerte Ergebnisse: Der Kaiser mußte, unter Druck Bayerns, auf dem Regensburger Kurfürstentag Wallenstein entlassen; Frankreich schickte gegen Subsidien (Geldzahlungen) das protestantische Schweden vor (1630). Gustav Adolf rettete scheinbar «die Sache des Protestantismus», schwächte aber für Frankreich das (1620) dem Krieg beigetretene Spanien. Als sich Schweden in Deutschland festgefahren hatte und vom Kaiser mit dem Prager Frieden isoliert war (1635), griff Frankreich selbst in den Krieg ein (1635). Gegen Ende der verheerendsten Kriegsphase führten getrennte Verhandlungen (ab 1644) zum Westfälischen Frieden (1648), während Frankreich den Krieg bis zur Niederringung Spaniens im Pyrenäenfrieden fortsetzte (1659).

Wie der Dreißigjährige Krieg hatte der Westfälische Friede (1648) eine große Bedeutung für Deutschland und Europa: Als Teil der Reichsverfassung brachte er ältere langfristige Entwicklungen zum formellen Abschluß, wurde er Ausgangspunkt für künftige Entwicklungen. Namentlich schrieb er Deutschlands Status als Europas großes Machtvakuum seit dem Mittelalter fest. Die «teutsche Libertät» sanktionierte den Aufstieg der Reichsstände von der Autonomie zur Souveränität. Ihre völkerrechtliche Garantie für den Westfälischen Frieden gab den Mächten das Recht zur politischen Intervention in Deutschland. Zu den Zerstörungen und Menschenverlusten (ca. ⅓ der Bevölkerung) kam Schwedens Kontrolle der deutschen Flußmündungen (Oder, Elbe, Weser), die das ökonomisch ohnehin geschwächte Deutschland auch noch vom Weltmarkt abschnitt. Die Unabhängigkeit der Schweiz (seit 1500) und Hollands (seit 1581) wurde völkerrechtlich anerkannt. Die Reformierten wurden in Toleranz und Parität des Augsburger Religionsfriedens (1555) aufgenommen. Zugleich eröffnete der Westfälische Friede die Reihe großer Friedensschlüsse und Kongresse, aus denen sich das «Konzert der Mächte» herausschälte.

Für das deutsche Bewußtsein hatten Dreißigjähriger Krieg und völkerrechtlich sanktionierte Atomisierung Deutschlands im Westfälischen Frieden (**1648**) eine traumatische Fernwirkung, zumal nach Wiederholung der historischen Erfahrung im Siebenjährigen Krieg (1756–63), den Revolutionskriegen und Napoleonischen Kriegen (1792–1815): Nie wieder Dreißigjähriger Krieg! Nie wieder Machtvakuum! Also mußte Deutschland selbst wieder Machtzentrum werden, mit Gründung eines neuen Kaiserreiches (1871).

89 Frankreichs erste Hegemonialphase unter Ludwig XIV.: Absolutismus und Expansion, 1667 bis 1714

Statt Spanien war, seit dem Pyrenäenfrieden (1659), Frankreich Vormacht in Europa, erst latent, bald offen. Absolutismus nach innen, Hegemonie nach außen waren leitende Prinzipien Ludwigs XIV. (1643/61–1715). Nach einer Konsolidierungs- und Vorbereitungsphase eröffnete er mit drei Angriffskriegen (1667/68, 1672–78, 1688–97) Frankreichs ersten Anlauf zur europäischen Hegemonie, während Europa mit wechselnden Koalitionen antwortete.

1667 Devolutionskrieg (bis 1668): Frankreich erobert Spanische Niederlande, Franche-Comté (Freigrafschaft Burgund).

1668 Tripel-Allianz (bis 1670): Holland/England/Schweden. (1.) Friede von Aachen: Westflandern, 12 Grenzfestungen zu Frankreich.

1670 Geheimvertrag zu Dover: England gegen Subsidien für Frankreich (bis 1674).

1672 Holländischer Krieg (bis 1678): Frankreich fällt in Holland ein – «Holland in Not»: Deiche durchstochen. 3. Englisch-holländischer Seekrieg (bis 1674).

1674 Tripel-Allianz Kaiser/Holland/Spanien; England schließt sich an; ferner Dänemark, Kurpfalz.

1678 Friede von Nimwegen (bis 1679): Frankreich behauptet Franche-Comté und Grenzfestungen im Nordosten.

1679 Reunions-Kammern von Ludwig XIV. eingesetzt.

1681 Frankreich annektiert Straßburg und Teile des Elsaß.

1685 Edikt von Nantes aufgehoben.

1688 Pfälzischer Erbfolgekrieg (bis 1697): Krieg mit Holland.

1689 (1.) Große Allianz – Gleichgewicht der Kräfte gegen Frankreichs Hegemonie.

1692 Englischer Seesieg bei La Hogue über Franzosen: Invasion Englands zur Wiedereinsetzung Jakobs II. verhindert.

1697 Friede von Rijswijk: Frankreich behält Elsaß, Saint-Domingue.
1701 Spanischer Erbfolgekrieg (bis 1713/14): (2.) Große Allianz gegen Frankreich.
1713/14 Friede von Utrecht/Rastatt.

Durch den Sieg über die Fronde (1653) und Spanien (1659) war in Frankreich die Monarchie nach innen und außen gefestigt. Seit den letzten Generalständen (1614) hatte Kardinal Richelieu (1624–42) die Macht der Zentrale ausgebaut, nach innen u. a. durch Zurückdrängung der Hugenotten (Eroberung von La Rochelle, 1628), nach außen durch Krieg gegen Spanien (1635 bis 59). Die so gewiesene Richtung – absolute Monarchie – setzte Richelieus Nachfolger, Kardinal Mazarin (1642–61), konsequent fort, nach seinem Tod (1661) Ludwig XIV. als nun absolut regierender Alleinherrscher.
Zu seiner ideologischen Überhöhung als «Sonnenkönig» griff Ludwig XIV. auf antike Vorbilder des Herrscherkultes zurück. Als sichtbare Verkörperung seiner Herrschaft errichtete er den ebenso glanzvollen wie stilprägenden Neubau von Versailles (1661–84). Die systematische Förderung der neuen Wirtschaftskräfte unter Colbert (Merkantilismus, Kolonialpolitik, Flottenbau) legte die ökonomische Grundlage für Frankreichs «Goldenes Zeitalter». Insgesamt erreichte Frankreich damals den Höhepunkt seiner eigenen Kultur und deren Ausstrahlungen auf Europa – Sprache, Literatur, Philosophie, Musik, Malerei. Die Académie Française (1635) erzielte mit dem «Dictionnaire de l'Académie» (1696) ihre erste große nach außen sichtbare Wirkung.
Der neue Wohlstand war auch finanzielle Basis für die Expansion nach außen: Enorme Erweiterung und Modernisierung der Armee durch Louvois, ergänzt durch einen massiven Festungsbau an den Grenzen unter Vauban sowie Bau einer starken Kriegsflotte stellten die militärischen Mittel bereit. Hauptgegner war das quasi-republikanische Holland – klein, aber reich. Zwischen ihm und Frankreich lagen die Spanischen Niederlande als strategisch erstes Angriffsziel. Weitere Expansionsmöglichkeiten bot das Machtvakuum Deutschland, dazu die Chance, Holland von Süden zu umfassen.
Die Kriegsvorwände wechselten für Devolutionskrieg (**1667**/68), Holländischen Krieg (1672–78) und Pfälzischen Erbfolgekrieg (1688 bis 97). Der Devolutionskrieg heißt nach dem Devolutionsrecht, einem Prinzip des brabantischen Privatrechts, das bei Erbschaften Kindern aus erster Ehe den Vorzug vor Kindern aus späteren Ehen gab. Ludwig XIV. übertrug es auf Staatsangelegenheiten und die Spanischen Niederlande insgesamt, die so angeblich zu Frankreich gehörten. Ohne Rechtstitel begann der Holländische Krieg. Nach dem Frieden von Nimwegen (1678/79) richtete Ludwig XIV. «Reunions-Kammern» ein (1679), um Frankreichs Anspruch auf «Wiedervereinigung» («Ré-

union») der Gebiete rechtlich zu begründen, von denen seit dem Vertrag von Chambord (1552) schon Teile zu Frankreich gekommen waren. Mit dem Mandat der Reunions-Kammern besetzte Frankreich das Elsaß (1681), dazu Straßburg ohne auch nur den Schein eines Rechtstitels. Den Pfälzischen Erbfolgekrieg eröffnete Ludwig XIV. (1688) mit dem Erbanspruch auf die Kurpfalz für seine Schwägerin, Lieselotte von der Pfalz, in der Erbfolgekrise von Simmern (1685).

Die drei Kriege ähneln sich in Ablauf und Ergebnissen: Mit seiner riesigen, gut ausgerüsteten Armee erzielte Frankreich große Anfangserfolge und besetzte Faustpfänder für den Friedensschluß. Früher oder später erhielten die Angegriffenen Hilfe von (wechselnden) Allianzen – Tripel-Allianz (1668, 1674); 1. Große Allianz (1689), deren stabiler Kern Holland war. Anschließend errangen die Alliierten Abwehrerfolge und zwangen Frankreich zum Kompromißfrieden, noch immer zu seinen Gunsten: Es behielt stets einen Teil der eroberten Gebiete. Die Verquickung von macht- mit verfassungspolitischen Fragen zeigt sich in der Unterstützung des absoluten «Sonnenkönigs» für Jakob II., für den er in England mit einer Invasion eingreifen wollte, aber durch den englischen Seesieg von La Hogue (1692) gehindert wurde.

Die Grundkonstellation (Frankreich gegen Holland) drückt sich auch in zwei Tatsachen aus, deren funktionale Bedeutung hier besonders zu unterstreichen ist: Die meisten Friedensverträge der Zeit gegen Frankreich wurden in Holland abgeschlossen (Nimwegen, 1678/79; Rijswijk 1697; Utrecht, 1713), in sich Indiz für einen machtpolitischen Schwerpunkt. Der Friede von Rijswijk brachte mit dem Barriere-Prinzip eine originelle Neuerung des sich entwickelnden Völkerrechts: Holland erhielt das Recht, in Friedenszeiten im Süden der Spanischen (seit **1714**: Österreichischen) Niederlande in einer Kette von Grenzfestungen Truppen zu stationieren («Barriere»), zum Schutz gegen Frankreich (bis 1781). In Kriegszeiten erwies sich die Barriere zwar nicht als sehr wirksam, aber ihre Existenz allein ist historisch aufschlußreich genug.

Frankreichs Expansion nach Osten und Nordosten (bis 1697) wurde Ausgangsbasis für Ludwigs XIV. größten Coup – Anschluß Spaniens in einer faktischen Personalunion nach Erlöschen der spanischen Habsburger (1700). Frankreich wäre schlagartig zur größten Kontinental- und Kolonialmacht aufgerückt, zur Super-Weltmacht seiner Zeit.

Gegen den Umsturz des neuen «Gleichgewichts der Kräfte» mobilisierte Wilhelm III. von Oranien (also Holland), dank der «Glorious Revolution» (1688) inzwischen auch König von England (seit 1689), die (2.) Große Allianz (1701). Der nun folgende Spanische Erbfolgekrieg, einer der großen Hegemonialkriege Europas im 18. Jahrhundert, erschöpfte Frankreichs Kräfte und eröffnete, erst recht nach dem Tod Ludwigs XIV. (1715), die Krise des Ancien Régime, die zur Explosion der Französischen Revolution (1789) führte.

90 Die europäische Pentarchie: Der Aufstieg neuer Großmächte I: Österreich – Preußen, 1683 bis 1763

Aus dem Chaos von kleinen, mittleren und größeren Mächten, von regionalen und kontinentalen, Groß- und Hegemonialkriegen seit dem Dreißigjährigen Krieg mit ihrem ständigen Wechsel von Koalitionen und Gebietsveränderungen schälte sich das neue System der fünf Großmächte heraus, die europäische Pentarchie: Zur ältesten Großmacht, Frankreich (seit 1214), das stets Großmacht blieb, selbst nach Scheitern seiner beiden Anläufe zur Hegemonie (1714/15, 1814/15), traten vier neue Großmächte hinzu – Österreich (1683), England (1713), Rußland (1721), Preußen (1763), stets durch große Kriege.

Seit dem späten 18. Jahrhundert dominierte die Pentarchie die internationalen Beziehungen Europas. Nach dem Wiener Kongreß (1815) monopolisierte sie, gleichsam als internationaler Legislator, die Kompetenz für Anerkennung von Grenzveränderungen und Unabhängigkeit neuer Staaten. Repräsentativ für das «Konzert (= Zusammenwirken) der Mächte» bis zum Ersten Weltkrieg wurden die großen Kongresse und Friedensschlüsse von Wien (1814/15), Paris (1856) und Berlin (1878), wenn schon nicht zur Erhaltung des Friedens, so doch zu seiner Wiederherstellung nach großen Kriegen.

1683	Belagerung Wiens aufgehoben. 5. Türkenkrieg (bis 1699): Expansion Österreichs – Großmacht; Niedergang des Osmanischen Reiches.
1701	Königskrönung in Königsberg: König *in* Preußen.
1714	Friede von Rastatt: Spanische Niederlande zu Österreich (bis 1792/94).
1740	Maria Theresia Erzherzogin von Österreich. Kaiserin (1745–80). Pragmatische Sanktion angefochten: Österreichischer Erbfolgekrieg (bis 1748). Friedrich II. König von Preußen (bis 1786): eroberte Schlesien: 1. und 2. Schlesischer Krieg (1740/42, 1744/45).
1763	Friede von Hubertusburg. Preußen behauptet sich: Großmacht.

Österreichs Position war durch seine Doppelrolle als ursprüngliche Grenzmark («Ostmark») Bayerns, dann des Reiches und territoriale Grundlage für die Habsburger als Kaiser im Reich (ununterbrochen seit 1438) gekennzeichnet. Die Personalunion seiner Herrscher als Kaiser verzögerte lange die Herausbildung einer klaren Eigenstaatlichkeit. Allerdings erhöhten das Prestige der Kaiserkrone und das zusätzliche Gewicht des Reichs, so problematisch es in sich auch war, den Rang der Habsburger, z. B. mit Wiens Aufstieg zur inoffiziellen Hauptstadt des alten Reiches. Von der osmanischen Expansion profitierte Österreich zunächst, weil es aus dem Untergang des mittelalterlichen Ungarn bei Mohács (1526) Böhmen, Mähren und Schlesien erbte (1526). Mit dem Anspruch auf ganz Ungarn gewann es auch die Trümmer Ungarns samt nördlichen Südslawen (Kroaten), die sich zum Schutz vor den Türken an Habsburg anlehnten. Aber als Kehrseite des Dauerkrieges der Habsburger gegen Frankreich hatte es dessen Verbündeten im Osten, das Osmanische Reich, auf eineinhalb Jahrhunderte in vier Türkenkriegen weiter auf dem Hals. Es vermochte sich der Türken in der Defensive, u. a. mit Hilfe der Militärgrenze (ab 1522/35), mehr schlecht als recht zu erwehren. Erst die 2. Belagerung Wiens und sein Entsatz durch ein Koalitionsheer unter Polens König Johann Sobieski (1683) brachte die Wende. In der nachdrängenden Expansion gegen die geschlagenen Osmanen begann der Aufstieg zur Großmachtstellung Österreichs. Die Expansion nach Südosten führte nun erst recht über die alten Reichsgrenzen hinaus und legte den multinationalen Charakter Österreichs fest, an dem es später, zuletzt als Doppelmonarchie Österreich-Ungarn (1867), am Ende des Ersten Weltkriegs zugrunde ging (1918). Gleichwohl hatte Österreich als große deutsche Kulturmacht, mit Wien als Zentrum, einen bedeutenden Einfluß vor allem auf Südost- und Ostmitteleuropa.

Auch Preußen begann als östliche Grenzmark, weiter im Norden («Nordmark»), zunächst verengt auf die Mark Brandenburg. Unter den sieben ursprünglichen Kurfürstentümern des Reiches (1356) war es das rangletzte und schwächste. Zur Keimzelle Brandenburg kam der frühere Ordensstaat, das Herzogtum Preußen (1618), zunächst unter Suzeränität der polnischen Krone (bis 1660). Durch die Rangerhöhung zum König *in* Preußen mit der Krönung in Königsberg (18. 1. 1701), weil Ostpreußen außerhalb des Reiches lag und allein sozusagen vollsouveräner Besitz der Hohenzollern Brandenburgs war, ging der Name Preußen (abgeleitet von den baltischen Pruzzen, die indirekt 1226/30 den Deutschen Orden ins Land gezogen hatten) nun auf den Gesamtstaat über. Als armes Land («des Heiligen Römischen Reiches Streusandbüchse»), dazu mit schweren Verlusten durch den Dreißigjährigen Krieg, bot Preußen nur geringe Voraussetzungen zu einer europäischen Großmacht. Brandenburgs vorletzter Kurfürst, der Große Kurfürst Friedrich Wilhelm (1640–1688), hatte aber gerade aus seiner Jugenderfahrung im Dreißigjährigen Krieg die Konsequenz gezogen, daß sein Land nur als Militärmacht dem traurigen Schicksal des Machtvakuums entgehen könnte. Durch straffe Zentralisierung, Organisation, Sparsamkeit und exzessive Militarisierung nach innen, häufigen Bündniswechsel nach außen zwängte sich Preußen in die Reihe der europäischen Großmächte, zuletzt im Kampf gegen Kaiser und Reich, mit dem Überfall auf das reiche Schlesien (1740). Da es sich in drei Schlesischen Kriegen (1740–42, 1744/45, 1756–63) unter Friedrich II., dem Großen (1740 bis 1786), gegen wechselnde Koalitionen behauptete, rückte es am Ende des (mit dem 3. Schlesischen Krieg identischen) Siebenjährigen Krieges zu den europäischen Großmächten auf (1763), nochmals bestätigt und ratifiziert durch Teilnahme an der 1. Teilung Polens (1772).

Die beiden deutschen Großmächte Österreich und Preußen waren die schwächsten Großmächte der europäischen Pentarchie: Vor allem Preußen verdankte seinen Aufstieg zur Großmacht im Grunde nur dem vorzeitigen Ausscheiden Rußlands aus dem Siebenjährigen Krieg in einem Separatfrieden (1762), womit Preußen gerettet war («Mirakel des Hauses Brandenburg»), anschließend dem Bündnis mit Rußland (1764). Zweimal bewahrte Rußland das kleinere Preußen nochmals vor der Vernichtung (1807, 1813) und erwartete entsprechende «Dankbarkeit». Die vielbeschworene Freundschaft Preußens zu Rußland war in Wirklichkeit eine extreme Abhängigkeit der schwächeren von der stärkeren Großmacht. Im Rat der fünf Großmächte konnte Rußland daher fast stets auf die Stimme Preußens zählen – bis zur Reichsgründung (1871).

Österreich und Preußen schwächten sich gegenseitig durch ihre innerdeutsche Rivalität, den Dualismus, der die außerdeutschen Mächte erst recht noch stärker nach Deutschland hineinzog. Den offenen Konflikt löste die Thronbesteigung Maria Theresias in Österreich (1740) aus, die ihr Vater, Kaiser Karl VI., durch die Pragmatische Sanktion (1713) hatte sichern wollen. Zur spätmittelalterlichen Rivalität Habsburg–Wittelsbach (Bayern) um die Kaiserkrone trat nun der unverhüllte machtpolitische Ehrgeiz Friedrichs II. mit der Eroberung Schlesiens (1740). Österreichischer Erbfolgekrieg (1740–48) und 3. Schlesischer Krieg (= Siebenjähriger Krieg) (1756–63) wurden somit zur deutschen Seite der großen europäischen Hegemonialkriege um die Jahrhundertmitte. Der Erfolg Preußens, des modernen Militärstaats par excellence, im Aufstieg zur europäischen Großmacht an ihrem Ende (**1763**) prägte den weiteren Verlauf deutscher und europäischer Geschichte. Namentlich der deutsche Dualismus setzte sich fort, nur vorübergehend suspendiert durch die (teilweise) gemeinsame Frontstellung gegen die Französische Revolution und Napoleon I. (1792 bis 1815), bis zum Deutschen Krieg (1866).

91 Der Aufstieg neuer Großmächte II: England – Rußland, 1689 bis 1713/21

Weltpolitisch damals und welthistorisch bis heute noch wirksamer wurde der fast gleichzeitige Aufstieg der beiden Flügelmächte im neuen System der Pentarchie – England im Westen, Rußland im Osten, jeweils am Ende großer Hegemonialkriege (1713/21). Ökonomisch, sozial und politisch bildeten England und Rußland Gegensätze, die sich später polarisierten und ideologisierten – Liberalismus kontra Autokratie.

Gemeinsamer Ausgangspunkt ist das Jahr **1689**: Es markiert den Abschluß der Glorious Revolution, die Herrschaft des Parlaments und des Frühliberalismus in England, den Regierungsantritt Peters des Großen als Alleinherrscher in Rußland. Beide Großmächte betrieben ihre Expansion weltweit, bis sie sich als größte Weltreiche der Geschichte begegneten, England zur See, Rußland zu Land. England begann als Insel mit der Beherrschung von Nordsee und Atlantik, Rußland wurde Großmacht erst durch Zugang zu Nebenmeeren, im Norden (Ostsee, 1703) und Süden (Asowsches Meer, 1739), sowie mit dem Bau einer Flotte (1696). England stützte sich auf die modernste Landwirtschaft der Zeit und seine anlaufende Industrialisierung, Rußlands Landwirtschaft war notorisch rückständig, bis zur Annexion des Gebiets der Krimtataren (1783) noch ohne die fruchtbaren Schwarzerdgebiete der Ukraine. England hatte seine eigene technische Intelligenz, Rußland mußte teure Spezialisten aus dem Ausland einführen. England war liberaler Rechts- und Verfassungsstaat, Rußland Autokratie – reinster Absolutismus über rechtlose Untertanen.

1689	Bill of Rights in England – Peter der Große in Rußland.
1694	Bank of England, nach Vorbild der Amsterdamer Bank: Kredite an Staat und Wirtschaft zu 8 % Zinsen.
1696	Erste russische Flotte auf dem Don. Board of Trade and Plantations in England.
1698	Freihandel für «Trade» (= Dreieckshandel).
1700	Rußland führt Julianischen Kalender ein; Kleiderreform. Nordischer Krieg (bis 1721): Aufstieg Rußlands.
1701	Spanischer Erbfolgekrieg (bis 1713): Aufstieg Englands. Act of Settlement: protestantische Thronfolge; «Civil List» für Krone: parlamentarische Monarchie vollendet.
1703	Methuen-Vertrag: Portugal Absatzmarkt für England.
1707	Realunion England–Schottland: Autonomie Schottlands aufgehoben – größerer gemeinsamer Markt.
1709	Erste Strafgefangene nach Sibirien.

1710 1. Russisch-türkischer Krieg (bis 1711): erfolglos.
1713 Friede von Utrecht: Neufundland, Neuschottland, Gibraltar zu England; Asiento; Annual Ship: England Großmacht. St. Petersburg neue Hauptstadt Rußlands (bis 1919).
1714 Haus Hannover (Welfen) in England: Personalunion England–Hannover (bis 1837).
1719 Verwaltungsreform in Rußland: Gouvernements.
1721 Friede von Nystad: Livland, Estland, Insel Ösel, Teile Kareliens zu Rußland. Rußland Großmacht: Zar mit westlichem Kaisertitel. Robert Walpole Premierminister (bis 1742): Anfänge des Kabinettsystems in England.

In England verstärkten sich um 1700 ältere historische Faktoren: Die Ursprüngliche Akkumulation intensivierte sich nach Glorious Revolution und Personalunion England/Holland (1689–1702) durch den Zustrom holländischer Experten und finanztechnischer Kenntnisse (Bank of England, 1694). Bill of Rights (1689) und Act of Settlement (1701) vollendeten die Herrschaft des Parlaments, John Lockes «Treatises on Government» (1690) rechtfertigten sie. Mit wachsendem Reichtum aus Seeherrschaft, Kolonien und allmählich einsetzender Industrialisierung wurde England beneidetes und bewundertes Modell des liberalen Rechts-, Verfassungs- und Industriestaates. Den entscheidenden Durchbruch als neue Großmacht erzielte England gegen Frankreichs Hegemonialanspruch unter Ludwig XIV. im Spanischen Erbfolgekrieg und Frieden von Utrecht (**1713**). Gestützt auf Flotte, Herrschaft der Meere und Weltwirtschaft, wehrte es spätere Versuche Frankreichs ab, England die Weltherrschaft streitig zu machen.

Rußland dagegen begann seine Laufbahn als größte Landmacht der Neuzeit nach Abschüttelung der Tataren-Tributoberherrschaft (1480) und Abschluß der innerrussischen Expansion (1521). Als klassischer Binnenstaat erkämpfte es sich mühsam den Zugang zum Meer, zur Ostsee erst im dritten Anlauf (1703/21).

Nach den verheerenden Konflikten der «Smuta» (1604–13) mit ausländischer Intervention (Polen, Schweden, bis 1617) und nach Antritt der Romanov (1613–1917) dauerte die Konsolidierungsphase bis zu den Anfängen Peters des Großen als Alleinherrscher (1689). Seine Formel war Autokratie, Modernisierung, Expansion. Autokratie, als Vollendung der absoluten Monarchie, war Selbstverständlichkeit, ebenso wie Leibeigenschaft über die Massen auf dem Land, mit nur wenigen Städten, die unter der Autokratie des Zaren auch kein selbstbewußtes Bürgertum entwickeln konnten. Modernisierung galt, hierin ähnlich Frankreich unter Ludwig XIV. und allen sich systematisch von oben «entwickelnden» Machtstrukturen (Preußen, Osmanisches Reich, Ägypten, Japan, China usw.), nur den Streitkräften und punktuell der Wirtschaft, soweit sie die Instrumente und Mittel zur Expansion bereitstellte – Rüstungswirtschaft, Schiffbau, Militärschulen. Aber die Basis zur Modernisierung Rußlands war viel schmaler als in Frankreich oder Preußen und wurde oft erst durch äußerliche Reformen wenigstens formal erzwungen (Kleiderreform, 1700; Rangstufentabelle, 1722). Seit Peter dem Großen laborierte Rußland unter der Spannung zwischen Groß- und Weltmachtstatus nach außen mit entsprechendem Groß- und Weltmachtdenken (Prestige!) einerseits, technologischer Rückständigkeit andererseits, die es stets hinter den am weitesten entwickelten Industriestaaten hinterherhinken ließ, angewiesen auf Import von Experten, Krediten und Technologien. Im Innern herrschte stets eine analoge Diskrepanz zwischen Inseln funktionaler Modernität (zur Machtsteigerung nach außen) und Rückständigkeit der Massen auf dem Land.

Der Aufstieg zur Großmacht gelang Rußland im Nordischen Krieg, vollendet im Frieden von Nystad (**1721**), mit dem Durchbruch zur Ostsee nach Westen. Dagegen scheiterte es vorerst noch mit seiner Expansion nach Süden gegen das Osmanische Reich im 1. Russisch-türkischen Krieg (1710–11). Dennoch kündigte sich eine wichtige Expansionslinie Rußlands an – Konstantinopel, flankiert von Kaukasus und Balkan. In einer Kette weiterer Kriege stürzte Rußland das Osmanische Reich in die Agonie und schuf so die Orientalische Frage (1774–1923). Die westliche Expansionslinie zielte über Polen ins Machtvakuum Deutschland und führte zu den Teilungen Polens (1772–95).

Anfangs blieb der Gegensatz zwischen beiden qualitativ so gegensätzlich strukturierten Groß- und Weltmächten latent, solange sie nicht direkt miteinander zu tun hatten, solange sie mit dem revolutionären und Napoleonischen Frankreich einen gemeinsamen Gegner bekämpften. Erst Industrielle Revolution und Heilige Allianz (1815) markierten die offene Polarisierung zwischen England und Rußland. Das Aufeinandertreffen der Expansionslinien mit Mittelmeer (Konstantinopel) und Zentralasien (Indien) erzeugte im 19. Jahrhundert neue Konflikte, die sich einmal zum offenen Krieg (Krimkrieg, 1854 bis 56), zweimal bis zum Rand eines Krieges zwischen England und Rußland (1878, 1885) verschärften.

92 Hegemonie und Gleichgewicht: Die großen Hegemonialkriege, 1700/1 bis 1763

Den Kampf gegen Frankreichs Hegemonie seit der 1. Großen Allianz (1689) steigerten das verbündete Holland und England zum Globalkonflikt des Spanischen Erbfolgekrieges, indem Wilhelm III. das neue Prinzip des «Gleichgewichts der Kräfte» (Balance of Power) fortan zur Leitlinie der englischen Außenpolitik erhob, bis zum Zweiten Weltkrieg. Gleichzeitig stieg Rußland, im Windschatten des westlichen Hegemonialkriegs, im Nordischen Krieg (**1700**–21) zur östlichen Hegemonialmacht auf: Über ein Jahrzehnt lang war Europa von zwei sich räumlich und zeitlich überlagernden Groß- und Hegemonialkriegen überzogen (**1701**–13). Sie und ihre Fortsetzungen – Polnischer Thronfolgekrieg, Österreichischer Erbfolgekrieg, Siebenjähriger Krieg – prägten weithin die internationalen Beziehungen Europas im 18. Jahrhundert. Aus ihnen gingen die neuen Großmächte hervor, und ihre Kenntnis ist unentbehrlich zum Verständnis wichtiger Ereignisse wie Teilungen Polens, Unabhängigkeit der USA, Französische Revolution.

1700 Nordischer Krieg (bis 1721): Rußland/Sachsen/Polen/Dänemark–Schweden: Bürgerkrieg in Polen.
Spanische Habsburger ausgestorben: Anspruch Ludwigs XIV. auf Spanien.

1701 (2.) Große Allianz: Holland/England/Kaiser/Schweden (ab 1703: Portugal/Savoyen): Spanischer Erbfolgekrieg (bis 1713/14): Frankreich/Bayern/Kurköln – Große Allianz; Bürgerkrieg in Spanien.

1703 Russen erobern Ingermanland: St. Petersburg gegründet.

1704 Engländer erobern Gibraltar. Schlacht bei Höchstädt.

1705 Engländer erobern Barcelona: Katalonien/Valencia gegen Bourbonen Philipp V. (bis 1710/14).

1709 Schlacht bei Malplaquet: blutiger alliierter Sieg über erschöpfte Franzosen. Hungersnöte, Epidemien in Frankreich: Krise.
Schlacht bei Poltawa: Entscheidender Sieg der Russen über Schweden. Karl XII. in Türkei (bis 1714).

1710 1. Russisch-türkischer Krieg (bis 1711).

1713/14 Friede von Utrecht/Rastatt: Bourbonen in Spanien anerkannt, aber Trennung von spanischer und französischer Krone. Gebietsgewinne für England und Österreich.

1716 Russen besetzen Polen; Mecklenburg (bis 1717).

1721 Friede von Nystad: Ostseeprovinzen zu Rußland.

1733 Polnischer Thronfolgekrieg (bis 1735).
1735 Russische Armee erstmals am Rhein.
1740 Österreichischer Erbfolgekrieg (bis 1748); dazu zwei Schlesische Kriege (1740–42, 1744/45): Österreich/England/Rußland/Holland–Bayern/Preußen/Frankreich.
1748 (2.) Friede von Aachen: Mißerfolg Frankreichs.
1756 Renversement des alliances (Umkehrung der Bündnisse): England/Preußen–Österreich/Frankreich/Rußland/Schweden: Siebenjähriger Krieg (3. Schlesischer Krieg) (bis 1763).
1757 Schlacht bei Plassey: Sieg der Engländer.
1759/60 Engländer erobern Kanada – Quebec, Montreal.
1762 Sonderfriede Rußland–Preußen: Preußen gerettet.
1763 Friede von Hubertusburg: Preußen behauptet sich. Friede von Paris: Englands Hegemonie zur See bestätigt.

Historische Voraussetzungen, innere Struktur, Zeitpunkt und Bedingungen des Aufstiegs zur Großmacht bestimmten Charakter, Stärke und Interessen der neuen Großmächte. Im häufigen Wechsel der Koalitionen gab es einige Fixierungen oder Konstanten: Feindschaft England–Frankreich seit dem Mittelalter; Allianz Frankreich/Osmanisches Reich (seit 1526/36); deutscher Dualismus Österreich–Preußen (1740 bis 1866); Abhängigkeit Preußens von Rußland. Von gelegentlichen Schwankungen abgesehen, steuerten diese Konstanten den Wechsel von Allianzen, namentlich den spektakulären von 1756 («renversement des alliances»). So sind die beiden ersten Hegemonialkriege des 18. Jahrhunderts in West und Ost stets zusammen zu sehen, auch in ihren historischen Verlängerungen.

Aus dem Wust von Daten ragen einige militärische Ereignisse heraus – Malplaquet (1709) war die blutigste Schlacht des 18. Jahrhunderts überhaupt; Poltawa (1709) entschied den Nordischen Krieg, den Abstieg Schwedens als regionale Großmacht und den polnischen Bürgerkrieg. Plassey (1757) wurde Auftakt zur Eroberung Indiens durch England (bis 1856), die Eroberung von Quebec (1759) und Montreal (1760) erweiterte seinen Kolonialbesitz in Nordamerika um Kanada.

Insgesamt lassen sich die europäischen Hegemonialkriege des 18. Jahrhunderts auf zwei große Faktoren zurückführen – Englands Prinzip der «Balance of Power» im Westen, Rußlands säkulare Expansion im Osten. Die «Balance of Power» erschließt sich aus den historischen Erfahrungen Hollands bei Abwehr der französischen Invasion (1672–78) und Englands beim Aufstieg zur Großmacht: Zum Schutz seiner Seehegemonie wollte England fortan den Aufstieg einer kontinentalen Hegemonialmacht verhindern, die, wie Frankreich 1692, durch Invasion zur See hätte gefährlich werden können. Vor allem die Rhein-Schelde-Mündungen sollten zu kleineren Staaten gehören – befreundeten (Holland) und/oder neutralen (Bel-

gien, 1839). Seitdem richtete sich Englands Politik des Gleichgewichts nacheinander gegen drei zur Hegemonie strebende Großmächte – Frankreich (1701–1815), Rußland (1815–1907), Deutschland (1904 bis 45).
Rußlands Expansion ging in alle Richtungen, mit wechselnden Schwerpunkten, auf dem Weg des geringsten Widerstandes. Namentlich zielte sie auf Ausfüllung von großen Machtvakuen – Indien, Osmanisches Reich in acht Russisch-türkischen Kriegen (1710–1878), Polen, zuletzt auch China (ca. 1900). Schon früh setzte das autokratische Rußland das Mittel der Insurgierung in den Russisch-türkischen Kriegen (seit 1710) ein, vor allem gegen das Osmanische Reich mit Aufrufen und Aktionen zum Entfesseln von Aufständen unter christlichen, meist südslawischen Völkern. Hilfe für die aufständischen Mamluken (1772 bis 74) im 3. Russisch-türkischen Krieg, massive militärische Präsenz Rußlands in Ägypten (um 1786) und Kooperation mit Äthiopien gegen die Türkei um 1900 weisen auf Ziele über Konstantinopel hinaus.
Die welthistorischen Wirkungen waren gewaltig: Dem Aufstieg Englands und Rußlands zu Großmächten entsprachen Frankreichs Scheitern als Hegemonialmacht und die zweite, entscheidende Phase im Abstieg des Osmanischen Reiches (ab 1774). Für Frankreich begann die Existenzkrise der absoluten Monarchie: Zu Hunger und Epidemien (1709) traten die 20fache Erhöhung der Staatsschulden am Ende des Spanischen Erbfolgekrieges, später außenpolitische Mißerfolge gegen England (1748, 1763): Mit seinem Griff zur Hegemonialmacht hatte Ludwig XIV. eine Lawine losgetreten, die in der Französischen Revolution sein Ancien Régime des Absolutismus begrub (1789).
Der Polnische Bürgerkrieg im Nordischen Krieg gehört zur Vorgeschichte der Teilungen Polens (1772–95) ebenso wie Kriegsverheerungen und permanente Stationierung russischer Truppen (1716).
Im spanischen Bürgerkrieg als Teil des Spanischen Erbfolgekrieges wiederholte sich Kataloniens Aufbegehren gegen den kastilischen Zentralismus (1705–14), vorläufig abgeschlossen durch blutige Rückeroberung Barcelonas und Verkauf eines Teils seiner Bewohner in die (muslimische) Sklaverei (1714). Spanischer und Österreichischer Erbfolgekrieg vollendeten den ökonomischen Niedergang auch der Spanisch/Österreichischen Niederlande.
Auch der Methuen-Vertrag (1703), der Portugal aus dem anfänglichen Bündnis mit Frankreich zur Großen Allianz und zum (seit 1386) traditionellen englisch-portugiesischen Bündnis zurückholte, hatte, neben politischen, wichtige ökonomische Aspekte. In Utrecht (1713) gewann England mit Asiento und «Annual Ship», das einmal im Jahr englische Waren ins sonst abgesperrte spanische Kolonialreich bringen durfte, den größten Anteil in der letzten Phase des Transatlantischen Sklavenhandels und eröffnete seine ökonomische Durchdringung Lateinamerikas, die mit Freihandel (1776) und Unabhängigkeit Lateinamerikas (1823/24) voll einsetzte.
Der Siebenjährige Krieg entschied

über Preußens Aufstieg zur Großmacht (**1763**), bestätigte England mit dem Sieg bei Plassey (1757) als See- und Kolonialmacht Nr. 1, bereitete aber die Komplikationen vor, aus denen sich die USA in ihrem Unabhängigkeitskrieg von England (1775–83) lösten.

93 Industrielle Revolution I: Fortschritt und Modernisierung – der entfesselte Prometheus, um 1760 bis 1847

Gegen Ende der Hegemonialkriege überschritt der technische Wandel in England die Schwelle zur Industrialisierung. In Fortführung älterer Entwicklungen, ideologisch auf der Basis von Aufklärung und Rationalismus, leitete die Industrialisierung einen neuen Modernisierungsschub ein, den der adlige Enzyklopädist und Anhänger der Französischen Revolution Condorcet zum Fortschritt schlechthin erklärte. Strukturgeschichtlich läßt sich der Übergang zur industriellen Produktion (ab **ca. 1760**) nur noch mit dem Übergang zur agrarischen Produktion («Neolithische Revolution») vergleichen mit umwälzenden Folgen für alle Bereiche des Lebens in der gesamten Welt. Symbolgestalt des Emanzipationsprozesses wurde der entfesselte Prometheus der griechischen Mythologie.

Zuerst in England begann die Mechanisierung von Textil-, Eisen- und Kohleproduktion. Sie wurden die Leit- und Wachstumssektoren in der ersten Phase der Industrialisierung, sind umgekehrt heute die großen Krisenbranchen in den westlichen Industrieländern. Zunächst aber regte das Wachstum in den drei Leitsektoren sich gegenseitig an: Mechanisierte Spinn- und Webverfahren verlangten Maschinen aus Eisen und Stahl; zu deren Produktion und Betrieb wurde Kohle unentbehrlich als Ersatz für knapper werdendes Holz. Zum Abpumpen des Grundwassers aus immer tieferen Kohlengruben dienten erste Dampfmaschinen, die auch Mechanisierung und Kohleverbrauch vorantrieben. Viele neue Erfindungen dienten direkt der Kriegführung oder indirekt der Stärkung staatlichen Kriegspotentials, auch im England des Siebenjährigen Krieges (1756–63).

Von England aus verbreitete sich das industrielle Prinzip zunächst entlang den großen Kohlenfeldern – Belgien, Holland, Nordostfrankreich, Ruhr/Saargebiet, Böhmen, Oberschlesien/Westpolen, Don, Donaubekken, Ural, Indien, Japan nach Osten, in die USA nach Westen. Die Industrialisierung setzte an historischen Wirtschaftszentren an (z. B. Wallonien) und schuf neue, buchstäblich auf der grünen Wiese (z. B. Ruhrgebiet). Kohle und Eisen waren die Grundformel für die Industrialisierung. Die Textilindustrie wurde zum ersten bedeutenden Wirtschaftszweig, wie auch jetzt in späteren «Entwicklungsländern». Eine aparte Sonderstellung nimmt Südafrika ein, denn dort begann die Industrialisierung mit Diamanten (1867) und Gold (1886). Eine wichtige Zäsur war die Kontinentalsperre (1806–13): Napoleons Handelssperre gegen England zwang in Europa zur Substitution (Ersatz) westindischer Produkte (vor allem Zuckerrübe statt Rohrzucker) und wirkte für die junge Industrie wie ein Schutzzoll (z. B. Krupp in Essen, 1811), nach dessen abruptem Ende (1813) aber eine Flut billiger englischer Waren (Textilien) über den Kontinent hereinbrach.

Der Durchbruch der Industriellen Revolution gerade in England ist kein historischer Zufall: Im Wechsel ihrer geographischen Schwerpunkte war die Ursprüngliche Akkumulation von Oberitalien über Süddeutschland und die südlichen Niederlande nach Holland gekommen, von da nach England übergesprungen, zumal seit gemeinsamer Abwehr der französischen Hegemonie (ab 1689). Inzwischen hatte die Englische Revolution (1640–60), ratifiziert und modifiziert durch Restoration (1660) und Glorious Revolution (1688/89), wesentliche strukturelle Voraussetzungen zur Entfaltung der neuen Produktion geschaffen: In einer Gesellschaft, in der sich der Adel (im Unterschied zum Kontinent) ohnehin wirtschaftlich betätigen durfte, hatten sich in der Englischen Revolution mit Gentry und Bürgertum die Kräfte durchgesetzt, die am stärksten auf Expansion drängten – ökonomisch in Landwirtschaft und gewerblicher Produktion, nach außen in Übersee, Kolonien, Überseehandel. Befreiung der Bauern, des Bodens, des Gewerbes und des Handels setzten dynamische Wachstumskräfte frei.

Der lukrativste Teil der Landwirtschaft, die seit dem Mittelalter traditionelle Schafzucht, lieferte zugleich den Rohstoff für den älteren Zweig der englischen Textilindustrie, die Wollverarbeitung in Yorkshire. Seit Eroberung Indiens (ab 1757) und Zerschlagung der dortigen jahrtausendealten Baumwollindustrie trat Lancashire hinzu: Manchester wurde ideologische Hauptstadt des neuen (Manchester-)Liberalismus, Liverpool sein Hauptexporthafen. So verband die erste Personeneisenbahn, Symbol des frühen Industrialismus, Manchester und Liverpool (1825): Textilien wurden Englands erster großer Exportartikel. Credo der neuen Wirtschaftsreligion war der Freihandel – Exporteure sind immer für Freihandel (*ihrer* Waren).

In England fanden sich Kohle und Eisen in ausreichender Menge, fließendes Wasser für die industrielle Fabrikation. Viele Faktoren regten die Produktion an: moderne Landwirtschaft; technische Intelligenz; gut ausgebaute Infrastrukturen auf relativ kleinem Raum, tunlichst auf dem Wasserweg, bald auch die Eisenbahn als symbolische wie reale Verbindung von Eisen und Kohle; ein einheitlicher Binnenmarkt, der sich durch die Realunion England/Schottland (1707) noch erweiterte;

Portugal als erster fester Auslandsmarkt für die englischen Manufaktur-, später Industriewaren (1703); vielfältige Gewinne aus Übersee (Kolonien, Dreieckshandel, Gewürzhandel mit Indien). Seit der Restoration (1660) herrschte so gut wie stets innerer Friede in England. Die notwendige Einheit nach innen als Grundlage für Expansion nach außen resultierte aus dem gemeinsamen Interesse an Expansion, ökonomischer wie maritimer.

Die sozialen Folgen der Industrialisierung machten sich bald bemerkbar: Alte (Adel) und neue Klassen (Wirtschaftsbürgertum, Arbeiterschaft) wurden in ihrem Verhältnis untereinander und zur Krone geprägt, innerhalb von Staaten und Ländern traten neue regionale Unterschiede und Spannungen auf, die sich auch in Konflikten entluden: Fortan ist Industrie auch zentrales Kriterium und Instrument moderner Machtpolitik – Machtsteigerung durch Industrialisierung.

Die Gewichte zwischen Staaten und Mächten verschoben sich: Englands Aufstieg zur faktischen Weltherrschaft erhielt durch seinen über ein Jahrhundert anhaltenden Vorsprung in der Industrialisierung («Werkstatt der Welt») ein materielles Fundament. Dagegen fielen Rußland und Frankreich aus unterschiedlichen Gründen zurück. Das jahrhundertealte Machtvakuum Deutschland bezog aus der Industrialisierung einen mächtigen zusätzlichen Impuls zu seiner politischen Einigung, zunächst mit einem gemeinsamen Binnenmarkt (Deutscher Zollverein, 1834). Preußens Führung, unter Ausschluß des weniger industrialisierten Österreich, präjudizierte bereits die spätere militärische und politische Entscheidung (1866). Nach der Reichsgründung (1871) explodierte Deutschland förmlich zu einer Industriegroßmacht mit schwerwiegenden Folgen für Europa und die Welt. Die USA und Japan, Flügelmächte eines neuen, sich allmählich erweiternden Weltsystems, begannen ihren Aufstieg zu Großmächten auf der Grundlage der Industrialisierung.

Kontinentalsperre (1806–13) und Abschaffung von Sklavenhandel (ab 1807) sowie Sklaverei (ab 1834) fallen in die frühe Industrialisierung, mit gewaltigen Rückwirkungen. Die Industrialisierung gab der europäischen Expansion in Übersee neuen Auftrieb und steigerte sie zu Imperialismus und Kolonialherrschaft. Beide provozierten damit aber, auch auf der Basis der in den Kolonien einsetzenden Industrialisierung, Entstehen und Sieg eines antikolonialen Nationalismus nach 1945. Entsprechend beschleunigten die Auswirkungen von Industrialisierung und Französischer Revolution die Zersetzung des Osmanischen Reiches und die Entfaltung des Nationalismus unter den staatenlosen Völkern Europas, also in den großen dynastischen Machtstrukturen.

Schließlich sind die großen Revolutionen und der Aufstieg der europäischen Arbeiterbewegung ohne Industrialisierung weder denkbar noch verständlich. Marx und Engels, die in den Zentren der frühen Industrialisierung lebten, bezogen Anschauungsmaterial und inneren Antrieb für ihr Wirken aus den Konsequenzen der Industrialisierung, deren historische Analyse Grundlage ihrer Anschauung der Welt wurde. Kernstück der Marxschen Analyse waren die großen Wirtschaftskrisen, deren erste umfassenden Ausmaßes (**1847**) der Revolution von 1848 unmittelbar vorausging, sie auch mit auslöste. Zugleich vollendete die Industrialisierung das neue Atlantische System, die Herrschaft des Neuen Westens gegenüber dem Alten Osten und den bis zur Neuzeit isolierten Kontinenten Amerika und Australien, die ihrerseits Verlängerungen Europas wurden.

94 Die Teilungen Polens, 1772 bis 1795

Die Teilungen Polens sind Paradefall für das Zusammenwirken von langfristigen (strukturellen) und kurzfristigen Faktoren, sozioökonomischen und «innen»- wie «außen»-politischen. Ihre Vorgeschichte umspannt Spätmittelalter und Frühe Neuzeit, sie selbst ragen schon ins Zeitalter der Französischen Revolution, ihre strukturellen Nachwirkungen halten bis zur Gegenwart an, für Polen und Europa.

1573 Rczeczpospolita: Polen Wahlmonarchie/Adelsrepublik (bis 1795). Articuli Henriciani: Zusammenfassung älterer Rechte für den Adel.

1596 Warschau neue Hauptstadt.

1648 Kosakenaufstand unter Chmielnicki (bis 1654): Krise in Polen. Polen wird Machtvakuum.

1562 Liberum Veto im Sejm – Adelsanarchie.

1654 Russisch-polnischer Krieg (bis 1667).

1655 Schwedisch-polnischer Krieg (bis 1660): Kloster Tschenstochau hält sich – Schwarze Mutter Gottes von Tschenstochau.

1660 Friede von Oliva: Herzogtum Preußen zu Brandenburg.

1667 Friede von Andrussowo: Smolensk, Kiew zu Rußland.

1674 Johann III. Sobieski (bis 1696): Letzter polnischer König aus eigener Kraft.

1683 Entsatz von Wien, unter Führung Sobieskis.

1697 August II. (der Starke), Kurfürst von Sachsen, König von Polen (bis 1733): Wahl umstritten – Bürgerkrieg.

1700 Nordischer Krieg (bis 1721): Polen verwüstet.

1704 Stanislaus Leszczynski polnischer (Gegen-)König (bis 1709), von Schweden gestützt – Bürgerkrieg.

1709 Sieg der Russen bei Poltawa: Leszczynski ausgeschaltet, August II. wieder König (bis 1733).
1716 Polen von russischen Truppen permanent besetzt.
1721 Friede von Nystad: Mächte garantieren Polens Verfassung (mit Liberum Veto!) – Verbot von Reformen.
1733 Tod Augusts II.: August III. (bis 1763); Leszczynski Gegenkönig: Bürgerkrieg, Polnischer Thronfolgekrieg (bis 1735).
1756 Siebenjähriger Krieg (bis 1763): Polen Auf- und Durchmarschland für Rußland gegen Preußen.
1763 August III. gestorben: Konfrontation «Familie»–«Patrioten».
1764 Stanislaus Poniatowski als russischer Kandidat (letzter) polnischer König (bis 1795): gegen Liberum Veto.
1767 Konföderation von Radom: von Rußland gestützt, gegen Reformen.
1768 Konföderation von Bar: 3. Russisch-türkischer Krieg (bis 1774), polnischer Bürgerkrieg (bis 1772).
1772 1. Teilung Polens: Teile Weißrußlands, Litauens zu Rußland; Ost-Galizien, Lodomerien, Zips zu Österreich, Ermland, Westpreußen, Kulmerland zu Preußen.
1773 Reformen im Rumpf-Polen: «Patrioten» führend.
1791 Verfassung des 3. Mai: konstitutionelle Erbmonarchie, ohne Liberum Veto und Konföderationen; immer noch mit Leibeigenschaft, aber unter Beschneidung der Adelsprivilegien.
1792 Konföderation von Targowica: gegen Reformen, von Rußland gestützt.
1793 2. Teilung Polens: Rest Litauens und Weißrußlands, westliche Ukraine, halb Wolhynien, Podolien zu Rußland, Danzig, Thorn, Posen, Gnesen, Kalisch, Tschenstochau zu Preußen. «Stummer Reichstag» von Grodno: meiste Reformen aufgehoben; Aufstände in Warschau und Wilna.
1794 Kościuszko-Aufstand in Krakau gegen Teilungsmächte:
1795 3. Teilung Polens. Polen als Staat verschwunden: Polnische Frage; Emigration von Patrioten nach Frankreich.

Polens Wahlmonarchie hatte als Adelsrepublik stets ein Übergewicht des Adels gegenüber der Krone. In der langen Zeit ohne Zentralgewalt (1138–1320, 1370–86) hatte der Adel die Macht in Staat und Gesellschaft an sich gerissen, bestätigt in Kaschau (1374) und Radom (1505). Der Übergang zur Wahlmonarchie schrieb die Adelsmacht in den Articuli Henriciani (1573) verfassungsrechtlich fest, noch weiter gesteigert in der Krise des Chmielnicki-Aufstandes (1648–54) zum Liberum Veto (1652): Jedes Mitglied des Sejm konnte mit seinem Veto einen Beschluß des Reichstags blockieren, zugleich war der Reichstag aufgelöst, waren alle seine bisherigen Beschlüsse nachträglich aufgehoben. Nach einem «zerrissenen» Reichstag traten «Konföderationen» zusammen und suchten als Adelsparteien ad hoc eine Kompromißlösung.

Da zuletzt alle polnischen Reichstage «zerrissen» waren, trieb Polen in die Unregierbarkeit, zog es als Machtvakuum die Intervention der Mächte an. Polen verlor an Brandenburg Preußen (1660), an Rußland Smolensk und Kiew (1667). Letzter militärischer Kraftakt des alten Polen war sein führender Beitrag unter Johann III. Sobieski (1674 bis 1696), dem letzten einheimischen polnischen König aus eigener Kraft, beim Entsatz von Wien (1683). Nach seinem Tod (1696) waren die nächsten Königswahlen zweimal zwiespältig und führten zum Bürgerkrieg mit ausländischer Intervention. Zweimal unterlag Stanislaus Leszczynski als einheimischer Gegenkönig dem von Rußland favorisierten sächsischen Kandidaten August II. und August III. und der militärischen Übermacht Rußlands-Sachsens (1709, 1734).

Nach Verheerungen und ökonomischen Verlusten der gleichzeitigen Kriege gegen Rußland (1654–67) und Schweden (1655–60) zerstampften Nordischer Krieg und Siebenjähriger Krieg Polen vollends und zerrütteten die seitdem sprichwörtliche «polnische Wirtschaft». Der Nordische Krieg besiegelte auch politisch Polens Schicksal: Permanente Stationierung russischer Truppen im Lande (1716) nahm ihm politische Handlungsfreiheit, der Friede von Nystad (1721) schrieb mit der völkerrechtlichen Garantie der polnischen Verfassung inneres Chaos, Unregierbarkeit und Unreformierbarkeit fest: Die Nachbarmächte wollten keine Reformen, die das bequeme Machtvakuum hätten beseitigen können.

Der Tod Augusts III. (von Sachsen) (1763) löste eine neue Phase des polnischen Bürgerkrieges aus: «Familie» gegen «Patrioten». Die Lage war so verworren, daß sie sich hier nicht in aller Kürze klar darstellen läßt. Die «Familie», eine der beiden großen Adelsparteien, hatte als Kern die Magnatenfamilie der Czatoryski. Sie war an Rußland orientiert, für Reformen, die sie aber mit russischer Hilfe durchsetzen wollte. Dagegen standen die «Patrioten», deren einer Flügel gegen Toleranz für Nicht-Katholiken und Beibehaltung des Liberum Veto war, ebenfalls mit russischer Hilfe. Die «Familie» setzte zwar, unter dem «Schutz» russischer Truppen, die Wahl ihres Angehörigen Stanislaus Poniatowski (1764 bis 1795) durch, als er jedoch – gegen das Reformverbot der Mächte – das Liberum Veto abschaffen wollte, zerfielen die «Patrioten»: Ein Flügel bildete die Konföderation von Radom (1767), gestützt auf Rußland, der andere die Konföderation von Bar (1768). Es kam zum allgemeinen Bürgerkrieg, im Osten zu Aufständen orthodoxer Bauern gegen die katholischen polnischen Grundherren, zur Intervention russischer Truppen gegen die Konföderation von Bar, die ihrerseits die Hilfe Frankreichs und der Türkei anrief. Im Schutze der allgemeinen Anarchie schritten Rußland, Preußen und Österreich zur 1. Teilung Polens (**1772**): Polen

verlor Gebiete, in denen Polen die herrschende Minderheit stellten.
Im reduzierten Kern-Polen brach eine Reformwelle durch (ab 1773), wesentlich unter Druck der «Patrioten». Hauptergebnis war die Verfassung des 3. Mai (1791), schon im Schatten der Französischen Revolution. Kaiserin Katharina II. (1762 bis 1796) befürchtete das Überspringen der «französischen Pest» über die Weichsel und bereitete, mit Hilfe der Konföderation von Targowica (1792), die Intervention vor, die 2. Teilung Polens, diesmal nur mit Preußen (1793). In Rumpf-Polen wurde die Aufhebung fast aller Reformen erzwungen. Der Kośiuszko-Aufstand (1794) unterlag der hoffnungslosen Übermacht und gab den Vorwand zur 3. Teilung Polens (**1795**) ab, die später vom Wiener Kongreß noch einmal zugunsten Rußlands modifiziert wurde (1815). Mit dem Verschwinden des polnischen Staates entstand die Polnische Frage. Aus der Emigration, mit der Polnischen Legion (1797) und mit zahlreichen Aufständen versuchten die Polen seitdem, ihren unabhängigen Staat zurückzugewinnen: «Jeszcze Polska niezgineła!» – Noch ist Polen nicht verloren!

95 Die Orientalische Frage: Europa im Labyrinth der Dauerkrise, 1774 bis 1923

Zeitlich und sachlich eng verknüpft mit Teilungen Polens und Polnischer Frage ist die Orientalische Frage – zwischen den Frieden von Kütschük-Kainardschi (**1774**) und Lausanne (1923). Beide Eckdaten umspannen komplexe Prozesse, deren Bedeutung für die allgemeine Geschichte im umgekehrten Verhältnis zu ihrer üblichen Kenntnisnahme bei uns steht. Das historische Junktim zwischen Polnischer und Orientalischer Frage ergibt sich aus den Gründen für den entscheidenden 3. Russisch-türkischen Krieg: Die osmanische Intervention in die polnischen Wirren für die Konföderation von Bar (1768) wurde Anlaß für den 3. Russisch-türkischen Krieg (1768–74). Mitten im Krieg wurden Rußlands erkennbare Ambitionen auf die Donaufürstentümer (Moldau, Walachei) als Etappe nach Konstantinopel Anlaß für Österreich und Preußen, sich für die Erhaltung des Osmanischen Reiches durch Verhinderung einer russischen Okkupation der Donaufürstentümer einzusetzen. Dazu benutzten sie die Teilung Polens als Ablenkung Rußlands vom Drang nach den Meerengen und bewegten Rußland zur Beteiligung Preußens und Österreichs an der Teilung Polens (1772). Nach Kriegsende eröffnete Rußland mit Kütschük-Kainardschi die Orientalische Frage (1774).

Die Probleme aus der Orientalischen Frage ziehen sich als Kontinuum durch 150 Jahre europäischer Politik, ihre Spätfolgen sind noch mitten unter uns – Nahostkonflikt, Armenische Frage, Kossovo-Konflikt, Konflikt Griechenland – Türkei u. a. über Zypern, Jugoslawienkrieg. Gleichzeitig ist der Zusammenhang zwischen Orientalischer Frage und anderen Problemen (u. a. Rumänischer Frage und Polnischer Frage seit den Teilungen Polens) stets zu beachten.

1768	3. Russisch-türkischer Krieg.
1772	1. Teilung Polens.
1774	Friede von Kütschük-Kainardschi: Mündungen von Don, Dnjepr, Bug zu Rußland; freie Durchfahrt für russische Schiffe durch Meerengen.
1781	Griechisches Projekt: Eroberung Konstantinopels, griechisches Kaiserreich unter russischem Patronat als Ziel russischer Politik.
1783	Gebiet der Krimtataren von Rußland annektiert:
1787	4. Russisch-türkischer Krieg (bis 1792).
1798	Ägypten-Expedition Napoleon Bonapartes (bis 1802).
1804	Ägypten faktisch unabhängig unter Mohammed Ali. Serbischer Aufstand unter Karadjordj (bis 1813).
1806	5. Russisch-türkischer Krieg (bis 1812).
1812	Friede von Bukarest Rußland – Türkei: Rußland beherrscht die Donaumündung.
1817	Serbien autonom (bis 1878).
1821	Griechischer Unabhängigkeitskrieg (bis 1829).
1826	Heeresreform im Osmanischen Reich nach preußischem Vorbild: letzter Janitscharenaufstand.
1828	6. Russisch-türkischer Krieg (bis 1829):
1829	Friede von Adrianopel: russisches Protektorat über Serbien, Moldau, Walachei (bis 1853): Griechenland unter Schutz Englands.
1831	1. Orientkrise (bis 1833): Konflikt mit Ägypten.
1833	Vertrag von Unkiar-Skelessi (Hünkâr-İskelesi): Osmanisches Reich abhängig von Rußland (bis 1841).
1839	Tanzimat-Periode: weitere Reformen, 2. Orientkrise (bis 1841). Frankreich stützt Mohammed Ali gegen Sultan.
1841	Londoner Dardanellenvertrag. Meerengen für ausländische Kriegsschiffe gesperrt: Rußland zurückgedrängt.
1853	7. Russisch-türkischer Krieg (bis 1856): erweitert zum Krimkrieg.
1854	Krimkrieg (bis 1856): England/Frankreich – Rußland.
1856	Hatt-i-Humayun: Reformen nach westlichem Vorbild. Friede von Paris: Osmanisches Reich im Konzert der Mächte, territoriale Integrität garantiert.

1859	Bau des Suezkanals (bis 1869): Ägypten verschuldet.
1875	1. Staatsbankrott des Osmanischen Reiches: Aufstände in Herzegovina, Bosnien – Große Orientkrise (bis 1878).
1876	Krieg mit Serbien, Montenegro; bulgarischer Aufstand. Erste Verfassung: Osmanisches Reich konstitutionelle Monarchie (bis 1878).
1877	8. russisch-türkischer Krieg (bis 1878):
1878	Vorfriede von San Stefano: Kongreß, Friede von Berlin. Verfassung von Abdul Hamid II. (1876–1909) aufgehoben.
1881	2. Staatsbankrott: internationale Schuldenverwaltung. Tunesien von Frankreich besetzt.
1882	Ägypten von England besetzt.
1895	Blutige Repression gegen Armenier (bis 1896).
1903	Aufstand in Makedonien.
1908	Jungtürkische Revolution: Verfassung von 1876 wieder in Kraft. Bosnische Annexionskrise.
1911	Libyen von Italien annektiert: Tripoliskrieg (bis 1912).
1912/13	2 Balkankriege: Europäische Gebiete der Türkei bis auf Ost-Thrakien (Adrianopel) verloren.
1914	Kriegseintritt der Türkei auf seiten Deutschlands.
1915	Armeniermassaker.
1916	Sykes-Picot-Abkommen.
1916/17	Arabischer Aufstand.
1918	Zusammenbruch und Waffenstillstand.
1920	Friede von Sèvres: Nationalbewegung unter Kemal Atatürk.
1922	Sieg über Griechen, Sultan abgesetzt, Türkische Republik.
1923	Friede von Lausanne: Türkische Republik anerkannt. Bevölkerungsaustausch Griechen–Türken.

Die Orientalische Frage läßt sich als lang hingezogene Agonie des Osmanischen Reiches verstehen. Mit ihrem Scheitern vor Wien (1683) begann die Zurückdrängung der Osmanen, zunächst durch Österreich, dessen letzter von 8 Türkenkriegen (1787–91) im 4. Russisch-türkischen Krieg (1787–92) aufging. Seit Rußlands Griff nach den Donaufürstentümern und seit der Französischen Revolution blieb Österreich passiv, so daß Rußland, mit der südslawischen Bewegung als Speerspitze, die Dekomposition des Osmanischen Reiches allein weiter betrieb. Nach Kütschük-Kainardschi (1774) stellt sich die Orientalische Frage ganz konkret: Was geschieht mit dem Osmanischen Reich, dem türkischen Reichsvolk und seinen nicht-türkischen Minderheiten? So entstanden andere Fragen, vor allem die Südslawische, Griechische und Armenische: Wie würden Südslawen, Griechen und Armenier zu ihrem eigenen Staat kommen?

Die militärischen Niederlagen des 18. Jahrhunderts lösten zunächst Strukturreformen des Heeres und die Übernahme europäischer moderner Kriegsmethoden aus. Seit Mahmud II. (1808–1839) drängte sich die Notwendigkeit tiefergreifender Strukturreformen der Zentral- und Provinzverwaltung im Steuer- und Schulwesen nach westlichem Muster auf, um das Reich zu erhalten.

Unter dem permanenten Druck der russischen Expansion, symbolisiert im Griechischen Projekt (1781), später kombiniert mit Auswirkungen der Französischen Revolution, brachen im Osmanischen Reich Aufstände aus, vor allem auf dem Balkan, aber auch im Libanon (1858–61) und in Armenien (1862). Den serbischen Aufstand (1804) unterstützte nicht mehr Österreich, sondern Rußland, das die Chance zum 5. Russisch-türkischen Krieg (1806–12) wahrnahm. Im zweiten Anlauf wurde Serbien autonom (1817). Es wurde meistens Motor der südslawischen Nationalbewegung, die sich gegen die Osmanen, zuletzt gegen Österreich-Ungarn wandte.

Die religiös definierte Millet-Struktur zerfiel und wich einem rasch politisierten Konfessionalismus und Nationalismus, der sich in wechselseitigen Massakern entlud. Die erste Phase osmanischer Modernisierung stützte sich ideologisch auf das Konzept des Osmanismus (Osmanlilik): Die Modernisierungselite der Tanzimat-Ära (ab 1839) wollte ein gemeinsames National- und Staatsbürgerbewußtsein entwickeln, um separatistischen Bewegungen unter christlichen Völkern konstruktiv zu begegnen. Die Jung-Osmanen-Bewegung (ab 1865) entstand als Reaktion auf eine überstürzte, aber zu langsam demokratisierende Europäisierung und Säkularisierung, obwohl sie für Fortschritt, Parlamentarismus und Konstitutionalismus war. Als der offizielle Osmanismus die Auflösung des Reiches auf dem Balkan nicht aufhalten konnte, versuchte Abdul Hamid II. (1876–1909) das Reich mit dem Pan-Islamismus (Vereinigung der muslimischen Völker gegen die christliche Expansion) zusammenzuhalten als Bindemittel zwischen Türken und Arabern, auch um den aufkeimenden arabischen Nationalismus zu neutralisieren. Die folgende Ideologie des Pan-Türkismus der Jungtürken (ab 1894) setzte auf den ethnischen Nationalismus der Türken. Mit der jungtürkischen Revolution von 1908 kehrten die Jungtürken zur (1878 suspendierten) Verfassung von 1876 zurück, ideologisch angelehnt zuerst an Frankreich und England, bald aber machtpolitisch an Deutschland. Als «Partei der Einheit und des Fortschritts» übten sie im Ersten Weltkrieg faktisch eine Einparteiendiktatur aus.

Die Jungtürken wollten westliche Strukturreformen, Parlamentarismus und Demokratie mit Erhaltung des Osmanischen Reiches kombinieren, jetzt auf der Basis eines türkischen Nationalismus, vor allem seit den traumatischen Verlusten von Gebieten und Menschen (Massaker) auf dem Balkan (1877/78). Namentlich die Übernahme des integralen Nationalismus jakobinischer Prägung («die eine, unteilbare Nation») trieb zu türkischen Assimilationskampagnen gegen Sprache, Kultur und Religion der übrigen Völker. Die Armenier wehrten sich zuerst: Seit dem Armenieraufstand (1862) eskalierten die Konflikte bis zu Armeniermassakern (1895/96, 1915/16). Der arabische Nationalismus rührte sich erst im Ersten Weltkrieg mit dem Arabischen Aufstand (1916/17).

Für die internationalen Beziehungen Europas ist die Orientalische Frage von fundamentaler Bedeutung, vom griechischen Unabhängigkeitskrieg (1821–29) bis zum Ersten Weltkrieg: Seit 1774 war das Osmanische Reich ein riesiges Machtvakuum, dessen partielle Ausfüllung durch territoriale Abtretungen bis 1913 wie ein Sicherheitsventil für innereuropäische Spannungen wirkte. Andererseits erwarteten die Mächte beim Tod des «kranken Mannes am Bosporus» (Nikolaus I.) einen allgemeinen Krieg um sein Erbe. Eine Kette von Aufständen (1831–33, 1839/40, 1862, 1875–78) und Kriege (1806 bis 12, 1821–29, 1828/29, 1853–56, 1876–78, 1911/12, 1912/13) trugen, mit dem Attentat von Sarajewo, zum Ersten Weltkrieg als Fernwirkung der Orientalischen Frage bei.

Unterschiedliche Interessen ließen die Großmächte gegensätzliche Positionen zur Orientalischen Frage beziehen: Rußland betrieb offen die Zerstörung des Osmanischen Reiches. Die Heilige Allianz zerbrach erstmals über dem griechischen Unabhängigkeitskrieg, in den England, Frankreich und Rußland für die Griechen eingriffen (1827), während Österreich ohnmächtig den Sultan durch die Intervention Ägyptens zu retten versuchte. Sonst stützte Frankreich meistens das Osmanische Reich, seit dem Frieden von Adrianopel (1829) auch England, gegen die russische Expansion. Von den neuen Nationalstaaten wollte sich Italien einen Anteil beim Zerfall des Osmanischen Reiches sichern, während Deutschland versuchte, mit Bagdad-Bahn, Wirtschafts- und Militärhilfe das Osmanische Reich zu stabilisieren und faktisch zu übernehmen. Durch die Parteinahme der Jungtürken für Deutschland, zuletzt mit Eintritt in den Weltkrieg (1914), entfiel für das Osmanische Reich der anglo-französische Schutz gegen Rußland. Den Abschluß bildete der Lausanner Friede (**1923**).

96 Neu-Europa I: Lateinamerika 1492 bis 1789

Die für die Europäer «Neue Welt» war durch erobernde Kolonisation zuerst gedacht als koloniales Neu-Europa, frei von vielen Bindungen des Alten Kontinents. Die beiden offiziellen Namen für das spanische Kolonialreich stecken voll historischer Bezüge – «Las Indias» (die Indien) und «Conquistas» («Eroberungen») als Fortsetzung der 1492 in Spanien abgeschlossenen «Reconquista» in Übersee. Für den Bezug auf Europa sprechen Namen neugegründeter Städte und neuerschlossener Regionen – Hispaniola (= Klein-Spanien), Venezuela (= Klein-Venedig), Neu-England, Nova Scotia (= Neu-Schottland), Nouvelle (= New) Orleans, Neu-Amsterdam (= New York) u. a. Die Besitzergreifung des Doppelkontinents erfolgte in der größten Massenmigration seit der griechischen Kolonisation des Vorderen Orients nach dem Alexanderzug. Tatsächlich kam aus den wandernden Grenzen europäischer Zivilisation in kriegerischen wie friedlichen Auseinandersetzungen mit einheimischen Völkern auf unterschiedlichen Entwicklungsstufen etwas Neues heraus, eben das moderne Amerika, dessen europäische Wurzeln auch an den überwiegenden Sprachen abzulesen sind – Spanisch, Portugiesisch, Englisch, regional auch Französisch – jeweils mit amerikanischen Varianten.

Freilich blieb Neu-Europa lange mit Alt-Europa verknüpft – kulturell, ökonomisch: Europäische Hegemonialkriege im 17. und 18. Jahrhundert waren auch Konflikte um die Kolonialhegemonie in Übersee. Innere Strukturen der Kolonien reflektierten Binnenstrukturen der «Mutterländer», so die US-«Demokratie in Amerika» (Tocqueville) als Reflex der Entwicklung zum Parlamentarismus in England. Dagegen erstarrte Lateinamerika mit der Unabhängigkeit in Diktaturen seiner Conquistadoren-Gründungselite – hinter der Fassade von Verfassungen, die der US-amerikanischen Präsidialdemokratie nachempfunden waren. Auch machtpolitisch reproduzierten Latein-(Süd- und Mittel-)Amerika und das überwiegend englisch geprägte Nordamerika den Wechsel der Schwerpunkte in Alt-Europa nach **1492**, vom Süden (Mittelmeer) zum Norden (Ost- und Nordsee), endgültig seit der Industriellen Revolution. Entsprechend sank Lateinamerika von der einst ökonomisch führenden Region um die Karibik im 16. und 17. Jahrhundert (Zucker!) allmählich zu «Entwicklungsländern» im 20. Jahrhundert ab, parallel zum Abstieg Portugals und Spaniens als See- und Großmächte. In diese großen Linien ist die historische Entwicklung Nord- wie Lateinamerikas einzuordnen.

1492 1. Columbus-Reise: Entdeckung Amerikas. Erster Schwerpunkt in der Karibik – westindische Inseln.

1496 Spanier gründen Santo Domingo: erste Stadt der Europäer in Amerika.

1500 Portugiesen landen in Brasilien.

1503 Encomienda-System aus den Erfahrungen der Conquista in spanische Kolonien übertragen (bis 1720): feudale Abhängigkeit. Casa de Contratacion in Sevilla (bis 1776) und Casa da India in Lissabon (bis 1808) zur Kontrolle des königlichen Monopols auf Handel mit den Kolonien in Übersee.

1505 Einfuhr afrikanischer Sklaven nach Kuba: Beginn des Transatlantischen Sklavenhandels und der schwarzen Sklaverei in Amerika.

1519 Cortés beginnt Eroberung des Aztekenreichs (bis 1521): Spanier greifen auf das Festland (Mexiko) über.

1524 Einwandernde Spanier erhalten automatisch den Adelstitel.
1531 Pizarro beginnt Eroberung des Inkareiches (bis 1533).
1535 Lima von Spaniern als neue Hauptstadt Perus gegründet.
1542 «Leyes Nuevas» (Neue Gesetze): Gesetze Karls V. zum Schutz der Indios, nach Rebellion von Conquistadoren umgangen.
1547 Entdeckung von Silberminen in den Anden (Potosi).
1548 Entdeckung der Silberminen in Zacatecas (Mexiko).
1554 Gründung von Sao Paulo (Brasilien).
1565 Gründung von Rio de Janeiro.
1588 Reduktionen der Jesuiten zum Schutz von Indios vor Versklavung in Paraguay (bis 1757).
1697 Goldfunde in Brasilien (Minais Gerais).
1703 Methuen-Vertrag: Portugal bezahlt Import englischer Waren u. a. mit Gold (später Diamanten) aus Brasilien.
1713 Friede von Utrecht: «Annual Ship» Englands in Portobello durchbricht erstmals spanisches Monopol auf Kolonialhandel.
1728 Diamantenfunde in Minais Gerais (Brasilien).
1759 Verbot der Jesuiten in Portugal, wegen ihres Widerstandes gegen Aufhebung ihrer Reduktionen.
1778 Freihandel zwischen Spanien und seinen Kolonien erlaubt.

Grundlegend wurde die Unterteilung zwischen dem spanischen Kolonialreich, gegliedert in vier Vizekönigreiche mit weiteren administrativen Unterteilungen – Neu-Spanien (Mexiko 1535), Peru (Lima 1543), Neu-Granada (Santa Fé de Bogota 1717/39), Rio de la Plata (Buenos Aires, 1776) – und dem portugiesischen Brasilien (Generalgouvernement Bahia 1549), Vizekönigreich 1763, mit Rio de Janeiro als Hauptstadt). Früher oder später entwickelten sich, wie auch sonst in Überseekolonien, Spannungen und Konflikte zwischen der Krone, vertreten durch europäische Kolonialbeamte, die nur auf Zeit in den Kolonien amtierten, und den inzwischen in den Kolonien Geborenen europäischer Abstammung («Kreolen»).
Ökonomischer Hauptschwerpunkt war zunächst die Karibik mit der aus dem Mittelmeer über die Afrika vorgelagerten Inselgruppen (Kanarische Inseln, Kapverden, Azoren, Madeira) übernommene Plantagenwirtschaft auf der Grundlage von Sklavenarbeit, ab 1505 mit aus Schwarzafrika eingeführten Sklaven. Gemäß der Teilungslinie von Tordesillas 1494 fiel Afrika als Quelle für Sklaven in die portugiesische Welthälfte, so daß die Portugiesen zunächst die großen Lieferanten afrikanischer Sklaven waren, später abgelöst vor allem von Holländern, Franzosen und Engländern. Am Rande der Karibik, jenseits des unmittelbaren Machtbereichs Spaniens, legten sie eigene subtropische Plantagen-Sklaven-Kolonien an und versorgten sie seit dem 17. Jahrhundert aus festen Stützpunkten an der

westafrikanischen Gegenküste mit Sklaven in «nationaler» Regie. Die Karibik wurde mit ihrer Produktion von Rohrzucker und anderen «Kolonialwaren» (Baumwolle, Kakao, Indigo, Reis) das erste außereuropäische, von Europäern beherrschte Kraftzentrum zur Ankurbelung der Proto-Industrialisierung und Industriellen Revolution.

Bald traten zwei weitere Schwerpunkte spanischer Kolonialmacht hinzu: In den noch bestehenden imperialen Zivilisations- und Machtzentren Alt-Amerikas der Azteken (Mexiko) und Inkas (Peru/Bolivien) ersetzten die Spanier als neue herrschende Aristokratie (1524 erhielten nach Hispaniola auswandernde Spanier automatisch den Adelstitel) den einheimischen Adel, den sie, wie in Eroberungsvorgängen üblich, in die eigene Adelsstruktur integrierten. Von den untergegangenen Imperien übernahmen die Spanier Zwangsarbeit (mita) für unfreie Bauern. In den Hochanden und Mexiko gewannen sie mit der Entdekkung reicher Silberminen (1547, 1548) eine zusätzliche ökonomische Grundlage ihres Kolonialreiches mit weitreichenden Rückwirkungen auf das sich modernisierende Europa: Das spanisch-amerikansiche Silber lieferte mit der von ihm verursachten langfristigen Inflation ein Stück Kontinuität im Fortschreiten des westlichen Europa von der Proto-Industrialisierung zur Industriellen Revolution, von der Englischen zur Französischen Revolution. Das neue Encomienda-System war eine Kombination feudaler und zentralstaatlicher Prinzipien, im Mutterland schon im Fortschreiten der Reconquista im kleinen erprobt.

In einem straff zentralistischen Wirtschaftssystem des «nationalen» Merkantilismus und Protektionismus waren die spanischen Kolonien (und Brasilien) nach außen streng abgeschottete Wirtschaftsräume, nur der eigenen Kolonialmacht zugänglich. Zentrale Kontrollinstanz des strikten Monopols der Krone auf den Amerikahandel waren für Spanien die Casa de Contratación in Sevilla (1503–1776), für Portugal die Casa da India in Lissabon (1503–1808).

In den Kolonien verfochten Repräsentanten der Krone und der Kreolen gegensätzliche Wirtschaftsinteressen – die Krone betrieb die Ausbeutung der Kolonien als Rohstoffquellen und Absatzmärkte für das Mutterland, die Kreolen wollten eine eigenständige Wirtschaftsentwicklung, um die kolonialen Reichtümer tunlichst im Lande zu lassen. An den Differenzen zwischen den weißen Spitzen der Kolonial- und Einwanderungsgesellschaften entzündeten sich als Folge von Aufklärung, der Gründung der USA, der Französischen Revolution und Napoleonischen Eroberungen Bewegungen (1808–26), die die Unabhängigkeit vom spanischen und portugiesischen Mutterland erkämpften. Es blieben jedoch nach innen die Schichtungen der ersten kolonialen Einwanderungsgesellschaft der Moderne mit «Kasten» («castas»): Zuerst-Angekommene (Conquistadoren, «Mayflower»-Adel) bildeten die Spitzen der Gesellschaft, Später-Ankommende ordneten sich meist nach unten ein. Darunter standen

Mischlinge, je nach Abnahme des europäischen «Blut»anteils, ganz unten (schwarze) Sklaven und einfache Indios. «Wilde» standen (und stehen) ohnehin außerhalb der menschlichen Gesellschaft.
Eine erste Bresche in die geschlossenen Kolonialmärkte schlug England indirekt durch seinen Methuen-Vertrag mit Portugal (1703), durch den England in Portugal einen nationalen Absatzmarkt für seine anlaufende Industrie erhielt, während Portugal mit einheimischen Weinen (Portwein) und Gold, später auch Diamanten aus Brasilien (Minais Gerais), bezahlte. Direkter, wenn auch nur punktuell, durchbrach England das Monopol der spanischen Krone im Frieden von Utrecht zur Beendigung des Spanischen Erbfolgekrieges (1713) mit dem «Annual Ship», das einmal im Jahr den Hafen Portobello mit englischen Waren anlaufen durfte. Aufgeklärte Reformen erlaubten den Freihandel wenigstens zwischen dem spanischen Mutterland und seinen Kolonien (1778), der mit seiner Eigendynamik die Unabhängigkeitsbewegung nach 1789 vorbereiten half.

97 Neu-Europa II: Anfänge der USA, 1607 bis 1787

Während sich Rußland weiter nach Westen und Süden ausdehnte, brachen in Nordamerika Spannungen durch, die sich mit Englands Expansion in Übersee angesammelt hatten. Aus dem Amerikanischen Unabhängigkeitskrieg (**1775**–1783) entstanden die USA, in einem Vorgang mit tiefgreifender Wirkung, der deshalb oft als Amerikanische Revolution gilt.

1607 Erste dauerhafte Siedlung in Jamestown, Virginia.
1619 Erste Sklaven aus Afrika in Jamestown.
1620 «Mayflower»-Siedler («Pilgrim Fathers») in Plymouth, Massachusetts.
1763 Königliche Proklamation: Mittlerer Westen für Siedler gesperrt.
1764 Sugar Act, Colonial Currency Act.
1765 Stamp Act: Stempelgebühren auf rechtliche und geschäftliche Dokumente, Zeitungen etc., Spielkarten, Würfel (bis 1766).
Quartering Act: Bei Mangel an Kasernen Einquartierung englischer Soldaten in Gast- und Privathäusern. Stamp Act Congress in New York.

1766 Declaratory Act: Recht der Krone bekräftigt, für Kolonien bindende Gesetze zu erlassen und Steuern zu erheben: Proteste.
1767 Townshend Acts: Zölle auf Glas, Blei, Farben, Tee, Papier.
1770 Boston Massacre: einige Tote und Verletzte. Zölle abgeschafft bis auf Tee: Lage beruhigt.
1773 Boston Tea Party: gezielte Provokation – neue Eskalation.
1774 1. Continental Congress in Philadelphia: Declaration of Rights and Grievances.
1775 Gefechte von Lexington und Concord: Amerikanischer Unabhängigkeitskrieg (bis 1783); Continental Army unter George Washington.
1776 Unabhängigkeitserklärung in Philadelphia (4.7.). Geheime Finanz- und Materialhilfe Frankreichs.
1777 Articles of Confederation: USA Konföderation (bis 1788).
1778 Handels- und Bündnisvertrag mit Frankreich: offene Intervention Frankreichs gegen England.
1780 Bewaffnete Seeneutralität (bis 1783): Rußland gegen Durchsuchung neutraler Schiffe nach Konterbande durch englische Flotte; unterstützt von Frankreich, Spanien, Dänemark, Schweden; Preußen (1781), Portugal (1782): England zur See isoliert:
1781 Kapitulation von Yorktown: entscheidende Niederlage Englands.
1783 Friede von Versailles: Unabhängigkeitskrieg beendet.
1787 Bundesstaatliche Verfassung – in Kraft (1788).
1789 George Washington 1. Präsident der USA (bis 1797).

Die 13 nordamerikanischen Kolonien waren als klassische Siedlungskolonien entstanden (**1607**–1733). Ihre Dynamik bezogen sie aus wachsender Bevölkerung (Einwanderung, natürlicher Vermehrung), ökonomischem Wachstum und territorialer Expansion an einer «wandernden Grenze». Wie in Sibirien führte die geringe Bevölkerungsdichte der Einheimischen zur Vision der Expansion von Ozean zu Ozean, die zu erfüllen «Manifest Destiny» der werdenden amerikanischen Nation sei. Schon wegen der riesigen Entfernungen hatten die Kolonien seit der Glorious Revolution (1688) faktisch innere Autonomie.

Der Konflikt entzündete sich an der Absicht Englands, die Kolonien zur Deckung der Kosten für den Siebenjährigen Krieg (1756–63) durch erhöhte Besteuerung heranzuziehen, zumal die Eroberung Kanadas auch den Interessen der Siedler gedient hatte. Ersten Unmut erzeugte die königliche Proklamation, die zum Schutz der Indianer das Gebiet westlich des Alleghanie-Kammes vorläufig für weiße Siedler sperrte (1763). Die englischen Maßnahmen – Sugar Act, Colonial Act (1764), Stamp Act, Quartering Act, Townshend

Acts (1767) – stießen auf Ablehnung. Auch ihre Rücknahme (1766/70), bis auf die zuletzt nur noch symbolische Teesteuer, wirkte nur beim konservativen Flügel entspannend, denn die Krone bestand im Declaratory Act (1766) auf dem souveränen Recht des Mutterlandes, auch für die Kolonien verbindliche Steuern zu erheben und Gesetze zu erlassen. Dagegen berief sich der Widerstand der Kolonisten auf Prinzipien der Glorious Revolution, des liberalen Konstitutionalismus und des aufklärerischen Rationalismus, am schärfsten formuliert von Thomas Paine («Common Sense», 1776), zugespitzt im Slogan «No taxation without representation».

Nach einem ersten Zusammenstoß in Boston (1770) brachte die Boston Tea Party (1773) die Lawine endgültig ins Rollen: Die Regierung sperrte den Hafen von Boston, beschränkte Massachusetts' Autonomie drastisch und erweiterte die Provinz Quebec nach Süden bis zum Ohio (1773). Als Protest trat der 1. Continental Congress in Philadelphia zusammen und verabschiedete eine Beschwerdenliste gegen die Krone (1774). Mit den Gefechten von Lexington und Concord zwischen englischen Truppen und Kolonial-Milizen begann der Unabhängigkeitskrieg (1775), auf amerikanischer Seite geführt von der Continental Army unter George Washington. Nach der Unabhängigkeitserklärung (1776) bildeten die 13 neuen Staaten die USA, zunächst als lockere Konföderation (1777).

Ausschlaggebend wurde vielfältige Hilfe von außen: Frankreich leistete geheime Finanz- und Materialhilfe (1776), um sich so an England für die Verluste des Siebenjährigen Krieges zu rächen. Mit einem Handels- und Bündnisvertrag trat es offen in den Krieg gegen England ein (1778), gefolgt von Spanien (1779). Hinzu kam die von Rußland initiierte bewaffnete Seeneutralität (1780–83): England verlor vorübergehend die Seeherrschaft. Die militärische Entscheidung zu Lande fiel mit der Kapitulation englischer Truppen in Yorktown (1781). Im Frieden von Versailles (1783) erkannte auch England die USA an.

Die Gründung der ersten großen Republik hatte im Europa des ausklingenden Ancien Régime eine tiefe Wirkung und verstärkte die Kritik am Absolutismus, vor allem unter Franzosen, die für die USA kämpften, z. B. Lafayette. Zudem erhöhten die Kosten der Intervention die Staatsschulden Frankreichs noch weiter, so daß der Amerikanische Unabhängigkeitskrieg indirekt zum Ausbruch der Französischen Revolution beitrug.

Für die Geschichte des englischen Kolonialreiches war der Verlust der 13 Kolonien eine tiefe Zäsur. Die bittere Erfahrung schlug später als größere Flexibilität gegenüber politischen Forderungen anderer Kolonien durch. Gegen Ende des Unabhängigkeitskrieges gewährte England Irland die Autonomie (Grattan's Parliament, 1782). Als Ersatz für den Verlust der 13 nordamerikanischen Kolonien betrieb England ferner die Besiedlung des gerade entdeckten Australien, zunächst als reine Sträflingskolonie (1788).

Inzwischen war die Konstituierung der USA abgeschlossen: Nach einer schweren Finanz- und Vertrauenskrise beschloß die Verfassunggebende Versammlung in Philadelphia eine neue Verfassung, die die USA von der lockeren Konföderation zum strafferen Bundesstaat (Union) umwandelte (**1787**). Sie gab dem Präsidenten eine starke Stellung, als gewähltem Ersatzmonarch auf Zeit. Zugleich kündigten sich künftige Konflikte an: Die neue Verfassung drohte an der Weigerung der Südstaaten zu scheitern, die Sklaverei abzuschaffen. Die Spannungen überbrückte ein dreiteiliger Kompromiß, der später modifiziert und verlängert wurde (1820, 1850): Die 3/5-Klausel der Verfassung schlug den Südstaaten zur Berechnung der Mandate für das Repräsentantenhaus pro Sklaven 3/5 Stimmen zur weißen Wählergemeinschaft zu, so daß der Süden ein politisches Übergewicht erhielt; die Northwestern Ordinance schloß die Sklaverei von neuen Gebieten des Nordwestens aus; die Einfuhr von Sklaven war nur noch bis 1807 gestattet. Gleichwohl eskalierten Spannungen aus der Sklavenproblematik zum Amerikanischen Bürgerkrieg (Sezessionskrieg) (1861–65), danach zu Konflikten um die Stellung der (seit 1865) freien Afro-Amerikaner.

98 Ancien Régime und Französische Revolution, 1715 bis 1789

Als Ancien Régime gilt – seit der Französischen Revolution – die einer großen Revolution vorausgehende Periode, deren Anfang schwer zu bestimmen ist. Für Frankreich läßt er sich mit dem Tod des «Sonnenkönigs» Ludwig XIV. (**1715**) ansetzen, obwohl es sich nur um ein symbolisches Datum handeln kann. Die weitere Vorgeschichte muß bis ins Spätmittelalter zurückgreifen. Für die engere Vorgeschichte sind auch allgemeine Voraussetzungen der europäischen Geschichte zu beachten. Eine noch heute unübertroffene Analyse gibt Alexis de Tocqueville («L'Ancien Régime et la ‹Revolution›», 1856; dt.: «Der Alte Staat und die Revolution»), die sich Interessierte möglichst früh aneignen sollten.

1614 Letzte Tagung der Generalstände.
1648 Fronde (bis 1653): Nach Niederwerfung privilegierter Zwischengewalten Weg frei zur absoluten Monarchie.
1713/14 Frankreichs Griff nach der Hegemonie gescheitert: Staatsschuld durch Spanischen Erbfolgekrieg verzwanzigfacht.

1715 Tod Ludwigs XIV. – (zuletzt verhaßte) Symbolgestalt des Absolutismus.
1738 Corvée: befristete Zwangsarbeit für Straßenbau (bis 1787).
1748 Friede von Aachen: erneuter außenpolitischer Mißerfolg der Monarchie. Montesquieu, «De l'Esprit des lois»: Gewaltenteilung – Kritik am Absolutismus.
1751 Enzyklopädie (bis 1772): Selbstdarstellung von Aufklärung und Rationalismus.
1763 Friede von Paris: Mißerfolg in Übersee gegenüber England.
1774 Turgot Finanzminister (bis 1776): erste Reformen.
1776 Turgot gestürzt: Die meisten Reformen aufgehoben.
1777 Necker erstmals Finanzminister (bis 1781).
1778 Frankreich zur Unterstützung der USA im Krieg mit England (bis 1783): Republikanische Ideen nach Frankreich, Staatsschuld weiter erhöht.
1781 Necker veröffentlicht «Compte Rendu» – Sturz: Calonne Finanzminister (bis 1787).
1787 Notabelnversammlung: Steuerreform von Privilegierten blockiert. Calonne entlassen, Brienne Finanzminister (bis 1788): Corvée, Binnenzölle auf Getreide abgeschafft. Provinzversammlungen: Ruf nach Generalständen.
1788 Unruhen in Paris, Rennes, Grenobles, Dijon, Toulouse u. a.; Generalstände ausgeschrieben; Necker wieder Finanzminister (bis 1790); zweite Notabelnversammlung in Versailles – ergebnislos; Mandate für Dritten Stand in Generalständen verdoppelt («doublement des Tiers»); Mißernte.
1789 Wahlagitation: Zensur aufgehoben, «cahiers de doléances», Pamphletenliteratur. Harter Winter: Wirtschaftskrise, Hungerrevolten. Abbé Sieyès: «Qu'est-ce que le Tiers Etat?»; Generalstände – Revolution.

Die längerfristigen innerfranzösischen Ursachen der Französischen Revolution erklären sich aus dem Aufstieg der Monarchie zum Absolutismus und ihrer Krise seit dem Scheitern ihres europäischen Hegemonialanspruchs (1713/14). Ausschaltung der Generalstände seit ihrer letzten Tagung (1614) und Sieg der Krone über die Fronde (1648–53) hatten die Stellung von Schwertadel («noblesse d'épée») und bürgerlichem Amtsadel («noblesse de robe») verändert, der seine Hochburgen in Verwaltung und «Parlements» (Gerichtshöfen) hatte. Die Käuflichkeit der Ämter ermöglichte ein Minimum sozialer Mobilität, machte die Schicht aber insgesamt, in oligarchischer Erstarrung, unfähig zu Strukturreformen; vor allem ging es um Abschaffung des Privilegs der Steuerfreiheit. Zur privilegierten Oberschicht gehörten auch bürgerliche Steuerpächter und Inhaber königlicher Monopole als

Teile des merkantilistischen Systems. Dem Schwertadel war, wie auch sonst auf dem Kontinent (im Unterschied zu England), direkte ökonomische Tätigkeit als standeswidrig verboten. Ludwig XIV. raubte ihm letzte soziale Funktionen als regional verwurzelte Führungsschicht, indem er den Adel zur ständigen Präsenz an den königlichen Hof zwang und ihn völlig von sich abhängig machte: Der Adel wurde fast parasitär – hatte nur noch Privilegien (Vorrechte), ohne entsprechende Leistungen (Verwaltung u. a.) für die Gesellschaft.

Die Bauern Frankreichs waren seit dem Spätmittelalter weitgehend frei, haßten aber um so mehr verbliebene Feudallasten, zu denen erst spät die Zwangsverpflichtung zum Bau öffentlicher Straßen kam («corvée», 1738–87). Im Merkantilismus war in den Städten ein Wirtschaftsbürgertum herangewachsen, das zwar als Angehörige des Dritten Standes die Steuerlast mit den Bauern teilte, jedoch einen erheblichen Teil der Staatsanleihen aufbrachte. Verlorene Kriege mit ungünstigen Friedensschlüssen (1713/14, 1748, 1763), selbst der bescheidene Erfolg gegen England durch Hilfe für die USA (1776–83) erhöhten Staatsschuld und Mißstimmung gegen die Krone. Daher verlangte das Bürgertum allmählich Mitsprache über die Staatsausgaben, also politische Rechte.

Zu den europäischen Voraussetzungen der Französischen Revolution gehören Ursprüngliche Akkumulation und Anfänge der Industrialisierung, Auswirkungen der Gegenreformation im eigenen Lande, die Englische Revolution (1640–60, 1688/89), Aufklärung und Rationalismus, die europäischen Hegemonialkriege, zuletzt auch Rückwirkungen der republikanischen USA auf das absolutistische Frankreich.

In der Phase erfolgreicher Expansionskriege (1667–97) war Frankreich mit Colberts merkantilistischem System wirtschaftlich erstarkt, aber die schweren Verluste des Spanischen Erbfolgekrieges warfen es hinter Holland und England zurück, so daß Frankreich überwiegend Bauernland blieb, bis weit ins 20. Jahrhundert. Auch in der Phase wirtschaftlicher Erholung blieb ein dreifaches Erbe, das zum Ausbruch der Revolution beitrug: wachsende Staatsverschuldung durch Rüstungswirtschaft und Großbauten des Absolutismus; vor allem in Paris zusammengeströmte quasi-proletarisierte Arbeiter ohne sicheres und ausreichendes Einkommen; allgemeine Diskreditierung der absoluten Monarchie. Durch den verspäteten Sieg der Gegenreformation (Aufhebung des Ediktes von Nantes, 1685) hatte Frankreich mit den Hugenotten gerade den ökonomisch aktivsten Teil seiner Bevölkerung abgestoßen und sich selbst ähnlich geschwächt wie zuvor Spanien mit Austreibung der Moriskos (1609–14).

Die Englische Revolution wirkte in ihren beiden Phasen auf Frankreich, die frühere Phase in der Französischen Revolution selbst, u. a. mit der modellhaften Hinrichtung des Königs auf Beschluß des Parlaments (Konvents) (1649; 1793). Die Glorious Revolution (1688/89) wirkte vor allem durch ihren Konstitutionalismus, der als Idealisierung durch französische Intellektuelle (Voltaire,

Montesquieu) zur politischen Aufklärung wurde. Die Aufklärung befürwortete keineswegs die Revolution oder gar Republik, bereitete beiden aber durch die Kritik an der absoluten Monarchie den Weg, zuletzt auch mit Rousseaus «Le contrat social»/dt.: «Der Gesellschaftsvertrag» (1762).
Zuletzt verbanden sich europäische und innerfranzösische Voraussetzungen zu einer Entwicklung, die nach Tocqueville ungefähr ab 1750 unaufhaltsam der Revolution zustrebte. Ökonomische, soziale, innen- und außenpolitische Faktoren zusammen vollendeten die Paralyse und Handlungsunfähigkeit der theoretisch absoluten und allmächtigen Krone, besiegelt durch die Weigerung der privilegierten Stände, mit notwendig gewordenen Steuerreformen auch der Beschneidung der eigenen Privilegien (Steuerfreiheit!) zuzustimmen (1787). Der Rückgriff auf die fast vergessenen Generalstände (**1788**) kam so einer finanziellen wie politischen Bankrotterklärung der absoluten Monarchie gleich. Mißernte (1788) und ein besonders harter Winter (1788/89) mit Hungerrevolten fügten einen sozialen Sprengstoff hinzu, der der Französischen Revolution eine neue Dimension gab.

99 Zwischen Ghetto und Messias: Juden in der Frühen Neuzeit, 1492 bis 1789

Auch die Moderne brachte Juden traumatische Katastrophen (hebr.: «Shoah»), in der Frühen Neuzeit von der Vertreibung aus Spanien (1492) bis zu Pogromen im Chmielnicki-Aufstand (1648–55) und russisch-polnischen Krieg (1654–67). Zuletzt verhieß die Aufklärung mit ihrem Pathos der Emanzipation und Toleranz auch für Juden eine lichtere Zukunft. Die Vertreibung der Juden aus ihrem bisherigen Schwerpunkt Spanien riß die folgenschwerste innerjüdische Kluft der Neuzeit auf, zwischen Ashkenasim und Sephardim – Juden aus Deutschland (1349) und Spanien (1492), mit Sondersprachen des Jiddischen und Spaniolischen (Ladino) als erstarrten Formen des spätmittelalterlichen Deutschen an Rhein und Main und Kastilischen, versetzt mit Elementen des Hebräischen und Sprachen ihrer Umwelt.
Die sozialen und kulturellen Folgen waren gravierend: In der Frühen Neuzeit dominierten die Sephardim als noch lange reichere und angesehenere Juden. Dagegen stiegen mit der Industrialisierung Ashkenasim, vor allem in ihrem spätmittelalterlichen Ursprungsland, Deutschland, nach 1933 in den USA, zum führenden Teil der Weltjudenheit auf, während Sephardim abstiegen. An sozio-

ökonomischen Differenzen entzündeten sich innerjüdische Reibungen und Ressentiments, bis hin zum faktischen Verbot des Konnubiums (Zwischenheiraten) gegenüber dem jeweils «inferioren» Teil, erst Ashkenasim, z. B. in Amsterdam nach 1648, später Sephardim, z. B. anfangs auch im modernen Israel, wo Gruppen aus Regionen mit unterschiedlichem sozio-ökonomischen und kulturellen Hintergrund (z. B. Berlin-Jemen) aufeinanderprallten. In Konflikte nach innen wie außen hineinverwoben sind uralte Konstanten «jüdischer Existenz» (I. Geiss) seit dem ausgehenden Alten Orient – Ausbildung und Behauptung einer eigenen Identität in der Spanne von (freiwilliger wie erzwungener) Absonderung im «messianischen Ghetto» und Auseinandersetzung mit der «Welt» bis zur individuellen oder kollektiven Assimilation.

1492 Zwangstaufe oder Vertreibung der Juden aus Spanien: Sephardim, zunächst meist im Osmanischen Reich.

1497 Auslöschung der Judenheit in Portugal durch (formale) Zwangstaufen. «Marranen» (= «Schweine») als Krypto-Juden.

1516 Geto nuevo in Venedig: Formalisierung des Ghettos.

1517 Reformation: überwiegend feindselige Haltung (des späten) Luther gegenüber Juden.

1555 Papst Paul IV. erzwingt zum Antritt seines Pontifikats besonders brutal plötzliche Einrichtung eines Ghettos in Rom.
Ca. 1590 Marranen in Amsterdam.

1612 Sephardim («Portugiesen») in Hamburg zugelassen.
Fettmilch-Aufstand in Frankfurt/Main: gegen Juden und Rat der Stadt.

1615 Religiöse Toleranz für Marranen in Holland: Juden dürfen Judentum offen praktizieren, Schwerpunkt Amsterdam.

1648 Judenpogrome im Chmielnicki-Aufstand von Kosaken gegen Polen (bis 1655) und im russisch-polnischen Krieg (1654–67: ca. 100000 Juden ermordet. Ashkenasim als Flüchtlinge ins Osmanische Reich und gen Westen, vor allem Amsterdam.
Annexion von Teilen Lothringens und des Elsaß durch Frankreich: Erstmals (seit 1394) wieder Juden (Ashkenasim) in Frankreich, abgesehen von Sephardim in Bordeaux.

1656 Juden (Sephardim aus Holland) erstmals (seit 1290) von Oliver Cromwell wieder in England zugelassen: erstes Wohnquartier im Osten Londons, Petty Coat Lane.

1665 Als Reaktion auf Katastrophe in der Ukraine Höhepunkt der messianischen Bewegung des Sabbatai Zwi (bis 1666).

1667 Rußland annektiert Smolensk: Juden weitgehend vertrieben. Rußland blieb «judenrein» (NS-Jargon).

1670 Juden auf Druck Wiener Kaufleute aus Wien vertrieben.

1671 Reichste Wiener Juden in Berlin aufgenommen: Anfänge der brandenburgisch-preußischen jüdischen Hoffinanziers.
1738 Jüdischer Hoffinanzier Joseph Jud Süß-Oppenheimer auf Druck der württembergischen Stände und fundamentalistischer Pietisten in Stuttgart hingerichtet.
1768 Im Vorfeld der 1. Teilung Polens Anarchie: (Orthodoxe) Kosaken verüben Massenmorde an Juden im östlichen Polen.
1772 Erste der drei Teilungen Polens: Ashkenasim in großer Zahl zu Rußland, Preußen (Posen) und Österreich (Galizien).
1781 Christian Wilhelm Dohm: «Über die bürgerliche Verbesserung der Juden»: Aufgeklärte Debatte über Judenemanzipation eröffnet.
Toleranzedikte Josephs II. in Österreich (bis 1788).
1787 Juden in Galizien erhalten deutsche Familiennamen.

Für die Juden beginnt die Neuzeit mit der Vertreibung von der Iberischen Halbinsel (1492/97). Juden, die an ihrem Glauben festhielten, wichen meist nach Nordafrika (Marokko, Algerien) und in den Vorderen Orient aus, auf Einladung des Sultans ins Osmanische Reich. Auf dem Höhepunkt des Unabhängigkeitskampfes der Niederlande gegen Spanien kamen Marranen auch nach Holland (ca. 1590), mit Schwerpunkt in Amsterdam, von dort nach Hamburg (als «Portugiesen», 1612), Dänemark (Glückstadt, 1622, als Konkurrenz zu Hamburg) und England (1656). Sie waren willkommen wegen ihrer finanziellen Potenzen, Fähigkeiten und Verbindungen. Bald erhielten sie in Holland auch religiöse Toleranz (1615), konnten also ihr Judentum frei und offen praktizieren. Dagegen brach in Frankfurt/Main aus denselben ökonomischen Berechnungen, nur mit umgekehrten Zuordnungen und Wirkungen, im Fettmilch-Aufstand ein letztes Mal ein spätmittelalterlicher Aufstand der Mittelschichten (Zünfte) und Unterschichten gegen die Juden und den sie schützenden Rat aus (1612), den der Kaiser als oberster Schutzherr der Juden unterband, aber Frankfurter Juden blieben auf das Ghetto beschränkt. In der Frühen Neuzeit wirkte sich das Verbot, das jeweilige Judenviertel (oder auch «Judengasse») auszuweiten, mit dem Anstieg der Bevölkerung besonders verheerend aus. Juden in den Städten lebten unter immer bedrückenderen Umständen. Gleichzeitig fielen sie durch die ihnen aufgezwungene Isolierung in der fortschreitenden Modernisierung zurück.

Der nächste Schlag traf die Judenheit in ihrem zweiten Schwerpunkt seit dem Symboldatum 1349, in Polen: Als Agenten des polnischen Adels und der Krone, als Pächter und Schankwirte machten sich Juden bei den orthodoxen (oder unierten) Bauern des östlichen Polen besonders verhaßt. Der Aufstand der Kosaken unter Bogdan Chmielnicki (1648 bis 54), mit dem die Geschichte der modernen Ukraine beginnt, war daher begleitet von Massakern an Juden, die sich im russisch-polnischen Krieg (1654–67) fortsetzten: Rund 100000 ermordete Juden umschreiben die größte Katastrophe der Judenheit zwischen Spanien 1492 und Auschwitz 1942/45. Verstörte und verarmte Ashkenasim drängten nach Westen, besonders in den neuen Schwerpunkt der Juden, nach Holland, wo sie auf schon arrivierte und etablierte Sephardim stießen mit all den Konflikten, die sich in solchen Situationen einstellen – überall und zu allen Zeiten.

Auf unheimliche Weise waren die großen Katastrophen mit jüdischer Mystik verknüpft, vor allem mit der Kabbalah, die Trost bot bei Bewältigung der schweren Schläge. Hauptinhalt der Mystik und Kabbalah war die geistig-geistliche Vorbereitung auf das Kommen des Messias, der die Juden aus all ihren Leiden erlösen würde. Dazu gehörten geduldiges Abwarten und das Erspüren von Anzeichen, die auf sein Kommen hindeuteten, um ihm in den «Wehen des Messias» besser «helfen» zu können. Ein wesentlicher Bestandteil der Kabbalah bestand darin, das Datum für das Erscheinen des Messias zu berechnen: Von den vielen Daten, die unter Juden kursierten, waren zwei besonders weit verbreitet – 1492 und 1648, Jahre tatsächlicher neuer Katastrophen, die wiederum die Flucht in mystische Tröstungen verstärkten. Verfolgungen des jüdischen Volkes galten als sichere Zeichen für die «Wehen des Messias» in seinem erhofften Kommen. Leiden und erhoffte Erlösung durch Katastrophen hindurch lagen für die frühneuzeitlichen Juden, dialektisch und schmerzhaft miteinander verbunden, zusammen.

Wie ein Brennspiegel bündelte die größte aller messianischen Bewegungen des Judentums in der Frühen Neuzeit, die des Sabbatai Zwi, alle diese Komplexe: Auf ihrem Höhepunkt (1665/66), gegen Ende der Massaker seit dem Beginn des Chmielnicki-Aufstandes (1648), trieb sie buchstäblich die gesamte Judenheit in Europa und im Osmanischen Reich um. Hier zeigte sich erstmals die beginnende Verschränkung sephardischer und ashkenasischer Juden – der «Messias» Sabbatai Zwi war Sepharde, sein großer Prophet Nathan von Gaza, der auch nach Sabbatai Zwis Übertritt zum Islam (1666) zu seinem «Messias» hielt, Ashkenase, stammte aber aus Jerusalem. Der Sabbatianismus hatte weitreichende Nachwirkungen: Aus Enttäuschung über getrogene messianische Hoffnungen wandte sich ein Teil der Juden der anlaufenden Aufklärung zu, mit ihrer jüdischen Variante der «Haskala», meist in den ökonomisch aktivsten Regionen Europas. Andere Juden, vor allem in Polen und Litauen, suchten Erfüllung in der modernen Form jüdischer Frömmigkeit, dem Chassidismus, der gleichwohl wegen seiner größeren Spontaneität immer wieder mit den Hütern jüdischer Orthodoxie in Konflikt geriet.

Zugleich rückten Frankreich im Westen und Rußland im Osten in Ausgangspositionen für die Entfaltung der sprichwörtlich werdenden «Jüdischen Frage»: Beide einverleibten sich mit Annexionen im Zuge ihrer langfristigen Expansion nach Osten bzw. Westen das an sich unerwünschte Element (ashkenasischer) Juden – Frankreich am Ende des Dreißigjährigen Krieges mit der Annexion von Teilen Lothringens und des Elsaß (1648), Rußland am Ende des russisch-polnischen Krieges, der in den Chmielnicki-Aufstand eingemündet war, mit der Annexion von Smolensk (1667), später weiter Teile Polens und ganz Litauens im Zuge der drei Teilungen Polens (1772–95). Frankreich erhielt, seit den Vertreibungen von 1394, wieder Juden in erheblicher Anzahl (abgesehen von wenigen sephardischen Juden in Bordeaux). Rußland vertrieb nach 1667 die meisten Juden aus den neu annektierten Gebieten, so daß es weiterhin «judenfrei» blieb. Mit den drei Teilungen Polens kamen jedoch so viele Juden hinzu, daß sich Vertreibungen wie nach 1667 verboten. Die russische Antwort auf die neue Lage zeichnete sich nach 1789 ab – Vorstufen zum modernen Antisemitismus.

Während die Masse der städtischen Juden in ihren übervollen Ghettos weiter verarmte, verhökerten «Betteljuden» und «Trödler» als Hausierer außerzünftig hergestellte Waren der Proto-Industrialisierung und anlaufenden Industrialisierung. Dagegen gelang es im Alten Reich einzelnen Hofjuden, die klassische Funktion reicher Juden seit dem Mittelalter fortzusetzen, auf regionaler und lokaler Ebene, in Holland auch Sephardim um 1688. Ihre Position blieb im Reich stets gefährdet, unter dem Druck christlicher Kaufleute und Unterschichten, in Stadt und Land: Der Fettmilch-Aufstand in Frankfurt/Main (1612) kam von unten, die Vertreibung der Juden aus Wien (1670) von oben, erzwungen von christlichen Kaufleuten. Brandenburg unter dem Großen Kurfürsten nahm die reichsten Wiener Juden auf (1671) und legte so die Grundlage zum preußischen Hofjudentum. Kombinierter Druck von oben (Stände) und unten (fundamentalistische Pietisten, die «Stillen im Lande») stürzte in Württemberg Joseph «Jud Süß» Oppenheimer und führte zu seiner spektakulären Hinrichtung (1738).

Die Aufklärung war für die Juden ambivalent: Voltaire verachtete sie als ein letztes Stück «finsteres Mittelalter», Lessing sang das hohe Lied der Toleranz: In «Nathan der Weise» (1779) setzte er seinem Freund, dem Vorkämpfer der in Deutschland beginnenden jüdischen Aufklärung («haskala»), Moses Mendelssohn, ein bewegendes literarisches Denkmal. Unter beider Einfluß eröffnete Dohm die europäische Debatte «Über die bürgerliche Verbesserung der Juden» (1785), unter deren Einfluß die Toleranzedikte Josefs II. für Österreich erste Erleichterungen brachten (1781–88), im 1772 annektierten Galizien auch deutsche Namen für Juden (1787), die fortan weiten Teilen der ashkenasischen (später so genannten) «Ostjuden» anhingen.

II. Von der Französischen Revolution zum Vorabend des Ersten Weltkriegs

1789 bis 1914

Französische Revolution und Konsequenzen der Industriellen Revolution gaben dem historischen Prozeß bis 1914 eine neue Qualität: In Radikalisierung der Englischen und Amerikanischen Revolution beschleunigte Europa seine sich selbst immer wieder erneuernden und in Frage stellenden ökonomischen, sozialen und politischen Wandlungen mit geistig-ideologischen Rückwirkungen widersprüchlicher Art. In einem 25 Jahre währenden Revolutionszyklus mit gewaltsamen Zuckungen nach innen und außen erprobte Frankreich neue Organisationsformen für Staat und Gesellschaft. Aus dem Scheitern von 1. Republik, Konsulat und plebiszitärem Kaisertum Napoleons I. (1. Empire) kam eine gemäßigte konstitutionelle Monarchie heraus (1814/15), die schon am Anfang der Französischen Revolution gestanden hatte.

Die Auswirkungen, zunächst in Europa, teilweise auch in Übersee (Haiti, Lateinamerika; Ägypten) waren kaum minder umwälzend. Selbst wo die Französische Revolution aus unterschiedlichen Voraussetzungen abgewiesen wurde, hatte sie langfristig, zumal mit ihren Folgerevolutionen (1830, 1848/49, Pariser Kommune 1871) und deren Folgen, weitreichende Konsequenzen – im sich industrialisierenden parlamentarischen England mit Reformen, im agrarisch gebliebenen autokratischen Rußland zuletzt mit den Russischen Revolutionen (1905/6, 1917).

Die Französische Revolution hatte, auch für den Kampf um die europäische Hegemonie, mit den Volksmassen gewaltige Kräfte mobilisiert, die dem Ancien Régime weit überlegen waren, so daß eine Koalition aller übrigen Großmächte nötig wurde, um Frankreich in zwei Anläufen niederzuringen (1813–15). Danach versuchte der Wiener Kongreß, die mit der Revolution aufgebrochenen sozialen und nationalen Kräfte zu bändigen, vor allem durch Restauration fürstlicher Legitimität, mit der Heiligen Allianz und dem Konzert der Mächte, auch zur Niederhaltung der sozialen und nationalen Revolution. Das Konzept zerbrach an der Virulenz nur unterdrückter, nicht gelöster nationaler Fragen. Auswirkungen der Industriellen Revolution, Wirtschaftskrisen und Folgerevolutionen der Französischen Revolution zerstörten den nur äußerlichen Konsens der Großmächte in der Heiligen Allianz, ferner die Tragfähigkeit der neuen konstitutionellen wie der mit blanker Reaktion wiederhergestellten absoluten Monarchie (Spanien, Italien; Österreich, Preußen). Arbeiterbewegung und Sozialismus waren zunächst nur innereuropäische Folgen der Industrialisierung, die Abschaffung von Sklavenhandel (1807/8) und Sklaverei (1834–88) nach außen gewendete Konsequenzen, vor allem in Amerika (USA, Brasilien) und Afrika, dort als weiterer Schritt zur Vorbereitung europäischer Kolonialherrschaft.

Sodann schuf die Europäische Revolution 1848/49 mit ihrer sozialen und nationalen Dimension neue Daten für die meisten Staaten Europas. Vor allem setzte sie Konflikte zwischen den in ihren «Völkerfrühling» aufbrechenden Nationalismen frei, die fortan innere und äußere Bedingungen Europas bis 1914 mitprägten. Die 2. Französische Republik versuchte verdeckt, das 2. Empire unter Napoleon III. offen, die Nationalbewegungen gegen die dynastischen Großreiche zu fördern, um so die Frankreich einengende Wiener Ordnung zu sprengen. Der Sieg des italienischen Risorgimento (1859/61) war ein Erfolg Frankreichs, das aber dem isolierten Polnischen Januaraufstand (1863) nicht zur Hilfe kommen konnte. Erst recht scheiterte Napoleon III. an der elementaren Wucht der massiveren und zentraleren Deutschen Frage (1870), deren Zwischenlösung mit der Neugründung des Deutschen Reiches (1871) neue Probleme aufwarf.

Unterdessen bahnte sich mit der Polarisierung zwischen den beiden Flügelmächten des Europäischen Systems, England und Rußland, dank ihrer unterschiedlichen inneren Strukturen und äußeren Interessen seit 1815 eine Konfrontation an, die mehrfach zum großen Krieg zu eskalieren drohte. Vor allem der Krimkrieg (1854–56) kam nicht als Weltkrieg zum Austrag, weil innere Bedingungen in Österreich und Preußen eine Ausweitung verhinderten. Ebenfalls um 1850 erschütterten schwere Krisen die alten Kultur- und ehemaligen Machtzentren China und Indien, während sich der Aufstieg neuer Großmächte jenseits des Europäischen Systems vorbereitete, Japans und der USA.

Die Reichsgründung (1871) vollendete das Europäische System nach innen, der Triumph des Imperialismus, symbolisiert in der kolonialen Aufteilung Afrikas (ab 1882/84) und Demütigung Chinas (1900), vollendete es nach außen. Von nun an bereitete sich in erstaunlich kurzer Zeit die Selbstzerstörung des europäischen Weltsystems und seiner kollektiven Weltherrschaft vor. Aus einer Kette internationaler Krisen (1875–1913) entstand ein System von Bündnissen (1879–1907). Die Spannungen zwischen den Großmächten, zentriert um Deutschland mit seiner geographischen wie machtpolitischen Mittellage im europäischen Machtzentrum, brachten an sich sekundäre Konflikte aus den Fernwirkungen der Orientalischen Frage, die sich zuletzt auch gegen Österreich-Ungarn wandten, zur Explosion des Ersten Weltkrieges (Juli/August 1914).

100 Französische Revolution I: Anfänge und 1. Republik, 1789 bis 1799

Für die Neuzeit bildet die Französische Revolution eine welthistorische Zäsur. Sie eröffnet eine neue Epoche, selbst wenn sie, wie Tocqueville gezeigt hat, mit der Vergangenheit durch tausend Fäden der Kontinuität verbunden ist. Zwischen **1789** und 1815 deklinierte Frankreich Erfahrungen der Englischen Revolution auf französisch durch, vor allem den revolutionären Zyklus – absolute, konstitutionelle Monarchie, Republik, mit verengender Radikalisierung (Jakobiner), Diktatur, rechtsbürgerliche Oligarchie (Thermidorianer, Direktorium), Militärdiktatur (Konsulat, 1. Empire), Restauration und konstitutioneller Monarchie. Als Abschluß der Revolution gilt hier das Konsulat (1799), obwohl seine Fortsetzung im 1. Empire Napoleons I. (1804–15) in ihren Auswirkungen auch Weiterführung der Revolution war. Nach 1815 blieb Frankreich revolutionäres Epizentrum bis zur Revolution von 1848/49 und der Pariser Kommune (1871) als letztem Ausläufer.

1789	5.5.	Generalstände in Versailles eröffnet.
	17.6.	Umwandlung der Generalstände in Nationalversammlung.
	20.6.	Ballhausschwur: Verfassung auch gegen den König gefordert.
	14.7.	Sturm auf die Bastille: Revolution in Paris.
	16.7.	Bauernaufstände in der Provinz: «La Grande Peur». Adelsemigration.
	11.8.	Feudalismus als System abgeschafft.
	26.8.	Erklärung der Menschen- und Bürgerrechte.
	6.10.	Königlicher Hof und Nationalversammlung in Paris.
	2.11.	Nationalisierung des Kirchenguts – Assignaten (19.12.).
1790	13.2.	Aufhebung der Klöster.
	19.6.	Abschaffung des Adels.
	12.7.	Zivilverfassung des Klerus – Eidverweigerung von Priestern (nach 27.11.).
	21.10.	Trikolore Nationalflagge.
1791	14.6.	Loi Le Chapelier: Arbeiterassoziationen, Streiks verboten.
	21.6.	Flucht der königlichen Familie gescheitert.
	17.7.	Blutbad auf dem Marsfeld: Agitation für Republik verschärft.
	3.9.	Verfassung: konstitutionelle Monarchie.
	18.9.	Judenemanzipation: volle Gleichberechtigung.
	1.10.	Gesetzgebende Versammlung (Legislative).
1792	15.3.	Ministerium der Gironde (bis 1793).

	20.4.	Kriegserklärung an Österreich. 1. Koalitionskrieg (bis 1797).
	25.4.	«Marseillaise» in Straßburg.
	5.7.	«Das Vaterland in Gefahr.»
	2.–6.9.	Septembermorde, vor allem an eidverweigernden Priestern.
	21.9.	Konvent (bis 1795). Monarchie abgeschafft: 1. Republik (bis 1799). Polarisierung Jakobiner–Gironde.
1793	21.1.	Hinrichtung Ludwigs XVI. auf Konventsbeschluß.
	10.3.	Vendée-Aufstand – «Konterrevolution».
	6.4.	Wohlfahrtsausschuß (bis 26.10.1795).
	4.5.	1. («Kleines») Maximum: Höchstpreise für Mehl, Getreide.
	31.5.–2.6.	Sansculotten-Aufstand gegen Gironde: Jakobinerherrschaft unter Robespierre (bis 27.7.1794).
	24.6.	Jakobinische Verfassung – im Krieg suspendiert.
	23.8.	Volksaufgebot («Levée en masse»): Allgemeine Wehrpflicht, Revolutionsheer, organisiert von Carnot.
	17.9.	Gesetz über die Verdächtigen – «Großer Terror».
	29.9.	2. («Großes») Maximum: Höchstpreise für Konsumgüter.
	5.10.	Republikanischer Kalender.
	13.12.	Vendée zerschlagen: Massenhinrichtungen in Nantes.
1794	5.4.	Hinrichtung Dantons, Desmoulins' u. a.
	26.6.	Sieg der Revolutionsarmee bei Fleurus.
	27.7.	9. Thermidor: Sturz Robespierres. Hinrichtungen; Herrschaft der Thermidorianer (bis 1795).
1795	5.4.	Sonderfriede zu Basel: Preußen neutral (bis 1806).
	20.–23.5.	Sansculottenaufstand, niedergeschlagen.
	3.10.	Direktorium (bis 1799).
	5.10.	Royalistischer Aufstand, von Bonaparte niedergeworfen.
1796	10.5.	Babeuf und Anhänger vor geplantem Aufstand verhaftet.
1797	17.10.	Friede von Campo Formio: linkes Rheinufer zu Frankreich.
1798	19.5.	Ägypten-Expedition Bonapartes: 2. Koalitionskrieg (bis 1801).
1799	9.11.	18. Brumaire: Staatsstreich Bonapartes. Konsulat (bis 1804).

In der Flut der sich überstürzenden Ereignisse hilft hier noch am ehesten die Orientierung am eingangs umrissenen Zyklus der revolutionären Entwicklung: Der Bankrott der absoluten Monarchie zwang zur Rückkehr zu den 175 Jahre lang ignorierten Generalständen, die sich aber in der neuen sozialen und politischen Situation nicht mehr einfach zum gehorsamen Instrument der Krone zurückdrehen ließen. In einem revolutionären Akt konstituierten sich die Vertreter des Dritten Standes als Nationalversammlung (17.6.1789) und beanspruchten die Souveränität – gegen die Krone. Mit der Drohung eines Staatsstreichs gegen die Nationalversammlung (11.7.) provozierte Ludwig XVI. Straßenkämpfe in Paris (12.7.), Gründung einer Bürgergarde, Abzug der Truppen aus dem aufständischen Paris (13.7.), den Bastillesturm im Machtvakuum

(14.7.), Bauernaufstände in der Provinz (16.7. bis Ende August) und die Adelsemigration. Schlag auf Schlag folgten Demontage des alten Systems und sein revolutionärer Umbau, zunächst im Rahmen einer konstitutionellen Monarchie, die erst mit der Verfassung (3.9.1791) institutionalisiert wurde. Unterdessen hatte der Fluchtversuch der königlichen Familie (20./21.6.1791) die Vertrauensbasis des Parlaments zur Krone zerstört.

Das 2. Revolutionsparlament, die Legislative, beherrschte die Gironde als gemäßigte Republikaner. Mit ihrer Kriegserklärung an Österreich (20.4.1792) eröffnete sie den 1. Koalitionskrieg (bis 1797) und die Revolutionskriege, trieb aber indirekt selbst die innere Polarisierung weiter. Niederlagen radikalisierten die revolutionäre Entwicklung: Septembermorde, Sturz der Monarchie durch den Konvent (1792), Hinrichtung Ludwigs XVI., Sturz der Gironde durch den Pariser Sansculottenaufstand (1793) eskalierten zur Jakobinerherrschaft mit weitergehender Radikalisierung im «Großen Terror» (1793/94). Unter äußerem Druck beschleunigten antijakobinische Aufstände (Vendée, 1793/94; Lyon, 1793) die Polarisierung und das Abbröckeln der anfangs breiten sozialen Basis der Revolution rechts, bald auch links von der «Neuen Mitte» der Jakobiner. Im von ihnen beherrschten 3. Revolutionsparlament, dem Konvent (1792–95), setzten die Jakobiner unter Robespierre die Republik durch. Die 1. Französische Republik (1792–99) vollendete den straff zentralisierten Einheitsstaat als die «eine, unteilbare Republik» («la République une et indivisible»). Zwar erließen die Jakobiner noch im Konvent eine Verfassung gemäß ihren Idealen (24.6.1793), suspendierten aber ihre Durchführung für die Dauer des Krieges. Die Niederwerfung der Vendée (13.12.1793) beseitigte für die Republik die Gefahr nach innen, der Sieg bei Fleurus über die Koalition (26.6.1794) die Gefahr von außen.

Nach den ungeheuren Kraftanstrengungen nach außen (Krieg, Levée en masse) und der Verkrampfung nach innen (Terror) brach in der Entspannung die Jakobinerdiktatur mit Sturz (27.7.1794: 9. Thermidor) und Hinrichtung Robespierres und seiner führenden Anhänger (28.7.) zusammen. Allerdings antwortete unter der Herrschaft der Thermidorianer die «Jeunesse dorée» auf den «roten» Terror von links nun mit dem «weißen Terror» von rechts gegen Sansculotten und Jakobiner, in Paris wie in den Provinzen (ab Sept. 1794). Die Aufhebung der jakobinischen Maximumsgesetze von 1793 zur Festlegung von Höchstpreisen im neuen Regime (8.12.1794) verschärfte Inflation und Hungersnot für die städtischen Massen, damit eine neue Polarisierung: Zwei Hungeraufstände der Pariser Sansculotten (1.4., 20.–25.5.1795) von links scheiterten ebenso wie ein royalistischer Aufstand in Paris (5.10.1795) von rechts, den der frühere Jakobiner Napoleon Bonaparte niederschlug. Das Direktorium (1795–99) grenzte sich vor allem gegen Linksaußen scharf ab durch Zerschlagung des Aufstandsversuchs Babeufs («Verschwörung der Gleichen») (1796) und seine Hinrichtung (1797).

Anfängliche Rückschläge im 2. Koalitionskrieg (1799–1801/2) provozierten eine kurze neo-jakobinische Phase (18.6.–13.8.1799), nach Bonapartes Rückkehr von der Ägypten-Expedition (8.10.) den Staatsstreich Bonapartes gegen das Direktorium (9.11. **1799**) und die Errichtung des Konsulats (bis 1804).

101 Französische Revolution II: Konsulat und 1. Empire, 1799 bis 1814/15

Bonaparte erklärte sofort nach seinem Machtantritt als 1. Konsul zwar die Revolution für abgeschlossen (15.12.1799), konsolidierte aber ihre «Errungenschaften» nach innen und setzte ihre Wirkungen nach außen fort durch Eroberungskriege und Ausbreitung des neuen Rechts- und Verwaltungssystems, kodifiziert und symbolisiert im Code Napoléon (Civil) (**1804**). Wie die Republik stilisierte Napoleon seine Herrschaft nach Vorbildern der römischen Antike: «Bürger», «Präfekt», phrygische Mütze (Zeichen der freigelassenen Sklaven in der Antike) als generelles Freiheitssymbol, Liktorenbündel in der Republik; «Konsul», «Senat», «Tribunat», «Empereur» (Kaiser), Adler als Feldzeichen, Ehrenlegion unter Napoleon illustrieren den antikisierenden Rückgriff auf das alte Rom. Gleichzeitig knüpfte Napoleons Kaisertum auch an Karl den Großen an, das nun von den Deutschen auf die Franzosen übergegangen sei.

Napoleon steigerte die Tendenz, die schon Gironde und Republik zeigten, durch Expansion nach außen und Intervention in die inneren Verhältnisse anderer Staaten wieder eine französische Hegemonie über Europa zu errichten, jetzt unter neuen, dazu noch wechselnden ideologischen Vorzeichen, entsprechend den inneren Regimewechseln in Frankreich selbst. Auf dem Höhepunkt seiner Macht (1808) schien Napoleon I. den Kontinent unter seiner Führung gegen England geeint zu haben, gestützt auf das Bündnis mit Rußland. Die Kombination von französischer Machtpolitik und modernisierender Ideologie mobilisierte jedoch Abwehr bei den Flügelmächten (England, Rußland) wie bei eroberten Völkern, die als Vasallenstaaten dem Napoleonischen Imperium untergeordnet waren.

1799 Konsulatsverfassung (24.12.): Bonaparte 1. (von 3) Konsul auf 10 Jahre; Senat, Tribunat als Scheinparlament.

1801 Friede von Lunéville: 2. Koalitionskrieg (seit 1798) beendet; Konkordat.

1802	Friede von Amiens: Krieg mit England (seit 1793) beendet. Orden der Ehrenlegion; Bonaparte alleiniger Konsul auf Lebenszeit, mit quasi-monarchischer Stellung. Expedition gegen Saint-Domingue – gescheitert (1803).
1803	Krieg gegen England erneuert: Hannover besetzt. Intervention in Deutschland. Reichtsdeputationshauptschluß.
1804	Code Napoléon (Civil). Napoleon zum Kaiser gekrönt (2.12.): 1. Empire (bis 1814/15).
1805	Italienische Republik umgewandelt in Königreich Italien (bis 1815). 3. Koalitionskrieg: Sieg Napoleons in Dreikaiserschlacht von Austerlitz (2.12.).
1806	Rheinbund – Ende des Reichs (seit 962). 4. Koalitionskrieg: Niederlage Preußens; Kontinentalsperre (bis 1813).
1807	Friede von Tilsit: Herzogtum Warschau (bis 1813); Preußen Vasallenstaat, Rußland in Kontinentalsperre (bis 1811). Portugal besetzt.
1808	Spanien besetzt: Spanischer Unabhängigkeitskrieg. Fürstentag zu Erfurt: Treffen Napoleon I. – Alexander I.: Höhepunkt der Macht Napoleons.
1809	Krieg Österreichs. Friede von Schönbrunn: Dalmatien annektiert.
1810	Holland, Nordwestdeutschland bis Lübeck annektiert (bis 1813). Heirat mit Marie-Louise von Habsburg.
1811	Rußland aus Kontinentalsperre ausgetreten.
1812	Grande Armée in Rußland. Brand Moskaus, Rückzug: Katastrophe.
1813	Preußens Erhebung. 5. Koalition: Rußland/Preußen/Schweden/England. Völkerschlacht bei Leipzig: Rückzug Napoleons.
1814	Niederlagen Napoleons in Frankreich: Alliierte in Paris; (1.) Abdankung Napoleons – als souveräner Fürst auf Elba (bis 1815). Restauration der Bourbonen. Charte Constitutionelle, 1. Pariser Friede. Wiener Kongreß (bis 1815).
1815	Rückkehr Napoleons nach Frankreich: 100 Tage. Niederlage bei Waterloo: (2.) Abdankung. Verbannung nach St. Helena. 2. Pariser Friede: Wiener Kongreß beendet.

Zwischen der Spätphase der 1. Republik, dem Direktorium (1795–99), und dem 1. Empire (1804–1814/15) war das Konsulat nur Übergang, der jedoch schon wesentliche Grundlagen des Napoleonischen Regime legte: Bonaparte hatte eine quasimonarchische Stellung, zunächst als Konsul auf Lebenszeit (1802); Scheinparlament (Senat, Tribunat) und Plebiszite gaben seiner Herrschaft eine pseudo-konstitutionelle, pseudo-demokratische Legitimierung. Die Zentralisation wurde weiter ausgebaut und auf das Schulwesen erweitert, so daß die Homogenisierung Frankreichs durch Einebnung vieler regionaler Unterschiede weitere Fortschritte machte. Die politische Überwachung wurde durch ein Spitzelsystem unter Polizeiminister Fouché ausgebaut, für Paris institutionalisiert mit der «concièrge» (Pförtnerin) in Mietshäusern. Den Atheismus der jakobinischen Phase ersetzte Napoleon durch ein Konkordat mit dem (politisch ohnehin abhängigen) Papst (1801). Die Rückkehrerlaubnis für Emigranten sollte die nationale Einheit stärken. Am konstruktivsten wirkte der Code Civil (Napoléon) (1804), der soziale Veränderungen seit der Revolution rechtlich faßte und sicherte, mit Ausstrahlungen auf Europa.

Schon die Republik hatte mit weitreichenden Annexionen – Savoyen (1792), Belgien (1795), Rheinland links des Rheins (1795/97) – den direkten Herrschaftsbereich Frankreichs gewaltig vergrößert, erweitert um Tochterrepubliken als faktische Vasallenstaaten – Holland (1795), Italien (1796–99), Schweiz (1799). Als Kaiser wandelte sie Napoleon teilweise in Königreiche um (Italien, Holland); hinzu kamen von Frankreich abhängige Vasallenstaaten – Rheinbundstaaten, Neapel (1806), Königreich Westphalen, Herzogtum Warschau (1807), Spanien (1808). Auch das im Frieden von Tilsit (1807) territorial reduzierte Preußen war ein Vasallenstaat Napoleons. Weitere Annexionen rundeten das 1. Empire ab – Dalmatien (1809), Holland, Nordwestdeutschland von Ostfriesland bis Lübeck (1810). So trieb die Logik seiner Machtpolitik Napoleon von einer Eroberung zur anderen, seit der Kontinentalsperre (1806) mit einem ökonomischen Motiv – Erdrosselung Englands, des hartnäckigsten Gegners, der sich fast pausenlos im Kriegszustand mit dem revolutionären wie dem Napoleonischen Frankreich befand (1793 bis 1802, 1803–15).

Jedoch drängte die Eigendynamik der Kontinentalsperre zu immer weiter ausgreifender Expansion: Um die Küsten gegen Einfuhr englischer Waren zu sichern, besetzte Napoleon Portugal (1807), Spanien (1808), annektierte Dalmatien (1809), Holland/Nordwestdeutschland (1810) und griff zuletzt Rußland an (1812), weil es aus der Kontinentalsperre ausgeschert war (1811). Napoleons Engagement in Spanien zur Bekämpfung des Spanischen Unabhängigkeitskrieges (1808–14) nutzte das seit Austerlitz und dem Frieden von Preßburg (1805) halbabhängige Österreich zu einer Erhebung (1809), die mit einem neuen Sieg Napoleons und der für Habsburgs Stolz demütigenden Ehe Napoleons mit der Kaisertochter Marie-Louise endete (1810).

Den entscheidenden Umschwung brachte die Katastrophe der «Grande Armée» (600000 Mann) in Rußland (1812). Im Nachdrängen eroberte Rußland wieder Polen, das mit Sachsen, aus nationalem Eigeninteresse, der zuverlässigste Verbündete Napoleons war, und riß Preußen aus seiner Vasallenstellung in den «Befreiungskrieg» von 1813/14: In ihm stellte Rußland anfangs die Masse der Truppen, bis nach Schweden und England auch Österreich zur 5. Koalition gegen Napoleon stieß (1813). Die Niederlage in der Völkerschlacht bei Leipzig, der Rückzug nach Frankreich und die Endkämpfe um Paris besiegelten Napoleons Schicksal (**1814**), das er auch nicht durch seine dramatische Rückkehr aus dem ihm als souveränes Fürstentum zugewiesenen Elba zu wenden vermochte (**1815**): Seine «Herrschaft der 100 Tage» blieb Episode, seine Rückkehr zur jakobinischen Vergangenheit durch Versprechen einer fastdemokratischen Verfassung für Frankreich stieß ins Leere: Er unterlag England/Preußen bei Waterloo, noch bevor Österreich und Rußland in den Krieg eingreifen konnten. Der Wiener Kongreß setzte den Schlußpunkt unter Frankreichs zweiten Anlauf zur Hegemonie, als revolutionäre Republik wie als modernisiertes Kaiserreich (1. Empire).

102 Französische Revolution III: Außenwirkungen auf Europa, 1790 bis 1825

Die Außenwirkungen der Französischen Revolution waren ungeheuer. Anders als die Englische Revolution blieb sie kein insulares Ereignis, sondern hatte weitreichende Ausstrahlungen: Enthusiastische Zustimmung und feindselige Ablehnung, positive Rezeption und rezipierende Abwehr, geistig-ideologische Missionierung und militärische Eroberung verbreiterten ihren Einfluß, direkt und indirekt, sogar in England und Rußland, die dem Ansturm des neuen Frankreich trotzten. In den direkt betroffenen Ländern blieb nichts, wie es vorher gewesen war. Selbst wo sich die alte Ordnung 1815 behauptete oder neu etablierte, war sie im Kern erschüttert und mußte sich fortan mit den revolutionären Prinzipien auseinandersetzen, in der einen oder anderen Form. Überall schufen Französische Revolution und Napoleon I. neue Voraussetzungen oder modifizierten die überkommenen, so daß sich neue Entwicklungen Bahn brachen, früher oder später, mit oder ohne Revolution.

Auch ohne Verschwörungs- und Agententheorie werden die umstürzenden Folgen der Französischen Revolution auf weite Teile Europas plausibel: Seit dem Aufkommen neuer Wirtschaftskräfte hatte sich das agrar-feudal-monarchische System allmählich von innen zersetzt, ungefähr von West nach Ost in abnehmender Intensität. Entsprechend nahmen die Ausstrahlungen der Revolution nach Osten ab, mit Ausnahme Polens, das seit seinen Teilungen Hilfe vom revolutionären Frankreich erwartete.

Je nach historischen Voraussetzungen war die Umsetzung der französischen Impulse ganz unterschiedlich:

Unmittelbar betroffen von der Revolution war zuerst Deutschland, Frankreichs Nachbar im Osten, denn die Abschaffung des Feudalismus in Frankreich (1789) tangierte verbliebene Rechte deutscher Reichsstände im Elsaß. Die erste Protestnote Kaiser Leopolds II. gegen die Verletzung solcher Feudalrechte (**1790**) kündigte die Konfrontation zwischen dem revolutionären Frankreich und den die alte Ordnung verteidigenden Mächten an, zunächst im 1. Koalitionskrieg (1792–97). Andererseits wurde damals, durch die Erfahrung der Französischen Revolution, das kulturell-sprachlich deutsch gebliebene Elsaß politisch erst richtig französisch.

Ingesamt zertrümmerten Revolutionskriege und Napoleon I. das nur noch als Fassade überlebende mittelalterliche Reich: Der Friede von Campo Formio (1797) bestätigte die schon von Preußen im Sonderfrieden von Basel (1795) zugestandene neue Ostgrenze Frankreichs bis zum linken Rheinufer und setzte damit im Reich eine Kettenreaktion in Gang: Zur Entschädigung für Verluste links des Rheins erhielten die größeren Reichsfürsten die geistlichen Territorien rechts des Rheins, ein Prinzip, das der Reichsdeputationshauptschluß (1803) in die Tat umsetzte: Säkularisation und Mediatisierungen kleinerer Reichsstände durch Einverleibung in größere Staaten, vor allem in Süddeutschland (Bayern, Württemberg, Baden) (1803/06), vereinfachten die chaotisch fragmentierte politische Landschaft Deutschlands – 1789 hatte es im Reich genau 1789 selbständige politische Einheiten gegeben, große und kleine. Die vergrößerten Staaten stellten sich unter den Schutz Napoleons (Rheinbund, 1806–13) und leiteten die Auflösung des alten Reiches ein (1806): So entstand die Deutsche Frage, in immer neuen Varianten.

Die beiden deutschen Großmächte erlitten unterschiedlich schwere Niederlagen – Österreich (1797, 1801, 1805, 1809), Preußen (1806) – und reagierten darauf mit unterschiedlich intensiven Reformen. Am spektakulärsten waren die Preußischen Reformen unter Stein und Hardenberg (ab 1807). Sie rezipierten die neuen Prinzipien partiell, um sie insgesamt besser überwinden zu können, gleichsam als Impfaktion von oben gegen die Französische Revolution von unten. Durch Bauernbefreiung, Mobilität (= freie Verkäuflichkeit) des Bodens, Gewerbefreiheit, Gemeindeselbstverwaltung, Bildungs- und Heeresreform erreichte Preußen so den Anschluß an die moderne Entwicklung und ebnete sich den Weg zur Industrialisierung.

Gleichzeitig erlebte das politisch fragmentierte, zwischen West (Französischer Revolution) und Ost (russische Autokratie) hin- und hergerissene Deutschland mit seiner Klassik eine Geistes- und Kulturexplosion, die die vielfältigen Spannungen der modernen Welt am intensivsten verarbeitete und widerspiegelte: Philosophen (Kant, Hegel, Schopenhauer), Dichter (Lessing, Schiller, Goethe, Hölderlin, Jean Paul) und Komponisten (Bach, Händel, Haydn, Mozart, Beethoven; Schubert, Mendelssohn, Schumann, Brahms) durchdachten durch ihre Medien die Grenzen der Möglichkeiten für die Menschheit. Weimar wurde zum symbolischen Zentrum des geistigen Deutschland. Wilhelm von Humboldts tiefgreifende Bildungsreform für Schulen und Universitäten bereitete zugleich eine Wissenschaftsexplosion in Deutschland vor, die mit der anhebenden Industrialisierung und Nationalisierung der Deutschen ungeheure Energien freisetzte, vor deren destruktivem Potential, am Ende der Weimarer Periode, Heinrich Heine als erster hellsichtig warnte.

Die Österreichischen Niederlande (Belgien) wurden zweimal von den Revolutionsheeren erobert/befreit (1792/94), anschließend von Frankreich annektiert (1795). In Holland errichtete die 1. Republik die Batavische Republik, als erste Tochterrepublik (1795), mit Rückwirkungen auf die Kapprovinz in Südafrika, die somit dem englischen Zugriff ausgesetzt war (1795, 1806). Hollands Umwandlung in ein Vasallenkönigreich unter dem Bruder Napoleons, Louis Bonaparte (1806), war nur kurzlebig, denn selbst Louis Bonaparte revoltierte gegen den erzwungenen Beitritt zur Kontinentalsperre. Nach seiner Absetzung annektierte Napoleon Holland kurzerhand (1810), dazu auch Nordwestdeutschland.

Auf Polen wirkte Frankreich zwiespältig: Einerseits gab die Revolution den reformwilligen Kräften, den «Patrioten», Auftrieb, bis zur Verfassung vom 3. Mai (1791). Andererseits beschleunigte sich genau deshalb der Zugriff Rußlands auf das sich modernisierende Polen mit der 2. und 3. Teilung Polens (1793/95). Die polnische Emigration kämpfte mit den Polnischen Legionen für Frankreich, und ihr Marschlied «Jeszcze Polska nie zginela» («Noch ist Polen nicht verloren») wurde später polnische Nationalhymne. Preußens Zusammenbruch bei Jena und Auerstedt nutzten die Polen zu einem Aufstand (1806). Zwar trogen die Hoffnungen auf die völlige Wiederherstellung Polens als souveräner Staat, aber das Herzogtum Warschau, in Personalunion mit dem neuen Königreich Sachsen (1807 bis 13), bot immerhin Ansatz zur nationalen Wiedergeburt. Für Polen war der Untergang der «Grande Armée» (mit 100000 Polen!) (1812) eine nationale Katastrophe, die in eine faktische 4. Teilung Polens (1815) einmündete.

Die Besetzung Spaniens durch Napoleon (1808) provozierte den Spanischen Unabhängigkeitskrieg (1808 bis 14) mit der charakteristischen Variante des Guerillakrieges und eine politische Neuordnung mit der liberalen Verfassung von Cadiz (1812), die zum Modell für den radikalen Liberalismus nach 1815 wurde. In Irland brach, unter dem Eindruck der Revolution und des 1. Koalitionskrieges (1792–97) und ermuntert durch eine militärische Intervention Frankreichs in Irland (1796–98), ein weiterer irischer Aufstand aus (1798), den England sofort niederwarf (1798). Anschließend erzwang England die (Real-)Union mit Irland (1800). Sie wurde Ausgangspunkt für die Irische Frage.

England wehrte, gestützt auf die Struktur der eigenen, nun schon ein Jahrhundert alten Revolution, die Französische Revolution ab und hielt ihre relativ wenigen radikalen Sympathisanten nieder, u. a. durch Verbot von Gewerkschaften (Combination Laws, 1799). Es verhärtete sich aber unter der Herrschaft der Tories dermaßen, daß es sich – im Vorfeld und in der Folge der Julirevolution 1830 – mit den Whigs im Gegenschlag den neuen Prinzipien teilweise doch öffnete. England fand die charakteristische Form einer Serie von politischen und sozialen Reformen, die auch in Zusammenhang mit der sich weiter intensivierenden Industrialisierung standen, vorläufig kulminierend in der großen Wahlrechtsreform von 1832.

In Südosteuropa eröffnete der Serbische Aufstand (1804), bereits als Fernwirkung der Französischen Revolution, die Südslawische Frage als Kehrseite der Orientalischen Frage. Rußland erwies sich erstmals auf dem Kontinent als der mächtige «rocher de bronze», an dem sich die Wellen der Revolution brachen. Aber in seinem Siegeslauf nach Frankreich (1813/14) brachten seine Offiziere liberale Ideen heim ins autokratische Rußland, die das erste Mal im Dekabristenaufstand (im Dezember **1825**) explodierten – Auftakt zur revolutionären Entwicklung Rußlands.

103 Französische Revolution IV: Auswirkungen in Übersee (Haiti, Ägypten, Lateinamerika), 1791 bis 1824

Die Auswirkungen der Französischen Revolution und ihrer Napoleonischen Variante setzten sich in Übersee fort, in der Neuen Welt kombiniert mit Einflüssen des Amerikanischen Unabhängigkeitskrieges (1775–83), im Nahen Osten im Kontext der Orientalischen Frage. Wieder übertrugen sich Impulse aus Frankreich ganz unterschiedlich, z. B. im Sklavenaufstand auf Saint-Domingue (**1791**), mit der Ägypten-Expedition Bonapartes (1798) oder der Besetzung Portugals/Spaniens (1807/8).

1791	Sklavenaufstand auf Saint-Domingue: Chaos.
1794	Konvent schafft Sklaverei ab; Autonomie für Afro-Westinder unter Toussaint L'Ouverture auf Saint-Domingue.
1798	Ägypten-Expedition Bonapartes – arabischer Nationalismus.
1802	Bonaparte führt wieder Sklaverei ein: Expedition gegen Saint-Domingue: allgemeiner Aufstand.
1804	Haiti unabhängig.
1807	Napoleon besetzt Portugal: Dynastie in Brasilien (bis 1821).

1808	Napoleon besetzt Spanien: Widerstand auch in Kolonien.
1810	Aufstände in Kolumbien, Mexiko, Argentinien: Unabhängigkeitskrieg (bis 1824).
1814	Restauration der Bourbonen in Spanien: koloniale Rückeroberung in Lateinamerika (bis 1820).
1815	Flucht Bolivars nach Jamaika: Tiefstand der Bewegung.
1820	Revolution in Spanien: Auftrieb für Unabhängigkeitsbewegung.
1822	Brasilien unabhängig von Portugal: Kaiserreich (bis 1889).
1823	Revolution in Spanien von Frankreich für Heilige Allianz niedergeworfen: Monroe-Doktrin – Spanien isoliert.
1824	Sieg der Unabhängigkeitsbewegung: Abzug der Spanier.

Den Anfang machte Saint-Domingue, Frankreichs reichste Kolonie in der Karibik (seit 1697). Die Revolution setzte dort den im System der Sklaverei stets latenten Sklavenaufstand frei (1791), der sich rasch zu einem Krieg aller gegen alle ausweitete. Aus dem blutigen Chaos stieg Toussaint l'Ouverture zum neuen Ordnungsfaktor auf, der für die faktische Autonomie der Afro-Westinder eine Basis der Legitimität mit Abschaffung der Sklaverei durch den Konvent erhielt (1794). Napoleons Machtübernahme (1799) wirkte reaktionär: Unter dem Druck der früheren Pflanzer-Bourgeoisie – in den Kolonien gebürtige Weiße (Kreolen), darunter Bonapartes erste Gattin, Josephine Beauharnais – führte Bonaparte die Sklaverei in den Kolonien wieder ein (1802). Eine Expedition (mit Teilen der Polnischen Legion) sollte die neue Sklaverei gewaltsam durchsetzen, scheiterte aber am allgemeinen Widerstand und am Gelbfieber (1803): Beim Abzug der letzten Franzosen erklärten die Aufständischen ihre Unabhängigkeit (1. 1. 1804) im neuen Staat Haiti.

Die Wirkung der Vorgänge auf dem kleinen Haiti war enorm: Im benachbarten Jamaika hatten sich Maroons (Ex-Sklaven, die in den Bergen eine Art Autonomie besaßen) gegen die englische Kolonialregierung erhoben (1795), wurden aber rasch niedergeworfen und nach Nova Scotia (Kanada) deportiert. Von dort kam ein Teil nach Sierra Leone (1799) und trug zu neuen Entwicklungen bei. In den Südstaaten der USA riefen Sklavenaufstand und Toussaint L'Ouvertures Aufstieg die Furcht vor ähnlichen Ereignissen im eigenen Machtbereich hervor: Seit dem Verfassungskompromiß von 1787 verschärfte sich zum erstenmal wieder die Sklavereiproblematik in den USA. Haiti versank zwar bald nach der Unabhängigkeit in ein fast permanentes Chaos innerer Wirren, aber es brachte die Kraft auf, der Unabhängigkeitsbewegung in den spanischen Kolonien auf ihrem Tiefpunkt (Flucht Bolivars nach Jamaika, 1815) entscheidende finanzielle und materielle Hilfe zu leisten (1816). Als Gegenleistung erwartete Präsident Pétion von Bolivar damals nur die Abschaffung der Sklaverei nach dessen Sieg. Schließlich wurde Haiti im 19. Jahrhundert eines der Symbolländer des sich allmählich formierenden Proto-Nationalismus unter Afrikanern und Afro-Amerikanern.

Summarischer lassen sich die Auswirkungen der Französischen Revolution auf den Nahen Osten skizzieren, schon weil sie am stärksten bis in die Gegenwart hineinreichen: Neben den allgemeinen Ausstrahlungen, die auch den Serbischen Aufstand (1804) mit erklären, ist Bonapartes Ägypten-Expedition (1798) dramatischer Auftakt für die Anfänge des arabischen Nationalismus, zunächst durch christliche Araber. Da Ägypten noch osmanisch war, brach Frankreich mit der Besetzung Ägyptens das traditionelle Bündnis mit dem Osmanischen Reich, das sich erstmals mit seinem neuesten traditionellen Gegner, Rußland, zu einem Zweckbündnis gegen die französische Invasion zusammenschloß (1798). Mit der militärischen Präsenz Frankreichs kamen neue Ideen und Techniken aus dem Westen in den Nahen Osten, u. a. die erste arabische Druckerpresse. Darüber hinaus hatte Bonapartes Ägypten-Expedition mit einem Stab von 187 Gelehrten, Künstlern und Wissenschaftlern (auch in diesem Punkt nach dem Vorbild Alexanders des Großen) eine große wissenschaftsgeschichtliche Bedeutung: Die Entdeckung des Steins von Rosette (1799) als Schlüssel zur späteren Entzifferung der Hieroglyphen durch J.-F. Champollion (1822) gehört generell zu den Anfängen der modernen Ägyptologie seit der Ägypten-Expedition Bonapartes.

Nur andeuten lassen sich hier welthistorische Rückwirkungen auf die Kolonien Spaniens und Portugals: Haiti war nur Vorspiel. Vorbereitet von Nordamerikanischem Unabhängigkeitskrieg und beginnender Industrialisierung (Freihandel, 1776), provozierten die französische Besetzung Spaniens (1808) und die versuchte Machtübernahme Napoleonischer Beauftragter in den spanischen Kolonien auch dort den Widerstand. Hinzu kam der traditionelle Antagonismus zwischen Kreolen und Vertretern der spanischen Krone, ähnlich wie zuvor in Nordamerika.

Wie in einem System kommunizierender Röhren weitete sich die nationale Reaktion gegen Frankreich, parallel zu den politischen Veränderungen in Spanien, zum allgemeinen Unabhängigkeitskrieg aus: Die liberale Verfassung von Cadiz (1812) gab den Aufständischen in Lateinamerika Auftrieb, umgekehrt die Restauration der Bourbonen in Spanien als absolute Monarchie (1814) der kolonialen Rückeroberungskampagne, gestützt auf die beiden royalistischen Hochburgen Peru/Bolivien und Kuba. Nach dem Tiefpunkt (Flucht Bolivars nach Jamaika, 1815) und der Initialhilfe Haitis (1816) begünstigte die Spanische Revolution (1820) die Aufständischen, die ohnehin über die Weigerung spanischer Truppen ausgebrochen war, sich in Cadiz gegen die Unabhängigkeitsbewegung in den Kolonien einschiffen zu lassen. Die Niederwerfung der Revolution durch Frankreich im Auftrag der Heiligen Allianz (1823) ließ ein Übergreifen der militärischen Intervention auf die spanischen Kolonien befürchten. Auch zum Schutz seiner ökonomischen Penetration Lateinamerikas mobilisierte England die USA, die mit der

Monroe-Doktrin («Amerika den Amerikanern») ein neues weltpolitisches Prinzip von großer Tragweite formulierten. Es reichte schon aus, um die Heilige Allianz von einer Militärintervention in Südamerika abzuschrecken und den Sieg der Unabhängigkeitsbewegung sicherzustellen (**1824**). In den neuen Republiken herrschte die alte Kreolen-Oligarchie mit ihrem auf die Conquistadoren zurückgehenden Herrschaftsanspruch. Sie ließ die schwere Strukturkrise entstehen, die Lateinamerika noch immer umtreibt.

Eine Sonderentwicklung nahm Brasilien: Vor der Besetzung Portugals durch Frankreich war die Braganza-Dynastie nach Brasilien ausgewichen (1807). Auch nach Napoleons Sturz blieb sie zunächst dort und proklamierte das «Vereinigte Königreich Brasilien, Portugal und Algarve» (1815). Die Rückkehr der Dynastie nach Lissabon, vor allem die Rückstufung Brasiliens zur Kolonie (1821) provozierten Sezession und Unabhängigkeit Brasiliens (1822), zunächst als konstitutionelle Monarchie und Kaiserreich (bis 1889).

104 Lateinamerika, 1789 bis 1995

Die Unabhängigkeit erkämpften sich die spanischen Kolonien im Gefolge der Französischen Revolution und Napoleonischen Eroberungen. Aber den Auftakt bildete Haiti (1804), den Abschluß (bis auf die französischen Départements Martinique und Gouadeloupe) die Territorien der Karibik im Sog der allgemeinen Dekolonisation nach dem Zweiten Weltkrieg. Je nach kolonialen Voraussetzungen bildeten sich unterschiedliche «nationale» Ergebnisse heraus. Wichtig wurde auch, ob und wie viele Indios sich in einer geschlossenen Bauernbevölkerung erhalten hatten, wo in der Regel auch eine erhebliche Mestizenbevölkerung entstand (Mittelamerika, Andenstaaten), wie viele Sklaven aus Afrika eingeführt worden waren und überlebt hatten, so daß einzelne Staaten einen unterschiedlich hohen Anteil von Afro-Amerikanern hatten, von Chile, Argentinien, Uruguay (fast Null) bis Brasilien und einigen Staaten Mittelamerikas. In seiner iberischen Grundprägung wurde Lateinamerika überwältigend katholisch, setzte aber auch, trotz punktueller oder regionaler Industrialisierung, seinen sozio-ökonomischen Abstieg fort, gerade gegenüber den Aufsteigern in Nordamerika, den «Yankees» der USA. Rasante Bevölkerungsexplosion, gekoppelt mit Umweltzerstörung (Bodenerosion, Zerstörung des Regenwaldes, Verwüstung früher fruchtbarer Böden, vor allem in Nordostbrasilien), stürzen den Halbkontinent in schier unlösbare Probleme.

1791	Sklavenaufstand auf Saint-Domingue:
1804	Unabhängigkeit Haitis: langfristiges Chaos (bis heute).
1810	Unabhängigkeitskriege beginnen gegen Napoleons Beauftragte (bis 1826).
1814	Restauration der Monarchie in Spanien (und Portugal): koloniale Rückeroberung Ecuadors, Chiles, Venezuelas, Kolumbiens.
1822	Brasilien wird von Portugal unabhängiges Kaiserreich (bis 1889), Mexiko Kaiserreich (bis 1823).
1823	Niederwerfung der Revolution in Spanien (und Portugal): Monroe-Doktrin verhindert koloniale Rückeroberung mit Hilfe europäischer Großmächte.
1861	Intervention Englands, Spaniens und Frankreichs in den Mexikanischen Bürgerkrieg (bis 1863/67).
1888	Ende der Sklaverei in Brasilien.
1889	Kaisertum in Brasilien gestürzt: Brasilien Republik. 1. Panamerikanische Konferenz.
1911	Mexikanische Revolution.
1946	Charismatische Herrschaft Perons in Argentinien (bis 1955): Peronismus.
1959	Kubanische Revolution unter Fidel Castro: Fidelismus.
1968	Bischofskonferenz von Medellin: Höhepunkt oppositioneller Befreiungstheologie.
1976	Militärdiktatur in Argentinien (bis 1983).
1983	Rückkehr zur Demokratie in Argentinien: Demokratisierung in weiten Teilen Lateinamerikas.

Der Auftakt zur Unabhängigkeit begann als Fernwirkung der Französischen Revolution auf Saint-Domingue mit einem blutigen Sklavenaufstand (1791), an dessen Spitze Toussaint L'Ouverture die faktische Autonomie errang (1795). Bonapartes Rückeroberung und Wiedereinführung der 1794 vom Jakobiner-Konvent abgeschafften Sklaverei und die Ermordung Toussaint L'Ouvertures (1802) provozierten einen erneuten Aufstand (1803), der in die Unabhängigkeit Haitis einmündete (1804), aber auch seitdem in ein Chaos von Bürgerkriegen, meistens zwischen Cliquen aus Mischlingen und Schwarzen. Haiti, als französische Kolonie Saint-Domingue 1791 die reichste Region der Karibik, stieg inzwischen zum Welt-Armenhaus ab.

Die Unabhängigkeitsbewegung der spanischen Kolonien entzündete sich am Widerstand gegen die versuchte koloniale Besitznahme durch Beauftragte Napoleons I. (1810). Nach der Restauration der Monarchie in Spanien und Portugal (1814) weitete sie sich zu kolonialen Befreiungskriegen aus. Die Spanische Revolution (1820) schwächte die Royalisten, die ihre Hochburgen auf Kuba und in Peru/Bolivien hatten. Den Versuch der europäischen Großmächte, zugunsten der Monarchie im spanischen Kolonialreich einzugreifen, unterbanden die USA mit der Monroe-Doktrin («Amerika den Amerikanern»). Danach setzte sich die Unabhängigkeitsbewegung endgültig überall durch (bis 1826), oft nach gleichzeitigen internen Konflikten, bis hin zu Bürgerkriegen.

Hauptträger der Unabhängigkeitsbewegung war die Oberschicht der Kreolen aus der Conquistadoren-Aristokratie, die aber nur die politische und soziale Herrschaft in eigener Souveränität wollte. Sie hielten daher überall an der Sklaverei und am Niederhalten der Indio-Bevölkerung fest. Wo, aus ihrer Sicht, die nationale Revolution durch Beteiligung der Unterschichten nichteuropäischer Abstammung (Indios, Mestizen, schwarze Sklaven) in eine soziale Revolution umzukippen drohte, unterdrückten sie gewaltsam alle Ansätze, besonders in Mexiko 1811/13, dort auch durch einen Kompromiß zwischen Kreolen und Grundbesitzern, hohem Klerus und Armee (Iguala-Plan, 1820). Entsprechend gelang die Abschaffung der Sklaverei erst unter massivem englischen Druck (ab 1845), zuletzt in Brasilien (1888). Als Ersatz für billige schwarze Arbeitskräfte wanderten verstärkt Europäer ein, in manche Länder vor allem aus Italien (Argentinien).

In seiner Befreiung von der Kolonialherrschaft zersplitterte das spanische Kolonialreich in zahlreiche post-koloniale Nachfolgestaaten, faktisch innerhalb bestehender unterer Administrationseinheiten, denn alle Versuche scheiterten, wenigstens die größten Verwaltungsgebiete (Vizekönigreiche) als moderne Föderationen von Provinzen oder Bundesstaaten zusammenzuhalten. Die meisten Staaten wurden sofort Republiken mit Verfassungen, die der Präsidialdemokratie der USA nachempfunden waren. Anfängliche Ausnahmen waren Haiti und Mexiko mit kurzen Übergangsperioden als Kaiserreiche, ähnlich, aber sehr viel länger, das ehemals portugiesische Brasilien (1822–89). Gelegentlich kam es auch zu schweren Regionalkriegen mit erheblichen Grenzveränderungen, auch aus Wirtschaftsinteressen – z. B. Argentinien, Brasilien und Uruguay gegen Paraguay (1865–70), Salpeterkrieg Bolivien/Peru gegen Chile (1879 bis 83), Gran-Chaco-Krieg Bolivien–Paraguay (1932–35), Peru–Bolivien (1994).

Die innere Entwicklung prägte der Dauerkonflikt zwischen Konservativen (meist klerikal, Großgrundbesitzern, eher zentralistisch) und Liberalen (laizistisch, Interessen des Handels-, später auch des Wirtschaftsbürgertums, eher föderalistisch), in Ländern mit starkem Indio-Anteil (Mexiko, Peru, Bolivien) oft auch verstärkt durch (städtische) Mestizen. Konservative und Liberale waren jedoch nur Fraktionen der herrschenden Kreolen-Oligarchie, die alle Partizipation der Massen abzuwehren verstand, anfangs auch der europäischen Einwanderer seit dem 19. Jahrhundert. Die Machtkämpfe sind bis in die Gegenwart eine chaotische Abfolge von Staatsstreichen («Pronunciamentos»), Diktaturen, meist des Militärs, und Bürgerkriegen, die, zumal auf kontinentaler Ebene, allenfalls Spezialisten im einzelnen zu überblicken mögen.

Nach den schweren Krisen der beiden Weltkriege und der Weltwirtschaftskrise von 1929 erreichten auch Lateinamerika moderne politische Massenbewegungen, in charakteristischen Varianten – Volksfrontregierung in Chile (1938–47), die gleichwohl nur zögernd mit den Achsenmächten brach (1943), Deutschland und Japan erst spät (Februar, April 1945) den Krieg erklärte; Peronismus in Argentinien (1946–55, 1973–76), mit langen Nachwirkungen; Fidelismus auf Kuba (seit 1959), der durch den Boykott der USA (seit 1960), den Zusammenbruch der Sowjetunion (1991) und weltweites Scheitern des Kommunismus in die völlige Isolierung driftete; Maoismus in Peru und Kolumbien («Leuchtender Pfad») mit seiner charakteristischen Kombination von Terror und Kollaboration mit den Drogen-Baronen, die ihre Hochburgen in den nördlichen Andenstaaten (Peru, Bolivien, Kolumbien) haben.

Unter dem Druck einer gnadenlosen Bevölkerungsexplosion, kontinentaler Umweltzerstörungen und großer Wirtschaftsprobleme schloß sich ein Teil des katholischen Klerus der sozialrevolutionären Opposition an, die mit der Befreiungstheologie bis in die Spitzen des Episkopats hineinreichte. Repräsentativ wurde die Bischofskonferenz von Medellin (1968). Ähnlich verfocht eine sozialrevolutionäre Intelligenz die «Dependencia»-Theorie, wonach der Westen stets bewußt und zynisch die «Unterentwicklung» der Peripherie, mithin auch Lateinamerikas, betrieben habe. Mit dem Zusammenbruch des europäischen Kommunismus und der Sowjetunion haben solche Tendenzen weltweite Unterstützung verloren. Aber die soziale Gärung hält an.

105 Wiener Kongreß, 1814/15: Neuordnung Europas – zwischen Restauration und Reaktion

Nach der Niederwerfung Napoleons durch die 5. Koalition (1813/14), bestätigt und bekräftigt durch die rasche Beendigung seiner «Herrschaft der 100 Tage» (1815), setzte der Wiener Kongreß (**1814**/15) neue Daten. Sie wurden Ausgangsbasis für alle weiteren historischen Entwicklungen. Als eigentlicher Abschluß der Französischen Revolution und Napoleonischen Ära schuf er, ideologisch überwölbt durch die Heilige Allianz (1815), eine Neuordnung Europas, die in ihren Grundzügen, allen tiefgreifenden Modifizierungen zum Trotz, bis zum Ersten Weltkrieg vorhielt. Entsprechend der komplizierten Materie, die er zu bewältigen hatte, waren auch Bestimmungen und Wirkungen des Wiener Kongresses außerordentlich komplex. In seiner Arbeit wurde er tangiert, aber nicht ernsthaft belastet, durch die unerwartete Rückkehr Napoleons nach Frankreich (März 1815).

Kongreßort (Wien) und Kongreßpräsident (Metternich) lassen auf eine überragende Rolle Österreichs schließen. Tatsächlich hatte jedoch Rußland unter Zar Alexander I. (1801–1825) eine übermächtige Stellung, weil es auf dem Kontinent mit seinen Riesenheeren den Ausschlag gegen Napoleon gegeben hatte. Die wichtigsten Entscheidungen fielen im Komitee der fünf Großmächte (Rußland, England, Österreich, Frankreich, Preußen) und im Europäischen Ausschuß (8 Signatarmächte des 1. Pariser Friedens, dazu Spanien, Portugal, Schweden). Hinzu kamen für Sonderfragen Ausschüsse, u. a. das Deutsche Komitee (Österreich, Preußen, Bayern, Württemberg) zur Ausarbeitung einer Verfassung für Deutschland, weitere für Gebietsfragen, die europäische Flußschiffahrt und das Verbot des Sklavenhandels.

Als Reaktion auf ein Vierteljahrhundert revolutionärer Umwälzungen, kostspieliger Kriege und allgemeiner Erschöpfung dominierte ein starkes Ruhe- und Friedensbedürfnis. Gegen eine Wiederkehr der Revolution als Unruhestifter schien am ehesten das Prinzip der Legitimität zu helfen, also Rückkehr der historischen, angestammten Herrscher.

Somit waren Legitimität und Restauration weitgehend identisch, ließen sich aber nicht überall in Dekkung bringen, vor allem dort, wo stärkere Machtansprüche und konkurrierende Legitimitätsforderungen aufeinanderstießen (Polen–Rußland). Darüber entstanden auf dem Wiener Kongreß selbst Konflikte (Polen–Sachsen) oder später, wo Restauration versuchte, als blanke Reaktion zum politischen Status quo von 1789 zurückzukehren (Spanien, Italien). Dort brachen schon ab 1820 Folgerevolutionen aus. Sonst aber war Restauration 1814/15, wie einst 1660 in England, ein komplexer Vorgang, der viele Veränderungen seit 1789 berücksichtigte, modifizierte und bestätigte. Vor allem die territorialen Veränderungen Napoleons in Süddeutschland durch Säkularisierungen und Mediatisierungen blieben weitgehend erhalten. Dagegen wurden die drei Hansestädte Bremen, Hamburg, Lübeck und die Freie Reichsstadt Frankfurt/Main wiederhergestellt, ebenso Territorien in Nordwestdeutschland.

Schwerstes Problem, an dem der Wiener Kongreß um die Jahreswende 1814/15 fast zu scheitern drohte, war eine Lösung für Polen und Sachsen. Beide waren, zudem noch durch Personalunion miteinander verbunden, treueste Verbündete Napoleons gewesen. Rußland forderte die Annexion ganz Polens in seinen historischen Grenzen von 1772, schon kraft des Eroberungsrechts, also auch nach Westen. Preußen verlangte die Annexion ganz Sachsens, schon zur Kompensation für die territorialen Verluste im Osten (Polen) an Rußland (verglichen mit dem Status von 1795). Österreich und England, unterstützt durch Frankreich, wehrten sich gegen eine so massive (direkte wie indirekte) Ausweitung der Macht Rußlands nach Westen sowie Preußens auf Kosten Sachsens. Zwischen den Alliierten wäre über die sächsisch-polnische Frage beinahe ein Krieg ausgebrochen. Ihn vermied ein folgenschwerer mehrteiliger Kompromiß: Rußland behielt zwar Kernpolen, mußte ihm aber als Königreich Autonomie gewähren mit einer Verfassung, die 1815 die liberalste in Europa war. Österreich erhielt wieder Galizien, Preußen Posen (auch mit Autonomie als Großherzogtum) und Westpreußen, so daß die neue Ordnung für Polen auf eine 4., freilich so nicht genannte Teilung hinauslief. Nur eine Freie Stadt Krakau mit Umland, unter Souveränität der drei Teilungsmächte, blieb als Erinnerung polnischer Staatlichkeit erhalten (bis 1846). Sachsen blieb auf Drängen Österreichs als Pufferstaat zu Preußen erhalten, verlor aber ca. 40% seines Territoriums an Preußen, das sich für die ihm so entgangene noch stärkere Vergrößerung mit dem Rheinland «entschädigen» ließ, das seit dem Sturz Napoleons «herrenlos» war. So übernahm Preußen das wichtigste Zentrum der beginnenden Industrialisierung in Deutschland. Die Rücksicht auf Veränderungen seit der Französischen Revolution drückte sich u. a. darin aus, daß auch im nun preußischen Rheinland der «Code Napoléon» gültig blieb (wie in den anderen ehemaligen Rheinbundstaaten und von Frankreich annektierten Gebieten) bis zum Inkrafttreten des Bürgerlichen Gesetzbuches (BGB) im neuen Kaiserreich (1900).

Österreich zog sich mit dem Verzicht auf die Österreichischen Niederlande und den Breisgau endgültig vom Rhein zurück, entschädigte sich aber durch seine dominierende Stellung in Oberitalien – direkt (Lombardei, Venezien) wie indirekt durch habsburgische Sekundogenituren (Nebenlinien der herrschenden Dynastie). Die Kehrseite war ein starkes anti-österreichisches Ressentiment in Italien, das wieder in die politische Fragmentierung zurückfiel. Erst jetzt stellte sich die Italienische Frage. Im wiederhergestellten Kirchenstaat und Königreich Neapel setzte sich die Restauration als reine Reaktion durch, als Rückkehr zur absoluten Monarchie.

Zur Bewachung der Rhein-Schelde-Mündungen erhielt Holland die ehemaligen Österreichischen Niederlande (Belgien), zur Aufhebung der Spaltung von 1579/81. Aber das neue «Königreich der Vereinigten Niederlande» zerbrach bald an der nationalen Arroganz der Holländer mit Ausbruch der Belgischen Revolution (1830).

Formal außerhalb der Wiener Kongreßakte, sachlich aber in engstem Zusammenhang, wurden weitere territoriale Veränderungen geregelt oder sanktioniert: England erhielt wieder Hannover (bis 1837). Sein Besitz Helgolands (bis 1890), der Kapkolonie (bis 1910), Ceylons (bis 1948) und Maltas (bis 1964) wurde bestätigt. Die Schweizer Eidgenossenschaft, erweitert um drei Kantone (Wallis, Neuenburg, Genf), wurde, zum Schutz der wichtigsten Alpenpässe, auf die immerwährende Neutralität verpflichtet, die Personalunion Norwegens mit Schweden bestätigt, als Strafe für Dänemarks Allianz mit Napoleon.

In Anhängen wurde u. a. die Schifffahrt auf grenzüberschreitenden Strömen durch Internationalisierung geregelt, vor allem auf Rhein und Donau. Eine Deklaration verurteilte, auf Drängen Englands, den Sklavenhandel. Schließlich betätigte sich der Wiener Kongreß noch, zur Stillegung des Unruheherdes Deutschland, als internationaler Verfassungsgeber für Deutschland: Im Unterschied zum Westfälischen Frieden (1648) gab er eine regelrechte Verfassung, die Bundesakte (**1815**), ergänzt durch die Wiener Schlußakte (1820): Das untergegangene Reich wurde, zur Enttäuschung der Reichspatrioten (u. a. Stein, E. M. Arndt), nicht wiederhergestellt. An seine Stelle trat der Deutsche Bund, als lockere Konföderation der inzwischen auf 39 reduzierten souveränen Mächte in Deutschland. Wie 1648 garantierten die Mächte die modifizierte Fortschreibung des Machtvakuums in Deutschland.

Die Heilige Allianz, ideologisches Dauerbündnis der modifiziert wiederhergestellten und alten Mächte, sollte der Neuordnung Stabilität verleihen. Aber innere Widersprüche, Widerstand gegen Repression dort, wo sich Restauration als Reaktion durchgesetzt hatte, und Konsequenzen der anlaufenden Industrialisierung ließen bald neue Konflikte heranreifen, nationale wie soziale.

106 Nationale Fragen und Nationalismen, 1795 bis 1871

Seit der Französischen Revolution hatten sich in Europa große nationale Fragen gestellt, meist seit Verlust des eigenen Staates für die betreffenden Völker – die Polnische (1795), Irische (**1800**), Südslawische (1804), Deutsche (1806), Italienische (1815) Frage. Auf dem Wiener Kongreß fanden sich keine oder nur ungenügende Antworten. Hinzu kamen die Griechische (1821), Belgische (1830) und Rumänische Frage. Alle nationalen Fragen lassen sich durch dieselben Gegenfragen aufschlüsseln: Wie kommt ein Volk zum eigenen (autonomen oder souveränen) Staat, in welchen Grenzen, mit welchen Strukturen, mit welchen Folgen für die Nachbarn und Europa? So läßt sich Nationalismus wertfrei als Anspruch staatsloser Völker auf den eigenen Staat begreifen.

Junge Nationalismen griffen möglichst auf die Grenzen eines früheren «Groß»reiches zurück, die weit über den Kernraum der eigenen «Nation» reichten und mit ähnlichen «historischen» Ansprüchen rivalisierender Nationalismen kollidierten, z. B. Griechen, Bulgaren, Serben über Makedonien, Serben und Kroaten über Bosnien-Herzegovina. Nach innen wandten sie für ihre ethnisch heterogenen Nationalstaaten die Staatsidee der Französischen Revolution («la nation une et indivisible» – die eine und unteilbare Nation) an, einen straffen Zentralismus, ohne politische oder auch nur kulturelle Autonomie für die Minderheiten. Die Folge waren erzwungene Assimilation von oben, Widerstand von unten. Bis auf Griechenland und Italien diente allen jungen Nationalismen Europas der Antisemitismus zur ideologischen Definition und Integration nach innen. Die Kombination der imperialen Reichsidee mit der zentralistisch-assimilierenden Nation *à la française* mach(t)en das Katastrophen-Szenario perfekt – Konflikte in und zwischen post-imperialen bzw. post-kommunistischen Nachfolgestaaten, Bürgerkriege, ethnische Säuberungen durch Massenvertreibungen und/oder Umsiedlungen zur Herstellung «homogener» Nationalstaaten, wie seit 1991 im Jugoslawienkrieg.

1795 3. Teilung Polens – Polnische Frage.
1800 (Real-)Union England/Irland – Irische Frage.
1804 (1.) Serbischer Aufstand: Südslawische Frage.
1806 Ende des mittelalterlichen Reiches – Deutsche Frage.
1815 Wiener Kongreß: Italien wieder fragmentiert – Italienische Frage; Polnische und Deutsche Frage neu gestellt: Deutscher Bund (bis 1866) mit Sitz in Frankfurt; (2.) Serbischer Aufstand.
1817 Autonomie Serbiens anerkannt.
1821 Griechischer Unabhängigkeitskrieg – Griechische Frage.
1829 Griechenland souverän, aber auf beschränktem Territorium.
1830 Julirevolution in Frankreich: Revolution in Belgien – Belgische Frage; Polnischer Novemberaufstand.
1839 Belgien neutralisiert.

Alle nationalen Fragen erwiesen sich als friedlich nicht beantwortbar. Sie führten zu Aufständen, Revolutionen und Kriegen, die über Französische Revolution, Wiener Kongreß, Revolution, Industrialisierung und Ersten Weltkrieg historisch miteinander verknüpft sind. Ferner waren fünf nationale Fragen dialektisch miteinander verbunden – Polnische, Südslawische, Rumänische und Italienische jeweils mit der Deutschen, derart, daß maximalistische Definitionen nationaler Grenzen unvermeidlich Konflikte provozierten.

Die Irische Frage (seit 1800) entsprang dem häufigen Wechsel Irlands zwischen englischer Unterwerfung und Aufständen seit der Neuzeit, immer wieder unterstützt vom jeweiligen Hauptgegner Englands (Spanien, Frankreich; im Ersten Weltkrieg Deutschland). Mit Erzwingung der Realunion (1800) wurde die Irische Frage durch Aufstände (1848, 1867, 1916), politische Agitation, sozialen Boykott, Attentate und krisenhafte Rückwirkungen auf England zu einer schwärenden Wunde – über den Anglo-Irischen Krieg (1919–22) nach dem Ersten Weltkrieg und den Bürgerkrieg in Nordirland (seit 1966) bis heute.

Die Polnische Frage (seit 1795) stellte der Wiener Kongreß durch die (4.)

Teilung Polens neu: Aufstände (1830/31, 1846, 1863/64), meist gegen Rußland, die Macht mit dem größten Teil Polens, brachten nach ihrer Niederwerfung Wellen der polnischen Emigration nach Westen, Deportationen nach Osten (Sibirien, Kaukasus). Im Westen verstärkten Polen das einheimische revolutionäre Potential, u. a. als Generale 1848/49, bis zur Pariser Kommune (1871). An die Stelle kurzfristiger Insurrektions-Strategie trat das langfristige Konzept der «Organischen Arbeit», zuerst in Posen ab 1838. Es setzte auf intensive ökonomische Entwicklung der Polen im Rahmen der Industrialisierung, um der politischen Arbeit eine solide Basis zu geben. Insgesamt war die Polnische Frage als Erfüllung patriotischer Ziele – souveräner Staat, tunlichst in den Grenzen von 1772 – nur durch Krieg der drei Teilungsmächte untereinander positiv zu beantworten. So erklärt sich das polnische Stoßgebet vor 1914: «O Herr, gib uns den großen Krieg!»

Die Serbische Frage (seit 1804) als Teil der Orientalischen Frage zielte zunächst auf das Osmanische Reich. Motor der südslawischen Bewegung wurde Serbien seit Anerkennung seiner Autonomie (1817), meist unterstützt von Rußland als Speerspitze russischer Expansion («brüderliche Hilfe» für Slawen und Orthodoxe). Die Denkschrift Ilja Garašanins (1844) zog bereits theoretisch die Konsequenz auch gegen Österreich: Vereinigung aller Südslawen. Die Chance kam mit Ausgleich (1867) und Magyarisierung in Ungarn, die die Nord-Süd-Slawen von der Doppelmonarchie abstieß. Seit der Bosnischen Annexionskrise (1908/9) richtete sich die südslawische Dynamik gegen Österreich-Ungarn, zumal nach Vertreibung der Türken aus Europa im 1. Balkankrieg (1912/13): Der Südslawischen Frage entsprang das Attentat von Sarajevo (1914) als Auftakt zum Ersten Weltkrieg.

Die Griechische Frage stellte sich seit Ausbruch des Griechischen Unabhängigkeitskrieges (1821). Mit Hilfe Englands, Frankreichs und Rußlands errang Griechenland die Souveränität (1829), aber auf so beschränktem Territorium, daß es erst nach weiteren griechisch-türkischen Kriegen (1878, 1897, 1912/13) zu seiner heutigen Grenze kam. Über Ersten Weltkrieg und griechisch-türkischen Krieg (1919–23) setzten sich die Konflikte fort, bis heute.

Da der Wiener Kongreß Italien, das unter Napoleon in den Königreichen Italien und Neapel politisch fast schon geeint war, wieder in die politische Fragmentierung zurückstieß, ist der Beginn der Italienischen Frage mit 1815 anzusetzen. Sie äußerte sich in Revolutionsanläufen (ab 1820), zuerst organisiert von Carbonari («Köhlern»), die als Widerstandsorganisation gegen die napoleonische Herrschaft begonnen hatten (1811), später von ihrem radikaleren Ableger des «Giovine Italia» (Junges Italien) unter Giuseppe Mazzini (1831). Wichtige Etappen waren Revolutionen in Neapel (1820) und Piemont (1821), beide niedergeworfen von Österreich im Auftrag der Heiligen Allianz (1821), und die Revolution 1848/49. Inzwischen hatte die Einigungsbewegung mit Piemont-Sardinien eine staatliche Basis gewonnen, benannt nach Cavours Zeitschrift in

Turin «Risorgimento» (1847) mit ihrem programmatischen Titel.

Noch brisanter war die Deutsche Frage, seit Ende des mittelalterlichen Reiches (1806) neu gestellt mit der Gründung des Deutschen Bundes als lockere Konföderation (1815). Eine Kernfrage war, welche deutsche Großmacht die Deutschen politisch einigen würde – Österreich oder Preußen. Die Neuauflage des deutschen Dualismus seit 1740 erhielt so eine nationale Zuspitzung (großdeutsch – kleindeutsch), überlagert und kompliziert von der Reichsidee: Österreich und Preußen hatten nichtdeutsche Gebiete außerhalb des Deutschen Bundes, auf die sie nicht verzichten wollten. Rein «nationale» Grenzen eines deutschen Nationalstaats (Reichs) waren auf jeden Fall unmöglich: Entweder kamen nichtdeutsche Minderheiten in einen deutschen Nationalstaat, oder Österreich und Preußen würden amputiert. Da beide deutsche Großmächte Fremdherrschaft über Polen, Südslawen, Rumänen und Italiener ausübten, kamen die Deutschen unvermeidlich in Konflikt mit deren nationalen Aspirationen. In der Revolution 1848/49 exerzierten die Deutschen ihre nationale Frage erstmals durch, kompliziert durch Schleswig-Holsteinische Frage und Konflikt mit Dänemark. Der Sieg der kleindeutschen Lösung (1866/71) schuf mit Ausgleich (1867) und Reichsgründung (1871) neue Probleme, die zu neuen Konflikten drängten.

Die Belgische Frage (**1830**), beantwortet durch Unabhängigkeit (1831) und Neutralität (**1839**) Belgiens, gehört zu den weiteren Voraussetzungen des Ersten Weltkrieges.

Ein nationales Problem sui generis ist die Rumänische Frage, kaum so einfach chronologisch fixierbar einzuordnen wie die anderen nationalen Fragen, aber auch von großer Bedeutung für die europäische Geschichte: Jahrhundertelang existierten Rumänen als W(a)lachen (= Welsche) ohne eigene Amts- oder Kirchensprache, eigene Elite (Adel, Bürgertum), sondern nur als geduldete Bauern. Nur die Donaufürstentümer Moldau und Walachei hielten sich als Staaten seit dem 13. Jahrhundert, seit um 1400 unter osmanischer Suzeränität. Preußen hatte die «Befreiung» der Donaufürstentümer durch Rußland mit der 1. Teilung Polens verhindert (1772), so daß noch vor der Französischen Revolution ein großer Aufstand in Transsylvanien die Rumänische Frage scheinbar urplötzlich erstmals aufwarf (1784): als Bauernaufstand sozial gerichtet gegen die herrschenden Magyaren und Deutschen, national als Formulierung des Anspruchs auf Schaffung eines rumänischen Staates durch Rückgriff auf das römische Dakien. Seitdem blieb die Rumänische Frage in der einen oder anderen Weise virulent, im komplizierten Geflecht der allgemeinen Machtpolitik der Großmächte.

Später kamen noch drei weitere nationale Fragen hinzu, die aber in ihrer Kompliziertheit den hier noch möglichen Umfang sprengen würden, die Albanische und Armenische (ab 1878), die Jüdische (ab 1881). Die Albanische Frage fand mit der Gründung des Staates Albanien (1912, 1945) einen gewissen Abschluß, setzt sich allerdings in der Kosovo-Problematik fort. Die Armenische Frage ist, ähnlich wie die

Kurdische, noch ungelöst. Die Jüdische Frage führte, über Zionismus (1882/97) und Staatsgründung Israels (1948), zum Nahostkonflikt.
So kompliziert die meisten dieser nationalen Fragen schon in sich waren, erst recht im Zusammenstoß mit den Interessen der großen Mächte: In ihrem vielfältigen Aufeinander- und Gegeneinanderwirken wurde das Labyrinth der nationalen Fragen noch verwirrender. Das ohnehin schon konfliktreiche Konzert der (Groß-)Mächte verband sich daher mit dem chaotisierenden Konzert der nationalen Fragen zu den bekannten Dissonanzen der modernen Geschichte, die sich seit dem Zweiten Weltkrieg auch noch auf die Dritte Welt ausgedehnt haben.

107 Europa zwischen Heiliger Allianz und Folgerevolutionen, 1815 bis 1847

Die Heilige Allianz hatte sich die unlösbare Aufgabe gesetzt, die Revolution in Europa überall und auf Dauer niederzuhalten. Zur nationalen Problematik kamen, 1815 noch nicht abzusehen, soziale Konsequenzen der Industrialisierung hinzu. Folgerevolutionen der Französischen Revolution und nationale Befreiungskriege spalteten die Heilige Allianz, widerstreitende Interessen der Großmächte zerstörten sie vollends. Knotenpunkte der Entwicklung sind die französische Julirevolution (1830), die Europäische Revolution (1848/49) und der Krimkrieg (1853–56).

1812	Spanische Verfassung von Cadiz – radikaler Liberalismus.
1814	Charte Constitutionelle in Frankreich – gemäßigter Liberalismus.
1815	Wiener Kongreß – Heilige Allianz.
1818	Kongreß von Aachen: Frankreich in Konzert der Mächte und Heiliger Allianz.
1819	Karlsbader Beschlüsse; «Peterloo» – «Six Acts» in England.
1820	Revolution in Spanien, Neapel: Kongresse von Troppau, Laibach (1821).
1821	Revolution in Neapel, Piemont von Österreich erdrückt. Griechischer Unabhängigkeitskrieg: Heilige Allianz gespalten.
1823	Revolution in Spanien von Frankreich niedergeworfen.
1825	Dekabristenaufstand: revolutionäre Entwicklung in Rußland.
1830	Julirevolution; Belgische Revolution; Polnischer Novemberaufstand; Liberale Regeneration in der Schweiz.

1832 Wahlrechtsreform in England: Liberalisierung. Hambacher Fest. «Vormärz» in Deutschland.
1837 Verfassungskrise in Hannover: Göttinger Sieben.
1846 Krakauer Aufstand: Krakau von Österreich annektiert.
1847 «Il Risorgimento», herausgegeben von Cavour. Schweizer Sonderbundskrieg.

Nach den gewaltigen Anstrengungen seit 1789 herrschte in Europa ein allgemeines Ruhebedürfnis, kontrastiert zunächst durch eine schwere Wirtschaftsdepression, mit Mißernte (1817). Sie wurde Hintergrund für soziale und politische Unruhen: In England löste die Unterdrückung einer Protestdemonstration in Manchester («Peterloo») die Repressionsgesetze der «Six Acts» aus (1819). Als postrevolutionärer Tiefpunkt politischer Freiheit bildeten sie die Folie zur späteren Reformbewegung. Nach Aufhebung der Combination Laws und Zulassung von Gewerkschaften (1825) wirkte die Katholikenemanzipation (1829) besonders auf Irland, wo die meisten Katholiken Großbritanniens lebten. Ähnlich repressiv wie die «Six Acts» waren in Deutschland die Karlsbader Beschlüsse (1819) als Reaktion des Deutschen Bundes auf die Ermordung August v. Kotzebues durch den Burschenschaftler Karl Ludwig Sand. «Demagogenverfolgungen» und Zensur charakterisierten die Entwicklung Deutschlands im «Vormärz», zunächst bis zur Julirevolution 1830.

Wirklich revolutionäre Ausbrüche erschütterten Spanien und Neapel (1820), wo sich die Rückkehr der alten Gewalten in blanker Reaktion als Rückkehr zur absoluten Monarchie von 1789 durchgesetzt hatte. Vor allem in Südeuropa wurde die spanische Verfassung von Cadiz (**1812**) Modell für den radikalen Liberalismus, sonst die Charte Constitutionelle der Restauration in Frankreich für den gemäßigten Liberalismus, später auch das liberale England seit der Wahlrechtsreform von 1832. Die Revolution brach daher zuerst in Spanien und Neapel aus. In Spanien eröffnete sie eine Kette von Revolutionen, Bürgerkriegen und extremen Regimewechseln, wiederum bis zur Gegenwart. In Italien signalisierte die Revolution in Piemont (1821), mehr noch als die vorausgegangene in Neapel (1820), die kommende Führung Piemonts im nationalen Einigungsprozeß Italiens (Risorgimento).

Österreichs Niederwerfung beider Revolutionen für die Heilige Allianz erhöhte nur noch das anti-österreichische Ressentiment in Italien. Frankreich, auf dem Aachener Kongreß (1818) wieder ins Konzert der Mächte aufgenommen und seitdem Mitglied der Heiligen Allianz, übernahm die analoge Exekutivaufgabe in Spanien (1823). Inzwischen hatte der Griechische Unabhängigkeitskrieg (1821 bis 29) die Heilige Allianz erstmals gespalten, da sich Österreich, gemäß seiner Interpretation des Legitimitätsprinzips, weigerte, einen Aufstand gegen die legitime Macht des Sultans zu unterstützen.

Mit dem Dekabristenaufstand in der kurzen Phase der Unsicherheit nach Zar Alexanders I. Tod (Dezember 1825) erreichte die revolutionäre Gärung auch Rußland, Hochburg der Autokratie. Der Offiziersaufstand scheiterte zwar rasch an der politischen Weltfremdheit seiner Anführer, eröffnete aber auch in Rußland die revolutionäre Entwicklung. Seine Erfahrung bei Antritt seiner Herrschaft erfüllte Zar Nikolaus I. (1825 bis 1855) mit abgrundtiefem Haß auf die Revolution, so daß er versuchte, sie zu unterdrücken (1830, 1849).

Wie in England 1685/88 provozierte in Frankreich ein neuer König, Karl X. (1824–1830), mit dem Versuch, die konstitutionelle Monarchie der Charte Constitutionelle (1814) durch die absolute Monarchie zu ersetzen, die nächste Revolution, die Julirevolution (1830). Die junge Industriearbeiterschaft gab erstmals den Ausschlag, ließ sich aber in ihrer politischen Unerfahrenheit vom Bürgertum mit der Juli-Monarchie unter dem «Bürgerkönig» Louis-Philippe aus dem Haus Orleans (1830–1848) rasch die Früchte des revolutionären Sieges aus der Hand nehmen. Die Folgen waren für die Geschichte der Arbeiterbewegung einschneidend: In ihrer Enttäuschung suchte die Arbeiterschaft eine eigene politische Vertretung. So erklären sich die Anfänge des Sozialismus in Frankreich, meist unter Führung bürgerlicher Intellektueller.

Auch sonst waren die Wirkungen der Julirevolution wieder erheblich: Unter ihrem Eindruck erhob sich das liberale Bürgertum in Belgien gegen Holland und gewann, mit Hilfe Englands und Frankreichs, die Unabhängigkeit (1831). Zum Schutz der Scheldemündung wurde Belgien auf Drängen Englands neutralisiert (1839) – die Verletzung der belgischen Neutralität durch Deutschland beseitigte in England die letzten Hemmungen zum Kriegseintritt Anfang August 1914. Zur Niederwerfung der Revolutionen im Westen wollte Zar Nikolaus I. eine Armee quer durch Preußen und Deutschland schicken, auch Teile der polnischen Armee. Sein Befehl zur Mobilisierung provozierte jedoch in Warschau den polnischen Novemberaufstand (1830), den Rußland nach schweren Kämpfen niederwarf (1831). Kongreßpolen (und Posen) verloren ihre Autonomie und wurden von Rußland (bzw. Preußen) direkt annektiert. Aber Polen hatte Rußlands konterrevolutionäre Intervention abgewehrt. Den letzten Rest polnischer Staatlichkeit beseitigte Österreich durch Annexion Krakaus nach dem Scheitern eines weiteren polnischen Aufstandes (1846).

In Deutschland (u. a. Braunschweig, Sachsen) und Italien (Parma, Modena, Kirchenstaat) brachen 1830 regionale Unruhen aus. In Deutschland setzten sie sich über Hambacher Fest (1832) (u. a. Protest gegen Unterdrückung Polens als großes Thema), Frankfurter Wachensturm (1833) und Protest der Göttinger Sieben gegen die Aufhebung der Verfassung beim Thronwechsel in Hannover (1837) als Gärung des «Vormärz» fort.

In der Schweiz und in England löste die Julirevolution den Aufstieg des modernen Liberalismus aus – in England durch die große Wahlrechtsreform (1832), in der Schweiz mit der liberalen «Regeneration», die den Konflikt mit sieben katholischen und konservativen Kantonen des Sonderbunds (1845–47) provozierte, ausgefochten im Sonderbundskrieg (**1847**).

108 Industrielle Revolution II: Arbeiterbewegung und Sozialismus; Wirtschaftskrisen, 1825/47 bis 1914

Bis ca. 1850 kristallisierten sich zwei zentrale Konsequenzen der Industriellen Revolution heraus: Arbeiterbewegung und Sozialismus einerseits, Wirtschaftskrisen andererseits. Industriearbeiter, von ihren (oft humanistisch gebildeten) Führern «Proletariat» genannt, organisierten sich in der Arbeiterbewegung auf zwei Ebenen, in Gewerkschaften und (meist sozialistischen) Parteien. Erste Gewerkschaften entstanden in England (**1825**), Anfänge des Sozialismus in Frankreich (nach 1830). Die Industrialisierung ging weiter, im Wechsel von Hochkonjunktur und Krise. Schon die erste umfassende Wirtschaftskrise (**1847**) hatte politische Folgen, die Europäische Revolution 1848/49, ähnlich wie spätere Weltwirtschaftskrisen (1857, 1873; 1929; seit 1973).

1825 Erste Gewerkschaften in England.
1828 Protokolle des Babeuf-Prozesses von Buonarotti veröffentlicht.
1830 Julirevolution in Frankreich – Anfänge des Sozialismus.
1832 Wahlrechtsreform in England – Arbeiter politisch isoliert.
1833 Fabrikgesetze in England: erste Sozialreformen.
1834 Bund der Geächteten in Paris als deutsche Exilorganisation.
1836 Bund der Gerechten in Paris als radikale Absplitterung.
1838 Chartistenbewegung in England (bis 1848): gewerkschaftliche und politische Elemente vereint.
1847 Erste allgemeine Wirtschaftskrise. Bund der Kommunisten in London, mit Marx und Engels (bis 1852).
1848 Kommunistisches Manifest.
Europäische Revolution: Junischlacht in Paris.
1850 Neue Hochkonjunktur (bis 1857).
1851 1. Weltausstellung in London: Selbstdarstellung des Industrialismus.
1857 Erste Weltwirtschaftskrise, erstmals mit Beginn in den USA.
1863 Allgemeiner Deutscher Arbeiterverein (ADAV) in Leipzig unter Lassalle.
1864 Internationale Arbeiterassoziation (1. Internationale) unter Marx und Engels (bis 1873/76).
1867 Marx: «Das Kapital», Bd. 1, erschienen.
1868 Englischer Gewerkschaftsbund: Trades Union Congress (TUC).

1869	Sozialdemokratische Arbeiterpartei (SDAP) unter Bebel und Wilhelm Liebknecht in Eisenach: marxistisch.
1871	Pariser Kommune: in Blutbad unterdrückt.
1875	Fusion ADAV/SDAP in Gotha: Sozialistische Arbeiterpartei Deutschlands (SAPD). Gothaer Programm.
1878	Sozialistengesetz in Deutschland (bis 1890).
ab 1879	Sozialistische Parteien in Frankreich.
1884	Social Democratic Federation in England: marxistisch. Fabian Society in England – nicht-marxistisch. Loi Le Chapelier (1791) aufgehoben: Gewerkschaften in Frankreich zugelassen.
1889	2. Internationale in Paris (bis 1914): 1. Mai Kampf- und Demonstrationstag für 8-Stunden-Tag.
1890	Sozialdemokratische Partei Deutschlands (SPD); Generalkommission der Gewerkschaften Deutschlands.
1891	Erfurter Programm der SPD.
1892	Sozialistische Parteien in Italien. Polnische Sozialistische Partei (PPS) unter Józef Pilsudski: nationalpolnisch.
1893	Sozialdemokratische Partei des Königreichs Polen (SDKP) unter Rosa Luxemburg u. a.: international, marxistisch. Independent Labour Party unter Keir Hardie in England.
1898	Sozialdemokratische Arbeiterpartei Rußlands (SDAPR): marxistisch.
1899	Sozialdemokratische Arbeiterpartei Österreichs: Hainfelder Programm.
1900	Labour Representation Committee in England.
1901	Sozialrevolutionäre Partei in Rußland.
1905	Section Française de l'Internationale Ouvrière (SFIO).
1906	Labour Party in England.
1914	Erster Weltkrieg: Zusammenbruch der 2. Internationalen.

Zum Aufstieg von Arbeiterbewegung und Sozialismus trugen die großen europäischen Länder bei, ungefähr parallel zu ihrer Industrialisierung. Schwerpunkte waren zunächst England und Frankreich, mit am weitesten fortgeschrittenen ökonomischen (industriellen) bzw. politisch-ideologischen (revolutionären) Strukturen und Traditionen. Im Ausgangsland der Industriellen Revolution, England, hatten Methodismus (radikale kirchliche Strömung gerade für Arbeiter, ab ca. 1738) und Abwehr der Französischen Revolution (u. a. Combination Laws, 1799; Verbot von Gewerkschaften) eine eigenständige Arbeiterbewegung verzögert. Erst die Aufhebung der Combination Laws (1824) ermöglichte Gewerkschaften in England (1825), Organisationsform des wirtschaftlichen Kampfes für Arbeiterinteressen. Dagegen lieferte Frankreich mit Veröffentlichung der Protokolle des Babeuf-Prozesses (1828) dem kommenden Kommunismus die anfangs radikalste Plattform.

Analoge Erfahrungen der Arbeiterschaft – Julirevolution (1830), Wahlrechtsreform (1832) – setzten den Sozialismus als Ideologie der Arbeiterbewegung frei: Das Bürgertum monopolisierte die politischen Früchte des gemeinsamen Sieges (Julirevolution; Wahlrechtsreform) und schloß die Arbeiterschaft aus. Frankreich wurde frühes Zentrum (meist bürgerlicher) Intellektueller, die sich zu Sprechern des Proletariats machten (u. a. Blanc, Blanqui, Proudhon), ohne sich in Parteien oder Gewerkschaften organisieren zu dürfen. Im liberalen England dominierte gewerkschaftlicher Pragmatismus, zumal seit Scheitern der Chartisten (1838–48) mit ihrem gewerkschaftlich-politischen Doppelcharakter. In Frankreich bildeten deutsche Arbeiter und Gesellen, die nach 1815 ins noch reichere Frankreich ausgewandert waren, die Massenbasis für deutsche revolutionäre Geheimgesellschaften im Exil – Bund der Geächteten (1834); als radikale Abspaltung und Weiterentwicklung Bund der Gerechten (1836), aus dem später in London der Bund der Kommunisten wurde (1847), mit Marx und Engels.

Im selben Jahr eskalierte eine Agrarkrise mit zwei schweren Mißernten (Getreide, Kartoffeln, 1845/46) zur ersten europäischen Wirtschaftskrise (1847). Sie wurde Grundlage für die Revolutionserwartung als Zusammenbruch des Kapitalismus in der sozialistischen Revolution – säkularisierte Variante des apokalyptisch-chiliastischen Dualismus («Auf zum letzten Gefecht» = Armageddon), in dem die Kommunisten als neues Volk Gottes das neue irdische Heil verheißen.

Nach der Niederlage der französischen Arbeiterschaft in der Pariser Junischlacht (1848) und einem erneuten Konjunktur/Krisen-Zyklus (1850–57) verlagerte sich das Schwergewicht der Entwicklung nach England: Englands Vorsprung in der Industrialisierung erweckte bei Marx und Engels die Hoffnung, daß dort zuerst die sozialistische Revolution ausbrechen werde. Jedoch setzte sich die Evolution im ökonomisch expandierenden Rechts- und Verfassungsstaat als Alternative zur Revolution durch, u. a. mit Hilfe der Gewerkschaften.

Im nächsten Konjunkturzyklus (1857–73) begann auch die sozialistische Entwicklung im sich ebenfalls industrialisierenden Deutschland, anfangs im alt-neuen Industriegebiet Sachsen, unter Lassalle (1863) und Bebel/W. Liebknecht (1869), während die Gründung des TUC (1868) den unpolitischen gewerkschaftlichen Pragmatismus in England seit Zusammenbruch der Chartistenbewegung (1848) institutionalisierte. Nach Debakel (1870) und Bürgerkrieg der Kommune (1871) schied Frankreich als Zentrum des Sozialismus aus: Reichsgründung (1871) und weitergehende rasche Industrialisierung, selbst nach der nächsten Weltwirtschaftskrise (1873), machten fortan Deutschland zum Zentrum der sozialistischen Entwicklung. Die 2. Internationale wurde zwar in Paris gegründet, zum 100. Jahrestag der Französischen Revolution (1889), aber die organisatorische und politische Führung lag bei der deutschen Sozialdemokratie, zumal nach Aufhebung des Sozialistengesetzes (1878–90) und Re-Konstituierung der Partei als SPD (1890), mit dem marxistischen Erfurter Programm (1891).

Mit Ausbreitung der Industrialisierung entstanden auch in anderen Ländern um die Jahrhundertwende sozialistische Parteien, teilweise im Exil oder Untergrund (Polen, Rußland). Noch vor formeller Zulassung von Gewerkschaften in Frankreich (1884) hatte sich dort eine erste sozialistische Partei gebildet (1879) als Auftakt zu weiteren Parteien und Gruppierungen. Sozialistische Parteien, u. a. in Italien (1891), Polen (1892, 1893), England (1893), Rußland (1898), Österreich (1899), gaben der 2. Internationalen größere internationale Repräsentanz, aber beschränkt auf europäisch-weiße Industrieländer.

Arbeiterbewegung und Sozialismus waren kein monolithischer Block, sondern oft und vielfach in sich gespalten, über Strategie und Taktik – Revolution ja oder nein; wenn Revolution, wie, wann? Mit dem liberalen Bürgertum gegen die Aristokratie oder mit der Krone gegen das Bürgertum? Was tun, um die Wartezeit bis zur Revolution sinnvoll auszufüllen –, totale Verweigerung und Warten bis zum Zusammenbruch des Kapitalismus oder begrenzte Mitarbeit im «Marsch durch die Institutionen» (Rudi Dutschke, 1968), auf die Gefahr, die reine Lehre der Revolution preiszugeben? Revolution durch Gewalt oder mit dem Stimmzettel (Engels, 1891)? An solchen Differenzen entzündete sich die Revisionismusproblematik, in der SPD wie in Frankreich, um die Beteiligung von Sozialisten an bürgerlichen Regierungen (ab 1899).

Der Ausbruch des Ersten Weltkrieges (**1914**) schnitt die sich gerade entfaltende nächste Weltwirtschaftskrise ab. Der Krieg zerbrach die 2. Internationale entlang den nationalen Fronten, während die innere Polarisierung unter der Belastung des Krieges neue politische Fronten schuf.

109 Industrielle Revolution III: Abolitionismus – Abschaffung von Sklavenhandel und Sklaverei, 1807/34 bis 1888

Eine eher unauffällige Wirkung der anlaufenden Industrialisierung war die Abschaffung von Sklavenhandel (**1807**) und Sklaverei (**1834**), zunächst durch England. Zu subjektiven (humanitären, philanthropischen) Motiven aus Aufklärung und Erweckungsbewegungen, vor allem im Protestantismus (Pietismus, Methodismus, «Evangelicals» in England) kamen objektive (ökonomische) Faktoren im Rahmen der industriellen Revolution. Sorgfältig ist zwischen Abschaffung («abolition») der Sklaverei (an sich oberstes Ziel) und des Sklavenhandels als logische Konsequenz zu unterscheiden, die dem Verbot der Sklaverei aber zeitlich vorausging – als wichtige Zwischenetappe und faktische Vorentscheidung. Hauptexponent des Abolitionismus war England, letzter Hauptprofiteur vom Transatlantischen Sklavenhandel und Pionier der Industriellen Revolution.

Die Konsequenzen des Verbots von Sklavenhandel und Sklaverei waren tiefgreifend und weltweit – in Europa, Amerika und Afrika: Sie gehören zur Vorgeschichte des Amerikanischen Bürgerkrieges (1861 bis 65), der europäischen Kolonialherrschaft in Afrika, des afrikanischen Nationalismus und der Ansätze zur industriellen Entwicklung Afrikas.

1772	Mansfield-Urteil: Sklaverei in England ungesetzlich.
1777	Sklaverei in den Nordstaaten der USA allmählich abgeschafft, zuletzt in New York (1827).
1787	Organisierter Abolitionismus in England und USA. Erste kirchliche Organisation freier Afro-Amerikaner in Philadelphia. Verfassungskompromiß in den USA ($3/5$-Klausel etc.). Sierra-Leone-Projekt.
1788	Erster Antrag Wilberforce im Unterhaus: Verbot des Sklavenhandels.
1792	Sklavenhandel in Dänemark verboten.
1794	Sklaverei für Frankreich vom Konvent verboten.
1802	Sklaverei von Bonaparte wieder eingeführt.
1807	Sklavenhandel im Britischen Empire verboten: strikte Kontrollen.
1808	Sklavenhandel in den USA verboten: laxe Kontrollen.
1815	Wiener Kongreß: Deklaration gegen Sklavenhandel.
1817	Sklavenhandel von Spanien verboten.
1831	Sklavenaufstand auf Jamaika.
1834	Grundsätzliches Verbot der Sklaverei im Britischen Empire.
1835	Großer Trek aus Kapprovinz. Verhärtung der Sklaverei in den Südstaaten der USA.
1838	Sklaverei im Britischen Empire vollständig verboten: Rückwanderung ehemaliger Sklaven aus Sierra Leone, Westindien, Brasilien.
1848	Verbot der Sklaverei durch Frankreich.
1861	Bürger-/Sezessionskrieg in den USA (bis 1865).
1862/65	Sklavenemanzipation in den USA.
1884/85	Berliner Afrika-Konferenz: Abschaffung von Sklavenhandel und Sklaverei auch in Afrika gefordert.
1888	Verbot der Sklaverei in Brasilien: Republik (1889).

Zu Beginn des organisierten Abolitionismus in England und USA (1787) schien das Ende der Sklaverei nur noch eine Frage der Zeit und der Methoden. Nach dem ersten Parlamentsantrag von William Wilberforce auf Verbot des Sklavenhandels (1788) und dem isolierten Verbot Dänemarks (1792) kam der entscheidende Durchbruch im Dauerkrieg Englands gegen das Napoleonische Frankreich (1807): England wollte in einer Periode der Übersättigung des Zuckermarktes (Kontinentalsperre, Ausbleiben von Hurricans auf Jamaika, die sonst oft die Ernte reduziert hatten) die französische Konkurrenz durch Unterbindung des Nachschubs an Sklaven aus Afrika treffen. Der Anschluß der USA (1808) war nur eher formal und wenig effektiv, da der illegale Sklavenimport aus ökonomischen Gründen fast ungestört weiterging: Nach New Orleans war Washington D. C. zweitwichtigster Sklavenmarkt der USA (bis 1850).

Wichtigste Konsequenz für Afrika war die Kontrolle der tropischen Gewässer durch ein Geschwader der englischen Flotte, mit Freetown (Sierra Leone) als Basis, zur Bekämpfung des illegalen Sklavenhandels (ab 1808). Auf eine breitere Basis stellte der Wiener Kongreß den Kampf gegen den Sklavenhandel (1815), konkretisiert von England durch eine Reihe bilateraler Verträge, mit denen es unwillige europäische Staaten (u. a. Portugal) gegen Geldzahlung zum Verbot des Sklavenhandels bewog. Die von der englischen Flotte befreiten Sklaven wurden in und um Freetown angesiedelt und, soweit sie nicht schon Muslime waren, zum Christentum bekehrt. Durch Missionsschulen und berufliche Tätigkeit erhielten sie eine erste Einführung in die sich entfaltende neue Zivilisation auf der Basis der Industrialisierung. Sie bildeten eine europäisierte Elite, in Sierra Leone selbst («Kreolen») wie durch Rückwanderung an der Westküste Afrikas (ab 1838), als «Sierra Leoneans» oder «Immigrants».

Ein Sklavenaufstand in Jamaika (1831) beschleunigte die Abschaffung der Sklaverei (1834), mit einer Zwischenlösung (siebenjährige «apprenticeship» für Minderjährige), die aber bald auch fiel (1838). Als wichtigste Kolonialmacht folgte bald Frankreich mit dem Verbot der Sklaverei (1848).

In Afrika hatten das Verbot von Sklavenhandel (1807) und Sklaverei (1834/38) durch England, neben der schon erwähnten Bildung von «Kreolen» und «Sierra Leoneans» in Westafrika, zwei dramatische Folgen: Sezession eines Teils der Buren im Großen Treck aus der Kapprovinz (1835–37), der zur Gründung der neuen Burenrepubliken Transvaal (1836) und Oranje (1842) führte, mithin zur Expansion des Einzugsbereichs der späteren Apartheid. Für Afrika wurde die Unterdrückung von Sklavenhandel und Sklaverei durch die Europäer ein Ansatz zu seiner kolonialen Unterwerfung und löste eine soziale Umwälzung aus, deren Bedeutung erst heute allmählich dämmert: Die innerafrikanische Sklaverei war eine weitverbreitete, tiefverwurzelte Institution, deren Ausrottung viele einheimische «vested interests» traf. Generell entstand, als Alternative zum nunmehr illegalen Sklavenhandel, auf Anregung der Europäer ein «legitimate trade» mit Agrarprodukten Afrikas für den Export nach Europa (Palmöl, Erdnuß; später Kakao).

In tropischen und subtropischen Kolonien traten an die Stelle befreiter Sklaven auf Zeit gebundene Arbeitskräfte aus Indien oder China (Kulis). Vor allem Inder in Natal (1860) blieben im Land und breiteten sich in Südafrika aus, ähnlich auf Mauritius und in Britisch-Guyana.

Nicht minder gravierend waren die Konsequenzen für Amerika: In den USA verhärtete die Sklavenbefreiung im Britischen Empire (1834/38) die Sklaverei im Süden der USA. Dort war seit Erfindung der «cotton gin» Baumwollentkernungsmaschine, 1794) und der raschen Expansion des Baumwollanbaus die Baumwolle zur ökonomischen Grundlage des Südens aufgestiegen («King Cotton»), die nach Lancashire, ins Zentrum der Baumwolltextilindustrie, geliefert wurde. Unter dem Eindruck des Sklavenaufstandes von Jamaika (1831) und der Sklavenemanzipation im Britischen Empire (1834) setzte um 1835 eine neue Welle des militanten Abolitionismus in den USA ein, vor allem getragen von freien Afro-Amerikanern, die ihre individuelle Freiheit auf Dauer nur sichern konnten, wenn die Sklaverei als System fiel. So eskalierten die Spannungen zwischen dem (seit 1827) sklavenfreien, sich rasch industrialisierenden Norden und dem agrarischen Süden. Sie explodierten nach der Wahl von Abraham Lincoln zum US-Präsidenten (1860), der an sich eine gemäßigte abolitionistische Linie innerhalb der (1854) neugegründeten Republikaner vertrat, in der Sezession von insgesamt elf Südstaaten (1860/61) und im Amerikanischen Bürgerkrieg (1861–65). Am Ende stand die Sklavenemanzipation in zwei Phasen (1862/65), die nun die neue Rassenproblematik (Segregation) aufwarf.

Auch für Brasilien hatte der Kampf um die Sklaverei schwerwiegende Folgen: Als letzter großer Staat europäischer Prägung verbot es die Sklaverei (**1888**), anschließend fiel die Monarchie (1889).

Mit dem Ende der Sklaverei in Brasilien endete auch formal der Transatlantische Sklavenhandel. Was blieb, war die Realität des offenen Sklavenhandels im östlichen Afrika über den Indischen Ozean und das Rote Meer, nach dessen Unterdrückung durch die Kolonialmächte, der offenen, allmählich nur noch verdeckten inneren Sklaverei vor allem in Afrika. Ihre allmähliche Auflösung in der europäischen Kolonialherrschaft war ein langsamer, unspektakulärer Prozeß. Aber innerafrikanische Sklaverei (samt Sklavenjagd und Sklavenhandel) der prä-kolonialen Zeit hinterließ tiefe Spuren und Ressentiments zwischen afrikanischen Völkern, jeweils zwischen Tätern und Opfern von Sklavenjagd, Sklavenhandel und Sklaverei.

110 England, die entwickelte Weltmacht: Industrie, Reformen, Empire, 1825/32 bis 1914

Nach Überwindung der Nachkriegsdepression nahm die Industrialisierung in England ihren raschen Fortgang: Die erste Eisenbahn Stockton–Darlington und die Zulassung erster Gewerkschaften (**1825**) sind mehr als nur symbolische Vorgänge. Die Julirevolution (1830) beschleunigte in England schon zuvor angelaufene liberale Reformen, die es endgültig zum Modellstaat der frühen Industrialisierung machten. Ausgangspunkt ist die erste große Wahlrechtsreform (**1832**): Industrialisierung, Herrschaft über Meere und Weltwirtschaft, ein expandierendes Kolonialreich ermöglichten einen wachsenden Durchschnittswohlstand. Herrschaft des Rechts und des Parlaments sicherten den inneren Frieden; eine relativ flexible Sozialstruktur gab Raum für individuellen Aufstieg. Politische Freiheit im Rechts- und Verfassungsstaat entschärfte durch politische und soziale Reformen gesellschaftlichen Zündstoff, der anderswo revolutionäre Explosionen auslöste.

1825 Erste Eisenbahn Stockton–Darlington. Gewerkschaften in England zugelassen.
1832 1. Wahlrechtsreform: Dominanz der Whigs/Liberalen.
1834 Tamworth Manifest: Tories auf dem Boden der neuen Tatsachen – Konservative Partei.
1837 Victoria Königin (bis 1901). Aufstand in Kanada.
1839 Innere Autonomie für Kanada.
1840 Opiumkrieg mit China (bis 1842): Chinesischer Markt geöffnet.
1846 Aufhebung der Kornzölle: Freihandel – Konservative gespalten.
1848 Europäische Revolution: Chartistenbewegung gescheitert.
1854 England (und Frankreich) gegen Rußland: Krimkrieg (bis 1856).
1857 Großer Indischer Aufstand (bis 1858).
1860 Cobden-Vertrag: Freihandel mit Frankreich.
1867 2. Wahlrechtsreform, betrieben von Konservativen: Wahlrecht für besitzende Unterschichten der Städte. Dominion-Status für Kanada: Autonomie.
1868 1. Regierung Disraeli (Kons.); 1. Regierung Gladstone (Lib.) (bis 1874).
1872 Ballot Act: Geheimes Wahlrecht.
1874 Erstmals geheime Stimmabgabe bei Parlamentswahlen: Aufstieg der Irischen Nationalpartei; Lib-Lab-Kandidaten.

1875	England kauft Aktienanteile des Khediven am Suezkanal: Kontrolle des Suezkanals durch England.
1877	Victoria Kaiserin von Indien.
1882	Ägypten von England besetzt.
1884	3. Wahlrechtsreform: Wahlrecht für Landarbeiter.
1886	Krise um Irland: 1. Home Rule Bill (Autonomie) für Irland gescheitert. Liberale gespalten: Unionisten unter Joseph Chamberlain – Sturz Gladstones.
1888	Gewählte Selbstverwaltung für Gemeinden und Grafschaften.
1890	Helgoland-Sansibar-Vertrag mit Deutschland.
1893	2. Home Rule Bill Gladstones gescheitert, am Oberhaus.
1898	Faschoda-Krise: letzte Konfrontation mit Frankreich.
1899	Burenkrieg (bis 1902): England weltpolitisch isoliert.
1902	Bündnis mit Japan – gegen Rußland in Fernost.
1904	Entente cordiale: Arrangement mit Frankreich.
1905	Bau des «Dreadnought»: modernisierte Schlachtflotte.
1906	Wahlsieg der Liberalen: Sozialreformen.
1907	Arrangement mit Rußland – Tripel-Entente.
1909	People's Budget: Sozialreformen, vom Oberhaus behindert.
1910	Südafrika als Dominion – Autonomie.
1911	Streiks, Reform des Oberhauses. Mansion-House-Rede Lloyd Georges: England in 2. Marokkokrise gegen Deutschland.
1912	Haldane-Mission: Flottenarrangement mit Deutschland endgültig gescheitert.
1914	3. Home Rule Bill: Irland am Rande des Bürgerkrieges. England im Ersten Weltkrieg.

Im Schatten der Julirevolution (1830) schien auch England vor einer neuen Revolution zu stehen. Mit Hilfe der Prosperität aus «Industrie und Empire» (Eric Hobsbawm) gelang es jedoch einer sich liberalisierenden Gesellschaft, durch politische und soziale Reformen die Revolution abzufangen, zur Enttäuschung von Marx und Engels. Kern der politischen Reformen war die schrittweise Ausweitung des spätmittelalterlichen Zensuswahlrechts (1430) zum allgemeinen Wahlrecht (1832, 1867, 1872, 1884), zuletzt auch für Frauen (1918/28). Sozialreformen seit den ersten Fabrikgesetzen (1833) milderten ärgste Mißstände im liberalen Kapitalismus – Beschränkung von Kinder- und Frauenarbeit, des Arbeitstages u. a. Nach 1906 setzten in einer zweiten Phase radikale Liberale die Anfänge der Sozialversicherung durch – nach deutschem Vorbild, in Konflikt mit dem Oberhaus (People's Budget, 1909) und in Spannung zur teuren Flottenrüstung. Auch das sich immer freier entfaltende Spiel häufiger, aber begrenzter Arbeitskämpfe (Streiks, Aussperrungen) im Wechselbad von Konjunktur und Wirtschaftskrise bewahrte in der allgemeinen Expansion den inneren Frieden.

Weitergehende Industrialisierung, rascher Bevölkerungsanstieg, den England teilweise noch in die großen Siedlungskolonien zur Entlastung des Mutterlandes ableiten konnte, und Ausweitung des Wahlrechts veränderten die politischen Parteien: Aus Adels- und Honoratiorenparteien wurden moderne Massenparteien mit Parteiapparat und Parteiprogramm: Whigs/Liberale standen gegen Tories/Konservative, im häufigen Regierungswechsel. Die liberale Grundstimmung färbte auch auf die Konservativen ab, seit dem Tamworth Manifest (1834). Über Freihandel und Abschaffung der Kornzölle spalteten sich die Konservativen (1846), über Autonomie (Home Rule) für Irland die Liberalen (1886), deren Sezession (Unionisten) mit den Konservativen allmählich verschmolz. Eine Sonderrolle hatte die Irische Nationalpartei, die aufgrund der Union (1800) im Unterhaus saß und nach 1874 zum parlamentarischen Zünglein an der Waage aufstieg. Mit dem geheimen Wahlrecht (1874) kamen auch Arbeitervertreter ins Unterhaus, zunächst als Kandidaten der Liberalen (Lib-Lab), mit den Unabhängigen der Independent Labour Party (1893) zunehmend aus eigener Kraft. Zögernd und in mehreren Schüben (1888, 1893, 1900, 1906) trat die Labour Party hinzu, so daß sich in England das klassische Zweiparteiensystem vorübergehend zu einem Vier- oder Fünfparteiensystem auflöste (Konservative/Unionisten, Liberale, Iren, Labour).

Für die Außenbeziehungen ist zwischen Europa und Übersee zu unterscheiden, wenn auch beide Bereiche vielfältig miteinander zusammenhingen: England hielt sich in Distanz zur Heiligen Allianz und unterstützte, ob konservativ oder liberal regiert, nach 1820 zunehmend die neuen europäischen Nationalbewegungen, auf dem Kontinent wie in Übersee (Lateinamerika), während es den irischen Widerstand gegen die Union niederhielt. Als Widerpart zu Rußlands expansivem Druck auf das Osmanische Reich modifizierte es seit den Verträgen von Adrianopel (1829) und Unkiar-Skelessie (1833) seine Position, da es Hilfe für die Balkanchristen mit Erhaltung des Osmanischen Reichs gegen Rußland (durch Reformen nach westlichem Vorbild) kombinierte. England geriet so in Gegensatz zu Rußland, kulminierend im Krimkrieg (1854–56), später in der Drohung eines Kriegs zwischen beiden Mächten über der Orientalischen Frage (1878) und Rußlands Vordringen durch Afghanistan nach Indien (1884/85).

Nach Jahrzehnten der Interventionen zog sich England nach dem Pariser Frieden zur Beendigung des Krimkrieges (1856) weitgehend vom Kontinent zurück in die «splendid isolation», um sich auf Ausbau und Verteidigung seines Empire zu konzentrieren, gestützt auf die stärkste Flotte und Wirtschaftsmacht der Erde. Nur in Indien, dem Kern des Übersee- und Kolonialreichs, beharrte es auf Ausbau und Festigung seiner direkten Herrschaft durch Vollendung der militärischen Eroberung (1856). Sonst aber begnügte es sich weitgehend, vor allem in Afrika, mit indirekter Herrschaft des «Informal Empire». Oberstes Prinzip war der Freihandel, den England China sogar mit einer anrüchigen Handelsware (Opium) aufzwang, im Opiumkrieg (1840–42). Nach dem Großen Indischen Aufstand (1857/58) beendete es die politische Verwaltung der East India Company über Indien und übertrug seinem Monarchen den vakant gewordenen Titel eines «Kaisers von Indien» (1877–1947).

Die Logik der Abschaffung von Sklavenhandel und Sklaverei, von Industrialisierung und ökonomischer Durchdringung zog England in den afrikanischen Kontinent, und wenn nur zum strategischen Schutz Indiens: Kontrolle des Suezkanals (1875) und Besetzung Ägyptens (1882) eröffneten die koloniale Aufteilung Afrikas («Scramble for Africa»), in der sich England jetzt möglichst große koloniale Gebiete sicherte, schon um sie nicht Kolonialrivalen zu überlassen, alten (Frankreich) und neuen (Deutschland).

Während auf der Landkarte Englands Empire zu imposanter Größe anwuchs, verlor es seine faktische Monopolstellung an neue Industriemächte (Deutschland, USA) und sah sich im Burenkrieg (1899–1902) weltpolitisch isoliert. Formalisierung seiner Kolonialherrschaft in Afrika, Ausbau einer modernen Schlachtflotte gegen Deutschland (ab 1905) und Verlassen der «splendid isolation» – Bündnis mit Japan (1902), Beendigung der Konfrontation mit dem traditionellen (Frankreich) und neuen weltpolitischen Gegner (Rußland) in bündnisähnlichen Absprachen (1904, 1907) – verraten, hinter der Fassade des weltumspannenden Imperiums, bereits innere Unsicherheit und den Verlust der fast unumschränkten Weltherrschaft. Am Vorabend des Ersten Weltkriegs (1914) schien England durch innere Konflikte außenpolitisch gelähmt – Streiks, Streit um die Sozialpolitik, Irische Frage. Der Erste Weltkrieg und seine Folgen verstärkten die nunmehr immer sichtbarer werdenden Krisenmomente.

111 Rußland, die unterentwickelte Weltmacht: Expansion zwischen Autokratie und Revolution, 1825/61 bis 1905

Im Gegensatz zur liberalen Industrie- und Weltmacht des Westens entwickelte sich das agrarische Rußland – vom Wiener Kongreß bis zur deutschen Weltpolitik (1896/98) Englands weltpolitischer Hauptrivale – in der Spannung zwischen Autokratie und Revolution, vom Dekabristenaufstand (Dez. **1825**) über die Bauernbefreiung (**1861**) zur Revolution (1905/07, 1917).

1825	Dekabristenaufstand in Rußland. Nikolaus I. (bis 1855).
1848/49	Rußland zerschlägt nationale Revolution in Moldau/Walachei und Ungarn.
1853/54	Krimkrieg (bis 1856): Niederlage gegen England/Frankreich.
1855	Alexander II. Zar (bis 1881): Reformen.
1857	Slawische Komitees: Panslawismus, Schwerpunkt Moskau.
1861	Bauernbefreiung, nach preußischem Vorbild.
1867	(2.) Slawenkongreß in Moskau: Panslawismus.
1874	Narodniki: «Zug ins Volk»: Von Geheimpolizei zerschlagen.
1877	8. Russisch-türkischer Krieg. Erste revolutionäre Gärung: «Zemlja i Volja» (Land und Freiheit).
1878	Russische Armee vor Konstantinopel: Vorfriede von San Stefano. «Prozeß der 193» (Narodniki); Freispruch für Vera Sassulitsch. Berliner Kongreß: Rückzug Rußlands auf dem Balkan.
1879	«Zemlja i Volja» gespalten: «Narodnaja Volja» (Volkswille) (terroristisch) – «Tschornij Perdjel» (Schwarze Umteilung) (gemäßigt).
1881	Alexander II. von «Volkswille» ermordet. Alexander III. (bis 1894): reaktionäre Wende; Pogrome, gewalttätiger Antisemitismus – Zionismus.
1891	Hungersnot in Ukraine, bei forciertem Getreideexport (bis 1892). Bau der Transsibirischen Eisenbahn (bis 1904).
1893	Industrialisierungspolitik Wittes: Hochkonjunktur (bis 1899).
1894	Nikolaus II. Zar (bis 1917).
1898	Sozialdemokratische Arbeiterpartei Rußlands (SDAPR), im Untergrund: zerschlagen.
1901	Sozialrevolutionäre Partei, aus früheren Narodniki.
1903	Spaltung der SDAPR: Bolschewiki (Lenin) – Menschewiki.
1904	Russisch-japanischer Krieg (bis 1905): Niederlagen.
1905	Erste Russische Revolution (bis 1907).

Mit seiner Doppelstellung in Europa und Asien avancierte Rußland nach 1815 als größte Landmacht und agrarisch fundierte Autokratie auch politisch-strukturell zum Gegenpol des liberalen England. Weder punktuelle Modernisierung noch forcierte Industrialisierung konnten den Grundwiderspruch Rußlands seit Peter dem Großen aufheben – unausgeglichene, rückständige Wirtschafts- und Sozialstruktur einerseits, Anspruch und Status als Groß- und Weltmacht andererseits: Nach Westen blieb Rußland Entwicklungsland, nach Osten wurde es industrialisierende, imperialistische Weltmacht. Seine Expansion ging weiter, jetzt schon unter dem Druck des Panslawismus (1857, 1867), im Innern zwi-

schen den Extremen Autokratie und (sozialer wie panslawistischer) Revolution. Seit dem Sieg über Napoleon I. und der Heiligen Allianz (1815) war Rußland Europas verschleierte Hegemonialmacht.
Aus Frankreich brachten jedoch russische Offiziere westliche Ideen mit – Abschaffung der Leibeigenschaft, Überwindung der Autokratie durch konstitutionelle Reformen, aber das Fehlen politischer Freiheiten drängte jeden Dissens in die Illegalität und Konspiration. Nach dem Tod Alexanders I. brach die revolutionäre Gärung erstmals durch im Dekabristenaufstand liberaler Offiziere und Intellektueller (1825). Er scheiterte zwar rasch, hatte aber tiefe Wirkungen – auf den neuen Zaren Nikolaus I. (1825–1855), den die Erfahrung in seiner reaktionären Haltung bestärkte, wie auf die junge Intelligenzija. Im Gründungsjahr von Gewerkschaften in England wurde der Dekabristenaufstand stilprägender Auftakt für die revolutionäre Entwicklung Rußlands bis zur Oktoberrevolution 1917.
In seinem machtpolitischen Interesse bekämpfte Rußland die eigene Revolution, stützte aber, zur Förderung seiner Expansion, systemwidrig nationalrevolutionäre Bewegungen auf dem Balkan und in Armenien. Sein Versuch, die Revolution im Westen niederzuwerfen (1830), scheiterte zwar am polnischen Novemberaufstand (1830/31). Aber in der nächsten Revolution zerschlug Nikolaus I. mit seinen Armeen die Revolution in der Moldau/Walachei (1848) und Ungarn (1849) und zwang Preußen zur Niederwerfung der Aufstände in Baden und der Pfalz (1849).
Wie weit sich Rußland so von der allgemeinen Entwicklung Europas abkoppelte, zeigte der Krimkrieg (1853/54–1856): Das agrarische Rußland mit seinen Heeren aus unwillig dienenden Leibeigenen unterlag den westlichen Industriemächten England und Frankreich. Der neue Zar Alexander II. (1855–1881) zog die Konsequenzen – Industrialisierung und Reformen von oben, eingeleitet durch die Bauernbefreiung (1861), stürzte aber Rußland in das klassische Dilemma eines Ancien Régime: Reformen ebneten der Revolution den Weg, aber Verzicht auf Reformen, gar ihre Rücknahme, provozierte sie erst recht.
Seit Bauernbefreiung und Folgereformen entfalteten sich revolutionäre Konsequenzen zwischen Industrialisierung im Wechsel von Konjunktur, Krisen und Kriegen (1877/78, 1904/5, 1914–17): Industrialisierung, ohne politische Rechte und Freiheiten, schuf ein sich radikalisierendes Proletariat unter einer revolutionären bürgerlichen Intelligenzija: «Zemlja i Volja» (Land und Freiheit) war eine erste, noch kurzlebige Untergrundorganisation (1862). Ein erstes Attentat auf Alexander II. (1866) kündigte den revolutionären Individualterror an. Die Agitation der Narodniki mit ihrem «Zug ins Volk» (1874) radikalisierte sich nach Zerschlagung der Narodniki durch die Geheimpolizei: Auf die Neugründung der «Zemlja i Volja» (1877), mit Individualterror gegen Repräsentanten des Regimes (ab 1878) folgte die Spaltung (1879) in die terroristische «Narodnaja Volja» (Volkswille) und gemäßigtere «Tschornij Peredjel» (Schwarze

Umteilung). Einen ersten Höhepunkt erreichte die revolutionäre Gärung im 8. Russisch-türkischen Krieg (1877/78) mit Anschlägen und aufsehenerregenden Massenprozessen.
Nach weiterer Steigerung der Terrorwelle (1880) beendete die Ermordung Alexanders II. durch «Volkswille» (1881) endgültig die Reformphase: Rußland blieb Autokratie, nur mit Ansätzen zur Selbstverwaltung von unten. Immerhin hatte es Elemente des bürgerlichen Rechtsstaates aus dem Westen übernommen, die nach der Oktoberrevolution wieder verschwanden, ebenso wie seine Liberalisierung des internationalen Wirtschafts- und Personenverkehrs. Der gewalttätige Antisemitismus mit Pogromen gegen die Juden zur Ablenkung von inneren Problemen (Innenminister Plehve: «Die Revolution im Blut der Juden ersäufen») seit der Ermordung Alexanders II. (1881) gab dem späten Zarismus eine besondere Note und provozierte die Anfänge des Zionismus (1882).
Seit Aufhebung der Kornzölle in England (1846) nahm der Export russischen Getreides nach Westeuropa neuen Aufschwung. Mit dem Anlaufen der Industrialisierung seit der Bauernbefreiung (1861) wurden Erlöse aus dem Getreideexport eine Hauptquelle zur Finanzierung der russischen Industrialisierung, bei Mißernten auch um den Preis ausgedehnter Hungersnöte (1891/92). Erst eine Generation nach der Bauernbefreiung schlug das Industrialisierungsprogramm unter Finanzminister Graf Witte (1893–1902) in einer hektischen Hochkonjunktur durch (1894–99). Vorausgegangen waren erste sozialistische Organisationen im Exil und Untergrund, die in der Sozialdemokratischen Arbeiterpartei Rußlands (SDAPR) kulminierten (1898). Ihre sofortige Zerschlagung durch die Geheimpolizei provozierte die Spaltung (1903) – Bolschewiki unter Lenin, der eine konsequent revolutionäre Untergrund- und Elitepartei wollte, und Menschewiki, die auch in erzwungener Illegalität an den Prinzipien einer sozialdemokratischen Massenpartei festhielten. Ergänzt wurde das Spektrum revolutionärer Parteien durch die Sozialrevolutionäre Partei (1901) aus der Tradition der Narodniki.
Der vorletzte Krieg des Zarenreichs eröffnete die Agonie des Ancien Régime: Nach einer schweren Wirtschaftskrise (1900–03) und einem neuen Expansionsversuch im Fernen Osten lösten Niederlagen im Russisch-japanischen Krieg (1904/5) die erste Russische Revolution (**1905/06**) aus: Zur sozialen Revolution in Kernrußland, in den Industriezentren erstmals mit Sowjets (Räten), kamen nationale Aufstände in russifizierten Randgebieten, vor allem in Finnland und Polen. Die Revolution erzwang den ersten Schritt zum eingeschränkten Konstitutionalismus mit einer Duma, die jedoch nur geringe Kompetenzen hatte. Die Agrarreformen Stolypins (1906–11) zur Schaffung eines wohlhabenden Bauernstandes als Massenbasis eines konstitutionellen Zarismus blieben stecken. Der nächste große Krieg vollendete den Sturz des russischen Ancien Régime (1917) durch Niederlagen im Ersten Weltkrieg.

112 Europäische Revolution 1848/49: Soziale und nationale Revolution

Die Europäische Revolution **1848/49** ist das größte Einzelereignis zwischen Wiener Kongreß (1815) und Erstem Weltkrieg (1914–18). Ihr historischer Rang erschließt sich aus ihrem Verständnis als gesamteuropäischer Vorgang, auch wenn erhebliche «nationale» Unterschiede bleiben, entsprechend den historischen Voraussetzungen variiert in Ablauf und Ergebnissen. Im «Völkerfrühling Europas» stießen revolutionäre und gegenrevolutionäre Kräfte aufeinander, mit neuem Tempo, u. a. weil erstmals der Telegraph rasch Nachrichten übermittelte. Wichtiger ist ein struktureller Grund: Alle Länder westlich Rußlands waren von Industrieller und Französischer Revolution geprägt, aber die Heilige Allianz hatte weitergehende Entwicklungen unterdrückt. So mobilisierte das «tolle Jahr» – Folgerevolution zu 1789 und 1830 – überall ähnliche Konfliktpotentiale.

Den Auftakt bildeten Unruhen in Italien (Jan. **1848**), Epizentrum war jedoch Frankreich (Februarrevolution). Von Paris breitete sich die Revolution rasch aus: Wien, Budapest, Italien, Deutschland (März), Madrid, Donaufürstentümer, Polen, Irland waren die wichtigsten Schauplätze, während England und Rußland, aus entgegengesetzten inneren Gründen, die Revolution abwiesen. Am Ende stehen die Kapitulation der ungarischen Revolutionsarmee (23.7.) und der Republik Venedig (28.8.1849).

1848 Unruhen in Mailand (2.–4.1.), Aufstand in Palermo (12.1.). Verfassungen in Neapel (10.2.), Florenz.
Antrag Bassermann in badischer Kammer (12.2.): Deutsche Nationalvertretung.
Februarrevolution in Paris (22.–24.2.): 2. Republik (bis 1852).
Heidelberger Versammlung (5.3.): Aufruf zur Wahl einer Nationalvertretung.
Revolution in Wien (13.3.), Budapest (15.3.), Venedig (17.3.), Berlin (18.3.), Mailand (18.–22.3.), Parma (20.3.).
Kriegserklärung Piemonts an Österreich. Deutsche Provisorische Regierung für Schleswig-Holstein (24.3.).
Unruhen in Madrid (26.3.). Revolution in Jassy gescheitert (27.3.). Frankfurter Vorparlament (30.3.–3.4.).
Ungarische Revolutionsregierung Batthyány (7.4.), Chartistenpetition vom Unterhaus abgewiesen (10.4.).
Republikanischer Aufstand unter Hecker in Baden (12.–20.4.).
Parlamentswahlen in Frankreich, erstmals mit allgemeinem Wahlrecht (23.4.): Niederlage für republikanische Linke.

Unruhen in Krakau (25.4.), Posen (9.5.).
Frankfurter Nationalversammlung: Paulskirche (18.5.).
1. Nummer der «Neuen Rheinischen Zeitung» in Köln, redigiert von Marx.
1. Slawenkongreß in Prag (3.–28.6.): Revolution in Prag (12.6.), von Österreichern unterdrückt (17.6.).
Junischlacht in Paris (23.–26.6.): Niederlage der Arbeiter.
Revolution in Bukarest: konstitutionelle Monarchie.
Polendebatte in Paulskirche (24.–27.7.).
Aufstandsversuch «Young Ireland» in Munster: unterdrückt (August).
Waffenstillstand von Malmö: Deutscher Bund – Dänemark (26.8.).
Revolution in Bukarest von Russen und Türken niedergeschlagen (Sept.).
Aufstand in Wien (6.10.): Wien von Windischgrätz erobert (31.10.).
Robert Blum in Wien standrechtlich erschossen (9.11.).
Revolution in Rom (16.11.): Flucht Pius' IX. aus Rom (24.11.).
Preußische Nationalversammlung aufgelöst: Verfassung oktroyiert (5.12.).
Louis Bonaparte Präsident der 2. Republik (10.12.).

1849 Republik in Florenz (8.2.), Rom (9.2.).
Sieg Österreichs bei Novara über Piemont (23.3.).
Frankfurter (kleindeutsche) Reichsverfassung (27.3.).
Kaiserwahl von Friedrich Wilhelm IV. abgelehnt (3.4.).
Restauration der Monarchie in Florenz/Toskana (12.4.).
Unabhängigkeitserklärung Ungarns (14.4.).
Reichsverfassungskampagne: Aufstände in Pfalz (1.5.), Dresden (3.–9.5.), Elberfeld (9.5.), Baden (19.5.).
Revolution in Sizilien niedergeworfen (15.5.).
Letzte Nummer der «Neuen Rheinischen Zeitung» (Mai).
Dreiklassenwahlrecht in Preußen (30.5.).
Dänemark konstitutionelle Monarchie (5.6.).
Rumpf-Paulskirche in Stuttgart (6.–18.6.).
Russisch/Österreichische Offensive gegen Ungarn (15./18.6.).
Kapitulation der Römischen Republik unter Mazzini (1.7.).
Badischer Aufstand von Preußen endgültig niedergeworfen (23.7.).
Kapitulation von Ungarn (13.8.), der Republik Venedig (28.8.).

Neben dem europäischen Kontext ist der Unterschied zwischen sozialer und nationaler Dimension der Revolution zu beachten, weil sie vielfältig miteinander zusammenhingen. Besonders kompliziert verlief die Revolution bei Völkern ohne eigenen oder geschlossenen Nationalstaat (Deutschen, Italienern). Sofort widerlegte die historische Realität Mazzinis Traum von der Harmonie der Völker, wenn sie nur ihre Fürsten davongejagt hätten: Weil die meisten Völker an ihren Grenzen in Gemengelage lebten, setzte die Revolution Konflikte frei, die in den nationalen Fragen spätestens seit 1815 angelegt waren, sobald es konkret um die Ziehung von Staatsgrenzen ging.

Hinzu traten Konflikte zwischen regierenden und (sozial wie politisch) unterdrückten Völkern: Deutsche stellten in weiten Teilen Südosteuropas noch immer die herrschende Klasse auf dem Lande (Grundherren) oder in der Stadt (Kaufleute, Bildungsbürgertum), ähnlich die Polen im Osten ihrer alten Rzeczpospolita (Litauen, Weißrußland, Ost-Galizien, West-Ukraine). Die Ungarn wollten wieder ihr erträumtes Groß-Ungarn souverän beherrschen und kamen in Konflikt mit Serben (Kroatien, Voivoidina) und Rumänen (Transsylvanien).

Hoffnungslos verzahnt war die Deutsche Frage mit der Polnischen, Südslawischen, Italienischen, jetzt auch Böhmisch/Tschechischen Frage. Die Abgrenzung des dänischen und deutschen Nationalstaates warf, im Labyrinth der Schleswig-Holsteinischen Frage, Probleme auf, die friedlich nicht zu lösen waren.

Vollends Utopie war der Traum von Liberalen und Demokraten, den Sieg der Demokratie mit einem Völkerkrieg gegen das autokratische Rußland zur Befreiung Polens zu krönen und so gegen eine Intervention des Zaren zu sichern: Partikulare Konflikte blockierten jedes Zusammengehen der Nationen und gaben Raum zur Intervention Rußlands, direkt in den Donaufürstentümern (1848) und Ungarn (**1849**), indirekt in Deutschland (**1849**). Auch sonst wurde die Revolution Ausgangsbasis zu Entwicklungen im «nationalen» Rahmen – zum Sieg des Risorgimento (1859/61), für Ausgleich (1867) und Reichsgründung (1871); für die Nationalbewegung der Kroaten, Serben, Rumänen, Tschechen in der Donaumonarchie. Die Unmöglichkeit, eine allseits befriedigende Antwort auf die Deutsche Frage zu finden, weder für ihre groß- noch kleindeutsche Variante, führte später zum Entscheidungskampf Österreich–Preußen (1866).

Die soziale Dimension der Revolution definierte sich 1848/49 noch überwiegend als Agrarfrage. Ihr zentrales Ergebnis war die endgültige Bauernbefreiung in Mitteleuropa. Sonst stellte sich die soziale Frage schon im industriellen Kontext, je intensiver, je weiter fortgeschritten die Industrialisierung war, also von Frankreich nach Osten über Deutschland ungefähr in abnehmender Stärke: Nach den Erfahrungen der Julirevolution 1830 trat das französische Proletariat 1848 diesmal als organisierte Macht auf. In der Pariser Junischlacht suchte es die militärische Entscheidung, um die Revolution zur sozialistischen Umwälzung weiterzutreiben, unterlag aber in mehrtägigen blutigen Straßenkämpfen (23.–26.6.1848) als Vorspiel zur Pariser Kommune (1871). Die Pariser Junischlacht war Wendepunkt der Europäischen Revolution und Ermutigung für die Konservativen. Ihnen schlossen sich, angesichts der drohenden sozialen Revolution, gemäßigte Liberale an, die mehr als die konstitutionelle Monarchie nicht wollten.

In Deutschland, wo die Industrialisierung gerade erst punktuell eingesetzt hatte, trat die Arbeiterbewegung noch schwach auf. Für die Zukunft wichtiger als erste Organisationsansätze genuin proletarischer Arbeiterorganisationen in Frankfurt und Berlin (Stephan Born: «Arbeiterverbrüderung») erwiesen sich bürgerliche Intellektuelle als Führer und Sprecher des Proletariats: Marx war Redakteur der vom liberalen Wirtschaftsbürgertum in Köln finanzierten «Neuen Rheinischen Zeitung» und (provisorischer) Präsident des Kölner Arbeitervereins (1848). In Deutschland wurde die Revolution 1848/49 Ausgangspunkt zur Sozialdemokratie unter 1848ern (Wilhelm Liebknecht, Lassalle). Mit dem 1848 erstmals sichtbar gewordenen Dreiecksverhältnis Arbeiterschaft–Adel–Bürgertum war die Revolution Fundus zur Entfaltung von Marxismus und Sozialismus, bei Marx gespickt mit Anspielungen auf die Französische Revolution 1789 (u.a. «Der 18. Brumaire»).

Für Bürgertum und Bauern war die Revolution von 1848/49 keineswegs «gescheitert»: Die Bauern waren nunmehr fast überall frei. Das Bürgertum behauptete in Frankreich die politische Macht, in Deutschland erhielt es ökonomische Kompensation für die politische Niederlage im nächsten Konjunkturzyklus (1850 bis 57). Selbst wo Verfassungen oktroyiert wurden (Preußen, zeitweise auch Österreich), war das Konzession an die Revolution, denn Verfassung war 1848/49 eine revolutionäre Forderung. So hatte auch innen- und verfassungspolitisch die Europäische Revolution die Karten neu gemischt.

113 2. Empire und Nationalbewegungen: Krimkrieg, Risorgimento, Polnischer Januaraufstand, 1852 bis 1870

Die Europäische Revolution 1848/49 hatte den Kontinent westlich Rußlands zutiefst erschüttert, die Sprengkraft der neuen nationalen und sozialen Bewegungen handgreiflich demonstriert. Sieg der Reaktion (1849) und nächste Hochkonjunktur (1850–57) brachten scheinbar neue politische Stabilität, bereiteten aber, im Fortgang der Industrialisierung, künftige Konflikte vor. Orientalische Frage und nationale Fragen Europas spitzten sich seit 1848/49 erst recht zu. Alte Rivalitäten zwischen den Großmächten erhielten neue Akzente, vor allem durch das 2. Empire unter Napoleon III. (**1852**–70). Die Spannungen explodierten im Krimkrieg (1853–56) und in Konflikten, die unterschiedliche Antworten auf vier nationale Fragen Europas gaben – Italienische (1859/61), Polnische (1863), Ungarische (1867), Deutsche (1867/71). Mit allen Konflikten war das 2. Empire eng verquickt.

1851	Staatsstreich Louis Bonapartes (2. 12.): Plebiszit (21. 12.).
1852	Autoritäre Verfassung (14. 1.): 2. Empire (bis 1870). Cavour leitender Minister in Piemont-Sardinien (bis 1861).
1853	Konflikt Frankreichs mit Rußland über heilige Stätten: Krimkrieg (bis 1856).
1855	Weltausstellung in Paris: Höhepunkt der Prosperität Frankreichs und Popularität Napoleons III.
1856	Pariser Kongreß: Glanzvolle Stellung des 2. Empire. Donaufürstentümer unter Schutz der Westmächte.
1857	Weltwirtschaftskrise: Schwerer Schlag für Napoleon III.
1858	Geheimtreffen von Plombière Napoleon III. – Cavour: Engagement Frankreichs für Italienische Frage.
1859	Italienischer Krieg: Frankreich/Piemont – Österreich: Sieg des Risorgimento. Lombardei zu Piemont. Baubeginn des Suezkanals mit französischem Kapital unter Lesseps.
1860	Cobden-Vertrag: Freihandel mit England. Kompetenzen der Legislative erweitert: Wiederbeginn des Parlamentarismus im 2. Empire.
1861	Militärische Intervention in Mexikanischen Bürgerkrieg: für Konservative, gegen Liberale (bis 1867). Königreich Italien.
1863	Polnischer Januaraufstand: von Preußen isoliert durch Alvenslebensche Konvention. Aufstieg Bismarcks.
1864	Kaiser Maximilian in Mexiko, unter Frankreichs Schutz (bis 1867).
1866	Deutscher Krieg. Venezien zu Italien.
1867	Ende Kaiser Maximilians; Luxemburg-Krise: Niederlagen Frankreichs.
1868	Liberales Pressegesetz, Gewerkschaften in Frankreich geduldet.
1869	Kammermehrheit erzwingt Parlamentarisierung: «L'Empire libéral».
1870	Deutsch-französischer Krieg: Debakel – Sedan, Metz. Sturz Napoleons III.: 3. Republik (bis 1940), Rom zu Italien.

Aus der Februarrevolution 1848 hatte sich die 2. Republik gebildet. Mit der Wahl des Napoleon-Neffen und bonapartistischen Thronprätendenten Louis Bonaparte zum Präsidenten (10. 12. 1848) war sie schon zum Scheitern verurteilt und eilte, in einem gegenüber 1789–99 abgekürzten Revolutionszyklus, ihrem Ende entgegen, von der verschleierten Diktatur des Prinz-Präsidenten (1849) über den Staatsstreich (1851) zum 2. Empire (1852–70). Kaiser Napoleon III. stellte sich bewußt in die bonapartistische Tradition – modifizierte Fortsetzung der Französischen Revolution und Legitimierung seiner synthetischen Monarchie durch Plebiszite.

Sein autoritäres Regime ruhte auf dem Wohlstand der nächsten Hochkonjunktur (1850–57): «L'Empire, c'est la prospérité.» Öffentliche Großbauten, in Paris unter Baron Hausmann (u. a. Boulevards), Pariser Weltausstellung (1855), Pariser Kongreß (1856) demonstrierten die glanzvolle Stellung des 2. Empire.

Umgekehrt erlitt Napoleons III. Popularität mit der Weltwirtschaftskrise (1857) den ersten Knick. Die Folgen waren innerer Druck und Parlamentarisierung seiner Herrschaft in zwei Etappen (1860/69). Der innere Druck verwies auf eine spektakuläre Prestige-Außenpolitik, die immer riskanter wurde: Frankreichs Engagement im Krimkrieg gegen Rußland zur Verteidigung des Osmanischen Reiches (1854–56) bewegte sich noch im traditionellen Rahmen, allerdings im Bunde mit dem Erzfeind England.

Der Krimkrieg hat eine erst neuerdings richtig gewürdigte Bedeutung als nicht ausgetragener europäischer Weltkrieg: Österreich, noch erschöpft von der Revolution 1848/49, scheute den großen Krieg mit seinen national- und sozialrevolutionären Folgen, verschärfte aber Rivalitäten zu Rußland auf dem Balkan. Im Osmanischen Reich und Rußland beschleunigte bzw. eröffnete der Krimkrieg den ambivalenten Prozeß der Reformen und inneren Konflikte.

Englands faktischer Rückzug vom Kontinent (nach dem Pariser Frieden) (1856) in seine «splendid isolation» zum verstärkten Ausbau seines Überseeimperiums gab Napoleon III. für seine außenpolitische Konzeption noch größeren Freiraum – Hilfe für die jungen Nationalbewegungen Europas. Da sich die neuen Nationalismen vor allem gegen die dynastischen konservativen Mächte des Ostens richteten, erhielt das neobonapartistische Frankreich so einen Hebel, um das System des Wiener Kongresses und seine Beschränkungen für die Großmacht Frankreich aus den Angeln zu heben. Das kulturell-geistige Patronat über die Donaufürstentümer Moldau und Walachei seit dem Pariser Frieden (ökonomisch dominierte England) war nur ein erster Anfang.

Größere Folgen hatte Napoleons III. Engagement in der Italienischen Frage, anfangs geheim (1858), später offen im Italienischen Krieg gegen Österreich (1859). Sein ausschlaggebender militärischer Beitrag zum Sieg des Risorgimento (1859/61) brachte Frankreich den Gewinn der beiden französischsprachigen Provinzen Nizza und Savoyen ein (1860) nach dem ersten Plebiszit der Geschichte zur Entscheidung über territoriale Fragen. Gründung und Ausbau des neuen Königreichs Italien unter Cavour in mehreren Etappen (1859/61, 1866, 1870) beendeten Italiens Status als Machtvakuum seit ca. 1500 Jahren, ohne an den Machtverhältnissen viel zu ändern, da das Gewicht der neuen Großmacht bescheiden war. Um so stärker strahlte sein Beispiel auf Europa aus, auf die Deutsche und Südslawische Frage.

In Kongreßpolen kam es zur nächsten Explosion, zum Polnischen Januaraufstand (1863). Anders als 1830 hatten die Polen 1863 keinen autonomen Staat und keine eigene Armee. Ihr Aufstand hatte daher keine Chance und verlief sich in unkoordinierten Guerillaaktionen. Napoleon III. hätte den Polen gern geholfen, sah aber keine praktische Möglichkeit, zumal Preußen, jetzt schon unter Bismarck, durch die Alvenslebensche Konvention und seine Kooperation mit Rußland den polnischen Aufstand nach Westen (wie 1830) isolierte. Gleichwohl hatte der Januaraufstand große historische Bedeutung: In Kongreßpolen begann Rußland mit einer massiven Russifizierungskampagne, während sich bei den Polen auch hier das Konzept der «Organischen Arbeit» durchsetzte. Die Polnische Frage war scheinbar aus der Öffentlichkeit verschwunden. In London entstand die Arbeiter-Assoziation (1. Internationale) unter Marx, ursprünglich zur Unterstützung des Januaraufstandes. Preußen sicherte sich auf Kosten Polens Rußlands Rückendeckung zur späteren Reichsgründung.

Mit der Intervention in Mexiko (1861), zunächst mit Spanien und England im Schutz des Amerikanischen Bürgerkrieges (1861–65), verstieß Napoleon außerhalb Europas gegen seine sonstigen ideologischen Prämissen, denn er stützte hier Konservative gegen Liberale. Da die USA nach dem Bürgerkrieg mit Anwendung der Monroe-Doktrin, also Intervention gegen Frankreich, drohten (1865), zog sich Napoleon III. zurück und überließ seinen Protégé Kaiser Maximilian seinem Schicksal – Erschießung (1867).

Die Katastrophe des Mexiko-Abenteuers fiel zusammen mit der Niederlage in der Luxemburg-Krise (1867), die bereits im Spannungsfeld der Deutschen Frage lag. Sie erwies sich für Napoleon III. als zu kompliziert und schwergewichtig, weil deutscher Nationalismus mit elementarer Wucht zur Wiedererrichtung des Deutschen Reiches drängte. Österreichs Niederlage gegen Preußen bei Königgrätz (Sadowa) (1866) löste zwar im Ausgleich (1867) die Ungarische Frage, da Ungarn faktisch wieder die Souveränität erhielt, verschärfte so aber die Südslawische und Rumänische Frage. Vollends zerbrach das 2. Empire an der Deutschen Frage im Deutsch-französischen Krieg (**1870**/71): Dem militärischen Debakel folgten Sturz und Gefangennahme Napoleons III., 3. Republik (1870) und Bürgerkrieg in Frankreich, mit Höhepunkt der Pariser Kommune (1871).

114 Krisen der alten Macht- und Kulturzentren – China, Indien, 1850/57 bis 1911

Inzwischen traf Europas Expansion in Übersee zwei Kernländer Asiens massiv – China und Indien. Zu Beginn der europäischen Expansion hatten sich dort wieder Großreiche gebildet (Moghul-Reich, ab 1526) bzw. erneuert (Mandschu, 1644), noch mehr aus dem Rhythmus der einheimischen Geschichte als unter Europas Druck. Aber das Moghul-Reich konnte schon nicht mehr die Kontrolle des indischen Außenhandels von Portugal zurückgewinnen und bot so der späteren Penetration Europas (Frankreichs, Englands) eine offene Flanke. Dagegen brach China unter den Mandschu (1644–1911) Kontakte zum Westen (vor allem über die Jesuiten) wieder ab und zog sich freiwillig in die Isolierung zurück, in der es allerdings hinter die «moderne» Entwicklung um Jahrhunderte zurückfiel. Später verquickte sich der übliche Niedergang von Großreichen mit der Expansion Europas, in Indien seit dem 18., in China seit dem 19. Jahrhundert, denn die bei solchen Prozessen fällige Intervention kam erstmals über See, von Europa. Im Taiping-Aufstand (**1850**–64) für das niedergehende Mandschu-Reich, im Großen oder Sepoy-Aufstand (**1857**/58) für Indien spitzten sich innere und äußere Krisenmomente zu und gewannen «nationale» Dimensionen.

1840 1. Anglo-chinesischer Krieg: Opiumkrieg (bis 1842).
1842 Vertrag von Nanking: Erster der «ungleichen Verträge»: China für Handel geöffnet – Vertragshäfen.
1850 Taiping-Aufstand (bis 1864): Krise der Mandschu.
1853 Nanking erobert: Hauptstadt der Taiping (bis 1864).
1856 2. Anglo-chinesischer Krieg (bis 1858).
Eroberung Indiens mit Annexion Oudhs vollendet.
1857 Universitäten Bombay, Madras, Kalkutta gegründet.
Großer Indischer (Sepoy-)Aufstand (bis 1858).
1858 Indischer Aufstand niedergeschlagen, vor allem mit loyalen Sikhs.
Letzter Moghul von Delhi abgesetzt. England übernimmt direkt politische Herrschaft.
1860 Peking von anglo-französischen Truppen erobert: Kaiserpalast geplündert.
1864 Nanking von kaiserlichen Truppen erobert: Taiping zerschlagen.
1884 Französisch-chinesischer Krieg (bis 1885).
1885 Indischer Nationalkongreß (National Congress) gegründet.
1894 1. Japanisch-chinesischer Krieg (bis 1895).

1895 Friede von Shimonoseki: China gedemütigt. Intervention Rußlands, Deutschlands, Frankreichs zur Mäßigung Japans gegenüber China.
1897/98 «Pachtgebiete» in China für Deutschland, Rußland, England.
1898 Reformversuch der «100 Tage» in China: beendet durch Staatsstreich der Kaiserinwitwe Tsu-hsi.
1899 Nationale «Boxer»-Bewegung gegen Europäer.
1900 «Boxer» niedergeworfen: Krise Chinas verschärft.
1905 Teilung Bengalens: Radikaler Widerstand in Indien.
1906 Allindische Moslem-Liga: Indischer Nationalismus gespalten.
1911 Chinesische Revolution: Sturz der Mandschu (seit 1644).

Die gewaltsame Einbeziehung Indiens in die Machtsphäre der Europäer begann mit dem Zerfall des Moghul-Reichs, eingeleitet durch Abfall Bengalens (1740), den Frankreich stützte. Dagegen diente sich die East India Company dem Moghul als Vasallin an, um ihn allmählich selbst zu beherrschen. Wichtige Etappen waren der Sieg der Engländer über Bengalen/Franzosen bei Plassey (1757) und die Eroberung Delhis (1803). Die Eroberung des Panjab (1849) stellte England das kriegerische Potential der Sikhs zur Verfügung, die Annexion Oudhs vollendete die Eroberung Britisch-Indiens (1856). Anschließend mußte sich die englische Herrschaft gegen den Großen Aufstand behaupten (1857), der auch durch den erzwungenen Anschluß des letzten Moghuls keine gesamtindische Sache wurde. Den Aufstand warf England vor allem mit loyalen Sikh-Truppen nieder (1858). Anschließend übernahm England an Stelle der diskreditierten East India Company die Regierung nun selbst (1858). Der letzte Moghul wurde abgesetzt (1857), den vakant gewordenen Titel eines Kaisers von Indien übernahm der britische Monarch (1877–1947).

Kurz vor Ausbruch des Großen Aufstandes hatte England mit Gründung von Universitäten in seinen ersten indischen Stützpunkten (Bombay, Madras, Kalkutta) eine neue Entwicklung eingeleitet (1857). Aus ihnen ging, wie geplant, eine europäisch erzogene Oberschicht hervor, die zur Zusammenarbeit mit der Kolonialmacht bereit war. Ihr erster, noch unpolitischer Zusammenschluß war der Indian National Congress (1885), in dem Nehrus Vater Motilal eine führende Rolle spielte. Die Agitation gegen die Teilung Bengalens (1905–12) bewirkte eine erste Politisierung, doch schwächte die Gründung der All-India Muslim League (1906) die beginnende Nationalbewegung, die erst durch Ersten Weltkrieg und das Amritsar-Massaker (1919) ihren Durchbruch erlebte.

China trat seit ersten Aufständen (1770) in die Abschwungphase seines dynastischen Zyklus ein. Die übliche Intervention von außen kam diesmal nicht wie sonst von Steppennomaden aus dem Norden, sondern überwiegend über See aus Europa, ergänzt durch expansiven Druck des zaristischen Rußland auf das benachbarte Großreich. China sank im Laufe des 19. Jahrhunderts allmählich zu einem Groß-Machtvakuum ab, das im Fernen Osten dem des Osmanischen Reiches seit dem Frieden von Kütschük-Kainardschi (1774) entsprach. Im Unterschied zu Indien konnte China stets formal seine Souveränität gegenüber den Europäern behaupten, sah sich aber nach verlorenen Kriegen zu «ungleichen Verträgen» gezwungen (ab 1842): China mußte sich dem Westhandel öffnen, Vertragshäfen (u. a. Shanghai) einrichten und Land als Pachtgebiete an europäische Mächte abtreten, beginnend mit Hongkong (1842). Niederlagen und die zusätzliche Demütigung, die Einfuhr des gesundheitsschädigenden Opium (von der East India Company in Indien angebaut) auch noch legalisieren zu müssen (1858), stürzten China in eine tiefe Krise. Sie begann mit dem Taiping-Aufstand (1850–64), Auftakt zum «Jahrhundert der chinesischen Revolution» (Wolfgang Franke).

Im Taiping-Aufstand verbanden sich klassisch chinesische Elemente – traditioneller Bauernaufstand gegen eine niedergehende Dynastie, Gründung einer neuen Dynastie (T'ai-p'ing t'ien-kuo = das himmlische Reich des großen Friedens) (1851), die der Bewegung ihren Namen gab – mit westlichen, christlichen Einflüssen. Der Gründer der Taiping-Bewegung, Hung Hsiu-ch'üan, hatte, zu Beginn der nationalen Krise und in einer persönlichen Krise (wiederholtes Scheitern bei Prüfungen als Bewerber für die Aufnahme in die Beamtenlaufbahn), aus christlichen Missionstraktaten einige Elemente aufgenommen, wie die große Bedeutung Christi und dualistisch-chiliastische Kategorien (1843). Mit der Errichtung politischer Herrschaft (1850) zunächst in Südchina, ausgedehnt über Nanking auch nördlich des Jangtse, lassen sich Charakter und Entwicklung der Taiping-Bewegung mit ihrem terroristischen Pseudo-Kommunismus religiöser Verbrämung am besten als zeitlich und räumlich sehr viel größer dimensionierte Wiedertäufer-Kommune von Münster (1534/35) verstehen. Den Anstrengungen zur Niederwerfung der Taiping-Bewegung parallel ging ein diesmal anglo-französischer Krieg gegen China, der in der Besetzung Pekings und Plünderung des Kaiserpalastes kulminierte (1860). Drastischer ließ sich das Zusammenfallen von innerer Krise und äußerer Demütigung nicht mehr darstellen, zumal der Taiping-Aufstand eine ganze Kette regionaler Aufstände in China auslöste.

Die Mandschu-Dynastie lag seitdem in der Agonie, weiter vorangetrieben durch Aggressionen von außen und gewaltsame Zuckungen im Innern: Der Französisch-chinesische Krieg (1884/85) und der 1. Japanisch-chinesische Krieg (1894/95) waren jedesmal begleitet von neuen nationalen Demütigungen. Chinas Schwächung nach dem Frieden von Shimonoseki (1895) nutzten die imperialistischen Mächte Deutschland, Rußland, England zur Erzwingung von Pachtgebieten – Kiautschou (1897); Port Arthur, Dairen; Wei-hai-wei (1898). Im klassischen Widerstreit zwischen Traditionalisten und Modernisten versuchte eine Reformgruppe, gestützt auf den Kaiser, ein Reformexperiment der gezielten Modernisierung von oben, wurde aber durch den Staatsstreich der Kaiserinwitwe Tsu-hsi rasch unterdrückt (1898). Die nationale Widerstandsbewegung der «Boxer» (1899) provozierte durch Belagerung des Gesandtenviertels in Peking die Kollektiv-Intervention der imperialistischen Mächte (1900) und zog, nach ihrer militärischen Niederwerfung, weitere Demütigungen Chinas nach sich. In der allgemeinen Gärung lieferten Proteste gegen den Bau einer Eisenbahnlinie und die verschärfte ökonomische Beherrschung von außen den Funken zur Chinesischen Revolution und zum Sturz der Mandschu (**1911**). Sie leitete zwar eine Generation von Bürgerkriegen ein (bis 1949), rettete aber, durch zwei Weltkriege hindurch, die Souveränität des revolutionär erneuerten China.

115 Der Aufstieg neuer Großmächte – Japan und USA, 1853/54 bis 1914

Im Zeitalter des Imperialismus stießen zwei überseeische Großmächte mit Kriegen als neue dynamisch expandierende Machtzentren im Fernen Osten und Fernen Westen zu den europäischen Großmächten – Japan und die USA. Ihr Aufstieg als Randkulturen Chinas und des nach Westen über den Atlantik expandierenden Europa erklärt sich u. a. aus ihrer Industrialisierung. Vorausgegangen waren innere Konflikte ungefähr eine Generation zuvor in Japan (1866/67) und in den USA (1861–65). Sonst waren die inneren historischen Voraussetzungen jedoch ganz unterschiedlich: Die USA haben eine kürzere nationale Geschichte, sind aber, als Fortsetzung Europas in Übersee, länger als Japan mit der Industrialisierung verknüpft, faktisch seit ihren Anfängen als Kolonie Englands. Japan hat eine sehr viel längere Geschichte. Aber erst die industriell schon entwickelten USA erzwangen Japans Öffnung für den Welthandel (**1853/54**); seine Europäisierung durch Industrialisierung schuf die Grundlagen für Japans Großmachtstellung.

Der Erste Weltkrieg sah beide Großmächte noch auf seiten der Alliierten – früher (Japan 1914) oder später (USA 1917). Aber der Zweite Weltkrieg bestand in seiner zweiten Phase im Fernen Osten im wesentlichen aus dem Zusammenstoß beider Mächte über China, aus dem Japan geschlagen und besetzt hervorging, die USA als eine der beiden neuen Weltmächte (1945).

1853/54	Mission Perrys in Japan: Japan dem Handel mit den USA zwangsweise geöffnet. Krise (bis 1867).
1861	Bürger-(Sezessions-)Krieg in den USA (bis 1865).
1865	Reconstruction (bis 1877): Konsolidierung der USA.

1867	USA erwerben Alaska durch Kauf von Rußland.
1868	Meiji-Ära (bis 1912): Ende des Shogunats (seit 1192) in Japan. Herrschaft des Tenno (bis 1945): Reformen; Modernisierung, Industrialisierung, nach westlichen Vorbildern: Expansion.
1873	Allgemeine Wehrpflicht in Japan.
1874	Formosa von Japan erobert.
1889	Verfassung (nach deutschem Vorbild): Reichstag, mit sehr eingeschränkten Kompetenzen.
1894	1. Japanisch-chinesischer Krieg (bis 1895): Japan imperialistische Großmacht.
1896	USA besetzen Hawaii.
1898	Spanisch-amerikanischer Krieg. Friede von Paris: Guam, Puerto Rico, Philippinen an die USA; Kuba unter faktischem Protektorat der USA (bis 1934).
1899	«Open Door»-Erklärung der USA: China muß für alle Industrieländer als Markt gleichermaßen offen sein.
1900	USA und Japan beteiligen sich an internationaler Expedition zur Niederwerfung des Boxer-Aufstandes.
1902	Anglo-japanisches Bündnis (gegen Rußland).
1903	USA übernehmen Bau des Panamakanals: Sezession Panamas; Kanalzone für USA.
1904	Russisch-japanischer Krieg (bis 1905).
1910	Korea von Japan annektiert (bis 1945).
1914	Panamakanal eröffnet. Japan auf seiten der Alliierten im Ersten Weltkrieg: Kiautschou erobert.

Japan blieb im Schatten Chinas, seit Übernahme des Buddhismus (552 bis 587) und der zentralisierten Bürokratie (645), mit Korea als Vermittlungsstation chinesischer Zivilisation. Die lange Kontinuität des Shogunats als Institution, die sich sonst nur als Übergangsregelung (Hausmeier, Großwesir u. a.) hielt, drückte durch den Shogun (= Reichsfeldherr) den Kaiser zur Schatten- oder Zeremonialexistenz hinab, zur Quelle formaler Legitimierung für den Inhaber der eigentlichen Macht (1192–1867). Nach Jahrhunderten fast pausenloser Bürgerkriege, die sich zuletzt noch steigerten, erzielte Japan in drei Anläufen mit dem Tokugawa-Shogunat (1600/03–1867) eine lange Periode innerer Stabilität, aber um den Preis der bewußten Selbstisolierung, so wie China (und Korea).

Mit der Expansion des industriellen Prinzips erzwangen die USA, vom Osten her kommend, Japans Einbeziehung in die Industrialisierung (1853/54). Das US-Ultimatum beendete die innere Stabilität und stürzte das Shogunat in seine Existenzkrise, die zuletzt in bürgerkriegsähnliche Konflikte eskalierte (1866/67), während sich andere europäische Staaten ähnliche Handelsvorteile sicherten wie zuvor die USA.

Das Ende des Shogunats (1868) gab

den Weg frei zur Restauration der Kaisermacht als absolute und theokratische Monarchie, entfesselte zugleich eine atemberaubende Dynamik nach innen und außen: In der Meiji-Ära (1868–1912) modernisierte sich Japan aus eigener finanzieller Kraft, aber unter Rezeption technischer Kenntnisse aus den westlichen Industrieländern. Innere Reformen (ab 1869) lösten die agrarisch-aristokratischen Strukturen auf. Japans systematische Industrialisierung folgte europäischen Vorbildern – Frankreich (Armee bis 1871), England (Flotte), Deutschland (Armee seit 1871, Universitäten, Verfassung). Gesamtziel war, durch rasche Industrialisierung, der Aufstieg Japans zur Großmacht.

Die Expansion des neuen Machtzentrums nach außen richtete sich zunächst gegen das in der Agonie liegende Chinesische Reich: Japan annektierte Formosa (1874) und erzwang die «Öffnung» Koreas für japanische Einflüsse (1876). Über Korea und die Mandschurei stieß es mit China im 1. Japanisch-chinesischen Krieg zusammen (1894/95). Japan war schon hinreichend modernisiert, um das nach innen und außen geschwächte China zu besiegen. Auf Initiative Rußlands milderte die Intervention Rußlands, Frankreichs und Deutschlands die Demütigung Chinas und dämmte Japans Expansion etwas zurück, ohne Japans Durchbruch zur Großmacht im Frieden von Shimonoseki (1895) zu verhindern. Mit seiner Beteiligung an der internationalen Expedition zur Niederwerfung des Boxeraufstandes in China (1900) ratifizierte Japan seinen Anschluß an die imperialistischen Großmächte.

Nach dem anglo-japanischen Bündnis (1902) kam Japan über Korea und die Mandschurei in Konflikt mit dem ins nördliche China nachdrängenden russischen Imperialismus. Der Russisch-japanische Krieg (1904/05) hatte durch Niederlagen Rußlands und die erste Russische Revolution (1905/06) schwerwiegende Rückwirkungen auch auf Europa. Den Frieden von Portsmouth vermittelte bereits die neue pazifische Großmacht, die USA (1905). Er sicherte Japans vorherrschenden Einfluß über die Mandschurei und Korea, das von Japan anschließend annektiert und einer rigorosen quasi-kolonialen Ausbeutungs- und Assimilierungspolitik unterworfen wurde (1910–45). Schwächung Chinas war auch Japans Hauptmotiv für den Eintritt in den Weltkrieg gegen Deutschland (1914), obwohl die beiden jungen imperialistischen Mächte durch strukturelle Ähnlichkeiten und Japans Übernahme vieler Reformelemente aus Deutschland miteinander verbunden waren.

Zeitlich parallel und mit manchen Berührungspunkten zu Japan bereitete sich der Aufstieg der USA zur Großmacht vor.

Die innere und äußere Dynamik der USA seit ihrer Gründung (1776/87) erklärt sich aus vier großen objektiven Faktoren – Bevölkerungswachstum durch natürliche Vermehrung, gerade auch der meist jungen Einwanderer; massive Einwanderung aus Europa; anlaufende Industrialisierung, u. a. durch Ausweitung des Baumwollanbaus auf der Basis der Sklaverei; demokratische Verfassung. Der Kluft zwischen demokratischem Pathos der «größten Demokratie der Welt», vor allem im sich rascher industrialisierenden Norden, entsprangen interne Spannungen zum sklavenhaltenden Süden, die sich, durch immer neue Kompromisse seit der Unionsverfassung von 1787, schrittweise zum Amerikanischen Bürger- oder Sezessionskrieg (1861–65) steigerten. Abschaffung der Sklaverei auch im Süden (1863/65) und Vorherrschaft des industriellen Nordens waren seine wichtigsten Ergebnisse.

Noch vor Abschluß seiner inneren Expansion vom Atlantik zum Pazifik und vor der schweren inneren Krise des Bürgerkrieges meldeten die USA mit der Expedition Perrys durch die erzwungene Öffnung Japans (1853/54) schon Anspruch auf ihre spätere Expansion in Übersee an. Der Bürger- (und Sezessions-)Krieg unterbrach die Expansion, und die notwendige Erholungs- und Rekonsolidierungsphase, eingeleitet durch die Reconstruction-Ära (1865–77), nahm noch einmal eine Generation in Anspruch. Immerhin kündigten die USA durch ihre Zurückweisung der europäischen Intervention in den Mexikanischen Bürgerkrieg (Rückzug Spaniens und Englands 1862, Frankreichs 1867) bereits ihre spätere Einwirkung auch auf Europa an. Mit Hilfe von Einwanderern aus Europa, jetzt auch aus Südeuropa (Italien) und Osteuropa (u. a. Juden aus Rußland und Polen), und Kapital vor allem aus England vollendeten die USA den inneren Ausbau vom Atlantik zum Pazifik und ihre Industrialisierung. Äußere Symbole wurden der Ausbau der Transpazifischen Eisenbahn nach San Francisco (1869) und die Aufnahme Oklahomas als 48. und letzter Bundesstaat (1893) bis zur Aufnahme Alaskas und Hawaiis (1959).

Die Annexion Hawaiis (1898) war erster Schritt zur Expansion über den Pazifik. Den entscheidenden Durchbruch erzielten die USA mit dem Spanisch-amerikanischen Krieg (1898), eingeleitet durch die noch immer mysteriöse Explosion des US-Schlachtschiffs «Maine» im Hafen von Havanna. Die USA nutzten die Gelegenheit, um die seit 1659 schwache Kolonialmacht Spanien weiter zurückzudrängen, in der Karibik (Puerto Rico, Kuba) wie im Pazifik (Guam, Philippinen). Gegen den Widerstand einer quasi-pazifistischen Minderheit (u. a. Carl Schurz) stiegen die USA so ebenfalls zur imperialistischen Großmacht auf. Die Manipulation einer Revolution zur Sezession Panamas von Kolumbien (1903), die Vollendung des Panamakanals (**1914**) und der Bau einer starken Schlachtflotte unterstrichen das Potential der kommenden Weltmacht und ihren Status als kontinentale Hegemonialmacht auch in Mittel- und Südamerika.

Indem die USA als Europas Fernster Westen über den Pazifik auf dem Weg nach China auf Japan im Fernsten Osten stießen und 1898 die Philippinen annektierten, vollendeten sie die Globalisierung der Menschheit seit Columbus und Vasco da Gama: Die Kugelgestalt der Erde ging endgültig in erdumspannende Machtpolitik ein, im Ersten wie im Zweiten Weltkrieg mit ihren jeweils europäisch/atlantischen und pazifischen (im Zweiten Weltkrieg) Hauptkriegsschauplätzen.

116 Osmanisches Reich und Österreich-Ungarn in der Agonie: Die Crux der Südslawischen Frage, 1856/67 bis 1914

In Südosteuropa stürzte der Aufstieg der südslawischen Nationalbewegung die niedergehenden dynastischen Großreiche in die Existenzkrise, auf die sie ähnlich reagierten: Das Osmanische Reich eröffnete zum Pariser Kongreß mit dem Hatt-i Humayun (**1856**) eine neue Reformrunde, die in eine türkische Assimilierungskampagne überging. Für die Habsburgermonarchie schuf der Ausgleich (**1867**) die analoge Konstellation mit entsprechendem Ergebnis vor allem in Ungarn: Entfremdung der nationalen Minderheiten, Verschärfung der Reichskrise zur Agonie. Alles verquickte sich mit Interessen benachbarter Großmächte, die in das Machtvakuum Südosteuropa drängten, seit langem Rußland, nach der Reichsgründung (1871) bald auch Deutschland. So wurde der Balkan nach 1848/49 Epizentrum schwerer Erschütterungen, die noch größere Konflikte zwischen den Großmächten auslösten: Krimkrieg (1853–56), Große Orientkrise (1875–78) und 8. Russisch-türkischer Krieg (1877/78) bereiteten langfristig die Konstellation mit vor, die zum Ersten Weltkrieg (1914–18) führte.

1856 Hatt-i Humayun: 2. Reformwelle im Osmanischen Reich.

1859 Niederlage Österreichs im Italienischen Krieg.

1862 Aufstände im Osmanischen Reich (Armenien, Bosnien).

1866 Niederlage Österreichs im Deutschen Krieg: Österreich aus Deutschland verdrängt.

1867 Ausgleich: Doppelmonarchie Österreich-Ungarn (bis 1918). Dualismus Deutsche–Ungarn: Magyarisierung in Ungarn.

1875 Aufstände in Herzegovina, Bosnien: Große Orientkrise (bis 1878).

1876 Verfassung: Osmanisches Reich konstitutionelle Monarchie (bis 1878).

1878 Sultan Abdul Hamid II. (1876–1909) suspendiert Verfassung: Rückkehr zur Autokratie (bis 1908).
Berliner Kongreß: Serbien, Montenegro, Rumänien unabhängig; Bulgarien autonom; Bosnien-Herzegovina von Österreich-Ungarn okkupiert und administriert.

1883 Handelsvertrag Österreich-Ungarn mit Serbien: Serbien abhängig von Österreich-Ungarn (bis 1903).

1885 Vereinigung Bulgariens mit Ost-Rumelien: Serbisch-bulgarischer Krieg (bis 1886).

1895 Erste Armeniermassaker in Konstantinopel (bis 1896).
1903 Sturz der Obrenović-Dynastie: Dynastie Karadjordjević: Serbien wieder Motor der Südslawischen Bewegung.
1906 «Schweinekrieg»: Zollkrieg Österreich-Ungarns gegen serbische Agrarprodukte (bis 1911).
1908 Jungtürkische Revolution: Verfassung von 1876 wieder in Kraft; Bulgarien unabhängig; Bosnische Annexionskrise (bis 1909).
1909 Armenier-Massaker in Kilikien.
1912 1. Balkankrieg (bis 1913): Türken aus Europa verdrängt.
1913 2. Balkankrieg. Konflikt um Makedonien: Bulgarien geschwächt.
1914 Attentat von Sarajevo – Erster Weltkrieg.

Südslawische Frage und Agonie der niedergehenden dynastischen Imperien im Südosten bedingten einander wie Vorder- und Rückseite einer Münze: Für die Osmanen spitzte die Südslawische Frage (in Anatolien entsprechend die Armenische Frage) die Existenzkrise in Europa zu, für Habsburg wurde sie zur Existenzfrage schlechthin. In ihrer Reaktion demonstrierten beide Imperien exemplarisch die Sprengkraft, wenn ein herrschendes Reichsvolk (Türken, Magyaren) Erhaltung und Modernisierung seiner Machtstrukturen mit assimilierendem Nationalismus westlicher Prägung («nation une et indivisible») kombiniert. Im Osmanischen Reich entstand – als Reaktion auf Niederlagen nach außen, Aufstände und aus dem Reich strebenden Nationalbewegungen im Innern und unter dem Einfluß westlicher Ideen – ein türkischer Nationalismus. Er war durchaus demokratisch-parlamentarisch in der Absicht, identifizierte sich aber gleichzeitig mit dem Osmanischen Reich. Er war gegen Föderalisierung, für auf nationale Homogenisierung drängenden türkischen Zentralismus. Die Folgen waren Repression gegen assimilationsunwillige Völker, Widerstand, verschärfte Repression. Vor allem zwischen Armeniern und Türken eskalierten Konflikte – Aufstände und Aufstandsversuche (1862, 1890); Massaker an Armeniern (1895/96, 1909), bis zum Massaker-Genozid an den Armeniern im Ersten Weltkrieg (1915/16). Erst kurz vor 1914 regte sich auch der arabische Nationalismus und mündete in den von England unterstützten Arabischen Aufstand (1916/17).

Parallel verlief die Entwicklung Österreich-Ungarns: Österreich erholte sich nie mehr vom Schock der Revolution 1848/49, kam über ein «Hindurchwursteln» nicht hinaus. Nach außen war es politisch fast handlungsunfähig wie im Krimkrieg (1853–56) und trug die alleinigen Kosten für Abwicklung der Italienischen und Deutschen Frage (1859/66). Äußerlich hielt der Ausgleich (1867) die Doppelmonarchie noch zusammen. Er gab jedoch Ungarn mit seiner Fast-Souveränität die Möglichkeit, sich in eine halsbrecherische Magyarisierung zu stürzen, moderater zwar als die Türkisierungskampagne und mit milderer Reaktion der Betroffenen, grundsätzlich aber mit analoger Wirkung. Außerdem war die Stellung der Habsburger Monarchie durch das Aufkommen Rumäniens (1859/61) und Serbiens (seit 1804/17) entscheidend geschwächt, nach innen wie außen.

Die nördlichen Südslawen (Kroaten, Slowenen) waren, im Gegensatz zu den südlichen (Serben, Montenegrinern, Makedonen), römisch-katholisch, also nach Westen orientiert. Seit dem Mittelalter lebten sie unter deutscher oder ungarischer Herrschaft, seit der Expansion der Osmanen in Anlehnung an die stärkeren Deutschen. Mit Fortfall der Türkengefahr entfielen allmählich auch die Gründe für ihre Anlehnung an Habsburg, erst recht, seitdem die Magyaren nach 1867 mit ihrer Assimilationskampagne jahrhundertealte Loyalitäten selbst zerstörten. Vor allem die Kroaten wurden geradezu geprügelt, sich an den vom romantischen Nationalismus entdeckten südslawischen «Brüdern», den orthodoxen Serben, mit ihrer Eigenstaatlichkeit zu orientieren, obwohl sie sonst nur wenig Gemeinsamkeiten mit ihnen fühlten. Ähnlich erging es den Rumänen Transsylvaniens.

Ungarn blockierte jeden föderativen Umbau der Doppelmonarchie, eingeleitet durch eine Erweiterung des Dualismus (Machtteilung zwischen Deutschen und Ungarn) zu einem Trialismus mit Südslawen als dritter Säule, drohte gar für diesen Fall mit Sezession in die totale Unabhängigkeit. Daher trieb Österreich-Ungarn in seine Endkrise, den Ersten Weltkrieg, nach innen paralysiert, nach außen herabgesunken zum Durchgangsland für Deutschland in den Nahen Osten.

Die Südslawische Bewegung hatte natürlich ihre Eigendynamik, gespeist aus den inneren Bedingungen der beiden dynastischen Imperien. Sie standen jedoch auch unter Rußlands Expansionsdruck, das Osmanische Reich direkt seit dem 1. Russisch-türkischen Krieg (1710/11), Österreich(-Ungarn) indirekt seit dem Krimkrieg (1853–56). So wurde die Nationalbewegung der Südslawen (und Armenier) Speerspitze des zaristischen Rußland zur «Befreiung» der «slawischen und orthodoxen Brüder», entsprechend dem Ideal des Panslawismus. Motor der Südslawischen Bewegung war Serbien. Der Traum vom All-Südslawischen Gesamtstaat zerstob mit Herausbildung rivalisierender Nationalismen und sich überschneidender territorialer Ansprüche, vor allem der Serben und Bulgaren auf Makedonien. Bei den Serben gab es zwei Varianten des Nationalismus – eine großserbische (südslawischer Zentralstaat unter serbischer Führung) und eine föderalistische. Gemeinsam war die ideologisierte Erinnerung an das kurzlebige Großserbische Reich (1346–55) und den Untergang der Serben in der 1. Schlacht auf dem Amselfeld (1389). Seit Sturz der Obrenović-Dynastie (1903), die sich Österreich-Ungarn untergeordnet hatte, übernahm Serbien wieder seine historische Rolle als «Piemont» der Südslawen. «Schweinekrieg» (1906–11) und Bosnische Annexionskrise (1908/9) gaben dem südslawischen Nationalismus neuen Auftrieb. Seine Dynamik wandte sich, nach Vertreibung der Türken aus Europa im 1. Balkankrieg (1912/13), nur noch gegen Österreich-Ungarn. Dieser Konstellation entsprang, als Protest der jungen Intelligenzija Bosniens gegen die politische Rechts- und Aussichtslosigkeit nach der Annexion Bosnien-Herzegovinas (1908), das Attentat von Sarajevo (**1914**) am 28. Juni; dem 525. Jahrestag der Schlacht auf dem Amselfeld, den Serbien 1914 erstmals als nationalen Feiertag beging.

117 Reichsgründung und Zweites Deutsches Kaiserreich, 1871 bis 1914

Das kritische Konfliktpotential ballte sich jedoch im Zentrum Europas zusammen, mit der Reichsgründung (**1871**) als (Zwischen-)Lösung der Deutschen Frage. Die Sprengkraft der neuen deutschen Großmacht speiste sich aus mehreren Faktoren: Differenz zwischen nicht zur Deckung zu bringendem Reichspatriotismus und modernem Nationalismus, die schon 1848 Konflikte mit Nachbarn (Dänen, Polen) verursacht hatte; Zusammenschluß der meisten Deutschen im kleindeutschen Reich; Ehrgeiz des neuen Machtzentrums, aufgeladen durch seine weitergehende Industrialisierung, zu noch größerer Macht aufzusteigen.

1860	Preußische Heeresreform – Heeres-/Verfassungskonflikt (bis 1866).
1862	Bismarck preußischer Ministerpräsident (bis 1890).
1864	2. Deutsch-dänischer Krieg.
1866	Deutscher Krieg: Sieg Preußens. Ende des Deutschen Bundes (seit 1815), Vergrößerung Preußens; Indemnitätsvorlage.
1867	Ausgleich Österreich-Ungarn; Norddeutscher Bund (bis 1871).
1870	Deutsch-französischer Krieg (bis 1871): deutsche Siege bei Metz, Sedan.
1871	Reichsgründung: Bismarck Reichskanzler (bis 1890). Frankfurter Friede: Annexion Elsaß-Lothringens. Kontinentalpolitik (bis 1895); Kulturkampf (bis 1887).
1878	Sozialistengesetz (bis 1890); Berliner Kongreß.
1879	Schutzzoll für Landwirtschaft und Industrie, gegen Rußland und England; Zweibund mit Österreich-Ungarn.
1884	Deutsche Kolonialpolitik.
1888	Dreikaiserjahr: Kaiser Wilhelm II. (bis 1918).

1890 Sturz Bismarcks: Caprivi (–1894), Hohenlohe (–1900), Bülow (–1909), Bethmann Hollweg (–1917) Reichskanzler.
1896 Weltpolitik: Schlachtflotte (1898), Bagdadbahn (1899).
1905 1. Marokkokrise; Russische Revolution; Schlieffenplan.
1911 2. Marokkokrise: Alldeutsche als chauvinistische Lobby.
1912 SPD stärkste Fraktion im Reichstag; Heeresvermehrung.
1913 Patriotische Feiern in Deutschland – 100 Jahre Befreiungskrieg; 25jähriges Regierungsjubiläum Wilhelms II.

Die Unzufriedenheit mit der lockeren Konföderation des Deutschen Bundes zielte auf Gründung eines deutschen Nationalstaates als Reich. In der anlaufenden Industrialisierung war ein einheitlicher großer Binnenmarkt nächste Etappe: Der Deutsche Zollverein (1834), Deutschlands Gemeinsamer Markt, lieferte ökonomisches Potential und Präzedenzfall für die politische Einigung – Führung Preußens. Nach Scheitern der politischen Einigung im direkten Anlauf von unten (1848/49) war der Weg frei für eine umständlichere Einigung von oben: Der preußische Heereskonflikt um Modernisierung der Armee zu einem der Krone ergebenen Machtinstrument nach außen und innen (1860 bis 66) schuf die entscheidende Waffe der drei Reichseinigungskriege (1864–71) und ebnete Bismarck, der die Armee politisch gezielt einsetzte, den Weg zur Macht.

Die Vereinigung der meisten Deutschen im Zweiten Kaiserreich (1871) hatte tiefe Folgen für Europa, die Welt und das Gleichgewicht der Kräfte: Nach fast 700 Jahren als Machtvakuum wurde das kleindeutsche Reich ein erstklassiges Machtzentrum, historisch gesehen fast über Nacht. Schon kraft seiner großen Volkszahl und zentralen Lage in Europa war Deutschland *die* kontinentale Super-Großmacht seiner Zeit, erst recht dank seiner Blitzsiege über zwei Großmächte (Österreich, Frankreich) und eine Mittelmacht (Dänemark) vor 1871 und der massiv weitergehenden Industrialisierung. Die stärkste Militärmacht der Welt war auch stärkste Wirtschaftsmacht auf dem Kontinent und führende Wissenschaftsmacht, war ein ungeheures Kraft- und Energiezentrum, aber ohne ausreichende Sicherungen nach innen und außen. Deutsche Politik ging seitdem darum, mit den bestürzenden Folgen der Reichsgründung fertig zu werden.

Im Innern hielten sich konsolidierende und destabilisierende Momente ungefähr die Waage: Rasche Industrialisierung, insgesamt wachsender Wohlstand und Sozialpolitik begünstigten Integration und Identifizierung aller Klassen mit dem Reich. Aber Bismarcks hektische Versuche, den Integrationsprozeß durch administrativen Druck auf «Reichsfeinde» (Katholiken, Polen, Sozialisten) zu forcieren – Kulturkampf (1871–87), Sozialistengesetz (1878–90), Germanisierungspolitik gegen Polen (1886ff) –, hielt Bruchlinien offen, die zum Zusammenbruch des Kaiserreichs in der Niederlage von 1918 beitrugen.

Hinzu kamen strukturelle Spannungen zwischen überwiegend industriellem Westen, liberal-katholischem Süden und überwiegend agrarisch-konservativem Ostelbien, das in Preußen seine politische Hochburg hatte. Die komplexe Verschränkung ökonomischer, sozialer, politischer und ideologischer Faktoren (Industrie–Agrarier; Adel – vielfältig aufgespaltenes Bürgertum – keineswegs einheitlich sozialistische Arbeiterschaft; Konservative–Liberale–SPD usw.) nach innen ergab ein paralysierendes Gleichgewicht der Kräfte: Es blockierte die Auflösung des spannungs- und konfliktreichen Kompromisses von 1871 durch Weiterentwicklung der nur bedingt konstitutionellen Monarchie des Kaiserreichs zur parlamentarischen Monarchie (wie in England), gar zur Republik (wie in Frankreich) oder zurück zur absoluten Monarchie (wie in Rußland). Jeder derartige Versuch zur Auflösung der deutschen Zwischenposition nach Westen oder Osten hätte Bürgerkrieg und Zerfall des Reichs provoziert.

Daher setzten sich innerdeutsche Bruchlinien auf europäischer Ebene fort: Deutschland blieb im Spannungsfeld zwischen liberal-parlamentarischem Westen (England, Frankreich) und autokratischem Osten (Rußland), in sich zerrissen durch die moderne Strukturgrenze Europas seit 1500, die Elbe. Die später ab 1914 propagierte These vom «deutschen Sonderweg» suchte aus der Not der halsbrecherischen Gratwanderung eine ideologisch-propagandistische Tugend zu machen.

So konnte sich das Kaiserreich, schon aus inneren, strukturellen Gründen, außenpolitisch nie für ein Zusammengehen mit dem Westen oder Rußland entscheiden, weil jede Festlegung nach außen das delikate Gleichgewicht im Innern zerstört hätte. Im Gegenteil: Schutzzölle für Landwirtschaft und Industrie (1879) kamen langfristig einer ökonomischen Kriegserklärung an Rußland, indirekt auch an England gleich, die tatsächlichen Kriegen oft vorangehen. Die neue Großmacht wollte sich im Alleingang sichern bzw. weiter steigern, ohne Rücksicht auf potente Verbündete, die nur innere Komplikationen schufen. Bismarcks konsolidierende Kontinentalpolitik nach 1871 sollte Frankreich isolieren und den bündnislosen Zustand Europas seit Ende der Krimkriegskoalition (1856) möglichst lange erhalten. Als sich nach der Großen Orientkrise (1875–78) und ihrem Abschluß auf dem Berliner Kongreß (1878) die Festlegung auf *eine* Großmacht als Bündnispartner nicht länger umgehen ließ, wich Bismarck auf das schwächere, scheinbar bequemere Österreich-Ungarn aus (1879), zumal der Zweibund als modifizierte Fortsetzung des Alten Reiches erschien.

Vorbereitet durch Bismarcks Übergang zur Kolonialpolitik (1884/85), brach das neue Reich bald nach Bismarcks Sturz (1890) mit der Weltpolitik unter Wilhelm II. (1888–1918) zu neuen Ufern auf, gestärkt durch eine neue Hochkonjunktur (ab 1896), nach Überwindung der «Großen Depression» (1873–95). Die deutsche Weltpolitik wurde proklamiert (1896), eingeleitet vom Bau einer starken Schlachtflotte gegen England (1898) und der Bagdadbahn (ab 1899) zur ökonomischen Beherrschung des Osmanischen Reichs.

Weltpolitik wollte nichts weniger als Deutschlands Aufstieg zur Weltmacht erzwingen, gleichberechtigt mit England und seinem Empire. Solche schwerwiegenden Veränderungen aber sind ohne Krieg undenkbar: Durch eine Kette internationaler Krisen endete die deutsche Weltpolitik im (Ersten) Weltkrieg (**1914–18**).

118 Zwischen Emanzipation, Auschwitz und Israel: Juden in der Neuzeit, seit 1789

Eines der Monstren, die «aufgeklärte» Vernunft in ihren Tagträumen ausbrütete (Francisco de Goya), ist der Antisemitismus – Judenfeindschaft neuer Massenbewegungen seit der Industrialisierung. «Dialektik der Aufklärung» (Horkheimer/Adorno) machte im «Projekt Moderne» (Habermas) nicht Halt vor den Juden, sondern bereitete ihnen neue Katastrophen: Emanzipation, Assimilation, Antisemitismus, Auschwitz, Zionismus, Staat Israel und Nahostkonflikt sind durch eine komplexe Kette von Ursachen und dialektischen (= unbeabsichtigt aufeinander wirkenden) Wirkungen miteinander verknüpft. Kein Faktor ist ohne die anderen zu erklären. Jüdische Geschichte seit 1789 gerät mehr denn je zu besonders tragischen Brechungen allgemeiner Weltgeschichte. Namentlich schlug die Dialektik des «Fortschritts» die Juden über Emanzipation, Assimilation und Antisemitismus mit der Monstrosität des industrialisierten Massenmordes an ihnen – Auschwitz.

1790/91	Emanzipation für Sephardim (Bordeaux, Avignon) und Ashkenasim (Elsaß) in Frankreich.
1791	«Rayon» in Rußland: Juden auf westliche Gouvernements (Ex-Polen) beschränkt. Systematische Diskriminierungen.
1804	Judenstatut in Rußland: Institutionalisierung der Diskriminierung.
1808	«Decret infame»: Napoleon I. schränkt Gleichberechtigung für Juden in Frankreich (und annektierten Gebieten) ein.
1812	Judenedikt in Preußen: beschränkte Emanzipation, ohne volle Bürgerrechte.
1815	Wiener Kongreß: Judenemanzipation im Deutschen Bund eingeschränkt; Lübeck und Bremen weisen Juden aus.
1819	Hepp-Hepp-Unruhen, mit Schwerpunkt in Deutschland.

1840 Damaskus-Affäre: Wiederaufleben der Ritualmord-Verleumdung.

1860 «Alliance Israélite Universelle» in Paris: Verteidigung jüdischer Interessen.
Bürgerkrieg im Libanon (bis 1861): Judenmassaker.

1864 Polnischer Januaraufstand (1863) gescheitert: Auftakt zur Industrialisierung – Beginn des polnischen Antisemitismus.

1867 Ausgleich Österreich-Ungarn: Ungarn faktisch souverän – Beginn des ungarischen Antisemitismus.

1871 Niederlage Frankreichs im Deutsch-französischen Krieg: Beginn des französischen Antisemitismus.

1873 2. Weltwirtschaftskrise: «Gründerkrach». Beginn des deutschen Antisemitismus, im Reich wie in Österreich.

1878 Erste antisemitische Agitation in Deutschland (Stoecker).

1881 Zar Alexander II. in Rußland ermordet: Pogrome und massenmörderischer Antisemitismus in Rußland.

1882 Flucht russischer Juden in den Westen, meist über Deutschland («Ostjuden») nach Amerika und Palästina (ca. 1 Prozent). Leon Pinsker: «Autoemanzipation».

1894 Dreyfus-Skandal in Frankreich: Antisemitismus selbst im Land der Judenemanzipation provoziert Zionismus.

1896 Theodor Herzl: «Der Judenstaat». Plädoyer eines «Westjuden» für nationaljüdische Lösung der Jüdischen Frage.

1897 1. Zionistenkongreß. Baseler Programm fordert «nationale Heimstätte» für Juden in Palästina: organisierter Zionismus.

1905 1. Russische Revolution. Rechtsextreme Pogrome: jüdische bewaffnete Selbstverteidigung («Hashomer» = Wächter), 2. (sozialistisch geprägte) «Alija» (= Einwanderungswelle) nach Palästina (bis 1914).
«Protokolle der Weisen von Zion», von russischer Geheimpolizei («Ochrana») in Paris gefälscht.

1917 Balfour-Deklaration: England verspricht Juden «national home» in Palästina.

1920 Völkerbundsmandat Englands über Palästina (bis 1948): Balfour-Deklaration völkerrechtlich sanktioniert. Arabische Aufstände.

1929 Juden nach Massaker von Arabern aus Hebron (Grab Abrahams) vertrieben.

1933 NS-Deutschland (bis 1945): staatlich organisierter Antisemitismus. 5. Alija.

1935 «Nürnberger Gesetze»: Diskriminierung legalisiert.

1942 Wannsee-Konferenz: «Endlösung der Jüdischen Frage» durch Genozid (bis 1945).

1946	Pogrom in Kielce: Flucht überlebender Juden aus Polen.
1948	Gründung des Staates Israel: 1. Nahostkrieg (bis 1949).
1956	Suezaktion und Sinaikrieg: 2. Nahostkrieg.
1964	«Palestinian Liberation Organisation» (PLO).
1967	Sechstagekrieg: 3. Nahostkrieg. Besetzung Ost-Jerusalems, der West Bank, des Gaza-Streifens und der Golanhöhen. Arafat Vorsitzender der PLO.
1973	Yom-Kippur-Krieg: 4. Nahostkrieg.
1976	Israelische Wehrsiedlungen auf der West Bank nach Enteignungen: arabische Demonstrationen.
1979	Sonderfriede Ägypten-Israel.
1986	Intifada: Protestbewegung gegen Israel auf der West Bank und im Gazastreifen.
1994	Osloer Abkommen: Beschränkte Autonomie für Palästinenser unter Arafat (PLO). Eskalation durch fundamentalistisch-terroristische Kräfte auf beiden Seiten – Massaker von Hebron an Arabern in der Ibrahim-Moschee.

Schon Aufklärung à la Voltaire und Französische Revolution verlangten kollektive Selbstauflösung der Judenheit als Preis für individuelle Bürgerrechte. Nationalismus, Nationalsozialismus und Kommunismus verschärften die Dialektik von Emanzipation und Assimilation, nahmen die abverlangte Assimilation zum Vorwand moderner Judenfeindschaft. Der Antisemitismus eskalierte und exekutierte schlummernde Konsequenzen «aufgeklärter» Logik bis zum bitteren Ende – Auschwitz als extremste Steigerung des Antisemitismus «rechts», «fortschrittliche» Feindschaft gegen Zionismus und den Staat Israel «links».

Seit der Französischen und Industriellen Revolution verschärfte sich die strukturelle Spannung aus jüdischer Absonderung und (freiwilliger wie erzwungener) Assimilation, verbanden sich große Faktoren der allgemeinen und jüdischen Geschichte zu explosiven Komplexen, die in akuten Krisen gegen Juden durchschlugen: Zusätzlich zur Umkehrung im sozio-ökonomischen Verhältnis zwischen Sephardim und Ashkenasim seit der Industrialisierung wirkten uralte Konstanten «jüdischer Existenz» in der Welt katastrophaler denn je. Variiert nach Raum und Zeit, entsprang den Konflikten um Ausbildung und Behauptung jüdischer Identität eine andere Spaltung, zumal seit der Aufklärung und ihrer jüdischen Variante, der «Haskala»: Gegen aus dem Ghetto drängende Juden, in Deutschland verkörpert von Moses Mendelssohn und seinen Nachfahren, hielten fundamentalistische «Fromme» tunlichst am «messianischen Ghetto» fest, heute symbolisiert von Mea Sherim in Jerusalem (gegründet 1873) als Reproduktion des osteuropäischen «Schtetle» im Heiligen Land. Alle innerjüdischen Konflikte entfalteten sich zwischen den Polen jüdische Orthodoxie und Modernisierung durch Assimilation.

Im Geiste der Aufklärung gewährte

die Französische Revolution Judenemanzipation in zwei Etappen, den Sephardim (1790) und Ashkenasim (1791). Aber mit bürgerlicher Gleichstellung in der souveränen «nation une et indivisible» verloren sie ihre traditionellen kollektiven Rechte autonomer Gemeinden, sollten durch individuelle Assimilation als Volk und Religion verschwinden. Annexionen trugen die Ambivalenz französischer Judenemanzipation weiter: Schon Napoleon I. schränkte sie mit seinem «Decret infâme» (1808) wieder ein.

Assimilierten sich Juden im 19. Jahrhundert in erheblichem Umfang, nicht nur in Deutschland, sondern überall in Europa, wo sie zugelassen waren (in Norwegen erst nach 1850), so reagierte moderner Antisemitismus ebenso feindselig wie in Spanien nach Pogromen und Zwangstaufen von 1391 gegen die «Conversos» oder Neu-Christen: Assimilierte, gar getaufte Juden galten nur als raffinierteste Tarnung des «Ewigen Juden» in seiner Gier nach «Weltherrschaft». Blieben orthodoxe Juden in ihrem «messianischen Ghetto», waren sie unbelehrbar und verstockt: Juden konnten es ihrer Umwelt eben nie recht machen.

Im Jahr der Emanzipation für die Ashkenasim in Frankreich (1791) fand das zaristische Rußland seine ihm gemäße Lösung für die Juden, die als unerwünschte Nebenwirkung der drei Teilungen Polens in das bisher «judenreine» Rußland geraten waren: Der «Rayon» legte ihnen in den westlichen Gouvernements, dem früheren Polen, einen Sonderstatus auf (1791), den das «Judenstatut» (1804) institutionalisierte und verschärfte. Die Repression der zaristischen Autokratie traf zwar das Reichsvolk der Russen wie die Minderheiten, aber die Eigenarten jüdischer Existenz machten den staatlichen Antisemitismus besonders explosiv, denn säkularisierte Juden engagierten sich intensiv in der revolutionären Bewegung zum Sturz der Autokratie, um in der Gleichheit alle sozialen und nationalen Fragen zu lösen, auch die eigene. Jedoch gaben sie so dem Antisemitismus neue Nahrung, bis hin zur «jüdisch-bolschewistischen» beziehungsweise «jüdisch-zionistischen» «Weltverschwörung», wie sie Nationalsozialisten und Sowjetkommunisten propagierten.

Industrielle Revolution und neue Nationalismen häuften zusätzliche Explosionsstoffe auf: Warfen sich Juden nach ihrer Befreiung aus dem Ghetto in den Modernisierungs- und Industrialisierungsprozeß, schon um sich durch wirtschaftlichen Erfolg den Respekt ihrer Umwelt zu erkaufen, traf allzu rasche Aufsteiger das haß- und neiderfüllte Ressentiment der Zurückgebliebenen. Auch avancierten sie zum idealen Feindbild im Klassenkampf: Der reiche Jude als Kapitalist, Börsenspekulant und Unternehmer war der geborene Klassenfeind und «Volksschädling». Im traditionellen Vorwurf des «Wuchers» schwangen wieder antijüdische Obertöne mit – offen rechts, eher verdeckt auf der extremen Linken.

Die Koppelung der sozialen mit der nationalen Frage führte schnurstracks zu Nationalsozialismus: Die stilprägenden Nationen Alt-Europas hatten in ihrer proto-nationalen

Selbstfindung zur Totalvertreibung der Juden gegriffen (1290, 1394, 1492, 1497). Entsprechend benutzten neue Nationalismen, die seit 1789 nach französischem Vorbild das Selbstbestimmungsrecht der Völker reklamierten, den Antisemitismus zur identitätsstiftenden Abgrenzung: Mit den honorigen Ausnahmen Italiens und Griechenlands waren sie alle antisemitisch.

Meist markieren, nach dem Vorlauf des russischen «Rayon» (1791), nationale oder wirtschaftliche Krisen den Beginn des Antisemitismus: So drängte die polnische «Szlachta» (der Adel) nach Scheitern des Polnischen Januaraufstandes (1864) mit ihrer Konzeption der «Organischen Arbeit» in die Industrialisierung und die Städte, wo sie auf (Deutsche und) Juden als Konkurrenten traf. Der Ausgleich zur Doppelmonarchie Österreich-Ungarn (1867) eröffnete in Ungarn eine rabiate Magyarisierung gegen alle Minderheiten, auch Juden. Für Frankreich begann der Antisemitismus mit der Niederlage gegen Deutschland 1870/71, für Deutschland und Österreich mit der 2. Weltwirtschaftskrise («Gründerkrach», 1873).

Auf jüdischer Seite trieb Antisemitismus in Rußland (ab 1881) und Frankreich (ab 1894) die Polarisierung zwischen Orthodoxen und Säkularisierten weiter voran. Jüdische Auswege wurden Sozialismus und Zionismus als unterschiedlich säkularisierte Varianten des traditionellen Messianismus, in Rußland gar in offener Rivalität im politischen Untergrund. Sozialismus in Rußland hatte für Juden zumindest zwei Varianten – Engagement für die Revolution in einer sozialistischen Partei (Bolschewiki, Menschewiki, Sozialrevolutionäre), zumal das egalitäre Grundmotiv jüdischem Denken entsprach, und für einen jüdischen Sozialismus («Bund»).

Andererseits war Zionismus eine nationaljüdische Antwort auf die Jüdische Frage als Variante anderer nationaler Fragen: Sollen auch die Juden einen eigenen Staat erhalten, wenn ja, in welchen Grenzen, mit welcher inneren Struktur? Hinzu kam die weitere Frage: Wo sollte ein jüdischer Staat liegen? Ausgelöst wurde der Zionismus vom mörderischen Antisemitismus in Rußland mit Pogromen nach der Ermordung Alexanders II. 1881 durch revolutionäre Terroristen, unter ihnen auch Juden, und den subtileren, rechtsstaatlich gekleideten Antisemitismus im Mutterland der Judenemanzipation, Frankreich, mit dem Dreyfus-Skandal (1894–1906). Immerhin distanzierte sich die französische Linke seitdem weitgehend vom Antisemitismus.

Zionismus, seit dem 1. Baseler Kongreß und dem Baseler Programm (1897) in der Zionistischen Weltorganisation zusammengefaßt, forderte mit der abgeschwächten Formel einer «nationalen Heimstatt» faktisch die Gründung eines nationaljüdischen Staates als Asyl für vom Antisemitismus bedrängte Juden. Damit brach früher oder später die Frage nach der «doppelten Loyalität» auf, projiziert auch auf Juden, die überzeugte Patrioten ihres Staates waren, weil ihnen in Krisenzeiten eine feindselige Umwelt doch die geheime Präferenz für den «Judenstaat» (Theodor Herzl, 1896)

bösartig unterstellte. Nicht zufällig war der «Endlösung der Jüdischen Frage» durch Massenmord die Erwägung vorausgegangen, Juden aus dem NS-Machtbereich nach Madagaskar abzuschieben.
Den Durchbruch des deutschen Antisemitismus brachten Erster Weltkrieg und Weltwirtschaftskrise von 1929. Dem Nationalsozialismus als rechtssäkularisiertem Messianismus waren Judentum und linkssäkularisierter Internationalsozialismus, zusammengezogen zur «jüdisch-bolschewistischen Weltverschwörung», welthistorische Rivalen im Kampf um die Weltherrschaft. Nach 1933 eskalierte Hitler den traditionellen Antisemitismus zum industrialisierten Genozid, symbolisiert von Auschwitz, steigerte sich in die Rolle eines Erlösers der Menschheit vom Übel des «Weltjudentums». Aus diesen Wahn-Dimensionen eines kosmischen Dramas bezogen Hitler und das Dritte Reich die kriminellen Energien zu den beiden Weltverbrechen unseres Jahrhunderts – dem Zweiten Weltkrieg und Auschwitz.
Der größte Antrieb zur Gründung des Staates Israel, auch als Kompensation für das schlechte Gewissen gegenüber Juden während der Verfolgungen in NS-Deutschland, war der Massenmord an den europäischen Juden – «Endlösung»/«Holocaust». Da der Zionismus mehrheitlich den Kulturzionismus verwarf, der einen gemeinsamen jüdisch-arabischen Staat wollte, provozierte er, gemäß üblichen historischen Mechanismen, den Nahostkonflikt im «Heiligen Land» um Boden, Wasser und heilige Stätten. Als Modernisierer und Kolonisatoren aus Europa hatten die Anhänger des Zionismus auch sozialistische Parteien, auf die 1948 Stalin als kommende Mehrheit setzte, weshalb die Sowjetunion Israel rasch anerkannte und ihm diskret deutsche Beutewaffen zur Verteidigung gegen arabische Angriffe lieferte. Ab 1956 schwenkten die Sowjets auf die quantitativ stärkeren Bataillone der Araber um und kehrten zur vorrevolutionären Feindschaft gegen den Zionismus zurück, verquickt mit traditionellem Antisemitismus.
Konsequent lehnten fundamentalistische Orthodoxe Zionismus und den Staat Israel als blasphemischen Vorgriff auf das Kommen des Messias ab, beteiligten sich weder am Aufbau des Staates noch an seiner Verteidigung ab 1948. Wie üblich, gab es in dem Spektrum zwischen ganz «Frommen» und Säkularisierten auch Mittelpositionen religiöser Parteien, die an der Ausgestaltung des irdischen Staates Israel zu einem nationaljüdischen Staat mitwirkten.
Als Einwanderungsland weist Israel die klassische Sozialhierarchie auf: An der Spitze stehen meist Zuerst-Angekommene, während sich Später Einwandernde weiter unten einordneten, aber noch über den Einheimischen, die ihrerseits eine eigene Sozialhierarchie haben. Heute sind die Kräfte derer, die zu einem Ausgleich mit der arabischen Umwelt bereit sind (meist Ashkenasim aus Deutschland und deutschsprachigen Ländern), und der anderen, die auf der rein nationaljüdischen Option beharren (meist Sephardim und Ashkenasim aus Polen, neuerdings auch aus den USA), ungefähr gleich stark.

So explodierten schon innerjüdische Konflikte zwischen «Frommen» und Säkularisierten, die an antisemitische Formen gemahnten, wenn säkularisierte Juden Thorarollen in den Schmutz zogen.
Nach vier Nahostkriegen (1948/49, 1956, 1967, 1973) und der blutigen Intervention in den libanesischen Bürgerkrieg (1983) sowie der Intifada (1986–92) gibt das Osloer Autonomie-Abkommen für Jericho und den Gaza-Streifen neue Hoffnungen auf einen wirklichen Frieden in Nahost. Israel würde nach blutigen Umwegen doch auf die Lösung der Kulturzionisten zusteuern. Jedoch wollen Fundamentalisten beider Seiten den Ausgleich mit Terror torpedieren, auf jüdisch-israelischer Seite mit rassistischen Schlagwörtern («Araber raus!»), die sich im Massaker von Hebron in der Ibrahim-Moschee (1994) blutig umsetzten. Wehrsiedlungen, ab 1976 auf besetztem Gebiet zum strategischen Schutz erbaut, werden jetzt selbstgelegte Brandsätze. Sollte der Friedensprozeß im Nahen Osten wirklich scheitern, wäre die Welt um eine Hoffnung ärmer.

119 Das europäische Weltsystem, 1871 bis 1914

Die Reichsgründung vollendete das Staatensystem, mit dem Europa in den Ersten Weltkrieg ging. Es beruhte noch immer auf der Pentarchie, die im Konzert der Mächte seit dem Wiener Kongreß über Krieg und Frieden entschied. Scheinbar brachte Deutschlands Aufstieg nur eine Modifizierung. In Wirklichkeit war aus der schwächsten Großmacht (Preußen) die neue kontinentale Super-Großmacht geworden. Sie zwängte sich zwischen die etablierten Groß- und Weltmächte. Schon ihre Existenz stürzte das bisherige Gleichgewicht der Kräfte um: Mit ihrer weitergehenden atemberaubenden Dynamik sprengte sie das Europäische System. Das war die eigentliche «deutsche Revolution» (Disraeli, 1871).

Nach der Konsolidierungsphase der Kontinentalpolitik kollidierte die Weltpolitik des Reichs mit der älteren Expansion Rußlands und der Weltmacht England: Rußland hatte seit dem Krimkrieg im Westen nur Rückschläge erlitten. Das neue Machtzentrum Deutschland versperrte ihm den Weg zu weiterer Expansion über Polen nach Westen, seit dem Berliner Kongreß (**1878**) auch auf dem Balkan im Südosten. Auch im Fernen Osten lief Rußland, anders als in Zentralasien, an einer neuen Großmacht auf, Japan (1904/5). Durch Instrumentalisierung der Südslawischen Bewegung eröffneten sich aber für Rußland auf dem Balkan neue Aussichten, zumal angesichts der selbstmörderischen Assimilierungspolitik von Türken und Ungarn.

England als saturierte Weltmacht war durch neue Industrie- und Kolonialmächte in die Defensive gedrängt und wünschte Frieden, um seine Weltstellung zu wahren, allerdings nicht um jeden Preis. Es blieb bei seiner traditionellen Gleichgewichtspolitik – gegen jedwede Hegemonialmacht auf dem Kontinent. Nach 1900 vollzog sich dort der folgenschwere Wechsel: Niederlage gegen Japan (1904/05) und 1. Russische Revolution (1905/07) schwächten Rußland. Dagegen stand Deutschland mit Weltpolitik und Schlachtflottenbau (ab 1898) kurz vor Umwandlung seiner seit 1871 nur latenten Hegemonie zur offenen Vorherrschaft.

So veränderten sich die Beziehungen der meisten Großmächte zwischen 1871 und 1914, abzulesen an den neuen Koalitionen, Dreibund und Tripel-Entente. Unverändert negativ blieb das deutsch-französische Verhältnis: Das 2. deutsche Kaiserreich war gegründet auf dem Sturz des 2. französischen Empire, auf der «Erbfeindschaft» zur ältesten Großmacht Europas. Die deutsche Kaiserproklamation, im Spiegelsaal von Versailles, den Ludwig XIV., der Begründer des französischen Hegemonialanspruchs, hatte erbauen lassen, symbolisierte den jüngsten Wechsel der Machtzentren, der den mittelalterlichen Machtwechsel (1198/1214) wieder aufhob. Die Annexion Elsaß-Lothringens, ohne Plebiszit (wie 1860 für Nizza und Savoyen), ohne Autonomie, d. h. politische Gleichberechtigung, für seine Bewohner, schrieb den Gegensatz noch weiter fest, bis 1914. Ihm entsprang Frankreichs Bündnis mit Rußland (1892/94) gegen den gemeinsamen Nachbarn Deutschland. Frankreich wehrte seine drohende Deklassierung als Großmacht ab, gab jedoch dem Bündnis so eine existentielle Bedeutung.

Dagegen veränderte sich Deutschlands Stellung zu den übrigen Großmächten: Aus dem historischen Gegensatz Preußen–Österreich wurde der Zweibund mit Österreich-Ungarn (1879), das im Gegenzug fast zum Vasallen des mächtigeren Reichs hinabsank, zum Korridor deutscher Weltpolitik ins Osmanische Reich. Das Reich stützte die Magyaren im starren Festhalten am Dualismus, weil es in der Föderalisierung nur den Anfang vom Ende der Donaumonarchie sah. So belastete sich Deutschland mit den explosiven Balkanproblemen.

Das positive Verhältnis Preußen–Rußland schlug nach 1871 ebenso rasch in sich verschärfende Feindschaft um. Viele Faktoren trugen zum dramatischen Wechsel innerhalb weniger Jahre bei: Im Unterschied zum schwachen, von Rußland weitgehend abhängigen Preußen hatte das neue Reich von vornherein ein qualitatives Übergewicht und entwickelte eine modernisierende Eigendynamik, die Rußlands traditionelle Rückständigkeit noch weiter unterstrich. Der deutsche Getreideschutzzoll (1879) – ökonomisch und innenpolitisch im Interesse der konservativen Ostelbier, die sich ideologisch am autokratischen Rußland orientierten – traf Rußland besonders hart, da es mit Devisen aus dem Getreideexport seine anlaufende Industrialisierung finanzieren wollte. Nach 1900 zerschnitt die deutsche Weltpolitik alte Expansionslinien

Rußlands, auf dem Balkan wie im Mittleren Osten (Bagdadbahn). Auch war «Kampf gegen die russische Autokratie» in Deutschland populär, bei Liberalen und in der SPD, in Erinnerung an 1848/49.

Deutschlands Verhältnis zu England war 1871 überwiegend positiv: England war vielbeneidetes Vorbild als erster Industrie-, Rechts- und Verfassungsstaat für deutsche Liberale, umgekehrt bei Konservativen deshalb weniger beliebt. Im neuen Reich der «Vettern jenseits des Kanals» sah England ein überwiegend protestantisches, sich industrialisierendes und liberalisierendes Gegengewicht zum katholischen Österreich und orthodox-autokratischen Rußland. Deutschlands Aufstieg zur stärksten Industriemacht auf dem Kontinent nahm England zunächst ebenso gelassen hin wie den deutschen Schutzzoll gegen die englische Industrie (1879). Erst die deutsche Weltpolitik, mit dem Schlachtflottenbau als hartem Kern (ab 1898), provozierte den Umschwung: Sein «Griff nach der Weltmacht» (Fritz Fischer) stürzte Deutschland in die Selbstisolierung der «Einkreisung», zwang England förmlich zum Kriegseintritt im August 1914.

Italiens Verhältnis zu Deutschland war eher indifferent, aber gespannt zu Österreich-Ungarn, weil sich die italienische Einigung gegen Österreich durchzusetzen hatte und Italien auch nach 1866 mit der Reklamierung der «Irredenta» («unerlöste Italiener») noch Territorialforderungen gegenüber der Donaumonarchie erhob.

Das Osmanische Reich rückte mit der Weltpolitik ins Umfeld deutscher Expansion, mit Bau der Bagdadbahn (Baukonzession 1899) als Auftakt. Es wurde Objekt ökonomischer Penetration, nach der Jungtürkischen Revolution (1908) latenter, zu Beginn des Ersten Weltkrieges offener Verbündeter Deutschlands, verlor so aber auch seine traditionellen Schutzmächte (Frankreich, England) gegen Rußland.

Wichtig für die Auslösung des Ersten Weltkrieges wurden noch zwei kleinere Länder, Serbien und Belgien: Serbien geriet als «Piemont» der Südslawen erst kurz vor 1914 ins Visier der deutschen Reichspolitik mit den beiden Balkankriegen (1912/13). Es war Speerspitze Rußlands und des südslawischen Nationalismus gegen Deutschlands einzigen zuverlässigen Verbündeten, Österreich-Ungarn, zugleich Stolperstein für die geplante Eisenbahnverbindung Berlin–Bagdad, die Deutschland durchgehend kontrollieren wollte. In der Julikrise **1914** drängte Deutschland daher auf Serbiens gewaltsame Eliminierung durch einen lokalisierten Krieg der verbündeten Donaumonarchie. Das neutrale Belgien kam durch den Schlieffenplan (1905) in die Mühle der deutschen Kriegsmaschinerie. Die Verletzung seiner (1839) völkerrechtlich garantierten Neutralität durch Deutschland beseitigte Anfang August 1914 letzte Hemmungen in England zum Kriegseintritt.

Insgesamt bewirkte das plötzliche Auftauchen der neuen deutschen Groß- und potentiellen Weltmacht eine fundamentale Veränderung der Spannungs- und Konfliktstrukturen im europäischen Staatensystem: Seit 1815 hatte sich mit der Polarisierung zwischen England und Rußland der nächste europäische Großkonflikt um die Hegemonie zwischen den beiden so unterschiedlichen Weltmächten angebahnt, wie er sich im Krimkrieg (1854–56) und zwei (unterschiedlich schweren) Krisen bis zum Rande eines Krieges (1878, 1885) schon angekündigt hatte. Seitdem das neue Deutschland mit elementarer Wucht in das europäische Staatensystem einbrach (1871), lenkte es allmählich die Spannungsströme des Europäischen Systems um: Je mehr sich Deutschland mit eigenen Expansionslinien in der Welt exponierte, je mehr seine Expansionswünsche mit älteren Expansionslinien vor allem Englands und Rußlands kollidierten, desto stärker zog es die Feindschaft vor allem dieser beiden Weltmächte auf sich, aber auch anderer Großmächte, wie sogar Japans und der USA. Die atemberaubende Dynamik der neuen kommenden Weltmacht bedrohte zuletzt alle vitalen Groß- und Weltmächte, so daß, bis auf die beiden niedergehenden dynastischen Reiche, Österreich-Ungarn und Osmanisches Reich, sie alle gegen Deutschland standen. Diese Umpolung der Weltspannungen von England–Rußland auf Deutschland drückte sich zuletzt in der Bündniskonstellation vor und im Ersten Weltkrieg aus.

120 Industrielle Revolution IV: Europas kollektive Weltherrschaft – Imperialismus und Kolonialismus, 1882/84 bis 1914

Vor 1914 stand Europa auf dem Höhepunkt seiner kollektiven Weltherrschaft, in Fortführung seiner früheren Expansion in Übersee und Globalisierung der industriellen Revolution, die bis 1900 mit Imperialismus und Kolonialismus die letzten «unterentwickelten» Kontinente (Australien, Afrika) ergriffen hatte. Politische Herrschaft diente vor allem zur Durchsetzung ökonomischer Interessen, mehr gegen europäische Konkurrenten denn gegen einheimische Machtfaktoren. Vor allem Schwarzafrika wies die Europäer lange durch seine geographisch-klimatische Unzugänglichkeit ab, während seine politisch-soziale Fragmentierung die spätere koloniale Eroberung begünstigte.

Seit der Eroberung Indiens (1856) war, neben Afrika, fast nur noch China unabhängig, das im Niedergang der Mandschu 1911 kurz vor der Aufteilung zu stehen schien. Verbot von Sklavenhandel und Sklaverei (1807/34), Mission und «legitimate trade» schufen Ansätze zur Durchdringung Afrikas, im gleitenden Übergang zu seiner kolonialen

Aufteilung («Scramble for Africa»). Symbolisch für den Umschlag vom älteren Freihandels-Imperialismus (mit Bevorzugung von Handelsstützpunkten an der Küste) zum flächendeckenden Kolonialstaat auch im Landesinnern ist, nach der Besetzung Ägyptens (**1882**), die Berliner Afrika-Konferenz (**1884/85**).

1830	Frankreich erobert Algerien (bis 1844).
1835	Großer Trek (bis 1837): Sezession von Kapburen.
1858	Kolonialexpansion Frankreichs – von Senegalmündung nach Osten; Kolonie Obock am Roten Meer; Saigon erobert.
1867	Diamanten in Südafrika (Kimberley) entdeckt.
1868	Meiji-Reformen (bis 1912): Japans Industrialisierung.
1869	Suezkanal eröffnet: Mittelmeer wieder strategisch wichtig.
1874	England annektiert Goldküste, besiegt Ashanti.
1875	England kontrolliert Suezkanal (bis 1952).
1881	Frankreich besetzt Tunesien; Mahdi-Aufstand im Sudan.
1882	England besetzt Ägypten. Eritrea italienische Kolonie.
1884	Rußland erobert Merw: Spannung zu England. Französisches Protektorat über Annam. Deutsche Protektorate über Togo, Kamerun, Südwestafrika. Berliner Afrika-Konferenz (bis 1885): Kongo-Freistaat (bis 1908).
1885	Deutsch-Ostafrika als Protektorat.
1886	Gold im Transvaal (Rand) entdeckt: Johannesburg.
1888	Britisches Protektorat über Matabeleland (Sambia). Französisches Protektorat über Elfenbeinküste.
1890	England besetzt Uganda: Helgoland-Sansibar-Vertrag. Eroberung Französisch-Westafrikas (bis 1894).
1894	1. Japanisch-chinesischer Krieg (bis 1895).
1895	Französisches Protektorat über Madagaskar.
1896	Jameson-Raid: Krise England–Deutschland um Südafrika. Schlacht bei Adowa: Sieg Äthiopiens über Italien. Britisches Protektorat über Ashanti.
1897	Nach Aufstand Madagaskar von Frankreich annektiert. Kiautschou von Deutschland besetzt (bis 1914).
1898	Anglo-ägyptische Eroberung des Sudan: anglo-französische Konfrontation am Nil (Faschoda). Spanisch-amerikanischer Krieg: Philippinen, Puerto Rico, Guam, Hawaii zu USA.
1899	Burenkrieg (bis 1902): England weltpolitisch isoliert. Anglo-ägyptisches Kondominium über den Sudan (bis 1955).
1900	Internationale Expedition zur Unterdrückung der Boxer.

1902 Friede von Vereeniging: Freie Hand für Buren gegen Afrikaner.
1903 England unterwirft Sultanat von Sokoto (Nord-Nigeria).
1907 Diamanten in Deutsch-Südwestafrika entdeckt.
1908 Kongogreuel: Kongo belgische Kolonie (bis 1960).
1910 Südafrikanische Union (bis 1961).
1911 Frankreich besetzt Marokko, Italien 1912 Libyen.
1914 Nigeria als britische Kolonie vereint.

Vor 1914 beherrschte Europa – ergänzt um Japan (seit 1895) und die USA (seit 1898) – die übrige Welt. Kern des imperialistischen Weltsystems war das Britische Empire, dessen Mittelpunkt Indien: Alle anderen Imperialismen lassen sich um das Empire gruppieren, die meisten Reichsprobleme Englands um Eroberung und Sicherung Indiens.

Die Großmacht Japan war ein Produkt einheimischer Faktoren mit dem globalen Ausgreifen des industriellen Prinzips: Die USA zwangen Japan zur Öffnung für den Welthandel und Beendigung seiner freiwilligen Isolierung im Tokugawa-Shogunat (1603–1867) mit einer Flottenexpedition unter Commodore Perry (1853/54). Als Reaktion auf diesen Schock modernisierte sich Japan rasch und systematisch in der Meiji-Periode (1868–1912) nach westlichem Vorbild. Im Krieg gegen China (1894/95) begann sein Aufstieg zur imperialistischen Großmacht, fortgesetzt mit der Beteiligung an der internationalen Expedition zur Niederwerfung der Boxer (1900) und dem Sieg über Rußland (1904/05).

Die kommende Weltmacht USA war als Verlängerung Englands in Übersee mit der Sezession vom Mutterland (1775–83) entstanden und beteiligte sich, nach Überwindung des Bürgerkrieges (1861–65), seit dem Spanisch-amerikanischen Krieg (1898) an der imperialistischen Aufteilung der Welt. Gleichzeitig stiegen die USA, in Europa weitgehend unbemerkt, schon zur stärksten Industriemacht der Welt, bald auch zur mit England ebenbürtigen Flottenmacht auf.

Die koloniale Aufteilung Afrikas begann von den beiden extremen Enden her, jeweils mit Eroberung von Siedlungskolonien für weiße Bevölkerung: Im Norden eroberte Frankreich Algerien (1830–44), im Süden entstanden als Sezession von der (seit 1815 britischen) Kapprovinz mit dem Großen Trek (1835–37) die beiden Burenrepubliken Transvaal und Oranje (1836/42). Direkte Herrschaft für weiße Siedler setzte sich in Nordafrika mit der Besetzung Tunesiens durch Frankreich (1881) und Libyens durch Italien (1911/12) fort, jenseits der Sahara im südlichen Afrika (Rhodesien) und in Teilen Ostafrikas (Kenia, Deutsch-Ostafrika). Im übrigen Schwarzafrika dominierte der Typ der Handelskolonie, oft verwaltet mit Methoden der «indirect rule»: Lokale Herrschaftseliten blieben erhalten (oder wurden neu gebildet), mit begrenzter Autonomie, aber anerkannten über sich die Kolonialmacht als neuen Suzerän;

das Land blieb in afrikanischen Händen.

In der «Großen Depression» seit der Weltwirtschaftskrise von 1873 erhielt die koloniale Aufteilung Afrikas unter dem Druck der weitergehenden Industrialisierung Europas einen kräftigen Antrieb. Hinzu kamen Auswirkungen der Expansion Rußlands gegen das Osmanische Reich in der Großen Orientkrise (1875–78): Als Preis für die Stützung des Osmanischen Reichs gegen Rußland auf dem Berliner Kongreß (1878) okkupierte England Zypern (1878), später Ägypten (1882), u. a. zur Sicherung des Seewegs nach Indien über den Suezkanal, während Frankreich als Kompensation für Englands Gewinne Tunesien besetzte (1881). Die Endphase der kolonialen Aufteilung Afrikas begann so von Nordafrika aus, in Verbindung mit der Orientalischen Frage.

Um Schwarzafrika begann ein Wettlauf zwischen England, Frankreich und Deutschland, dem die Berliner Afrika-Konferenz Form und völkerrechtliche Sanktion gab (1884/85). Wichtige Initialimpulse kamen jedoch von Ansprüchen der älteren Kolonialmacht Portugal und der Gründung des Freistaats Kongo (1884) als Privatunternehmen des belgischen Königs Leopold II. (bis 1908).

Welthistorisch war die bedeutendste Wirkung des Imperialismus die Globalisierung des europäischen Staatensystems. Anders als zur Zeit des interkontinentalen Fernhandels hatte die zweite Phase europäischer Expansion in Übersee ein tatsächlich die gesamte Welt umspannendes Weltsystem geschaffen, das durch Weltwirtschaft und Kolonialherrschaft ebenso wie durch die moderne Technik wirklich die ganze Erde umspannte. Zu Beginn des 19. Jahrhunderts gab es fünf große Machtvakuen, die europäische oder europäisierte Staaten mit ihrer Macht auszufüllen suchten: Vier traditionelle Großreiche im Niedergang (Osmanisches Reich, Persien, Indien, China) standen unter direktem oder indirektem Expansionsdruck Rußlands von Norden über Land, unter unterschiedlich motiviertem und wirkendem Expansionsdruck Englands von Süden, von der See her. Das traditionell fragmentierte Afrika wurde ebenfalls unter dem kombinierten Druck von Mission, Außenhandel und Kolonialherrschaft der neuen Weltwirtschaft auf der Basis der Industrialisierung erschlossen und erobert.

Globalisierung europäischer Machtsphären zog aber auch Globalisierung ihrer Spannungen und Konflikte nach sich, übertrug sie auf das noch immer von Europa beherrschte Weltsystem: Ein europäischer Großkonflikt zwischen allen Großmächten gleichzeitig würde, durch Europas Übergreifen auf See und den Aufstieg neuer Großmächte in Übersee (Japan, USA), sich automatisch auch zum Weltkonflikt ausweiten. Das durch den Imperialismus erweiterte und institutionalisierte europäische Weltsystem schuf somit selbst den Rahmen zum ersten wirklichen Weltkrieg, durch den es sich selbst zerstörte.

Für das Europäische System brachte die koloniale Expansion vorübergehend Entlastung durch Ableitung innereuropäischer Spannungen, namentlich nach der Reichsgründung von Bismarck gegenüber Frankreich so einkalkuliert. Mit Vollendung der kolonialen Aufteilung Afrikas – nur Äthiopien behauptete sich gegen Italien (1896) – durch Eroberung des Sudans (1898) schlugen jedoch Konflikte in der Kolonialsphäre zunehmend auf Europa spannungskumulierend und konfliktproduzierend durch: Faschodakrise (1898), Burenkrieg (1899–1902), 1. und 2. Marokkokrise (1905/06, 1911) waren die wichtigsten Etappen. Mit Verdrängung der Türken aus Nordafrika (**1911**/12) und Südosteuropa (1912/13) kehrten die nach außen abgeleiteten Spannungen um so heftiger wieder nach Europa zurück.

121 Der Weg in den Weltkrieg: Krisen und Bündnisse, 1875 bis 1914

Europas Weg in den Ersten Weltkrieg endete im Zusammenbruch des Konzerts der Mächte: Die Spannungen waren so groß geworden, daß sie das Europäische System zerrissen. Entscheidende Stationen auf dem Weg zum allgemeinen Krieg waren die großen Vorkriegskrisen. Die insgesamt acht Vorkriegskrisen, je vier vor und nach 1900, liefen abwechselnd (bis auf die Doppelkrise von 1885/87) in West und Ost: Krieg-in-Sicht-Krise (**1875**), Große Orientkrise (1875–78), Boulanger/Bulgarienkrisen (1885/87); 1. Marokkokrise (1905/6), Bosnische Annexionskrise (1908/9), 2. Marokkokrise (1911), 1. und 2. Balkankrieg (1912/13). Aus den frühen Vorkriegskrisen entfalteten sich die Koalitionen der Großmächte – Dreibund (1879/82), Tripel-Entente (1892/94, 1904/07). Die späteren Vorkriegskrisen bereiteten den Ersten Weltkrieg schon unmittelbar vor.

1875	Krieg-in-Sicht-Krise: 1. Westkrise. Große Orientkrise: 1. Ost-/Südostkrise (bis 1878).
1878	Berliner Kongreß: Deutschland «ehrlicher Makler».
1879	Zweibund Deutschland/Österreich-Ungarn (bis 1918).
1882	Beitritt Italiens: Dreibund (bis 1914).
1887	Boulanger-Krise um Revanchismus: 2. Westkrise. Höhepunkt der Bulgarienkrise; Lombardverbot, Präventivkriegsforderungen des preußischen Generalstabs gegen Rußland: 2. Ost/Südostkrise; Rückversicherungsvertrag Deutschland–Rußland.
1892/94	Russisch-französischer Zweibund (bis 1917).
1898	Faschodakrise England–Frankreich: Entente cordiale (1904). Weltpolitik, Schlachtflottenbau in Deutschland.

1899	Burenkrieg (bis 1902): England weltpolitisch isoliert.
1902	Anglo-japanisches Bündnis gegen Rußland in Fernost: England verläßt «splendid isolation».
1904	Entente cordiale England/Frankreich: Kolonialarrangement – Ägypten für England, Marokko für Frankreich. Russisch-japanischer Krieg (bis 1905).
1905	1. Russische Revolution; Friede von Portsmouth: Rußland als Großmacht vorläufig fast ausgeschieden. Schlieffenplan für Zweifrontenkrieg. 1. Marokkokrise (bis 1906): 3. Westkrise. Entente gestärkt.
1907	Anglo-russische Verständigung (über Persien, Tibet, Afghanistan): Tripel-Entente vollendet.
1908	Bosnische Annexionskrise (bis 1909): 3. Ost/Südostkrise.
1911	2. Marokkokrise: 4. Westkrise. Deutschland zuckt vor englischer Warnung zurück. Tripoliskrieg (bis 1912): Osmanisches Reich durch Italien weiter geschwächt.
1912	Haldane-Mission: Verständigung England-Deutschland (Flottenagreement gegen Neutralität Englands) endgültig gescheitert. 1. Balkankrieg (bis 1913): Balkanstaaten, gestützt von Rußland, gegen Osmanisches Reich; Türken aus Osteuropa vertrieben: 4. Ost/Südostkrise.
1913	2. Balkankrieg: Bulgarien gegen übrige Balkanstaaten und Türkei um Makedonien. Bulgarien geschwächt, Serbien gestärkt. Liman-von-Sanders-Krise: Krise Deutschland–Rußland um militärische Kontrolle der Meerengen.
1914	Deutsch-englische Abkommen (Abschluß der Bagdadbahn, portugiesische Kolonien). Attentat von Sarajevo: Julikrise 1914, Kriegsausbruch.

1871 fand Deutschland eine Situation vor, die seit Zerfall der Krimkriegskoalition (1856) Europa bestimmte – Abwesenheit von Bündnissen unter den Großmächten. Um Frankreich zu isolieren, wollte Bismarck den bündnisfreien Zustand möglichst lange erhalten. Aber die Dynamik der internationalen Beziehungen zwang später doch dazu, Bündnisse zu suchen, vor allem in Reaktion auf die großen Krisen.

Bündnisse und Krisenfronten umrissen schon die militärischen Hauptfronten des Ersten Weltkrieges: Westfront und Ostfront. Die Krisen demonstrierten die Konfliktpotentiale und, wie in Generalproben, die Mechanismen, die Krisen zum Krieg zwischen mehreren Großmächten steigern konnten: Die Westkrisen engagierten Deutschland und Frankreich direkt, die Ostkrisen Deutschland und Rußland meist nur indirekt, über Österreich-Ungarn und einen Balkanstaat (Bulgarien, Serbien). Ostkrisen begannen meist auf dem Balkan, dem «Pulverfaß» Europas.

Die späteren Bündnisse schalteten die Konfliktpotentiale gleich, so daß West- und Ostkrisen gemeinsam explodieren konnten – im Ersten Weltkrieg.

Den Reigen der acht Krisen eröffnete die Krieg-in-Sicht-Krise (1875) als deutsche Überreaktion (verschleierte Drohung mit Präventivkrieg) auf Frankreichs überraschend schnelle militärische Erholung von der Niederlage 1870/71. Die Intervention der Flügelmächte für Frankreich ließ, auch ohne Bündnis, für einen kurzen Moment am Horizont die Konstellation von 1914 aufblitzen: Frankreich, England, Rußland gegen Deutschland. Bismarck zuckte zurück und war fortan gegen Präventivkriege.

Die Große Orientkrise (1875–78) zeigte erstmals, wie lokale Konflikte auf dem Balkan (Steueraufstand in Bosnien-Herzegovina) über einen Lokalkrieg (Serbien / Montenegro–Türkei, 1876) zum Großkrieg (8. Russisch-türkischer Krieg, 1877/78) eskalieren konnten. England und Österreich-Ungarn standen gegen Rußland, Deutschland würde nicht neutral bleiben können. Deutschlands Vermittlerrolle auf dem Berliner Kongreß (1878) zwang Bismarck zu Festlegungen, die Rußland als feindlich empfand. So entstand, inmitten der deutsch-russischen Spannungen über Wirtschaftsfragen (deutscher Getreideschutzzoll, 1879), der Zweibund mit Österreich-Ungarn, dem sich Italien anschloß (1882). Er provozierte, nach der Doppelkrise von 1885/87 in West (Boulanger, französischer Revanchismus) und Ost (Bulgarien; Lombardverbot), das Bündnis Frankreich/Rußland (1892/94), schon in der Phase relativer Entspannung seit Ableitung europäischer Rivalitäten an die Peripherie durch den Imperialismus.

Faschodakrise (1898) und Burenkrieg (1899–1902) signalisierten die Auffüllung kolonialer Machtvakuen in Übersee seit Vollendung der Globalisierung der Weltgeschichte durch den europäisch-nordamerikanischen Imperialismus um 1900, so daß die Spannungen an der Peripherie nach Europa zurückkehrten. Als Reaktion auf die deutsche Weltpolitik suchte England Anlehnung – Bündnis mit Japan gegen Rußland (1902), Entente cordiale mit Frankreich (1904), Verständigung mit Rußland (1907). Die so vollendete Tripel-Entente war kein festgefügtes Bündnis (wie der Dreibund) und wurde erst nach Kriegsbeginn im Londoner Vertrag (5.9.1914) dazu umgewandelt.

Nach 1900 folgten Krisen in immer rascherem Wechsel zwischen West und Ost, fraßen immer mehr Kompromißmaterial zwischen den Mächten durch die Art ihrer Lösung auf. Begleitet vom Wettrüsten zu Lande und zu Wasser, rückten sie immer dichter an den Abgrund des Krieges. Mit der 1. Marokkokrise (1905/06) wollte Deutschland das durch Rußlands Schwäche (Niederlage gegen Japan, 1. Russische Revolution) auf dem Kontinent isolierte Frankreich aus der Entente cordiale herausbrechen, scheiterte aber auf der Algeciras-Konferenz (1906). Damals entstand der deutsche Kriegsplan für einen Zweifrontenkrieg, der Schlieffenplan, mit dem Deutschland in den Ersten Weltkrieg ging. Die Bosnische Annexionskrise (1908/09) mobilisierte endgültig den Nationalismus unter den serbischen Bauern und demütigte das noch schwache Rußland durch Rückzug vor einer deutschen Kriegsdrohung (1909). Als Reaktion gegen die Annexion entstand die Gruppe «Jung-Bosnien», die 1914 das Attentat von Sarajevo ausführte, ausgerüstet und angeleitet vom serbischen Militärgeheimdienst und der extremen Geheimorganisation unter dem populären Namen «Schwarze Hand». Die 2. Marokkokrise (1911) mobilisierte schon England, das mit seiner Warnung vor einem Krieg gegen Frankreich Deutschland zurückweichen ließ.

Die beiden Balkankriege (**1912/13**) stärkten Serbien und den südslawischen Nationalismus. Sie zeigten den Eskalationsmechanismus vom Juli/August 1914 bis zum Weltkrieg, den das Attentat von Sarajevo dann tatsächlich auslöste. In einem Komplex von Zwangslagen für alle Beteiligten eskalierte die deutsche Offensive zur Sprengung der Tripel-Entente den Konflikt: Der forcierte Lokalkrieg Österreich-Ungarns gegen Serbien eskalierte zum kühl hingenommenen Kontinentalkrieg unter Hinzutritt Deutschlands gegen Rußland und Frankreich und zum Weltkrieg durch Hinzutritt Englands.

III. Globale Zeitgeschichte

Seit 1914

Der Erste Weltkrieg (1914–18), als Urkatastrophe des 20. Jahrhunderts, hatte eine buchstäblich alles umwälzende und erschütternde Wirkung, praktisch auf der gesamten Welt. Seine wichtigste unmittelbare Folge, mit Verlängerung bis zur Gegenwart, war die Etablierung des Kommunismus auf staatlicher Ebene durch die russische Oktoberrevolution (1917), im Gegenschlag dazu des Faschismus, zunächst in Italien (1922) und Deutschland (1933). Folgekonflikte des Ersten Weltkriegs, Folgerevolutionen der Oktoberrevolution komplizierten die Lage weiter, in der die Versailler Ordnung nur einen prekären Zwischenfrieden stiften konnte: Europas Vorherrschaft in der Welt war erschüttert, scheinbar noch nicht gebrochen, aber sein Weltsystem war in sich gespalten. Da die deutsche Mitte nicht bereit war, sich mit der Niederlage von 1918, immerhin fast gegen die gesamte Welt, abzufinden, auch nicht mit der in der an die Paulskirche anknüpfenden Weimarer Republik, riß die auch sonst in der Welt politisch und sozial katastrophal wirkende Weltwirtschaftskrise (ab 1929) die konstitutionellen Dämme gegen eine abermalige deutsche Machtexplosion ein: Das Dritte Reich (1933–45) führte konsequent in den Zweiten Weltkrieg (1939–45), diesmal im Bündnis mit Italien (1940) und Japan (1941). Angriff auf die SU und Kriegseintritt der USA (1941) besiegelten das Schicksal der Achsenmächte. Am Ende des Zweiten Weltkrieges standen die Atombomben auf Hiroshima und Nagasaki (1945), die das Atomzeitalter eröffneten.

Mit dem Zerbersten der deutschen Mitte zerbrach auch das Europäische System, dessen Trümmer sich in West und Ost in miteinander rivalisierende Weltsysteme eingebunden sahen. Gleichzeitig erzwang die machtpolitische Schwäche der europäischen Kolonialmächte mit der Dekolonisation die «Auflösung der Kolonialreiche» (Ansprenger) durch den Sieg des sich nun auch außerhalb Europas durchsetzenden Nationalprinzips. Unterdessen setzte sich die Industrialisierung in rasantem Tempo fort, in den schon länger industrialisierten Gesellschaften ebenso wie in den Entwicklungsländern.

Die ursprüngliche Ost-West-Konfrontation des Kalten Kriegs lockerte sich etwas durch das Eintreten der jungen Nationalstaaten, vor allem Indiens und Chinas, in die Weltpolitik und überlagerte sich teilweise durch die Nord-Süd-Problematik zwischen industrialisierten und sich erst jetzt industrialisierenden Ländern. Andererseits setzte die Dekolonisation, wie einst die Europäische Revolution 1848/49, in den post-kolonialen Nachfolgestaaten eine Fülle postkolonialer Nachfolgekonflikte frei, wie zwischen den jungen Staaten, die erst noch Nationen werden wollen («nation building»). Manche dieser internationalen (Nahostkonflikt) wie internen (Indien) Konflikte haben ihre Wurzeln tief in der Vergangenheit, jedenfalls weit in die prä-koloniale Geschichte zurückreichend. Der Zusammenbruch des Sowjetkommunismus 1989/91 setzte entsprechend post-kommunistische Nachfolgestaaten und ihre Nachfolgekonflikte frei, allen voran den Jugoslawienkrieg (seit 1991).

Das konventionelle wie nukleare Selbstzerstörungspotential einer sich weiter industrialisierenden und weiter anwachsenden, inzwischen 5000000000 zählenden Menschheit steigerte sich zur technisch machbar gewordenen Selbstvernichtung, nicht nur durch ABC-Waffen, sondern sogar durch die destruktiven Rückwirkungen industrieller Prozesse und Rückstände – auch ohne Industriekatastrophen, zuletzt Tschernobyl, mit destabilisierenden sozialen Konsequenzen. So definieren die einander kumulierenden Umweltprobleme, die sich auch nicht durch die Flucht in den Weltraum verschleppen lassen, und die Spannungen aus dem früheren Ost-West- wie dem neuen Nord-Süd-Konflikt ebenso viele Aufgaben zur Bewältigung einer konstruktiven Zukunft für die Menschheit.

122 Die Explosion der deutschen Mitte I: Der Erste Weltkrieg, 1914 bis 1918: Urkatastrophe des 20. Jahrhunderts

Als «Urkatastrophe» unseres Jahrhunderts (G. F. Kennan) und globaler Großkonflikt war der Erste Weltkrieg (**1914**–18) ein Weltereignis ersten Ranges. Kein anderes Einzelereignis der Weltgeschichte hat in so wenigen Jahren so viele Menschen, faktisch die gesamte Menschheit, so umwälzend und tief verändert. Selbst Mongolensturm, Große Pest und Französische Revolution berührten nur Teile der Menschheit und nahmen mehr Zeit in Anspruch. Entsprechend tief weist die weitere Vorgeschichte des Ersten Weltkriegs in die allgemeine Geschichte seit dem Spätmittelalter zurück. Nur eine breite und zeitlich tiefe welthistorische Perspektive wird dem welterschütternden Vorgang gerecht, schon um vergiftende emotionale und moralisierende Verkrampfungen unter verengten nationalen Gesichtspunkten («Kriegsschuldfrage») endlich zu überwinden.

Im Ersten Weltkrieg flossen Tendenzen, Faktoren und Energien zusammen, potenzierten die ihnen eigenen Spannungen und Konfliktpotentiale zur globalen Explosion. Auf der Basis der Industrialisierung brachte der Erste Weltkrieg eine bisher ungekannte (später noch weiter gesteigerte) Technisierung der Kriegführung zu Lande (Trommelfeuer, Maschinengewehr, Flammenwerfer, Motorisierung, Tanks, Gas), Wasser (Schlachtflotten, U-Boote), erstmals auch in der Luft (Zeppelin, Bombengeschwader, Schlacht- und Jagdflieger). Nationalismus, Imperialismus und Großreiche mobilisierten und disziplinierten die Völker an der Front und in der Heimat in bisher ungeahntem Ausmaß zum später so genannten «totalen Krieg», gaben widerstreitenden Kriegszielen zerstörerische Energien durch die Kombination von Technik und Massen.

Hauptgegner waren die Mittelmächte (Deutschland, Österreich-Ungarn, Türkei; Bulgarien, ab 1915) und die Tripel-Entente, die sich erst im Londoner Vertrag (5.9.1914) zum Bündnis der Alliierten (England, Frankreich, Rußland; Serbien, Japan) und Assoziierten Mächte (Belgien; USA, 1917) konstituierte. Wichtige spätere Alliierte waren Italien (1915/16) und Rumänien (1916). Neutral bis zum Kriegsende blieben vor allem die Schweiz, Niederlande, Dänemark, Schweden, Norwegen, Spanien. Die wichtigsten Fronten lagen in Europa – Ost- und Westfront, ferner im Süden (Italien) und Südosten (Serbien, Rumänien; Salonikifront). Wichtige Nebenfronten kamen mit dem Kriegseintritt der Türkei hinzu – Kaukasus, Irak, Palästina, vorübergehend Dardanellen/Gallipoli (1915/16).

Alle Anfangsoffensiven blieben stecken, vor allem die deutsche (nach dem Schlieffenplan) gegen Frankreich an der Marne, womit der Krieg im Grunde schon gegen

Deutschland entschieden war. Die meisten deutschen Kolonien wurden rasch erobert – Togo, Kiautschou, Neu-Guinea (1914); Deutsch-Südwestafrika (1915); Kamerun (1916); Deutsch-Ostafrika (1917). In Europa erstarrte der Krieg zum Stellungskrieg, in dem Verdun, Somme (1916) und Flandern (1917) Höhepunkte der blutigen Materialschlachten auf engstem Raum wurden. Nur vorübergehend gelang den Mittelmächten der Durchbruch zu (nicht kriegsentscheidenden) Offensiven in Polen, Litauen, Lettland; Serbien (1915); Montenegro, Rumänien (1916), Rußland (Febr. 1918). Erst alliierte Endoffensiven brachten die Rückkehr zum Bewegungskrieg, vor allem gegen die Türkei (1917/18).

Entscheidend für den Kriegsverlauf wurde die britische Fernblockade gegen Deutschland auf der Linie Schottland–Norwegen. Die einzige größere Seeschlacht am Skagerrak (1916) brachen die Deutschen nach Anfangserfolgen ab, um der Vernichtung durch die überlegene Home Fleet zu entgehen. Anschließend ging Deutschland ein zweites Mal zum uneingeschränkten U-Boot-Krieg über (1917), womit es aber nur den Kriegseintritt der USA provozierte.

Der ausschlaggebende Eintritt der USA in den Ersten Weltkrieg und Sieg der Oktoberrevolution im vom Krieg erschöpften Rußland (1917) waren zwei einschneidende Ereignisse, denn sie kündigten bereits die Weltkonstellation einen Weltkrieg später an, die Konfrontation USA–SU, namentlich mit Präsident Wilsons 14 Punkten (Jan. 1918) als Alternative zu Lenins Interpretation des Selbstbestimmungsrechts der Völker. Mit Sowjetrußlands Ausscheiden aus dem Krieg im Sonderfrieden von Brest-Litowsk (1918) eröffnete sich für Deutschland noch einmal die Aussicht auf den militärischen Sieg im Westen. Die deutschen West-Offensiven scheiterten jedoch, im Gegenschlag mußte sich die deutsche Armee auf die Westgrenze zurückziehen. Der Zusammenbruch Bulgariens, der Türkei und Österreich-Ungarns (Sept./Okt. 1918) riß Deutschlands Flanken nach Süden und Südosten sowie nach Osten mit seinen überdehnten Linien auf. Nur der rasche Waffenstillstand (8. bis 11. 11. **1918**) verhinderte eine alliierte Schlußoffensive des Frühjahrs 1919, gegen die Deutschland keine Chance gehabt hätte.

Dennoch fand die Dolchstoßlegende in Deutschland Widerhall, das Märchen vom angeblichen Verrat der zersetzten Heimat. Aber im erschöpften Deutschland wirkten sich nur übliche Mechanismen aus – Zusammenbruch nach innen als Folge schwerer militärischer Niederlagen nach außen. Vorbereitet wurde die deutsche Novemberrevolution 1918 durch die Russische Revolution und eine innerdeutsche Polarisierung seit 1915, die zunächst nur die SPD spaltete (1918). Nationale Einheit nach innen, der «Burgfriede», hielt nur so lange vor, wie Aussicht auf raschen Erfolg nach außen bestand. Der polarisierende innere Konflikt entzündete sich an Differenzen über Kriegsziele und Charakter des Krieges – war er für Deutschland nur Verteidigungskrieg oder in Wirklichkeit Angriffs-, gar Eroberungskrieg? Die Konsequenzen aus der deutschen Machtentfaltung seit Reichsgründung, Industrialisierung und Weltpolitik drängten objektiv in der Tat zur Umwandlung (der subjektiv von Reichskanzler Bethmann Hollweg ursprünglich vielleicht wirklich nur angestrebten) «diplomatischen» Offensive zur Sprengung der Entente im Juli 1914 in einen faktischen Expansionskrieg mit handfesten Kriegszielen (Annexionen, deutsche Vasallenstaaten, «Mitteleuropa», «Mittelafrika», Kriegsentschädigungen), die sich teilweise schon vor 1914 indirekt abzeichneten. Gesamtziel war eine Hegemonialstellung Deutschlands. So war der Erste Weltkrieg auch erster der beiden deutschen Hegemonialkriege im 20. Jahrhundert.

Analoge Polarisierungs- und Krisenprozesse lassen sich bei allen am Krieg beteiligten Mächte beobachten. Auch zuletzt siegreiche Alliierte machten in Zeiten militärischer Rückschläge schwere Krisen durch, die in England vor allem durch Spaltung der Liberalen den Aufstieg der Labour-Partei freisetzten. Irischer Osteraufstand (1916) und Erschießung des serbischen Geheimdienstchefs Dimitrivić-Apis, der das Attentat von Sarajevo (1914) organisiert hatte, nach dem Geheimprozeß von Saloniki (1917) sind andere Facetten innerer Krisensituationen. In Italien schlug die Kriegskrise erst nach Kriegsende mit dem Sieg des Faschismus (1922) durch, in Frankreich, als Reaktion auf das Trauma Verdun, in der polarisierenden Dauerkrise der 3. Republik zwischen beiden Weltkriegen und im Kollaps von 1940.

123 Russische Revolution und UdSSR, 1917 bis 1922; Folgerevolutionen, 1918/19

Neben der Intervention der USA war eine zentrale Konsequenz des Ersten Weltkriegs die Russische Revolution (**1917**). Sie leitete Rußlands Metamorphose zur Sowjetunion (1922) ein. Folgerevolutionen bei Besiegten nach der Russischen Revolution (1917) und dem Kriegsende (1918) versuchten die Kommunisten in ihre Bahn zu lenken, in Deutschland, Österreich, Ungarn, zugespitzt mit Räterepubliken in Bremen, Ungarn und Bayern (1919).

1917 Russische Februarrevolution (März): Hungerunruhen, Streiks (wie 1905), Sowjets (Räte); Provisorische Regierung Lwow, mit Kerenski als Kriegsminister; Abdankung Nikolaus' II.; Rückkehr russischer Revolutionäre (Bolschewiki, Menschewiki, u. a. Lenin) über Deutschland aus dem

Schweizer Exil nach Rußland: Polarisierung der Revolution; Aufstand der Schwarzmeerflotte in Sewastopol (24.6.); 2. Brussilow-(Kerenski-)Offensive (26.6.–9.7.): gescheitert (19.7.); alte russische Armee faktisch aufgelöst (16.–18.7.); Rücktritt der Regierung Lwow (20.7.): Kerenski-Regierung (22.7.); gegenrevolutionärer Putsch des Generals Kornilow (9.–14.9.) – gescheitert, u.a. mit Hilfe der Bolschewiki; Oktoberrevolution (7.11.); Koalition mit linken Sozialrevolutionären unter Lenin/Trotzki: Rat der Volkskommissare; Agrarrevolution; Wahl der Verfassunggebenden Versammlung mit Mehrheit der Sozialrevolutionäre; Verstaatlichungen; Aufstand der Donkosaken (9.12.) – Russischer Bürgerkrieg (bis 1920); Litauen unabhängig (9.12.); Waffenstillstand von Brest-Litowsk mit Mittelmächten (15.12.); Sezession aller nicht-russischen Gebiete; Trennung von Staat und Kirche, Kirchengüter konfisziert (17.12.); Tscheka, politische Geheimpolizei (20.12.).

1918 Verfassunggebende Versammlung von Bolschewiki gesprengt (19.1.): Diktatur der Bolschewiki; Unabhängigkeit der Ukraine (18.1.); Rote Armee (28.1./23.2.); Sonderfriede von Brest-Litowsk (3.3.): Interventionskriege der Alliierten (bis 1920); Verfassung der Sowjetrepublik (10.7.): Diktatur des Proletariats; Nikolaus II. und Zarenfamilie von Bolschewiki ermordet (16.7.); Zusatzverträge von Brest-Litowsk: Spannungen Bolschewiki – linke Sozialrevolutionäre, Attentat auf Lenin (30.8.), Bruch mit linken Sozialrevolutionären, Roter Terror, Bürgerkrieg verschärft.
Revolutionen in Ungarn, Österreich, Deutschland (Okt./Nov.).

1919 Gründung der KPD (1.1.); Spartakusaufstand in Berlin (6.–15.1.), gegen Wahl zur Nationalversammlung: gescheitert; Bremer Räterepublik (Jan./Febr.); 3. Internationale (Komintern) in Moskau gegründet (März); Ungarische Räterepublik (21.3.–24.7.): von rechten Ungarn unter Hórthy und Rumänen niedergeworfen; Münchener Räterepublik (7.4.–1./2.5.): von Freikorps und Regierungstruppen niedergeworfen.

1920 Kapp-Putsch in Deutschland (März): Versuch der KPD, Generalstreik gegen Kapp-Putsch zur Revolution auszuweiten; Polnisch-sowjetischer Krieg (25.4.): wechselvolle Kämpfe – Polen in Kiew, Rote Armee vor Warschau; «Wunder an der Weichsel» (Aug.): Sieg der Polen unter Józef Pilsudski über Rote Armee.

Spaltung der USPD auf Parteitag in Halle: KPD mit Massenbasis.

1921 Hungersnot in Sowjetrußland (bis 1922); Kronstädter Aufstand (7.–17.3.): mit Massakern niedergeworfen (18.3.); Neue Ökonomische Politik (NEP): Lockerung des «Kriegskommunismus»; Friede von Riga (18.3.): Polnisch-sowjetischer Krieg beendet; Grenze östlich der Curzon-Linie.

1922 Letzte Kämpfe in Fernost; Gründung der UdSSR (30.12.).

Der Sieg der Russischen Revolution in ihren zwei Phasen (Februar-, Oktoberrevolution) war ein Produkt der russischen Niederlage im Ersten Weltkrieg. Sie wurde besiegelt durch das Scheitern der alliierten Dardanellen- und Gallipoli-Unternehmen (1915/16), so daß Rußland von den Alliierten keine Materialhilfen erhielt und im Chaos versank. Ähnlich wie 1905 brach die Russische Revolution spontan aus (März 1917), diesmal mit Hungerrevolten und Streiks bis zum Sturz des Zaren. Beide provisorische Regierungen (Lwow, Kerenski) wollten Demokratisierung mit Fortführung des Krieges auf seiten der Alliierten kombinieren, scheiterten aber am Mißerfolg der 2. Brussilow-Offensive und an der raschen Polarisierung: Putschversuche der Bolschewiki – konterrevolutionärer Putsch Kornilow – Militärstaatsstreich der Bolschewiki. Lenin siegte, weil er, ausgestattet vom Deutschen Reich mit 20 Mio. Goldmark, die Bolschewiki im Machtvakuum des revolutionären Chaos zur stärksten Organisation aufbauen konnte. Wirkungsvollste Parolen waren «Alle Macht den Räten!» und die Forderung nach Frieden, Brot (für die städtischen Massen) und Land (für die Bauern). Mit dem Sturz der Kerenski-Regierung in der Oktoberrevolution kamen die Bolschewiki unter Lenin und Trotzki formal als Koalitionsregierung mit den linken Sozialrevolutionären an die Macht. Sie gaben den Bauern zunächst das Land, das ihnen Stalin später mit der Zwangskollektivierung (ab 1929) wieder nahm. Zu Beginn des Russischen Bürgerkrieges schufen sich die Bolschewiki mit der Tscheka als politische Geheimpolizei (20.12.1917) ein Instrument des roten Terrors gegen angebliche und wirkliche Feinde. Da die Wahlen zur Verfassunggebenden Versammlung eine Mehrheit für die Sozialrevolutionäre brachte, ließ Lenin sie einen Tag nach ihrem Zusammentreten mit Gewalt sprengen (19.1.1918). Seitdem trat an die Stelle der untergegangenen Autokratie des Zaren nach kurzer Zeit die Diktatur der Partei, verfassungsmäßig verankert in der Verfassung der Sowjetrepublik (10.7.1918).

Gegen weiße Bürgerkriegsarmeen, Interventionsarmeen des Westens und Polen (1920) setzten sich die Bolschewiki zuletzt durch, wenn auch unter schweren Verlusten (Hungersnot, 1921/22) und inneren Konflikten (u.a. Kronstädter Aufstand, 1921). Der Bürgerkrieg war im europäischen Rußland zuerst beendet (1920), der Krieg mit Polen im Frieden von Riga (1921), letzte Kämpfe endeten in Fernost (1922).

Bis auf Polen, Litauen, Lettland, Estland und Finnland machten die Bolschewiki allen (theoretisch zugestandenen) Sezessionen nicht-russischer Völker sofort ein gewaltsames Ende und zwangen sie wieder unter russische Herschaft zurück, jetzt unter dem neuen ideologischen Vorzeichen des Kommunismus. Die Gründung der UdSSR (**1922**) – formal eine Konföderation souveräner Staaten, tatsächlich in allen wesentlichen Punkten straff zentralisierter Einheitsstaat unter russischer Hegemonie – schloß die erste Phase der Konsolidierung ab. Traditionelles Mißtrauen gegen das Ausland, des Auslandes gegen den revolutionären Staat und in kommunistischen Staaten übliche rigorose Kontrolle der eigenen Staatsbürger führten zu einer wechselseitig erzwungenen Isolierung Sowjetrußlands.

Unterdessen waren in Deutschland, Österreich und Ungarn Ende **1918** Revolutionen ausgebrochen. Sie waren gleichzeitig Kollaps als Reaktion auf die Niederlage und Folgerevolutionen zur Russischen Revolution. Im Sieg des nationalen Selbstbestimmungsrechts löste sich die Doppelmonarchie auf, so daß hier die nationale Komponente die soziale teilweise überlagerte. Versuche der Kommunisten, die sich kurz nach Kriegsende vom linken Flügel der Sozialdemokraten endgültig getrennt hatten, um Revolutionen zum Sieg des Kommunismus weiterzutreiben, scheiterten. In Deutschland setzte sich, nach schweren Kämpfen, die Weimarer Republik durch, auch gegen lokale Räterepubliken kommunistischer Prägung (Bremen, München). Österreich behauptete, zeitweise eingeklemmt zwischen Ungarischer und Bayerischer Räterepublik (**1919**), seine 1. Republik. Die Ungarische Räterepublik scheiterte an der versuchten Erzwingung eines roten Groß-Ungarn mit Transsylvanien und provozierte so den entscheidenden Einmarsch rumänischer Truppen zur Niederwerfung der Räterepublik (1919).

Für Mitteleuropa wichtig wurde der Sieg der Polen unter Pilsudski über die Rote Armee (1920), die über Warschau die Weltrevolution nach Deutschland tragen sollte («Auf nach Berlin!»), da sich Lenin ohne kommunistische Revolution im industrialisierten Deutschland eine Behauptung Sowjetrußlands gar nicht vorstellen konnte. Gleichwohl zeichneten sich bereits künftige Entwicklungen ab, die durch einen Weltkrieg später teilweise doch den Sieg des Kommunismus ermöglichten, wieder im Gefolge der Roten Armee: Die Sowjetunion Lenins wie Stalins («Sozialismus in einem Land») und Deutschland, der Weimarer Republik wie des Dritten Reichs unter Hitler, einte als Hauptverlierer des Ersten Weltkrieges der Haß auf den Hauptgewinner des Ersten Weltkrieges, das wiedererstandene Polen, den «Saisonstaat» von Gnaden Versailles. Geheime militärische und halboffene außenpolitische Zusammenarbeit mit antipolnischer Stoßrichtung seit Rapollo (1922) steigerte und konkretisierte sich konsequent zum Hitler-Stalin-Pakt (1939), der erst den Weg zum Zweiten Weltkrieg freigab.

124 Folgekonflikte und Versailler Ordnung, 1919 bis 1923

Eine so gewaltige Erschütterung wie der Erste Weltkrieg konnte nach seinem offiziellen Ende nicht sogleich einen friedlichen und allseits befriedigenden Abschluß finden. Dazu waren auf allen Seiten zu viele Energien und Emotionen engagiert, waren Verluste und Leid zu groß: Folgerevolutionen und Folgekonflikte (bis 1923) schlossen sich daher dem Kriegsende an. So war die Aufgabe der Pariser Friedenskonferenz (**1919**), einen dauerhaften Frieden zu stiften, unlösbar. Ihre Ordnung schlug sich formal im Versailler Vertrag mit Deutschland (1919) und vier Pariser Vorortverträgen mit seinen Verbündeten nieder – St-Germain (Österreich, 1919), Trianon (Ungarn), Neuilly (Bulgarien), Sèvres (Türkei) (1920), ersetzt vom Frieden von Lausanne (1923), der auch die unmittelbaren Folgekonflikte zum Ersten Weltkrieg beendete.

1918 Kriegsende: Zusammenbruch der Mittelmächte: Folgerevolutionen, Folgekonflikte.

1919 Anglo-irischer Krieg (bis 1921).
Griechisch-türkischer Krieg (bis 1923).
Friedensverträge von Versailles und St. Germain.
Völkerbund.
Erste Zusammenstöße Juden – Araber in Palästina: Anfänge des Nahostkonflikts.
Kämpfe in Oberschlesien Polen – Deutsche.
Konflikt Ungarn – Rumänien über Transsylvanien.
Italiener unter Gabriele D'Annunzio besetzen Fiume (Rijeka): Konflikt Italien – Jugoslawien.

1920 Alliierte besetzen Konstantinopel.
Polnisch-sowjetischer Krieg.
Friedensverträge von Trianon, Neuilly, Sèvres.
Teschen geteilt zwischen Polen und ČSR.
Polen besetzt Wilna: Konflikt mit Litauen.

1921 Friede von Riga: Polen–Sowjetrußland.
Zweimal versuchte Rückkehr von Ex-Kaiser Karl I. nach Ungarn durch Staatsstreich – gescheitert.

1922 Irland geteilt: Irischer Bürgerkrieg (bis 1923).
Generalstreik und Kriegsrecht am Rand (Johannesburg): Weiße Arbeiter und KP Südafrikas für Apartheid.
Nach Volksabstimmung (1922) Oberschlesien geteilt.
«Kleinasiatische Katastrophe» der Griechen: Türkische Republik unter Kemal Atatürk.

1923 Friede von Lausanne ersetzt Friede von Sèvres.

Inhaltlich prägten die Versailler Ordnung regionale Konfliktpotentiale, die weit über die fünf Friedensverträge hinausreichten: Der Globalkonflikt hatte ältere Konflikte absorbiert oder aktiviert: Er war auch 9. Russisch-türkischer, 5. Griechisch-türkischer, 3. Serbisch-bulgarischer, 2. Rumänisch-bulgarischer, 3. Italienisch-österreichischer, x-ter Russisch-polnischer Krieg. Im Irischen Osteraufstand (1916) brach die 1914 nur auf Eis gelegte Irische Frage durch, noch verschärft im Anglo-irischen Krieg (1919–21) und, nach der Teilung Irlands, im Irischen Bürgerkrieg (1922/23). Japans Ultimatum («21 Forderungen») an China (1915) bereitete den 2. Japanisch-chinesischen Krieg (1937–45) vor. Englands widersprüchliche Absichtserklärung gegenüber den Arabern zur Mobilisierung des Arabischen Aufstandes (1916/17) und Juden (Balfour-Deklaration, 1917) – beide im Widerspruch zu Teilungsplänen im Nahen Osten (Sykes-Picot-Abkommen, 1916) – komplizierten den beginnenden Nahostkonflikt. Das Massaker der Türken an den Armeniern (1915/16) eröffnete einen unerklärten Türkisch-armenischen Krieg.

Diese und andere in den Ersten Weltkrieg eingeflossene Nebenkriege setzten sich nach Kriegsende fort und bestimmten den Charakter der Versailler Ordnung: Wie der «Völkerfrühling» der Europäischen Revolution 1848/49 gab der Zusammenbruch von vier dynastischen Reichen – Rußland, Osmanisches Reich, Österreich-Ungarn, Deutschland (1917/18) – die Möglichkeit zur Generalbereinigung zwischen neuen und alten Nationalismen (1918/19).

Besonders Polens Wiedergeburt als souveräner Staat im Machtvakuum nach Kollaps seiner drei Teilungsmächte verschärfte die Polnische Frage, zugespitzt auf die Grenzfrage – historische Grenzen von 1772 oder, wo immer möglich, auch Volkstumsgrenzen (Oberschlesien, südliches Ostpreußen) zugunsten Polens? So geriet Polen sofort in Konflikt mit den meisten seiner Nachbarn, mit Deutschen, Litauern (Wilna), Russen (Weißrußland, Ukraine) und Tschechen (Teschen). Die erzwungenen Kompromisse befriedigten niemanden und hielten nicht lange vor. Zugleich erhob sich die Frage nach Polens innerer Struktur: Nationalstaat, der Zentralisierung vertragen mochte, oder Vielvölkerstaat, der Elastizität zum Ausgleich der inneren Spannungen benötigte, mit Autonomie und Föderalismus? Die 2. Polnische Republik war nur labiler Kompromiß: In ihrem Umfang blieb sie hinter den Grenzen von 1772 zurück, wollte polnischer Nationalstaat sein, aber ca. 40 % seiner Bevölkerung waren Minderheiten (vor allem Deutsche, Juden, Weißrussen, Ukrainer), die Polen durch Verweigerung der Föderalisierung und durch Polonisierung gegen sich aufbrachte. Hinzu kamen interne Spannungen aus dem Zwang, die verschiedenen Teilungsgebiete, die sich ganz unterschiedlich entwickelt hatten, einigermaßen zu homogenisieren. Nach außen war Polen eingekeilt zwischen gedemütigten Groß-Nachbarn im Westen (Deutschland) und Osten (SU), für die es nur lästiger «Saisonstaat» war. So spiegelte der größte Nachfolgestaat die Gesamtproblematik der übrigen wider.

Neben den Folgekriegen rund um Polen wurde der Konflikt Italien-Jugoslawien um Fiume (1919) wichtig, weil er dem jungen Faschismus Italiens nationale Profilierung gab. Der Griechisch-türkische Krieg (1919 bis 22/23) entsprang den Aufteilungsplänen der Alliierten (Sykes-Picot-Abkommen) und der Beteiligung Griechenlands an ihnen zur Vereinigung («Enosis») der griechisch bewohnten Gebiete in Kleinasien. Griechenlands «kleinasiatische Katastrophe» (1922), ermöglicht durch die Behauptung der kemalistischen Republik mit sowjetischer Finanz- und Waffenhilfe gegen Griechen und Armenier, wurde zur Katastrophe der Griechen schlechthin: Der Friede von Lausanne (**1923**) beendete nicht nur die unmittelbaren Folgekonflikte, sondern mit Umsiedlungen auch 3000 Jahre griechischer Besiedlung Kleinasiens. Dennoch hatte die neue Türkische Republik unter Kemal Atatürk (1922) ähnliche Probleme wie Polen: Sie billigte verbliebenen Minderheiten (Armeniern, Ost-Christen verschiedener Kirchen, Kurden) noch nicht einmal, wie in Polen, Status und Rechte als nationale oder religiöse Minderheiten zu. Sie setzte das Grundgebrechen des Osmanischen Reiches auf reduziertem Territorium fort.

Auch Europas historisches Epizentrum, der Balkan, fand 1918/19 wenig Ruhe: Durch Auflösung der Donaumonarchie und Reduzierung Ungarns auf weniger als sein nationales Kerngebiet eröffnete der Sieg des nationalen Selbstbestimmungsrechts, mit sich überschneidenden territorialen Ansprüchen der Nachfolgestaaten, nur eine neue Konfliktrunde. Ungarns Revisionsansprüche gefährdeten die Existenz zweier Staaten – ČSR (Slowakei = Oberungarn), Rumänien (Transsylvanien), Jugoslawien, das sich durch seinen großserbischen Zentralismus allerdings von innen her selbst zerstörte.

Zentral und ausschlaggebend wurde die Regelung für Deutschland: Das Reich blieb, nach Überwindung seiner sozialen Folgerevolution, trotz Verlust von Grenzgebieten mit überwiegend nicht-deutscher Bevölkerung, als Machtblock erhalten, wenn auch durch die Niederlage nur örtlich betäubt. Oktoberrevolution und Existenz der UdSSR erzwangen eine Mäßigung der Sieger gegenüber dem Reich, weil eine zu tiefe Demütigung der Deutschen ihre Hinwendung zum Kommunismus aus nationaler Verzweiflung hätte provozieren können. Andererseits gab die Erhaltung Deutschland als potentielle Großmacht die Chance zu neuem machtpolitischen Aufstieg.

So konnte die Versailler Ordnung einen spannungsreichen Schwebezustand nur formalisieren. Ihre innere Dynamik drängte zur Auflösung der Spannungen im nächsten Großkonflikt, dem Zweiten Weltkrieg (1939 bis 45). Auch der Völkerbund als institutionalisierte Friedensordnung war machtlos, weil er auf grundsätzliche Übereinstimmung der Großmächte angewiesen war.

125 Friede auf Abruf: Europas erschütterte Hegemonie zwischen beiden Weltkriegen, 1918 bis 1939

Europas Weltherrschaft blieb vom Ersten Weltkrieg scheinbar unversehrt, durch Verteilung der deutschen Kolonien als Völkerbundsmandate oberflächlich nur modifiziert. In Wirklichkeit war sie schon erschüttert: Das Massaker von Amritsar (**1919**) setzte den indischen Nationalismus in Gang, massive Proteste der arabischen Welt gegen die Mandatsregelung für den Nahen Osten durch die Konferenz von San Remo (1920) und der Aufstand der Rif-Kabylen (1921–26) in Marokko kündigten bereits die spätere Dekolonisation an. Die künftigen Weltmächte zogen sich, aus unterschiedlichen Motiven, noch einmal von der Weltpolitik zurück – die USA freiwillig (durch Nichtratifizierung des Versailler Vertrages, 1920), Sowjetrußland halb freiwillig, halb gezwungen. Japan nutzte Chinas Schwäche (Bürgerkrieg, Revolution) zum Aufbau einer Hegemonialstellung, blieb in seiner Wirkung aber auf Ostasien beschränkt. Das Washingtoner Flottenabkommen (1922) versuchte, wenigstens die Kriegsflotten der stärksten Seemächte aufeinander abzustimmen, eine Rüstungskontrolle zur See zu erzielen.

Der Rückzug der kommenden Weltmächte (USA, SU) gab die Entscheidung über Krieg und Frieden noch einmal an Europa zurück, jetzt auf einer durch den Ersten Weltkrieg veränderten Basis. Mit dem Konzert der Mächte war auch die Pentarchie zusammengebrochen: Zwei der sieben Großmächte waren verschwunden (Osmanisches Reich, Österreich-Ungarn); zwei waren vorübergehend aus der Großmachtpolitik ausgeschieden, blieben aber latente Großmächte (Deutschland und Rußland). An die Stelle der vier dynastischen Großreiche waren teilweise Nachfolgestaaten getreten. Von der ČSR abgesehen, wiederholten sie im kleinen die Problematik der alten Reiche, aus denen sie hervorgegangen waren. Auch sie waren Vielvölkerstaaten, mit dem Anspruch, als Nationalstaaten gegen zahlreiche Minderheiten Assimilierungspolitik betreiben zu können. In der zusätzlichen Spannung zwischen agrarischer Gesellschaft und Drang zur Industrialisierung zerbrach die parlamentarische Demokratie (bis auf die ČSR) rasch: Auf dem Balkan wurde die «Königsdiktatur» typische Herrschaftsform. Außenpolitisch orientierten sich die Nachfolgestaaten an Frankreich («Kleine Entente»), fanden aber durch ihre Rivalitäten keine Kraft zu koordiniertem Handeln, konnten daher nie die ihnen zugewiesene Doppelaufgabe erfüllen, als «Cordon sanitaire» den Kommunismus von Europa fern-, Deutschland und Sowjetrußland auseinanderzuhalten. «Zwischeneuropa», geographisch zwischen beiden Großmächten im Wartezustand, wurde innen- und außenpolitisch zwischen ihnen polarisiert und zerrieben, als relatives Machtvakuum überwiegend erst von Deutschland (1938ff), im Gegenschlag überwiegend von der SU (1944) ausgefüllt.

Von den Siegermächten fühlte sich Italien weiterhin deklassiert, von Versailles diskriminiert. Zur Kompensation stürzte es sich in das Abenteuer des Faschismus unter Benito Mussolini (1922), um endlich zu erreichen, woran die liberale Monarchie gescheitert war – Wiederherstellung römischer Größe im Mittelmeer.

Nach Rußlands Ausscheiden aus dem Koalitionsmechanismus konnte sich Frankreich als stärkste Kontinentalmacht Europas fühlen, wenigstens auf dem Papier, Ersatz für das russische Bündnis in den Nachfolgestaaten finden, sich sogar in der Illusion wiegen, zur alten Hegemonialstellung zurückgekehrt zu sein. In Wirklichkeit hatte ihm der Aderlaß des Ersten Weltkriegs gleichsam das Rückgrat gebrochen. Mit der Spaltung der Sozialisten (1920) entstand eine starke KPF, die gegenüber NS-Deutschland Frankreichs Polarisierung zwischen Links (Volksfront unter Léon Blum, 1935–38) und Rechts («Lieber Hitler als Blum!») bis zur Paralyse (1939/40) trieb. So gelähmt nach innen, nach außen geschwächt durch Wegfall seiner (ohnehin) schwachen Nachfolgestaaten-Verbündeten, zunächst Polens (1934), beugte sich Frankreich der Führung Englands in der Außenpolitik gegenüber NS-Deutschland.

England blieb äußerlich imperialistische Groß- und Weltmacht, litt aber, wie alle Sieger und Besiegten, unter Folgeproblemen nach einem so schweren Krieg: Arbeitslosigkeit, Streiks, innere Labilität im Wechsel zwischen gespaltenen Liberalen und Labour als zweiter großer Partei, zwischen Regierungen der Konservativen, Labour-Minderheitsregierungen (1923, 1929–31) und Allparteienregierungen (National Government). Die Dominions stiegen von der Autonomie zur faktischen Souveränität auf (Balfour-Definition, 1926; Westminster-Statut, 1931). Im Gegensatz zu Frankreich war England, auf dem Papier noch immer Weltmacht, eher geneigt, Deutschland bei der Revision des Versailler Vertrages entgegenzukommen, mit der «Appeasement»-Politik gegenüber Hitler noch mehr als vorher gegenüber der Weimarer Republik.

Rußlands revolutionäre Wende gab der historischen Spannung West–Ost in Europa neue inhaltliche Akzentuierung: Im Zeichen des «proletarischen Internationalismus» wurden kommunistische Parteien Stoßtrupps der Weltrevolution (agrarisch und/oder industriell orientiert) *und* Speerspitze russischer Expansion unter neuem ideologischen Vorzeichen. Immer noch lief die Ost-West-Spannung quer durch Deutschland.

Zentral wurde wieder das Auf und Ab der Konjunktur: Im hektischen Wechsel von Kriegskonjunktur, Depression bei der Umstellung auf Friedenswirtschaft und Nachkriegskonjunktur, Inflation und Währungsstabilisierung in vielen europäischen Ländern nahm die Linke zunächst zu. Vor allem die extreme Linke ging

in der neuen Stabilisierung durch Währungssanierung und US-Kredite (ab 1923/24) wieder zurück, profitierte aber von der großen Weltwirtschaftskrise ab 1929.
Ihrem weltpolitischen Rückzug von Europa zum Trotz hatten die USA im Dreieck Reparationen – Kredite – westliche Kriegsschulden durch ihr finanzielles Engagement eine Schlüsselposition: Im Ersten Weltkrieg waren die USA vom größten Schuldnerland zum größten Gläubigerland aufgestiegen. Vor allem England hatte Kriegslieferungen der USA mit seinen dortigen Investitionen bezahlt, weitere US-Kredite aufgenommen. Da die USA in aller Härte auf Rückzahlung der Kredite bestanden (1922), Frankreich seinerseits seine Vorkriegsanleihen an Rußland durch die Oktoberrevolution verloren hatte, beharrte Frankreich auf Erfüllung deutscher Reparationsleistungen, bis hin zur Besetzung des Ruhrgebiets (1923), mit der es die deutsche Inflation weiter verschärfte.
Nach Überwindung seiner Inflation und Begrenzung der Reparationslasten durch den Dawes-Plan (1924) erhielt Deutschland US-Kredite zur Ankurbelung seiner Wirtschaft, um seine Reparationen vor allem an Frankreich zahlen zu können. Die Weltwirtschaftskrise von 1929 löste überall in der Welt mehr oder minder schwere politische Krisen aus. Sie wirkte in Deutschland besonders heftig, u. a. durch Abzug kurzfristiger US-Kredite, die oft langfristig und unproduktiv (z. B. in Fußballstadien) angelegt waren. Der Sieg des Nationalsozialismus in Deutschland (1933) war eine besonders extreme Reaktion auf Versailles und Weltwirtschaftskrise und schuf eine zentrale Bedingung für den Zweiten Weltkrieg (**1939**–45), das Dritte Reich.

126 Die Reaktion der deutschen Mitte auf den Ersten Weltkrieg: Weimarer Republik und Drittes Reich, 1919/33 bis 1945

Wie beim Ersten Weltkrieg lieferte die Explosion der deutschen Mitte die entscheidende Antriebskraft zum Zweiten Weltkrieg. Alle anderen Faktoren sind dagegen nur sekundär, auslösender Natur. Wie mehrfach seit dem Umbruch um 1800 stießen widersprüchliche Tendenzen und Kräfte der Moderne in Deutschland auch jetzt wieder besonders massiv aufeinander. Sie erzeugten in ihrem Aufprall Friktionen und Spannungen, die sich im erneuten «Griff nach der Weltmacht» (Fritz Fischer) umsetzten, der abermals nur durch Krieg zu erzwingen war, jetzt noch verkrampfter, mit noch extremeren Methoden und Ideologien. Das ist das Kernproblem der vieldiskutierten Kontinuität der neueren deutschen Geschichte: Weimarer Republik (**1919**–33) und Drittes Reich (**1933**–45) als unterschiedliche Aggregatzustände des historischen Materials in Veränderungsprozessen unter ungeheuren inneren und äußeren Spannungs- und Druckverhältnissen.

Wie in einem riesigen Brennglas bündelte Deutschland, und hier wieder seine Hauptstadt Berlin, in sich die miteinander ringenden Kräfte der Zeit. Als Reaktion auf den verlorenen Ersten Weltkrieg erlebte die Weimarer Republik eine Radikalisierung links und rechts, die die Mitte zerrieb oder lähmte, erst in Deutschland zwischen KPD und NSDAP, fortgesetzt ab 1933 auf internationaler Ebene mit der Konfrontation und Polarisierung zwischen UdSSR und Drittem Reich. Da sich in anderen europäischen Staaten, vor allem geographisch zwischen NS-Deutschland und Sowjetrußland, ähnliche Prozesse abspielten, gewinnen innere Entwicklung Deutschlands und ihre Auswirkungen von Weltkrieg zu Weltkrieg exemplarischen Wert – zum Verständnis der weltweiten Polarisierung außerhalb Deutschlands vor dem Zweiten Weltkrieg.

Wieder stand Deutschland hin- und hergerissen zwischen liberal-parlamentarischem Westen und sozialrevolutionär umgepoltem, jetzt kommunistischem Osten. Die Novemberrevolution 1918 – gleichzeitig deutsche Zusammenbruchsrevolution nach der Niederlage des Kaiserreiches im Ersten Weltkrieg und Folgerevolution zur Russischen Revolution – trieb nicht zum von Lenin erhofften Sieg des Kommunismus weiter, der allein nach seiner Ansicht die im notorisch rückständigen Agrarland Rußland sonst hoffnungslos isolierte Oktoberrevolution hätte sichern können. SPD und Reste der kaiserlichen Armee (Groener-Ebert-Pakt) setzten die parlamentarisch-demokratische Republik durch und wahrten die Einheit des Reiches (1918/19), dessen innere Bruchlinien mit der Niederlage aufgerissen waren. Die latent drohende Intervention der Westmächte schnitt ohnehin jeden Erfolg einer kommunistischen Revolution ab. Innere Konfrontation und Polarisierung blieben jedoch und eskalierten bei jeder Großkrise der Weimarer Republik (1920, 1923, 1930/33).

Verlorener Krieg und Revolution verschärften die Wirtschaftslage Deutschlands, abzulesen am Gang der Inflation. Sie hatte schon 1914 mit der Kriegsfinanzierung durch Kredite und Anleihen begonnen und beschleunigte sich unter den Kriegsfolgelasten (Demobilisierung, Reparationen u. ä.), Ruhrkampf (1923) und einer Politik der Reichsbank, die Kredite ohne Inflationszuschlag vergab («Mark gleich Mark»). Im großen Krisenjahr 1923 spitzte sich die eskalierende Polarisierung im Gegensatz zwischen SPD/KPD-Regierungen in Sachsen/Thüringen und «Ordnungszelle Bayern» zu, das in einer kommissarischen Rechtsdiktatur Nährboden für die (ab 1919/20) aufkommende NSDAP war. Ende der Inflation, Währungsumstellung auf die Rentenmark (1923), Begrenzung der Reparationen durch den

Dawes-Plan (1924) und US-Kredite ermöglichten eine Zwischenphase ökonomischer Erholung und politischer Beruhigung (1924–29). Allerdings gewann die Weimarer Koalition (SPD/Demokraten/Zentrum) von 1919 die 1920 verlorene Mehrheit nie wieder zurück, so daß die Weimarer Republik mit wechselnden Mehrheiten lavieren mußte.

Die letzte parlamentarische Reichsregierung (1928–30) zerbrach an den Folgen der Weltwirtschaftskrise von 1929. In einer Kette autoritärer Präsidialkabinette (2 × Brüning, Papen, Schleicher) trieb die Weimarer Republik in die Agonie (1930–33). Vor allem die SPD war gelähmt zwischen der auf ihre Kosten ansteigenden KPD, die die SPD als «Sozialfaschisten» zum Hauptgegner erklärt hatte, und der nach ganz rechts zur NSDAP abbröckelnden liberalen Mitte. Die eskalierende Polarisierung entlud sich in bürgerkriegsähnlichen Kämpfen vor allem zwischen NSDAP und KPD, die zuletzt gleichwohl in den Parlamenten zu negativen Mehrheiten gegen die bürgerlich/sozialdemokratische Mitte fanden.

Formal vollzog sich Hitlers «Machtergreifung» als Berufung eines weiteren Präsidialkabinetts (30. 1. 1933), das sich, in nicht mehr ganz freien Wahlen, die Wählermehrheit verschaffte, um anschließend die Weimarer Verfassung durch Ermächtigungsgesetz (23. 3.) zu suspendieren, ohne sie formal je aufzuheben.

Hitler und die NSDAP zogen die vielberufenen «Lehren der Geschichte» auf ihre Weise: In der Weimarer Republik hatte schon die Art, wie die Deutschen ihr «Kriegserlebnis» von 1914–18 verarbeiteten, sie auf den nächsten Weltkrieg geistig vorbereitet – «Einkreisungslegende», Kriegsunschuld- und Dolchstoßlegende bauten Haß gegen Versailles nach außen, «Novemberverbrecher» nach innen auf, der sich als Entschlossenheit umsetzte, das nächste Mal erfolgreicher zu sein. Voraussetzungen waren nationale Einheit nach innen, ökonomische und militärische Vorbereitung auf den Krieg nach außen, schon vor Kriegsausbruch. Hitler stampfte daher im Dritten Reich alle äußeren politischen Unterschiede mit seiner Einheitspartei und ihren Untergliederungen ein, trieb den in einer komplexen Gesellschaft normalen politischen Dissens in den Untergrund, in Gefängnisse und Konzentrationslager, in Widerstand und Emigration. Staatliche Tätigkeit reduzierte sich fast auf Vorbereitung der deutschen Gesellschaft zum Krieg, seine Verherrlichung und Propagierung, begleitet von systematischem Terror, durch den allein sich so einschneidende Veränderungen in so kurzer Zeit erzwingen ließen.

Eine Eselsbrücke ins Dritte Reich war der Antisemitismus, der in Deutschland bis 1933 schon eine gewisse Tradition hatte, aber im Vergleich vor allem zum zaristischen Rußland noch milde gewesen war. Der Sieg der NSDAP verhalf einem gewalttätigen, bald kriminellen Antisemitismus zum Durchbruch, der nach innen durch Aufbau eines imaginären Feindes vereinheitlichend wirken sollte, Deutschland nach außen aber in der Welt isolierte, moralisch und politisch. An Radikalisierung und Ausweitung des Antisemitismus läßt sich die Radikalisierung des Gesamt-Systems ablesen, hier wieder an der Funktion der Konzentrationslager: Zunächst waren sie «nur» improvisierte Zusammenfassung inhaftierter innenpolitischer Gegner (1933), bald kamen Juden und Roma/Sinti («Zigeuner») hinzu. Aus Zwangsarbeiterlagern wurden nach dem Überfall auf die Sowjetunion (1941) Produktionsstätten für die deutsche Rüstung einerseits, Geheimstätten des systematischen, industriell betriebenen Massenmords («Holocaust») andererseits, meistens außerhalb des Reichsgebietes (Auschwitz, Majdanek) (**1942–45**). «Endlösung» und Auschwitz wurden Tiefpunkte der deutschen und Menschheitsgeschichte schlechthin.

127 Der Weg in den Zweiten Weltkrieg: Weltwirtschaftskrise und Drittes Reich, 1929 bis 1939

20 Jahre hielt Versailles als provisorischer Zwischenfriede. Das Ausklingen des Ersten Weltkrieges in Folgerevolutionen und Konflikten mit und zwischen Nachfolgestaaten ging fast nahtlos in die Anlaufphase zum Zweiten Weltkrieg über. Genau in der Mitte liegt die Weltwirtschaftskrise (**1929**), die mit ihren Erschütterungen faktisch die Vorkriegsperiode eröffnete.

1929 Weltwirtschaftskrise: Weltkrise; Radikalisierung des Faschismus (Italien), Kommunismus (SU: Stalinismus); Endkrise der Weimarer Republik (bis 1933).

1930 Präsidialkabinette in Deutschland (bis 1933); Diktatur Vargas (Brasilien, bis 1945), Militärdiktatur in Argentinien (bis 1946).

1931 Sturz der 2. Labour-Minderheitsregierung (seit 1929): National Government (bis 1936); Ende der Monarchie in Spanien: 2. Republik (bis 1936/39); Sturz der Militärdiktatur: Chile sozialistische Republik; Japan besetzt Mandschurei.

1932 Militärherrschaft in Japan (bis 1945); Salazar Ministerpräsident (bis 1968): autoritäres Regime in Portugal (bis 1974).

1933 F. D. Roosevelt 32. Präsident (bis 1945): New Deal. Hitler Reichskanzler: Drittes Reich (bis 1945). Staatsstreich Dollfuß: klerikaler Ständestaat in Österreich (bis 1938).

1934 Nichtangriffserklärung Reich–Polen; Deutschland verläßt Völkerbund – SU im Völkerbund (bis 1939): Politik der «kollektiven Sicherheit»; «Langer Marsch» der KPCh unter Mao (bis 1935).

1935 Saargebiet zu Deutschland; allgemeine Wehrpflicht, Aufrüstung; deutsch-britisches Flottenabkommen (bis 1939); Abessinienkrieg (bis 1936): Krise des Völkerbunds.

1936 Volksfront in Frankreich (bis 1938) und Spanien: Spanischer Bürgerkrieg (bis 1939); Rheinlandbesetzung; «Achse Berlin–Rom»; Antikominternpakt Deutschland/Japan – SU; Metaxas-Diktatur in Griechenland (bis 1940).

1937 2. Japanisch-chinesischer Krieg (bis 1945); Japan und Italien verlassen Völkerbund.

1938 «Anschluß» (Annexion) Österreichs, des Sudetengebiets: Münchner Abkommen – ČSR geschwächt. Grenzkämpfe sowjetisch-japanischer Truppen an der mandschurischen Grenze.

1939 ČSR von Deutschland zerschlagen, Memelland besetzt. Danzigkrise; Hitler-Stalin-Pakt – deutscher Überfall auf Polen: Zweiter Weltkrieg (bis 1945).

Die Weltwirtschaftskrise war eine allgemeine Weltkrise: Dramatischer Rückgang der Industrieproduktion, Arbeitslosigkeit in bisher unbekanntem Ausmaß, Zusammenbruch der Agrarmärkte und Rohstoffpreise, von Banken und Unternehmen waren die äußeren Merkmale. Im schrumpfenden Welt- und Außenhandel gingen Reste des Freihandels unter, die den Ersten Weltkrieg überlebt hatten. Erhöhte Schutzzölle, Kontingentierung von Importen, Subventionen von Exporten zu Dumpingpreisen und Devisenbeschränkungen, Autarkiebestrebungen und wirtschaftlicher Nationalismus mündeten in einen versteckten Wirtschaftskrieg aller gegen alle. In den USA ging die Krise erst mit der neuen Kriegskonjunktur (1939/41) zu Ende.

Allenthalben provozierte oder verschärfte die Weltwirtschaftskrise Konflikte – innere (soziale, nationale) wie äußere: Radikalisierung von Diktaturen (Stalinismus in SU, Faschismus in Italien); Diktatur der verschiedenen Varianten (Balkan, Lateinamerika); autoritäre Regime (Portugal, Österreich); Regierungswechsel und tiefgreifende Veränderungen im Parteiengefüge – England (National Government), Australien, Neuseeland, Südafrika, Frankreich (Volksfront); Regimewechsel (Chile, Spanien), Wahl eines sozialreformerischen Demokraten (USA).

Am extremsten reagierten Japan und Deutschland mit Expansion nach außen: Japans Eroberung der Mandschurei (1931) verbesserte seine Ausgangsstellung zum 2. Japanisch-chinesischen Krieg (1937–45), der in Ostasien schon den Zweiten Weltkrieg eröffnete. Ein Militärstaatsstreich (1932) trieb die von oben erzwungene «nationale Einheit» als innere Voraussetzung zur weitergehenden Expansion nach außen weiter.

In Deutschland brannten die konstitutionellen Sicherungen mit Hitlers «Machtergreifung» nach innen durch (1933), anschließend die moralischen zur Expansion nach außen. Von da an verengt sich die Vorgeschichte des Zweiten Weltkriegs fast auf die deutsche Außenpolitik bis 1939. Oberstes Ziel war wieder der Aufstieg zur europäischen Hegemonialmacht. Da NS-Deutschland anfangs zu schwach war, im Alleingang sofort und offen den Versailler Vertrag zu zerreißen, beutete Hitler innere Widersprüche im Versailler System und Revisionswünsche anderer Mächte aus. Er knüpfte zunächst an die Außenpolitik der Weimarer Republik an, modifizierte sie jedoch anfangs mit seinem taktischen Schachzug gegenüber Polen (1934).

Europa zerfiel in Verteidiger und Gegner des Status quo, mit einigen Zwischenpositionen: Verteidiger waren nur Frankreich und seine Verbündeten der «Kleinen Entente». Aber schon Polen rutschte in seinem Ehrgeiz, zur Großmacht aufzusteigen, und mit seinen Grenzproblemen in eine Schieflage zwischen Verfechter des Status quo und potentiell revisionistischer Macht, je nach seiner kurzfristig definierten Interessenlage. Ungarns Revisionismus bedrohte Rumänien (Transsylvanien), die ČSR (Oberungarn = Slowakei) und Jugoslawien (Kroatien, Voidovina). Italien ging in seiner Enttäuschung über Versailles als erste Großmacht offen ins revisionistische Lager über, verschärft seit der Weltwirtschaftskrise; ähnlich verhielt sich Japan. Ebenfalls gegen Versailles, wenn auch anders ideologisch motiviert, war die SU, wie sich 1939/40 offen zeigte.

Bei Zerstörung des Versailler Systems profitierte das Dritte Reich vom Auslaufen der Weltwirtschaftskrise und Abbau der Arbeitslosigkeit durch massive Aufrüstung. Durch sein ökonomisches Übergewicht band es die kleineren Staaten «Zwischeneuropas» an sich, vor allem Südosteuropas, die als Königsdiktaturen ohnehin ideologisch eher zu NS-Deutschland tendierten. Gleichzeitig räumte Hitler die völkerrechtlichen Hindernisse zum Aufstieg als Hegemonialmacht weg, bald auch durch Kündigung einzelner Bestimmungen des Versailler Vertrages: Das Reichskonkordat mit dem Vatikan gab Reputation nach innen (Katholiken, Zentrum) und außen, der Austritt aus dem Völkerbund (1933) Handlungsfreiheit nach außen. Die Nichtangriffserklärung mit Polen (1934) brach die stärkste Mittelmacht aus Frankreichs «Cordon sanitaire», selbst wenn sich Polen nie als Satellit NS-Deutschlands oder Vorreiter gegen die SU einspannen ließ. Ein leichter Erfolg war die Rückkehr des Saargebiets zum Reich (1935). Schwerer wog die «Wiederherstellung der Wehrhoheit» durch Rückkehr zur allgemeinen Wehrpflicht, offenen Aufrüstung, auch mit schweren Waffen, die Versailles verboten hatte (1935), und Remilitarisierung des Rheinlandes (1936). Der Abessinienkrieg (1935/36) verschaffte Deutschland mit dem faschistischen Italien einen Bundesgenossen («Achse Berlin–Rom») zweifelhaften Wertes; die SU wurde vom Antikominternpakt mit Japan (1936) global «eingekreist»; der Spanische Bürgerkrieg (1936–39) bot durch Hilfe für Franco Gelegenheit, neue Waffen zu testen und einen ideologischen Verbündeten zu gewinnen.

Hitlers weiteres Vorgehen ergab sich aus der Logik der Geographie: Mit lokalisierten und schleichenden Aggressionen eröffnete er eine Art unerklärten Vorkrieg – Annexion («Anschluß») Österreichs und des «Sudetenlandes» (1938), zuletzt schon in München am Rande des allgemeinen Krieges. Auf Hitlers Zerschlagung der ČSR (**1939**) reagierten England und Frankreich mit Garantieerklärungen für Polen und Rumänien, Stalin mit Annäherung an die neue Supermacht Mitteleuropas: Das Ende der Politik der «kollektiven Sicherheit» besiegelte der Hitler-Stalin-Pakt (23.8.), der Hitler zugleich den Weg zur Niederwerfung des geographisch isolierten Polen freigab. Nur Polens unerwartet hartnäckiger Widerstand und die Kriegserklärung der Westmächte durchkreuzten Hitlers Absicht, seine isolierten Aggressionen fortzusetzen. Der Weg in den Zweiten Weltkrieg war frei.

128 Die Explosion der deutschen Mitte II: Der Zweite Weltkrieg, 1939 bis 1945

Der Zweite Weltkrieg, globale Folgekatastrophe des Ersten Weltkriegs als «Urkatastrophe» des 20. Jahrhunderts, begann für Europa 1939, für Ostasien faktisch schon **1937**. Im weltpolitischen Spektrum der Zeit repräsentiert er insgesamt den Zusammenstoß der extremen Rechten mit dem Rest der Welt: Hitlers Hauptfeind waren Kommunismus und SU. Um sie angreifen zu können, brauchte er eine gemeinsame Grenze, mithin die Beseitigung des unabhängigen Polen, in taktischer Kooperation mit der SU (**1939**). Da der deutsche Angriff auf Polen (1.9.) die Intervention Englands und Frankreichs provozierte (3.9.), sah sich Hitler so mit der Mitte des weltpolitischen Spektrums konfrontiert. Aber durch ihren Anteil an der faktischen 5. Teilung Polens (ab 17.9.) war die SU anfangs indirekter Verbündeter des Dritten Reichs. In diesen Zusammenhang gehört der sowjetische Angriff auf Finnland (1939/40). Zu Finnlands Unterstützung wollten die Westmächte über Nordnorwegen eingreifen, wurden aber von der deutschen Eroberung Dänemarks und Norwegens überrascht (April 1940).

Durch Unterwerfung Frankreichs, Belgiens, der Niederlande und Luxemburgs (Mai/Juni 1940) wollte sich Hitler den Rücken freikämpfen für sein eigentliches Ziel, die SU: Frankreich brach rasch zusammen, gelähmt von der im Krieg verschärften inneren Polarisierung: Die Rechte verweigerte sich ohnehin dem Krieg gegen NS-Deutschland («Lieber Hitler als Blum!»), seit dem Hitler-Stalin-Pakt aber auch die starke KPF, mithin ein Teil der Arbeiterschaft. Dem Waffenstillstand (22.6.) und Ende der 3. Republik folgte im (bis Nov. 1942 unbesetzten) Teil Frankreichs die Vichy-Regierung unter Marschall Pétain, die sich auf Kollaboration mit den Deutschen einließ. Flotte und die meisten Kolonien schlossen sich Vichy an, so daß de Gaulles Exil-Widerstand von England aus zunächst nur eine schmale Basis hatte. Andererseits scheiterten die Eroberung Englands in der Luftschlacht um England (Juli–September 1940) und Einbeziehung des neutral bleibenden Franco-Spanien (Aug. 1940).

Im Windschatten des deutschen West-Engagements vollendete die SU ihre Revisionspläne, um die Gebietsverluste nach 1918 wieder rückgängig zu machen: Auf Ost-Polen (Sept. 1939) folgten Besetzung und Annexion der baltischen Randstaaten sowie, erzwungen durch Ultimaten an Rumänien, Bessarabiens und der Nordbukovina (Juni 1940). Im (2.) Wiener Schiedsspruch (30.8.) gab Hitler Ungarn Nord-Siebenbürgen und stürzte Rumänien mit der Diktatur Antonescus (1940–44) in eine Existenzkrise. Wie NSDAP und KPD am Ende der Weimarer Republik auf parlamentarischer, so zerrieben jetzt auf staatlicher Ebene Drittes Reich und SU einen Teil der Mitte zwischen extremer Rechten und extremer Linken.

Auf dem Höhepunkt seiner Macht, nach dem Sieg im Westen, befahl Hitler Vorbereitungen zum Überfall auf die SU. Er nahm Stalins Weigerung zum Vorwand, sich in die Aufteilung eroberter «Großräume» für die Achsenmächte einzufügen (12./14.11.1940). Im Manövrieren um die Ausgangsbasis setzte Hitler den Antikominternpakt ein, um den Anschluß der Balkanstaaten unter seine Führung zu formalisieren. Italiens isoliertes (und gescheitertes) Vorpreschen gegen Griechenland sowie Jugoslawiens Aufbegehren gegen die ihm zugedachte Satellitenrolle veranlaßten Hitler zur Sicherung seiner Südostflanke gegen die SU durch Eroberung Jugoslawiens und Griechenlands (April/Mai 1941), aber auch zur Verschiebung des Angriffs auf die SU (22.6.), der erst das faktische Bündnisverhältnis Drittes Reich/SU beendete und in die «natürliche» Feindschaft umwandelte. Hitler erzwang so aber auch das Bündnis der SU mit der bis dahin bekämpften bürgerlich/sozialdemokratischen Mitte, dem später auch die USA beitraten (Dez. 1941).

Inzwischen betrieb Japan die Eroberung Chinas weiter und besetzte Französisch-Indochina (Sept. 1940). Die USA engagierten sich gegen die Achsenmächte indirekt durch Materiallieferungen auf Kreditbasis an England und manövrierten, zur Unterstützung Chinas, Japan in einen Wirtschaftskrieg, der Japans Schlag gegen die US-Flotte von Pearl Harbor (7.12.1941) provozierte. Japans Ausgreifen auf Südostasien (Malaya, Hongkong, Indonesien, Philippinen, Burma, 1941/42) und Deutschlands Kriegserklärung an die USA (11.12.) vollendeten die Konstellation der zweiten und entscheidenden Phase des Zweiten Weltkrieges – Achsenmächte gegen die übrige Welt.

Die SU erlitt zunächst schwere Verluste. Anfängliche antikommunistische Reaktionen der Bauernschaft in den besetzten Gebieten verflogen rasch mit der Brutalität deutscher Ausbeutungs- und Ausrottungspolitik gegen Juden und Slawen («Untermenschen»). Der so von Hitler selbst provozierte neue Sowjetpatriotismus (»Großer Vaterländischer Krieg»), rücksichtslose Improvisationen (u. a. Verlagerung der Industrie östlich des Urals) und westliche Materialhilfen retteten die SU vor dem Ansturm deutscher Armeen bis vor Moskau und Leningrad (1941), nach Stalingrad und in den Kaukasus (1942). Wendepunkt wurde der Jahreswechsel 1942/43: Mit dem Scheitern der Deutschen in Nordafrika und Stalingrad, der Japaner im See-Luft-Krieg bei Guadalcanal sowie Landung der Alliierten in Marokko und Algerien begann der Untergang der Achsenmächte. Unterstützt wurden die Alliierten vom europäischen Widerstand, in dem Kommunisten erst seit dem deutschen Überfall auf die SU oft führenden Anteil hatten.

In seiner Siegesphase hatte Hitler rücksichtslos seine anfängliche technologische Überlegenheit zu Blitzkriegen eingesetzt, auch gegen die Zivilbevölkerung (Bombenkrieg). Seit Ende 1942 lag die materielle und zahlenmäßige Überlegenheit nun bei den Alliierten. Zu seiner Entlastung hatte Stalin schon bald nach einer «Zweiten Front» durch die Westalliierten gerufen, die die Alliierten aber von der Peripherie her, gleichsam zum Training für komplizierte Landungsoperationen, nur zögernd anlaufen ließen – Maghreb (Nov. 1942), Italien (1943), Frankreich (6.6.**1944**).

Dem koordinierten Ansturm der Alliierten aus Ost, Süd und West unterlag NS-Deutschland (1943–45) mit sich zuletzt noch steigernden Verlusten für alle Beteiligten, vor allem für den europäischen (und deutschen) Widerstand und die deutsche Zivilbevölkerung durch Luftangriffe und bei der Flucht aus dem Osten im Winter 1944/45. Der kriminelle Antisemitismus erreichte mit dem Vernichtungsprogramm gegen Juden in deutschen Konzentrationslagern («Endlösung» = «Holocaust») ab 1942 seinen Höhepunkt mit ca. 6 Millionen Toten.

Da der innerdeutsche Widerstand scheiterte (20. Juli **1944**), erfüllte sich die im November 1918 durch den Waffenstillstand noch einmal abgewendete Konstellation nun im Frühjahr 1945 – vollständige Niederringung («debellation») NS-Deutschlands durch die Alliierten (8.5.1945), Untergang des Deutschen Reiches. Ost (SU) und West (USA) trafen sich nicht nur symbolisch an der seit der Frühen Neuzeit traditionellen Strukturgrenze, der Elbe, die seitdem zur politischen Systemgrenze in der Welt wurde. Den nicht minder hartnäckigen Widerstand Japans brachen die USA mit den beiden Atombomben auf Hiroshima und Nagasaki (6./9. Aug.), die das Atomzeitalter eröffneten.

129 Kommunismus und Nationalsozialismus: Die beiden Groß-Totalitarismen des 20. Jahrhunderts

Nützlich zur Erfassung eines zentralen Aspekts der Zeitgeschichte ist der Begriff «Totalitarismus», zuerst entfaltet von Hannah Arendt im US-Exil noch im Zweiten Weltkrieg. Gegen Ende des Kalten Krieges verpönten West-Linke in antifaschistischem und «anti-antikommunistischem» (I. Geiss) Übereifer das Totalitarismus-Paradigma, verwarfen im «Historikerstreit» jeden Vergleich der beiden Totalirismen als unmoralisch. Da Vergleichen nicht Gleichsetzen bedeutet, sind strukturelle Vergleiche – der Systeme, ihrer Verbrechen und Wirkungen – allemal möglich. Man muß nur wirklich identische Maßstäbe an beide Systeme anlegen. Seit dem Sturz des Kommunismus 1989/91 und dem Bekanntwerden kommunistischer Regierungsverbrechen ist «Totalitarismus» diskret rehabilitiert und wird nun auch von früheren Verächtern benutzt, indem sie den «antitotalitären Konsens» (Habermas) beschwören.

«Totalitär» umschreibt Ausübung der Macht durch moderne Systeme auf freiwilliger oder erzwungener Massenbasis ohne Gewaltenteilung, Rechts- und Verfassungsstaatlichkeit einer Partei, mit Terror und Indoktrination. Dem Anspruch nach wollen Totalitarismen das Individuum in allen Lebensäußerungen total beherrschen und im Kollektiv (auch: «Volksgemeinschaft») total aufgehen lassen, nach einer totalen Umwälzung von Staat und Gesellschaft einen total «neuen Menschen» schaffen. Die stilprägenden «Groß-Totalitarismen» (I. Geiss) unseres Jahrhunderts sind der Sowjetkommunismus (1917–91) – mit Varianten, z. B. Mongolei (1921–91), sowjetische Satellitenstaaten in Europa (ca. 1945–89/90), Nordkorea (seit 1945), China (seit 1949), Kuba (seit 1960), Vietnam (seit 1946/75), Laos (seit 1974), Kambodscha (seit 1974) und andere Staaten der Dritten Welt – und der deutsche Nationalsozialismus (1933–45) mit dem italienischen Faschismus als wichtigster Variante.

Zur nuancierenden Analyse einer sachlich komplexen und emotional-ideologisch aufgeladenen Problematik hilft das Bild der Bruchrechnung: Unter dem Bruchstrich finden sich gemeinsame Nenner, darüber differenzierende Zähler. Sie hängen der Sache nach eng zusammen, sind nur abstrakt auf dem Papier zu trennen: Gemeinsamkeiten sind oft sofort durch Unterschiede zu modifizieren, Unterschiede lassen sich nicht ohne Gemeinsamkeiten benennen.

Schon der äußere Schein drängt Gemeinsamkeiten auf: Verachtung für Parlamentarismus und Liberalismus, Rechts- und Verfassungsstaat. Die Regime wiesen der Theorie und dem Anspruch nach eine allumfassende monolithische Partei- und Staatsstruktur auf, selbst wenn die Realität oft genug Nischen für Individuen und punktuelle Anarchie durch Kompetenzüberschneidungen und -rivalitäten ließ. Die Mittel der Indoktrination hatten frappierende Parallelen bis hin zum Flaggen-, Führer- und Personenkult. Beide Systeme waren durchmilitarisiert, kultivierten Haß- und Feindbilder gegen «Volksschädlinge», «Klassen»- oder «Rassenfeinde», «Weltjudentum» und «Zionismus», «Imperialismus», «Kapitalismus», «Plutokratie», «Untermenschen», «Feinde» oder «feindliche Elemente» (im Stasi-Jargon der DDR). Beide mißbrauchten («deutsche») Kultur und «humanistisches Kulturerbe» als propagandistische Tarnung eigener Ideologie und Machtpolitik auf dem Wege zur Weltherrschaft, der Nationalsozialismus offen, der Kommunismus eher «internationalistisch» verschleiert über die Weltrevolution.

Am bedrückendsten sind fatale Gemeinsamkeiten und Ähnlichkeiten im Terrorsystem mit Praktiken und Wirkungen: GULAG und KZs waren sowjetische bzw. deutsche Varianten derselben Terrorinstrumente, bis zu Zählappellen und Kaposystem. Beiden gemein war das Prinzip des Zu-Tode-arbeiten-Lassens, im GULAG auch ohne das zynische Motto der NS-KZs über dem Lagertor «Arbeit macht frei». Gemeinsam war der Mantel der Verschwiegenheit, für Wächter wie für Häftlinge und ihre Angehörige: Konzentrationslager waren tiefstes Staatsgeheimnis.

Ein Unterschied, von Kommunismus-Apologeten stets überstrapaziert, lag in den deutschen Massenmord-Konzentrationslagern: Im GULAG oder in anderen Zentren der sowjetischen Geheimpolizei kamen Menschen nicht durch industrielle Methoden zu Millionen um wie in Auschwitz, sondern durch konventionelles Töten mit der sowjetischen Neuheit des Genickschusses zu Beginn der Revolution und des Bürgerkrieges. Aber Alexander Solschenyzin, GULAG-Opfer und wichtigster Zeuge des «Archipel GULAG», gab selbst die zutreffende strukturelle Erklärung: Wir hatten kein Gas. Das hochindustrialisierte Deutschland beging seine Genozid-Massenmorde industriell, das agrarisch rückständige Sowjetrußland konventionell.

Aber der Unterschied zwischen Massenmord-Methoden und Herkunft deutscher bzw. sowjetischer Opfer weist auf einen Strukturunterschied: Die meisten Opfer NS-Deutschlands waren Ausländer, die meisten Opfer Stalins und des GULAG waren eigene Bürger. Beide Systeme versuchten zwar, normale Differenzen und Spannungen in komplexen Gesellschaften zumindest seit der Industrialisierung gewaltsam hinter monolithischen Einheitsfassaden zu unterdrükken, suchten aber entgegengesetzte Wege zum Ableiten der internen Spannungen: Das kleinere, hochindustrialisierte Deutschland explodierte nach außen in den Zweiten Weltkrieg, der ihm erst Millionen von Menschen, meist Juden, zum Massenmord in die Hand gab. Dagegen implodierte die riesige, qualitativ unterentwickelte Sowjetunion nach innen, griff sich ihre Opfer unter den eigenen Leuten oder unter Völkern, derer sie durch Eroberungen und Deportationen habhaft werden konnte (z. B. Polen, baltische Völker). Das aufrechnende Spielchen mit Opferzahlen – rund 6 Millionen NS-Opfer, mindestens 20 Millionen Stalinopfer allein – hilft nicht weiter: Jeder Mensch als Opfer ist schon zuviel.

Beide Totalitarismen entsprangen der Globalkrise des Ersten Weltkriegs und seiner Folgen – Sowjetrußland 1917, NS-Deutschland 1933. Chronologisch und nach der Dauer gebührt dem Sowjetsystem Priorität: Es ging zeitlich dem Dritten Reich voraus und hielt sich länger – 74 Jahre gegenüber 12 Jahren des «Tausendjährigen Reiches», obwohl beide suggerierten, für die Ewigkeit gebaut zu sein. Der messianische Anspruch führt zur welthistorisch am tiefsten liegenden Gemeinsamkeit: Nationalsozialismus und Kommunismus sind säkularisierte Varianten christlicher Sekten und Ketzerbewegungen seit dem Mittelalter mit ihrem Dualismus (es gibt nur Gut und Böse), der zwangsläufig in eschatologische und apokalyptische Denkstrukturen einmündet: In der Endschlacht des Guten gegen das Böse kämpft das Volk Gottes unter seinem Messias-Erlöser («Armageddon», «Auf zum letzten Gefecht!») gegen die Feinde Gottes mit allen Mitteln, vor dem Untergang der Welt und dem folgenden Heraufziehen eines «Neuen Jerusalem» mit einem «Neuen Menschen». So erklärt sich der Terrorismus der Totalitarismen. Säkularisiert, ohne (offenen) Bezug auf die Religion, sogar atheistisch, setzten sie dieselben Denkstrukturen fort, nur als Internationalsozialismus «links», als Nationalsozialismus «rechts» säkularisiert. Im eschatologischen Denken waren sie «weltanschaulich» die schärfsten Feinde, weshalb der Zweite Weltkrieg für Hitler im Grunde nur der Sowjetunion galt, obwohl Hindernisse vorher beiseite zu räumen waren – im Osten (Polen) wie im Westen (Frankreich; England).

Wegen der grundsätzlich ähnlichen Denk- und Gesinnungsstruktur sind personelle Wechsel zwischen dem Links- und Rechtstotalitarismus in beiden Richtungen häufig, meistens nach Niederlagen oder in Krisen der einen oder der anderen Konfliktpartei im «Weltbürgerkrieg» (Ernst Nolte) – um 1933, 1945, nach 1989/91. Oder ganze Parteiformationen mutierten plötzlich vom Internationalen zu einem eigenen Nationalsozialismus wie in Serbien nach dem Zerfall des titoistischen Jugoslawien 1991.

Instruktiv sind Unterschiede, wie beide Regime untergingen und welche Nachwirkungen sie hinterließen: Das Dritte Reich zerschellte 1945 am Ende des von ihm selbst verschuldeten Zweiten Weltkriegs, die Sowjetunion implodierte 1991 in einem bisher welthistorisch einzigartigen Zerfall aus überwiegend inneren Gründen. Der Zweite Weltkrieg war so entsetzlich, daß aus den Trümmern des Dritten Reiches im Kalten Krieg eine Ersatz-Friedensordnung hervorging, die immerhin 45 Jahre anhielt, wenn auch östlich der Weltstrukturgrenze von 1945–90 um den bitteren Preis des Stalinismus in der «Pax Sovietica», der atomaren Hochrüstung mit Stellvertreterkriegen in der Dritten Welt (Korea, Vietnam, Afghanistan etc.).

Die Strukturgebrechen des «Imperium Sovieticum» waren so gewaltig und kumulierten seit Stalins Tod (1953) in inneren Systemkrisen, daß

es sich mit der Zivilisierung des von ihm weitgehend der Welt aufgezwungenen Kalten Kriegs von innen selbst auflöste. Die welthistorische Implosion von 1989/91 verlief zwar fast gewaltfrei, setzte jedoch einen Rattenschwanz heißer (ethnischer, sozialer) Kriege frei, die in der Gesamtwirkung zu einer Art Drittem Weltkrieg eskalieren können, wie jetzt schon über dem «Jugoslawienkrieg» (I. Geiss) droht.
Auch Unterschiede in der inneren Bewältigung beider Totalitarismen sind lehrreich: Während sich die NS-Führer durch Selbstmord der Verantwortung entzogen oder in Nürnberg teilweise zum Tode verurteilt wurden, während Entnazifizierungen in West und Ost unterschiedlich abliefen, fielen kommunistische Führer und ihre «Nomenklatura» denkbar weich, wie noch nie eine gescheiterte Führungsgruppe in der Weltgeschichte: Die personelle Kontinuität in postkommunistischen Staaten ist beeindruckend. Kommunisten wurde in der (Wieder-)Herstellung der Zivilgesellschaft so gut wie kein Haar gekrümmt.

130 Die geteilte Welt: Kalter Krieg (Ost–West) und Dekolonisation (Nord–Süd), 1945 bis 1990

Der Neubeginn von 1945 vollendete ältere Entwicklungen seit Ende des Ersten Weltkrieges: USA (Erbe Englands und seines Weltreiches) und SU (in Kontinuität des Zarenreichs) waren zu Welt-Supermächten aufgestiegen, England und Frankreich endgültig zu zweitklassigen, nur noch historischen Großmächten abgestiegen, Deutschland und Japan zerschmettert, China als Großmacht noch nicht präsent. Wie der Völkerbund konnte die UNO den Weltfrieden nur aufbauen und erhalten, wenn sich die Hauptmächte über die Nachkriegsordnung einig waren. Beide Supermächte hatte jedoch nur ein komplizierter Zwang der Umstände zur Anti-Hitler-Koalition zusammengeführt, und schon im Augenblick des Sieges zerfiel sie wieder.
Aus den großen alliierten Kriegskonferenzen in Teheran (1943), Jalta und Potsdam (**1945**) schälte sich, auch ohne Frieden mit Deutschland und Japan, eine Nachkriegsordnung heraus, die der Kalte Krieg als Konflikt zwischen Ost (SU) und West (USA) nur noch festschrieb: Jede Weltmacht setzte in ihrem neuen Machtbereich die eigene politisch-soziale Ordnung durch oder sicherte sie gegen den weltpolitischen Gegner. Europa war vom Krieg zerstört, erschöpft, von

Flüchtlingsströmen durcheinandergewirbelt. Seinen Sturz von der kollektiven Weltherrschaft besiegelten die neuen Weltmächte durch seine Teilung an der alt-neuen Strukturgrenze der Elbe. Die SU erweiterte ihr Gebiet durch Annexionen über die Grenzen des Zarenreiches hinaus – Nordostpreußen (Königsberg), Memelland, Nordbukovina; Süd-Sachalin, Kurilen. In Ostmittel- und Südosteuropa erzwang sie mit der Roten Armee die Gleichschaltung nur noch formal souveräner Volksdemokratien, um den Preis des rigorosen Stalinismus und weitgehender Selbst-Abschottung von der allgemeinen Welt-Entwicklung. Entsprechend sicherten die USA ihren durch Annexionen im Pazifik direkt erweiterten Machtbereich und ihr strategisches Vorfeld in Europa mit der Politik der «Eindämmung» («containment») – die Türkei gegen sowjetische Pressionen zur Herausgabe von Gebieten in Ost-Anatolien und Stützpunkten an den Meerengen, Griechenland gegen einen kommunistischen Aufstand (1947). Gleichzeitig schieden Kommunisten unter US-Druck aus westlichen Regierungen aus (Italien, Frankreich). Der Marshall-Plan leitete den wirtschaftlichen Wiederaufbau Westeuropas ein.

Das deutsche Machtzentrum war ausgebrannt, amputiert und fragmentiert. Deutschland war, wie bis 1867/70, wieder Machtvakuum, das die Sieger- und Besatzungsmächte ausfüllten. Innere Spannungen machten sich parteipolitisch selbständig, verstaatlichten sich in Bundesrepublik und DDR (1949), seit der neuen Ostpolitik der Bundesrepublik (1970) auch völkerrechtlich anerkannt.

Die Atombomben auf Hiroshima und Nagasaki und Japans rasche Kapitulation sicherten den USA das Monopol der Besetzung Japans, das so dem Schicksal der Teilung entging. Jedoch wurde Korea entlang dem 38. Breitengrad geteilt. Auf dem Höhepunkt des Kalten Krieges brach dort ein Schießkrieg aus (1950–53), den die USA mit UN-Mandat führten. Koreaboom und Remilitarisierung der Bundesrepublik wie Japans waren die wichtigsten Folgen. Im innenpolitischen Tauwetter der SU nach Stalins Tod (1953) beendete Stalins Nachfolger-Troika den Koreakrieg durch einen Waffenstillstand, der das Land auf einer modifizierten Trennungslinie geteilt ließ.

Die Härte des stalinistischen Regimes erzeugte im Ostblock Spannungen, die sich in nationalen Eruptionen und Sezessionen entluden – Jugoslawien (1948); DDR (17. Juni 1953), Polen, Ungarn (1956), Albanien (1960), China (1961), ČSSR (1968), Polen (1970, seit 1980).

Ein Kernproblem des Kalten Krieges war das Ringen um das geteilte Deutschland, dessen ökonomisches Potential, seit der allgemeinen Erholung Europas (EWG/EG) und strategische Lage im Zentrum des Kontinents (NATO), immer wichtiger wurde. In zentralen Fragen entwickelten sich beide deutsche Staaten auseinander: Die DDR reduzierte die offizielle Identifizierung mit Deutschland auf wenige historische Relikte («Sozialistische Einheitspartei *Deutschlands*», «*Deutsche* Demokratische Republik», «Deutsche

Reichsbahn»), knüpfte mit Übernahme sowjetischer Modelle immer stärker an ältere obrigkeitsstaatliche Elemente an (Polizeistaat, Zensur, Einparteienstaat, Militarisierung). In der Bundesrepublik dagegen ist eine Generation auf einem hohen Niveau des Wohlstandes und der persönlichen wie politischen Freiheit als Selbstverständlichkeiten des liberalen Rechts- und Verfassungsstaats herangewachsen, seit 1968 mit einer tiefreichenden Wendung gegen Nationalismus und autoritäre Strukturen.

Parallel zum Kalten Krieg erzwang die Dekolonisation den raschen Zerfall der europäischen Kolonialreiche in Übersee. Die Kolonialmächte konnten, erschöpft von zwei Weltkriegen, ihre Übersee-Gebiete nicht behaupten, weder durch Gewalt noch durch Gewährung der inneren Autonomie, die vielmehr überall Durchgangsstufe zur vollen Unabhängigkeit (Souveränität) wurde.

Indiens Unabhängigkeit (1947) hatte Signalwirkung für Asien und Afrika, zumal sich schon zum Ende des Zweiten Weltkriegs die arabische Welt national emanzipiert hatte, wenn auch politisch fragmentiert. Die Arabische Liga (1945), zunächst unter Ägyptens Führung (bis 1973), sollte ein Minimum politischer Gemeinsamkeit herstellen. Entsprechend wollte die Bewegung der Blockfreien («Dritte Welt»), angeführt von Indien (Nehru), Indonesien (Sukarno), Ägypten (Nasser) und Jugoslawien (Tito), mit Bandung (1955) eine Alternative aufbauen.

Die Dekolonisation verlief überwiegend als politischer und friedlicher Prozeß. Wo europäisches Engagement (Investitionen, weiße Siedlungsbevölkerung) besonders massiv war, wehrten sich die Kolonialmächte mit Rückeroberungs- und Repressionskriegen, in denen die Aufstandsbewegungen meistens vom Osten unterstützt wurden – die Niederlande in Indonesien (1946 bis 47), Frankreich in Vietnam (1946 bis 54) und Algerien (1954–62), Portugal in Angola und Moçambique (1961/62–1974). Bis auf Indonesien nahmen frühere Kolonialländer nach einem Befreiungskrieg eine Entwicklung mehr oder minder (Algerien) sozialistisch-marxistischer Prägung. Die innenpolitischen Rückwirkungen auf Europa waren besonders schwer in Frankreich (Sturz der 4. Republik: Beginn der 5. Republik, 1958) und Portugal (Sturz des autoritären Regimes, 1974). Rhodesien versuchte, sich in quasi-kolonialistischer «Unabhängigkeit» nach südafrikanischem Vorbild zu behaupten (1965–79), scheiterte jedoch. Nach der nationalen Emanzipation Schwarzafrikas seit der Unabhängigkeit des Sudan (1956) und Ghanas (1957) brachte der «wind of change» (Harold Macmillan, 1960) auch das Apartheid-System Südafrikas zum Einsturz (1994).

An einigen Stellen gingen Ost-West-Spannung und Dekolonisation ineinander über und komplizierten sich gegenseitig, trotz aller Bemühungen der Bewegung der Blockfreien, sich als Puffer dämpfend zwischen Ost und West zu stellen: Der Vietnamkrieg in seiner französischen (1946–54) wie amerikanischen Phase (1964/65–1973), der Nahostkonflikt (seit 1948), generell alle anti-kolonialen Befreiungskriege (Algerienkrieg etc.) gerieten in das Spannungsfeld des Ost-West-Konfliktes. Der Sieg der kubanischen Revolution unter Fidel Castro (1959/60) hatte komplizierte Folgen: Isolierung in Lateinamerika durch die USA (Embargo u. ä.) und Radikalisierung des Regimes führten zum Anschluß Kubas an die SU, während die Kuba-Raketenkrise (1962) die Phase der Entspannung zwischen Ost und West einleitete. Massenflucht von Kubanern in die USA (ca. 10% Bevölkerung) einerseits, Intervention kubanischer Truppen und «Berater» in Afrika (Angola, Moçambique, Äthiopien) andererseits, als Stellvertreter sowjetischen Einflusses, verraten eine ambivalente Wirkung Kubas nach außen. So lassen sich Kalter Krieg und Entspannung zwischen Ost und West nur theoretisch von Dekolonisation und neuen Problemen zwischen Nord (Industrieländern) und Süd (Entwicklungsländern) trennen. Der Sturz des Sowjetkommunismus 1989/91 veränderte schlagartig die Weltsituation.

131 Industrielle Revolution V: Post-koloniale Nachfolgekonflikte, seit 1946

Mit dem Eintritt ins Atomzeitalter (1945) hat sich die Industrialisierung der Welt noch weiter gesteigert, im (kapitalistischen) Westen und (kommunistischen) Osten wie in den noch überwiegend agrarischen Ländern des «Südens», die nun auch mit aller Macht zur Industrialisierung drängen: «Fortschritt der Völker» bemißt sich seitdem endgültig am Fortschreiten der Industrialisierung, bis hin zu einer Enzyklika von Papst Johannes XXIII. («Progressio Populorum»). Hier tun sich aber verschiedene Widersprüche auf, die voll möglicher Konflikte stecken: Computer, Raketen, Chemisierung des Alltags usw. in den Industrieländern weisen schon ins nächste Jahrtausend voraus, die Technisierung von Landwirtschaft und der Aufbau einer Industrie mit ihren sozialen Folgen (Urbanisierung, Bevölkerungsexplosion) in den Entwicklungsländern historisch zurück ins 18. und 19. Jahrhundert Europas. So bauen sich neue Spannungen zwischen industrialisiertem «Norden» (West *und* Ost) und dem sich erst entwickelnden «Süden» auf, historisch in der Kontinuität der sich seit Europas Expansion in Übersee immer weiter öffnenden Schere zwischen europäischem «Zentrum» (erweitert um Nordamerika, Japan, Australien/Neuseeland) und kolonialer bzw. halbkolonialer «Peripherie».

Rein theoretisch hätte der jüngste Nord-Süd-Konflikt durch neue Gemeinsamkeiten den Ost-West-Konflikt entschärfen können. In Wirklichkeit aber verführte die weitgehende Rivalität dazu, regionale Gewinne zur Stärkung der eigenen Machtposition zu benutzen, z. B. der SU in Äthiopien nach dem Sturz der Monarchie (1974) oder in Afghanistan durch Revolutionen (seit 1973) und direkte militärische Intervention (1979).

Die bis 1991 sog. Dritte Welt ist eine riesige Konfliktzone. Jederzeit konnten dort lokale oder regionale Erschütterungen das seit 1945 zwischen Ost und West aufgestaute Konfliktmaterial in einem (3.) Weltkrieg zur Entladung bringen, so wie Spannungen auf dem Balkan 1914 den Ersten Weltkrieg auslösten. Durch die Dekolonisation hatte sich Europas sprichwörtliches «Pulverfaß» vom Balkan auf die Dritte Welt ausgedehnt, parallel zur weiteren Globalisierung der Weltpolitik seit dem Imperialismus und der Polarisierung USA–SU.

Nach ihrem Sieg über die Kolonialreiche in der Dekolonisation seit dem Zweiten Weltkrieg tragen die neuen post-kolonialen Nachfolgestaaten nun eine unübersehbare Fülle interner und internationaler Konflikte aus. Zu ihrer Erklärung wird die Kenntnis ihrer prä-kolonialen Geschichte unentbehrlich, denn unter einem gobalen konflikthistorischen Horizont nehmen sie sich wie ein gewaltiges Resümée der Weltgeschichte aus. Daher lassen sie sich nur noch durch straffe Systematisierung verständlich machen und in die Weltgeschichte einordnen: Allgemein wirken auch hier die üblichen historischen Mechanismen – Spannung zwischen Machtzentren und Machtvakuen, zwischen Kontinuitäten und Wandel, die erfahrungsgemäß in gewaltsame Konflikte einmünden. Tiefgreifende Veränderungen, z. B. ausgelöst durch Industrialisierung und politische Machtverschiebungen (Dekolonisation, soziale Revolution), setzen Energien frei, die früher oder später ebenfalls als Konflikte durchschlagen.

Als post-koloniale Nachfolgestaaten haben die meisten Länder der Dritten Welt kulturell und ethnisch heterogene Strukturen, ähnlich wie die post-dynastischen, seit 1990 postkommunistischen Nachfolgestaaten Ostmittel- und Südosteuropas zwischen beiden Weltkriegen. Ihre Konflikte bereiteten sich in vergleichbaren Prozessen vor wie zwischen aufsteigenden Nationalbewegungen und niedergehenden dynastischen Imperien vor 1918. Die Analogie zwischen Österreich-Ungarn und Osmanischem Reich einerseits, Iran und Äthiopien andererseits liegt klar auf der Hand. Aber auch Konflikte in den meisten übrigen Ländern der Dritten Welt werden oft am besten im Vergleich mit den niedergehenden dynastischen Reichen vor und nach dem Ersten Weltkrieg verständlich.

Die Friedensordnung erobernder Großreiche («Pax Romana», «Pax Britannica») hatte interne Konflikte zwischen Eroberten (Kolonisierten) nur auf Eis gelegt, nicht aber gelöst, allenfalls modifiziert. Mit dem Herannahen der Unabhängigkeit in der Dekolonisation brachen alte Konflikte wieder auf, politisierten sich traditionelle Loyalitäten: Religiöse und/oder landsmannschaftliche (tribale) Bande wandelten sich, unter dem Einfluß der eindringenden Industrialisierung und der neuen nationalstaatlichen Ideen, zu sozialen und landsmannschaftlich/tribalen, zuletzt auch «nationalen» Konfrontationen.

Zudem entpuppen sich «einheimische» Sozialstrukturen bei genauerem Hinsehen oft als Macht- und Herrschaftsgebilde, die aus prä-kolonialen Eroberungen hervorgegangen waren und sich heute am neuen Prinzip der Demokratie und Gleichheit reiben. Zur Erklärung vieler zeitgenössischer Konflikte wird es daher erforderlich, auf Eroberungs- und Landnahmevorgänge in prä-kolonialen (bzw. prä-imperialen) Zeiten zurückzugehen.

So schufen in Palästina/Israel ganze Schichten aufeinanderfolgender Landnahmen und Eroberungen historische Erinnerungen, Ansprüche, Bevölkerungsverschiebungen und Spannungen, die alle zum Nahostkonflikt zwischen Juden und Arabern beitragen – von der Einwanderung Abrahams, später der Hebräer unter bzw. nach Moses über die arabischen und osmanischen Eroberungen bis zur «Kolonisations»bewegung des Zionismus (ab 1882), als unmittelbare Voraussetzung zum Nahostkonflikt, der sich mit dem Bürgerkrieg im Libanon (1975–90) in einen Knäuel unübersichtlicher Unter-Konflikte weiter auffächerte.

Der Golfkrieg Irak–Iran (1980–88) kleidet die uralte Rivalität zwischen Mesopotamien (Irak) und den «Bergvölkern» bzw. der Hochebene (Iran) seit dem Akkad-Reich Sargons I. in neue Formen. Zuvor hatten die Eroberungen der Araber und Muslime (ca. 640–650), der Konflikt Schi'a–Sunna, der sich nach den osmanischen Eroberungen (1514) zum Antagonismus Türken–Perser nationalisierte, den traditionellen Gegensatz weiter modifiziert. Fundamentalistische Rückgriffe auf ältere Denkstrukturen, vor allem in Khomeinis Islamischer Revolution, reißen über Jahrhunderte, gar Jahrtausende religions- und geistesgeschichtliche Kontinuitäten auf. Namentlich die Renaissance des gerade in Persien beheimateten Dualismus seit Zarathustra und der Schi'a spitzt die dort ebenfalls einheimische Tradition der Assassinen zur industriellen Perfektion zu – kollektiver politischer Mord durch Flugzeugentführungen, Autobomben, Geiselnahmen und Ermordung von Geiseln.

In Indien sind jüngstens jahrhundertealte Spannungen zwischen Sikhs und Hindus explodiert, nachdem schon im Augenblick der Unabhängigkeit ausgedehnte Massaker zwischen Hindus und Moslems (1946/47) den Triumph des indischen Nationalismus verdüstert hatten. Neuerdings zeichnet sich der Zusammenstoß zwischen unteren und oberen Kasten bzw. zwischen Kastenlosen und dem Kastenwesen insgesamt ab. Der Zusammenbruch des Kastensystems könnte in einen sub-kontinentalen Groß-Konflikt aller gegen alle einmünden, der letzten Endes auf die arische Eroberung und Unterwerfung eines Teils der dravidischen Urbevölkerung vor rund 3500 Jahren zurückginge. Hinzu kommen normale Spannungen aus Industrialisierung, Bevölkerungsexplosion und drohendem Zusammenbruch der ökologischen Existenzgrundlage (Vernichtung der Wälder, Erosion, Verkarstung des Bodens, Wasserknappheit, immer häufigere und ausgedehntere Flutkatastrophen). Die zerstörerischen Energien, die sich in Indien austoben könnten, lassen sich heute erst erahnen.

Entsprechend bricht heute erst in Teilen Lateinamerikas das fast 500 Jahre alte Herrschafts- und Ausbeutungssystem der Conquistadoren seit Columbus zusammen, wieder mit noch unabsehbaren Konsequenzen: Industrialisierung, Demokratisierung, in einigen Andenstaaten und Mexiko auch Renaissance der Indio-Bevölkerung, Bevölkerungsexplosion und wachsender Druck auf knapper werdende Ressourcen (Land, Wasser, Energie, Rohstoffe) verschärfen die anstehenden Konflikte und geben ihnen eine existentielle Dimension. Seit dem Zusammenbruch des Apartheid-Regimes steht Südafrika unter dem Druck sozialer und regionaler Spannungen, die vorläufig Nelson Mandela als erster schwarzer Präsident Südafrikas (seit 1994) noch mühsam überdeckt.

Der Bürgerkrieg in Nigeria (1966/67–1970), der größten Nation Afrikas (ca. 100 Mio. Einwohner), könnte, unter den Auswirkungen der gegenwärtigen Weltwirtschaftskrise, jederzeit wieder virulent werden. Zu seiner Erklärung sind einige Jahrhunderte westafrikanischer Geschichte erforderlich, zumindest aber der Jihad des Usman dan Fodio (1804–17).

Seit fast einem Jahrhundert schwelt der Konflikt zwischen Türken und Armeniern, eine vergiftete Nachgeburt der Orientalischen Frage. Er bezieht seine emotionale Brisanz aus den unbewältigten Massakern an den Armeniern im Ersten Weltkrieg (1915/16), die beide Seiten unterschiedlich bewerten (Völkermord–Akt der Notwehr).

Auch in Europa lassen sich regionale Konfliktherde – offene (Nordirland; Kossovo; Baskenland) wie latente (Makedonien) – auf historische Eroberungen zurückführen, deren soziale und politische Folgen noch immer nachwirken, erst recht der Jugoslawienkrieg (seit 1991), hinter dem ursprünglich das Ziel eines neuen Großserbischen Reiches stand.

Solche historische Erklärung vieler gegenwärtiger Konflikte gibt einen Leitfaden in die Hand, um sich im Labyrinth einer sonst verwirrenden Fülle von Kriegen, Bürgerkriegen, Aufständen, Revolutionen u. a. zurechtzufinden, sich durch eine rationale Analyse vor einem allzu bequemen, letzten Endes aber selbstmörderischen Zynismus zu bewahren: Die Globalisierung der Weltpolitik und Weltgeschichte hat auf die Dauer den Frieden unteilbar gemacht, auch Wohlstand, Freiheit und inneren Frieden.

132 Der Zusammenbruch der Sowjetunion, 1945 bis 1991

Der Zusammenbruch der Sowjetunion ist ein so tiefgreifendes und buchstäblich welterschütterndes Ereignis, daß mit ihm die allerjüngste Globale Zeitgeschichte anzusetzen ist: Er löschte die Oktoberrevolution 1917 gleichsam aus, hinterließ aber ein Trümmerfeld auf vielen Gebieten – politisch, wirtschaftlich, sozial, geistig. Zugleich liefert der Untergang des Sowjetkommunismus einen handgreiflichen Anschauungsunterricht für das Wirken universaler historischer Mechanismen, als jüngste Variante in der unendlichen Geschichte des Aufgangs und Niedergangs von Großreichen. Als Erbe des russischen Zarenreiches war die Sowjetunion im Wettlauf um eine lukrative Modernisierung mit so vielen strukturellen Handicaps aus der Vergangenheit belastet, daß sie, wenigstens rückblickend, kaum eine Chance hatte. Auch zeigt sich wieder einmal die unbarmherzige Dialektik von Sieg und Niederlage: Auch für die Sowjetunion war der Sieg am Ende des Zweiten Weltkriegs dialektisch, das heißt im Gegensatz zur beabsichtigten Wirkung, Ausgangspunkt zum Debakel von 1991.

1945 Sowjetunion zweitstärkste Siegermacht, mit den größten territorialen und politischen Gewinnen des Zweiten Weltkriegs: Stalin auf dem Höhepunkt seiner Macht.

1946 Beginn des Kalten Krieges, vom Westen aus in friedlicher Abwehr weitergehender sowjetischer Expansion.

1953 Stalins Tod: Krise in der Sowjetunion. Troika Berija, Malenkow, Chruschtschow: 17. Juni in der DDR. Erstes «Tauwetter»: Waffenstillstand in Korea.

1956 «Geheimrede» Chruschtschows auf dem XX. Parteitag der KPdSU: Demontage Stalins. Unruhen in Posen: Polnischer Oktober. Gomulka Parteichef. Ungarn-Aufstand: von der Roten Armee blutig niedergeworfen.

1960 Schisma Moskau–Peking: Weltkommunismus gespalten.

1961 Berliner Mauer (bis 1989): moralische Bankrotterklärung.

1962 Kuba-Krise: Welt am Rande eines Dritten Weltkrieges. Beginn der weltpolitischen Entspannung: friedliche Koexistenz.

1964 Sturz Chruschtschows: Breschnew Generalsekretär der KPdSU (bis 1982): Konsolidierung und Stagnation.

1968 Prager Frühling: Militärintervention der Warschauer-Pakt-Staaten (außer Rumänien): Breschnew-Doktrin.

1969 Beginn der neuen Ostpolitik der sozialliberalen Koalition in der Bundesrepublik Deutschland unter Willy Brandt.
1970 Blutige Unruhen in Danzig: Sturz Gomulkas.
1975 Charta der KSZE in Helsinki: Menschenrechte.
1976 Unruhen in Radom.
1979 Militärintervention der UdSSR in Afghanistan. Afghanistankrieg (bis 1988): Dauerkrise wird zur Agonie.
1980 Streiks und Gründung der Solidarność unter Lech Wałesa Danzig: Dauerkrise in Polen.
1981 Kriegszustand in Polen (bis 1983).
1982 Breschnew gestorben: Jurij W. Andropow Generalsekretär (bis 1984).
1984 Konstantin U. Tschernenko Generalsekretär (bis 1985).
1985 Michail S. Gorbatschow Generalsekretär (bis 1991): Glasnost und Perestrojka.
1988 Unabhängigkeitsbestrebungen in den baltischen Republiken.
1989 Fall der Berliner Mauer. Wende und Selbstauflösung der DDR: Dominoeffekt im gesamten Sowjetblock.
1990 Deutsche Vereinigung.
1991 Moskauer Augustputsch: Sturz Gorbatschows. Auflösung der Sowjetunion: GUS als lockere Nachfolge-Konföderation. Schwere Krise und wirtschaftlicher Niedergang des postkommunistischen Rußland unter Boris N. Jelzin.

Mit ihren territorialen Annexionen 1945 und der Errichtung eines Glacis von Satellitenstaaten einschließlich der SBZ/DDR gegen den Westen, war der rote Zar Stalin weiter nach Westen vorgedrungen, als je die weißen Zaren in ihren kühnsten Träumen zu hoffen wagten. Damit einverleibte sich die Sowjetunion aber selbst historisch-politischen Sprengstoff, an dem sie zugrunde ging: Die linkstotalitäre Variante des orthodox-autokratischen Rußland brachte den Menschen der Sowjetunion einen geringeren Lebensstandard, als ihn die Völker lateinischer Prägung kannten, die zudem die Entwicklung der westlichen Zivilgesellschaft seit dem Mittelalter mitgemacht hatten, wenn auch gedämpft. Der Versuch, ihren Lebensstandard zugunsten der Sowjetunion zu senken, provozierte in der Konfusion nach Stalins Tod im äußersten Westen des «Imperium Sovieticum», in der DDR, einen Aufstand (17. Juni 1953). Ökonomischen Forderungen (Rücknahme von Sollerhöhungen) schlugen im Generalstreik rasch um in politische Forderungen – freie Wahlen, die zum Sturz der SED-Macht geführt hätten. Sowjetpanzer schlugen zwar den Volksaufstand rasch und blutig nieder, und das Staatssicherheitsministerium (Stasi) expandierte kräftig. Aber der 17. Juni wurde Präzedenzfall für analoge Bewegungen in anderen europäischen Satellitenstaaten – Polen und Ungarn 1956, ČSSR im «Prager Frühling» 1968, Polen 1970, 1976, 1980/81 in der polnischen Dauerkrise als Ausschnitt aus der Krise des Gesamtsystems «Realsozialismus».

Nach außen gewann zwar die Sowjetunion – trotz der Spaltung der kommunistischen Weltbewegung durch den Bruch mit China 1960 – in Übersee ein rundes Dutzend Klientelstaaten, beginnend mit dem Kuba Fidel Castros 1960, und ein halbes Dutzend faktischer Verbündeter, vor allem das offiziell blockfreie Indien. Auf dem äußeren Höhepunkt seiner Macht, gestützt auf modernste Raketen- und Atomwaffen, holten das Sowjetimperium jedoch die inneren Gebrechen des Sowjetkommunismus ein, sein starres und ineffizientes Kommandowirtschaftssystem mit zentraler Planung und quantitativer Tonnenmentalität, ohne Grundlage auf einer freien Bauernwirtschaft, die seit den Kollektivierungen unter Stalin zerschlagen war. Etwa ab 1975 hörten Wachstumsraten, auf die auch der Kommunismus setzte, auf, begann eine galoppierende Verschuldung beim «Klassenfeind», dessen stärkste Währungen (Dollar, DM) zu internen Leitwährungen wurden. 1983 verhinderte nur der Milliardenkredit aus der Bundesrepublik den Bankrott der DDR schon damals.

Der Afghanistankrieg brachte die für den Niedergang von Machtstrukturen entscheidende Niederlage an der Peripherie – militärisch, politisch, moralisch. Er stürzte die Sowjetunion vollends in außenpolitische Handlungsunfähigkeit und eröffnete den Vasallenstaaten am Westrand, später auch am muslimischen Südrand der Sowjetunion, neue Spielräume: Nicht zufällig eskalierte die chronische Polen-Krise, beispielhaft für die Krise des Gesamtsystems «Realsozialismus», mit den Danziger Streiks und der Gründung der unabhängigen Gewerkschaftsbewegung «Solidarność» durch Wałesa im August 1980 nach Beginn des Afghanistankrieges: Die Sowjets hatten nicht mehr die Kraft, gleichzeitig das unruhige Polen mit Methoden wie in Prag 1968 oder gar in Budapest 1956 zu «befrieden» und zu «normalisieren».

Während sich zwischen Werra und Kamtschatka ein Groß-Libanon mit allen absehbaren Folgen (Bürgerkriege, ethnische und soziale Konflikte, Flüchtlingswellen in den Westen) abzeichnete, demonstrierte der Zusammenschluß des überwiegend lateinisch geprägten EG-Europa die Überlegenheit der Marktwirtschaft gegenüber der dahinsiechenden Planwirtschaft und drohte die Ost-Lateiner (DDR-Deutsche, Polen, Ungarn, Tschechoslowaken, Kroaten, Slowenen, aber auch Esten, Letten, Litauer in der UdSSR selbst) vollends abzuhängen. Ihr Abspringen 1989 von dem sinkenden Flaggschiff des Realsozialismus war daher eine Flucht Richtung Westen, ins «Europäische Haus», das nun sogar Gorbatschow reklamierte.

Nach innen und außen machte der Reformversuch Gorbatschows bisher unter Verschluß gehaltene Probleme nur sichtbar und steigerte sie zur offenen Agonie, die mit dem Afghanistankrieg schon begonnen hatte. Passend begann die Absetzbewegung im westlichsten Grenzbereich des Sowjetimperiums, in der DDR, u. a. über das Vehikel der von der Bundesregierung noch immer hochgehaltenen gemeinsamen deutschen Staatsangehörigkeit. Der Fall der Mauer am 9. November 1989, unter dem physischen und psychischen Druck Ausreisewilliger aus der DDR, öffnete alle Schleusen. Der Untergang der Sowjetunion war danach nur noch eine Frage der Zeit und Modalitäten. Er kam als Implosion, als fast gewaltfreier Zusammenbruch, dem aber die übliche Gewaltanwendung doch rasch folgte, bisher am schärfsten im Jugoslawienkrieg (seit 1991).

133 Die Neue Weltunordnung

Mit Eintritt der Menschheit ins Atomzeitalter am Ende des Zweiten Weltkrieges (1945) hat sich die Industrielle Revolution noch einmal weiter in rasantem Tempo gesteigert – in den schon industrialisierten Ländern des kapitalistischen Westens und kommunistischen Ostens ebenso wie in den un- und unterentwickelten Ländern, die nun ihrerseits zur «Entwicklung» durch Industrialisierung drängen. Gleichzeitig geht die Industrialisierung wie ein riesiger Hobel über die Erde und ebnet zur neuen Welt-Massenkultur (Betonstil, Pop, Jeans, Disco, Coca Cola, TV) viele regionale und lokale Unterschiede ein, die in jahrtausendelangen historischen Entwicklungen entstanden waren. In den Industrieländern verschwinden letzte Reste bäuerlicher Kultur, gefolgt von den Entwicklungsländern; dort fallen dem «Fortschritt» der «Modernisierung» auch die letzten Überreste prä-agrarischer Bevölkerung (Jäger, Sammler) zum Opfer, z. B. im Amazonasbecken.

«Fortschritt», seit zwei Jahrhunderten als oberste Instanz menschlichen Tuns eingesetzt, ist in sich fragwürdig geworden, provoziert in seinem Fortschreiten skeptische Rückfragen. Seit rund 200 Jahren ist Prometheus Symbolfigur für Selbstbefreiung und Emanzipation des Menschen von den Natur- und Göttergewalten, indem er dem Menschen die Künste der agrarischen Produktion brachte, zuletzt (historisch in der umgedrehten Reihenfolge) auch das Feuer. In der griechischen Mythologie hatte Prometheus (der «Vor-Denker») aber einen Bruder, Epimetheus («Nach-Denker»): Er kam nach Prometheus mit Pandora, einem künstlichen Menschen, also dem ersten (gedanklichen) Roboter. Pandora hielt in ihren Maschinenhänden eine Büchse, aus der neue Plagen für die Menschheit entwichen. Die zuletzt kommende Hoffnung sperrte Pandora in ihre Büchse ein, indem sie den Deckel rasch verschloß.

Ähnlich haben uns Rückwirkungen aus dem schier unaufhaltsamen Siegeslauf der Industriellen Revolution jüngstens nachdenklich gemacht: Im atemberaubenden Anwachsen vieler Schlüsselindizes – Produktion, Produktivität, Wissen, Geschwindigkeit der Fortbewegung – sind auch andere Faktoren angewachsen: Bevölkerung, Konfliktpotentiale, Konflikte, Zerstörungspotential durch Waffen wie durch unbeabsichtigte Nebenwirkungen der Industrialisierung. Während der Mensch mit seinem faustischen Wissensdrang immer tiefer in die Geheimnisse des Makrokosmos (Universum) und Mikrokosmos (Atom, Gen, Zelle) eindringt, wächst die Kluft zwischen technisch Machbarem und für das Überleben der Menschheit Wünschbarem immer mehr: Die Zahl technisch realisierbarer Erfindungen, die im Interesse der Menschheit nie Wirklichkeit werden sollten, wird beängstigend groß – von SDI bis zur Gentechnik. Pandoras Gaben wirken in der jüngsten Phase der Industriellen Revolution.

«Grenzen der Menschheit» (Goethe) wie der Machbarkeit sind sichtbar geworden: Nach dem Ende des Zweiten Weltkrieges lebte die Menschheit unter dem drohenden Schatten eines Dritten Weltkrieges zwischen den beiden Welt-Supermächten (USA-SU) mit atomarem Overkill. Unter der Glocke der nuklearen Abschreckung hielten sich die Weltmächte in Krisensituationen von der kriegerischen Auseinandersetzung gegeneinander zurück. Auch ohne Dritten Weltkrieg drohen der Menschheit zwei weitere Gefahrenkomplexe – die Nord-Süd-Spannungen und die Umweltzerstörungen.

In Vollendung historischer Entwicklungen hatten die beiden Weltmächte ein neues globales Gleichgewicht der Kräfte errichtet. Mit ihren Strukturen waren bzw. sind sie gesteigerte Varianten historischer Großmachttypen – die SU als Landmacht (Assyrien, Sparta), die USA als Seemacht (Karthago, Athen; Venedig); die SU territorial Teilerbin des größten Kontinentalreichs der Geschichte, des Mongolenreichs, und des prestigeträchtigen Byzanz; die USA Fortsetzung und Erbin des größten Seereichs der Geschichte, des britischen.

Wie alle imperialen Machtstrukturen repräsentierten die Weltmächte auch rivalisierende Friedensordnungen – «Pax Americana» gegen «Pax Sovietica». Innere Strukturmängel und Überdehnung der Kräfte in der Expansion nach außen trieben beide Weltmächte in die innere Krise und Aporie mit bemerkenswerten zeitlichen und strukturellen Parallelen bei allen Unterschieden der Systeme: Rußland begann seine Expansion nach Osten über Land jenseits des Urals mit der Eroberung Sibiriens ab 1582. Die USA gehen bis auf die erste Kolonie Jamestown in Virginia 1607 zurück, als Teil der europäischen Expansion über See nach Westen, als Auftakt zur kontinentalen Eroberung des nördlichen Kontinents mit einer wandernden Grenze durch eine rauhe Grenzbevölkerung, die in Lebensweise und Mentalität viel gemeinsam hatte mit ihren sibirischen Gegenübern.

Aber die politischen Leitungssysteme unterschieden sich fundamental – zentralistische Autokratie in Rußland, dezentrale Demokratie in den werdenden, später jungen USA, sklavenähnliche Leibeigenschaft für die breite Mehrheit in Rußland bis 1861, in den USA Sklaverei für die

Minderheit der Schwarzen, zuletzt im Süden bis 1863/65. Die USA als größtes Einwanderungsland der Geschichte schwangen sich zur stärksten Industriemacht auf, Rußland blieb überwiegend rückständig agrarisch, trotz punktueller Inseln massiver Industrialisierung, hektisch forciert durch den Kommunismus, durch Terror und Zwang. Beide stiegen nach 1945 zu den einzig übriggebliebenen Weltmächten auf, engagiert im Kalten Krieg als «Wettkampf der Systeme».

Die innere Doppelkrise der USA brach zuerst im amerikanischen Vietnamkrieg (1965–73) und der Serie «heißer Sommer» 1964–68 durch; die latente Krise des Kommunismus eskalierte seit dem sowjetischen Afghanistankrieg (1979–88) zur Agonie und zum Zusammenbruch 1989–91. So hart die «Pax Sovietica» für die Betroffenen war, ihr Untergang setzte noch größere Übel frei – nationale und soziale Nachfolgekonflikte in den post-kommunistischen Nachfolgestaaten, die in ihren kumulierenden Wirkungen an die Schrecken eines Dritten Weltkrieges heranreichen können: Berg-Karabach und Sarajevo seit 1992 sind nur erste Vorboten für die Chaotisierung, die weite Teile der Erde bedroht.

Nach dem Sieg der UN-Exekution gegen den Aggressor Irak im März 1991 proklamierte US-Präsident George Bush zwar hochgemut eine «Neue Weltordnung», selbstverständlich angeführt von den im Kalten Krieg siegreichen USA. Aber nun scheinen die USA von ihren eigenen Krisenmomenten eingeholt zu werden, wie die Explosion in Los Angeles im Mai 1992 nahelegt: Der zweifach doppelte Boden der USA brach im Columbus-Jubiläums-Jahr wohl endgültig auf – Wohlstand, Freiheit und Demokratie für die weiße Mehrheit, Sklaverei, dann Diskriminierung für die Schwarzen, tendenzieller und kultureller Genozid für die «Roten». Die USA werden ihres Sieges über «das Reich des Bösen» kaum noch froh, da sie selbst ins Schleudern geraten. Selbstverständlich ist Schadenfreude nicht angebracht, denn die Folgen, die hinter dem Sturz der «Pax Americana» lauern, sind nicht minder katastrophal wie beim Sturz der «Pax Sovietica». Dazu wächst in Europa, das an sich die Chance hätte, sich als Hort relativer Prosperität und Stabilität zu behaupten, die Unfähigkeit der politischen Klasse in vielen Ländern, sich den neuen Herausforderungen zu stellen. Entsprechend steigt der Unmut über Politiker, die offenbar vor allem an ihre materielle Selbstversorgung denken. So schlittern die alten wie neuen Demokratien Europas in eine tiefe Existenzkrise, im Westen wie im post-kommunistischen Osten.

Inzwischen sind Unregierbarkeit und Chaos in weiten Teilen der Dritten Welt weiter gewachsen. Sie stehen unter dem Druck einer gnadenlosen Bevölkerungsexplosion, parasitärer bis krimineller Oberschichten, Druck der wachsenden Bevölkerung auf den Boden mit entsprechenden Folgen für die Umwelt (Erosion, Verwüstung und Versteppung einst fruchtbarer Böden, Abholzen der Regenwälder etc.). Bürgerkriege, Drogen, Aids, Flüchtlingsströme, staatlicher oder privater Terror («Todesschwadronen», Parteiarmeen) sind in vielen Ländern der Dritten Welt an der Tagesordnung.

Auch die beiden größten Staaten der Erde, China und Indien, stehen vor der Katastrophe: In Indien zerbricht das 2500jährige Kastensystem, ein mit Gewalt institutionalisiertes und religiös sanktioniertes System der Ungleichheit, zuerst in den Städten als Folge der Industrialisierung und politischen Demokratisierung. Egalisierung setzt destruktive Energien frei, die sich 1990 in ausgedehnten Kastenunruhen erstmals weltweit sichtbar zeigten. Das traditionell zentralistisch-assimilierende China schwankt zwischen langfristiger Selbstisolierung (seit 1436) und kurzen Phasen partieller Öffnung (1912–49, seit 1979). Die Spannungen explodierten spektakulär nach innen im Massaker auf dem Tienanmen-Platz am 4. Juni 1989, nach außen weniger sichtbar im Aufstand der großen Minderheiten am Rande Chinas (Tibet, Ost-Turkestan, Innere Mongolei), alles Schauplätze für chinesische Vietnam-/Afghanistankriege im eigenen Lande, die Indien analog längst auch schon führt (Kaschmir, Panjab, Assam). Sollten auch die «Pax Sinica» und «Pax Indica» untergehen, so wären die Folgen absehbar – mehr Chaos durch Konflikte zwischen Nachfolgestaaten. Die Tendenz zur Neuen Weltunordnung würde sich weiter verschärfen.

Im Fortschreiten der Industrialisierung haben sich innere Widersprüche aufgetan: Während die Industrialisierung auf der einen Seite ins Computerzeitalter voranstürmt, entindustrialisieren sich Regionen und Branchen, die ursprünglich die Industrialisierung vorangetrieben hatten (Textil, Kohle und Eisen). In lang anhaltender struktureller Arbeitslosigkeit (West) und der Öde des sozialistischen Alltags (Ost) entstanden neue Formen menschlicher Selbstzerstörung in bisher unbekannter Massierung (Drogen, Alkohol, Pop-Pseudo-Kultur, Aids). Neue Erfüllung im gewalttätigen Gemeinschaftserleben findet ein Teil der modernen Gesellschaft als Fußballfan(atiker) oder in neuen Sekten.

Als dritte globale Gefahrenquelle wächst immer bedrohlicher die Umweltzerstörung, durch industrielle Selbstvergiftung (Luft-, Wasser-, Bodenverschmutzung), Unfälle (Seveso, Bhopal, Tschernobyl) wie durch Vernichtung von Wäldern (oft im kurzfristigen Interesse der Industrieländer) mit verwüstenden Wirkungen – Nordostbrasilien, Haiti im kleinen, Afrika im großen; Himalaya, Südostasien, Amazonasbekken: Abholzung, jahrelange Dürre und Überschwemmungskatastrophen stehen in einem ursächlichen Zusammenhang. Die sich dort schon längst anbahnenden ökologischen und ökonomischen Katastrophen lassen sich kaum auf die Entwicklungsländer beschränken.

Umweltzerstörung gab es früher schon, vor allem durch Entwaldung und massive Rodung – seit dem Untergang der Induskultur (1500 v. Chr.) und der Entwaldung des Mittelmeergebiets seit der Antike (vor allem für den Bau von Flotten) und Zentralasiens (vor allem durch turkmongolische Normadenvölker). Aber jetzt bleiben Umweltzerstörungen nicht mehr punktuell, lokal oder regional, sondern haben sich, seit der Globalisierung intensiver Landwirtschaft und Industrie, praktisch über die gesamte Erde ausgedehnt, verstärken sich teilweise schon gegenseitig. Durch die technische Intensität der Industrialisierung und das rasante Bevölkerungs- und Wirtschaftswachstum haben die Umweltprobleme somit eine ganz neue Qualität gewonnen – weltweit.

Spätestens seit Eintritt ins Atomzeitalter wirken sich Umweltzerstörungen tendenziell global aus – von West nach Ost, Ost nach West (Tschernobyl-Syndrom), wie von Nord nach Süd, Süd nach Nord (Bhopal-Syndrom). So hat die in der Moderne steil nach oben schießende Exponentialkurve des generellen Wachstums einen kritischen Punkt explosiver Instabilität erreicht: Auch ohne einen Dritten Weltkrieg könnte die Menschheit, mit heute 5000000000 Menschen, an ihren eigenen Problemen gleichsam von innen her zugrunde gehen. Jüngste technische Katastrophen (Bhopal, «Challenger», Tschernobyl) haben bereits im kleinen die Mechanismen vorgeführt, wie sich unsere sich atemberaubend weiter industrialisierende Weltgesellschaft von innen selbst umbringen kann.

Allen Tendenzen zur Angleichung und Nivellierung der *äußeren* Lebensbedingungen in der modernen Industriegesellschaft zum Trotz sind sich die großen Weltkulturen im Grunde *innerlich* zutiefst fremd geblieben. In ihren Denkweisen sind sie noch immer geprägt von den unterschiedlichen Anwendungen großer Prinzipien zur Gestaltung und Ordnung des menschlichen Zusammenlebens wie seit den Jahrtausenden, in denen sich die großen Kultur- und Machtzentren entwikkelten.

In unserer globalen Gefahrensituation brechen, wie schon früher in der Geschichte, apokalyptisch-chiliastische Strömungen wieder durch und drängen, mit ihrem groben Dualismus des primitiven Freund-Feind-Denkens, der Menschheit ihre vermeintlichen Heilsrezepte auf: Armageddon («letztes Gefecht») zur Vernichtung der «Feinde Gottes» («Teufel»). Der Kommunismus ist, geistesgeschichtlich, eine anders säkularisierte Version des apokalyptisch-chiliastischen Dualismus als der amerikanische Fundamentalismus à la Reagan (über Puritaner und Baptisten). Jüngstens ist in seinem historischen Heimatland (Iran/Persien) mit Khomeini der Dualismus in seiner muslimisch/schi'itischen Variante wieder als «Dritte Kraft» durchgeschlagen.

Jüdisch-zionistischer und muslimisch-palästinensischer, protestantischer und katholischer Fundamentalismen/Extremismen heizen durch sich gegenseitig verstärkenden und rechtfertigenden Terrorismus die an sich schon schier unlösbaren Konflikte im Nahen Osten und in Nordirland weiter an.

Von den Rändern ihrer Gesellschaften her eskalieren extremistische bis terroristische Fundamentalisten religiöser (protestantischer, vor allem in den USA; sunnitischer, schi'itischer; hinduistischer, der Sikhs; jüdisch-zionistischer usw.) wie säkularisierter Art (Kommunisten; militante bis gewalttätige «Friedenskämpfer»; Terroristen unterschiedlicher Herkunft) die an sich normalen Differenzen und Spannungen zu immer explosiver werdenden Konflikten. Im unerschütterlichen Besitz der absoluten Wahrheit und Heilsgewißheit zur Erlösung der Welt durch ihre je eigene reine Lehre, kennt ihr Dualismus und Chiliasmus nur Exklusivität, Intoleranz und Feindschaft gegen alle, die sich nicht total dem eigenen Wahrheitsanspruch unterwerfen, erst recht gegen alle anderen, sich gegenseitig ausschließenden Fundamentalismen.

Gegenüber den schrecklichen Vereinfachern und den technischen Möglichkeiten zur selbstgemachten Apokalypse bleibt nur der Appell an Rationalität und Humanität zur Lösung der riesigen Menschheitsprobleme – Toleranz, Gleichberechtigung, Föderalismus, Demokratie, Gerechtigkeit. Ihre Verwirklichung würde den Verzicht auf noch so gutgemeinte, letzten Endes aber totalitäre und (selbst)mörderische Utopien zur totalen Umwälzung und radikalen Weltverbesserung voraussetzen. So bleibt nur das Bescheidenere, die «Hoffnung», die letzte Pandora-Gabe, die Pandora in ihrer berüchtigten Büchse einschloß: die Hoffnung auf Erhaltung der Menschheit zu menschenwürdigen Bedingungen, u. a. gegründet auf eine rationale Kenntnis ihrer bisherigen Geschichte – so universal und detailliert wie nur möglich.

Die gegenwärtigen, gar unmittelbar bevorstehenden Konflikte in dieser unserer einen und doch so zerrissenen Welt bleiben unverständlich ohne ein (schwer zu definierendes) Minimum an Kenntnissen der Weltgeschichte – so universal und weit zurückreichend wie nur irgend möglich, mit Einsichten in übergreifende historische Mechanismen, im Zusammenwirken von konkreten Fakten und abstrahierenden Zusammenhängen.

Anhang

Eckdaten der Weltgeschichte

ca. 2 Mio.	Anfänge der Menschheitsentwicklung im Rift Valley: Homo habilis; Altsteinzeit (Paläolithikum): Pebble Culture.
ca. 35000	Homo sapiens (sapiens): Cro-Magnon-Mensch.
ca. 30000(?)	Aufspaltung der Menschheit in drei große Gruppen – Negriden, Europiden, Mongoliden.
ca. 8000	Ende der letzten Eis-/Regenzeit: Erwärmung in gemäßigten Zonen – beginnende Austrocknung der Sahara: Übergang zur agrarischen Produktion, mit erstem Zentrum im Fruchtbaren Halbmond. Jungsteinzeit (Neolithikum).
ca. 3100	Erste frühe Hochkulturen im Vorderen Orient: Sumer, Ägypten. Anfänge von Staat und Schrift.
2630	Altes Reich in Ägypten (3.–6. Dynastie) (bis 2134).
ca. 2600	Induskultur, Troja II, Kykladen-Kultur.
ca. 2340	Akkad: Erstes historisches Großreich (bis 2198).
ca. 2000	Amoritisch-kanaanäische Wanderung. Aufspaltung der Indoeuropäer/-germanen.
ca. 1900	Erste indogermanische Wanderung: Hethiter in Kleinasien, Frühgriechen (Achäer) in Griechenland.
1792	Altbabylonisches Reich (bis 1594), unter Hammurabi (bis 1750): Codex Hammurabi.
ca. 1650	Hyksos-Zeit: 2. Zwischenzeit in Ägypten (bis 1551).
1523	Shang-Dynastie (bis 1028): Hochkultur in China.
ca. 1500	Arier in Nordindien: Ende der Indus-Kultur (seit ca. 2600).
ca. 1400	Achäer auf Kreta: Minoische Periode (bis ca. 1200).
1364	Amenophis IV. (Echnaton) (bis 1347): Monotheismus.
ca. 1200	Seevölkersturm: 2. indogermanische Wanderungswelle (Dorer, Italiker). Krise des Vorderen Orients.
1183	(Traditionelles Datum für) Untergang Trojas.
1125	Kurze Machtperiode Babylons (bis 1068).
ca. 1100	Griechische Kolonisation (bis 535).
1028	Chou-Dynastie in China (bis 771/249).
ca. 1000	Juden erobern Jerusalem: Davidsches Großreich (bis 928).
912	Neuassyrisches Reich (bis 614/12).
814	(Traditionelles Datum für) Gründung Karthagos.
776	Olympische Spiele (bis 391 n. Chr.).
753	(Traditionelles Datum für) Gründung Roms.
671	Assyrer erobern Ägypten (bis 656): Eisen in Afrika.
626	Neubabylonisches Reich der Chaldäer (bis 539).
625	Mederreich (bis 550).
614	Babylonier/Meder erobern Aššur und (612) Niniveh.

586 Babylonier erobern Jerusalem: Babylonische Gefangenschaft (bis 539/38).
585 Ende des medisch-lydischen Krieges (seit 590).
ca. 560 Zarathustra: Anfänge des Zoroastrismus, mit Dualismus.
550 Sturz des Mederreiches (seit 625): Perserreich der Achämeniden (bis 330).
ca. 540 Magadha-Reich (bis 321): erstes Großreich in Indien. Buddha: Anfänge des Buddhismus.
535 Schlacht bei Alalia: Ende der griechischen Kolonisation.
510 Sturz der Tyrannis in Athen (seit 561). Sturz des Königtums in Rom: Römische Republik (bis 30/27).
508/7 Verfassungsreform in Athen: Kleisthenes stärkt Demos.
494 Erste secessio plebis: Ständekämpfe in Rom (bis 287).
490 1. Perserkrieg: Sieg der Athener bei Marathon.
481 «Kämpfende Staaten» in China (bis 221 v. Chr.).
480 2. Perserkrieg (bis 449): Siege der Griechen (480, 479, 450).
431 Peloponnesischer Krieg (bis 404).
404 Ende des Peloponnesischen Krieges: Kapitulation Athens.
400 Krieg Persien–Sparta (bis 386).
386 Königsfriede von Sardes: Vorherrschaft Persiens (bis 338).
337 Panhellenischer (Korinthischer) Bund: Hegemonie Makedoniens über Griechenland (bis 196).
334 Alexanderzug gegen Perserreich (bis 327): Siege Alexanders. Expansion griechischer Kultur.
330 Ende des Perserreiches (seit 550): Alexanderreich (bis 323).
323 Tod Alexanders in Babylon: Nachfolgekonflikte.
321 Maurya-Reich in Indien (bis 185).
312 Seleukidenreich (bis 64/63) – «Seleukidische Ära»: Alexanderreich endgültig in Nachfolge-(= Diadochen-) Reiche zerfallen: Hellenismus und hellenistische Staaten.
272 Ende des Tarentinischen Krieges (seit 282): Städte der Magna Graecia römisch, als «socii navales».
264 1. Punischer Krieg (bis 241): Seesiege Roms.
250 Stammeskonföderation der Hiung-nu (Hunnen): Expansion gegen China.
221 Ch'in (bis 207): 1. Kaiserdynastie Chinas. Große Mauer gegen Hunnen.
218 2. Punischer Krieg (bis 201): zuletzt Siege Roms.
206 Han-Dynastie in China (bis 220 n. Chr.): Expansion.
196 Staat der Viet im Delta des Roten Flusses (bis 111): erste historisch faßbare Staatlichkeit in Südostasien.
146 Ende des 3. Punischen Krieges (seit 149): Karthago zerstört; auch Korinth: Rom beherrscht Mittelmeerhandel.
133 Reformversuch der Gracchen (bis 121): Beginn der römischen Bürgerkriege («Römische Revolution») (bis 30).

113 Kriege gegen Kimbern und Teutonen (bis 101).
ca. 104 Marianische Heeresreform: Proletarii in römischer Armee. Siege des Marius.
89 Mithridatische Kriege (bis 64): Weitere Expansion Roms nach Osten. Bürgerkrieg Optimaten–Popularen (bis 82).
82 Diktatur Sullas in Rom (bis 79).
64/63 Ende des Seleukidenreiches: Syrien römisch (bis 635).
60 1. Triumvirat: Pompeius–Caesar–Crassus (bis 53).
49 Bürgerkrieg Caesar–Pompejus (bis 45): Sieg Caesars.
44 Caesar ermordet: Neue Bürgerkriege (bis 30).
31 Sieg Octavians bei Actium über Marc Anton/Cleopatra.
30 Ende der Römischen Bürgerkriege (seit 133): Ägypten römisch (bis 641/42).
27 Prinzipat des Octavian/Augustus (bis 14 n. Chr.): Römische Kaiserzeit (bis 235 n. Chr.).

nach Christus:

30 Kreuzigung Jesu in Jerusalem: Anfänge des Christentums.
70 Zerstörung des Tempels in Jerusalem: Gewaltsame Zerstreuung («Galuth» = Exil) der Juden.
98 Trajan erster Adoptivkaiser (bis 117): Höhepunkt Roms.
166 Römische Handelsgesandtschaft nach China. Pest im Römischen Reich: Große Bevölkerungsverluste.
192 Sturz des Commodus (seit 180): Krise im Römischen Reich.
212 Constitutio Antoniniana: Alle Freie mit römischem Bürgerrecht.
224/7 Neupersisches Reich der Sassaniden (bis 642/51); Kriege gegen Rom; Zoroastrismus Staatsreligion.
235 Soldatenkaiserzeit (bis 284): Chaos im Römischen Reich.
284 Diokletian Kaiser (bis 305): Neuordnung des Reiches – Tetrarchie, Diözesen: spätantiker Zwangsstaat.
313 Toleranzedikt von Mailand: Christentum führend im Römischen Reich.
316 Sturz der Chin-Dynastie: Fragmentierung Chinas (bis 589).
323 Konstantin I. (der Große) Alleinherrscher (bis 337): Re-Konsolidierung des Römischen Reiches vollendet.
327 Korea übernimmt Buddhismus und Konfuzianismus aus China.
330 Konstantinopel neue Hauptstadt des Römischen Reiches.
vor 350 Aksum übernimmt monophysitisches Christentum.
375 Hunnen zerschlagen Ostgotenreich: Germanische Völkerwanderung (bis 568).
391 Christentum Staatsreligion: Verbot heidnischer Kulte im Römischen Reich. Bibliothek in Alexandria vom Patriarchen von Alexandria zerstört: Ende der klassischen Antike.

395 Tod Theodosius' I. (seit 379). Endgültige Reichsteilung: Westrom (bis 476) – Ostrom/Byzanz (bis 1453). Hunnen in Ostrom. Westgoten vor Konstantinopel.
401 Westgoten in Italien. Italien Machtvakuum (bis 1859/61).
406/7 Germanen überschreiten erstmals den Rhein auf Dauer.
410 Eroberung und Plünderung Roms durch Westgoten.
439 Nordchina von Wei-Dynastie zusammengefaßt.
440 Papst Leo I. (der Große): Anspruch auf Primat gegenüber Kaiser und übrigen Patriarchen.
451 Schlacht auf Katalaunischen Feldern: Hunnen abgewehrt.
476 Ende Westroms (seit 395): Germanische Nachfolgereiche.
ca. 480 Tributsherrschaft der Hephthaliten in Nordindien (bis 527).
481 Franken unter Chlodwig erobern weströmisches Rumpfreich des Syagrius: Frankenreich (bis 888), unter den Merowingern (bis 751).
493 Ostgotenreich (bis 540/53), unter Theoderich (bis 526).
529 Codex Justinianus. Akademie in Athen (seit 387 v. Chr.) von Justinian geschlossen; Benedict von Nursia gründet Kloster Monte Cassino: Benediktinerorden.
527 Hephthaliten aus Nordindien vertrieben.
nach 550 Nubien christlich: Enge Verbindung zur Koptischen Kirche Ägyptens (bis 1314/1504).
552 Japan übernimmt Buddhismus aus Korea.
589 Sui-Dynastie in China (bis 618): Konsolidierung nach Wirren (seit 220). Bau des Kaiserkanals.
nach 600 Chen-la-Reich der Khmer, Shrivijaya-Reich auf Sumatra.
618 T'ang-Dynastie in China (bis 906): Expansion.
622 Flucht («Hedschra») Mohammeds von Mekka nach Medina: Anfänge des Islam.
634 Expansion des Islam: Kalifat (bis 1258).
658 Spaltung des Islam: Sunna – Schi'a.
661 Omaijaden-Dynastie im Kalifat (bis 750): Expansion.
680 1. Bulgarenreich (bis 969).
711 Araber erobern Spanien und Sind (Nordwestindien).
732 Schlacht zwischen Tours und Poitiers: Franken unter Karl Martell schlagen Araber/Mauren zurück.
750 Abbasiden im Kalifat (bis 1258): Zerfall des Kalifats.
751 Pippin III. König der Franken (bis 768): Karolinger (bis 888).
756 Pippinsche Schenkung: Kirchenstaat (bis 1870).
787 Wikinger in Dorset (Südengland): Wikingerzeit (bis 1066).
800 Kaiserkrönung Karls d. Großen in Rom: Translatio imperii.
804 Gründung Haithabus; Dänische Mark.
843 Vertrag von Verdun: Karolingerreich dreigeteilt (bis 870).
882 Kiewer Rus mit Schwerpunkten in Kiew und Nowgorod (bis 1237/40).

888 Endgültiger Zerfall des Karolingerreiches: Ostfranken – Westfranken, mit Karolingern (bis 911 bzw. 987).
900 Landnahme der Ungarn abgeschlossen: Raub- und Streifzüge nach Westen (bis 955).
911 Karolinger in Ostfranken ausgestorben: Königreich der Deutschen (bis 1806). Erste Konsolidierung.
Landnahme der Normannen an der unteren Seine anerkannt: Herzogtum Normandie.
955 Sieg der Deutschen über Ungarn bei Augsburg: Konsolidierung Europas; Hegemonie der Deutschen (bis 1198); Ungarn seßhaft.
960 Sung-Dynastie in China (bis 1126/1279). Steuern in Geld (statt Naturalien): Wirtschaftsaufschwung in China.
962 Kaiserkrönung Ottos I. (des Großen) in Rom: Imperium Romanum der Deutschen (bis 1806).
966 Polen unter Mieszko I. katholisch: Piasten (bis 1370).
988 Kiewer Rus unter Wladimir dem Heiligen orthodox.
998 Verheerende Einfälle von Türken unter Mahmud von Ghasna nach Nordwestindien: 2. Phase der Islamisierung Indiens.
1000 Ungarn unter Stephan dem Heiligen katholisch.
Erzbistum Gnesen: Polen kirchlich unabhängig vom Reich.
1015 Städtischer Schwurbund (coniuratio) in Benevent.
1046 Synode von Sutri: Heinrich III. setzt drei rivalisierende Päpste ab. Auftakt zur Kirchenreform.
1054 Endgültiges Schisma Rom–Konstantinopel: Gegensatz Katholizismus–Orthodoxie, auch national (z. B. Polen–Russen; Kroaten–Serben).
1059 Lateransynode: Beginn der Kirchenreform. Gegen Simonie, Laieninvestitur; Papstwahl durch Kardinalskollegium.
1063 Reconquista: Systematische Vertreibung der Muslims aus Iberischer Halbinsel (bis 1492).
1066 Normannische Eroberung Englands.
1071 Sieg der Seldschuken bei Mantzikert: Abstieg von Byzanz.
1075 Investiturstreit (bis 1122): Konflikt Papst–Krone.
1096 1. Kreuzzug (bis 1099): Kreuzzüge und Kreuzfahrerstaaten (bis 1291), gegen Islam und Orthodoxie.
1122 Wormser Konkordat: Ende des Investiturstreits (seit 1075).
1143 Erste Ketzer (Katharoi = Die Reinen) im Westen (Köln).
1169/71 Anglo-normannische Eroberung Irlands. Philipp II. August König von Frankreich (bis 1223); Sturz Heinrichs des Löwen.
1188 Erste Stände (Cortes) in Léon.
1198 Thronstreit Staufer–Welfen: Deutschland Machtvakuum.
1204 4. Kreuzzug (seit 1202) erobert Konstantinopel: Lateinisches Kaiserreich (bis 1261). Seeherrschaft Venedigs im östlichen Mittelmeer.

1206 Khuriltai (Fürstenrat) wählt Dschingis Khan zum Groß-Khan: Mongolenreich (bis 1335).
1214 Schlacht bei Bouvines: Sieg Frankreichs über England/Otto IV.: Frankreich Großmacht – Krise in England:
1215 Magna Charta: Anfänge der Stände in England.
4. Laterankonzil: Beschlüsse gegen Ketzer, Juden, Orthodoxie.
1243 Schlacht bei Köndağ: Mongolen besiegen Seldschuken: Rum-Sultanat Vasallenstaat der Mongolen (bis 1308).
1250 Interregnum in Deutschland (bis 1273).
Herrschaft der Mamluken in Ägypten (bis 1517).
1258 Mongolen erobern Bagdad: Ende des Kalifats (seit 632/34).
1261 Restauration von Byzanz.
1265 Erstes Stände-Parlament in England.
1266 Königreich Sizilien-Neapel an Anjou (bis 1458).
1273 Rudolf I. deutscher König (bis 1291): Anfänge der Habsburger im Reich (bis 1806/1918).
1279 Eroberung Chinas durch Mongolen abgeschlossen: Ende der Sung-Dynastie (seit 960).
1282 Sizilianische Vesper: Anjou aus Sizilien vertrieben.
1290/1300 Osman I. Sultan: Osmanisches Reich (bis 1923). Expansion.
1291 Mamluken erobern Akkon: Ende der Kreuzfahrerstaaten.
«Ewiger Bund» Uri-Schwyz-Unterwalden: Anfänge der Eidgenossenschaft.
1309 «Babylonische Gefangenschaft der Kirche» in Avignon (bis 1377).
1320 Polen wieder Königreich (bis 1795), mit Krakau als Hauptstadt (bis 1596).
1339 Hundertjähriger Krieg England–Frankreich (bis 1453).
1348/49 Höhepunkt der Großen Pest in Europa: Juden nach Polen.
1356 Jacquerie in Frankreich. Generalstände (États Généraux).
1368 Sturz der Mongolen in China: Ming-Dynastie (bis 1644).
1378 Großes Abendländisches Schisma (bis 1417): Päpste in Rom und Avignon; Europa gespalten in Obödienzen.
Ciompi-Aufstand in Florenz.
1381 John Wiclif; Wat-Tyler-Aufstand in England.
1385 Avis-Dynastie in Portugal (bis 1580): Expansion (ab 1415).
1386 Personalunion Polen-Litauen: Jagiellonen (bis 1572).
1405 Tod Timur Lenks: Zerfall des Timur-Reiches.
1410 Sieg Polen/Litauen über Deutschen Orden.
1415 Portugal erobert Ceuta: Expansion in Übersee.
Jan Hus auf Konstanzer Konzil (1414–18) verbrannt.
1420 Hussitenkriege (bis 1436).
1439 Taille (= Kopfsteuer) in Frankreich (bis 1789).
Kirchenunion auf Konzil von Florenz (bis 1443) verkündet.

1449 Gesetz der Blutreinheit («limpieza de sangre») in Kastilien: gegen Mauren und Juden.
1453 Osmanen erobern Konstantinopel: Ende von Byzanz. Ende des Hundertjährigen Krieges (seit 1339): Krise in England.
1454 Friede von Lodi: Friedensordnung der italienischen Pentarchie (bis 1494). Ständekrieg (bis 1466).
1455 Rosenkriege in England (bis 1485): Feudalanarchie.
1459 Bulle «Execrabilis»: Primat des Papstes über Konzilien.
1492 Fall Granadas: Reconquista (seit 1063) vollendet; Juden aus Spanien vertrieben. Entdeckung Amerikas: Columbus.
1494 Vertrag von Tordesillas: Übersee geteilt Spanien–Portugal. Einfall Frankreichs in Italien: Kriege um Italien (bis 1559). Hansekontor in Nowgorod geschlossen.
1498 Vasco da Gama in Indien: Expansion Europas in Übersee.
1505 Transatlantischer Sklavenhandel (bis 1807/88).
1511 Portugiesen erobern Malakka.
1514 Schlacht bei Tschaldiran: Sieg der Osmanen über Perser.
1517 95 Thesen Luthers in Wittenberg: Reformation. Osmanen erobern Palästina und Ägypten.
1519 Personalunion Reich/Spanien unter Carlos I. (Karl V.) (bis 1555): Spanische Hegemonie in Europa (bis 1659).
1526 Allianz Frankreich/Osmanisches Reich – Reich/Spanien. Sieg der Osmanen über Ungarn bei Mohács. Moghul-Reich in Nordindien.
1527 Reformation in Schweden: Rückhalt für Lutheraner.
1529/31 Kappeler Kriege: Auftakt zu Religionskriegen.
1529 Reformation in England. Speyerer «Protestatio»: Protestanten. 1. Belagerung Wiens durch Osmanen.
1531/46 2. Burmesisches Reich (bis 1752).
1536 Anfänge des Calvinismus, mit Schwerpunkt in Genf (ab 1541): «Reform» der Reformation. Säkularisierung der Klöster in England (bis 1540).
1547 Schlacht bei Mühlberg: Karl V. besiegt Schmalkaldischen Bund. Iwan IV. (Grosny) Zar (bis 1584): Expansion, Terror.
1555 Augsburger Religionsfriede: «Cuius regio, eius religio.» Karl V. im Reich abgedankt.
1562 Hugenottenkriege in Frankreich (bis 1598).
1563 Abschluß des Trienter Konzils: Reform der katholischen Kirche; Gegenreformation.
1564 Beginnende Ausschaltung der Stände in Bayern.
1566 Bildersturm in den Niederlanden; Adelspetition in Brüssel.
1571 Seeschlacht bei Lepanto: Heilige Liga besiegt Osmanen.
1572 Niederländischer Unabhängigkeitskrieg gegen Spanien (bis 1609/48).

Ende der Jagiellonen (seit 1386) in Polen.
1573 Polen Wahlmonarchie/Adelsrepublik («Rzeczpospolita») (bis 1795); Pax Dissidentum in Polen.
1580 Personalunion Portugal/Spanien (bis 1640/68).
1588 Sieg der Engländer über spanische Armada.
1591 Marokko erobert Songhai-Reich: Chaos im Westsudan.
1598 Edikt von Nantes: Ende der Hugenottenkriege (seit 1562). Friede Spanien–Frankreich. Tod Philipps II. (seit 1556). Erste Expedition der Holländer nach Indonesien. Rurikiden in Rußland (seit 862/82) ausgestorben.
1600 East India Company in England.
1603 Tokugawa Shogun in Japan: Tokugawa-Periode (bis 1867).
1605 Smuta (Zeit der Wirren) in Rußland (bis 1613).
1609 Zwölfjähriger Waffenstillstand Spanien–Holland (bis 1621). Böhmischer Majestätsbrief: keine Gegenreformation.
1613 Romanow-Dynastie in Rußland (bis 1917).
1614 Letzte Tagung der Generalstände in Frankreich (bis 1789).
1618 Prager Fenstersturz: Böhmischer Aufstand. Dreißigjähriger Krieg (bis 1648).
1629 Karl I. regiert England ohne Parlament (bis 1640). Restitutionsedikt: Starke Stellung des Kaisers im Reich.
1640 Kurzes und Langes Parlament («Short Parliament», «Long Parliament») in England: Englische Revolution (bis 1660). Katalanischer Aufstand (bis 1652): Unabhängigkeitskrieg Portugals gegen Spanien (bis 1668).
1644 Sturz der Ming: Ching-Dynastie in China (bis 1911).
1648 Westfälischer Friede: Ende des Dreißigjährigen Krieges (seit 1618). Fronde in Frankreich (bis 1653). Kosakenaufstand gegen Polen (bis 1654): Judenmassaker.
1652 Gründung Kapstadts: Kapkolonie.
1653 Oliver Cromwell Lord-Protector in England (bis 1658).
1659 Pyrenäenfriede: Frankreich Hegemonialmacht (bis 1713).
1660 Restoration: England konstitutionelle Monarchie. Friede von Oliva: Preußen souveräner Besitz Brandenburgs.
1667 Devolutionskrieg (bis 1668): Expansion Frankreichs unter Ludwig XIV. (bis 1715).
1679 Habeas Corpus Act in England: Rechtssicherheit.
1683 (2.) Belagerung Wiens gescheitert: Niedergang des Osmanischen Reichs. Österreich Großmacht (bis 1918).
1685 Edikt von Nantes (seit 1598) aufgehoben: Hugenottenverfolgungen in Frankreich.
1688 Glorious Revolution (bis 1689): Frühliberalismus. Pfälzischer Erbfolgekrieg (bis 1697).
1689 Wilhelm III. von Oranien auf englischem Thron (bis 1702). Bill of Rights: England parlamentarische Monarchie.

Peter I. (der Große) Alleinherrscher in Rußland (bis 1725). Große Allianz gegen Ludwig XIV.; Gleichgewicht der Kräfte gegen Hegemonie Frankreichs.

1700 (Großer) Nordischer Krieg (bis 1721): Expansion Rußlands; Bürgerkrieg in Polen.

1701 Spanischer Erbfolgekrieg und Bürgerkrieg (bis 1713/14). Preußen Königreich (bis 1918).

1713/14 Ende des Spanischen Erbfolgekrieges: Friede von Utrecht und Rastatt. England Großmacht.

1715 Ludwig XIV. (seit 1643/61) gestorben: Endkrise des Ancien Régime in Frankreich (bis 1789).

1721 Friede von Nystad: Ende des Nordischen Krieges (seit 1700). Rußland Großmacht, Polen Machtvakuum.

1740 Österreichischer Erbfolgekrieg (bis 1748); 1. Schlesischer Krieg (bis 1742): Dualismus Österreich–Preußen (bis 1866).

1756 Siebenjähriger Krieg (bis 1763): Rivalität England–Frankreich in Übersee verschärft.

1757 Schlacht bei Plassey: Sieg der Engländer über Franzosen/Bengalen; Eroberung Indiens durch England (bis 1856).

ca. 1760 Industrielle Revolution in England.

1763 Friede von Paris und Hubertusburg: Ende des Siebenjährigen Krieges; England Vormacht in Übersee; Preußen Großmacht.
Spannungen England–amerikanische Kolonien.

1772 1. Teilung Polens: Rußland, Preußen, Österreich annektieren Randgebiete Polens; Reformschock in Polen.

1774 Friede von Kütschük-Kainardschie: 3. Russisch-türkischer Krieg (seit 1768) beendet: Orientalische Frage (bis 1923).

1775 Amerikanischer Unabhängigkeitskrieg (bis 1783).

1776 Amerikanische Unabhängigkeitserklärung.

1777 USA Konföderation (bis 1788/89).

1787 USA mit bundesstaatlicher Verfassung (Union).

1788 Generalstände (zuletzt 1614) in Frankreich ausgeschrieben.

1789 Generalstände in Frankreich. Französische Revolution.

1790 Protest Kaiser Leopolds II. gegen Frankreich.

1791 Sklavenaufstand in Saint-Domingue.

1792 1. Koalitionskrieg (bis 1797): Expansion des revolutionären Frankreich. 1. Französische Republik (bis 1799).

1795 3. Teilung Polens: Polnische Frage.

1799 Sturz des Direktoriums (seit 1795) durch Staatsstreich Napoleon Bonapartes: Konsulat (bis 1804); Ende der 1. Republik (seit 1792).

1800 (Real-)Union Irlands mit England: Irische Frage.

1804 Code Civil (Napoléon) in Frankreich. Kaiser Napoleon I.: 1. Empire (bis 1814/15).

Serbischer Aufstand (bis 1813): Südslawische Frage.

1806 Rheinbund (bis 1813): Ende des 1. Deutschen Reiches (seit 962): Deutsche Frage; Zusammenbruch Preußens.
Kontinentalsperre gegen England (bis 1813).

1807 Friede von Tilsit: Preußen von Rußland gerettet.
Herzogtum Warschau (bis 1813).
Verbot des Sklavenhandels im Britischen Empire.

1812 Katastrophe der «Grande Armée» in Rußland.
Spanische Verfassung von Cadiz: radikaler Liberalismus.

1814 1. Abdankung Napoleons, 1. Pariser Friede, Charte Constitutionelle: gemäßigter Liberalismus.

1815 Waterloo: 2. Abdankung Napoleons, 2. Pariser Friede.
Wiener Kongreß: Neuordnung Europas und Deutschlands; Restauration; Deutscher Bund (bis 1866). Heilige Allianz.
Italien wieder fragmentiert: Italienische Frage (bis 1859/61).

1824 Sieg der Unabhängigkeitsbewegung in Lateinamerika.

1825 Tod Alexanders I. (seit 1801). Dekabristenaufstand.
Nikolaus I. (bis 1855): Reaktion in Rußland.
Erste Gewerkschaften, Personeneisenbahn in England.

1830 Frankreich eröffnet Eroberung Algeriens. Julirevolution in Frankreich; nationale Revolution in Belgien; Novemberaufstand in Polen (bis 1831).

1832 Große Wahlrechtsreform in England: Evolution.

1834 Verbot der Sklaverei in England. Deutscher Zollverein.

1839 Neutralität Belgiens völkerrechtlich garantiert.

1847 1. Wirtschaftskrise in Europa. «Risorgimento» Cavours.
Sonderbundskrieg in der Schweiz.

1848 Februarrevolution in Frankreich: 2. Republik (bis 1852).
Europäische Revolution (bis 1849).

1849 Ende der Europäischen Revolution.

1850 Taiping-Aufstand (bis 1864): Krise Chinas verschärft.

1852 Kaiser Napoleon III.: 2. Empire (bis 1870).

1853/54 Perry-Mission: Öffnung Japans.

1856 Pariser Kongreß und Friede: Krimkrieg (seit 1853/54) beendet. Hatt-i Humayun: Reformen im Osmanischen Reich.

1857 1. Weltwirtschaftskrise: Krise des 2. Empire.
Großer (Sepoy-)Aufstand in Indien (bis 1858).

1859 Italienischer Krieg: Sieg des Risorgimento in Italien.
Vereinigung Moldau/Walachei: Rumänien.

1861 Bauernbefreiung in Rußland: Endkrise des Zarenreichs.
Amerikanischer Bürgerkrieg (Sezessionskrieg) (bis 1865).

1862 Bismarck preußischer Ministerpräsident (bis 1890).

1863 Polnischer Januaraufstand (bis 1864).

1866 Deutscher Krieg: Sieg Preußens; Ende des Deutschen Bundes (seit 1815). Indemnitätsvorlage in Preußen.

1867	Ausgleich: Doppelmonarchie Österreich-Ungarn (bis 1918). Norddeutscher Bund (bis 1871).
1868	Meiji-Reformen in Japan: Modernisierung und Expansion.
1870	Deutsch-französischer Krieg (bis 1871); Rom von Italien besetzt: Ende des Kirchenstaates (seit 756). 3. Französische Republik (bis 1940).
1871	Reichsgründung: 2. deutsches Kaiserreich (bis 1918). Frankfurter Friede: Deutschland annektiert Elsaß-Lothringen. Pariser Kommune.
1873	Große Depression (bis 1895): 2. Weltwirtschaftskrise.
1875	Krieg-in-Sicht-Krise; Große Orientkrise (bis 1878).
1877	8. Russisch-türkischer Krieg (bis 1878).
1878	Vorfriede von San Stefano: Berliner Kongreß. Sozialistengesetz in Deutschland (bis 1890).
1879	Zweibund Deutschland/Östereich-Ungarn.
1881	Alexander II. (seit 1855) ermordet: Pogrome in Rußland.
1882	Anfänge des Zionismus.
1884	Berliner Afrika-Konferenz (bis 1885): Kongo-Freistaat (bis 1908); Auftakt zur kolonialen Aufteilung Afrikas.
1888	Verbot der Sklaverei in Brasilien: Ende des Transatlantischen Sklavenhandels (seit 1505). Deutsches Dreikaiserjahr: Kaiser Wilhelm II. (bis 1918).
1889	Brasilien Republik. II. Internationale (bis 1914): 1. Mai Demonstrationstag.
1895	Friede von Shimonoseki: Japan Großmacht.
1896	Deutschlands Übergang zur «Weltpolitik» unter Wilhelm II.
1897	1. Zionistischer Weltkongreß in Basel: organisierter Zionismus.
1898	Deutscher Schlachtflottenbau. England/Ägypten erobern Sudan: Faschoda-Krise England–Frankreich (bis 1899). Spanisch-amerikanischer Krieg: USA Großmacht.
1899	Burenkrieg (bis 1902): England isoliert.
1904	Entente cordiale England–Frankreich. Russisch-japanischer Krieg (bis 1905).
1905	1. Russische Revolution (bis 1906). 1. Marokkokrise (bis 1906). Schlieffenplan.
1907	Anglo-russische Verständigung über Persien und Afghanistan: Tripel-Entente.
1908	Jungtürkische Revolution: bosnische Annexionskrise.
1911	Sturz der Ching-Dynastie (Mandschu) (seit 1644): chinesische Revolution (bis 1949). Tripoliskrieg (bis 1912).
1912/13	1. und 2. Balkankrieg: ethnische Säuberungen.
1914	Attentat von Sarajevo: Erster Weltkrieg (bis 1918). Ende der II. Internationale (seit 1889). Panamakanal eröffnet.

1917 Russische Revolution: Februar-, Oktoberrevolution. Kriegseintritt der USA. Spaltung der SPD.

1918 14 Punkte Wilsons.
Zusammenbruch Bulgariens, der Türkei, Österreich-Ungarns, Deutschlands: Waffenstillstand. Folgerevolutionen und Folgekonflikte. 2. Polnische Republik (bis 1939).

1919 KPD; Räterepubliken in Bremen, Bayern; Ungarn. Weimarer Republik (bis 1933): Ebert Reichspräsident (bis 1925).
Pariser Friedenskonferenz: Versailler Vertrag.
Anglo-irischer Krieg (bis 1921). Massaker von Amritsar.
Kommunistische Internationale (Komintern) (bis 1943).

1920 Völkerbund. Völkerbundmandate: Opposition in arabischen Ländern. Kapp-Putsch in Deutschland.
Sowjetisch-polnischer Krieg: «Wunder an der Weichsel».

1921 Kronstädter Aufstand: NEP in Sowjetrußland.
Aufstand der Rif-Kabylen (bis 1926). KP Chinas.

1922 Rapallo-Vertrag; Rathenau ermordet; Washingtoner Flottenabkommen; Teilung Irlands; Irischer Bürgerkrieg. «Kleinasiatische Katastrophe» der Griechen: Kemalistische Republik Türkei. «Marsch auf Rom»: Faschismus in Italien unter Mussolini (bis 1943/45). UdSSR (bis 1991).

1923 Ruhrbesetzung: Hyperinflation in Deutschland; erste Krise der Weimarer Republik: Bayern – Sachsen/Thüringen.
Friede von Lausanne: Umsiedlungen Türken–Griechen.

1924 Dawes-Plan; 1. Labour-Minderheitsregierung Macdonald.
Lenin gestorben: Aufstieg Stalins.

1925 Hindenburg Reichspräsident (bis 1934); Locarno-Verträge.

1926 Generalstreik in England; Deutschland im Völkerbund; Staatsstreich Pilsudskis in Polen.

1929 Young-Plan. 2. Labour-Minderheitsregierung Macdonald (bis 1931).
3. Weltwirtschaftskrise: politische Krise in vielen Ländern.
1. Fünfjahresplan in SU: Kollektivierung der Landwirtschaft; Massenmord an Bauern; Stalinismus.

1931 Japan erobert Mandschurei.

1933 F. D. Roosevelt US-Präsident (bis 1945); «New Deal»: Sozialreformen. Hitler Reichskanzler (bis 1945): 3. Reich: Gleichschaltung und Terror.

1934 «Säuberungen» in SU (bis 1938): stalinistischer Terror.
«Röhm»-Putsch in Deutschland; Hitler Reichspräsident.
Langer Marsch in China unter Mao Tse Tung (bis 1935).

1935 Wehrpflicht, Aufrüstung Deutschlands; Nürnberger Gesetze.
Abessinienkrieg (bis 1936).

1936 Remilitarisierung des Rheinlands: «Appeasement».

Spanischer Bürgerkrieg (bis 1939). Volksfront in Frankreich (bis 1938). Achse Rom–Berlin; Antikominternpakt.

1937 2. Japanisch-chinesischer Krieg (bis 1945).

1938 «Anschluß» Österreichs. Münchener Abkommen. Judenpogrome in Deutschland.

1939 «Reichsprotektorat Böhmen und Mähren». Hitler-Stalin-Pakt: Überfall auf Polen. Zweiter Weltkrieg (bis 1945).

1940 Kollaps Frankreichs: Ende der 3. Republik (seit 1870); Winston Churchill Premier (bis 1945): Luftschlacht über England.

1941 Deutscher Überfall auf SU, Japans auf Pearl Harbor: USA im Krieg; Kriegserklärung Deutschlands an USA.

1942 Wannsee-Konferenz: «Endlösung» = «Holocaust»; Vernichtung der europäischen Juden.

1943 Stalingrad; Alliierte Invasion in Italien: Sturz Mussolinis; Italien auf seiten der Alliierten.

1944 Invasion der Westalliierten in der Normandie; 20. Juli. Warschauer Aufstand; Rumänien auf seiten der Alliierten.

1945 Kapitulation der Wehrmacht: Ende des 3. Reiches (seit 1933); Atombomben auf Hiroshima und Nagasaki: Kapitulation Japans. Ende des Zweiten Weltkrieges (seit 1939). Potsdamer Konferenz. Arabische Liga. UNO. Beginn des Kalten Krieges und der Dekolonisation. Labour-Regierung unter Attlee in England (bis 1951).

1946 Erneuerung des Chinesischen Bürgerkrieges. 4. Französische Republik (bis 1958). Französischer Vietnamkrieg (bis 1954). Marshall-Plan: Polarisierung im Kalten Krieg. Unabhängigkeit und Zerfall Indiens: Massaker Hindus–Muslims und Krieg Indien–Pakistan.

1948 Kommunistischer Putsch in ČSSR. Unabhängigkeit Israels: 1. Nahostkrieg (1949). Apartheid in Südafrika (bis 1992). Währungsreform in deutschen Westzonen: Berlin-Blockade, Luftbrücke nach Berlin.

1949 NATO, Bundesrepublik; DDR (bis 1990). Volksrepublik China.

1950 Koreakrieg (bis 1953): Verschärfung des Kalten Krieges.

1953 Tod Stalins: «Tauwetter», 17. Juni 1953 in der DDR.

1954 US-Wasserstoffbombe. Genfer Vietnamkonferenz, Algerischer Unabhängigkeitskrieg (bis 1962).

1955 Bundesrepublik in NATO, mit beschränkter Souveränität. Warschauer Pakt (bis 1990). Sudan unabhängig.

1956 Chruschtschows Geheimrede auf XX. Parteitag der KPdSU: Krise im Sowjetblock; Aufstände in Polen und Ungarn. Suezkrise, 2. Nahostkrieg.

1957 Römische Verträge: EWG. Ghana unabhängig.

1958 Generalsputsch in Algerien: Ende der 4. Republik:

5. Republik, unter de Gaulle (bis 1969). Berlin-Ultimatum: steigender Flüchtlingsstrom aus DDR.

1960 «Jahr Afrikas»: Unabhängigkeit vieler afrikanischer Staaten; Kongokrise.

1961 John F. Kennedy US-Präsident (bis 1963): «New Frontier». Flüchtlingsstrom aus DDR über West-Berlin: Mauer (bis 1989).

1962 Algerien unabhängig.

1963 Kennedy ermordet: Krise in den USA.

1964 Erster «heißer Sommer» in den USA. Race Riot in Harlem.

1965 Sturz Chruschtschows (seit 1955): Breschnew Generalsekretär (bis 1982): «Stagnation». US-Vietnamkrieg (bis 1972). Race Riot in Watts.

1966 Kulturrevolution in China (bis 1979): Massaker. Bürgerkrieg in Ulster (Nordirland) Katholiken–Protestanten. Große Koalition in Bundesrepublik (bis 1969).

1967 Schah-Besuch in West-Berlin: Studentenunruhen. Sechstagekrieg: 3. Nahostkrieg. PLO.

1968 Höhepunkt der Demonstrationen gegen Vietnamkrieg und Race Riots in USA: Doppelkrise der USA. Studentenbewegungen in Westeuropa und Japan. «Prager Frühling»: Militärintervention des Warschauer Pakts in ČSSR.

1969 Sozialliberale Koalition in der Bundesrepublik (bis 1982): Neue Ostpolitik.

1970 Aufstand in Danzig: Polnische Dauerkrise.

1972 Ende des Vietnamkrieges: Malaise in den USA; Watergate-Skandal.

1973 Yom-Kippur-Krieg: Erdölschock; Weltwirtschaftskrise.

1974 «Nelken»revolution in Portugal. Sturz der Monarchie in Äthiopien. Zusammenbruch Südvietnams: Vietnam vereint.

1975 Unabhängigkeit Angolas, Moçambiques: Bürgerkriege. Kambodscha kommunistisch: Massakerherrschaft der Roten Khmer (bis 1979). KSZE-Konferenz in Helsinki: Menschenrechte («Korb 3»). Tod Francos: Spanien konstitutionelle Monarchie.

1976 Unruhen in Polen: Polenkrise verschärft.

1977 «Charta 77» in ČSSR.

1979 Militärintervention der SU in Afghanistan (bis 1988). Sturz der Viererbande: Öffnung Chinas und Reformen.

1980 Streiks in Danzig und Polen: Solidarność.

1981 Reagan US-Präsident (bis 1989): «Zu-Tode-Rüstung» der SU.

1982 «Kriegszustand in Polen». «Wende» in der Bundesrepublik: Regierung Union/FDP.

	Tod Breschnews: Agonie der Gerontokratie in SU.
1983	Höhepunkt der Raketenkrise in Bundesrepublik.
1985	Gorbatschow Generalsekretär (bis 1991): «Glasnost» und «Perestrojka» – Reformen und Agonie der SU eröffnet.
1986	Reaktorunglück von Tschernobyl.
	Intifada: Permanenter arabischer Aufstand in den von Israel besetzten Gebieten (bis ca. 1992).
1989	Fall der Berliner Mauer: Agonie des Kommunismus.
	Massaker auf dem Tienanmen-Platz in Peking: Demokratiebewegung in VR China niedergeworfen.
1990	Einigung Deutschlands: Sturz des Kommunismus in Osteuropa. Auflösungserscheinungen in SU und Jugoslawien.
	Irak besetzt und annektiert Kuwait: UN-Exekution unter Führung der USA: «Neue Weltordnung».
	Schwere Kastenunruhen in Nord-Indien.
1991	Augustputsch in Moskau: Rücktritt Gorbatschows.
	Ende des Kommunismus in Europa.
	Auflösung der UdSSR: GUS.
	Bürgerkrieg im zerfallenden Jugoslawien: Jugoslawienkrieg.
1992	Race Riots in Los Angeles: Existenzkrise der USA.
	Ende der Apartheid in Südafrika (seit 1948).
1993	Europäische Union, mit Erweiterungen (ab 1994).
1994	Nelson Mandela (ANC) erster schwarzer Staatspräsident Südafrikas, mit Mehrheitsregierung.
	Wechselseitige Massaker von Hutu und Tutsi in Rwanda, später auch Burundi: Massenflucht der Bürgerkriegsopfer, vor allem nach Zaïre.
1995	Kroatien erobert Krajina zurück: Massenflucht der Serben.

Übersichten zur Staatengeschichte

Die Zusammenstellung soll eine rasche Orientierung über die Geschichte einiger ausgewählter Staaten ermöglichen, deren politische Geschichte hinreichend kompliziert, aber in so knappen Strichen doch darstellbar ist. Die Geschichte Indiens z. B. entzieht sich der hier gewählten Form; die Geschichte der meisten Staaten ist ohnehin zu kurz, um sich für diese schematische Darstellung zu eignen (z. B. USA).

1. Ägypten

Datum	Status	Dynastie / Herrscher
ca. 3100 v. Chr.–2630	Frühzeit Königreich	1.–2. Dynastie
2630–2134	Altes Reich	3.–6.
2134–2040	1. Zwischenzeit	7.–11.
2040–1650	Mittleres Reich	11.–13./14.
1650–1551	2. Zwischenzeit: Hyksoszeit	15.–17.
1551–1075	Neues Reich	18.–20.
1075–715	3. Zwischenzeit	21.–24.
715–525	Spätzeit	25.–26.
715–671	Nubierherrschaft	Äthiopisch-Nubische (26).
671–656	im Assyrerreich	–
656–525	Dynastie von Saïs	27.
525–410	im Perserreich	–
410/04–343	unabhängiges Königreich	28.–30.
343–332	im Perserreich	31.
332–323	im Alexanderreich	–
323–30	Ptolemäerreich	Ptolemäer
30 v.–395 n. Chr.	im Römischen Reich	–
395–641/42	in Ostrom/Byzanz	–
641/42	im Kalifat	
856–969	wechselnde Mamluken-Herrschaften, unter formaler Suzeränität des Kalifen, u. a.	
868–905		Tuluniden
935–969		Ichschididen
969–1171	im Fatimidenreich	Fatimiden
1171–1250	im Aijubidenreich	Aijubiden
1250–1517	im Mamlukenreich	Mamluken-Dynastien

1517–1798	im Osmanischen Reich	Osmanen
1798–1802	von Frankreich okkupiert	–
ab 1805	faktisch unabhängig als	Mohammed Ali
1867	«Khediven» = Vizekönigreich	Dynastie Mohammed Ali
1882–1922/45	unter britischer Okkupation	
1922	formal unabhängiges Königreich	Dynastie Mohammed Ali
1945	faktisch unabhängig	Dynastie Mohammed Ali
seit 1952	Republik	Nagib, Nasser, Sadat, Mubarak

2. China

Datum	Status	Dynastie / Herrscher
1523 v. Chr. – 1028	Königreich	Shang
1028–771/49	Königreich	Chou
771–221	Wirren (u.a. «Kämpfende Staaten»)	–
221–207	Kaiserreich	Ch'in
206 v.–220 n. Chr.	Kaiserreich	Han
220–280	«Drei Reiche»	–
280–316	Kaiserreich	Chin
316–589	Fragmentierung: «16 Staaten» im Süden	–
589–618	Kaiserreich	Sui
618–906	Kaiserreich	T'ang
906–960	Wirren und Spaltung: «5 Dynastien» (Nord) «10 Staaten» (Süd)	–
960–1279	Kaiserreich	Sung
1126–1234	Nordchina erobert von Dschurdschen	
1126–1279	beschränkt auf den Süden	Südliche Sung
1271/79–1368	Mongolenherrschaft	Yüan
1368–1644	Kaiserreich	Ming
1644–1911	Mandschu-Reich	Ching
1911	Revolution	–
1912	Republik	–
seit 1949	Volksrepublik	–

3. Persien / Iran

Datum	Status	Dynastie / Herrscher
550 v. Chr. – 330	Perserreich (Alt)	Achämeniden
330 – 323	im Alexanderreich	–
312 – ca. 160	im Seleukidenreich	Seleukiden
ca. 160 – 224/7 n. Chr.	im Partherreich	Arsakiden
224/7 – 642/51	(Mittel-)Persisches Reich	Sassaniden
642/51	im Kalifat	
ab vor 1000	zahlreiche lokale Abspaltungen; verschiedene Eroberer, u. a. Ghasnaviden, Seldschuken, Mongolen, Timur Lenk, Timuriden, Turkmenen	
1499/1501 – 1722	Neupersisches Reich	Safaviden
1722 – 1725	Afghanenherrschaft	
1725 – 1794	Wirren	
1794 – 1925		Kadscharen
1925 – 1979		Pahlewi
seit 1979	Islamische Republik	Khomeini, Rafsandjani

4. Griechenland

Datum	Status	Dynastie / Herrscher
338 v. Chr. – 197	unter makedonischer Hegemonie/Herrschaft	
276 – 168		Antigoniden
168 v. Chr.	im Römischen Reich	
395 n. Chr.	in Ostrom/Byzanz	
1204	geteilt unter verschiedene Herrscher	
1430 – 1460	Eroberung durch Osmanisches Reich: Provinz	
1829	Autonomie für (südliches) Griechenland	
1832 – 1862	Souveränes Königreich unter Schutz der Großmächte (seit 1830)	Otto I. von Wittelsbach

1863–1973		Schleswig-Holstein-Sonderburg-Glücksburg (mit Unterbrechungen)
1924–1935	(1.) Republik	
1935–1973	Monarchie	Schleswig-Holstein-Sonderburg-Glücksburg
1936–1941	Metaxas-Diktatur	
1941–1944	von Achsenmächten besetzt	
1967–1974	Militärdiktatur	
seit 1974	(2.) Republik	

5. Italien

Datum	Status	Dynastie/Herrscher
272/222 v. Chr.	Italien von Rom politisch zusammengefaßt: im Römischen Reich	
395 n. Chr.–476	zu Westrom	Theodosianische (bis 455)
476–490/93	Herrschaft des Odoaker	
493–540/52	im Ostgotenreich	Theoderich d. Gr.
540/52–568	zu Ostrom/Byzanz: Exarchat Ravenna	
568–1859	Teile Italiens unter verschiedenen Eroberern gleichzeitig:	
568–951/61	Langobarden	
774–888	Franken, Byzanz (bis 1043)	
828–1090	Sarazenen	
951/61–1183	Deutsche	
1030–1194	Normannen	
1194–1254	Staufer	
1266–1458	Franzosen (Anjou)	
1296–1734	Aragon-Spanien	
1737–1866	Österreich	
	Extreme Fragmentierung, mit einheimischen Staaten – u. a. Kirchenstaat (756 bis	

	1870), Venedig, Mailand, Florenz, Genua, Neapel, Piemont-Sardinien	
1859/61–1946	Königreich Italien	Savoyen
1922–1943/45	Faschismus	Mussolini («Duce»)
seit 1946	Republik	

6. Bulgarien

Datum	Status	Dynastie / Herrscher
680–969	1. Bulgarisches Reich: Khanat.	
864	Übertritt zur griechisch-orthodoxen Kirche: Königreich	
913	Zarenreich	
968/69	Von Kiewer Rus für Byzanz erobert	
971	Ostbulgarisches Reich (sofort von Byzanz erobert)	
971–1018	Westbulgarisches Reich (von Byzanz erobert, 1081): Im Byzantinischen Reich (971/1018–1185)	
1185–1330	2. Bulgarisches Reich	
1330–1355	In Serbischem/Großserbischem Reich	
1355–1396	3 Fürstentümer unter nominellen Zaren	
1396–1908	im Osmanischen Reich	
1396–1878	Provinz	
1878–1908	Autonomer Vasallenstaat	
1879–1886		Alexander v. Battenberg
1887–1946		Sachsen-Coburg-Gotha
1908–1946	Souveränes Königreich	Sachsen-Coburg-Gotha
1946–1990		Volksrepublik
seit 1990		Republik

7. Deutschland

Datum	Status	Dynastie / Herrscher
843/88–911	Ostfranken	Karolinger
911–1806	Königreich der Deutschen	
919–1024		Ottonen/Sachsen
962	1. Deutsches Reich: Imperium Romanum	
1024–1125		Salier
1138–1250/54		Staufer
1250/54–1273		Interregnum
1273–1437		verschiedene Häuser
1438–1806		Habsburg
1806–1813	Rheinbund	–
1815–1866	Deutscher Bund	–
1867–1871	Norddeutscher Bund	–
1871–1918	2. Deutsches Reich	Hohenzollern
1919–1933	Weimarer Republik	Ebert, Hindenburg
1933–1945	Drittes (Deutsches) Reich	Hitler
1949–1990	Bundesrepublik Deutschland–DDR	
seit 1990	vereinigtes Deutschland	

8. Frankreich

Datum	Status	Dynastie / Herrscher
843/88–987	Westfranken–Francia	Karolinger
987–1792	Königreich	
987–1328		Capetinger
1328–1589		Valois
1589–1792		Bourbonen
1792–1799	1. Republik	–
1799–1804	Konsulat	Napoleon Bonaparte 1. Konsul
1804–1814/15	1. Empire	Kaiser Napoleon I.
1814/15–1848	Königreich (konstitutionelle Monarchie)	Bourbonen/Orléans

1848–1852	2. Republik	Louis Bonaparte
1852–1870	2. Empire	Kaiser Napoleon III.
1870–1940	3. Republik	–
1940–1944	Vichy-Staat	Pétain
1944/46–1958	4. Republik	–
1958–	5. Republik	De Gaulle bis Chirac

9. Rußland / Sowjetunion

Datum	Status	Dynastie / Herrscher
ca. 860	Fürstentum Kiew	Rurikiden
862	Fürstentum Nowgorod	Rurikiden
882	Kiewer Rus	Rurikiden
988	Übertritt zur griechisch-orthodoxen Kirche: Großfürstentum	Rurikiden
1328	Großfürstentum Moskau	Rurikiden
1547	Zarentum	Rurikiden (bis 1598)
1613–1917	Zarentum	Romanow
1721–1917	Kaiserreich	
1917	Republik	–
1922–1991	Union der Sozialistischen Sowjetrepubliken (UdSSR/SU)	Parteichefs: u. a. Lenin, Stalin, Chruschtschow, Breschnew, Gorbatschow
1991	Rußland/GUS	Jelzin

10. Ungarn

Datum	Status	Dynastie / Herrscher
896–900	Landnahme der Ungarn: Khanat	Arpaden
1000	Übertritt zur katholischen Kirche:	
1000–1945	Königreich	Arpaden (bis 1301)
1308–1382		Anjou
1387–1437		Sigismund (Luxemburg)
1458–1490		Matthias Corvinus

1499–1526		Jagiellonen
1526	Schlacht bei Mohács: Kern Ungarns unter osmanischer Vorherrschaft, Teile und Anspruch auf Königskrone zu Habsburg	
1541	Dreiteilung: Kaiserliches Ungarn osmanisches Ungarn (Provinz) Siebenbürgen	Habsburg/ Osmanen
1686/87–1867	Osmanisches Ungarn und Siebenbürgen zu Österreich	Habsburg
1848/49	Unabhängigkeit proklamiert	–
1867–1918	Ausgleich: In Doppelmonarchie Österreich-Ungarn	Habsburg
1918	Republik	–
1919	Räterepublik; nach deren Sturz Monarchie wiederhergestellt, aber ohne Monarchen	
1919–1945		Reichsverweser v. Hórthy
1946	Republik	–
1947–1990	Volksrepublik	
seit 1990	Republik	

11. Polen

Datum	Status	Dynastie/Herrscher
ca. 960	Herzogtum	Piasten
966	Übertritt zur katholischen Kirche	
1025	Königreich	Piasten
1034	Fürstentum	Piasten
1076	Königreich	Piasten
1079	Großfürstentum	Piasten

1138–1320	Zersplitterung in 9 Fürstentümer	Piasten
1320–1370	Königreich (bis 1795)	Piasten
1370–1382	Personalunion mit Ungarn	Anjou
1386–1572	Personalunion mit Litauen	Jagiellonen
1573–1795	Wahlmonarchie/ Adelsrepublik «Rzeczpospolita»: Auch («1.») Republik	Herrscher aus wechselnden Häusern
1587–1599	Personalunion mit Schweden	Wasa (bis 1632)
1697–1763	Personalunion mit Sachsen	Wettiner
1772/95	3 Teilungen Polens Polen aufgeteilt: in Rußland, Preußen, Österreich	–
1807–1813	Herzogtum Warschau in Personalunion mit Sachsen	Wettiner
1815–1915	Modifizierte Dreiteilung Polens: Königreich Polen («Kongreßpolen») zu Rußland, Großherzogtum Posen zu Preußen, jeweils mit Autonomie (bis 1832), Galizien zu Österreich; Republik Krakau (bis 1846)	
1916–1918	«Königreich Polen», proklamiert von Mittelmächten	Regentschaftsrat
1918–1939	(2.) Republik fortgesetzt von Exilregierungen	u. a. Pilsudski (1926–34)
1944/49–1990	Republik/ Volksrepublik	–
seit 1990	(3.) Republik	Walesa

12. Österreich

Datum	Status	Dynastie / Herrscher
976–1156	Bayrische Ostmark (Markgrafschaft)	Babenberger (bis 1246)
1156	Herzogtum	Babenberger
1250–1278		Ottokar II.
1282		Habsburg (bis 1918)
1453	Erzherzogtum	Habsburg
1804–1806	Kaiserreich, im Heiligen Römischen Reich	Habsburg
1806–1867	Kaiserstaat Österreich	Habsburg
1867–1918	Ausgleich: Doppelmonarchie Österreich-Ungarn	Habsburg
1918–1938	1. Republik	–
1938–1945	im (Groß-)Deutschen Reich	Hitler
ab 1945	2. Republik	Renner bis Klestil

13. England / Großbritannien

Datum	Status	Dynastie / Herrscher
1016	England durch Eroberung der Dänen zusammengefaßt: Königreich	
1016–1042		Dänische Dynastie
1042–1066		Eduard d. Bekenner
1066	Normannische Eroberung	
1066–1135		Normannische Dynastie
1154–1399		Anjou-Plantagenet
1399–1485		Lancaster-York (im Wechsel)
1485–1603		Tudor
1603	Personalunion mit Schottland (bis 1707)	Stuart
1649–1659	Commonwealth (Republik)	Oliver Cromwell (1653–58)

1660–1688	Restoration: Konstitutionelle Monarchie	Stuart
1688/89	Glorious Revolution	–
1689	Parlamentarische Monarchie	
1689–1702	Personalunion mit Holland	Oranien/Stuart
1702–1714		Anne Stuart
1707	Realunion mit Schottland	
1714–1901		Hannover
1800/01–1923	Realunion mit Irland (seit 1923 nur noch mit Nordirland)	
seit 1901		Sachsen-Coburg-Gotha (Windsor seit 1917)

14. Portugal

Datum	Status	Dynastie/Herrscher
1095–1139	Kastilische Grafschaft	Burgunder (bis 1383)
1139/43–1910	Königreich	Burgunder
1385–1580		Avis
1580–1640/68	Personalunion mit Spanien	Habsburg
1640/68–1853	Unabhängiges Königreich	Braganza
1853–1910		Sachsen-Coburg-Gotha
1910–1926	(1.) Republik	–
1926–1974	Autoritäres Regime	Salazar (1932–68)
ab 1974	(2.) Republik	–

15. Rumänien

Datum	Status	Dynastie/Herrscher
1324–1352	Erste Erwähnung des Basarab	Fürst der Walachei
1360–1859	Fürstentum Moldau	

1415–1877	Walachei den Osmanen tributpflichtig	
1541	Siebenbürgen unabhängiges Fürstentum	
1600/1	Vereinigung Walachei, Moldau und Siebenbürgen	Mihai der Tapfere
1697	Union mit Rom eines Teils der orthodoxen Rumänen	
1711–1821	Phanarioten in der Moldau und Walachei	
1812	Bessarabien fällt an Rußland	
1829–1853	Russisches Protektorat in Moldau und Walachei	
1859–1861	Vereinigung Moldau und Walachei	
1859–1866		Fürst Ioan Cuza
1866–1914		Karl von Hohenzollern-Sigmaringen
1878	Souveränität Rumäniens	
1881–1947	Königreich	
1918	Vereinigung Siebenbürgens mit Rumänien	
1947–1989	Volksrepublik	Ceaucescu (1965–89)
seit 1989/90	Republik	

16. Spanien

Datum	Status	Dynastie / Herrscher
1479	Personalunion Kastilien/Aragon	Isabel/Ferdinand
1516–1700		Habsburg
1700–		Bourbonen (mit Unterbrechungen)
1873–1875	1. Republik	–
1875–1931	Königreich (konstitutionelle Monarchie)	Bourbonen

1923–1930	Diktatur	Primo de Rivera
1930–1931	Konstitutionelle Monarchie	Bourbonen
1931–1936/39	(2.) Republik	–
1936/39–1975	Autoritäres Regime	Franco («Caudillo»)
seit 1975	Konstitutionelle Monarchie	Bourbonen: Juan Carlos

17. Niederlande (Holland)

Datum	Status	Dynastie / Herrscher
1579	Union von Utrecht: 7 nördliche Provinzen	
1581	Unabhängigkeits-erklärung: Generalstaaten, ohne Monarchen, meistens mit Generalstatthalter	(Oranien)
1795–1806	Batavische Republik	
1806–1810	Königreich Holland	Louis Bonaparte
1810–1814	Von Frankreich annektiert	
1814/15–1830	Vereinigtes Königreich der Niederlande	Oranien
1830	Sezession Belgiens	

18. Belgien

Datum	Status	Dynastie / Herrscher
1579	Union von Arras: Rückkehr der 10 südlichen Provinzen unter spanische Souveränität: Spanische Niederlande	Habsburg
1714-1790/94	Zu Österreich: Österreichische Niederlande	Habsburg

1795–1814	Von Frankreich annektiert	
1815–1830	Im Vereinigten Königreich der Niederlande	Oranien
1831	Nach Belgischer Revolution (1830) unabhängig	Sachsen-Coburg-Gotha
1839	Neutralität Belgiens	

Herrscher und Staatsmänner wichtiger Staaten / Reiche; Päpste (Auswahl)

Römische Kaiser (Auswahl)

Augustus	27 v. Chr. – 14 n. Chr.	
Tiberius	14–37	
Caligula	37–41	
Claudius	41–54	
Nero	54–68	
Vespasian	69–79	
Titus	79–81	
Domitian	81–96	
Nerva	96–98	
Trajan	98–117	Adoptivkaiser
Hadrian	117–138	Adoptivkaiser
Antoninus Pius	138–161	Adoptivkaiser
Marc Aurel	161–180	Adoptivkaiser
Commodus	180–192	
Septimius Severus	193–211	
Caracalla	211–217	
Severus Alexander	222–235	

Soldatenkaiser (235–284)
22 Kaiser in 49 Jahren, u. a.

Philippus Arabs	244–249
Valerian	253–260
Aurelian	270–275
Carus	282–283

Spätrömische Zeit

Diokletian	284–305
Constantius I.	305–306
Konstantin der Große	306/324–337
Constantius II.	337–361
Julian Apostata	361–363
Valentinian I.	364–375
Valens	364–378
Theodosius I.	379/94–395

Endgültige Teilung des römischen Reiches, 395

Westrom:

Honorius	395–423	Theodosiani-
Valentian III.	425–455	sche Dynastie
Julius Nepos	474–475	
Romulus («Augustulus»)	475–476	

Ostrom:

Arcadius	395–408	Theodosiani-
Theodosius II.	408–450	sche Dynastie
Leon I.	457–474	
Zenon I.	474–491	
Anastasios I.	491–518	
Justin I.	518–527	
Justinian I.	527–565	

Byzanz – 1453:

Makedonische Dynastie	518–578
Herakleische Dynastie	610–711
Syrische/Isaurische Dynastie	717–802
Amorionische Dynastie	820–867
Makedonische Dynastie	867–1056
Dynastie der Dukas	1059–1078
Dynastie der Komnenen	1081–1185
Dynastie der Angeloi	1185–1204
Dynastie der Laskari	1204–1261
Dynastie der Palaiologen	1261–1453

Kalifen des arabisch-muslimischen Kalifats (Auswahl)

Die «rechtgeleiteten» Kalifen, 632–661

Abu Bakr	632–634
Omar	634–644
Othman	644–656
Ali	656–661

Omaijaden, 661–750

Muawija I.	661–680
Yazid I.	680–683
Marwan	745–750

Abbasiden, 750–1258

Abul Abbas	750–754
al-Mansur	754–775
al-Mahdi	775–785
Harun al-Raschid	786–809

al-Amin	809–813
al-Mamun	813–833

nach 833 Schattenkalife unter wechselnden «Beschützern des Kalifen»
Mamluken (bis 945)
Bujiden (bis 1055)
Seldschuken (bis 1258).

Gegenkalifate:
680– 692 in Mekka; Felsendom in Jerusalem als höchstes Heiligtum (691)
909–1171 Fatimiden (extreme Abspaltung von Sch'ia)
929–1031 Cordoba der Omaijaden (sunnitisch)

Deutsche Herrscher (Könige und Kaiser)

Königreich der Deutschen, 911–1806

Konrad I.	911–918

Sachsen (Ottonen), 919–1024

Heinrich I.	919–936
Otto I. (der Große)	936/62–973
Otto II.	973–983
Otto III.	983–1002
Heinrich II.	1002–1024

Salier, 1024–1125

Konrad II.	1024–1039
Heinrich III.	1039–1056
Heinrich IV.	1056–1106
Heinrich V.	1106–1125
Lothar III. von Supplinburg	1125–1137

Staufer, 1138–1254

Konrad III.	1138–1152
Friedrich I. (Barbarossa)	1152–1190
Heinrich VI.	1190–1197
Philipp	1198–1208

Welfen, 1208–1218

Otto IV.	1208–1215

Staufer

Friedrich II.	1215–1250
Konrad IV.	1250–1254

Interregnum, 1250/54–1273
kein allgemein anerkannter König

Verschiedene Häuser	
Rudolf I. (Habsburg)	1273–1291
Adolf von Nassau	1292–1298
Albrecht I. (Habsburg)	1298–1308
Heinrich VII. (Luxemburg)	1308–1313
Ludwig (der Bayer) (Wittelsbach)	1314–1347
Karl IV. (Luxemburg)	1347–1378
Wenzel I. (Luxemburg)	1378–1400
Ruprecht (Wittelsbach)	1400–1410
Sigismund (Luxemburg)	1410–1437
Habsburg, 1438–1740	
Albrecht II.	1438–1439
Friedrich III.	1440–1493
Maximilian I.	1493–1519
Karl V.	1519–1555/56
Ferdinand I.	1556–1564
Maximilian II.	1564–1576
Rudolf II.	1576–1612
Matthias	1612–1619
Ferdinand II.	1619–1637
Ferdinand III.	1637–1657
Leopold I.	1658–1705
Joseph I.	1705–1711
Karl VI.	1711–1740
Wittelsbach	
Karl VII.	1742–1745
Habsburg-Lothringen, 1745–1806	
Franz I. Stephan	1745–1765
Joseph II.	1765–1790
Leopold II.	1790–1792
Franz II.	1792–1806
Hohenzollern in Brandenburg/Preußen/2. Deutsches Reich	
a) *Kurfürsten von Brandenburg* (Auswahl)	
Friedrich I.	1411/15–1440
Friedrich Wilhelm (der Große Kurfürst)	1640–1688
Friedrich III. (identisch mit König Friedrich I.)	1688–1701

b) *Könige in/von Preußen*

Friedrich I.	1701–1713
Friedrich Wilhelm I.	1713–1740
Friedrich II. (der Große)	1740–1786
Friedrich Wilhelm II.	1786–1797
Friedrich Wilhelm III.	1797–1840
Friedrich Wilhelm IV.	1840–1858/61
Wilhelm I. (identisch mit Kaiser Wilhelm I.)	1861–1888

c) *Deutsche Kaiser*

Wilhelm I.	1871–1888
Friedrich III.	1888
Wilhelm II.	1888–1918

Reichspräsidenten in der Weimarer Republik

Friedrich Ebert	1919–1925
Paul von Hindenburg	1925–1934

Staatsoberhäupter im Dritten Reich

Adolf Hitler	1934–1945
Karl Doenitz	30.4.–23.5.1945

Bundesrepublik Deutschland (seit 1949) (Bundespräsidenten)

Theodor Heuss	1949–1959
Heinrich Lübke	1959–1969
Gustav Heinemann	1969–1974
Walter Scheel	1974–1979
Karl Carstens	1979–1984
Richard v. Weizsäcker	1984–1994
Roman Herzog	seit 1994

Deutsche Demokratische Republik (seit 1949) (Staatsoberhäupter)

Wilhelm Pieck	1949–1960
Walter Ulbricht	1960–1973
Willi Stoph	1973–1976
Erich Honecker	1976–1989

Deutsche Reichs- und Bundeskanzler

Reichskanzler

a) *Zweites Kaiserreich*

Otto von Bismarck	1871–1890
Georg Leo v. Caprivi	1890–1894
Chlodwig zu Hohenlohe-Schillingsfürst	1894–1900
Bernhard von Bülow	1900–1909
Theobald von Bethmann Hollweg	1909–1917

Georg Michaelis	14.7.1917–1.11.1917
Georg von Hertling	1.11.1917–30.9.1918
Max von Baden	3.10.1918–9.11.1918

b) *Novemberrevolution 1918/19*

Rat der Volksbeauftragten unter Friedrich Ebert	1918/19

c) *Weimarer Republik*

Philipp Scheidemann («Reichsministerpräsident») (SPD)	13.2.1919–20.6.1919
Gustav Bauer (SPD)	21.6.1919–26.3.1920
Hermann Müller (SPD)	27.3.1920–8.6.1920
Konstantin Fehrenbach (Zentrum)	25.6.1920–4.5.1921
Joseph Wirth (Zentrum)	10.5.1921–14.11.1922
Wilhelm Cuno (parteilos)	22.11.1922–12.8.1923
Gustav Stresemann (DVP)	13.8.1923–23.11.1923
Wilhelm Marx (Zentrum)	30.11.1923–15.12.1924
Hans Luther (parteilos)	15.1.1925–12.5.1926
Wilhelm Marx (Zentrum)	16.5.1926–12.6.1928
Hermann Müller (SPD)	29.6.1928–27.3.1930
Heinrich Brüning (Zentrum)	30.3.1930–30.5.1932
Franz von Papen (ex-Zentrum)	1.6.1932–17.11.1932
Kurt von Schleicher (parteilos)	3.12.1932–28.1.1933

d) *Drittes Reich*

Adolf Hitler (NSDAP)	30.1.1933–30.4.1945
Johann Ludwig Schwerin von Krosigk	3.5.1945–23.5.1945

Bundeskanzler

Konrad Adenauer (CDU)	15.9.1949–15.10.1963
Ludwig Erhard (CDU)	16.10.1963–30.11.1966
Kurt-Georg Kiesinger (CDU)	1.12.1966–20.10.1969
Willy Brandt (SPD)	21.10.1969–7.5.1974
Helmut Schmidt (SPD)	16.5.1974–2.10.1982
Helmut Kohl (CDU)	seit 2.10.1982

Staatsoberhäupter und Leitende Minister Frankreichs 987–1995 (Auswahl)

Capetinger (987–1328)

Hugo	987–996
Robert	996–1031
Heinrich I.	1031–1060
Philipp II.	1060–1108
Ludwig VI. der Dicke	1108–1137

Ludwig VII.	1137–1180
Philipp II. August	1180–1223
Ludwig VIII. der Löwe	1223–1226
Ludwig IX. der Heilige	1226–1270
Philipp III. der Kühne	1270–1285
Philipp IV. der Schöne	1285–1314
Karl IV. der Schöne	1322–1328
Valois (1328–1589)	
Philipp VI.	1328–1350
Johann II. der Gute	1350–1364
Karl V. der Weise	1364–1380
Karl VI. der Wahnsinnige	1380–1422
Karl VII. der Siegreiche	1422–1461
Ludwig XI.	1461–1483
Karl VIII.	1483–1498
Ludwig XII. der Vater des Volkes	1498–1515
Franz I.	1515–1547
Heinrich II.	1547–1559
Franz II.	1559–1560
Karl IX.	1560–1574
Heinrich III.	1574–1589
Bourbonen (1589–1792)	
Heinrich IV.	1589–1610
Ludwig XIII.	1610–1643
Ludwig XIV.	1643–1715
Ludwig XV.	1715–1772
Ludwig XVI.	1772–1792
1. Republik	1792–1799
Konsulat: Napoleon Bonaparte 1. Konsul	1799–1804
1. Empire	
Kaiser Napoleon I. (Bonaparte)	1804–1814/15
Bourbonen (1814/15–1848)	
Ludwig XVIII.	1814/15–1824
Karl X.	1824–1830
Louis Philippe (Orléans)	1830–1848

2. Republik	1848–1852
Louis Napoleon Bonaparte	1848–1852
2. Empire	
Kaiser Napoleon III.	1852–1870
3. Republik	1870–1940
Präsidenten (Auswahl)	
Adolphe Thiers	1871–1873
Marie Edme Patrice Maurice Mac Mahon	1873–1879
Raymond Poincaré	1913–1920
Gaston Doumergue	1924–1931
Albert Lebrun	1932–1940
Vichy-Staat	1940–1944
Henry Philippe Pétain	1940–1944
4. Republik	1944/45–1958
Vincent Auriol	1947–1954
5. Republik	ab 1958
Charles de Gaulle	1959–1969
Georges Pompidou	1969–1974
Valery Giscard D'Estaing	1974–1981
François Mitterand	1981–1995
Jacques Chirac	seit 1995

Leitende Staatsmänner Frankreichs (Auswahl)

Sully, Duc de 1597–1610	(Heinrich IV.)
Kardinal Richelieu 1624–1642	(Ludwig XIII.)
Kardinal Mazarin 1642–1661	(Ludwig XIV.)
Jean Baptiste de Colbert (Finanzminister) 1661–1683	(Ludwig XIV.)
Kardinal de Fleury 1726–1743	(Ludwig XV.)
Etienne-François de Choiseul 1758–1770	(Ludwig XV.)
Anne Robert Jacques Turgot (Finanzminister) 1774–1776	(Ludwig XVI.)
Jacques Necker (Finanzminister) 1777–1781	(Ludwig XVI.)
Charles Alexandre de Calonne (Finanzminister) 1783–1787	(Ludwig XVI.)
Etienne Charles de Brienne (Finanzminister) 1787–1788	(Ludwig XVI.)
Jacques Necker (Finanzminister) 1788–1790	(Ludwig XVI.)
Fürst Talleyrand (Außenminister) 1797–1807	(Direktorium, Napoleon I.)
1814–1815	(Ludwig XVIII.)

Ministerpräsidenten Frankreichs (Auswahl)

Fürst Polignac 1829/1830	(Karl X.)
Adolphe Thiers 1836, 1840	(Louis Philippe)

3. Republik, 1870–1940

Adolphe Thiers	1871–1873
Mac Mahon	1873–1874
Léon Gambetta	1881–1882
Jules Ferry	1881–1882, 1883–1885
Charles de Freycinet	1879–1880, 1882, 1886–1887, 1890–1892
Maurice Rouvier	1887, 1905–1906
Alexandre Félix Josef Ribot	1892–1893, 1915, 1917
Pierre Marie Waldeck Rousseau	1899–1902
Georges Clemenceau	1906–1909, 1917–1920
Aristide Briand	1908–1911, 1913, 1915–1917, 1921–1922
Joseph Caillaux	1911–1912
Raymond Poincaré	1912–1913, 1922–1924, 1926–1929
Louis Barthou	1913
René Viviani	1914–1915
Edouard Herriot	1924–1925, 1926, 1932
Tardieu	1929–1930
Pierre Laval	1931–1932, 1935–1936, 1942–1944 (Vichy)
Léon Blum	1936–1937, 1938
Edouard Daladier	1933, 1934, 1938–1940

4. Republik, 1944–1958

de Gaulle	1944–1946
Léon Blum	1946–1947
Georges Bidault	1946, 1949–1950
Pierre Schuman	1947–1948
René Pleven	1950–1951, 1951–1952
Pierre Mendès-France	1954–1955
Guy Mollet	1956–1957

5. Republik, seit 1958

de Gaulle	1958–1959
Georges Pompidou	1962–1968
Raymond Barre	1976–1981
Jacques Chirac	1986–1988

Wichtigste Regenten Rußlands und der UdSSR (Auswahl)

Zarenreich	
Rurikiden (seit 862/82)	
Iwan IV. (der Schreckliche)	1547–1584
Boris Godunow	1598–1605
Grigori Otrjopjew Pseudo-Demetrius	1605–1606
Wassilij Schujskij	1606–1612
Romanow (1613–1917)	
Michael Romanow	1613–1645
Alexej	1645–1676
Feodor III.	1676–1682
Sophie	1682–1689
Peter I. der Große	1689–1725
Katharina I.	1725–1727
Peter II.	1727–1730
Anna	1730–1740
Elisabeth	1741–1762
Romanow-Holstein-Gottorp	
Peter III.	Jan.–Juli 1762
Katharina II. die Große	1762–1796
Paul	1796–1801
Alexander I.	1801–1825
Nikolaus I.	1825–1855
Alexander II.	1855–1881
Alexander III.	1881–1894
Nikolaus II.	1894–1917
Sowjetrußland/UdSSR (seit 1917/22)	
Parteichefs	
Wladimir Iljitsch Lenin	1917–1922
Josif Wissarionowitsch Stalin	1922–1953
Georgij Malenkow	März–Sept. 1953
Nikita Sergejewitsch Chruschtschow	1953–1964
Leonid Breschnew	1964–1982
Jurij Andropow	1983–1984
Konstantin Tschernenko	1984–1985
Michail Gorbatschow	1985–1991
Rußland	
Boris Jelzin	seit 1991

Herrscher Englands (Auswahl)

Knut d. Große	1016–1035
Eduard der Bekenner	1042–1066
Harald	1066 bis Oktober
Normannendynastie (1066–1135)	
Wilhelm der Eroberer (I.)	1066–1087
Wilhelm II.	1087–1100
Heinrich I.	1100–1135
Stephan von Blois	1135–1154
Anjou-Plantagenet (1154–1399)	
Heinrich II.	1154–1189
Richard I. Löwenherz	1189–1199
Johann Ohneland	1199–1216
Heinrich III.	1216–1272
Eudard I.	1272–1307
Eduard II.	1307–1327
Eduard III.	1327–1377
Richard II.	1377–1399
Lancaster (1399–1461/71)	
Heinrich IV.	1399–1413
Heinrich V.	1413–1422
Heinrich VI.	1422–1461
York	
Eduard IV.	1461–1470
Lancaster	
Heinrich VI.	1470–1471
York (1471–1485)	
Eduard IV.	1471–1483
Eduard V.	April–Juni 1483
Richard III.	1483–1485
Tudor (1485–1603)	
Heinrich VII.	1485–1509
Heinrich VIII.	1509–1547
Eduard VI.	1547–1553
Maria die Katholische	1553–1558
Elisabeth I.	1558–1603

Stuart (1603–1649)	
Jakob I.	1603–1625
Karl I.	1625–1649
Lordprotektoren des Commonwealth (1653–1659)	
Oliver Cromwell	1653–1658
Richard Cromwell	1658–1659
Stuart (1660–1688)	
Karl II.	1660–1685
Jakob II.	1685–1688
Oranien	
Wilhelm III.	1689–1702
Stuart	
Anna	1702–1714
Hannover (1714–1901)	
Georg I.	1714–1727
Georg II.	1727–1760
Georg III.	1760–1820
Georg IV.	1820–1830
Wilhelm IV.	1830–1837
Viktoria	1837–1901
Sachsen-Coburg-Gotha (Windsor) seit 1901	
Eduard VII.	1901–1910
Georg V.	1910–1936
Eduard VIII.	Jan–Dez. 1936
Georg VI.	1936–1952
Elisabeth II.	seit 1952
Englische Premierminister (Auswahl)	
Robert Walpole (Whig)	1721–1742
William Pitt d. Ä. (Tory)	1756–1761, 1766–1768
Frederick, Lord North (Tory)	1770–1782
William Pitt d. J. (Tory)	1783–1801
Henry Addington (Tory)	1801–1804
William Pitt d. J. (Tory)	1804–1806
Duke of Wellington (Tory)	1828–1830
Charles, Earl Grey (Whig)	1830–1834
Robert Peel (Tory)	1834–1835
Melbourne (Whig)	1835–1841
Robert Peel (Lib.-Kons. «Peelites»)	1841–1846

John Russell (Whig)	1846–1852
John Russell (Whig)	1865–1866
Benjamin Disraeli/Beaconsfield (Kons.)	1868
William Ewart Gladstone (Lib.)	1868–1874
Disraeli/Beaconsfield (Kons.)	1874–1880
William Ewart Gladstone (Lib.)	1880–1885
Salisbury (Kons.)	1885–1886
William Ewart Gladstone (Lib.)	1886
Salisbury (Kons.)	1886–1892
William Ewart Gladstone (Lib.)	1892–1894
Rosebery (Lib.)	1894–1895
Salisbury (Kons.)	1895–1902
Arthur James Balfour (Kons.)	1902–1905
Henry Campbell-Bannerman (Lib.)	1905–1908
Herbert Henry Asquith (Lib.)	1908–1916
Herbert Henry Asquith (Nat. Govt. = Allpart.reg.)	1914–1916
David Lloyd George (Nat. Govt. = Allpart.reg.)	1916–1922
Andrew Bonar Law (Kons.)	1922–1923
Stanley Baldwin (Kons.)	1923–1924
James Ramsay MacDonald (Lab.)	1924
Stanley Baldwin (Kons.)	1924–1929
James Ramsay MacDonald (Lab.)	1929–1931
James Ramsay MacDonald (Nat. Govt.)	1931–1935
Stanley Baldwin (Kons.)	1935–1937
Arthur Neville Chamberlain (Kons.)	1937–1940
Winston Churchill (Nat. Govt.)	1940–1945
Clement Attlee (Lab.)	1945–1951
Winston Churchill (Kons.)	1951–1955
Anthony Eden (Kons.)	1955–1957
Harold Macmillan (Kons.)	1957–1963
Alec Douglas-Home (Kons.)	1963–1964
Harold Wilson (Lab.)	1964–1970
Edward Heath (Kons.)	1970–1974
Wilson (Lab.)	1974–1976
James Callaghan (Lab.)	1976–1979
Margaret Thatcher (Kons.)	1979–1991
John Major (Kons.)	seit 1991

Präsidenten der Vereinigten Staaten von Amerika

1. George Washington (Federalist)	1789–1797
2. John Adams (Fed.)	1797–1801
3. Thomas Jefferson (Dem.-Rep.)	1801–1809
4. James Madison (Dem.-Rep.)	1809–1817
5. James Monroe (Dem.-Rep.)	1817–1825
6. John Quincy Adams (Dem.)	1825–1829
7. Andrew Jackson (Dem.)	1829–1837
8. Martin van Buren (Dem.)	1837–1841
9. William Harry Harrison (Whigs)	1841
10. John Tyler (Whigs)	1841–1845
11. James Knox Polk (Dem.)	1845–1849
12. Zachary Taylor (Whigs)	1849–1850
13. Millard Fillmore (Whigs)	1850–1853
14. Franklin Pierce (Dem.)	1853–1857
15. James Buchanan (Dem.)	1857–1861
16. Abraham Lincoln (Rep.)	1861–1865
17. Andrew Johnson (Rep.)	1865–1869
18. Ulysses Sidney Grant (Rep.)	1869–1877
19. Rutherford Richard Hayes (Rep.)	1877–1881
20. James Abraham Garfield (Rep.)	1881
21. Chester Allen Arthur (Rep.)	1881–1885
22. Grover Cleveland (Dem.)	1885–1889
23. Benjamin Harrison (Rep.)	1889–1893
24. Grover Cleveland (Dem.)	1893–1897
25. William McKinley (Rep.)	1897–1901
26. Theodor Roosevelt (Rep.)	1901–1909
27. William Howard Taft (Rep.)	1909–1913
28. Thomas Woodrow Wilson (Dem.)	1913–1921
29. Warren Gamaleil Harding (Dem.)	1921–1923
30. Calvin Coolidge (Rep.)	1923–1929
31. Herbert Clark Hoover (Rep.)	1929–1933
32. Franklin D. Roosevelt (Dem.)	1933–1945
33. Harry S. Truman (Dem.)	1945–1953
34. Dwight D. Eisenhower (Rep.)	1953–1961
35. John F. Kennedy (Dem.)	1961–1963
36. Lyndon B. Johnson (Dem.)	1963–1969
37. Richard Nixon (Rep.)	1969–1974
38. Gerald Ford (Rep.)	1974–1977
39. Jimmy Carter (Dem.)	1977–1981
40. Ronald Reagan (Rep.)	1981–1989
41. George Bush (Rep.)	1989–1993
42. Bill Clinton (Dem.)	seit 1993

Päpste (Auswahl)

Damasus I.	366–384
Leo I. (der Große)	440–461
Gregor I. (der Große)	590–604
Leo III.	795–816
Nikolaus I.	858–867
Johannes XII.	955–964
Leo IX.	1049–1054
Alexander II.	1061–1073
Gregor VII.	1073–1085
Urban II.	1088–1099
Alexander III.	1159–1181
Innozenz III.	1198–1215
Gregor IX.	1227–1241
Martin IV.	1281–1285
Bonifaz VIII.	1294–1303
Clemens V.	1305–1314
Babylonische Gefangenschaft der Kirche	1309–1377
Johannes XXII.	1316–1334
Urban V.	1362–1370
Gregor XI.	1370–1378
Großes Abendländisches Schisma	1378–1417
Martin V.	1417–1431
Eugen IV.	1431–1447
Nikolaus V.	1447–1455
Alexander VI. (Borgia)	1492–1503
Julius II.	1503–1513
Leo X.	1513–1521
Gregor XIII.	1572–1585
Pius VI.	1775–1799
Pius VII.	1800–1823
Pius IX.	1846–1878
Leo XIII.	1878–1903
Pius X.	1903–1914
Benedikt XV.	1914–1922
Pius XI.	1922–1939
Pius XII.	1939–1958
Johannes XXIII.	1958–1963
Paul VI.	1963–1978
Johannes Paul II.	seit 1978

Schematische Skizzen

Die Aufspaltung der Menschheit

Westen — *Osten*

2 Mio. Jahre — Altpaläolithikum: — Altsteinzeit: Entstehung der Menschheit im Rift Valley (Afrika): *Homo habilis*
Verschiedene Stufen des Altmenschen: *Homo sapiens:*
Begrenzte intellektuelle Fähigkeiten, grobe Werkzeuge, Jagd, Fischen, Nahrungssammlung

ca. 600 000 — Gebrauch des Feuers

ca. 70 000 — *Neandertaler*

---

ca. 35 000 — Rezenter (Neuer) Mensch: *Cro-Magnon-Mensch : Homo sapiens sapiens*

(Mittlerer Osten: Karmelhöhlen) — Artikulierte Sprache; voll angelegte intellektuelle Fähigkeiten

Ältere Gruppen (jetzt marginal):

- Pygmäen (Afrika)
- Buschmänner (Afrika)
- Negritos (Indien)
- Veddas (Sri Lanka)
- Papua (Neu-Guinea)
- Aboriginals (Australien)

(Von sich aus kein Übergang zur Landwirtschaft)

ca. 30 000 (??) — Jüngere Gruppen («Rassen»)

- Kaukasier (Europiden)
- Negriden
  - Draviden (Indien) (?)
- Mongoliden

Unklare / umstrittene Zuordnung

- Malayen-Polynesier
  - Filipinos
  - Malayen
  - Polynesier
- Draviden
- Türken
- Hamiten

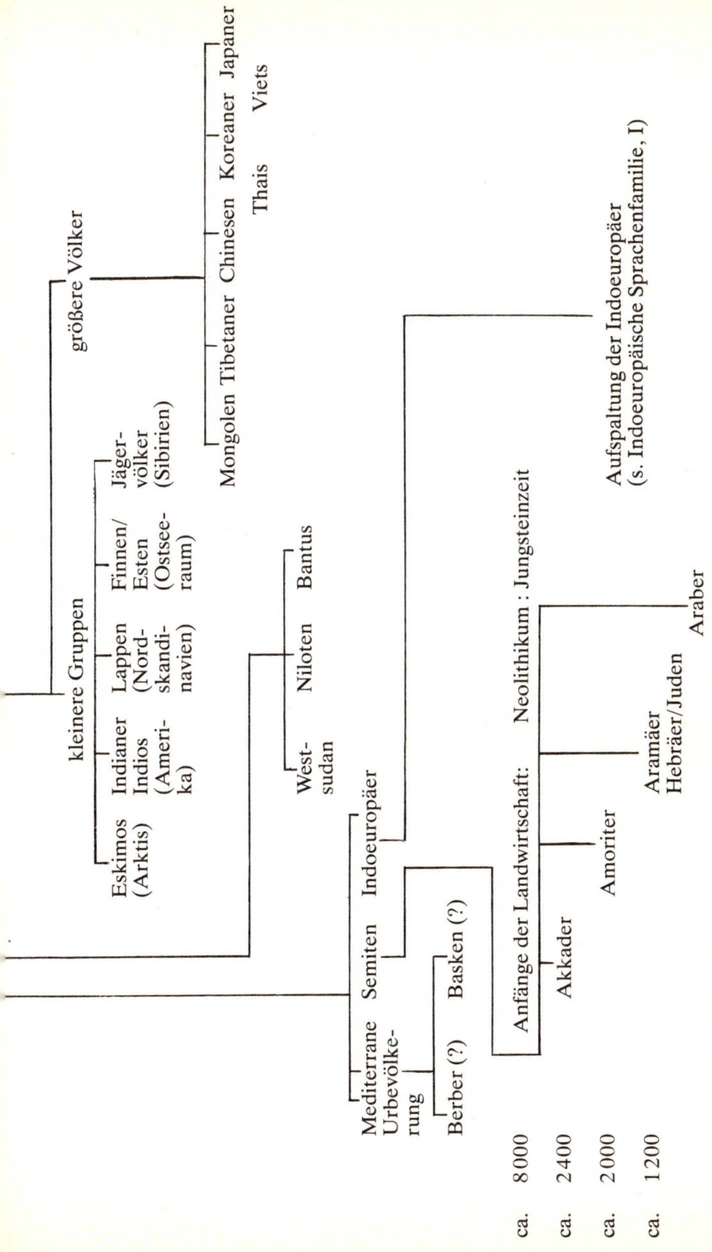
größere Völker
Mongolen
Tibetaner
Chinesen
Koreaner
Japaner
Thais
Viets
kleinere Gruppen
Eskimos (Arktis)
Indianer Indios (Amerika)
Lappen (Nordskandinavien)
Finnen/ Esten (Ostseeraum)
Jägervölker (Sibirien)
Westsudan
Niloten
Bantus
Mediterrane Urbevölkerung
Semiten
Indoeuropäer
Berber (?)
Basken (?)
Aufspaltung der Indoeuropäer (s. Indoeuropäische Sprachenfamilie, I)
Anfänge der Landwirtschaft: Neolithikum : Jungsteinzeit
Akkader
Amoriter
Aramäer Hebräer/Juden
Araber
ca. 8000
ca. 2400
ca. 2000
ca. 1200

Indoeuropäische Sprachenfamilie, I

Weitverzweigte Sprachen, in Wortschatz und Grammatik miteinander verwandt, aber, außer bei ganz enger Verwandtschaft (z. B. südslawische Sprachen) nicht mehr gegenseitig verständlich. Unterschiede entstanden aus normalen Differenzierungen in Raum und Zeit und durch Absorbierung der Sprachen anderer Völker, mit denen sich indoeuropäische Völker verbanden, meist nach vorausgegangenen Eroberungen.

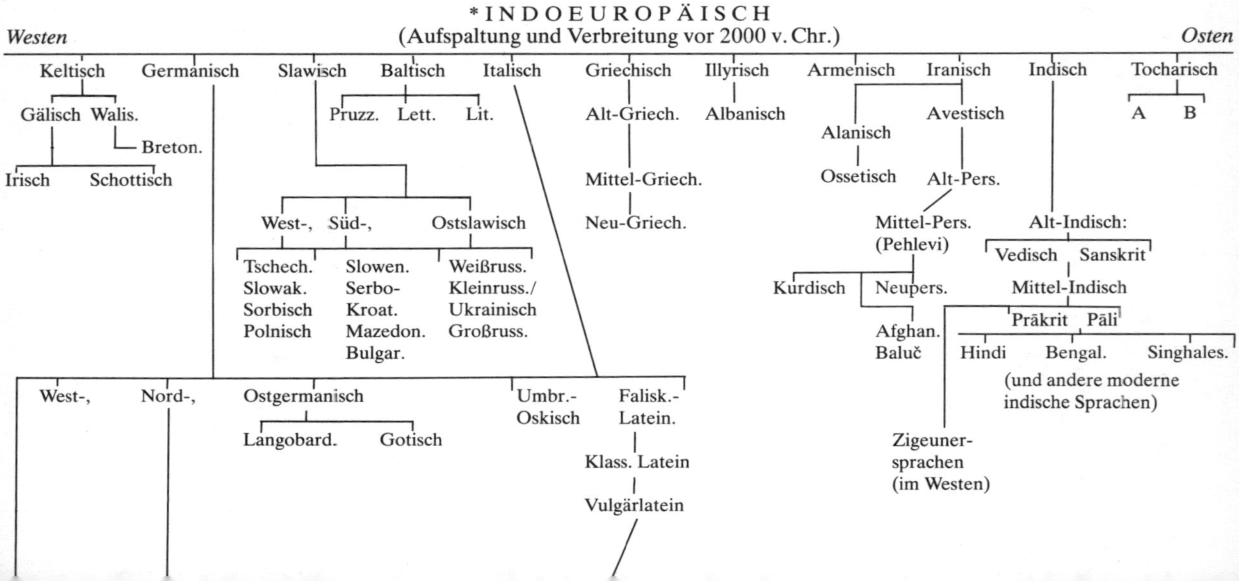

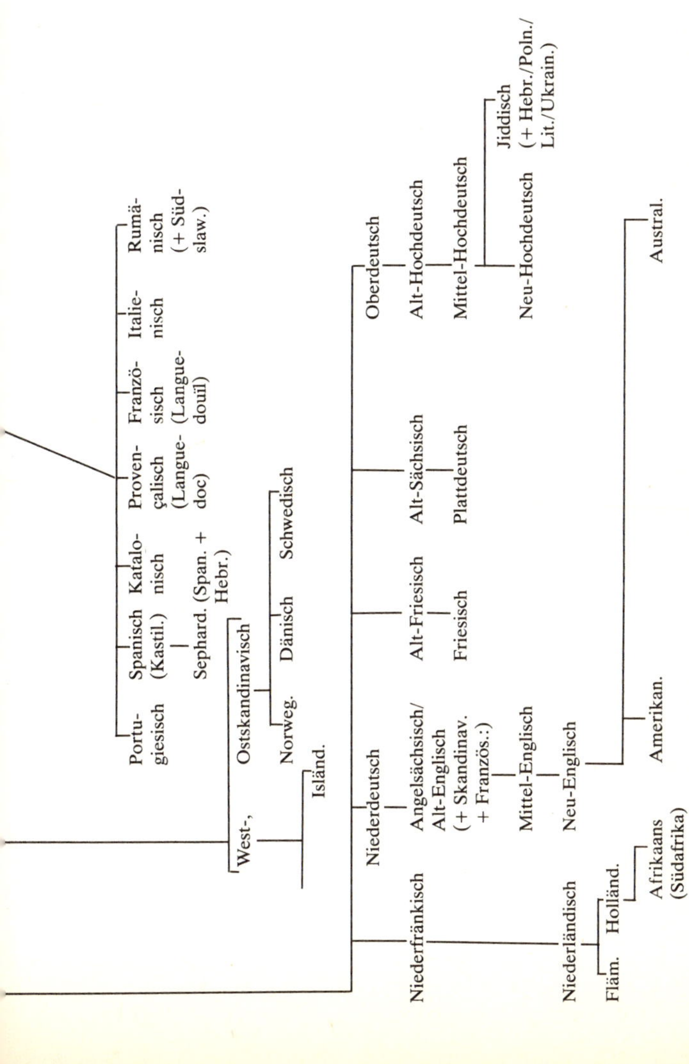

* durch Sprachenwissenschaft rekonstruiert

Indoeuropäische Sprachenfamilie, II

Deutsch	*Indo-germanisch/europäisch	Altindisch (Sanskrit)	Avestisch/Persisch	Griechisch/Attisch	Italisch Latein/Osk.-umbr.	Germanisch Gotisch/Althochd.	Keltisch (Alt)Irisch/Bretonisch Gallisch	Baltisch Litauisch/Lettisch	Slawisch Russisch/Polnisch
zwei	duō (u)	dva	dva	δύο (dyo)	duo	got.: twai ahd.: zwei	dāu	dù divi	russ.: dva poln. dwa
vier	kuetuŏr	catvā́rah	av.: caϑwárō	att.: τέτταρες (téttares)	quattuor	nord./west.-german.: *kuekuor ahd.: feor/fior	ceth(a)ir	keturì četri	russ.: cetyro poln.: cztery
fünf	penkue	páñca	av.: panča pers.: pants (?)	πέντε (pente)	quinque osk.-umbr.: *pompe	got.: fimf ahd.: fimf/finf	cōic bret.: pemp	penkì	russ.: pjat' poln.: pięć
sieben	septm̥	saptá	hapta	ἑπτά (hepta)	septem	sibun	secht	septynì	russ.: sem' poln.: siedem
acht	ok̂tō(u)	aṣṭá	av.: ašta	ὀκτώ (okto)	octo	got.: ahtau ahd.: ahto	ocht bret.: eiz	aštuo-nì	russ.: vosem' poln.: osiem
zehn	dek̂m̥	dáśa	dasa	δέκα (deka)	decem	got.: taíhun ahd.: zehan	deich bret.: dek	dēšimt	russ.: desjat pol.: dziesięć
hundert	k̂m̥tóm	śatam	satəm	ἑκατόν (hekatón)	centum	got.: hund ahd.: hund	cēt bret.: kant	šim̃tas sìmts	
Bruder	bhrā́ter	bhrā́tar	av.: brātar	φρήτηρ (phreter)	frater -tris	got.: brōdar ahd.: bruoder	brath(a)ir	broterė̃lis	russ.: brat poln.: brat
Vater	pətḗr	pitár	pitar	πατήρ (patḗr)	pater -tris	got.: fadar ahd. fater	athir		
Mutter	matèr	mātár	av.: mātar	dorisch: μάτηρ (mater) μήτηρ (mḗter)	mater, -tris	ahd.: muoter	māthir	mótė («Ehefrau») mótyna (Mutter)	russ.: mat' poln.: matka
Schwester	suesor	svásar		'έορ (eor)	soror	got.: swistar ahd.: swester	siur bret.: c'hoar	sesuo	russ.: sestrá poln.: siostra
Wasser/Fluß	1) ab 2) ăp 3) akuā	ap	1) ab (vgl. Panjab = 5 Flüsse)	'Aπα (apa)	3) aqua	3) ahd.: aka nhd.: aue afris. ei-land	ùpė		3) russ.: Oká (Flußnamen) 4) Don, Donez

	4) danu		4) av.:danu ossetisch: don			(= Insel)			Dnjepr, Dnjestr, Donau, Düna, Dunajec
Meer	mōri				mare, -is	got.: marei ahd.: marī, merī	muir bret.: mor	mārė	russ.: more poln.: morze
Acker (Feld, Flur)	aĝros[1]	ájraḥ		ἀγρός (agros)	ager, agris	got.: akrs ahd.: ackar			
Gehege («Garten»)	1) ghordhos 2) ĥortus	*gṛdhá (Haus)		phrygisch: gordum (Stadt) χόρτος (chortos)	hortus (Garten)	got.: gards (Haus) ahd.: garto (Garten)	ir.: gort bret.: garz	gar̃das (Pferch)	russ.: ográda poln.: ogród (Garten) russ.: górod poln.: gród (Stadt)
Himmel-vater	di̯ēus-pətēr	dyáušpitá (Himmel) (Lok.: divʌ)		Ζεύς (Zeus) Ζεὺς πατήρ (pater)	(Juppiter) umbr.: Ju-pater				
Tag/ Himmel	dei̯eu[2]	dívā (am Tage)		ἔνδιος (endios) (mitten am Tag)	dies		air.: dia bret.: deiz		russ.: den' poln.: dzień
Gott	déiu̯os	dēváḥ	av.: daēva (Dämon)	ϑεός (theos)	deus, divus	ahd.: Zio, Zio (vgl.: Dienstag/ engl.: Tuesday)	dia bret.:doué	di̯ēvas dievs	
König	rēĝs	rāj raján (Maharaja)			rex, regis	got.: reiks	ri (gen.: rig) gall.: rix, riges (s. Vercin-getorix)		
neu	neu̯os	náva	nava	νέος (neos)	novus	got.: niujis ahd.: niuwi	air.: nūë bret.: neuez	navas	russ.: novij poln.: nowy

1 zu *ago wie Trift zu Treiben: Viehweiden
2 aus: *dei, *diā = hell glänzen, schimmern, scheinen
nach: Julius Pokorny: Indogermanisches Etymologisches Wörterbuch, 2 Bde. Bern/München 1959/69; Carl Darling Buck: A Dictionary of Selected Synonyms in the Principal Indo-European Languages. A Contribution to the History of Ideas. Chicago 1949
* = Durch Sprachwissenschaften erschlossen (rekonstruiert).

Entwicklung wichtiger Schriftsysteme und Alphabete, ca. 3100 v. Chr.–ca. 1000 n. Chr.*

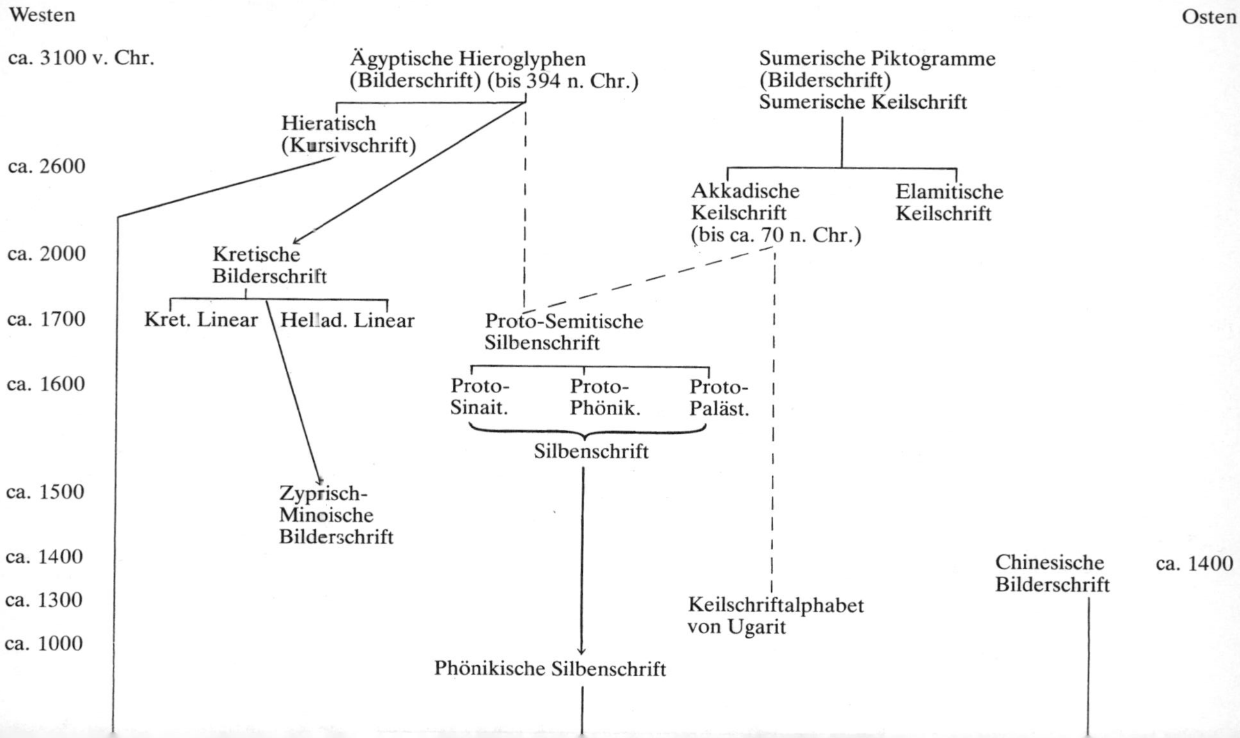

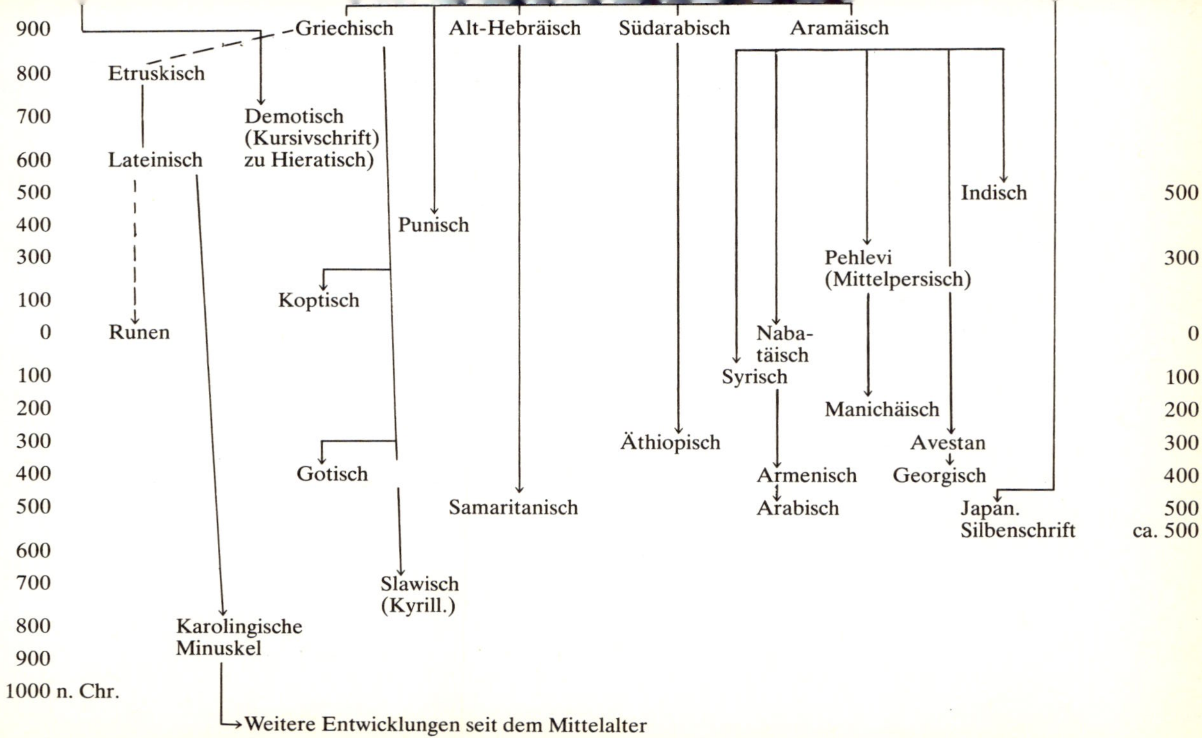

* nach: I. J. Gelb: Von der Keilschrift zum Alphabet. Stuttgart 1958

Eurasische Hochkulturen und ihre Beiträge zur Weltkultur (bis ca. 1500)

Westen — *Osten*

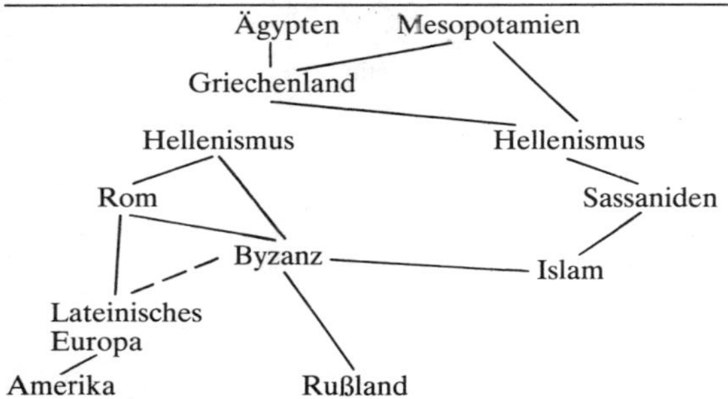

	Vorderer Orient	Persien	Indien	China
Landwirtschaft	Weizen, Gerste, Roggen, Hirse; Oliven, Wein	Starke Pferde, Kamele	Reis, Zuckerrohr, Tee, Gewürze; Huhn; Elefant	Reis, Tee, Apfelsine, Pfirsich, Ingwer, Sojabohnen
Textilien	Flachs; Wolle; Felze	Wolle; Teppiche	Baumwolle, Indigo; Jute (Bengalen)	Seide
Hauptexporte für interkontinentalen Fernhandel	Handwerkserzeugnisse; für den Osten nur Rohstoffe, Waffen; Gold	Pferde, Kamele; Früchte; Teppiche	Baumwolltextilien, Indigo; Gewürze, Opium; Elfenbein; Edelsteine	Seide, Tee, Ingwer; Porzellan
Sozio-politische Strukturen	Stadtstaat – Großreich freie Bürger – Adel + freie Bauern – Adel: Nationalstaat (Europa)	Stamm – Großreich Panzerreiter gegen Steppennomaden: Feudalismus; Autokratie von Gottes Gnaden	Kasten; Gewaltlosigkeit, Vegetariertum; Despotie: Geheimes Staatsspitzelwesen	Zentralbürokratie, mit Prüfungen, getragen von literarisch gebildetem Landadel (Gentry)

Staat: Form für politische Organisierung komplexer Gesellschaften	Eroberer von allen Seiten: Fülle unterschiedlicher Reiche und Großreiche; unterschiedliche Endprodukte der Assimilation vieler Faktoren: Fülle nationaler Staaten (Europa)	Wechsel zwischen persischen Reichen (dreimal) und Überwältigung durch andere Großreiche (Alexander, Seleukiden, Parther; Kalifat): Achämeniden, Sassaniden, Safaviden	Wechsel zwischen Fragmentierung und imperialer Zusammenfassung des Subkontinents (viermal): Maurya, Sultanat von Delhi, Moghul-Reich; brit. Herrschaft («Raj»)	Ein Reich mit homogener Kultur, Monopol der Hegemonie; Eroberer nur aus dem Norden (Turk-Mongolen), früher oder später sinisiert; Dynastien, dynastischer Zyklus, Mandat des Himmels
Religion: Erklärung von Natur (Kosmogenie, Kosmologie) und des Verhältnisses Natur–Mensch	Leben nach dem Tod: Unsterblichkeit der Seele (Ägypten); Polytheismus–Monotheismus: Judentum – Christentum – Islam; Griechische Philosophie als säkulare Welterklärung; Kirche(n), Klerus	Zoroastrismus, mit Magiern als Priester; Dualismus; Satan, Hölle, apokalyptische Eschatologie; Messianismus, Mystizismus; Mithraskult, Manichäismus, Gnosis; Sch'ia, Assassinen	Seelenwanderung; Askese («heilige Männer»); Vegetariertum; Brahmanismus – Buddhismus, Hinduismus. Mönchsorden (Mönche, Nonnen)	Ahnenverehrung; Konfuzianismus streng diesseitig; Daoismus: Philosophie als Volksreligion; keine Kirche oder Berufspriester; vorübergehend Buddhismus
Besondere kulturelle Beiträge	Naturwissenschaften, moderne Technik, Individualismus; moderne politische Systeme; Notenschrift: Musik; Malerei; Geschichtsschreibung	künstlich bewässerte Gärten («paradeisos» = Paradies»); Miniaturmalerei	«Arabische» Zahlen: Null; Würfel, Schach	Kompaß, Raketen, Papier, Buchdruck; Nudeln; Porzellan; Lack; Examen; Geschichtsschreibung

Weltreligionen

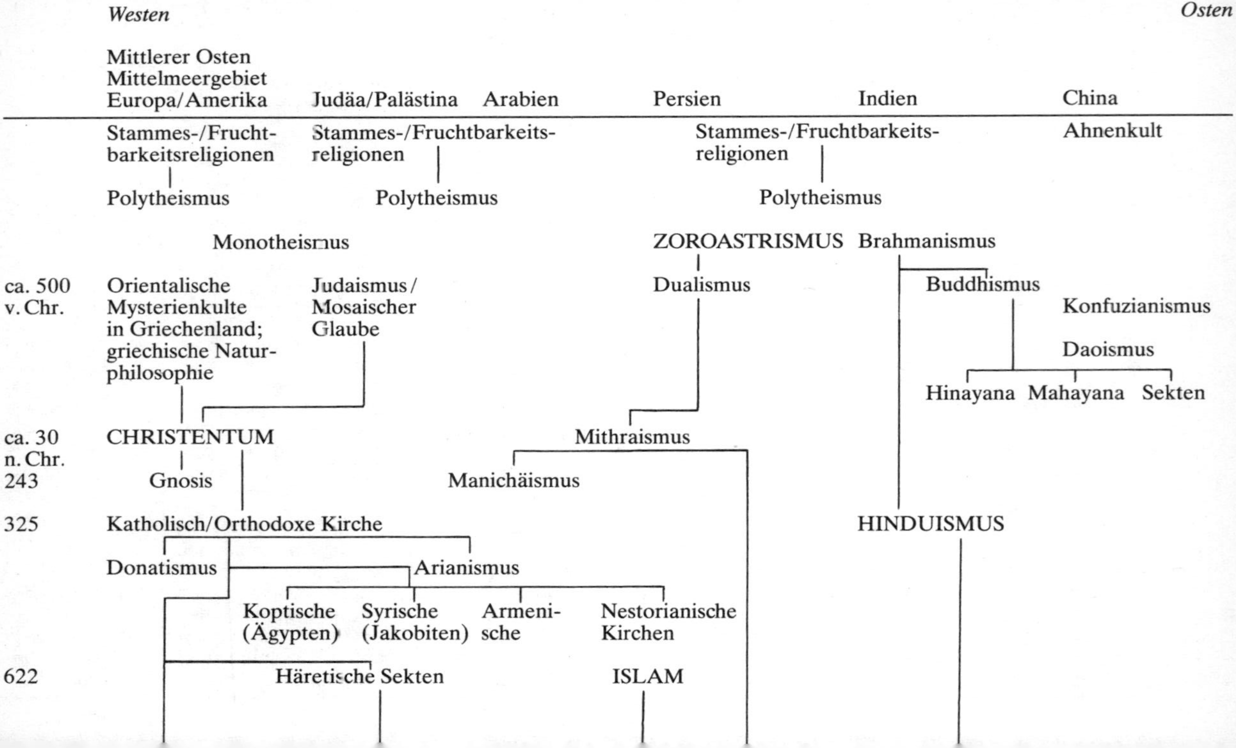

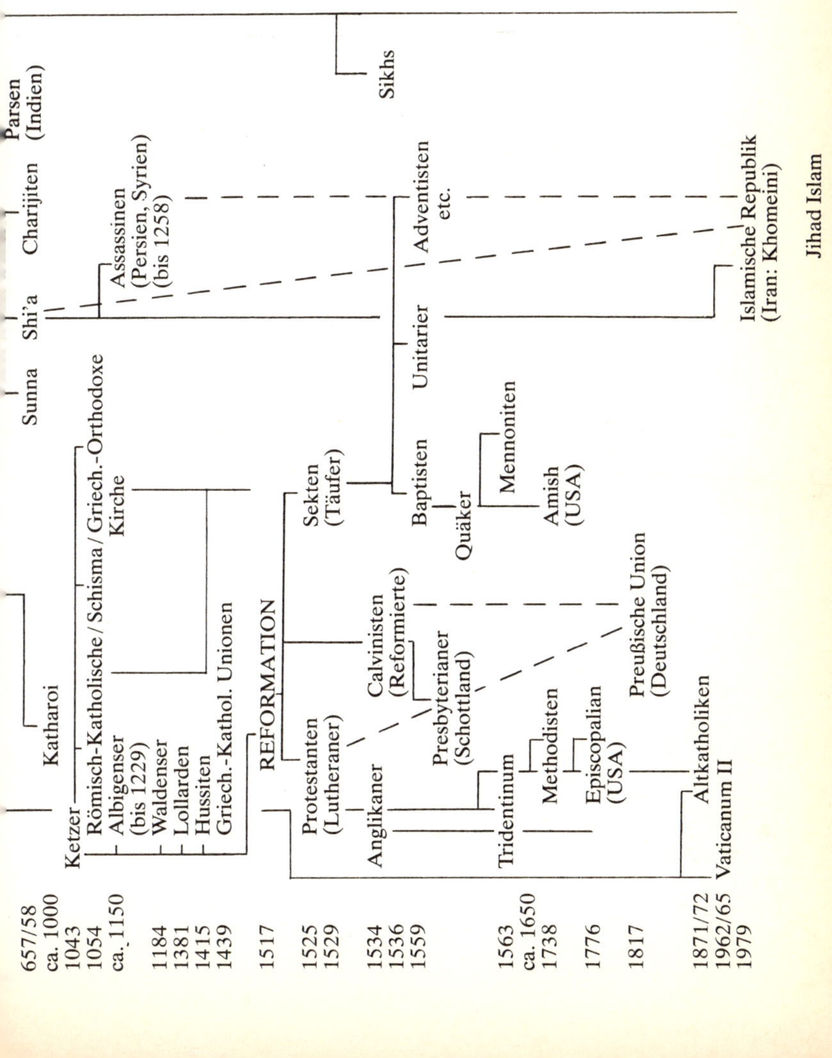
Parsen (Indien)
Charijiten
Shi'a
Sunna
Sikhs
Assassinen (Persien, Syrien) (bis 1258)
Adventisten etc.
Islamische Republik (Iran: Khomeini)
Jihad Islam
Unitarier
Römisch-Katholische / Schisma / Griech.-Orthodoxe Kirche
Katharoi
Ketzer
Albigenser (bis 1229)
Waldenser
Lollarden
Hussiten
Griech.-Kathol. Unionen
REFORMATION
Sekten (Täufer)
Baptisten
Mennoniten
Amish (USA)
Quäker
Protestanten (Lutheraner)
Calvinisten (Reformierte)
Presbyterianer (Schottland)
Preußische Union (Deutschland)
Anglikaner
Tridentinum
Methodisten
Episcopalian (USA)
Altkatholiken
Vaticanum II
657/58
ca. 1000
1043
1054
ca. 1150
1184
1381
1415
1439
1517
1525
1529
1534
1536
1559
1563
ca. 1650
1738
1776
1817
1871/72
1962/65
1979

Dualismus

Ständiger Kampf Gut–Böse, Licht–Finsternis

ca. 590 v. Chr.			Zarathustra/Zoroaster (Medien/Persien)	ca. 590 v. Chr.
ca. 525	Judaismus Messianismus		Zoroastrismus als Oppositionsreligion im Perserreich: Magier als Priester: Messianismus; katastrophale Endkrise der Menschheit	ca. 525
30 n. Chr.	*Christentum* Gnosis – Apokalyptischer Chiliasmus (1000jähriges Reich): Wiederkehr Christi, bekämpft von Antichristen: Katastrophale Endkrise der Menschheit: (Armageddon als Endkampf Gut–Böse)			30 n. Chr.
224/7			Sassanidenreich in Persien: Zoroastrismus offizielle Staatsreligion	224/7
243			Mani in Persien: Manichäismus: Synkretistische Kombination von Elementen aus Zoroastrismus (Dualismus), Christentum (Chiliasmus), Buddhismus: Hierarchische Struktur	243
622 641/51		*Islam*	Persien vom Islam erobert: Modifizierte Fortsetzung des Zoroastrismus durch Flüchtlinge in Indien – Parsen	622 641/51
657 658	Schi'a	Charijiten		657 658
ca. 660	Paulikianer (Sekte in byzantin. Kirche)			ca. 660
ca. 930	Boghumilen (Bulgarien)			ca. 930

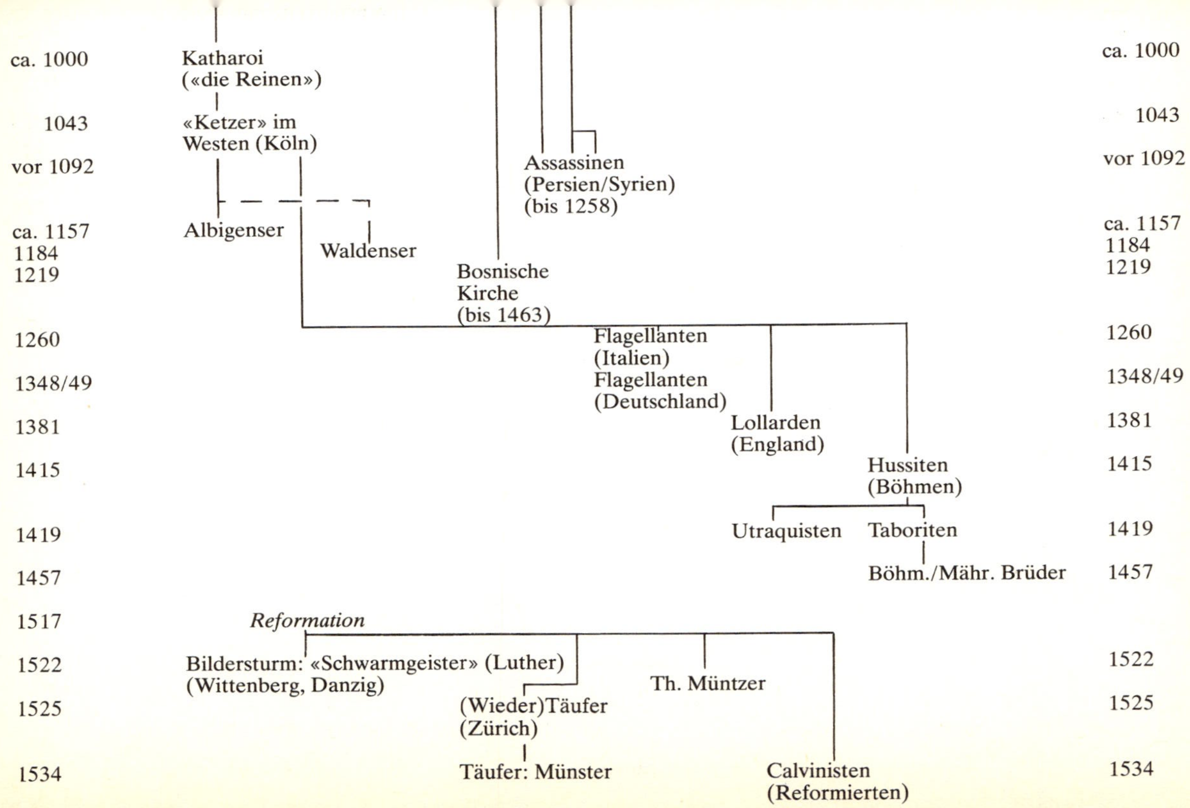
ca. 1000
1043
vor 1092
ca. 1157
1184
1219
1260
1348/49
1381
1415
1419
1457
1517
1522
1525
1534
Katharoi («die Reinen»)
«Ketzer» im Westen (Köln)
Albigenser
Waldenser
Assassinen (Persien/Syrien) (bis 1258)
Bosnische Kirche (bis 1463)
Flagellanten (Italien)
Flagellanten (Deutschland)
Lollarden (England)
Hussiten (Böhmen)
Utraquisten
Taboriten
Böhm./Mähr. Brüder
Reformation
Bildersturm: «Schwarmgeister» (Luther) (Wittenberg, Danzig)
(Wieder)Täufer (Zürich)
Täufer: Münster
Th. Müntzer
Calvinisten (Reformierten)
ca. 1000
1043
vor 1092
ca. 1157
1184
1219
1260
1348/49
1381
1415
1419
1457
1522
1525
1534

Dualismus (Forts.)

1559	Perth (Schottland)			1559
1566	Niederlande			1566
1609		Baptisten (Holland)		1609
1612		Baptisten (London)		1612
1620			«Mayflower» (Nordamerika)	1620
1640–60		*ENGLISCHE REVOLUTION*		1640–60
ca. 1645	Millenarians Fifth Monarchists	Quäker Leveller	Independenten (Cromwell)	ca. 1645
1776		*AMERIKANISCHE REVOLUTION* («Manifest Destiny»)		1776
1789		*FRANZÖSISCHE REVOLUTION*		1789
1792	Jahr I der Republik; Sansculotten			1792
1795/96	Gracchus Babeuf: Verschwörung der Gleichen			1795/96
1830		*JULIREVOLUTION*	Sozialismus (Frankreich): Dualismus säkularisiert: Paradies auf Erden durch Industrie	1830
1837		Chartismus (England) (bis 1848)		1837
1848		*EUROPÄISCHE REVOLUTION* Kommunistisches Manifest (Marx/Engels)		1848
1864		1. Internationale (bis 1874): «Auf zum letzten Gefecht!»		1864
1871			Pariser Kommune	1871

1889	2. Internationale: «Sozialistischer Zukunftsstaat»: Sozialdemokratie			1889
1914–18	*1. WELTKRIEG*			1914–18
1917		Oktoberrevolution: Kommunismus (Rußland): Weltrevolution Kommunistischer Fundamentalismus: Dämonisierung des politischen Gegners (Kapitalismus, Imperialismus)		1917
1919	Komintern (3. Internationale)			1919
1933	Nationalsozialismus (Deutschland): 1000jähriges Reich			1933
1939–45	*2. WELTKRIEG*			1939–45
1945		Ausbreitung des Kommunismus: Ost-/Südeuropa		1945
1949		China		1949
ca. 1970		Terrorismus	Islamischer Fundamentalismus: Libyen (Sunna)	ca. 1970
1979	Neo-konservativer protestantischer Fundamentalismus in den USA:		Iran (Schi'a): Islamische Republik: Khomeini: Dämonisierung des politischen Gegners, vor allem des Westens	1979
1980	Reagan: Dämonisierung des politischen Gegners (SU = «Reich des Bösen»): Apokalyptischer Endkampf («Armageddon»)			
1984		Jihad Islam (Terror in Tradition der Assassinen)		1984

???? *3. WELTKRIEG* ????

Die großen kirchlichen Konzilien, 325–1965 (und Schismen, 484–1417)

a) Ökumenische (= gesamtkirchliche) Konzilien, 325–869 und Schismen, 484–1054

Datum	Tagungsort	Beschlüsse	Folgen
325	Nicaea I	Glaubensbekenntnis (Credo); vier Patriarchen (Jerusalem, Antiochia, Alexandria, Rom); Arius verdammt.	Kirchliche Grundordnung; innere Konflikte um Primat der Patriarchen sowie Orthodoxie gegen Arianismus.
381	Konstantinopel I	Orthodoxie einzig legale Form des Christentums im Römischen Reich.	
431	Ephesos	Nestor verdammt:	Nestorianische Kirche.
449	*(Ephesos)* («Räubersynode»)	Monophysitismus (Lehre, daß göttlicher Logos und menschliche Physis in der Inkarnation Jesu Christi unauflösbare Einheit bilden) gebilligt.	
451	Chalkedon	Monophysitismus als häretisch verdammt:	Abspaltung monophysitischer Kirchen – Koptische (= Ägyptische) (457), Armenische (507/8), Syrische (Jakobitische) (ca. 550).
484–519	*Akazianisches Schisma*		
553	Konstantinopel II	Drei antiochenische «Kapitel» (theologische Schriften aus Antiochia) als nestorianisch verurteilt.	
680–81	Konstantinopel III	Monothelismus (Christus = von zwei Naturen (göttlich und menschlich), aber nur einem Willen), den schon der lateinische Westen abgelehnt hatte, von der Gesamtkirche verurteilt.	Neue kirchliche Verständigung Rom–Konstantinopel.
723–843	*Bilderstreit (Ikonoklasmus) in Byzanz.*		
787	Nicaea II	Bilderfeindlichkeit verurteilt: für Bilderverehrung, aber gegen Bilderanbetung.	Einheit mit (stets bilderfreundlichem) Rom wiederhergestellt; Zwischenposition im Bilderstreit (730–843).

867	*(Konstantinopel)*	Nurgriechisches Konzil unter Patriarch Photios: verdammt Papst, verwirft päpstlichen Primat.	*Photianisches Schisma* (bis 869/900/920).
869	Konstantinopel IV	Photios abgesetzt: Roms Forderung anerkannt.	Photianisches Schisma beigelegt.
877	*Photios* wieder Patriarch: *Photianisches Schisma* erneuert (bis 900/920).		
1054	*Endgültiges Schisma* Rom–Konstantinopel über Primat des Papstes und Zölibat.		Konflikt Römisch/Katholische–Griechisch/ Orthodoxe Kirche verschärft.

b) Konzilien (und Schismen) nur noch innerhalb der Römischen Kirche, 1059–1965 bzw. 1130–1417/39

1059	Lateransynode (Rom)	Kirchenreform: Gegen Simonie, Laieninvestitur; Papstwahl durch Kardinalskollegium.	Stellung des Papstes gestärkt: Investiturstreit (1075–1122).
1123	Lateran I	Wormser Konkordat (1122) gebilligt.	Investiturstreit endgültig beigelegt.
1130–38	*Anakletisches Schisma*		
1139	Lateran II	Anakletisches Schisma beigelegt. Gregorianische Reformen unterstrichen.	
1159–78	*Alexandrinisches Schisma*		
1179	Lateran III	2/3 Mehrheit für Papstwahl erforderlich; gegen Simonie, Handel mit Ungläubigen; Kreuzzug gegen Ketzer um Toulouse (Albigenser).	Inquisition gegen Ketzer.
1215	Lateran IV	(5.) Kreuzzug, Kirchenmission, Ketzerbekämpfung; Inquisition verschärft; Beschlüsse gegen Ketzer (Albigenser), Juden (u. a. Kleiderordnung), Orthodoxie; Kreuzzugssteuer (1/20 der Jahreseinkünfte eines Geistlichen) an Papst.	Nach Eroberung Konstantinopels (1204) und Sieg über Orthodoxie Höhepunkt und Glanzdarstellung der siegreichen Papst-Kirche unter Innozenz III.
1245	Lyon I	Kaiser Friedrich II. als Ketzer verurteilt.	Konflikt Kaiser–Papst verschärft.
1274	Lyon II	Kirchenunion von Kaiser Michael VIII. (Byzanz) angeboten: Von Papst und Griechen verurteilt. Konklave (Aufenthalt in verschlossenem Raum) bei Papstwahl.	Konflikt mit Orthodoxie verschärft. Stellung des Papstes gestärkt.
1309–77	*«Babylonische Gefangenschaft der Kirche»*		Papst in Avignon, abhängig von Frankreich.

Datum	Tagungsort	Beschlüsse	Folgen
1311–12	Vienne	Templerorden aufgehoben; Kreuzzug, Kirchenreform; franziskanische Armut	Abhängigkeit von Frankreich dokumentiert (Templer).
1378–1417	*Großes (Abendländisches) Schisma:* Päpste in Rom und Avignon, mit «Obödienzen»		
1409	Pisa	Päpste in Avignon und Rom abgesetzt: dritter Papst	Abgesetzte Päpste bleiben: drei Päpste gleichzeitig (bis 1417).
1414–18	Konstanz	Drei Ziele: Wiederherstellung der Kircheneinheit; Reform der Kirche; Ausrottung der	Frühform der später politisierten «Nation».
		Häresie. Abstimmung nach «nationes»: deutsche, französische, englische, italienische	Frühform der später politisierten «Nation».
		(ab 1415 auch: spanische); Hus verbrannt (1415):	Hussitenkriege (1420–36)
		Drei Gegenpäste abgesetzt: Alleiniger neuer Papst Martin V. (1417):	Großes Schisma (seit 1378) beendet.
		Konkordate mit verschiedenen Ländern:	Tendenz zu Nationalkirchen.
		Periodische Generalkonzile sollen folgen.	Konziliare Bewegung: Konflikt Papst–Konzil.
1431–1437/38	Basel	Prager Kompaktat gebilligt (1433), Iglauer Kompaktate (1436) ratifiziert (1437); Reformdekrete gemäß konziliarer Theorie: Papst	Hussitenkriege (1420–36) endgültig beendet.
		Konzilien untergeordnet (1437);	Konflikt Papst–Konzil verschärft;
		Pragmatische Sanktion von Bourges (1438);	Gallikanische Kirche.
		Konzil vom Papst nach Ferrara verlegt;	
		Antipäpstliche Opposition tagt in Basel weiter (bis 1448): Papst für suspendiert (1438), abgesetzt (1439) erklärt: Gegenpapst (1439).	Höhepunkt des Konflikts Papst–Konzil. Letzter *Gegenpapst* überhaupt.
1438/39 1439–43	Ferrara/Florenz	*Kirchenunion* mit Griechischer, Armenischer, Koptischer, Syrischer Kirche (1439);	Unionskirchen, als Abspaltungen von Ostkirchen, jeweils mit altem Ritus, aber Papst als Oberhaupt; u. a. Maroniten in Syrien/Libanon.
		Primat des Papstes bestätigt (1443); Konzil nach Rom verlegt (1443).	Sieg des Papstes über Konzilbewegung.
1512–17	Lateran V	Dogma von der Unsterblichkeit der Seele;	
		Druck von Büchern nur mit kirchlicher Erlaubnis (Imprimatur).	Kirchliche Zensur.
		Keine Kirchenreform.	*Reformation*

ab 1517	*Reformation*		
1545–63	Trient (in drei Phasen)	Umfassende Reform der Kirche, u. a. Residenzpflicht der Bischöfe verschärft; Priesterseminar in jeder Diözese; Fronleichnamprozession als Demonstration der Kirche. Tridentinisches Glaubensbekenntnis.	Schmalkaldischer Krieg (1546/47). Gegenreformation (ab 1563). Verschärfte Abgrenzung zu Protestanten.
1869–70	Vaticanum I	Primat des Papstes über Konzil bekräftigt; Dogma der Unfehlbarkeit des Papstes «ex cathedra»: Absage an die säkularisierte moderne Welt (Liberalismus, Sozialismus etc.)	Österreich kündigt Konkordat (1870); Kulturkampf in Deutschland (1871–87); Spannungen zu Italien, verschärft durch Besetzung Roms (1870), und Frankreich. *Abspaltung der Alt-Katholiken.*
1962–65	Vaticanum II	Reformen	Öffnung zur Welt: Ökumenische Bewegung; Reisen von Papst Johannes Paul II. in die Welt.

Germanische Völkerwanderung und Nachfolgestaaten auf dem Boden des Weströmischen Reiches, 375–568

Volk	Herkunft	Wohngebiete bis 375 / Religion	Wanderungen / Zwischenaufenthalte, nach 375	Staatsgründung: Nachfolgestaat / Hauptstadt	Übertritt zum Katholizismus	Ende / Folgen / Nachwirkungen
Ostgoten	Skandinavien (Südschweden) («Gotland»)	Weichselmündung (vermutlich ca. 50 v. Chr.); Südrußland (nach 150 n. Chr.). Trennung Ost-/ Westgoten (269): Arianisch	Vasallen der Hunnen (375–454); in Pannonien angesiedelt (457); Abzug zum Balkan (469), nach Italien (489): Sturz Odoakers (490/93)	Ostgotenreich in Italien und Nebenländern / Ravenna (493–540), zunächst unter Theoderich dem Großen (493–526)	Blieben bis zuletzt arianisch: keine Assimilierung	Von Ostrom durch Belisar und Narses erobert: Gotenkriege (536–52): Untergang in Italien (552); Reste (von vor 375) auf der Krim (bis 16. Jh.)
Westgoten	Skandinavien (wie Ostgoten)	Wie Ostgoten: Trennung (269): nördl. und südl. der unteren Donau (332/48): Arianisch.	Flucht vor Hunnen ins Römische Reich (376): Foederati in Thrakien/ Moesien (382); zweite Flucht vor Hunnen: In Griechenland (396) und vor Konstantinopel: Teilweise von Oströmern massakriert (400): Überlebende nach Westrom abgelenkt: In Italien (401): Rückzug Roms vom Rhein (405) und aus Britannien (407), Rom geplündert (410); in Südgallien (412), Spanien (416); um für Westrom Wandalen zu vertreiben	1. Westgotenreich/ Toulouse in Südwestgallien (418–507): Niederlagen gegen Franken (507, 534): 2. Westgotenreich in Spanien/Toledo (554–711); Suebenreich erobert (585)	589: 1. Phase der Assimilierung, Romanisierung (Spanisch)	Bürgerkrieg (709): Invasion der Araber (711): Zusammenbruch des Westgotenreiches (711/12): Christlicher Widerstand in Nordwestspanien (722 ff.). 2. Phase der Hispanisierung: Reconquista (1063–1492) «Katalonien» = «Goth-Alania»

Sueben («Schwaben»)	Südl. freies Germanien; aus ihnen gingen u. a. Alemannen hervor	Freies Germanien	Ein Teil von Mainz über den Rhein (406/7), mit Alanen und Wandalen: Durch Gallien nach Spanien (409)	Königreich im Nordwesten der Iberischen Halbinsel (411–585), zum größten Teil im heutigen Portugal	nach 500	Vom Westgotenreich erobert, annektiert (585): absorbiert
Burgunder	Skandinavien (Südschweden) «Burgundaholm» = Bornholm	Zwischen unterer Oder und Weichsel (1. Jh. n. Chr.); am Schwarzen Meer (ca. 250): Arianisch	Im südl. Hessen, rechts des Mittelrheins (ca. 400): Überschritten Rhein (406/7)	1. Burgunderreich / Worms (413): Von Hunnen unter Attila zerschlagen (436) («Nibelungenlied»): 2. Burgunderreich in Savoyen (443)	516: Assimilierung, Romanisierung (Französisch)	Von Franken erobert, annektiert (534): Seit Zerfall des Karolingerreiches (843–888) verschiedene Staaten «Burgund»
Wandalen	(Vermutlich) Skandinavien (Südschweden)	Schlesien (1. Jh. n. Chr.); an oberer/mittlerer Theis (ca. 270); unter Druck der Westgoten nach Pannonien – im Römischen Reich (334)	Abzug nach Westen (ca. 400), verstärkt durch Alanen: Überschritten Rhein bei Mainz (406/7): Durch Gallien nach Spanien (409): Arianisch. Von Westgoten vertrieben (429)	Wandalenreich um Karthago (429–534), unter Geiserich: Rom geplündert (455): («Wandalismus»)	Blieben arianisch: keine Assimilierung	Von Ostrom durch Belisar erobert (534); nach Aufständen (550) Überlebende deportiert «Wandalismus»
Alanen	Iranisches, *nicht* germanisches Reitervolk	Südostrußland (1. Jh. n. Chr.) Teile im Kaukasus: Osseten	Flucht vor Hunnen nach Westen (ca. 370): Mit Sueben, Wandalen über Rhein (406/7)	Weitere Entwicklung mit Wandalen		Name enthalten in Katalonien (= «Goth-Alania»)
Gepiden	Abspaltung von Goten	Blieben, nach Abzug der Goten, zunächst an Weichselmündung (nach 150); am Nordhang der Karpaten (ca. 200)	Wie Ostgoten Vasallen der Hunnen (ca. 400); kämpften unter Attila auf den Katalaunischen Feldern (451)	Nach Tod Attilas (453) unabhängig (454): Königreich in Pannonien (454–567)		Von Awaren und Langobarden vernichtet (567): Awarenreich (567–796/803); Langobarden in Italien (568 ff.)

Volk	Herkunft	Wohngebiete bis 375	Wanderungen / Zwischenaufenthalte, nach 375	Staatsgründung: Nachfolgestaat / Hauptstadt	Übertritt zum Katholizismus	Ende / Folgen / Nachwirkungen
Angeln	Landschaft Angeln («Winkel» = «Angel» zwischen Schlei, Ostsee und Flensburger Förde)	Vom Hunnensturm nicht direkt tangiert Germanische Stammesreligion	Füllten nach Abzug der Römer aus Britannien (407) entstandenes Machtvakuum aus, anfangs als Söldner für christl., romanisierte Briten gegen keltische Pikten und Skoten (ab 449)	Nach erobernder Landnahme (449 ff.) zahlreiche Königreiche (u. a. Essex, Wessex, Sussex, Middlesex; Northumbria; Mercia)	Bistum Canterbury (597); Erzbistum Canterbury (601); Synode von Whitby (664): Endgültiger Anschluß an Rom: Angelsächsische Mission auf dem Kontinent	Frühmittelalterliche Grundlagen für Angelsachsen (+ Dänen + Normannen): Normannische Eroberung (1066)
Sachsen	Niedersachsen					
Jüten	Jütland					
Franken	Westliches freies Germanien	Rechts und links des Mittel- und Niederrheins, teilweise als Foederati in römischen Grenzgebieten (291 ff.); Germanische Stammesreligion	Zunächst nur zögernde Expansion; Eroberung Galliens (481 ff.)	Frankenreich unter Chlodwig (481–511): Merowinger (bis 751); mehrere, wechselnde Hauptstädte, u. a. früh schon Paris: Weitere Expansion, u. a. gegen andere Nachfolgestaaten – 1. Westgotenreich (507, 534), 2. Burgunderreich (534)	499: Assimilierung, Romanisierung (Französisch), östl. der Sprachengrenze: Deutsch	Frankenreich, fortgesetzt von Karolingern: Karolingerreich (751–888): Kaiserkrönung Karls (800): Renovatio imperii
Langobarden	(nach eigener Überlieferung) aus Südschweden	Auswanderung (ca. 100 v. Chr.) an Elbmündung (um Chr. Geb.); Abzug nach Süden (vor 166); Germanische Stammesreligion	Expansion nach Südosten (ca. 400); nördl. von Noricum (ca. 490); arianisch (500); zerschlugen mit Awaren Gepidenreich (567): Von Awaren aus Pannonien abgedrängt	Einfall nach Italien (568): Langobardenreich/Pavia (568), aber nur in Teilen Italiens: In 35 Herzogtümer zerfallen (574)	590–680: Assimilierung, Romanisierung (Italienisch), aber politische Konflikte zum Papst in Rom blieben	Von Franken unterworfen (754, 774): Im Frankenreich (bis 888); lombardischer Nachfolgestaat: Lombardei, Lombarden

Die Entstehung der europäischen Nationen

Land	Einheimische Bevölkerung	Eindringende Bevölkerung	Zeit der Eroberung	Religion/ Kultur	Erstes Königreich/Staat	«Nationale» Erfahrungen	Historische Regionen, die nach Eroberern/ Einwohnern benannt sind
Spanien	Romanisierte Keltiberer	Westgoten, Sueben, Alanen; Wandalen	418/554 409 409–429	Latein./ Katholisch (589)	Westgotisches Königreich (418/554–711)	Muslimische Eroberung (711–12); Reconquista (1063–1492)	Katalonien (Goten, Alanen) Andalusien (Wandalen)
Portugal	Romanisierte Keltiberer «Lusitanier»	Sueben	409 ff.	Latein./ Katholisch (seit nach 500)	Kastil. Grafschaft 1095	Reconquista (1063–1248); Conquistas in Übersee (1415 ff.)	–
Frankreich	Romanisierte Kelten (Gallier); Basken	Franken; Burgunder	481 443	Latein./Katholisch (499) Katholisch (516)	Merowingisches/ Karolingisches Reich (481–888)	Kreuzzüge (1096–1291) 100jähriger Krieg (1339–1453)	Burgund (Burgunder) Normandie (Normannen) Bretagne (Bretonen)
Italien	Römer Romanisierte Italiker etc.	Ostgoten; Langobarden; Sarazenen	490/93 568 827 ff.	Arianisch Latein./ Röm.-kathol.	493–540 568 ff.	Papstum; Expansion Venedigs (nach 1000)	Lombardei (Langobarden) Toskana (Etrusker)
England	Romanisierte Briten	Angeln, Sachsen, Jüten; Dänen	449 866	Latein./ Röm.-kathol. (601 ff.)	Wessex (829)	Normannische Eroberung (1066) 100jähriger Krieg (1339–1453)	(Ost) Anglia (Angeln) Sussex (Sachsen)
Bulgarien	Südslawen	Bulgaren (Nachkommen der Hunnen)	680	Griechisch/ Orthodox (864/65)	680–971/1018; 1186–1241	Mittelalterliche Reiche	
Rußland	Ostslawen	Waräger (Wikinger aus Schweden als herrschende Minorität)	ca. 860: Gründung von Kiew	Griechisch/ Orthodox (988)	Kiewer Rus 882–1237/40	Mongolische Suzeränität 1240–1480: Befreiung von den Mongolen 1378–1480	
Deutschland	Germanische Stämme	Germanische Stämme (in früher römischen Gebieten)	ca. 250 ff.	Latein./ Katholisch	Königreich 911; Kaiserreich 962–1806	Machtentfaltung des mittelalterlichen Reichs 962–1198	Sachsen (Sachsen) Hessen (Hessen) Bayern (Bayern) Thüringen (Thüringer) etc.

Polen	Westslawen			Latein./ Röm.-kathol. (966)	Fürstentum (ca. 960); Übertritt zum Katholizismus 966	Union mit Litauen 1386; Sieg bei Grunwald/Tannenberg über Deutschen Orden (1410)	Schlesien (Silinger = Wandalenstamm)
Jugoslawien	Romanisierte/ Gräzisierte Illyrer	Südslawen; Serben – Kroaten	ca. 582	Griechisch/ Orthodox (n. 867) Latein./Kathol. (614)	Kroatien (925); Serbien (1159)	Großserbisches Reich (1345–55) Schlacht auf dem Amselfeld (1389)	Serbien, Kroatien etc.
Tschechoslowakei		Westslawen: Tschechen; Slowaken	ca. 500	Latein./ Röm.-kathol. (ca. 921)	Herzogtum Böhmen (nach 907)	Hussitische Revolution (1415–1436)	Böhmen (Bojaren; Kelten)
Dänemark	Dänen			Latein./ Röm.-kathol. (960)		Kriege gegen Schweden	Jütland, Bornholm
Schweden	Schweden; Goten			Latein./ Röm.-kathol. (1008)		Expansion nach Rußland; Kriege gegen Dänemark	Gotland (Goten aus Südschweden)
Ungarn	Slawen	Ungarn	896/900	Latein./ Katholisch (1000)	997–1526	Reich der Stephanskrone	
Rumänien	Romanisierte Daker	Germanische Stämme	ca. 260	Griechisch/ Orthodox	Fürstentümer	Kampf gegen Mongolen/Türken	Walachei (Wlachen)
Griechenland	Alte Griechen	Südslawen: Erobert und gräzisiert	582 ff.	Griechisch/ Orthodox (805 ff.)			
Finnland		Finnen	100 ff.	Latein./ Katholisch (1157/1249)	Von den Schweden annektiert (1284)		Karelien Karelen: Finnischer Stamm

Wikinger/Normannen, 787–1066

Vorher germanische Stämme aus Skandinavien: Kimbern (Jütland) (ca. 113 v. Chr.); Langobarden (ca. 100 v. Chr.); Goten (ca. 50 v. Chr.); Wandalen (ca. um Chr. Geb.); Burgunder (ca. 100 n. Chr.) (Schweden)

Westen — Osten

Aus Skandinavien:

	Norwegen Normannen im engeren Sinne	Dänemark Dänen	Schweden Waräger	
787	Erster Überfall auf südenglische Küste (Dorset)			
793	Lindisfarne geplündert			
795	Normannen in Irland			
804		Haithabu gegründet: Zentrum des Wikingerhandels (bis 1066)		
834	Jährliche Plünderungszüge ins zerfallende Frankenreich			
841	Dublin gegründet			
844	Lissabon, Sevilla geplündert			
845	Hamburg, Paris geplündert			
851	Canterbury geplündert;			
856	erstes Festsetzen auf dem Kontinent (Waal), an der Seinemündung			
859	Erste Plünderungszüge im Mittelmeer			
860			Anfänge Kiews	860
862			Anfänge Nowgorods	862
864	Normannen von Balduin I. aus Flandern vertrieben			
866		Eroberung Nordenglands (Northumbria) und Südostenglands		
867		York erobert		
871		Danelag in England		
874	Flüchtlinge aus Norwegen besiedeln Island	Dänen in England gespalten: Süd/Nord:		
878		Sieg der Angelsachsen über südliche Dänen		
879	«Große Armee»: Ständiges Normannenheer im Norden des Frankenreichs (bis 892)			

881		England zwischen Dänen (Danelag) und Angelsachsen (Wessex) geteilt		
882	Kaiserliche Pfalzen Aachen und Trier zerstört		Vereinigung Kiew–Nowgorod: Großfürstentum Kiew (Kiewer Rus): Staatliche Grundlage des mittelalterlichen Rußland	882
885	Normannen erstmals vor Paris gescheitert			
888	Sieg der Westfranken bei Montfaçon			
891	Sieg der Ostfranken bei Löwen			
892	Trier letztmals geplündert: Ende der «Großen Armee» (seit 879)			
899	Landnahme der Normannen an der unteren Seine:			
900		Gorm d. Alte: Königreich Dänemark		
910		Sieg von Wessex über nördliche Dänen (York)		
911	Vertrag Westfranken–Normannen			
912	Herzogtum Normandie; Normannen christlich			
960		Dänemark christlich		
965			Chazarenreich von Kiew zerstört	965
986	Grönland von Island aus besiedelt			
988			Übertritt der warägischen Russen zum griechisch-orthodoxen Glauben: Stärkere Vereinigung mit Ostslawen: Kirchliche Grundlage des mittelalterlichen Rußland	989
991	Invasion der vereinigten Skandinavischen Reiche in England			
995	Norwegen christlich			
1000	Labrador (Amerika) von Grönland aus erreicht			
1008		Schweden christlich		
1013		Dänische Dynastie in England (bis 1042)		
1016	Normannische Pilger aus der Normandie vor Salerno gegen Sarazenen:			
1030	Expansion von Normannen unter Robert Guiscard in Süditalien			
1042		Dänische Dynastie erloschen:		
1043	Normannen erobern Apulien			
1057	Normannen von Papst mit Capua belehnt			
1061	Normannen erobern Sizilien (bis 1090)			
1066	Norweger von Harald bei York geschlagen: Normannische Eroberung Englands	Harald König der Angelsachsen Haithabu von Wenden zerstört		

Kreuzzüge (1095/96–1291) und verwandte Unternehmen (1063–1444)

Datum	Kreuzzug	Anlaß	Hauptträger	Hauptziel	Ergebnis/Folgen
1063–1492	Reconquista	Ermordung des Königs von Aragon durch Muslim	Kastilien/Aragon/Navarra/Portugal	Befreiung der Iberischen Halbinsel von Mauren	Nationalmonarchien Portugal, Spanien: Vertreibung der Juden (1492); Expansion in Übersee
1095–96	Kreuzzug der Armen	Aufruf zum Kreuzzug	Unterschichten	Heiliges Land	Judenmassaker in Rheinstädten (1095)
1096–99	1. Kreuzzug	Eroberung Jerusalems (1077), Antiochas (1085) durch Seldschuken	Papst; normannische Ritter und Fürsten Frankreichs und Unteritaliens	Befreiung des Heiligen Landes	Kreuzfahrerstaaten (1098–1291), vor allem Königreich Jerusalem (bis 1187/1244)
1147–49	2. Kreuzzug	Eroberung Edessas durch Seldschuken (1144)	Könige von Frankreich, Deutschland	Jerusalem	Gescheitert vor Damaskus
1147	«Wendenkreuzzug»	2. Kreuzzug	Sächsische Fürsten	Wenden	Förderung der militärischen Expansion im Rahmen der deutschen Ostkolonisation
1189–92	3. Kreuzzug	Niederlage am Hattin: Eroberung Jerusalems durch Saladin (1187)	Kaiser; Könige von England, Frankreich	Jerusalem, Akkon	Akkon, Zypern erobert (1191); Deutscher Ritterorden (1190/98)
1202–04	4. Kreuzzug	Proklamation durch Papst Innozenz III. (1198)	Venedig, französische Ritter und Fürsten	Konstantinopel (1204)	Niederlage für Orthodoxie: Lateinisches Kaiserreich (1204–61); Venedigs Seeherrschaft im östlichen Mittelmeer
1209–29	Albigenserkriege	Albigenser	Frankreich	Toulouse, Albi	Provence erstmals zu Frankreich
1212	Kinderkreuzzug		Kinder aus Rheinland und Teilen Frankreichs	Heiliges Land	–

1227–29	5. Kreuzzug	4. Laterankonzil (1215)	Kaiser Friedrich II.	Heiliges Land	Heilige Stätten durch Verhandlungen geteilt, mit Zugang für alle (bis 1244)
1234	«Kreuzzug» gegen Stedinger Bauern	Konflikt Erzbischof Bremen–Stedinger	Erzbischof von Bremen	Stedinger Land	Autonomie der Stedinger vernichtet.
1248–50	6. Kreuzzug	Eroberung Jerusalems durch Turkmenen für Aijubiden (1244)	Ludwig IX. der Heilige von Frankreich	Ägypten (Fernhandel über Alexandria)	Sturz der Aijubiden: Mamlukenherrschaft in Ägypten (1250–1517); Ludwig IX. gefangen in Ägypten (1250): Regierungsaufenthalt im Heiligen Land (1250–54): Besonderes Interesse Frankreichs an «Outremer» und Heiligen Stätten
1255	«Heidenkreuzzug»		Deutscher Orden, Ottokar II. von Böhmen	Pruzzen	Gründung Königsbergs
1250	7. Kreuzzug	Eroberung Antiochias durch Mamluken (1268)	Ludwig IX. von Frankreich	Tunis	–
1291	*Mamluken erobern Akkon: Ende der Kreuzfahrerstaaten (seit 1098) und der eigentlichen Kreuzzüge (seit 1096)*				
1396	Heereszug nach Konstantinopel	Druck der Osmanen auf Byzanz	König Sigismund von Ungarn	Entlastung Konstantinopels	Gescheitert durch Niederlage bei Nikopolis gegen Osmanen
1415	Eroberung («Conquista») Ceutas durch Portugiesen		Portugal, Prinz Heinrich (der Seefahrer)	Ceuta	Kenntnisse über Goldhandel der Sahara: Expansion Portugals in Übersee
1420–36	Hussitenkriege	Hussitenbewegung	Kaiser und Reich	Vernichtung der Hussiten	Hussiten niedergeworfen: Prager/Iglauer Kompaktaten (1433/36): Böhmische Nationalkirche
1444	Heereszug nach Konstantinopel	Druck der Osmanen auf Byzanz	Könige von Ungarn und Polen	Entlastung Konstantinopels	Gescheitert durch Niederlage bei Warna: Fall Konstantinopels (1453)

Geistliche Ritterorden, ca. 1070ff

Vorbemerkung

Die sog. internationalen Ritterorden entstanden im Heiligen Land aus Pilgerwesen und Kreuzzügen, die iberischen Ritterorden aus der Reconquista. Im Heiligen Land dienten Hospitaliter und Deutscher Orden zunächst nur der Krankenpflege, erhielten aber, früher oder später, auch militärische Funktionen gegen «Ungläubige» (Muslime, Heiden), meist unter Beibehaltung der Krankenpflege, die nach Säkularisierungen und Neugründungen in der Neuzeit teilweise wieder auflebte. In Spanien und Portugal gingen die Ritterorden aus lokalen Wehrgemeinschaften («hermangilda» / «hermandad» = Bruderschaft) hervor. Ähnlich wie ihre muslimischen Rivalen, die «rabitos» in muslimischen Wehrklöstern («ribat») seit dem Einfall der Almohaden in Spanien (1149/55), bildeten sie christliche Wehrklöster, denen strategisch wichtige Plätze (Burgen, Städte) zur dauernden Verteidigung übergeben wurden. Ihre innere Ordnung war den Regeln der großen Mönchsorden (Benediktiner, Zisterzienser, Augustiner) entlehnt und entsprechend modifiziert, gelegentlich auch kombiniert. Vor allem zu iberischen Ritterorden schwanken Angaben zu Jahresdaten in verschiedenen Unterlagen (Monographien, Lexika).

Von den Arabern/Mauren übernahmen die christlichen Ordensritter aus praktischen Günden (Hitze!) den Nomaden-Burnus als weißen wallenden Mantel (franz.: «manteau», span.: «manto»), versahen ihn aber zur Kennzeichnung der Ordenszugehörigkeit mit einem Kreuz, das, je nach Orden, unterschiedliche Farben hatte (z.B. Christus-Orden: Rot; Deutscher Orden: Schwarz) und unterschiedlich gestaltet war. Auch die «internationalen» Orden hatten von vornherein eine «nationale» Zuordnung (Italiener, Franzosen, Deutsche etc.), hatten aber reichen Grundbesitz, Zweigniederlassungen und Privilegien auch in anderen Ländern des lateinischen Westens – Johanniter, Templer und Lazarusorden auch in Spanien und Portugal. Eigene Staatlichkeit entwickelten nur Johanniter/Malteser und der Deutsche Orden.

Geistliche Ritterorden, ca. 1070 ff

Orden	Gründung/ Ordensregel	Militärische Aufgaben	«nationale» Zuordnung	Ordenssitz	Hauptbetätigungsfeld	Politische Wirkung	Nachwirkung / Kontinuität(en)
Hospitaliter / Johanniter / Malteser; lat.: Ordo militae Sancti, Johannis Baptistae, hospitalis Hierosolymitani	ca. 1070 nach 1100 1530; Benediktinerregel	seit 1126/37: Grenzschutz für Kreuzfahrerstaaten; stärkste Festung: Krak-des-Chevaliers (1142–1271); hielten sich auf Rhodos gegen Mamluken (1444), Osmanen (1480); auf Malta gegen Osmanen (1565)	Ursprünglich Italiener: gegründet von Kaufleuten aus Amalfi	Jerusalem (ca. 1070–1187); Akkon (1191); Limassol (Zypern) (1291); Rhodos (1309–1522); Malta (1530–1798); Rom (1834)	Heiliges Land (bis 1291); Rhodos; Malta; Krankenpflege, Krieg, Piraterie; Fernhandel: Depots; Anleihen; Großgrundbesitz	Eigene Staatlichkeit auf Rhodos (1309–1522) und Malta (1530–1798)	Johanniter als Krankenpflegerorden protestantischer Provenienz neu gegründet – England (ca. 1840), Preußen (1852); katholischer Malteserorden (1859/69/79) ebenfalls für Krankenpflege
Templer: Fratres militiae Templi / Pauperes commilitones Christi Templique Salomonis («Arme Ritter»)	1118/19 im Heiligen Land; Zisterzienserregel angelehnt (1128)	1115: «Arme Ritter» von vornherein militärisch, zunächst Schutz für Pilger von und nach Jerusalem	Franzosen	Flügel im Jerusalemer Tempel (1118–87); Akkon (1191); Limassol (Zypern) (1291); Tempel zu Paris (1306)	Heiliges Land: Organisierung des Pilgerverkehrs; Depots; Fernhandel, Anleihen; internationales Bankenwesen; enormer Reichtum: Staat im Staate	Christliches Modell für iberische Ritterorden; von französischer Krone enteignet, verhaftet (1307), vom Papst aufgelöst (1312)	Vermögen meist Johannitern übergeben, in Portugal dem Christus-Orden (1318/19); Neugründung als christliche, meist überkonfessionelle Gruppierung (nach 1945); Straßennamen in manchen Städten (London, Paris, Aachen)
Calatrava-Orden: Orden de Calatrava	1158/64: von Zisterziensern gegründet, beaufsichtigt; später nach Benediktinerregel modifiziert	Übernahmen von Templern Verteidigung von Calatrava; Heirat mit päpstlicher Erlaubnis (1440)	Kastilien/ Aragon: Spanier	Calatrava (1158–99; 1212–16); Santatierra (1196–1210); Calatrava Nueva (1216–1523)	Kampf gegen Mauren in Reconquista: Grenzburgen, allgemeine Feldzüge	Intervention in innere Konflikte Kastiliens, auch mit inneren Spaltungen im Orden	Großmeisterwürde und Einkünfte mit Krone vereint (1486, 1523); von 1. Republik aufgelöst (1873); von Monarchie als moderner Militärorden neu gestiftet (1874)

Orden	Gründung/ Ordensregel	Militärische Aufgaben	«nationale» Zuordnung	Ordenssitz	Haupt-betätigungsfeld	Politische Wirkung	Nachwirkung/ Kontinuität(en)
Santiago-Orden: Orden de Santiago de Espada (span.); Ordem de Sant'Iago (bis 1789: de Espada) (port.)	1164/75: Bündnis mit Calatrava-Orden (1182); portugiesischer Zweig unabhängig (1238/1317)	Verteidigung von Santiago (Galicia); von Uclés (1174): Nicht zum Zölibat verpflichtet (1175)	Kastilien Portugal	Santiago, Uclés (1174)	Reconquista		Wie Calatrava-Orden Verwaltung von portugiesischer Krone übernommen (1551); Verdienstorden (1862)
Évora-Orden/ Avis-Orden: Ordem de Avis	1162: Ursprünglich Mitglieder des Calatrava-Ordens; selbständig (1215)	Verteidigung von Évora (1162), von Avis (1166)	Portugiesen	Évora (1166); Avis (1215)	Reconquista	Großmeister führte Unabhängigkeitskrieg gegen Kastilien (1383–85)	Großmeister wurde König: João I. (1385–1433): Avis-Dynastie (1385–1580); Verwaltung von Krone übernommen (1551)
San Julian/ Alcántara Orden: Orden de Alcántra	1177 1218: Zisterzienserregel unter Aufsicht des Calatrava-Ordens	Verteidigung von Alcántara (1218): Nachweis adliger Abstammung seit vier Generationen, ohne Juden oder Mauren	Kastilien/ Spanier	Alcántara (1218)	Reconquista		Großmeisterwürde und Einkünfte mit Krone vereint (1494); Heirat der Ritter erlaubt (1546); aufgehoben (1873); als Militärorden neu gestiftet (1874)
Deutscher Orden: Fratres Ordinis Theutonici Sanctae Maria in Jerusalem	1190, Belagerung Akkons zur Krankenpflege deutscher Teilnehmer am 3. Kreuzzug, von Lübecker und Bremer Kaufleuten; mit Templer- und Hospitalier-Regel	Militärischer Orden (1198): Hauptfestung im Heiligen Land: Montfort (Starkenberg) (1229/31–1271)	Deutsche: Konflikte mit Templern (1241)	Akkon (1191), Venedig (1291), Marienburg (1309), Königsberg (1457–1525), Mergentheim (1530)	Heiliges Land (1190/98–1291); Unterwerfung und Mission der Pruzzen (1230 ff); Fernhandel, Export von Getreide, Bernstein; (nach 1324): Konflikte mit Hanse	Ordensstaat (1230–1525/59); Mitglied der Hanse; unter politischer Suzeränität Polens (1466–1658/60)	Herzogtum Preußen (1525–1618), Kurland (1559/61–1795); Farben Preußens und deutscher Nationalmannschaften (Schwarz-Weiß), übernommen in Reichsfarben Schwarz-Weiß-Rot (1867/71–1945); Balkenkreuze deutscher Luftwaffe und Panzer; Vorbild für SS als NS-Elite«orden»

Order of St. Thomas Accon	1191, bei Belagerung von Akkon für englische Teilnehmer am 3. Kreuzzug; Templerregel		Engländer				
Lazarusorden: Hospitaliter vom Hl. Lazarus in Jerusalem / Ordo Sancti Lazari	ca. 1120/1200 in Jerusalem: nur für leprakranke Ritter	Nur in extremen Notsituationen militärisch eingreifend (bis 1291)		Jerusalem (ca. 1120–87); Akkon (1191–1291)	Krankenpflege für Leprakranke		Vom Papst aufgehoben (1490); in Frankreich vereint mit Dame du Mont Carmel (1607–1789); neugegründet (1830)
Schwertbrüderorden: Fratres militiae Christi	1202, von Bremen aus, in Riga, von Zisterziensern gegründet; Templerregel	Kampf gegen Liven und Letten: Von vornherein militärisch	(Nord-) Deutsche	Riga (1204–37)	Livland, Kurland	Nach Niederlage gegen Litauer (1236) Fusion mit Deutschem Orden (1237)	Nördlicher Flügel des Deutschordensstaates (1237–1559), Herzogtum Kurland (1559/61–1795): (Deutsch) Baltische Barone (bis 1940/41)
Christus-Orden: Ordem Militar de Cristo	1318/19: Nachfolgeorden für verbotene Templer	Kreuzzugsunternehmen gegen Mauren in Nordafrika	Portugiesen	Castro Marim (1318), Tomar (1356)	Portugiesische Expansion in Übersee (1443 ff.)	Portugiesische Expansion, Mission in Übersee (1443 ff.)	Farben (rotes Kreuz auf weißem Feld) als Fahne portugiesischer Schiffe (1443 ff.); Militärorden (1551–1910, 1910 ff.)

Lit.: Hans Prutz: Die geistlichen Ritterorden. Berlin 1908, Nachdr. 1968; D. Seward: The Monks of War. The Military Religious Orders. St. Albans 1974

Geschichte der Neuzeit

ab ca. 1000	ökonomisches und demographisches Wachstum des lateinischen Europa			Anregungen aus dem Orient (Arab. Zahlen, Kompaß etc.)
ab ca. 1300			Renaissance: Rückgriff auf die Antike	
		Nationalmonarchien: Stände		
Neuzeit: 1492/98		EXPANSION EUROPAS IN ÜBERSEE: *Kontrolle des interkontinentalen Fernhandels*		
	Koloniale Handelsreiche: Portugal, Spanien, Holland, Frankreich, England			
1505	Transatlantischer Sklavenhandel:	Sklaverei in Neuer Welt		Ursprüngliche Akkumulation: Frühkapitalismus
1517			Reformation	
1563			Gegenreformation	
1572		Absolutismus		Sezession der Niederlande
1640			Englische Revolution	Merkantilismus
1651				Navigation Act
1660			Restauration: Konstitutionelle Monarchie in England	
1688			Glorious Revolution:	
1689			Parlamentarische Monarchie	Freihandel (England)
1698			Politische Aufklärung	Eroberung Indiens (bis 1856)
1701			Spanischer Erbfolgekrieg (bis 1713/14)	
1756			7jähriger Krieg (bis 1763)	
ca. 1760				Industrielle Revolution: Wirtschaftsbürgertum

1776		Unabhängigkeit der USA		
1787	Abolitionismus (England, USA)			
1789		FRANZÖSISCHE REVOLUTION		
1792		1. Republik (bis 1799)		
1804		1. Empire		
1807	Sklaverei im Britischen Empire verboten		Kontinentalsperre	
1812		Radikalliberale Verfassung von Cadiz		
1814/15		Wiener Kongreß: Neuordnung Europas: Charte Constitutionelle; Restauration		
1830		Julirevolution	Sozialismus (Frankreich)	
1832			Wahlrechtsreform (England):	
1837			Chartisten	
1845/47			Agrar-/Wirtschaftskrise	
1848/49	Sklaverei in französischen Kolonien verboten	Europäische Revolution: 2. Republik (Frankreich) (bis 1852)		
1850			Hochkonjunktur	Taiping-Aufstand (China) (bis 1864)
1852		2. Empire (bis 1870)		
1853–56		Krimkrieg		
1856		Pariser Kongreß	Eroberung Indiens vollendet	
1857			1. Weltwirtschaftskrise: Ausgangspunkt USA	Großer Aufstand in Indien
1859		Sieg des italienischen Risorgimento		
1861–65	Amerikanischer Bürgerkrieg			

Geschichte der Neuzeit (Forts.)

1864			1. Sozialistische Internationale (bis 1874)	
1865	Sklavenemanzipation in USA			
1866		Deutscher Krieg		
1867	Norddeutscher Bund (bis 1871)	Doppelmonarchie Österreich-Ungarn (bis 1918)		
1870		Deutsch-französischer Krieg: 3. Republik (bis 1940)	Pariser Kommune	
1871	Reichsgründung:	2. Deutsches Kaiserreich (bis 1918)		
1873			2. Weltwirtschaftskrise: Große Depression (bis 1895)	
1875		Große Orientkrise		
1877		8. Russisch-türkischer Krieg		
1878		Berliner Kongreß	Sozialistengesetz in Deutschland (bis 1890)	
1879		Zweibund Deutschland-Österreich/Ungarn		
1882		England besetzt Ägypten (bis 1922/36)		
1884/85	Berliner Afrikakcnferenz: «Scramble for Africa»		Imperialismus Kolonialherrschaft	
1888	Sklaverei in Brasilien verboten			
1889			2. Internationale (bis 1914)	
1892/94		Zweibund Frankreich/Rußland		
1896		Deutsche Weltpolitik	Hochkonjunktur	
1900				Boxeraufstand in China niedergeworfen
1904	Entente Cordiale: England/Frankreich	Russisch-japanischer Krieg (bis 1905)		

1905 1. Marokkokrise — 1. Russische Revolution (bis 1907)

1907 Anglo-russische Verständigung: Triple Entente

1908/09 Bosnische Annexionskrise

1911 2. Marokkokrise — Revolution in China (bis 1949)

1912 1. Balkankrieg

1913 2. Balkankrieg

1914–18 ERSTER WELTKRIEG

1917 USA im 1. Weltkrieg — Oktoberrevolution: Kommunismus
Sowjetrußland verläßt Krieg:
Russischer Bürgerkrieg (bis 1920/22)

1918 Kriegsende: Revolution in Deutschland, Österreich, Ungarn:
Auflösung des Osmanischen Reiches und der Donaumonarchie

1919 Versailles: Neuordnung Europas — Spannung Kommunismus–Faschismus/ Nationalsozialismus

1922 Faschismus in Italien (bis 1943/45)

1929 3. Weltwirtschaftskrise

1933 3. Reich (bis 1945) — Nationalsozialismus in Deutschland

1939–45 ZWEITER WELTKRIEG

1945 Kapitulation Deutschlands, Japans: Atombomben auf Hiroshima, Nagasaki

1946 Kalter Krieg, Dekolonisation; Französischer Vietnamkrieg

1947 Unabhängigkeit Indiens

1948 Apartheid in Südafrika

1949 NATO — Bundesrepublik Deutschland / DDR — Volksrepublik China

1950 Koreakrieg (bis 1945)

1953 Tod Stalins: «Tauwetter» – 17. Juni in DDR

Kolonialreiche, I, 1415–1815

Kolonialmacht	Nationale Konstituierung/ Konsolidierung	Koloniale Expansion in Übersee	Hauptregionen der Expansion	Nationale Krise(n)	Koloniale Rückschläge
Portugal: Erste und letzte europäische Kolonialmacht, mit nur geringer Eigenbevölkerung: Handels- und Stützpunktkolonien	Ende der portugiesischen Reconquista (1248); Bürgerkrieg/Revolution (1383–85): Avis-Dynastie (1385–1580); neue Unabhängigkeit (seit 1640/68)	«Conquistas» = Eroberungen in Übersee: Ceuta erobert (1415): Systematische Erforschung der afrikanischen Küsten: Seeweg nach Indien (1419–98); Monopolanspruch (1455); mit Spanien geteilt in Tordesillas (1494)	Kanarische Inseln (1341); Madeira (1419/20); Azoren (1427/32); Kapverdische Inseln (1460/62); Guinea (1460 ff.); Angola (1491); Brasilien (1500); Moçambique (1505); Goa (1510); Molukken (1511): Gewürzhandel, Sklavenhandel	Niederlage von al-Kasr al-Kabir gegen Marokko (1578): Erzwungene Union mit Spanien (1580–1640)	Angriffe der Holländer gegen portugiesische Kolonien (nach 1598): Zusammenbruch der portugiesischen Macht im Indischen Ozean unter Angriffen Hollands, Persiens, der Araber (1602 ff.); vorübergehend Holländer in Nordbrasilien (1630–54) und Angola (1641–48); in neuer Unabhängigkeit (1640/68) im Schatten Englands
Spanien: Größte zusammenhängende Siedlungskolonien der Weltgeschichte in Übersee: Kolonialhandel als Monopol der Krone (bis 1776)	Personalunion Kastilien/Aragon (1474); Eroberung Granadas: Ende der spanischen Reconquista (1492)	Kanarische Inseln (1478/79); Entdeckung Amerikas (1492): Übersee-Monopol mit Portugal geteilt (1494): Kolonialreich in Amerika (1493 ff.), Philippinen (1529/65); Spanisch-Sahara (1658/1884)	Lateinamerika, Philippinen, Pazifische Inseln, Spanisch-Sahara: Handel Mutterland–Kolonien als Monopol (bis 1776); Silber aus Peru und Mexiko	Abstieg als Seemacht (1588 ff.), als europäische Hegemonialmacht (1659): Spanischer Erbfolgekrieg: Spanien relatives Machtvakuum (1701–1713/14): Verlust Gibraltars an England (1704)	Allgemeine Schwächung auch als Kolonialmacht gegenüber Holland, Frankreich, England: Monopol des Kolonialhandels durchbrochen (1713); Freihandel für Spanisch-Amerika (1776); Unabhängigkeitskrieg Spanisch-Amerikas (1810–1824)
Holland (Niederlande / Generalstaaten): See- und Handelsmacht, mit großer Bevölkerungszahl (Urbanisierung) und Schiffszahl: Führend in Entwicklungen bis zur industriellen Revolution – Naturwissenschaften, Schiffbau,	Unabhängigkeitskrieg (1567/72–1609/48): Utrechter Union (1579), Unabhängigkeitserklärung (1581), völkerrechtliche Anerkennung (1648)	Expansion gegen Portugal in Union mit Spanien (seit 1580): Molukken (ab 1595/98/1602); Guyana (Surinam) (1595/1626); Neu-Amsterdam (1626–64); El Mina (1637); Curaçao, Ceylon (1638); Formosa (1624–61); Nordostbrasilien (1630–54); Batavia (Java) (1619); Kapstadt (1652–1795/1815)	Indonesien, Westindien: Gewürzhandel; Nord-/Ostseehandel; Trampschiffahrt, Höhepunkt um 1650: Dreieckshandel	Niederlagen in Seekriegen gegen England (1652–74); Batavische Republik (1795–1806); Napoleonisches Königreich Holland, in Kontinentalsperre (1806–10), anschließend von Frankreich annektiert (1810–13)	Verlust Ceylons (1796), der Kapprovinz (1795/1806/15) an England: Kolonialreich konzentriert auf Indonesien

Frankreich: In Rivalität zur jeweils führenden Kolonialmacht – Spanien, Holland, England: Straffe Zentralisierung auch im Kolonialreich	Sieg im 100jährigen Krieg (1453); Ende der Hugenottenkriege (1598); Expansion unter Ludwig XIV. (1659 ff.), auch in Übersee	Expansion gegen Spanien: Cayenne (1604); Kanada (1608–1759/63) – Quebec (1608), Montreal (1611/42); Martinique, Guadeloupe (1635); Senegal (1638); Saint-Domingue (1665/97–1804); Lousiana, Pondicherry (1673)	Westindien/Karibik, Nordamerika, Indien: Kombination von Handels- und Siedlungskolonien (Kanada, Louisana): Dreieckshandel	Hugenottenkriege (1562–98); Niederlagen in Hegemonialkriegen (1701–1713/14, 1740–48, 1756–63, 1792–1815), mit Auswirkungen auch in Übersee	Übernahme des spanischen Kolonialreiches gescheitert (1713/14): Verluste in Nordamerika; Kolonialreich in Indien gescheitert (1757–63): Verlust Kanadas an England (1759/60); Verkauf Louisianas an USA (1803); Verlust Saint-Domingues: Unabhängiges Haiti (1804)
England: Größtes Kolonialreich in Übersee; Kombination des portugiesischen und spanischen Kolonialtyps: Handels- und Siedlungskolonien, früh mit relativ starker innerer Autonomie, zunächst nur der weißen Siedler	Ende der Rosenkriege (1485), der Reformation (1559), des Bürgerkriegs (1649); Restoration (1660); Glorious Revolution (1688/89): Innerer Friede als Voraussetzung zu weiterer Expansion	Suche der Nordwestpassage durch John Cabot (1497), Nordostpassage durch Chancellor (1553); Virginia (1584/1607); Bermudas, Surat (Ostindien) (1612); Massachusetts (1619); Barbados (1625/27); Madras (1639); Jamaika (1655); Bombay (1661); Goldküste (1662/64); New York (1664); Kalkutta (1690); Gibraltar (1704); Hudson-Bay, Neufundland (1713); Eroberung Indiens (1757–1856); Kanada (1759/60); Sierra Leone (1787); Australien (1788 ff.); Ceylon (1796/1802); Malta (1800); Kapprovinz (1806/15); Helgoland (1807)	Westindien/Karibik, Nordamerika, Ostindien (Surat, Madras etc.); Westafrika; Mittelmeer; Südafrika: Dreieckshandel	Reformation (1529–59); Revolution (1640–60, 1688/89); Verlust der 13 nordamerikanischen Kolonien (USA) (1776/83)	Amerikanischer Unabhängigkeitskrieg (1775–83): Verlust der 13 nordamerikanischen Kolonien durch Bildung der USA (1776/83): Krise im Verhältnis zu Irland: Autonomie (Grattan's Parliament) für Irland (1782–1800); Bildung der USA entscheidende Zäsur zwischen älteren und neueren Kolonialreichen

Moderne Groß- und Weltmächte: Europäische Pentarchie und ihre Erweiterungen

Staat / Charakterisierung	Konstituierung als Staat / Kernregion	Aufstieg zur Großmacht	Hegemonialregion / Expansionslinie(n)	Hegemonialphase (n)	Konsequenzen
Frankreich: Seit Mittelalter bis Mitte des 19. Jh. demographisch, ökonomisch, militärisch stärkster Staat (Kontinental) Europas: Nationalmonarchiestaat; führende Kulturmacht	Nach Zerfall des Frankenreichs: Westfranken (Francia) (987): Île-de-France (Pariser Becken)	Schlacht bei Bouvines (1214): Zentralisierung, Bürokratisierung: Absolute Monarchie (17./18. Jahrhundert)	Westliches Kontinentaleuropa, Italien; Übersee: «mission civilisatrice»	Ludwig XIV. (1659–1714); Französische Revolution, Napoleon I. (1792–1815); Napoleon III. (1852–70): Seitdem defensiv gegen Deutschland	Devolutionskrieg (1667/68), Holländischer Krieg (1672–78); Pfälz. Erbfolgekrieg (1688–97); Span. Erbfolgekrieg (1701–14); Revolutions-/Napoleonische Kriege (1792–1815); Deutsch-französischer Krieg (1870/71); im 1. und 2. Weltkrieg (1914–18, 1939–45)
Österreich: Deutscher Kern (Habsburger Erblande), allmählich Vielvölkerstaat (1526–1918)	Bayrische Ostmark (978); Herzogtum (1156); Personalunion mit röm.-dt. Kaisertum (1438–1806); Erzherzogtum (1453); Kaiserstaat (1806); Österreich-Ungarn (1867–1918)	Schlacht bei Wien (1683); Friede von Karlowitz (1699): Sieg über Osmanen	Deutschland/ Ostmitteleuropa (bis 1866); Ober- und Mittelitalien (1797/1815–1859/66); Südosteuropa (1683–1918)	Keine übergreifende Hegemonie über röm.-dt. Kaisertum hinaus; begrenzte Expansion auf dem Balkan (1878–1918)	8 österreichische Türkenkriege (1526–1791) (s. eigenes Schema); Deutscher Dualismus Österreich–Preußen (1740–1866); nach Ausscheiden aus Deutschland (1866) und Ausgleich mit Ungarn (1867) Konflikt mit südslawischem und rumänischem Nationalismus in Ungarn und jenseits der Grenzen (Serbien, Rumänien): Sarajevo (1914): 1. Weltkrieg (1914–18), Untergang der Donaumonarchie Österreich-Ungarn (1918)

England: Führende See-, Handels-, Kolonialmacht der jüngeren Neuzeit: Rechts- und Parlamentsstaat; Mutterland der industriellen Revolution (ca. 1760); erste Industriemacht, größtes Übersee-Reich der Weltgeschichte	Angelsächsische Landnahme (449 ff.); Normannische Eroberung (1066); Parlament (1265 ff.); Reformation (1529–59); Revolution (1640–60, 1688/89); Union mit Schottland (1603/1707), Irland (1800/1)	Personalunion mit Holland (1689–1702): Span. Erbfolgekrieg (1701–1713/14): Friede von Utrecht (1713): Gleichgewicht der Kräfte zur Ausbalancierung des Kontinents für die eigene Expansion in Übersee	Im Mittelalter Nord- und Westfrankreich (bis 1453); seit der Neuzeit in Übersee – Nordamerika, Indien, Afrika	Keine Hegemonie auf dem Kontinent, aber in Übersee; nach Verlust des Empire durch Dekolonisation (seit 1945) in Europäischer Gemeinschaft (seit 1974)	Gleichgewicht der Kräfte: Hegemonialkriege gegen aufsteigende Hegemonialmächte – Frankreich (1689–1815), Rußland (1815–1907), Deutschland (1904–1945); Aufbau eines großen Kolonialreiches; Kolonialkriege; im 1. und 2. Weltkrieg (1914–18, 1939–45)
Rußland: Größte Landmacht der Neuzeit; agrarisch: Leibeigenschaft (bis 1861), Autokratie des Zaren (bis 1917), der Partei (seit 1917)	Kiewer Rus (882); Großfürstentum Moskau (1328); Zarentum (1547); Kaiserreich (1722); UdSSR (seit 1917/22); Großrußland	Nordischer Krieg (1700–21): Friede von Nystad (1721); Wiener Kongreß / Heilige Allianz (1815); Russische Revolution (1917); 2. Weltkrieg (1939–45)	Westen (Baltikum, Polen, Deutschland); Süden (Ukraine, Krim; Balkan, Meerengen / Konstantinopel, Kaukasus, Armenien); Osten (Sibirien, Zentralasien, Ferner Osten)	Von Heiliger Allianz (1815) bis zur Verständigung mit England (1907); seit 2. Weltkrieg (1945) Weltmacht Nr. 2: Weltrevolution – Globale Expansion in 3. Welt (seit 1945)	8 russisch-türkische Kriege (1710–1878); Orientalische Frage (1774–1923); Teilungen Polens (1772–1939); Kriege gegen Polen, Persien, China, Frankreich; Konfrontationen mit England (1854–56, 1878, 1885); Russisch-japanischer Krieg (1904/5); im 1. und 2. Weltkrieg (1914–18, 1939, 1941–45); Kalter Krieg (seit 1945); Afghanistankrieg (seit 1979)

Staat / Charakterisierung	Konstituierung als Staat / Kernregion	Aufstieg zur Großmacht	Hegemonialregion / Expansionslinie(n)	Hegemonial-phase (n)	Konsequenzen
Preußen: Kleinste und schwächste Großmacht der europäischen Pentarchie; überwiegend deutsche Bevölkerung; Militarisierung (1653–1945); abhängig von Rußland (1762/64–1867/71)	Markgrafschaft Brandenburg (1157); Kurfürstentum (1356); mit Herzogtum Preußen (1618); (Ost-) Preußen im souveränen Besitz (1660) Königreich (1701)	Selbstbehauptung im Siebenjährigen Krieg (1763); Teilnahme an der 1. Teilung Polens (1772)	Nördliches Deutschland (bis 1866); Deutschland (1867–1945)	Deutscher Zollverein (1834): Interne Hegemonie in Deutschland: Reichsgründung (1867–71)	3 Schlesische Kriege (1740–63); Deutscher Dualismus Preußen – Österreich (1740–1866); Reichseinigungskriege (1864–71) und Reichsgründung (1871); Stellung Preußens als Großmacht fortgeführt vom Deutschen Reich (1871–1945)
Osmanisches Reich: Dynastisches Vielvölkerreich (bis 1918/22)	1288/1300: Sultanat (bis 1912); Türkei; Albanien (bis 1912)	Eroberung Konstantinopels (1453); in Konzert der Mächte (formal) aufgenommen auf Pariser Kongreß (1856)	Südosteuropa, Kaukasus, Nordafrika, Arabische Halbinsel, Mesopotamien	Von Eroberung Konstantinopels bis zur 2. Belagerung Wiens (1453–1683)	Kriege gegen Persien; 8 Österreichische Türkenkriege; 8 Russisch-türkische Kriege; Orientalische Frage (1774–1923), Südslawische Frage (1804–1918): Sarajevo (1914); Armenische Frage (seit 1878); im 1. Weltkrieg (1914–18)
Italien: Moderner Nationalstaat; Piemont-Sardinien als Vorgänger: Schwächste europäische Großmacht (nach 1871)	Risorgimento (1859/61); Gewinn Veneziens (1866), Roms (1870)	Piemont-Sardinien im Konzert der Mächte seit Pariser Kongreß (1856); fortgeführt vom Königreich Italien (1859/61)	«Irredenta» – gegen Österreich-Ungarn (Friaul, Triest, Trentino); Adria, östliches Mittelmeer; Äthiopien, Libyen; Osmanisches Reich (bis 1918/19)	Nur im faschistischen Italien (1922–43) Anspruch auf regionale Hegemonialmacht: Mittelmeer = italienisches «Mare Nostrum»: Restauration des Imperium Romanum	1. Abessinienkrieg (1895/96); Tripoliskrieg (1911/12); im 1. Weltkrieg (1915/16–1918): Faschismus (1922–1943/45); 2. Abessinienkrieg (1935/36); im 2. Weltkrieg (1940–1943/45)
Deutschland: Deutsches Reich als deutscher Nationalstaat	Reichsgründung (1867–71); Preußen	Norddeutscher Bund (1867); Deutsches Reich (1871–1945)	«Mitteleuropa», Ost- und Südosteuropa; Osmanisches Reich (1898–1918)	«Weltpolitik»/ 1. Weltkrieg (1896/98–1918); Großdeutsches Reich (1938–45)	1. Weltkrieg (1914–18); Nationalsozialismus / 3. Reich (1933–45): 2. Weltkrieg (1939–45): Spaltung Europas, Deutschlands und Berlins (seit 1945)

Japan: Ostasiatischer Kaiserstaat, mit kulturellen Grundlagen aus China	Modernisierung / Industrialisierung seit Meiji-Reformen (1868–1912): Militarisierung	1. Chinesisch-japanischer Krieg (1894/95): Friede von Shimonoseki (1895)	Ostasien – Korea, Mandschurei, China; zuletzt Südostasien (1941–45)	In imperialistischer Periode (1894/95–1945) mit unterschiedlicher Intensität; seit Koreakrieg (1950–53) Aufstieg zur führenden Industriemacht	1. Chinesisch-japanischer Krieg (1894/95); Russisch-japanischer Krieg (1904/05); im 1. Weltkrieg (1914–18); 2. Chinesisch-japanischer Krieg (1937–45): Japanischer Anteil am 2. Weltkrieg (1941–45)
USA: Größtes Einwanderungsland der Geschichte: westliche Prägung; Präsidialdemokratie; stärkste Industriemacht; Weltmacht Nr. 1	Amerikanischer Unabhängigkeitskrieg (1775–83); Unabhängigkeit (1776) – Konföderation (1777), Union (1788); Bürgerkrieg (1861–65)	«Manifest Destiny»: Expansion vom Atlantik zum Pazifik (ca. 1750–ca. 1850); Spanisch-amerikanischer Krieg (1898); 2. Weltkrieg (1941–45)	Amerika (Monroe-Doktrin); Pazifik; seit 2. Weltkrieg globale Interessen als westliche Führungsmacht	Großmacht seit 1898; Weltmacht mit Anspruch auf globale Führung seit 1945	Amerikanisch-Mexikanischer Krieg (1846–48); Spanisch-amerikanischer Krieg (1898); häufige Interventionen in Mittel- und Südamerika; im 1. Weltkrieg (1917/18), 2. Weltkrieg (1941–45); Kalter Krieg: Vietnamkrieg (1965–75)

Die großen internationalen Friedenskongresse, Friedensschlüsse sowie Konferenzen der Neuzeit

Datum	Kongreß/Vertrag	Hauptbeteiligte	Krieg beendigt	Ergebnisse/Folgen
1648	Westfälischer Friede (Münster und Osnabrück)	Reich/Spanien–Schweden/ Frankreich: Protest des Papstes gegen Friedensschluß.	30jähriger Krieg (1618–48); Krieg Frankreich–Spanien (seit 1635) geht weiter (bis 1659)	Deutschland als Machtvakuum völkerrechtlich garantiert; Unabhängigkeit der Schweiz und Generalstaaten (Holland) anerkannt.
1659	Pyrenäenfriede	Frankreich–Spanien	Krieg Frankreich–Spanien (1635–59)	Pyrenäen Grenze Frankreich–Spanien; Hegemonie Spaniens beendet, Frankreichs eröffnet.
1697	Rijswijk	Frankreich–Große Allianz	Pfälzischer Erbfolgekrieg (1688–97)	Frankreich behält Teil der Eroberungen.
1713	Utrecht	England–Frankreich	Spanischer Erbfolgekrieg (1701–1713/14)	Frankreichs Hegemonie abgewehrt: England Großmacht: Krise des Ancien Régime in Frankreich.
1714	Rastatt	Kaiser–Frankreich		
1721	Nystad	Rußland–Schweden	Nordischer Krieg (1700–21)	Rußland Großmacht; Schweden und Polen geschwächt.
1748	Aachen	Österreich/England/ Holland–Frankreich/ Spanien	Österreichischer Erbfolgekrieg (1740–48)	Status quo in Europa und Übersee: Krise des Ancien Régime in Frankreich verschärft.
1763	Paris	England–Frankreich	7jähriger Krieg (1756–63)	England Vormacht zur See.
1763	Hubertusburg	Österreich/Sachsen–Preußen.		Preußen Großmacht.
1774	Kütschük-Kainardschie	Rußland–Osmanisches Reich	3. Russisch-türkischer Krieg (1768–74)	Mündungen von Don, Dnjepr, Bug zu Rußland: Orientalische Frage eröffnet.
1814/15	1. und 2. Pariser Friede: Wiener Kongreß	Rußland/England/ Österreich/Preußen/ Schweden–Frankreich	4. Koalitionskrieg («Befreiungskriege») (1813–15)	Neuordnung Europas: Restauration; Heilige Allianz; Neuordnung Deutschlands (Deutscher Bund); Frankreichs 2. Anlauf zur Hegemonie abgewehrt; Vorherrschaft Englands zur See, Rußlands auf dem Kontinent bestätigt. Pentarchie institutionalisiert.

1856	Pariser Kongreß	England/Frankreich/Osmanisches Reich–Rußland	Krimkrieg (1854–56)	Rußland von Donaumündung zurückgedrängt; Osmanisches Reich und Piemont im Konzert der Mächte. Territoriale Integrität des Osmanischen Reiches garantiert; Reformen im Osmanischen Reich.
1878	Berliner Kongreß	England/Österreich; Deutschland, Frankreich, Italien, Osmanisches Reich–Rußland	8. Russisch-türkischer Krieg (1877/78)	Vorfriede von San Stefano revidiert: Rumänien, Serbien, Montenegro unabhängig; Bulgarien autonom, aber geteilt; Zypern von England, Bosnien-Herzegovina von Österreich-Ungarn okkupiert.
1884/85	Berliner Afrika (Kongo)-Konferenz	Sieben Großmächte, Portugal, Schweden, Belgien, USA u. a.	–	Kongo-Freistaat; Freihandelszone im erweiterten Kongobecken; koloniale Aufteilung Afrikas völkerrechtlich geregelt und sanktioniert.
1919	Pariser Friedenskongreß: Pariser Vorortsverträge (1919/29):	Nur Alliierte und Assoziierte (ohne Sowjetrußland)	1. Weltkrieg (1914–18)	Neuordnung Europas: Deutschland als Machtzentrum geschwächt, aber erhalten; Nachfolgestaaten Ostmittel- und Südosteuropa («Balkanisierung Europas»); Völkerbund und Völkerbundsmandate; von USA *nicht* ratifiziert.
1919	Versailles (Deutschland); St. Germain (Österreich);			
1920	Trianon (Ungarn); Neuilly (Bulgarien); Sèvres (Türkei)			Von Türkei nicht ratifiziert.
1946	Pariser Friedensverträge	Alliierte–ehemalige Verbündete NS-Deutschlands (Italien, Ungarn, Rumänien, Finnland)	2. Weltkrieg (1939–45): *nicht* mit Deutschland und Japan	Neuordnung Europas gemäß Beschlüssen der Konferenzen von Jalta und Potsdam (1945).

8 Österreichische Türkenkriege, 1526–1791

Meist defensiv, teilweise osmanische Offensiven koordiniert mit französischen (1526, 1663, 1683), später österreichische Offensiven koordiniert mit Rußland (1736/37, 1787)

Krieg/ Datum	Anlaß	Kriegsverlauf	Wichtige Feldherren/ Herrscher	Waffenstillstand/ Friede	Bestimmungen/Ergebnisse: Folgen
1.: 1526–55	Osman. Sieg bei Mohács über Ungarn (1526): Erbanspruch Habsburgs auf Ungarn	1. Belagerung Wiens (1529) (Luther: «Ein feste Burg»); Sieg der Osmanen bei Palast (1552)	Ferdinand I.; Suleiman der Prächtige	Zwischenfrieden (1533, 1538); Waffenstillstand (1547) und Friede (1555) auf acht Jahre	Ungarn dreigeteilt (1541–1683); Jährlicher Tribut des Kaisers an Sultan (1547); Österreichische Militärgrenze gegen Osmanische Einfälle (1526–1851/81)
2.: 1566–68	Empörung von J. Zápolya II. gegen Sultan, mit deutscher Hilfe	–	Maximilian II.; Suleiman der Prächtige (bis 1566)	Waffenstillstand/Friede von Adrianopel (1568), auf acht Jahre	Friede von 1555 erneuert: Status quo
3.: 1593–1615	Abwehr fast jährlicher türkischer Einfälle	Sieg der Osmanen bei Keresztes (1596)	Auersperg; Kaiser Matthias; Muhammed III.	Friede von Zsitva-Torok (1606), nach Erneuerung des Krieges (1611), bestätigt (1615)	Territorialer Status quo; Kaiser als gleichberechtigt mit Sultan anerkannt; jährlicher Tribut durch einmalige Zahlung (200 000 Gulden) abgelöst
4.: 1663/64	Offensive der Osmanen, abgestimmt mit Frankreich	Siege der Kaiserlichen bei Leva, St. Gotthardt (Raab) (1664)	Montecuccoli; Großwesir Ahmed Köprülü	Friede von Vasvar-Eisenberg (1664), auf 20 Jahre	Ungefährer Status quo

5.: 1683–99	Offensive der Osmanen, abgestimmt mit Frankreich	2. Belagerung und Entsatz Wiens (1683); Türken verfolgt: Sieg der Kaiserlichen bei Zenta (1697)	Großwesir Kara Mustafa; Jan II. Sobieski; Karl von Lothringen; Kurfürst Max Emanuel; Markgraf Ludwig von Baden («Türkenlouis»); Prinz Eugen	Friede von Karlowitz (1699), auf 25 Jahre	Ungarn, Siebenbürgen, Batschka zu Österreich; Podolien zu Polen; Morea zu Venedig (bis 1714); Asow zu Rußland. Begrenzte deutsche Siedlung in Südosteuropa; beginnender Abstieg des Osmanischen Reiches: Österreich Großmacht
6.: 1716–18	Forderung des Kaisers nach Abtretung Moreas (Peleponnes) an Venedig	Sieg der Kaiserlichen bei Peterwardein (1716); Belgrad erobert (1717)	Prinz Eugen («der edle Ritter»)	Friede von Passarowitz (1718), auf 25 Jahre	Territoriale Gewinne Österreichs, u. a. Belgrad (bis 1739); Handelsvertrag
7.: 1737–39	Parallel zum 2. Russisch-türkischen Krieg (1735–39)	Offensive Habsburgs zur Eroberung Bosniens; Siege der Osmanen in Serbien (1737–39); Belgrad belagert (1739)	–	Friede von Belgrad (1739), auf 27 Jahre; auch Friede mit Rußland	Österreich verliert territoriale Gewinne von Passarowitz, ausgenommen Banat: Belgrad wieder osmanisch
8.: 1787–91	Parallel zum 4. Russisch-türkischen Krieg (1787–92): Offensive Habsburgs	Sieg der Verbündeten: Belgrad, Bukarest erobert (1789); Sieg der Kaiserlichen bei Kalafat (1790)	Loudon, Joseph II.	Friede von Sistowa (1791)	Territorialer Status quo: Friede von Belgrad (1739) bestätigt: Keine Aufteilung des Osmanischen Reiches; Österreich fortan für Erhaltung des Osmanischen Reiches gegen Rußland

8 (+ 1) Russisch-türkische Kriege, 1710–1878

Offensiv gegen Osmanisches Reich, anfangs in Abstimmung mit letzten österreichischen Türkenkriegen (1736/37, 1787)

Krieg/Datum	Anlaß	Kriegsverlauf	Wichtige Feldherrn/Herrscher	Waffenstillstand/Friede	Bestimmungen/Ergebnisse: Folgen
Ohne Name 1695–1700	Anschluß Rußlands an Heilige Allianz (1686)	Asow erstmals von Russen erobert (1696)	Peter I.; Scheremetew	Waffenstillstand von Karlowitz (1699): Friede von Konstantinopel (1700)	Asow russisch (bis 1711); russische Flotte auf Don: Auftakt zur russischen maritimen Expansion nach Süden
1.: 1710/11	Sieg der Russen von Poltawa (1709); Karl XII. in Türkei; Aufruf des Zaren an Südslawen (1710); Aufstände in Montenegro, Serbien, Albanien	Bessarabien von Russen besetzt (1711); Russen am Pruth eingeschlossen (1711)	Peter I.; Scheremetew	Kapitulation/Friede am Pruth (1711)	Asow wieder osmanisch (bis 1739); freier Abzug für Karl XII. aus Türkei: Russische Expansion noch einmal gebremst
2.: 1735–39	Teilweise parallel zu 7. Österreichischem Türkenkrieg (1737–39)	Krim von Russen verwüstet (1735), Bessarabien besetzt (1737): Siege der Russen (1737/38)	Münnich	Friede von Belgrad (1739)	Status quo, aber (Saporogische) Kosaken endgültig zu Rußland; keine russischen Schiffe auf Asowschem und Schwarzem Meer: Südslawen erhoffen sich fortan Befreiung durch Rußland, nicht mehr Österreich
3.: 1768–74	Intervention der Osmanen in polnischen Bürgerkrieg (1768–72) (s. «Teilungen Polens»)	Bessarabien, Moldau, Walachei von Russen besetzt (1768): Seesieg der Russen im Hafen von Tscheschme (1770); Landsieg bei Schumla (1774); Pugatschow-Aufstand (1773/74)	Orlow, Suworow, Kutusow; Katharina II.	Friede von Kütschük-Kainardschie (1774)	Krim- und Kubantataren «unabhängig»; südl. Ukraine mit Mündungen von Bug, Dnjepr, Don zu Rußland; freie Durchfahrt für russische Schiffe durch Meerengen; Protektoratsrechte Rußlands über Orthodoxe im Osmanischen Reich (russ. Interpretation): Orientalische Frage eröffnet (bis 1923): Projekte zur Aufteilung der Türkei; Krim annektiert (1783), russisch besiedelt

Krieg/ Datum	Anlaß	Kriegsverlauf	Wichtige Feldherrn / Herrscher	Waffenstillstand / Friede	Bestimmungen / Ergebnisse: Folgen
4.: 1787–92	Griechisches Projekt (1781), Annexion der Krim (1783), Krimreise Katharinas II./ Joseph II.: Bündnis (1787): Krieg von Türken eröffnet, ohne Kriegserklärung parallel zum 6. österr.-Türkenkrieg (1787–91)	Siege der Russen / Österreicher (1788/89); Bessarabien, Moldau von Russen besetzt (1789)	Potemkin, Kutusow, Katharina II.	Friede von Jassy	Dnjestr Grenze Rußland–Türkei; Bessarabien, Moldau an Türkei zurück: Rußland erhält Hände frei zur Intervention gegen Polen – 2. Teilung Polens (1793); beginnende Rivalität Rußland–Österreich um Moldau / Walachei und Donaumündung
5.: 1806–12	Serbischer Aufstand (1804), von Rußland unterstützt	Bessarabien, Moldau, Walachei von Russen besetzt (1810): Siege der Russen (1809, 1811/12)	Kutusow (1811/12)	(1.) Friede von Bukarest (1812), ausgelöst durch Napoleons I. Aufmarsch gegen Rußland	Pruth neue Grenze Rußland–Türkei: Bessarabien erstmals zu Rußland (bis 1856); Rußland kann sich auf Abwehr Napoleons konzentrieren (1812): Serbien isoliert, von Türken wieder unterworfen (1813)
6.: 1828/29	Griechischer Unabhängigkeitskrieg (1821–29): Ägyptische Flotte im Hafen von Navarino vernichtet (1827)	Moldau, Walachei von Russen besetzt (1828): Russen überschreiten erstmals Balkan (1829)	Diebitsch	Friede von Adrianopel (1829)	Russische Territorialgewinne südlich des Kaukasus; Handelsfreiheit für Russen im Osmanischen Reich; Autonomie für Moldau, Walachei, Serbien bestätigt, unter russischem Militärprotektorat (bis 1853); Meerengen für alle Schiffe frei; faktische Teilung des Balkans: Rußland (Moldau, Walachei, Serbien) – England (Griechenland): Unkiar-Skelessi (1833): Höhepunkt russischen Einflusses im Osmanischen Reich (bis 1841)

7.: 1853–56: Nach Intervention England/Frankreich (1854): Krimkrieg (bis 1856)	Konflikt Frankreich–Rußland um Heilige Stätten	Moldau, Walachei von Russen besetzt (1853); türkische Flotte von Russen bei Sinope versenkt (1853); Sewastopol von Alliierten, Kars von Russen erobert (1855)	Nikolaus I.; Napoleon III.; Königin Viktoria	Wiener Vorfriede: Pariser Kongreß / Friede (1856)	Rußland von Donaumündung zurückgedrängt (bis 1944/45); südliches Bessarabien zur Moldau (bis 1878); Moldau, Walachei unter Protektorat der (West-)Mächte; Donauschiffahrt internationalisiert (bis 1945); Schwarzes Meer entmilitarisiert (bis 1870): Reformen in Türkei (1856) und Rußland – Bauernbefreiung (1861): Innere Krise in Türkei verschärft, in Rußland eröffnet
8.: 1877/78	Große Orientkrise (1875–78): Niederlage Serbiens gegen Türken (1876)	Bündnis Rumänien / Rußland: Moldau, Walachei als russische Aufmarschbasis; Plewna von Russen / Rumänen erobert (1877); Russen / Bulgaren am Schipka-Paß (1877/78): Russen vor Konstantinopel, britische Flotte im Bosporus (1878)	Alexander II., Carol von Rumänien	Vorfriede von San Stefano: Berliner Kongreß / Friede (1878)	Autonomes Groß-Bulgarien zugunsten von Serbien und Rumänien stark beschnitten, in Bulgarien und Ost-Rumelien gespalten (bis 1885); südl. Bessarabien zu Rußland, Dobrudscha zu Rumänien: Albanien, Makedonien bleiben bei Türkei; Bosnien-Herzegovina von Österreich-Ungarn okkupiert und administriert (bis 1908/18); Serbien, Montenegro, Rumänien unabhängig. Rußland zurückgedrängt: Revolutionäre Krise in Rußland (1877/78); Krise in Türkei verschärft
Faktischer 9.: im Rahmen des 1. Weltkriegs (1914–18)	Bündnis Türkei–Deutschland (2. 8. 1914)	Wechselvolle Kämpfe in und um Armenien: Massaker mit Genozid-Charakter der Türken an Armeniern (1915/16): Armenische Frage verschärft	Kemal Atatürk	Separatfriede von Brest-Litowsk (1918); Sowjetisch-türkisches Bündnis (1920)	Kars, Ardahan zum Osmanischen Reich (1918); Militärische Hilfe der Sowjets für Kemal Atatürk gegen Griechen und Armenier: Autonome Republik der Armenier durch Türken und Sowjets zerschlagen (1920); «Kleinasiatische Katastrophe» der Griechen (1922): Friede von Lausanne (1923)

Teilungen Polens und polnische Aufstände, 1772–1944

Vorgang/Datum	Anlaß	Teilungsmächte	Territoriale Veränderungen	Polnische Staatlichkeit	Folgen
1. Teilung 1772	Innerpoln. Bürgerkrieg, (1768–72): Konföderationen Bar-Radom	Rußland: Preußen: Österreich:	Teile Litauens, Weißrußlands; Ermland, Westpreußen (ohne Danzig, Thorn) Netzedistrikt; Ostgalizien, Lodomerien, Zips	Rzeczpospolita verliert (überwiegend nicht-polnisch besiedelte) Randgebiete	Reformen; Patrioten: Verfassung vom 3. Mai 1791; im russischen Teilungsgebiet «Rayon» (1791): Ausnahmegesetze gegen Juden
2. Teilung 1793	Französische Revolution: Polnische Verfassung vom 3. Mai 1791	Rußland: Preußen:	Teile Litauens, Westukraine, Teile der Palatinate Polock, Minsk; Danzig, Thorn, Posen, Gnesen, Kalisch, Dobrzyn, Tschenstochau	Rzeczpospolita auf Rumpf-Polen um Warschau und Krakau beschränkt	«Stummer Reichstag von Grodno» (1793): Teilungsverträge ohne Debatte ratifiziert; die meisten Reformen aufgehoben
Kościusko-Aufstand 1794	2. Teilung (1793)	Rußland, Preußen	–	–	3. Teilung (1795)
3. Teilung 1795	Kościuszko-Aufstand (1794)	Rußland: Preußen: Österreich:	Rest-Litauen, Kurland, Ost-Polen; Teile Masowiens mit Warschau, Gebiet zwischen Weichsel, Bug und Narew («Südostpreußen»); West-Galizien, Sandomir, Lublin, Radom, Teile von Podolien	«Finis Poloniae»: Polen völlig aufgeteilt, ohne politische Rechte (Autonomie); mit Unterbrechungen (1807–1813/31) bis 1918: Polnische Frage	Polnische Emigration in Frankreich: Polnische Legion: «Jeszcze Polska nie zgineła!» («Noch ist Polen nicht verloren!»)
Posener Aufstand 1806	Zusammenbruch Preußens	Preußen	Preußische Teilungsgebiete der 2. und 3. Teilung zu Herzogtum Warschau (1807), später auch West-Galizien von Österreich (1809)	(Groß-)Herzogtum Warschau in Personalunion mit Sachsen (1807–13), im Bündnis mit Frankreich gegen Rußland und Preußen	

(nicht so genannte, aber faktische) «4.» Teilung auf Wiener Kongreß 1814/15	Zusammenbruch Napoleons I. 1813–15	Rußland: Preußen: Österreich:	«Kongreß-Polen» mit Warschau: Königreich Polen; Posen (Großherzogtum), West-Preußen; Galizien	Autonomie für Königreiche Polen und Großherzogtum Posen (bis 1831); Republik Krakau (mit Umland) unter Souveränität der drei Teilungsmächte (bis 1846)	Polnische Frage; Solidarität der Teilungsmächte zur Niederhaltung Polens
November-aufstand 1830/31	Mobilisierung der polnischen Armee zur Niederschlagung der Revolution im Westen (Frankreich, Belgien)	Rußland	–	Autonomie des Königreichs Warschau und Großherzogtums Posen aufgehoben: Kongreß-Polen als russische Gouvernements, Posen als preußische Provinz annektiert (bis 1915 bzw. 1918)	«Große Emigration» in den Westen: «Organische Arbeit» in Posen
Krakauer Aufstand; Aufstandsversuch in Posen 1846	Allgemeine Gärung in Europa	Alle drei Teilungsmächte	Krakau von Österreich annektiert (bis 1918)	Letzter Rest polnischer Staatlichkeit beseitigt	
Januaraufstand 1863	Oppositionelle Warschauer Studenten in Armee eingezogen	Rußland	–	Massive Russifizierung Kongreß-Polens (bis 1905); Deportationen nach Sibirien und in den Kaukasus	«Organische Arbeit» in Kongreß-Polen
Posener Aufstand 1918	Deutschlands Zusammenbruch, November 1918	Deutschland	Posen zur 2. Polnischen Republik («Rzeczpospolita»)	Beitrag zum Entstehen der 2. Polnischen Republik	Grenzkämpfe mit Deutschen

Vorgang/Datum	Anlaß	Teilungsmächte	Territoriale Veränderungen	Polnische Staatlichkeit	Folgen
(so nicht genannte) «5.» Teilung, 1939	Hitler-Stalin-Pakt, 1939	Deutschland: UdSSR:	Posen, Westpreußen, Danzig annektiert; Rumpf-Polen als «Generalgouverment»; Ost-Polen, ungefähr bis zur Curzon-Linie, annektiert	2. Polnische Republik zerschlagen: Widerstand	Germanisierung, Sowjetisierung: Massendeportationen aus Ost-Polen nach Sibirien und Kasachstan
Warschauer Aufstand 1944	Herannahen der Roten Armee	Deutschland	–	Ziel: Warschau als Pfand polnischer Staatlichkeit.	Von Deutschen, unterstützt durch Passivität der Roten Armee, zerschlagen: Polen Volksdemokratie
Westverschiebung Polens	Zusammenbruch Deutschlands	–	Ost-Polen zu SU (wie 1939); Polen nach Westen bis zur Oder-Neisse.	Volksdemokratie	Oder-Neisse-Problematik; Unruhen (1956, 1970, 1976, 1980/81)

Moderne (Welt-)Wirtschaftskrisen, 1788–1973, und ihre wichtigsten politischen Folgen
(immer nur als *ein* Faktor unter vielen verstanden!)

Vorgang/ Datum	Krisenland/ Ausgangsland	Allgemeine Ursachen/ Verlauf	Wichtigste politische Folgen (s. o.!)
Agrarkrise 1788	Frankreich	Mißernte 1788, strenger Winter 1788/89	Hungeraufstände in den Städten; Verschärfung der allgemeinen Gärung und Krise während der Wahlen für die Generalstände: Französische Revolution 1789
Agrarkrise 1817	Europa	Allgemeine Erschöpfung nach Napoleonischen Kriegen	Preußisches Zollgesetz (1818): Preußen einheitliches Zollgebiet; Demonstrationen in England («Peterloo») (1819) und «Six Acts»; politische Krise in Deutschland (1819): Ermordung Kotzebues und Demagogenverfolgungen
Agrarkrise 1845–47; Industriekrise 1847	Europa	Mißernten von Getreide und Kartoffeln, besonders in Irland; strenger Winter 1847/48	Verschärfung der vorrevolutionären Spannungen in Europa. In Irland: Große Hungersnot und große Auswanderung, vor allem nach England und in die USA: Irischer Republikanismus in den USA. Allgemein: Europäische Revolution 1848/49
1. Weltwirtschaftskrise 1857	Europa/USA	Industrielle Überproduktion und Überspekulation (Eisenbahnen) nach Boom (1850–57)	Schlag für Französisches 2. Empire und Napoleon III.: riskantere, zunächst erfolgreiche, später gescheiterte Außenpolitik Frankreichs

2. Weltwirtschaftskrise 1873	Europa / USA	Industrielle Überproduktion und Überspekulation (in Deutschland: «Gründerjahre») nach Boom (ca. 1860–73)	Steueraufstand in Herzegovina und Bosnien (1875): Große Orientkrise, 1875–78: 8. Russisch-türkischer Krieg, 1877/78; Berliner Kongreß, 1878; agrarische und industrielle Schutzzölle in Deutschland (1879): Wirtschaftskonkurrenz und machtpolitische Rivalitäten Deutschland–Rußland, später auch Deutschland–England; verschärfte Konkurrenz unter europäischen Händlern an der afrikanischen Küste: Handelsinteressen jetzt auch für Kontrolle des afrikanischen Hinterlandes: Koloniale Aufteilung Afrikas («Scramble for Africa»).
3. Weltwirtschaftskrise 1929–ca. 1933/41	Welt / USA	Industrielle Überproduktion und Überspekulation nach Boom (ca. 1922–29): Zusammenbruch des freien Handels – nationale Autarkie; Kontingentierung: extrem hohe Arbeitslosigkeit	Allgemeine politische Krisen in den meisten Ländern der Erde, mit Höhepunkt ca. 1931: Radikalisierung der Extreme und Polarisierung; Radikalisierung des Faschismus in Italien und Kommunismus in der SU (Stalinismus); Herrschaft der Militärs in Japan – Beginn der Expansion gegen China durch Eroberung der Mandschurei (1931); «New Deal» in den USA unter Roosevelt (1933), NS-Regime unter Hitler in Deutschland (1933): 2. Weltkrieg, 1939–45; Gärung in manchen Kolonialländern, in Indien verschärft: Vorbereitung der Dekolonisation (nach 1945)
4. Weltwirtschaftskrise seit 1973	Welt / Nahost	Anstieg der Erdölpreise; mehr Atomstrom: Inflation, Arbeitslosigkeit, Budgetdefizit, Überschuldung in Industrie- und Entwicklungsländern; zuletzt Fallen der Erdölpreise (seit ca. 1984)	Politische Krisen in den meisten Ländern der Erde, teils mit konservativen Wenden; in 3. Welt teilweise Hinwendung zu kommunistischen Systemen – u. a. Vietnam, Laos, Kambodscha; Madagaskar, Äthiopien, Angola, Moçambique; Islamische Revolution im Iran (1979): Golfkrieg (seit 1980); Afghanistankrieg (seit 1979); Bürgerkrieg im Libanon (seit 1975)

Kolonialreiche, II, 1815–1945

Kolonialmacht	Nationale Konstituierung / Konsolidierung	Koloniale Expansion in Übersee	Hauptregionen der Expansion	Nationale Krise(n)	Koloniale Rückschläge / Dekolonisation
England/Großbritannien: Größtes und stärkstes Kolonialreich (Empire) der Neuzeit und Weltgeschichte: Industrialisierung, Parlamentarisierung: Liberalste aller Kolonialmächte: «Indirect Rule», frühe Autonomie; «Cash crops» in Kolonien für Industrie des Mutterlandes	Sieg über Napoleon I. (1815); Liberale und soziale Reformen (1829 ff.)	Kapprovinz (1815); Singapur (1819); Burma (1824/85); Aden (1839); Neuseeland (1840); Lagos (1851/61); Vollendung der Eroberung Indiens (bis 1856): Englischer Monarch Kaiser(in) von Indien (1877–1947); Zypern (1878); Ägypten (1882); weite Teile Afrikas (1884 ff.); Sudan (1898); Südafrika (1899–1902); Irak, Palästina, Teile deutscher Kolonien als Mandate (1919/20)	Afrika, Indien, Mittelmeer, Ägypten: Suezkanal (1875)	Anglo-Irischer Krieg (1918–22); 1. und 2. Weltkrieg	Indischer Aufstand (1857/58); Dekolonisation seit dem 2. Weltkrieg: überwiegend friedlich: Unabhängigkeit Indiens (1947), Pakistans (1947), Burmas, Ceylons (1948); blutige Konflikte um Malaya-Niederwerfung (chinesischer) kommunistischer Guerillas (1948–57) – und Kenia (Mau-Mau-Bewegung, 1952–56); Umwandlung des Empire in Commonwealth of Nations durch schrittweise Ausdehnung der Autonomie und Souveränität von «weißen» Dominien (1926/31) auf nichtweiße Kolonien (1947–61)
Frankreich: Zweite Kolonialmacht hinter und in Rivalität zu England: Straffe Zentralisierung und Assimilierung («mission civilisatrice»); Algerien in Frankreich integriert	Erholung nach nationalen Rückschlägen / Niederlagen (1813–15, 1870/71, 1914–18, 1940–45)	Algerien erobert (1830–44), annektiert (1848); Vietnam (1859–84); Tunesien (1881), West- und Zentralafrika (1881–94); Madagaskar (1885–97); Marokko (1906–11); Expansion zum oberen Nil ge-	Maghreb (Algerien, Tunesien, Marokko); Indochina; West- und Zentralafrika; Madagaskar; Polynesien	Niederlagen in Europa (1815, 1870/71, 1940): Teils Ansporn zu neuer Expansion (nach 1815, 1870/71), teils lähmend	Nach Niederlage im 2. Weltkrieg (1940) die meisten Kolonien für Vichy; Indochina von Japanern besetzt (1940); Kolonialreich zusammengebrochen: Vietnamkrieg (1946–54), Algerienkrieg (1954–62); die meisten afrikanischen Kolonien unabhängig (1960)

(1848–1962); straffe Abhängigkeit der Kolonien vom Mutterland; nach dem 1. Weltkrieg ökonomische Verwertung («mise en valeur»)		scheitert: Faschoda-Krise (1898); nach 1. Weltkrieg Mandatsgebiete: Syrien, Libanon, Teile Togos und Kameruns			
Niederlande (Holland): Parlamentarische Monarchie	Auf Wiener Kongreß neukonstituiert (1815), mit Belgien (bis 1831/39)	Indonesien im Laufe des 19. Jahrhunderts erobert; Surinam, Curaçao (wie vor 1815); Elmina (bis 1874)	Abgesehen von Eroberung Indonesiens, nur noch westliche Hälfte Neu-Guineas (1828)	Deutsche Okkupation des Mutterlandes im 2. Weltkrieg (1940–44) und Indonesiens durch Japan (1942–45)	Unabhängigkeitserklärung Indonesiens (1945); kolonialer Rückeroberungskrieg gescheitert (1946–49)
Belgien: Hochindustrialisierte Kleinmacht; liberale parlamentarische Monarchie: Autoritärer Paternalismus	Unabhängigkeit von Niederlanden (1831/39)	Freistaat Kongo, als Privatunternehmen Leopolds II. (1884); nach Bekanntwerden der «Kongogreuel» vom belgischen Staat übernommen (1908)	Nur Kongo; nach 1. Weltkrieg Rwanda und Burundi als Völkerbundsmandate belgischer Verwaltung unterstellt (1920–62)	Deutsche Okkupation im 2. Weltkrieg (1940–44)	Verlust des Belgisch-Kongo im Rahmen der allgemeinen Dekolonisation, im «Afrikanischen Jahr» (1960): Kongowirren (1960–65); Rwanda, Burundi unabhängig (1962): Innere Konflikte Hutu-Tutsi
Italien: Liberale parlamentarische Monarchie (bis 1922); Faschismus (1922–43/45)	Risorgimento (1859/61/70)	Eritrea (1882/90); Somalia (1889/1908); Dodekanes/Rhodos, Libyen/Tripolitanien (1911/12); Äthiopien (1935/36–1941)	Adria / Östliches Mittelmeer; Horn von Afrika; Nordafrika	Niederlage im 2. Weltkrieg (1941–45)	Niederlage gegen Äthiopien (1896): Erste Krise des Liberalismus; Verlust aller Kolonien in und nach dem 2. Weltkrieg (1941–45)

Kolonialmacht	Nationale Konstituierung / Konsolidierung	Koloniale Expansion in Übersee	Hauptregionen der Expansion	Nationale Krise(n)	Koloniale Rückschläge / Dekolonisation
Deutschland: Harte, aber auch effiziente Kolonialmacht	Reichsgründung (1871)	Deutsch-Südwestafrika, Kamerun, Togo, Deutsch-Ostafrika, östliches Neu-Guinea (1884); Rwanda, Burundi (1890/99); Kiautschao als Pachtgebiet von China (1897)	Afrika, Pazifik; Osmanisches Reich	Niederlage im 1. Weltkrieg (1918)	Verlust aller Kolonien und Überseebesitzungen (1914–17): als Völkerbundsmandate von anderen Mächten übernommen (1920), nach dem 2. Weltkrieg als UN-Treuhandsgebiete (1946 ff.)
Portugal: Unterentwickelte, schwächste, aber letzte Kolonialmacht. Kolonialgebiete in Portugal integriert (1951): Überseegebiete	Häufig wechselnde innere Regime (1820, 1823, 1910, 1926/32, 1974)	Expansion ins Landesinnere von den Küsten Guineas, Angolas und Moçambiques im Rahmen des «Scramble for Africa»; sonst nur Behauptung älterer Kolonien (Goa, Timor, Macao)	Nur begrenzte Expansion landeinwärts in Afrika (Guinea, Angola, Moçambique). Sonst portugiesisches Kolonialreich selbst Objekt für Expansion jüngerer Kolonialmächte – u. a. deutsch-britische Aufteilungspläne (1898, 1914)	Revolution (1820); Revolution (1910); Innere Krise des autoritären Salazar-Regimes verschärft; Revolution (1974)	Brasilien unabhängig (1822); Erneuerung deutscher Aufteilungspläne (1914); Goa von Indien annektiert (1961); Koloniale Befreiungskriege in Afrika (1960/62 – 1974). Unabhängigkeit für Guinea-Bição, Kapverdische Inseln (1974), Angola, Moçambique (1975): Bürgerkriege mit ausländischer Intervention in Angola, Moçambique
Spanien: Unterentwickelte, ältere und schwache Kolonialmacht. Autoritär-paternalistische Kolonialpolitik	Häufig wechselnde Regime (1814, 1820, 1823, 1834, 1868, 1873, 1875, 1923, 1931, 1936/39, 1975)	Spanisch-Sahara (1884), Spanisch-Marokko (1912)	Nur begrenzte Expansion im Rahmen des «Scramble for Africa» (Sahara, Marokko); sonst spanisches Kolonialreich selbst Objekt für Expansion jüngerer Kolonialmächte (USA, Deutschland)	Spanisch-Amerikanischer Krieg (1898): Nationale Bewußtseinskrise in Spanien (1898 ff.); Diktatur Primo de Rivera (1923–30); 2. Spanische Republik (1931–1936/39): Spanischer Bürgerkrieg	Verlust Kubas, Puerto Ricos, Guams, Philippinen an USA (1898), der Marianen und Karolinen (Pazifik) an Deutschland (1899); Aufstand der Rif-Kabylen in Marokko (1921–26): Spanisch-Marokko zu Marokko (1958); Rückzug aus Spanisch-Sahara (1976):

				(1936–39); Ende der Franco-Diktatur (1975)	Kämpfe in und um West-Sahara (1975 ff.)
Japan: Sich rasch modernisierender, industrialisierender Kaiserstaat (ab 1868), meistens autoritär-militaristisch: Harte Eroberungs- und Ausbeutungspolitik	Meiji-Reformen (1868–1912)	Süd-Sachalin (1855–75, 1905–45); Okinawa (1874/79); Kurilen (1875–1945); Formosa, Pescadores von China (1895); Süd-Sachalin, Halbinsel Liaotung gepachtet (1905); Korea annektiert (1910); Mandschurei okkupiert (1931): 2. Chinesisch-japanischer Krieg (1937–45): 2. Weltkrieg; Südostasien (1940/41)	Ostasien (Korea, Mandschurei, China), Südostasien (Indochina, Indonesien, Philippinen), Pazifik	Niederlage im 2. Weltkrieg – Hiroshima / Nagasaki (1945)	Verlust aller militärischer Eroberungen, auch an UdSSR (Kurilen, Sachalin): seit Koreakrieg (1950–53) japanisches Wirtschaftswunder; ökonomische Dominanz
USA: Parlamentarische Präsidialdemokratie, hochindustrialisiert: Direkte Annexion (Hawaii) oder starke Autonomie (Puerto Rico, Philippinen); indirekte Herrschaft durch Militärinterventionen («Big Stick») und Wirtschaftsmacht («Dollarimperialismus»)	Bürgerkrieg (1861–65)	Amerikanischer Doppelkontinent («Manifest Destiny»); Hawaii (1897); Puerto Rico, Guam, Philippinen von Spanien (1898)	Karibik; Pazifik in Richtung China («Open Door»); seit 2. Weltkrieg (1945) globale Weltmachtinteressen: Große Anziehungskraft auf benachbarte unterentwickelte Lateinamerikaner (legale wie illegale Einwanderung in die USA): «Chicano»-Problem	«Verlust» Chinas (1949); McCarthyismus (bis 1953); Vietnamkrieg (1965–75): Innere Malaise verschärft	Philippinen unabhängig (1946)

Die großen diplomatischen Vorkriegskrisen, 1875–1914

4 Krisen vor 1900; 4 Krisen nach 1900 – 4 Westkrisen: D.–F.; 4 Ost/Südostkrisen: Bu./Se./Ru.–Ö.-U./D.

Abkürzungen:

D. = Deutschland	I. = Italien	R. = Rußland	Se. = Serbien
E. = England	O.R. = Osmanisches Reich	Be. = Belgien	Mo. = Montenegro
F. = Frankreich	Ö.-U. = Österreich-Ungarn	Bu. = Bulgarien	Ru. = Rumänien

Krise / Datum	Engagierte Großmächte	Anlaß	Konflikt	Beilegung	Folgen
Krieg-in-Sicht-Krise: 1875: Westkrise	D.–F.	Französ. Rüstung: Dt. offiziös. Artikel: «Krieg in Sicht?»	Verschleierte Drohung D.s mit Präventivkrieg gegen F.: Diplomat. Intervention E.s und R.s in Berlin: Kein zweites 1871!	D. weicht vor E./R. zurück, leugnet Drohung mit Präventivkrieg gegen F.	Grundlegende Konstellation der Großmächte fast wie 1914 – auch ohne Bündnisse
Große Orientkrise: 1875–78: Ost-/Südost-krise	O.R./E./Ö.-U. –R.: D. in Mittelposition («Ehrlicher Makler»)	Steueraufstand in Bosnien-Herzegovina gegen O.R.: 1875	Krieg Se./Mo. gegen O.R. (1876): Niederlage Se.; 7. Russ.-türk. Krieg (1877/78): San Stefano (1878): Krieg E./Ö.-U./ O.R.–R. drohte	Revision San Stefanos durch Berliner Kongreß (1878)	R. zurückgedrängt: Entfremdung zu D.: Zweibund D./Ö.-U. (1879): Ende des bündnislosen Zustandes in Europa (seit 1856)
Bulgarien-krise: 1885–87: Ost/Südost-krise	R., E., Ö.-U., O.R., D.	Union Bulgarien / Ostrumelien (1885): R. zwar ursprünglich für Union, aber nicht unter Battenberg	Serb.-Bulgar. Krieg (1885/86); Niederlage Se.s: Rettung durch Intervention Ö.-U.s	Alexander von Battenberg durch Ferdinand von Sachsen-Coburg-Gotha ersetzt (1887): Bismarck verhindert Präventivkrieg gegen R.	Konflikt Bu.–Se. (über Makedonien) verschärft: Vorletzter Versuch D.s, R. durch Nachgiebigkeit im Osten zu beschwichtigen
Boulanger-krise: 1886/87: Westkrise	F.–D.	Innere Krise der 3. Republik: Konfrontation Republikanismus–Chauvinismus («Revanche»)	Auf dem Höhepunkt, parallel zur Bulgarienkrise, wachsende Spannung F.–D.	Schrittweise Entmachtung Boulangers (1887–89): Extremer Revanchismus zurückgedrängt	Erstmals Gefahr des Zweifrontenkrieges gegen D.

Nach West-/Südost/Ost-Doppelkrise (1886/87) machte sich die konfliktmindernde Wirkung des Imperialismus (Ableitung europäischer Spannungen zur kolonialen Peripherie) bemerkbar, vor allem durch das «Scramble for Africa» (ab 1884): Machtvakuen (bis auf China) um 1900 weitgehend ausgefüllt: Faschodakrise E.-F. (1898/99), Burenkrieg (1899–1902): E. global isoliert; Spannungen von der Peripherie kehren ins europäische Machtzentrum zurück: Neue Krisen.

1. Marokkokrise: 1905/06: Westkrise	D.–F.; E.	R. geschwächt durch Russisch-japanischen Krieg (1904/05) und 1. Russische Revolution (1905/07): F. auf Kontinent isoliert; Entente Cordiale E./F. (1904); innere Wirren in Marokko	D. will Entente Cordiale sprengen: D. erzwingt Entlassung Delcassés als Außenminister (1905), Algeciras-Konferenz (1906)	D. auf Algeciras-Konferenz isoliert: Arrangement über Marokko («Offene Tür») mit afrikanischen Kompensationen für D.	Pläne für kommenden Krieg: Schlieffen-Plan (1905); General- und Admiralstabsgespräche E./F. (1906 ff.): Entente Cordiale gestärkt; D. fortan gegen internationale Konferenzen zur Beilegung akuter Konflikte
Bosnische Annexionskrise: 1908/09: Ost/Südostkrise	Ö.-U./D.–R.	Jungtürkische Revolution (1908): Wahlen im O.R. ausgeschrieben: Unabhängigkeit Bu.s; Annexion Bosnien-Herzegovinas durch Ö.-U. (1908)	Heftige Proteste Se.s, zunächst von R. gestützt: Drohung D.s mit Krieg gegen R. (1909)	R. zwingt Se. zum Rückzug, da R. militärisch noch zu schwach zum Krieg gegen D./Ö.-U.	R. würde Serbien nicht noch einmal fallenlassen und vor Kriegsdrohung D.s zurückweichen: Verstärkte Rüstung R.s: Bewegung Jung-Bosnien (1912): Attentat von Sarajevo (1914)
2. Marokkokrise: 1911: Westkrise	D.–F./E.	Erneute Wirren in Marokko: Franz. «Zug nach Fes» (1911)	«Panther»-Sprung D.s nach Agadir: Drohung Krieg D.–F.	E. erklärt sich für F.: Mansion-House Rede Lloyd Georges: D. weicht zurück mit Kompensationen am Kongo («Fühlhörner»): Protektorat F.s (+ Spaniens) über Marokko (bis 1956/58)	Triple Entente gestärkt; erstmals Alldeutsche mit starkem Einfluß auf Außenpolitik D.s: «Einkreisung»: D. würde nicht noch einmal vor Kriegsdrohung E.s zurückweichen: Verschärfter Rüstungswettlauf
2 Balkankriege: 1912/13: Ost/Südostkrise	E., D., R. und Ö.-U.	Tripoliskrieg (1911/12); Balkanbund	1. Balkankrieg (1912/13): Balkanbund–O.R.: Türkei aus Europa verdrängt; 2. Balkankrieg: Krieg Bu.-Se./Griechenland/Ru./R. (1913) um Makedonien	Letztes Funktionieren des «Konzerts der Mächte»: Botschafterkonferenz der Großmächte in London: (2.) Friede von Bukarest (1913)	Se. und Griechenland gestärkt (Makedonien geteilt), Bu. geschwächt, ausgeblutet; Ost-Thrakien zurück zum O.R.; Massaker auf dem Balkan; Spannungen verschärft: «Kriegsrat» (8. 12. 1912) in D.: Verstärkte Rüstung zu Lande
Julikrise 1914: Ost/Südost- *und* Westkrise	Ö.-U., D., R., F., E.	Attentat von Sarajevo	Eskalation – «lokalisierter» Krieg (Ö.-U. gegen Se.); Kontinentalkrieg (Ö.-U./D.–R./F.); Weltkrieg (Kriegseintritt E.s): Alle 5 Großmächte der Pentarchie gleichzeitig im Krieg	Beilegung gescheitert: Keine Fristverlängerung / Milderung des ö.-u. Ultimatums an Se.: «Lokalisierung» unmöglich Endgültiger Zusammenbruch des Konzerts der Mächte	Kriegsausbruch 1914: Kriegserklärungen der Großmächte: Ö.-U. an Se. (28. 7.); D. an R. (1. 8.); D. an F (3. 8.); D. verletzt Neutralität Be.s; Kriegserklärung E. an D. (4. 8): 1. Weltkrieg (1914–18)

Personenregister